Manual de **BIM**

M294　Manual de BIM : um guia de modelagem da informação da construção para arquitetos, engenheiros, gerentes, construtores e incorporadores / Rafael Sacks... [et al.] ; tradução: Alexandre Salvaterra, Francisco Araújo da Costa ; revisão técnica: Eduardo Toledo Santos, Sergio Scheer. – 3. ed. – Porto Alegre : Bookman, 2021.
xxv, 565 p. ; 25 cm.

ISBN 978-85-8260-551-6

1. Modelagem da informação da construção. 2. Construção civil. 3. Projeto arquitetônico. 4. Arquitetura. 5. Engenharia civil. I. Sacks, Rafael.

CDU 69:624.04

Catalogação na publicação: Karin Lorien Menoncin - CRB 10/2147

Rafael Sacks | Charles Eastman | Ghang Lee | Paul Teicholz

Manual de BIM

Um **Guia de Modelagem da Informação** da Construção para Arquitetos, Engenheiros, Gerentes, Construtores e Incorporadores

3ª Edição

Tradução
Alexandre Salvaterra
Francisco Araújo da Costa

Revisão Técnica
Eduardo Toledo Santos
Professor da Escola Politécnica da Universidade de São Paulo,
Coordenador do Programa de Mestrado Profissional em Inovação na
Construção Civil da Escola Politécnica da USP.
Relator do GT Objetos BIM da Comissão Especial de Estudos sobre BIM (CEE-134) da ABNT.
Fundador e diretor do BIM Fórum Brasil.

Sergio Scheer
Professor sênior na Universidade Federal do Paraná.
Fundador e membro do Conselho Administrativo do BIM Fórum Brasil.

Porto Alegre
2021

Obra originalmente publicada sob o título *BIM handbook: a guide to building information modeling for owners, designers, engineers, contractors, and facility managers*, 3rd edition
ISBN 9781119287537 / 1119287537

All Rights Reserved. This translation published under license with the original publisher John Wiley & Sons, Inc.

Copyright © 2018 by John Wiley & Sons, Inc.

Portuguese language translation publishing as Bookman, a Grupo A Educação S.A. company.

Gerente editorial: *Arysinha Jacques Affonso*

Colaboraram nesta edição:

Editora: *Simone de Fraga*

Arte sobre a capa original: *Márcio Monticelli*

Leitura final: *Heloísa Stefan*

Editoração: *Clic Editoração Eletrônica Ltda.*

Reservados todos os direitos de publicação ao GRUPO A EDUCAÇÃO S.A.
(Bookman é um selo editorial do GRUPO A EDUCAÇÃO S.A.)
Av. Jerônimo de Ornelas, 670 – Santana
90040-340 – Porto Alegre – RS
Fone: (51) 3027-7000 Fax: (51) 3027-7070

Unidade São Paulo
Rua Doutor Cesário Mota Jr., 63 – Vila Buarque
01221-020 – São Paulo – SP
Fone: (11) 3221-9033

SAC 0800 703-3444 – www.grupoa.com.br

É proibida a duplicação ou reprodução deste volume, no todo ou em parte, sob quaisquer formas ou por quaisquer meios (eletrônico, mecânico, gravação, fotocópia, distribuição na Web e outros), sem permissão expressa da Editora.

IMPRESSO NO BRASIL
PRINTED IN BRAZIL

Apresentação à Terceira Edição

Arquitetos e engenheiros há séculos lutam para representar uma edificação tridimensional em uma folha de papel bidimensional. Seus colegas construtores também têm muitas dificuldades para interpretar tais desenhos, quando da execução de um projeto.

Em determinadas ocasiões, partes muito complexas de prédios importantes eram representadas por meio de um modelo físico tridimensional – uma maquete –, ou seja, uma versão reduzida daquilo que seria construído. Brunelleschi construiu uma maquete detalhada daquela que seria a magnífica cúpula da Catedral de Florença, e Bartholdi preparou maquetes de sua Estátua da Liberdade em diferentes escalas.

Os arquitetos do passado e do presente constroem maquetes (ou modelos) para melhor entender seus projetos e modelos de representação, e também para ajudar os clientes a visualizar o aspecto final do prédio. Mas esses modelos não ajudam o construtor a executar o projeto.

Como arquiteto, aprendi a descrever edificações com desenhos no papel. Contudo, como os prédios têm três dimensões, e o papel, apenas duas, isso exige concessões. Os desenhos tradicionalmente descrevem tamanho e formato. As demais informações sobre a edificação, que demandam o uso de palavras, tornaram-se as especificações, que acompanham as plantas. O propósito dos desenhos e das especificações é fornecer subsídios suficientes para a construção da obra.

Os primeiros computadores permitiram aos arquitetos projetar usando o Desenho Assistido por Computador (CAD). Contudo, esse sistema também era limitado a duas dimensões, não apresentando grande avanço em relação ao desenho a mão. Computadores mais modernos possibilitaram aos arquitetos projetar prédios em três dimensões, utilizando um modelo de edificação eletrônico (ou maquete eletrônica), chamado CAD 3D. Esses primeiros esforços de modelagem eletrônica das edificações em três dimensões foram importantes, mas eram apenas o começo.

Os modelos de edificações eletrônicas começaram com os arquitetos, mas logo engenheiros, construtores e até proprietários de edificações começaram a sonhar com a possibilidade de agregar dados ao modelo eletrônico da edificação, e a palavra *informação* foi inserida no cerne da *modelagem* da construção, que passou a ser a *Modelagem da Informação da Construção* (BIM).

É compreensível que a palavra informação ocupe a posição central no BIM, pois a evolução rápida do seu uso é o principal propulsor de uma revolução no setor da construção civil. As origens do modelo da construção no BIM ainda são importantes, mas agora são vistas como uma pequena parte do oceano de informações disponíveis. O BIM rico em informações tem permitido mudanças drásticas nos processos de projeto e construção, e agora começam profundas modificações na operação dos prédios ao longo de sua vida útil.

Esta 3ª edição do *Manual de BIM* foca na essência dessa enorme quantidade de informações sobre o BIM em uma obra bem organizada, claramente escrita e ilustrada, que descreve a tecnologia e os processos de suporte do BIM e os imperativos de negócios e das organizações para sua implementação.

Com este livro, arquitetos, engenheiros, construtores, empreiteiros, fabricantes e fornecedores entenderão as vantagens do uso efetivo do BIM. Os proprietários e os operadores de edificações, por sua vez, aprenderão as vantagens de negócio geradas pelo uso do BIM. As instituições acadêmicas encontrarão no *Manual de BIM* uma ferramenta essencial para o ensino e a pesquisa.

O primeiro capítulo oferece um panorama do livro, incluindo as tendências do setor, a necessidade empresarial de adoção do BIM e os desafios impostos por sua implementação. Os capítulos seguintes abordam as tendências do BIM em detalhes, além de incluir um resumo no início e algumas questões no final, ambos adequados para professores e alunos.

O Capítulo 9, "O futuro: construindo com o BIM", é uma análise ambiciosa, muito bem embasada, daquilo que podemos esperar no futuro imediato e no médio prazo. Ele destaca a natureza da revolução do BIM, explicando "que a troca do desenho no papel pelo desenho no computador não foi uma mudança de paradigmas – o BIM, sim". Os autores preveem que, em 2025, veremos projetos e processos de construção completamente digitais; o crescimento de uma nova cultura da inovação na construção; a pré-fabricação ampla e diversificada; os processos fortes na conferência automatizada das disposições das normas e dos códigos de obras; o aumento da aplicação da inteligência artificial; a globalização da pré-fabricação, além do projeto em si; e um apoio forte e continuado da construção sustentável.

O capítulo final inclui seis estudos de caso selecionados e detalhados sobre o setor do projeto e construção que demonstram a eficácia do BIM para estudos de viabilidade, projetos conceituais, detalhamento de projeto, orçamentação e coordenação durante a construção, pré-fabricação e controle da construção e o apoio do BIM para a operação e manutenção de prédios. Mais estudos de caso estarão disponíveis, em inglês, no *site* do Grupo A (https://www.grupoa.com.br/).

Produzir um livro que relate a evolução do BIM com profundidade de detalhes e, ao mesmo tempo, com clareza e propósito, é um grande desafio. Mesmo assim, os três autores dessa 3ª edição – Rafael Sacks, Chuck Eastman e Paul Teicholz – trabalharam juntos para realizar essa proeza três vezes (a primeira edição foi publicada em 2008, seguida pela segunda, em 2011, ambas com Kathleen Liston). Nesta nova edição, o professor Ghang Lee, da Universidade de Yonsei, de Seul, Coreia do Sul, uniu-se à equipe. Cada um vem observando atentamente a revolução do BIM e dela tem participado, e todos têm colaborado há muitos anos.

Chuck Eastman é um dos líderes mundiais na modelagem da construção e atua na área desde meados dos anos 1970. Ele se graduou como arquiteto na Berkeley CED, onde focou no desenvolvimento de ferramentas para profissionais nas primeiras versões da Modelagem da Informação da Construção (BIM). Eastman também iniciou o programa de doutorado da Carnegie Mellon University e fundou o North American Academic Building Modeling Conference Group (Acadia). Ele contribuiu com a UCLA ao longo de oito anos, antes de vir para a Georgia Tech, onde é professor e diretor do Laboratório de Edificação Digital. Conheço Chuck há muitos anos, e trabalhei com ele prestando consultoria à Charles Pankow Foundation, que apoia a pesquisa e inovação no setor da construção civil.

Paul Teicholz é professor emérito de engenharia civil na Stanford University. Ele viu o potencial que os computadores tinham de revolucionar o setor da construção ainda quando era estudante de graduação em Stanford, quando a programação ainda era feita com o uso de cartões perfurados. Em 1963, ele se tornou a primeira pessoa dos Estados Unidos a receber o título de doutor em engenharia civil. Ele tem mais de 40 anos de experiência na aplicação da tecnologia da informação ao setor da construção. Em 1988, Paul foi convidado a retornar a Stanford para criar o Centro de Engenharia de Edificações Integradas (Cife), uma colaboração entre o departamento de engenharia civil e ambiental e o departamento de ciência da computação. Ele atuou como diretor do centro na década seguinte, durante a qual os estudiosos do Cife desenvolveram ferramentas computadorizadas para melhorar significativamente o setor da construção civil.

Rafael Sacks é professor da Faculdade de Engenharia Civil e Ambiental do Instituto Technion-Israel, em Haifa, Israel, onde é chefe do Laboratório de Construção Virtual. Ele recebeu o título de bacharel em 1983 na Universidade de Witwatersrand, África do Sul; concluiu o mestrado em 1985 no MIT; e recebeu o título de doutor em 1998 no Technion de Israel, todos em engenharia civil. Em 2000, após sua carreira em engenharia de estruturas, desenvolvimento de software e consultoria, ele retornou à academia, unindo-se ao Technion, como professor. Os interesses de pesquisa de Rafael vão além do BIM, incluindo a construção *lean*. Ele é também o principal autor do livro *Building Lean, Building BIM: Changing Construction the Tidhar Way*.

Ghang Lee é professor e diretor do Grupo de Informática da Edificação (BIG), no Departamento de Arquitetura e Engenharia Civil da Universidade de Yonsei, em Seul, Coreia do Sul. Ele recebeu os títulos de bacharel e de mestre em 1993 e 1995 na Universidade da Coreia, em Seul, Coreia do Sul, e de doutor, em 2004, no Georgia Institute of Technology. Antes de seu doutorado, ele trabalhou em uma construtora e fundou uma empresa ponto.com. Além de publicar inúmeros textos, livros e normas internacionais sobre o BIM, Ghang desenvolveu *software* e ferramentas de automação, como o xPPM, um sistema de navegação para gruas de torre, um sistema de sinalização de saídas inteligentes e o *dashboard* global do BIM. Ele trabalha como consultor técnico de várias organizações públicas e privadas na Coreia do Sul e em outros países.

Foi um grande prazer revisar o *Manual de BIM* antes de escrever esta apresentação. Esta obra será de grande valor a todos os profissionais do setor da construção civil que precisam entender a revolução do BIM e seus amplos efeitos para os profissionais, proprietários e, inclusive, para a sociedade em geral.

Patrick MacLeamy, FAIA
Diretor executivo e presidente da HOK (aposentado)
Fundador e presidente da buildingSMART International

Prefácio

Este livro é sobre o processo de projeto, construção e administração predial chamado de Modelagem da Informação da Construção (BIM). Ele oferece uma compreensão aprofundada das tecnologias do BIM, das questões empresariais e organizacionais associadas à sua implementação e dos profundos impactos que o uso efetivo do BIM pode oferecer a todas as partes envolvidas em uma edificação ao longo de sua vida útil. O livro explica como projetar, construir e operar prédios com BIM difere de executar as mesmas atividades da maneira convencional, ou seja, com o uso de desenhos, sejam eles de papel ou eletrônicos.

O BIM está mudando a aparência, o funcionamento e o modo de construção das edificações. Ao longo do livro, buscamos de maneira intencional e consistente usar o termo "BIM" para descrever uma atividade (ou seja, a modelagem da informação da construção), em vez de um objeto (o modelo da informação da construção). Isso reflete nossa crença de que o BIM não é uma coisa ou um tipo de *software*, mas um sistema sociotecnológico que, em última análise, envolve mudanças profundas nos processos de projeto, construção e gestão de edificações. No mínimo, os sistemas BIM funcionam no nível da organização (manifestados como um projeto de construção, uma empresa ou uma organização proprietária) mostrado na Figura 00.01.

Talvez, o mais importante de tudo é que o BIM oferece uma oportunidade significativa para a sociedade como um todo alcançar processos de construção de edificações mais sustentáveis e ambientes construídos de desempenho mais alto, mas com o uso de menos recursos e correndo menos riscos do que se pode alcançar por meio das práticas tradicionais.

Por que um *Manual de BIM*?

Nossa motivação ao escrever este livro foi fornecer uma fonte de consulta completa e consolidada para ajudar os alunos e profissionais do setor da construção civil a aprenderem sobre essa incrível abordagem, usando um formato independente dos interesses comerciais que orientam os materiais escritos pelos fornecedores de sistemas de tecnologia da informação. Há muitas verdades e mitos nas percepções geralmente aceitas do BIM de última geração. Esperamos que o *Manual de BIM* ajude a reforçar as verdades, afastar os mitos e guiar nossos leitores a implementações bem-sucedidas. Alguns profissionais e tomadores de decisões do setor da construção civil em geral, apesar de estarem bem-intencionados, têm tido experiências decepcionantes após tentarem adotar o BIM, em razão de seus esforços e suas expectativas terem se baseado em ideias deturpadas e planejamentos inadequados. Se este livro puder ajudar os leitores a evitar essas frustrações e perdas financeiras, teremos alcançado nosso objetivo.

Como um todo, os autores têm uma vasta experiência com o BIM, tanto com as tecnologias que ele usa quanto com os processos que ele suporta. Acreditamos que o BIM

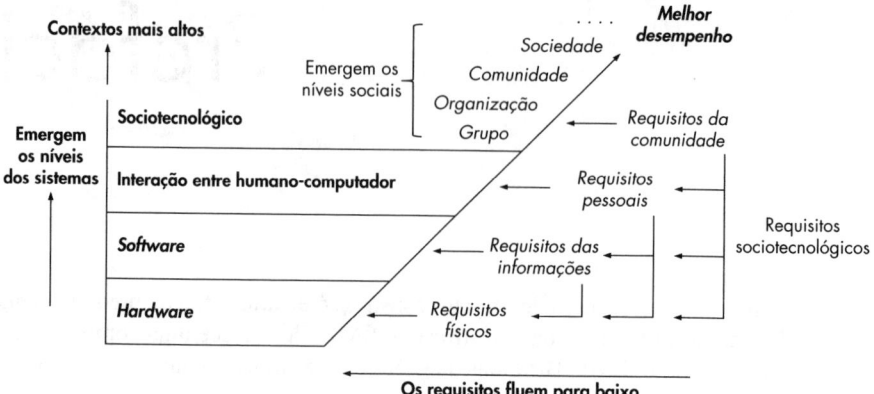

FIGURA 00.01 Os níveis sociotecnológicos.

© Brian Whitworth, Alex P. Whitworth e First Monday. Esta imagem apareceu como Figura 1 em "The Social Environment Model: Small Heroes and the Evolution of Human Society", de Brian Whitworth e P. Whitworth, publicado em *First Monday* (Volume 15, Number 11, November 2010), em http://firstmonday.org/article/view/3173/2647; http://dx.doi.org/10.5210/fm.v15i11.3173.

representa uma mudança de paradigma que terá impactos e benefícios enormes, não somente para aqueles no setor da construção civil, mas também para a sociedade como um todo, uma vez que prédios melhores são aqueles que consomem menos material e exigem menos mão de obra e recursos de capital, mas funcionam de modo mais eficiente. Contudo, não estamos afirmando que este livro seja objetivo em termos de nosso julgamento da necessidade do BIM. Ao mesmo tempo, é claro, fizemos todos os esforços possíveis para garantir a acuidade e integridade dos fatos e números apresentados.

Para quem é o *Manual de BIM* e o que ele inclui?

O *Manual de BIM* é voltado para empreendedores imobiliários, proprietários, gerentes de obra, operadores, administradores de edificações e inspetores prediais; arquitetos, engenheiros de todas as disciplinas, construtores e pré-fabricantes; bem como para estudantes de arquitetura, engenharia civil e construção. A obra cobre a modelagem da informação da construção e suas tecnologias relacionadas, seus possíveis benefícios, seus custos e sua infraestrutura necessária. Ela também discute as influências presentes e futuras do BIM nas agências regulatórias; as práticas jurídicas associadas ao setor da construção civil; e os fabricantes de produtos da construção. Ela está voltada aos leitores dessas áreas. Uma rica coletânea de estudos de caso do BIM é apresentada no Capítulo 10. Os estudos de caso descrevem vários processos, plataformas, ferramentas e tecnologias de BIM. Também são explorados os impactos atuais e futuros no setor da construção civil e na sociedade.

O livro possui quatro seções:

- Os Capítulos 1, 2 e 3 oferecem uma introdução ao BIM e às tecnologias que o suportam. Esses capítulos descrevem o estado atual do setor da construção civil, os benefícios potenciais do BIM, as tecnologias que embasam o BIM, incluindo a modelagem paramétrica de prédios e a interoperabilidade.

- Os Capítulos 4, 5, 6 e 7 oferecem perspectivas do BIM específicas a cada disciplina. Eles estão voltados para os proprietários e administradores de edificações (Capítulo 4), para arquitetos e engenheiros (Capítulo 5), para construtores (Capítulo 6) e para empreiteiros e fabricantes (Capítulo 7).
- O Capítulo 8 discute os facilitadores do BIM: as normas do BIM, os guias e os contratos, o ensino do BIM e as mudanças organizacionais. O Capítulo 9 lida com os impactos potenciais e as tendências futuras associadas com o advento do projeto, da construção e da operação de edificações permitidos pelo BIM. As tendências atuais são descritas e extrapoladas até o ano 2025, assim como as previsões dos possíveis avanços de longo prazo e as pesquisas necessárias para suportá-los além de 2025.
- O Capítulo 10 oferece estudos de caso detalhados do BIM, tanto no projeto como na construção, demonstrando seu uso para estudos de viabilidade, projetos conceituais, projeto executivo, orçamentação, detalhamento, coordenação, planejamento da construção, logística, operação e muitas outras atividades construtivas comuns. Os novos estudos de caso do Capítulo 10 incluem prédios com projetos de arquitetura e estrutura famosos (como o prédio da Hyundai Motorstudio), projetos de hospitais complexos (Hospital Saint Joseph, em Denver), assim como uma ampla variedade de edificações bastante corriqueiras (um edifício de escritórios, uma residência de estudantes, um terminal aeroportuário e um prédio de laboratórios).

O que há de novo nesta edição?

O BIM está se desenvolvendo rapidamente e é difícil acompanhar os progressos da tecnologia e da prática. Houve muitas modificações desde que terminamos a 2ª edição, há sete anos. Eis algumas delas:

- A adoção extensiva do BIM por parte dos governos e de outros proprietários públicos, com uma enorme variedade de obrigatoriedades de adoção do BIM, guias, normas, planos de execução, etc.
- Os benefícios da prática integrada têm recebido uma ampla avaliação e vêm sendo testados intensamente na prática.
- As ferramentas de BIM são cada vez mais utilizadas para dar suporte ao projeto, construção e operação sustentáveis.
- A integração do BIM com o projeto e os métodos de construção *lean* (enxuta), com muitas novas ferramentas de *software* para dar suporte aos novos processos de trabalho e às novas práticas de gestão.
- Os modelos têm se tornado acessíveis em campo, com forte impacto nas maneiras como as obras são executadas.
- A pré-fabricação e a construção modular estão se beneficiando da qualidade das informações que o BIM oferece e se desenvolvendo rapidamente.
- O BIM está sendo utilizado para operações e manutenção, e os proprietários agora podem estabelecer de modo claro seus requisitos de informações nas entregas de edificações.
- A digitalização (escaneamento), a fotogrametria e os *drones* já são palavras cotidianas nos projetos de construção.
- A inteligência artificial e o enriquecimento semântico estão em destaque na agenda de pesquisa sobre o BIM.

Esta edição não apenas aborda esses temas e atualiza o material relacionado às aplicações BIM; ela também apresenta seções sobre as novas tecnologias, incluindo novos estudos de caso.

Como usar o *Manual de BIM*

Uma primeira leitura completa, ainda que não seja essencial, naturalmente é a melhor maneira de entender de modo profundo as mudanças significativas que o BIM está trazendo ao setor da construção civil e da administração de edificações.

A primeira seção (Capítulos 1 a 3) é recomendada a todos os leitores. Ela oferece informações preliminares sobre o contexto comercial e as tecnologias para o BIM. O Capítulo 1 lista muitos dos possíveis benefícios que se podem esperar. Inicialmente, ele descreve as dificuldades inerentes à prática tradicional do setor da construção civil nos Estados Unidos, as quais se associam à baixa produtividade e aos altos custos. A seguir, são descritas as várias abordagens à contratação na construção civil, como os sistemas tradicionais de projeto-concorrência-construção, projeto e construção e outros, descrevendo os prós e contras de cada um em termos de aproveitamento dos benefícios oferecidos pelo uso do BIM. Então, são descritas as novas abordagens de entrega de projeto integrado (IPD), que são particularmente úteis quando suportadas pelo BIM. O Capítulo 2 detalha os fundamentos tecnológicos do BIM, em particular a modelagem paramétrica e orientada a objetos. A história dessas tecnologias e seu estado atual também são abordados. Este capítulo, então, analisa as principais plataformas de aplicações comerciais para a geração de modelos da informação da construção. O Capítulo 3 lida com as complexidades da colaboração e interoperabilidade, incluindo como as informações da edificação podem ser comunicadas e transmitidas de uma profissão a outra e de uma aplicação a outra. As normas relevantes, como o IFC (Industry Foundation Classes) e o IDM (Information Delivery Manual) e as tecnologias dos servidores BIM (também conhecidos como ambientes de dados comuns), assim como outras tecnologias de interface de dados, são cobertas em detalhes. Os Capítulos 2 e 3 também podem ser utilizados como fonte de consulta sobre os aspectos técnicos da modelagem paramétrica e interoperabilidade.

Os leitores que desejam obter informações específicas sobre como poderiam adotar e implementar o BIM em suas empresas podem encontrar os detalhes de que precisam no capítulo relevante a seu grupo profissional nos Capítulos 4 a 7. Talvez você queira ler o capítulo mais próximo de sua área de interesse e, então, ler somente os sumários executivos de cada um dos demais capítulos. Entre esses capítulos há uma certa sobreposição quando as questões são relevantes a múltiplas profissões (p. ex., os empreiteiros encontrarão informações relevantes nos Capítulos 6 e 7). Esses capítulos fazem referências frequentes ao conjunto de estudos de caso detalhados no Capítulo 10.

O Capítulo 8 é totalmente novo nesta edição. Ele discute os facilitadores do BIM, inclusive a obrigatoriedade de adoção do BIM, seus guias de adoção, guias em geral, ensino, certificações e questões jurídicas.

Aqueles que buscam aprender sobre as implicações de longo prazo do BIM em termos técnicos, econômicos, organizacionais, societais e profissionais, e sobre como elas impactarão suas vidas acadêmicas ou profissionais, encontrarão uma longa discussão acerca dessas questões no Capítulo 9.

Os estudos de caso do Capítulo 10 contam, cada um deles, uma história das diferentes experiências dos profissionais com o uso do BIM em seus projetos. No entanto, não há um estudo de caso que represente uma implementação "completa" do BIM ou que cubra todo o ciclo de vida da edificação. Na maioria dos casos, os prédios ainda não estavam completos quando o estudo de caso foi redigido. Contudo, quando lidos juntos, esses relatos descrevem um bom panorama da variedade dos benefícios e problemas que essas empresas pioneiras experimentaram. Esses estudos ilustram o que se pode obter com a tecnologia de BIM existente no início do século XXI. Há muitas lições aprendidas que podem ser úteis para nossos leitores e orientar práticas nos esforços futuros.

Por fim, os estudantes e professores são encorajados a usar as questões para estudo e os exercícios apresentados na conclusão de cada capítulo.

Material adicional no *site* do Grupo A

Visite o *site* grupoa.com.br e, na página do livro, localize a área de Material Complementar para acessar estudos de caso adicionais (em inglês).

Agradecimentos

Naturalmente, devemos agradecimentos, acima de tudo, a nossas famílias, que carregaram o peso do longo tempo de trabalho que investimos neste livro nesses anos todos. Agradecemos e elogiamos o trabalho extremamente profissional de Margaret Cummins, nossa editora executiva, de Purvi Patel, nosso editor de projeto, e de seus colegas da John Wiley and Sons.

Nossa pesquisa para o livro foi profundamente facilitada por inúmeros construtores, projetistas e proprietários, representantes de empresas de *software* e órgãos e agências governamentais – agradecemos de coração a todos eles. Também gostaríamos de agradecer especialmente aos contribuintes e correspondentes que trabalharam conosco no preparo de todos os estudos de caso, e seus esforços são reconhecidos pessoalmente no fim de cada estudo de caso relevante. Os estudos de caso também foram possibilitados pelas generosíssimas contribuições dos indivíduos que participaram nos projetos pessoalmente e que trocaram muitas correspondências conosco, compartilhando suas impressões e ideias.

Por fim, agradecemos a Patrick MacLeamy por sua excelente apresentação a esta 3ª edição. Da mesma maneira, somos gratos a Jerry Laiserin e a Lachmi Khemlani por suas brilhantes apresentações a 1ª e a 2ª edições, respectivamente. Jerry ajudou a formular a ideia original do *Manual de BIM*, e Lachmi continua oferecendo contribuições significativas ao BIM por meio de suas publicações no AECbytes.

Sumário

Capítulo 1 **Introdução** 1
    1.0 Sumário executivo... 1
    1.1 Introdução 2
    1.2 O atual modelo de negócios da indústria da construção.... 2
          1.2.1 Projeto-Concorrência-Construção (DBB) 4
          1.2.2 Projeto e Construção (DB)..................... 6
          1.2.3 Construção por Administração com Risco para a Gerenciadora (CM@R).................. 7
          1.2.4 Desenvolvimento Integrado de Empreendimentos (IPD)....................... 7
          1.2.5 Que tipo de contratação de construção é melhor quando o BIM é utilizado?............. 9
    1.3 Ineficiências documentadas das abordagens tradicionais 10
          1.3.1 Estudo do CIFE sobre a produtividade do trabalho na indústria da construção............ 10
          1.3.2 Estudo do NIST sobre o custo da ineficiência da indústria da construção 12
    1.4 BIM: novas ferramentas e novos processos............. 13
          1.4.1 Plataformas e ferramentas BIM 13
          1.4.2 Processos BIM.............................. 14
          1.4.3 Definição de objetos paramétricos............. 17
          1.4.4 Suporte à colaboração da equipe do empreendimento 18
    1.5 O BIM como uma plataforma do ciclo de vida 18
    1.6 O que não é uma plataforma BIM 20
    1.7 Quais são os benefícios do BIM? Quais problemas ele busca resolver?.. 20
          1.7.1 Benefícios pré-construção para o proprietário 21
          1.7.2 Os benefícios para projetar 21
          1.7.3 Benefícios à construção e à fabricação 23
          1.7.4 Benefícios pós-construção.................... 25
    1.8 O BIM e a construção enxuTa (*lean*)................... 25

1.9 Quais desafios podem ser esperados?..................28
    1.9.1 Desafios de colaboração e equipes............28
    1.9.2 Mudanças legais na propriedade e produção da documentação.........................29
    1.9.3 Mudanças na prática e no uso da informação.....29
    1.9.4 Questões ligadas à implantação...............29
1.10 Futuro do projeto e construção com o BIM.............30
1.11 Estudos de caso.....................................30
Questões para discussão do Capítulo 1.....................31

Capítulo 2 Principais Tecnologias e Aplicativos...................32

2.0 Sumário executivo....................................32
2.1 A evolução para a modelagem paramétrica baseada em objetos.....................................33
    2.1.1 Primeiras modelagens 3D.....................34
    2.1.2 Níveis de modelagem paramétrica.............44
    2.1.3 Objetos paramétricos e bibliotecas predefinidos *versus* definidos pelo usuário................45
2.2 Além dos formatos paramétricos......................48
    2.2.1 Manipulação de propriedades e atributos.......48
    2.2.2 Geração de desenhos........................50
    2.2.3 Escalabilidade..............................52
    2.2.4 Gerenciamento de objetos e *links*..............53
    2.2.5 Algumas perguntas frequentes................55
2.3 Ambientes, plataformas e ferramentas BIM..............57
    2.3.1 Considerações sobre os aplicativos de projeto BIM..............................59
    2.3.2 Considerações para um ambiente BIM..........62
2.4 Verificação do modelo BIM e de sua qualidade.........62
2.5 Plataformas BIM....................................64
    2.5.1 Allplan....................................65
    2.5.2 ArchiCAD..................................66
    2.5.3 Bentley Systems............................67
    2.5.4 DESTINI Profiler............................69
    2.5.5 Digital Project..............................70
    2.5.6 Revit......................................72
    2.5.7 Tekla Structures.............................73
    2.5.8 Vectorworks................................74
    2.5.9 Aplicativos baseados em AutoCAD.............75

2.6 Aplicativos de revisão de projeto................... 76
    2.6.1 Visualizadores de modelos.................. 77
    2.6.2 Ferramentas para integração de modelos......... 79
    2.6.3 Ferramentas de verificação de modelo.......... 80
2.7 Conclusão....................................... 83
Questões para discussão do Capítulo 2................... 84

Capítulo 3 Colaboração e Interoperabilidade................... 85
3.0 Sumário executivo................................. 85
3.1 Introdução....................................... 86
3.2 Diferentes tipos de métodos de intercâmbio de dados..... 88
3.3 Informação básica sobre modelos de dados de produtos... 95
    3.3.1 Linguagens de modelagem................... 95
    3.3.2 ISO-STEP na construção de edificações.......... 96
    3.3.3 buildingSMART e IFC....................... 100
    3.3.4 O que é o IFC?........................... 100
    3.3.5 IDM e MVD.............................. 105
3.4 Outros esforços de apoio à padronização.............. 107
    3.4.1 buildingSMART Data Dictionary............... 107
    3.4.2 OmniClass............................... 107
    3.4.3 COBie................................... 108
    3.4.4 Esquemas baseados em XML................. 110
3.5 A evolução do intercâmbio baseado em arquivo
    para servidores BIM............................... 112
    3.5.1 Transações de projeto e sincronização.......... 113
    3.5.2 Funcionalidade dos servidores BIM............. 118
    3.5.3 Sobre o servidor BIM....................... 121
3.6 Tecnologias de interface........................... 124
    3.6.1 Abordagens semiautomáticas................. 125
    3.6.2 Abordagens semânticas..................... 126
Questões para discussão do Capítulo 3................... 128

**Capítulo 4 BIM para Proprietários e Administradores
de Edificações................................... 130**
4.0 Sumário executivo................................ 130
4.1 Introdução: por que os proprietários devem se
    interessar pelo BIM............................... 131
4.2 O papel do proprietário em um projeto BIM............ 133
    4.2.1 Avaliação de projeto....................... 133

    4.2.2 A complexidade da infraestrutura e do ambiente da construção.................. 139
    4.2.3 Sustentabilidade......................... 140
    4.2.4 Entidades de construção públicas: diretrizes de adoção do BIM....................... 140
  4.3 Gestão de custo e tempo......................... 142
    4.3.1 Gestão de custos........................ 142
    4.3.2 Tempo para o lançamento: gestão de cronograma......................... 144
    4.3.3 Gerenciamento de informações de ativos e de *facilities*............................. 148
    4.3.4 Guia de ferramentas BIM para proprietários..... 150
    4.3.5 Ferramentas BIM para estimativas de custo...... 150
    4.3.6 Ferramentas de gestão de *facilities* e ativos...... 150
    4.3.7 Ferramentas de simulação da operação........ 154
  4.4 Um modelo da edificação para proprietários e gerentes de *facilities*............................. 154
    4.4.1 O conteúdo das informações de um modelo BIM-FM........................ 154
    4.4.2 Abordagens alternativas à criação de um modelo BIM-FM........................ 156
    4.4.3 Classificação dos dados do modelo e padrões.............................. 157
  4.5 Conduzindo a implementação do BIM em um empreendimento............................... 160
    4.5.1 Desenvolva diretrizes para o uso do BIM nos empreendimentos...................... 162
    4.5.2 Construindo liderança e conhecimento internos............................... 164
    4.5.3 Seleção de prestadores de serviços........... 165
    4.5.4 Providencie um espaço comum para o pessoal de projeto e construção ("Big Room").... 167
  4.6 Barreiras à implementação do BIM: riscos e mitos comuns................................. 167
  4.7 Questões a serem consideradas pelos proprietários ao adotarem o BIM............................... 171
  Questões para discussão do Capítulo 4.................. 173

Capítulo 5 BIM para Arquitetos e Engenheiros................. 175
  5.0 Sumário executivo............................. 175
  5.1 Introdução.................................. 177

	5.2	Escopo dos serviços de projeto 179
		5.2.1 Formas colaborativas de entrega de projeto 180
		5.2.2 O conceito de desenvolvimento da informação ... 182
		5.2.3 Projetos de construção civil e infraestrutura 184
	5.3	Uso do BIM no processo de elaboração de projetos 186
		5.3.1 Projeto conceitual 187
		5.3.2 Pré-fabricação......................... 197
		5.3.3 Análise, simulação e otimização 197
		5.3.4 Modelos de edificação no nível da construção ... 204
		5.3.5 Integração projeto e construção 211
		5.3.6 Revisão de projeto...................... 212
	5.4	Modelos de objetos da construção e bibliotecas......... 215
		5.4.1 Incorporando *expertise* nos componentes de construção 216
		5.4.2 Biblioteca de objetos 217
		5.4.3 Portais BOM.......................... 220
		5.4.4 Bibliotecas no computador/rede local 221
	5.5	Considerações na adoção para a prática de projeto 223
		5.5.1 Justificativas e seleção da plataforma.......... 223
		5.5.2 Utilização em fases 225
	Questões para discussão do Capítulo 5................... 226
Capítulo 6	**BIM para Construtores**............................ 228
	6.0	Sumário executivo.............................. 228
	6.1	Introdução 230
	6.2	Tipos de firmas de construção 231
	6.3	Quais informações os construtores querem do BIM 232
	6.4	Processo de mudança para o BIM 234
		6.4.1 Construção mais enxuta 234
		6.4.2 Menos papel na construção 236
		6.4.3 Aumento na distribuição do trabalho 237
	6.5	Desenvolvendo um modelo BIM para construção 237
		6.5.1 Detalhamento para produção 239
		6.5.2 Escritório de projeto compartilhado ("Big Room") no canteiro de obras.............. 240
	6.6	Utilizando um modelo da informação da construção para o construtor 241
	6.7	3D: visualização e coordenação................... 242

6.8 4D: Análise e planejamento da construção 245
    6.8.1 Modelos 4D para dar suporte ao planejamento da construção 246
    6.8.2 Benefícios dos modelos 4D 249
    6.8.3 Ferramentas BIM com capacidades 4D 250
    6.8.4 Questões e diretrizes para planejamento e programação suportados por BIM 254
6.9 5D: levantamento de quantitativos e estimativa de custos 255
    6.9.1 Extração de quantidades a partir dos modelos BIM para orçamentação 257
    6.9.2 Diretrizes e questões sobre implementação de BIM para dar suporte ao levantamento de quantitativos e orçamentação 258
6.10 Planejamento e controle da produção 260
6.11 Fabricação fora do canteiro de obras e construção modular 261
6.12 BIM no canteiro de obras 262
    6.12.1 Entrega de informações de projeto em campo.... 263
    6.12.2 Coordenação da produção 267
    6.12.3 Levantamento das condições *in loco* 268
6.13 Controle de custos e cronograma, e outras funções gerenciais 270
6.14 Comissionamento e entrega de informações.......... 272
Questões para discussão do Capítulo 6.................... 273

Capítulo 7 BIM para Subempreiteiros e Fabricantes 275
7.0 Sumário executivo................................. 275
7.1 Introdução 276
7.2 Tipos de subempreiteiros e fabricantes............... 278
    7.2.1 Serviços de subempreiteiros 279
    7.2.2 Fornecedores de componentes padrão e produzidos sob encomenda 280
    7.2.3 Fabricantes de componentes projetados sob encomenda............................. 281
    7.2.4 Prestadores de serviços de projeto e coordenadores especialistas 282
    7.2.5 Serviço completo de projeto e construção pré-fabricada e construção modular........... 283

7.3 Os benefícios de um processo BIM para
fabricantes subempreiteiros........................ 283

    7.3.1 *Marketing* e licitações 285

    7.3.2 Tempos de ciclo de produção reduzidos......... 286

    7.3.3 Erros reduzidos de coordenação de projeto 287

    7.3.4 Menores custos de engenharia e detalhamento ... 291

    7.3.5 Aumento da utilização de tecnologias
de produção automatizada.................. 292

    7.3.6 Aumento da pré-montagem, pré-fabricação
e construção modular...................... 293

    7.3.7 Controle de qualidade, gerenciamento da
cadeia de suprimentos e manutenção no ciclo
de vida................................. 296

7.4 Requisitos genéricos do sistema BIM para fabricantes.... 298

    7.4.1 Peças e relações paramétricas e
personalizáveis........................... 298

    7.4.2 Relatório de componentes para fabricação...... 302

    7.4.3 Interface com sistemas de informações
gerenciais............................... 303

    7.4.4 Interoperabilidade......................... 303

    7.4.5 Visualização de informação 304

    7.4.6 Automação das tarefas de fabricação 304

7.5 Requisitos específicos de BIM para fabricação......... 305

    7.5.1 Fabricantes tradicionais de componentes PSE 306

    7.5.2 Construção modular....................... 314

    7.5.3 Impressão 3D e construção robótica 315

7.6 Adoção do BIM em operação de fabricação 317

    7.6.1 Estabelecimento de metas apropriadas.......... 317

    7.6.2 Atividades para adoção.................... 318

    7.6.3 Planejamento do ritmo de mudança............ 320

    7.6.4 Considerações sobre recursos humanos 321

Questões para discussão do Capítulo 7................ 322

Capítulo 8 Facilitadores da Adoção e da Implementação BIM 323

    8.0 Sumário executivo............................ 323

    8.1 Introdução 324

- 8.2 Mandatos BIM 324
  - 8.2.1 Significância dos mandatos BIM por parte do governo 325
  - 8.2.2 O *status* de mandatos BIM governamentais ao redor do mundo 325
  - 8.2.3 Motivações 327
  - 8.2.4 Requisitos BIM 328
  - 8.2.5 Desafios e considerações 329
- 8.3 *Roadmaps*, Modelos de Maturidade e Medidas BIM..... 330
  - 8.3.1 *Roadmaps* BIM 330
  - 8.3.2 Modelos de maturidade BIM 335
  - 8.3.3 Medidas BIM 339
- 8.4 GUIAS BIM 340
  - 8.4.1 Guias BIM por região e organização 340
  - 8.4.2 Guias BIM por tópico 342
- 8.5 Educação e treinamento BIM 345
  - 8.5.1 Transição dos funcionários sêniores 346
  - 8.5.2 Funções e responsabilidades BIM 346
  - 8.5.3 Programas de treinamento e certificação pelo setor da construção 349
  - 8.5.4 Programas de ensino universitários 355
  - 8.5.5 Considerações para o treinamento e desenvolvimento 356
- 8.6 Questões legais, de segurança e melhores práticas 358
  - 8.6.1 Questões legais e de propriedade intelectual 358
  - 8.6.2 Segurança cibernética para o BIM 360
  - 8.6.3 As melhores práticas e outras questões sociais ... 361
  - Agradecimentos 361
- Questões para discussão do Capítulo 8 362

Capítulo 9 O Futuro: Construindo com o BIM 364
- 9.0 Sumário executivo 364
- 9.1 Introdução 366
- 9.2 O BIM antes de 2000: Previsão de tendências 367
- 9.3 Desenvolvimento e impacto do BIM: 2000 a 2017 370
  - 9.3.1 Impactos sobre os proprietários: opções melhores, confiabilidade melhor 371
  - 9.3.2 Impacto do BIM nas profissões de projeto 373
  - 9.3.3 O impacto nas construtoras 373

	9.3.4	O impacto nos fornecedores de materiais e componentes de construção	374
	9.3.5	O impacto no ensino da construção: educação integrada	374
	9.3.6	O impacto nas autoridades legais: acesso e análise do modelo	375
	9.3.7	O impacto na documentação do projeto: desenhos sob demanda	375
	9.3.8	O impacto nas ferramentas BIM: mais integração, mais especialização, mais informações	376
9.4	As tendências atuais		376
	9.4.1	Tendências do processo	377
	9.4.2	Tendências da tecnologia	381
	9.4.3	Tendências do processo integrativo e da tecnologia	382
	9.4.4	Tendências nas pesquisas sobre BIM	383
	9.4.5	Os obstáculos à mudança	385
9.5	Visão para 2025		386
	9.5.1	O projeto e a construção totalmente digitais	387
	9.5.2	Uma nova cultura de inovação na construção	388
	9.5.3	Construção *offsite* (fora do canteiro ou industrializada)	389
	9.5.4	Regulação da construção: conferência de códigos automatizada	390
	9.5.5	Inteligência artificial na construção civil	391
	9.5.6	Globalização	393
	9.5.7	Suporte para a construção sustentável	393
9.6	Além de 2025		394
		Agradecimentos	397
Questões para discussão do Capítulo 9			397

Capítulo 10 Estudos de Caso do BIM 398

10.0	Introdução		398
		Agradecimentos	401
10.1	Hyundai Motorstudio, Goyang, Coreia do Sul		404
	10.1.1	Visão geral do projeto	404
	10.1.2	Arranjo espacial complexo: a coordenação do projeto baseada no BIM	406
	10.1.3	Exterior padronizado de forma livre: geração de painéis (painelização)	408

	10.1.4	Estrutura de megatreliça: escaneamento a laser	410
	10.1.5	Lacuna de percepção entre participantes: realidade virtual (VR) e simulação 4D.	414
	10.1.6	Necessidades de redução de cronograma: pré-fabricação de múltiplas especialidades.	417
	10.1.7	Lições aprendidas e conclusão	419
		Agradecimentos	420
10.2	Hospital Saint Joseph, Denver, Estados Unidos	420
	10.2.1	Estrutura organizacional e acordo de colaboração	421
	10.2.2	O Plano de Execução BIM	422
	10.2.3	Simulações e análises	426
	10.2.4	Suporte do BIM para a pré-fabricação	426
	10.2.5	Garantir as métricas ajuda a informar esforços futuros	429
	10.2.6	Riscos e benefícios à segurança decorrentes do uso do BIM e da pré-fabricação	430
	10.2.7	BIM no canteiro de obras	431
	10.2.8	BIM para gerenciamento das instalações	431
	10.2.9	Lições aprendidas: melhores práticas	432
		Agradecimentos	433
		Recursos *on-line*.	433
10.3	Residência estudantil da Nanyang Technological University, Cingapura	434
	10.3.1	Introdução	434
	10.3.2	Visão geral do projeto	434
	10.3.3	Organização e gerenciamento do projeto	438
	10.3.4	Fluxo de trabalho de PPVC	438
	10.3.5	Implementação do BIM.	443
	10.3.6	Biblioteca PPVC paramétrica.	444
	10.3.7	Realização de benefícios	453
	10.3.8	Conclusão e lições aprendidas	455
		Agradecimentos	457
10.4	Mapletree Business City II, Cingapura	457
	10.4.1	Introdução	457
	10.4.2	Questões de comunicação e colaboração	463
	10.4.3	Reuniões de coordenação do BIM	464
	10.4.4	Planejando a execução do BIM.	467
	10.4.5	Intercâmbio de dados	467

	10.4.6	Ganhos de produtividade................. 468
	10.4.7	Usos inovadores do BIM.................. 470
	10.4.8	Simulações e análises 476
	10.4.9	O BIM no canteiro de obras 479
	10.4.10	Conclusão 487
		Agradecimentos 489
10.5	Aeroporto Internacional Príncipe Mohammad Bin Abdulaziz, Medina, Árabia Saudita 489
	10.5.1	Informações sobre o projeto 489
	10.5.2	Uso inovador do BIM.................... 490
	10.5.3	Comunicação e colaboração 493
	10.5.4	Participação dos envolvidos 494
	10.5.5	Riscos................................ 497
	10.5.6	O BIM no canteiro de obras 502
	10.5.7	Aprendizados: problemas, desafios, soluções.... 502
	10.5.8	Conclusão e perspectivas 508
		Agradecimentos 509
10.6	Instituto médico Howard Hughes, Chevy Chase, Maryland......................................509
	10.6.1	Introdução 509
	10.6.2	Antecedentes 510
	10.6.3	Os desafios 511
	10.6.4	Um BIM com capacidade para FM 512
	10.6.5	Análise de impactos usando um BIM com capacidade para FM..................... 515
	10.6.6	Lições aprendidas até o momento 516
	10.6.7	O caminho futuro....................... 518
		Agradecimentos 518

Glossário....................................... 520

Referências..................................... 529

Índice... 545

CAPÍTULO 1

Introdução

1.0 SUMÁRIO EXECUTIVO

O BIM (do inglês, *Building Information Modeling*, Modelagem da Informação da Construção) tornou-se um valiosíssimo facilitador de processos para os serviços de arquitetura, engenharia e construção (AEC) modernos. Com a tecnologia BIM, modelos virtuais precisos de uma edificação são construídos de forma digital. Esses modelos oferecem suporte a todas as fases de projeto, proporcionando análise e controle melhores do que são possíveis com os processos manuais. Quando completos, esses modelos computacionais contêm geometria precisa e os dados necessários para dar suporte às atividades de construção, fabricação e contratação por meio das quais uma edificação é construída, operada e mantida.

O BIM também incorpora muitas das funções necessárias para modelar o ciclo de vida de uma edificação, proporcionando a base para novas capacidades de construção e projeto e modificações nos papéis e relacionamentos da equipe envolvida no empreendimento. Quando implementado de maneira apropriada, o BIM facilita um processo de projeto e construção mais integrados que resulta em construções de melhor qualidade com custo e prazo de execução reduzidos. O BIM também dá suporte à melhoria no gerenciamento de facilidades (FM, *Facility Management*) e às futuras modificações pelas quais o prédio pode passar. O objetivo deste livro é oferecer os conhecimentos necessários para permitir ao leitor entender tanto a tecnologia quanto os processos de negócio que estão por trás de um uso produtivo do BIM.

Este capítulo começa com uma descrição das práticas de construção existentes e documenta as ineficiências inerentes a esses métodos. A seguir, explica-se a tecnologia por trás do BIM e recomendam-se caminhos para melhor aproveitar os novos processos de negócio que ele possibilita para todo o ciclo de vida de uma edificação. Conclui-se com uma avaliação de vários problemas que podem surgir durante a migração para a tecnologia BIM.

1.1 INTRODUÇÃO

Para entender melhor as mudanças significativas que o BIM introduz, este capítulo descreve os atuais métodos de construção e projeto baseados em papel e os modelos de negócio predominantes tradicionalmente usados pela indústria da construção. Em seguida, são descritos diversos problemas associados a essas práticas, esboça-se o que é o BIM e explica-se como ele se distingue de projetos auxiliados por computador (CAD, *Computer-Aided Design*) em 2D e em 3D. Descrevemos brevemente os tipos de problemas que o BIM pode resolver e os novos modelos de negócio que ele permite. O capítulo encerra com uma apresentação dos problemas mais significativos que podem surgir quando se usa a tecnologia, que, apesar de 20 anos de aplicação comercial, ainda está evoluindo.

1.2 O ATUAL MODELO DE NEGÓCIOS DA INDÚSTRIA DA CONSTRUÇÃO

Tradicionalmente, os processos de desenvolvimento de edificações são fragmentados e dependentes da comunicação com o uso de desenhos 2D. Erros e omissões nos documentos em papel frequentemente resultam em custos imprevistos em campo, atrasos e eventuais litígios judiciais entre os vários participantes de um empreendimento. Esses problemas causam atritos, gastos financeiros e atrasos. Esforços para tratar esses problemas incluíram estruturas organizacionais alternativas, como o contrato para projeto e construção (*design-build*); o uso de tecnologias de "tempo real", como *sites* de empreendimentos para compartilhar plantas e documentos; e a implementação de ferramentas de CAD 3D. Embora esses métodos tenham aumentado o intercâmbio oportuno de informações, eles fizeram pouco para reduzir a gravidade e a frequência dos conflitos causados pelo uso de documentos em papel ou seus equivalentes eletrônicos.

Um dos problemas mais comuns associados à comunicação baseada em representações 2D durante a fase de projeto é o tempo e o gasto consideráveis requeridos para gerar informações críticas para a avaliação de uma proposta de projeto, incluindo estimativas de custo, análise de uso de energia, detalhes estruturais, etc. Essas análises normalmente são feitas por último, quando já é muito tarde para efetuar modificações significativas no projeto. Uma vez que essas melhorias iterativas não acontecem durante a fase de projeto, *engenharia de valor* deve então ser feita para tratar inconsistências, o que geralmente resulta em concessões no projeto original.

Qualquer que seja a forma de contratação, certas estatísticas são comuns a quase todos os projetos de grande escala (US$ 10M ou mais), incluindo o número de pessoas envolvidas e a quantidade de informação gerada. Os dados a seguir foram compilados por Maged Abdelsayed da Tardif, Murray & Associates, uma empresa de construção localizada em Quebec, no Canadá (Hendrickson, 2003):

- Número de participantes (empresas): 420 (incluindo todos os fornecedores, empreiteiros e subempreiteiros)
- Número de participantes (indivíduos): 850
- Número de tipos diferentes de documentos gerados: 50
- Número de páginas de documentos: 56.000
- Número de caixas grandes de arquivo para guardar os documentos: 25
- Número de armários de pastas suspensas de 4 gavetas: 6
- Número de árvores de 50 cm de diâmetro, 20 anos de vida, 15 m de altura, usadas para gerar esse volume de papel: 6
- Número equivalente de megabytes de dados eletrônicos para guardar esse volume de papel (escaneado): 3.000 MB

Não é fácil gerenciar um esforço envolvendo esse grande número de pessoas e documentos, qualquer que seja a abordagem contratual adotada. A Figura 1.1 ilustra os membros típicos de uma equipe de empreendimento e suas várias fronteiras organizacionais.

Existem três métodos principais de contratação no setor da contratação nos Estados Unidos: Projeto-Concorrência-Construção (DBB, *Design-Bid-Building*), Projeto e Construção (DB, *Design-Build*) e Construção por Administração com Risco para a Gerenciadora (CM@R, *Construction Management at Risk*). Há também muitas variações desses

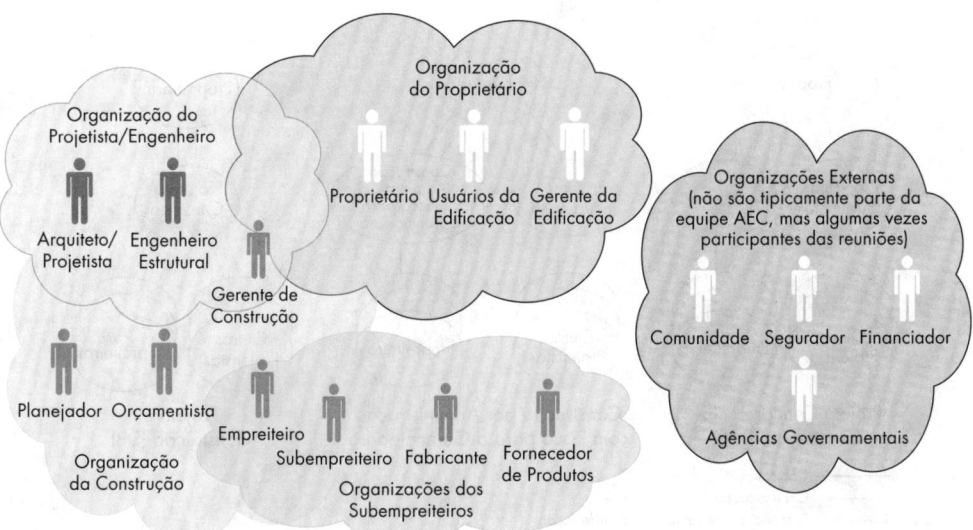

FIGURA 1.1 Diagrama conceitual representando uma equipe de empreendimento AEC e as fronteiras organizacionais típicas.

métodos de contratação (Sanvido e Konchar, 1999; Warne e Beard, 2005). Um quarto método, bastante distinto dos três primeiros, chamado Desenvolvimento Integrado de Empreendimentos (IPD, *Integrated Project Delivery*), está se tornando cada vez mais popular entre os proprietários sofisticados de edifícios. Analisemos detalhadamente as quatro abordagens.

1.2.1 Projeto-Concorrência-Construção (DBB)

Um percentual significativo dos prédios é construído com a abordagem de Projeto-Concorrência-Construção. As principais vantagens dessa abordagem são licitações mais competitivas para alcançar o menor preço possível para o proprietário e menor pressão política para selecionar determinado empreiteiro (esta última é particularmente importante para empreendimentos públicos). A Figura 1.2 ilustra de modo básico o processo de contratação típico do sistema Projeto-Concorrência-Construção, comparando-o com os processos típicos do Construção por Administração com Risco para a Gerenciadora e do Projeto e Construção (ver a Seção 1.2.2).

No modelo DBB, o cliente (proprietário) contrata um arquiteto, que então desenvolve uma lista de requisitos da construção (um programa) e estabelece os objetivos de projeto do empreendimento. O arquiteto percorre uma série de fases: projeto preliminar, desenvolvimento do projeto e documentação contratual. Os documentos finais devem cumprir o programa e satisfazer aos códigos de obras e de zoneamento. O arquiteto contrata empregados ou consultores para dar assistência no projeto de componentes estruturais, de ar condicionado, de hidráulica e de esgoto. Esses projetos são registrados em desenhos (plantas, elevações, perspectivas), que devem ser coordenados para refletir todas as modificações à medida que elas ocorrem. O conjunto final de desenhos e especificações deve conter detalhes suficientes para facilitar as licitações da construção. Devido à potencial responsabilidade por erros, um arquiteto pode decidir por incluir poucos

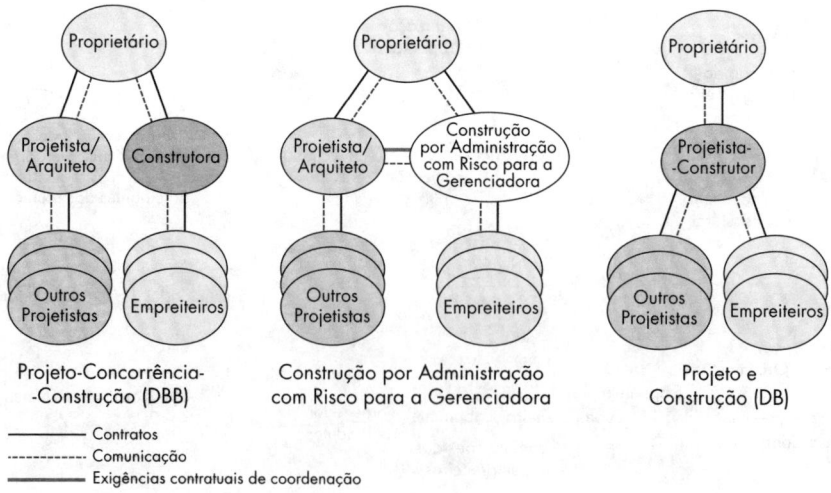

FIGURA 1.2 Diagrama básico dos processos de contratação utilizados na construção conhecidos como Projeto-Concorrência-Construção, Projeto e Construção e Construção por Administração com Risco para a Gerenciadora.

detalhes nos desenhos ou inserir uma nota indicando que as dimensões nos desenhos não são precisas. Essas práticas com frequência levam a disputas com a construtora, à medida que erros e omissões são detectados e responsabilidades e custos extras são realocados.

A segunda etapa envolve a obtenção de orçamentos das construtoras. O proprietário e o arquiteto podem participar na determinação de quais construtoras podem concorrer. Cada construtora deve receber um conjunto de desenhos e especificações que são então usados para compilar um *levantamento de quantidades independente*. Esse quantitativo, juntamente com os orçamentos dos subempreiteiros, é usado para determinar sua *estimativa de custo*. Subempreiteiros selecionados pela construtora devem seguir o mesmo processo para a parte do projeto na qual eles estão envolvidos. Em função dos esforços exigidos, os construtores (encarregados e empreiteiros) costumam gastar cerca de 1% de seus custos estimados com a orçamentação.[1] Se um construtor vence cerca de uma a cada 6 a 10 licitações de que participou, o custo por proposta bem-sucedida tem média entre 6 a 10% do custo total do projeto. Esse gasto entra nos custos indiretos das construtoras e empreiteiros.

A construtora vencedora costuma ser aquela que apresenta o menor preço responsável, incluindo o trabalho a ser feito pela construtora e pelos empreiteiros selecionados. Antes que o trabalho possa começar, geralmente a construtora precisa redesenhar alguns dos desenhos para refletir o processo construtivo e as fases do trabalho. Esses desenhos são chamados de *plantas gerais de implantação*. Os empreiteiros e os fabricantes de componentes sob medida também devem produzir seus próprios *desenhos detalhados* para refletir com precisão o detalhamento de certos itens, como peças de concreto pré-moldado, conexões em aço, detalhes das paredes, caminhos das tubulações, etc.

A necessidade de desenhos precisos e completos também se faz presente nos desenhos detalhados, uma vez que eles são as representações mais minuciosas e são usados para a fabricação em si. Se esses desenhos forem imprecisos ou incompletos, ou se forem baseados em desenhos desatualizados ou que contêm erros, inconsistências ou omissões, então surgirão na obra conflitos que custam caro e consomem tempo. Os custos associados a esses conflitos podem ser significativos.

Inconsistência, imprecisão e incertezas no projeto tornam difícil a fabricação de materiais fora do canteiro. Como resultado, a maior parte da fabricação e da construção deve ser feita no canteiro e somente quando as condições exatas são conhecidas. A construção no canteiro é mais cara, mais demorada e propensa a erros que não ocorreriam se o trabalho fosse feito em um ambiente de fábrica, onde a produtividade é mais alta, o trabalho é feito de forma mais segura e o controle de qualidade é melhor.

Frequentemente, durante a fase de construção, diversas modificações são feitas no projeto como resultado de erros e omissões não conhecidos previamente, condições no canteiro não previstas, mudanças na disponibilidade de materiais, questões sobre o projeto, novos requisitos do cliente e novas tecnologias. Elas precisam ser resolvidas pela equipe de projeto. Para cada modificação, é requerido um procedimento para determinar a causa, apontar responsabilidades, avaliar implicações de tempo e custos e determinar como o problema será resolvido. Esse procedimento, seja feito por escrito ou por meio de ferramentas baseadas na *web*, envolve uma Solicitação de Informação (RFI, *Request for Information*),

---

[1] Isso se baseia em experiências pessoais de dois dos autores ao trabalhar no setor da construção. Esse custo inclui as despesas incorridas para se obter os documentos necessários à elaboração de propostas, à quantificação de materiais, à coordenação com fornecedores e empreiteiros e aos processos de orçamentação.

que deve então ser respondida pelo arquiteto ou por outro participante relevante. Depois, uma Ordem de Modificação (CO, *Change Order*) é emitida, e todas as partes implicadas são notificadas sobre a modificação, que é comunicada juntamente com as mudanças necessárias nos desenhos. Essas modificações e resoluções frequentemente levam a disputas judiciais, acrescentam custos e causam atrasos. Produtos baseados na *web* para o gerenciamento dessas transações realmente auxiliam a equipe do empreendimento a ficar a par de cada modificação, mas como eles não enfrentam a causa do problema, os benefícios de seu uso são pequenos.

Problemas também surgem sempre que uma construtora propõe um orçamento abaixo do custo estimado, para ganhar o serviço. Enfrentando a "maldição do vencedor", os construtores frequentemente abusam do processo de modificações dos projetos, buscando recuperar as perdas incorridas em relação ao orçamento original. Isso, é claro, conduz a mais disputas entre o proprietário e a equipe do empreendimento.

Adicionalmente, o processo DBB requer que a compra de todos os materiais seja retida até que o proprietário aprove o orçamento, o que significa que itens que exigem um prazo maior para obtenção podem estender o cronograma do projeto. Por essa e outras razões (descritas a seguir), a abordagem DBB com frequência é mais demorada que a abordagem DB.

A fase final é o comissionamento do edifício, que se dá depois que a construção é finalizada. Isso envolve o teste dos sistemas prediais (de aquecimento, de refrigeração, elétricos, hidráulicos, de *sprinklers*, etc.) para se ter certeza de que eles estão funcionando adequadamente. Dependendo dos requisitos do contrato, os desenhos finais são então produzidos, a fim de refletir todas as modificações conforme foram construídas (*as-built*), e estes são entregues ao proprietário junto com todos os manuais dos equipamentos instalados. Nesse ponto, o processo DBB está completo.

Uma vez que toda a informação fornecida ao proprietário é em 2D (no papel ou em arquivos eletrônicos equivalentes), ele deve despender um esforço considerável para transmitir todas as informações relevantes para a equipe de gerenciamento de facilidades encarregada da manutenção e da operação da edificação. Esse processo é trabalhoso, propenso a erros e caro, sendo uma barreira significativa à operação e manutenção efetiva das edificações. Como resultado desses problemas, a abordagem DBB provavelmente não é a abordagem mais expedita e eficiente do ponto de vista dos custos para projeto e construção. Outras abordagens têm sido desenvolvidas para enfrentar esses problemas.

1.2.2 Projeto e Construção (DB)

O processo Projeto e Construção foi desenvolvido para consolidar a responsabilidade pelo projeto e pela construção em uma única entidade contratada e para simplificar a administração de tarefas para o proprietário (Beard *et al.*, 2005). Nesse modelo, o proprietário contrata diretamente a equipe de projeto e construção (geralmente uma construtora que também faz projetos ou trabalha com um arquiteto) para que ela desenvolva um programa de necessidades bem definido e um projeto preliminar que atenda aos requisitos do proprietário. A seguir, o empreiteiro DB estima o custo total e o tempo necessário para projetar e construir a edificação. Depois que todas as modificações pedidas pelo proprietário forem implementadas, as plantas são aprovadas e o orçamento estimado final para o empreendimento é estabelecido. É importante notar que, uma vez que o modelo DB permite modificações no projeto da construção nas fases iniciais, o custo e o tempo necessários para incorporar essas modificações são reduzidos. O empreiteiro DB estabelece relacionamentos contratuais com projetistas especializados e subempreiteiros, conforme necessário. Depois disso, a construção começa, e qualquer modificação posterior no projeto (dentro de limites predefinidos) torna-se responsabilidade do empreiteiro DB. O mesmo é verdade para erros e omissões. Não é necessário que os desenhos detalhados estejam completos para todas as partes da edificação antes do começo da construção das fundações e nos primeiros elementos de construção. Como resultado dessas simplificações, a edificação tipicamente é terminada antes, com menos complicações legais e a um custo total consideravelmente reduzido. Por outro lado, há menor flexibilidade para o proprietário fazer modificações depois que o projeto inicial é aprovado e que o montante do contrato é estabelecido.

O modelo DB tornou-se comum nos Estados Unidos, mas também é muito empregado em outros países. Um relatório da RS Means Market Intelligence (Duggan e Patel, 2013) concluiu que a participação de contratos DB nos projetos de construção não residencial nos Estados Unidos cresceu de aproximadamente 30% em 2005 para 38% em 2012. Uma parcela particularmente elevada (mais de 80%) de contratações desse tipo foi realizada em construções militares.

O uso do BIM em um empreendimento DB é claramente recomendável. O Los Angeles Community College District (LACCD) definiu e aprimorou um conjunto claro de diretrizes para esse uso do BIM em seus contratos de projeto e construção (BuildLACCD, 2016). A Figura 1.3, reproduzida do guia LACCD, mostra o fluxo de trabalho e de entregáveis para essa norma, com uma clara demarcação da passagem do papel de facilitador BIM da fase de projeto para a de construção.

1.2.3 Construção por Administração com Risco para a Gerenciadora (CM@R)

O desenvolvimento de empreendimentos mediante Construção por Administração com Risco para a Gerenciadora é um método por meio do qual o proprietário contrata um projetista para a prestação de serviços de projeto, mas também contrata um gerente de construção para prestar serviços de gestão da execução de um projeto durante as fases de pré-construção e construção. Esses serviços podem incluir o preparo e a coordenação de pacotes para licitação pública, cronogramas, controle de custos, engenharia de valor e administração da obra. O gerente de obra costuma ser um construtor licenciado, o qual garante o custo do empreendimento (ou seja, o preço máximo garantido). O proprietário, por sua vez, é responsável pelo projeto antes que um preço máximo garantido possa ser estipulado. Ao contrário do DBB, a CM@R põe o construtor no processo de projeto em uma etapa na qual ele pode dar contribuições significativas. O valor desse método de desenvolvimento consiste no envolvimento precoce do construtor e na redução de responsabilidade do proprietário por estouro no orçamento.

1.2.4 Desenvolvimento Integrado de Empreendimentos (IPD)

O Desenvolvimento Integrado de Empreendimentos é um processo de trabalho relativamente novo e que está se popularizando à medida que o uso do BIM se torna mais comum e o setor da construção e operação (AEC/FM) aprende a usar essa tecnologia para dar suporte a equipes integradas. Há inúmeras abordagens ao IPD, já que o setor da construção ainda está experimentando esse processo. O American Institute of Architects (AIA), a Association of General Contractors (AGC) e outras organizações publicaram

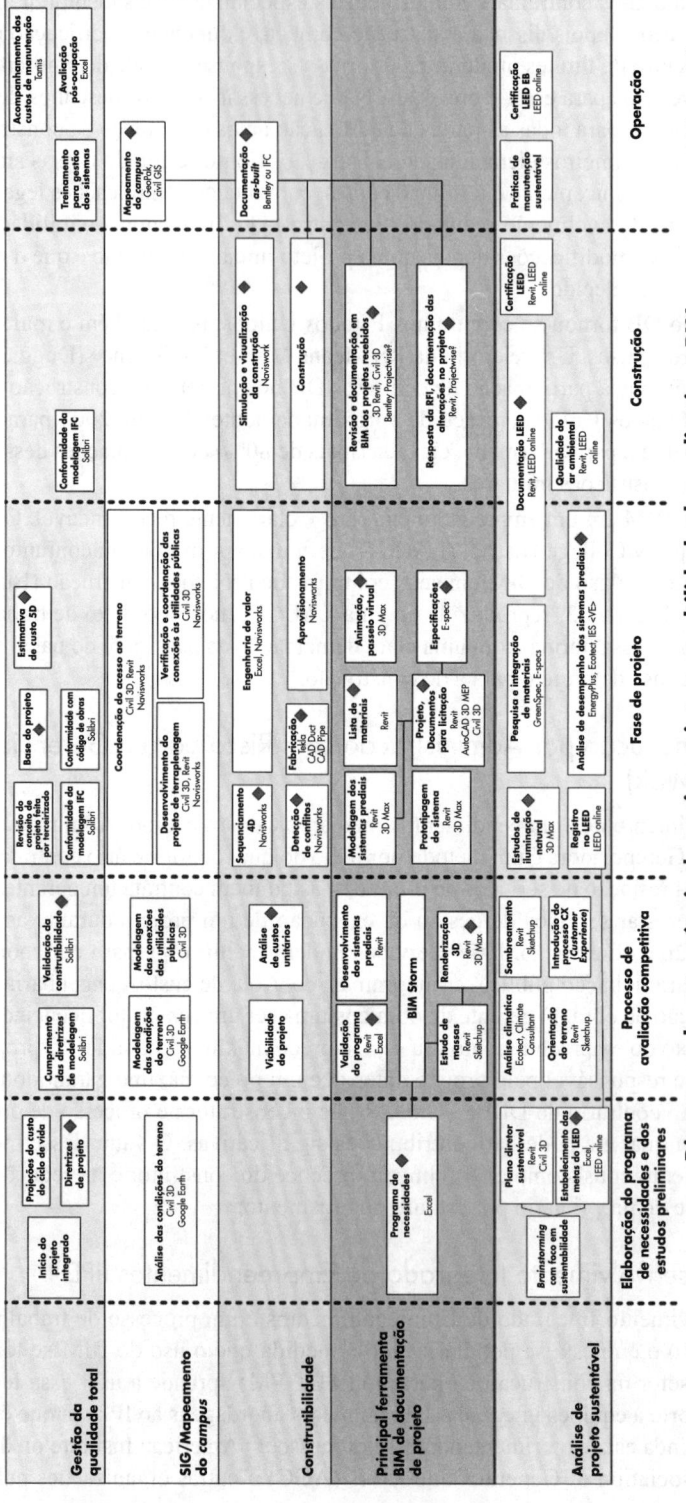

FIGURA 1.3 Processo para os projetos do tipo DESIGN BUILD do Los Angeles Community College (BuildLACCD, 2016). Reproduzida com a permissão de BuildLACDD.

modelos de contrato para uma família de versões de IPD (AIA, 2017). Em todos os casos, os projetos integrados são diferenciados pela efetiva colaboração entre o proprietário, o projetista principal (e, possivelmente, os complementares) e o construtor (e, possivelmente, os empreiteiros-chave). Essa colaboração inicia nas etapas preliminares de projeto e continua até a entrega final do empreendimento. O conceito-chave é que essa equipe de projeto trabalha junto usando as melhores ferramentas de colaboração disponíveis a fim de garantir que o projeto atenda às necessidades do proprietário com redução significativa de tempo e custo. O proprietário precisa participar dessa equipe, ajudando a gerenciar o processo, ou contratar um consultor para representar seus interesses. Às vezes ambos participam. Os dilemas que sempre fazem parte de um processo de projeto podem ser mais bem avaliados com o uso do BIM, envolvendo custos, consumo de energia, funcionalidade, estética e construtibilidade. Dessa maneira, o BIM e o IPD andam juntos e representam uma clara quebra em relação aos processos lineares atuais, que protegem e restringem o fluxo de informações, com representações do produto obscuras e relacionamentos antagônicos. Sem dúvida, o proprietário é o principal beneficiário do IPD, mas esse processo exige que ele tenha conhecimentos suficientes para que possa participar e consiga especificar nos contratos o que espera dos participantes e como isso será alcançado. As questões legais do uso do IPD são muito importantes e são discutidas nos Capítulos 4 e 6. O estudo de caso do Saint Joseph Hospital, que se encontra no Capítulo 10, é um exemplo de empreendimento usando IPD.

1.2.5 Que tipo de contratação de construção é melhor quando o BIM é utilizado?

Há diversas variações do processo do projeto à construção, incluindo a organização da equipe do empreendimento, a forma de pagamento dos membros da equipe e quem absorve os vários riscos. Há contratos a preço global, contratos de custo mais uma taxa fixa ou percentual, várias formas de contratos negociados, etc. Está fora do escopo deste livro descrever cada um desses contratos e seus benefícios e problemas associados (ver Sanvido e Konchar, 1999, e Warne e Beard, 2005).

Considerando o uso do BIM, as questões gerais que melhoram ou pioram as mudanças positivas que essa tecnologia oferece dependem de quão bem e em que estágio a equipe do empreendimento trabalha colaborativamente sobre um ou mais modelos digitais. A abordagem DBB apresenta o maior desafio para o uso do BIM, pois o construtor não participa do processo de projeto, e, portanto, deve construir um novo modelo de construção após o término do projeto. A abordagem DB pode proporcionar uma oportunidade excelente para explorar a tecnologia BIM, porque uma única entidade é responsável pelo projeto e pela construção. A abordagem CM@R permite o envolvimento do construtor no processo de projeto desde o seu início, aumentando o benefício do uso do BIM e de outras ferramentas de colaboração. Várias formas de desenvolvimento integrado de empreendimentos vêm sendo utilizadas a fim de otimizar os benefícios do BIM e de processos *lean* (com menos desperdício, variabilidade e sobrecarga). Outras formas de contratação também podem se beneficiar do uso do BIM, porém alcançarão benefícios somente parciais, principalmente se a tecnologia BIM não for usada de forma colaborativa durante a fase de projeto.

1.3 INEFICIÊNCIAS DOCUMENTADAS DAS ABORDAGENS TRADICIONAIS

Esta seção documenta como as práticas tradicionais produzem desperdício e erros desnecessários. Evidências de baixa produtividade na obra estão ilustradas em um gráfico desenvolvido pelo Center for Integrated Facility Engineering (CIFE) na Stanford University (Teicholz, 2001). O impacto de um fluxo pobre de informações e da redundância está ilustrado usando os resultados de um estudo executado pelo National Institute of Standards and Technology (NIST) (Gallaher *et al.*, 2004).

1.3.1 Estudo do CIFE sobre a produtividade do trabalho na indústria da construção

Custos extras associados às práticas tradicionais de projeto e construção têm sido documentados por diversas pesquisas. Paul Teicholz foi o primeiro a chamar atenção para a diferença significativa de produtividade entre o setor da construção e as demais indústrias não agrícolas em um artigo amplamente divulgado em 2001. Dados compilados mais recentemente, mostrados na Figura 1.4, indicam que persiste a tendência de produtividade mais fraca no setor da construção quando comparado ao da manufatura, mas também apontam para a diferença desse índice entre as atividades de construção *in loco* e aquelas fora do canteiro (pré-fabricação). É evidente que a pré-fabricação é mais produtiva do que a construção *in loco*.

Os dados para as curvas da Figura 1.4 foram obtidos do Censo Econômico Americano (U.S. Census Bureau, 2016a). Os valores dos índices de produtividade foram calculados dividindo-se valor adicionado constante em dólares pelo número de empregados. O setor manufatureiro inclui todos os códigos NAICS 31-33.* Os valores para a construção pré-fabricada foram calculados com o uso de uma variedade de setores, incluindo o de manufatura de janelas e portas de metal, metal estrutural, produtos de concreto, pré-moldados de concreto e de aço e elevadores e escadas rolantes. Os valores para construção *in loco* usaram diversos setores, como o dos vidraceiros, concretagem, instalação de

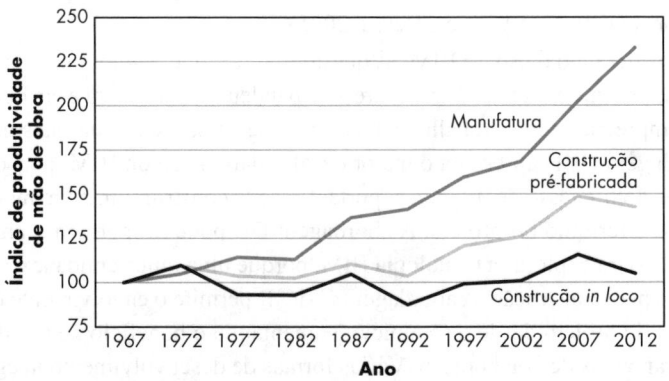

FIGURA 1.4 Índices de produtividade da mão de obra para atividades de manufatura, construção pré-fabricada e construção *in loco*, 1967–2015.

---

* N. de R.T.: Os códigos NAICS (North American Industry Classification System) são usados para identificar indústrias. As séries 31 a 33 incluem todos os setores industriais, exceto construção e agropecuária.

gesso acartonado e isolamento térmico. Durante o período coberto de 45 anos, a produtividade da indústria manufatureira mais do que dobrou. Enquanto isso, a produtividade dos serviços de construção executados *in loco* praticamente não mudou. Ela é periódica e negativamente afetada pela desaceleração econômica, como a que seguiu a crise econômica de 2008, expressa no censo econômico de 2012. A construção pré-fabricada, que, em sua maior parte, é considerada como pertencente à indústria manufatureira para propósitos do censo econômico, mostra melhoria na produtividade, mas também está sujeita à influência do clima econômico na construção. É claro que muitas melhorias na tecnologia e nos materiais foram feitas nas edificações nas últimas quatro décadas. Talvez os resultados sejam melhores do que parecem, porque a qualidade aumentou substancialmente e a pré-fabricação fora do canteiro está se tornando um fator maior.

As construtoras têm feito maior uso dos componentes produzidos fora do canteiro que se beneficiam das condições nas fábricas e de equipamentos especializados. Isso claramente permite maior qualidade e menor custo de produção dos componentes, em comparação ao trabalho no canteiro (Eastman e Sacks, 2008).

Enquanto as razões para o aparente decréscimo na produtividade da construção não estão completamente entendidas, as estatísticas são dramáticas e apontam para impedimentos estruturais significativos dentro da indústria da construção. Está claro que as eficiências atingidas na indústria seriada por meio da automação, do uso de sistemas de informação, de um melhor gerenciamento da cadeia de suprimentos e de ferramentas de colaboração aperfeiçoadas ainda não foram alcançadas na construção. As possíveis razões para isso incluem:

- Sessenta e cinco por cento das empresas de construção consistem em menos de cinco pessoas, tornando difícil para elas investirem em novas tecnologias; mesmo as maiores empresas representam menos de 0,5% do volume total de construção e não são capazes de estabelecer uma liderança na indústria (ver a Figura 6.1 no Capítulo 6).
- Os salários reais ajustados pela inflação e o pacote de benefícios dos trabalhadores da construção estagnaram durante esse período. A participação dos trabalhadores sindicalizados diminuiu, e o uso de trabalhadores imigrantes cresceu, desencorajando a necessidade de inovações que reduzem o trabalho manual. Foram introduzidas inovações, como pistolas de pregos, equipamentos maiores e mais eficientes para movimentação de terra e gruas melhores, mas as melhorias em produtividade associadas a elas não foram suficientes para modificar a produtividade laboral como um todo.
- Ampliações, reformas e reconstruções representam cerca de 29%, e manutenção e reparos, aproximadamente 16% do volume de construção. É mais difícil usar métodos intensivos em capital nesses tipos de serviço. Eles, por sua própria natureza, envolvem muita mão de obra, e isso não deverá mudar. As obras novas representam apenas 55% do volume de construção total (U.S. Census Bureau, 2016a).
- A adoção de novas e melhores práticas comerciais tanto dentro do projeto quanto da construção tem sido notadamente lenta e limitada principalmente às empresas de grande porte. Além disso, a introdução de novas tecnologias tem sido fragmentada. Muitas vezes é necessário voltar ao papel ou aos desenhos feitos em CAD 2D para que todos os membros de uma equipe de empreendimento sejam capazes de se comunicar e para manter um número suficientemente grande de potenciais construtoras e subempreiteiros participantes de uma licitação. Praticamente todos os órgãos públicos ainda exigem a entrega de jogos de desenho impressos para os processos

de solicitação de alvará para construção. Por esses motivos, o papel continua sendo muito utilizado nesse setor econômico.
- Enquanto os fabricantes costumam ter acordos de longo prazo e colaboram de forma combinada com os mesmos parceiros, os empreendimentos de construção tipicamente envolvem parceiros diferentes trabalhando juntos durante um período e que depois se dispersam. Como resultado, há pouca ou nenhuma oportunidade de produzir melhorias, ao longo do tempo, devido ao aprendizado prático. Pelo contrário, cada parceiro atua de modo a se proteger de potenciais litígios que podem levar a dificuldades legais baseando-se em processos antiquados e demorados, que tornam difícil ou impossível implementar resoluções de maneira rápida e eficiente. É claro que isso se traduz em custos mais altos e gasto de tempo.

Outra possível causa para a estagnação da produtividade da indústria de construção é que a construção no canteiro não se beneficiou substancialmente da automação. Desse modo, a produtividade em campo baseia-se no treinamento qualificado dos trabalhadores. Desde 1974, a remuneração dos trabalhadores horistas diminuiu regularmente com o crescimento no uso de trabalhadores imigrantes não sindicalizados, com pouco treinamento anterior. O baixo custo associado a esses trabalhadores talvez tenha desencorajado os esforços para substituição da mão de obra *in loco* por soluções automatizadas (ou pré-fabricadas), embora a automação na construção seja menos dependente do custo da mão de obra do que das barreiras tecnológicas à automação, como a natureza dos ambientes de trabalho *in loco* e os custos de implantação relativamente altos de adotar máquinas automáticas.

1.3.2 Estudo do NIST sobre o custo da ineficiência da indústria da construção

O National Institute of Standards and Technology (NIST) realizou um estudo sobre os custos adicionais para os proprietários de edificações resultantes da interoperabilidade inadequada (Gallaher *et al.*, 2004). O estudo envolveu tanto o intercâmbio quanto o gerenciamento das informações, nos quais sistemas individuais foram incapazes de acessar e usar informações importadas de outros sistemas. Na indústria da construção, a incompatibilidade entre sistemas frequentemente impede que membros de equipes do empreendimento compartilhem informações com rapidez e precisão; essa é a causa de inúmeros problemas, incluindo custos adicionais. O estudo do NIST incluiu edificações comerciais, industriais e institucionais e focou em construções novas e assentadas ao longo de 2002. Os resultados mostraram que a interoperabilidade ineficiente contribuiu com um acréscimo nos custos de construção de US$ 65,87 por metro quadrado para novas construções e um aumento de US$ 2,47 por metro quadrado para operação e manutenção, resultando em um acréscimo total de custo de US$ 15,8 bilhões. A Tabela 1.1 mostra a análise detalhada desses custos e a qual participante eles foram aplicados.

No estudo do NIST, o custo da interoperabilidade inadequada foi calculado comparando-se as atuais atividades do negócio e custos com cenários hipotéticos nos quais havia um fluxo de informações desobstruído e sem redundância na entrada de dados. O NIST concluiu que os seguintes custos resultaram da interoperabilidade inadequada:

- Prevenção (sistemas computacionais redundantes, gerenciamento ineficiente de processos do negócio, pessoal de suporte de tecnologia da informação redundante)
- Mitigação (reentrada manual de dados, gerenciamento de solicitações de informação)

Tabela 1.1 Custos adicionais pela interoperabilidade inadequada na indústria de construção, 2002 (em US$ milhões)

Grupo de participantes	Fase de planejamento, engenharia e projeto	Fase de construção	Fase de operação e manutenção	Custo total adicionado
Arquitetos e engenheiros	$1,007.2	$147.0	$15.7	$1,169.8
Construtoras	$485.9	$1,265.3	$50.4	$1,801.6
Empreiteiros e fornecedores especializados	$442.4	$1,762.2		$2,204.6
Proprietários e operadores	$722.8	$898.0	$9,027.2	$10,648.0
Total	**$2,658.3**	**$4,072.4**	**$9,093.3**	**$15,824.0**
Metros quadrados em 2002	102 milhões	102 milhões	3,6 bilhões	n/a
Custo adicional por metro quadrado	26,05/m²	39,82/m²	2,47/m²	n/a

Fonte: Tabela 6.1 do estudo do NIST (Gallaher et al., 2004).

- Retardo (custos com empregados desocupados e outros recursos inativos)

Desses custos, cerca de 68% (US$ 10,6 bilhões) foram assumidos por proprietários e usuários. Essas estimativas são especulativas devido à impossibilidade de fornecimento de dados precisos. No entanto, esses custos são significativos e dignos de sérias considerações e esforços para evitá-los ou reduzi-los o máximo possível. A adoção generalizada do BIM e o uso de um modelo digital abrangente ao longo do ciclo de vida de uma edificação seriam um passo na direção certa para eliminar os custos resultantes de interoperabilidade de dados inadequada.

1.4 BIM: NOVAS FERRAMENTAS E NOVOS PROCESSOS

Nesta seção, é dado um panorama da terminologia relacionada ao BIM, seus conceitos e capacidades funcionais, e aborda-se como essas ferramentas podem melhorar os processos de negócio.

1.4.1 Plataformas e ferramentas BIM

Todos os sistemas CAD geram arquivos digitais. Eles geram arquivos que consistem principalmente em vetores, tipos de linha associados e identificação de camadas (*layers*). À medida que esses sistemas foram se desenvolvendo, informações adicionais foram acrescentadas para permitir blocos de dados e textos associados. Com a introdução da modelagem 3D, foram adicionadas definições avançadas de geometria e ferramentas complexas de geração de superfícies.

À medida que os sistemas CAD se tornaram mais inteligentes e mais usuários desejaram compartilhar dados associados a um projeto, o foco transferiu-se dos desenhos e das imagens 3D para os próprios dados. Um modelo de construção produzido por uma ferramenta BIM pode dar suporte a múltiplas visões diferentes dos dados contidos dentro de um conjunto de desenhos, incluindo 2D e 3D. Um modelo pode ser descrito por seu conteúdo (quais objetos ele descreve) ou por suas capacidades (a que tipos de requisitos de informação ele pode dar suporte). A última abordagem é preferível, porque ela define o que se pode fazer com o modelo em vez de como a base de dados é construída (que varia com cada implementação). No Capítulo 2, descrevemos as plataformas de BIM detalhadamente e definimos a maneira pela qual elas usam a modelagem paramétrica.

1.4.2 Processos BIM

Para o propósito deste livro, definimos **BIM** como **uma tecnologia de modelagem e um conjunto associado de processos** para produzir, comunicar e analisar modelos de construção. BIM é o acrônimo de "Building Information Modeling" (Modelagem da Informação da Construção), refletindo e enfatizando os aspectos processuais, e não de "Building Information Model" (Modelo da Informação da Construção). Os objetos dos processos BIM são modelos de construção, ou modelos BIM.

Modelos de construção são caracterizados por:

- Componentes de construção que são representados por objetos (representações digitais) que levam consigo atributos gráficos e de dados computáveis que os identificam para aplicativos de *software*, bem como regras paramétricas que lhes permitem ser manipulados de maneira inteligente.
- Componentes que incluem dados que descrevem como eles se comportam, conforme necessário para análises e processos de trabalho, tais como quantificação, especificação e análise energética.
- Dados consistentes e não redundantes, de forma que as modificações nos dados dos componentes sejam representadas em todas as visualizações dos componentes e nos conjuntos dos quais eles fazem parte.

As informações a seguir são, ao mesmo tempo, a visão e a definição de tecnologia BIM fornecidas pelo National Building Information Modeling Standard (NBIMS) Committee do National Institute of Building Sciences (NIBS) Facility Information Council (FIC). A visão do NBIMS para o BIM é: "um processo aprimorado de planejamento, projeto, construção, operação e manutenção usando um modelo padronizado de informações, legível por máquinas, de cada construção, seja ela nova ou preexistente, e que contém todas as informações apropriadas, criadas ou coletadas, sobre aquela construção em um formato utilizável por todos, durante todo o seu ciclo de vida" (NIBS, 2008). A NBIMS Initiative categoriza a Modelagem da Informação da Construção (BIM) de três maneiras:

1. como um produto;
2. como um entregável informatizado, baseado em normas, e um processo colaborativo;
3. como um requisito de gerenciamento do ciclo de vida da construção.

Essas categorias dão suporte à criação de uma cadeia de valor de informações do setor da construção, que é a evolução-fim do BIM. Este escopo do BIM no nível do empreendimento (em todo o setor) é o foco do NBIMS, reunindo as várias atividades de implementação do BIM dentro das comunidades de envolvidos.

As metodologias empregadas pelo NBIMS baseiam-se nas atividades da buildingSMART International (ex International Alliance for Interoperability) (buildingSMART, 2017). Elas incluem a preparação de manuais (IDMs, *Information Delivery Manuals*), defini-

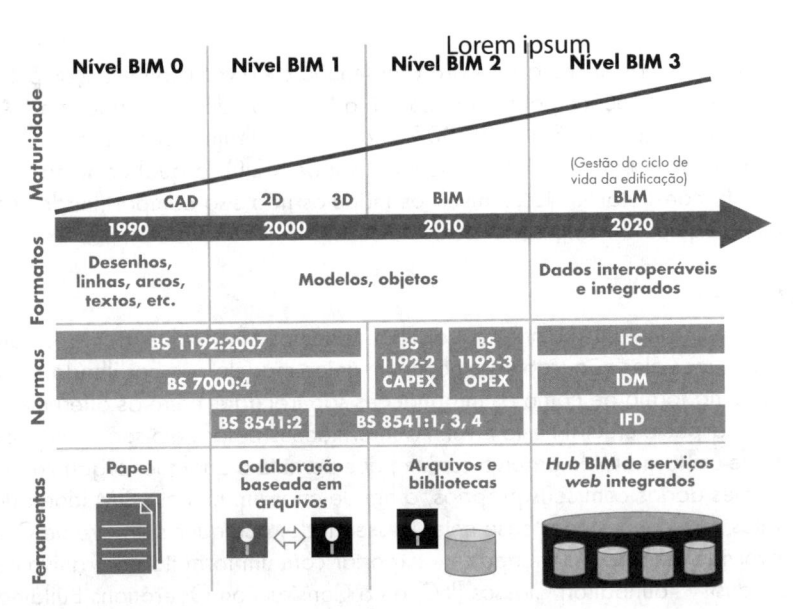

FIGURA 1.5 O modelo de maturidade BIM, conforme Mark Bew e Mervyn Richards.
Reproduzida com base nas normas PAS 1192-2:2013 (BSI, 2013) e BS 1192-4:2014 (BSI, 2014a).

ções (MVDs, *Model View Definitions*) e dicionários (IFDs, – *International Framework for Dictionaries*), como será explicado no Capítulo 3.

Outro modo de caracterizar o BIM é definir uma progressão de níveis de maturidade de aplicação da tecnologia da informação na construção que expresse o nível de colaboração no processo, assim como os níveis de sofisticação do uso das ferramentas individuais. Nessa abordagem, o BIM é visto como uma série de etapas distintas ao longo de uma jornada que iniciou com o desenho assistido por computador (CAD, *Computer--Aided Drawing*) e está levando o setor da construção civil à era digital. Desde que a Força-Tarefa do BIM do Governo do Reino Unido adotou o conceito de "Níveis de BIM", a tabela a seguir e os quatro níveis que ela define (Nível 0 ao Nível 3) tornaram-se a definição amplamente adotada dos critérios para que um projeto possa ser considerado como estando conforme as regras do BIM. Na Figura 1.5, os números de normas BS referem-se ao British Standards Institution, e a descrição de cada nível é sua definição (BS, 2017).

Nível BIM 0
Este nível é definido como CAD não gerenciado. O projeto é provavelmente 2D, com informações compartilhadas por desenhos convencionais, no papel, e, em certos casos, digitalmente via PDF, essencialmente fontes separadas de informação que cobrem informações básicas sobre ativos. A maioria do setor da construção já está muito além desse nível.

Nível BIM 1
Este é o nível em que muitas empresas estão operando atualmente. Ele em geral compreende um misto de CAD 3D para o trabalho conceitual e o uso de 2D para a ela-

boração de desenhos necessários para a obtenção de alvarás ou licenças públicas e disponibilizar informações para produção. No Reino Unido, as normas de CAD são gerenciadas pela norma BS 1192:2007, e o compartilhamento eletrônico de dados é feito por meio de um ambiente comum de dados (CDE), o qual costuma ser administrado pela construtora. Nesse nível, os modelos não são compartilhados entre os membros da equipe do empreendimento.

Nível BIM 2
Este se diferencia pelo trabalho colaborativo: todos os envolvidos usam seus próprios modelos 3D, mas eles não trabalham com um único modelo compartilhado. A colaboração se dá na forma de como as informações são trocadas entre as diferentes partes – e esse é o aspecto crucial neste nível. As informações de projeto são compartilhadas por meio de um formato de arquivo comum, que permite a qualquer organização combinar aqueles dados com seus próprios, a fim de criar um modelo BIM federado e de serem feitas verificações com base nele. Desse modo, qualquer *software* de CAD que cada envolvido usar deve ser capaz de exportar com um formato de arquivo comum, como o Industry Foundation Classes (IFC) ou o Construction Operations Building Information Exchange (COBie). Este é o método de trabalho que foi estabelecido como o objetivo mínimo pelo governo do Reino Unido para todas as obras no setor público, a partir de 2016.

Nível BIM 3
Este nível representa a colaboração total entre todas as disciplinas por meio do uso de um único modelo de projeto compartilhado que é mantido em um repositório centralizado (normalmente um banco de dados de objetos mantido na nuvem). Todos os envolvidos podem acessar e modificar o mesmo modelo, e o benefício é que ele elimina o nível final de riscos oriundos de informações conflituosas. Ele é conhecido como "Open BIM" (BIM Aberto).

Fonte: *"What is BIM and why do you need it?"*, TMD Studio, Londres e Praga, Jan Gasparek e Ondrej Chudy.

Consequentemente, o BIM está levando o setor da construção do nível atual – a automação de tarefas de processos de projeto, baseados em papel (nível 0) (CAD 3D, animações, bancos de dados conectados, planilhas eletrônicas e CAD 2D) – a um fluxo de trabalho integrado e interoperável, no qual essas tarefas são reunidas em um processo coordenado e colaborativo que aproveita ao máximo os recursos de computação, a comunicação na *web* e a agregação de dados na captura de informações e conhecimentos (nível 3). Tudo isso é utilizado para simular e manipular os modelos digitais a fim de gerenciar o ambiente construído dentro de um processo de decisão replicável e verificável que reduz o risco e melhora a qualidade das ações e produtos em todo o setor da construção.

O Projeto e Construção Virtuais (VDC, *Virtual Design and Construction*) é a prática de se usar a Modelagem da Informação da Construção (BIM) especificamente como o primeiro estudo (*first run*) de um processo de construção. Os primeiros estudos são prática padrão na manufatura *lean* e na construção *lean* – eles dão suporte à melhoria dos processos ao focar a atenção do gerenciamento no processo de produção para uma primeira série de produtos quaisquer. Com o VDC, os projetistas e construtores testam tanto o produto como o processo construtivo de modo virtual e completo antes de executar as obras *in loco* que são necessárias para a construção do edifício. Eles examinam os modelos integrados de desempenho multidisciplinares de projeto e construção, incluindo as instalações, os processos de trabalho, as redes de fornecimento e as equipes de projeto para identificar e eliminar as restrições e, consequentemente, melhorar o desempenho do empreendimento e as edificações resultantes.

1.4.3 Definição de objetos paramétricos

O conceito de objetos paramétricos é central para o entendimento do BIM e sua diferenciação dos objetos 2D tradicionais. Objetos BIM paramétricos são definidos da seguinte maneira:

- Consistem em definições geométricas e **dados e regras associadas**.
- A geometria é integrada de maneira **não redundante** e não permite inconsistências. Quando um objeto é mostrado em 3D, a forma não pode ser representada internamente de maneira redundante, por exemplo, como múltiplas vistas 2D. Uma planta e uma elevação de dado objeto devem sempre ser consistentes. As dimensões não podem ser "falsas".
- As regras paramétricas para os objetos **modificam automaticamente as geometrias associadas** quando um novo objeto é inserido em um modelo de construção ou quando modificações são feitas em objetos associados. Por exemplo, uma porta se ajustará automaticamente a uma parede, um interruptor se localizará automaticamente próximo ao lado certo da porta, uma parede se redimensionará automaticamente para se juntar a um teto ou telhado, etc.
- Os objetos podem ser definidos em **diferentes níveis de agregação**, então pode-se definir uma parede, assim como seus respectivos componentes. Os objetos podem ser definidos e gerenciados em qualquer número de níveis relevantes de uma hierarquia. Por exemplo, se o peso de um subcomponente de uma parede muda, o peso de toda a parede também deve mudar.
- As regras dos objetos podem identificar quando determinada modificação viola a **viabilidade do objeto** no que diz respeito a tamanho, construtibilidade, etc.
- Os objetos têm a habilidade de **vincular-se a ou receber, divulgar ou exportar conjuntos de atributos**, por exemplo, materiais estruturais, dados acústicos, dados de energia e similares, para outras aplicações e modelos.

As tecnologias que permitem aos usuários produzirem modelos de construção que consistem em objetos paramétricos são consideradas ferramentas BIM de autoria. No Capítulo 2, elaboramos a discussão das tecnologias paramétricas e discutimos as capacidades comuns das ferramentas BIM, incluindo recursos para extração automática de desenhos consistentes e de relatórios de parâmetros geométricos. Nos Capítulos 4 a 7, discutimos estas e outras capacidades e seus benefícios potenciais para os vários profissionais de AEC e para os proprietários de construções.

1.4.4 Suporte à colaboração da equipe do empreendimento

Interfaces abertas devem permitir a importação de dados relevantes (para criação e edição de um projeto) e exportação de dados em vários formatos (para dar suporte à integração com outras aplicações e fluxos de trabalho). Há quatro abordagens principais para essa integração: (1) permanecer limitado aos produtos de um desenvolvedor de *software*; (2) usar *softwares* de desenvolvedores que já colaboraram para fornecer trocas de arquivos diretas por meio da Interface de Programação de Aplicativos (API, *Application Programming Interface*) de uma ou de ambas as aplicações que usam o formato de arquivo proprietário de um dos desenvolvedores; (3) usar *softwares* de vários desenvolvedores que podem trocar dados utilizando normas abertas para todo o setor da construção, primariamente o esquema Industry Foundation Classes (IFC); ou (4) a troca de dados baseada em servidor de modelos por meio de um sistema de gerenciamento de banco de dados (DBMS, *Database Management System*).

A primeira abordagem pode permitir uma integração mais estreita e fácil entre os produtos, em múltiplas direções. Por exemplo, modificações no modelo de arquitetura irão gerar mudanças no modelo de sistemas mecânicos e vice-versa. Isso requer, no entanto, que todos os membros de uma equipe de projeto usem aplicativos do mesmo fornecedor.

As segunda e terceira abordagens usam padrões proprietários ou abertos (públicos e suportados) para definir os objetos da construção. Tais padrões podem proporcionar um mecanismo para a interoperabilidade entre aplicações com diferentes formatos internos. Essa abordagem oferece mais flexibilidade em troca de uma possível redução na interoperabilidade, especialmente se os vários programas utilizados em dado empreendimento não suportam, ou suportam parcialmente com a perda de alguns dados, os mesmos padrões de intercâmbio. Isso permite que os objetos de uma aplicação BIM possam ser exportados para outra ou importados de outra aplicação. A quarta abordagem, com o uso de um DBMS em um servidor local ou baseado na nuvem, é por vezes chamada de servidor de modelo, servidor BIM, servidor IFC, repositório de dados ou repositório de dados de produto. Ela oferece a vantagem de permitir que todos os usuários trabalhem nas mesmas informações concomitantemente, sem o uso de qualquer *software* BIM projetado para o trabalho com o modelo central. Para uma discussão aprofundada sobre a tecnologia de colaboração no BIM, consultar o Capítulo 3.

1.5 O BIM COMO UMA PLATAFORMA DO CICLO DE VIDA

O BIM oferece suporte para uma reavaliação do uso da tecnologia da informação na criação e no gerenciamento do ciclo de vida de uma edificação. Os envolvidos incluem os relacionados ao mercado imobiliário, à propriedade, ao financiamento; todas as áreas da arquitetura, engenharia e construção; manufatura e fabricação; manutenção, operação e planejamento; os ligados à conformidade aos regulamentos; gestão de ativos; sustentabilidade e descarte durante o ciclo de vida do imóvel. Com as crescentes preocupações da sociedade relativas ao meio ambiente, à sustentabilidade e à segurança, a necessidade de dados de infraestrutura crítica abertos e reusáveis tem crescido além das necessidades daqueles atores que atualmente fornecem serviços e produtos para o setor da construção. Os serviços de emergência, as agências governamentais e outras organizações também precisam desses dados.

O BIM possui muitas semelhanças com a *gestão do ciclo de vida do produto* (PLM, *Product Lifecycle Management*), a qual surgiu na indústria automobilística em meados da década de 1980 e se tornou generalizada no final dos anos 1990. A gestão do ciclo de vida do produto é o processo de gestão de um produto ao longo de todo o seu ciclo de vida, buscando aprimorar a qualidade do produto e reduzir os descartes por meio da integração dos processos de projeto e engenharia e do reaproveitamento de informações. O BIM e a PLM são tão similares em conceito que muitas pessoas se referem ao BIM como ele sendo a administração do *ciclo de vida do* **empreendimento** (PLM, **Project** *Lifecycle Management*) ou a gestão do *ciclo de vida da construção* (BLM, *Building Lifecycle Management*), enfatizando a importância do BIM como uma plataforma para a criação e a gestão de informações sobre os edifícios durante seu projeto, construção e vida útil.

Conceitualmente, o BIM no Nível 3 desempenha o papel de plataforma do ciclo de vida, ao oferecer uma fonte única de informações, permitindo aos participantes do projeto consultar, visualizar e (re)usar informações correntes. Contudo, com as tecnologias e práticas comerciais atuais, as informações ainda estão sendo geradas e administradas por múltiplos sistemas e múltiplas partes ao longo das diferentes fases de um projeto. Portanto, é fundamental que existam tecnologias de integração e interoperabilidade que possam minimizar a perda de dados durante os processos de troca, compartilhamento e integração. Uma estratégia é o compartilhamento por meio de um formato de dados padrão, como o IFC. Outra é o uso de apenas um repositório dos dados do projeto, como aquele baseado na rede. Uma terceira abordagem é um banco de dados federado ou distribuído. O intercâmbio de dados por meio de formatos de arquivo proprietários ou de *links* de dados diretos entre diferentes sistemas com o uso de uma Interface de API também é uma estratégia comum na prática.

Embora nenhum desses métodos esteja isento do risco de perda de dados, o papel do BIM como plataforma de gestão do ciclo de vida está crescendo, o que resulta na criação de novos termos, como BIM FM (Capítulo 4), BIM sustentável – *green* BIM – (Capítulo 5), BIM no canteiro (Capítulo 6) e BIM para pré-fabricação (Capítulo 7). O BIM FM – a integração de modelos BIM com sistemas FM com dados gráficos e de equipamentos suportados por ambos os sistemas, que tradicionalmente têm sido separados – é uma área que tem visto forte progresso. O Capítulo 4 contém uma discussão detalhada da integração do BIM FM.

Outra área de desenvolvimento é o uso de dispositivos com sensores conectados à internet (IoT, do inglês *Internet of Things*, Internet das Coisas), os quais se relacionam com os sistemas de automação predial (*Building Automation Systems*). Pärn *et al.* (2017) apresentam um excelente panorama das oportunidades do BIM para a gestão do ciclo de vida de uma edificação e suas áreas problemáticas no ensaio "The Building Information Modelling Trajectory in Facilities Management: A Review". Eles resumem a questão da seguinte maneira: "Essa integração, desde o início de um projeto, de dados tanto geométricos quanto semânticos se mostraria inestimável para a equipe de gerenciamento de edificações durante a ocupação, em particular com respeito ao monitoramento do desempenho dos prédios. Por sua vez, uma medição mais precisa do desempenho das edificações em uso ofereceria um círculo virtual e uma valiosíssima oportunidade de retorno baseado nos conhecimentos, permitindo que os projetistas e construtores aprimorassem o desenvolvimento de projetos futuramente contratados".

1.6 O QUE NÃO É UMA PLATAFORMA BIM

O termo *BIM* envolve tanto a tecnologia como o processo. Em virtude da ampla difusão de ambos os conceitos, o termo BIM frequentemente é utilizado de uma maneira bastante superficial, tendo se tornado uma palavra da moda que é empregada por desenvolvedores de *software* para descrever as capacidades oferecidas por seus produtos e por profissionais de muitas áreas para descrever os seus serviços. Isso leva à confusão. A fim de oferecer alguma clareza acerca das plataformas BIM, os parágrafos a seguir descrevem as soluções de modelagem que não constituem plataformas BIM. (Os ambientes BIM, as plataformas BIM e as ferramentas BIM são definidos na Seção 2.3.) Isso inclui ferramentas que criam os seguintes tipos de modelos:

- **Modelos que só contêm dados 3D, sem (ou com poucos) atributos de objetos.** Esses modelos podem ser utilizados somente para visualizações gráficas e não possuem inteligência ao nível do objeto. Eles são bons para visualização, mas fornecem pouco ou nenhum suporte para integração de dados e análise de projeto. A aplicação SketchUp, da Trimble, por exemplo, é excelente para o desenvolvimento rápido de desenhos básicos e para a visualização de formas, mas seu uso é limitado para qualquer outro tipo de análise, uma vez que o programa não tem conhecimento da função dos objetos no projeto. O Rhino 3D, da McNeel, quando empregado para a modelagem de superfícies, pode ser inserido em processos de trabalho BIM, mas não é, em si, um sistema de modelagem BIM. Nesse sentido, essas são apenas ferramentas BIM, pois elas oferecem suporte aos processos BIM, mas não se constituem em plataformas BIM.
- **Modelos sem suporte para comportamento.** Esses modelos definem objetos, mas não podem ajustar seu posicionamento ou suas proporções, porque não implementam comportamento paramétrico. Isso torna as modificações muito trabalhosas e não oferece proteção contra a criação de vistas do modelo inconsistentes ou imprecisas.
- **Modelos que são compostos de múltiplas referências a arquivos CAD 2D que devem ser combinados para definir a construção.** É impossível assegurar que o modelo 3D resultante será factível, consistente, contabilizável, e que mostrará inteligência em relação aos objetos contidos nele.
- **Modelos que permitem modificações de dimensões em uma vista que não são automaticamente refletidas em outras vistas.** Isso permite erros no modelo que são muito difíceis de detectar (é similar a substituir uma fórmula por uma entrada manual em uma planilha eletrônica).

1.7 QUAIS SÃO OS BENEFÍCIOS DO BIM? QUAIS PROBLEMAS ELE BUSCA RESOLVER?

A tecnologia BIM pode dar suporte e melhorar muitas práticas do setor. Embora nem todas as vantagens discutidas a seguir sejam alcançáveis em todos os projetos, nós as listamos a fim de mostrar o escopo completo de mudanças que podem ser esperadas com o desenvolvimento do processo e da tecnologia BIM. O BIM encontra-se no cerne das maneiras pelas quais os processos de projeto e construção de edificações podem responder às crescentes pressões por maior complexidade, desenvolvimento mais rápido, maior sustentabilidade, custos menores e operação e manutenção de edificações mais efetivas e eficientes. A prática tradicional não é capaz de responder a essas pressões. As seções a seguir descrevem sucintamente como se pode obter essa melhoria de desempenho.

1.7.1 Benefícios pré-construção para o proprietário

Conceito, viabilidade e benefícios no projeto. Antes que os proprietários envolvam um arquiteto, é necessário determinar se uma construção de determinado tamanho, nível de qualidade e programa de necessidades pode ser construída dentro de um dado orçamento e cronograma. Em outras palavras, determinada edificação tem como atender às exigências financeiras de um proprietário? Se essas questões podem ser respondidas com relativa certeza, os proprietários podem prosseguir com esperança de que suas metas sejam alcançáveis. Dar-se conta de que um projeto em particular está significativamente acima do orçamento depois de uma considerável quantidade de tempo e de esforços terem sido gastos é um desperdício. Um modelo de construção aproximado (ou macro) construído e vinculado a uma base de dados de custos pode ser de imenso valor e ajuda ao proprietário. Isso é descrito em mais detalhes no Capítulo 4.

Aumento da qualidade e do desempenho da construção. Desenvolver um *modelo esquemático* antes de gerar o *modelo detalhado da construção* permite uma avaliação mais cuidadosa do esquema proposto para determinar se ele cumpre os requisitos funcionais, de sustentabilidade e outros da construção. Avaliações de alternativas de projeto feitas mais cedo usando ferramentas de análise/simulação incrementam a qualidade da construção como um todo. Essas capacidades são discutidas no Capítulo 5.

Melhoria da colaboração com o uso da entrega de projeto integrado. Quando o proprietário usa o Desenvolvimento Integrado de Empreendimentos (IPD) para uma contratação de serviços de projeto e construção, o BIM pode ser utilizado pela equipe de projeto desde o início do trabalho, a fim de melhorar seu entendimento das exigências do projeto e para obter estimativas de custo à medida que o empreendimento é desenvolvido. Isso permite que o projeto e seus custos associados possam ser mais bem entendidos e também evita o uso de comunicação em papel e seus atrasos associados. Essa questão será descrita com mais detalhes nos Capítulos 4 a 7.

1.7.2 Os benefícios para projetar

A atividade projetual envolve o refinamento e a articulação do projeto em todos os seus aspectos – econômico, estrutural, energético, estético, funcional, entre outros – para que se possam alcançar as intenções do cliente. Isso impacta todas as fases posteriores.

Visualização antecipada e mais precisa de um projeto. O modelo 3D gerado pelo *software* BIM é projetado diretamente em vez de ser gerado a partir de múltiplas vistas 2D. Ele pode ser usado para visualizar o projeto em qualquer etapa do processo com a expectativa de que terá dimensões consistentes em todas as vistas.

Correções de baixo nível automáticas quando são feitas alterações no projeto. Se os objetos utilizados no projeto são controlados por regras paramétricas que garantem o alinhamento adequado, então o modelo 3D será isento de erros de geometria, alinhamento e coordenação espacial. Isso reduz a necessidade de o usuário gerenciar as mudanças no projeto (ver o Capítulo 2 para maiores discussões sobre regras paramétricas).

Geração de desenhos 2D precisos e consistentes em qualquer etapa do projeto. Desenhos precisos e consistentes podem ser extraídos para qualquer conjunto de objetos ou vistas específicas do empreendimento. Isso reduz significativamente a quantidade de tempo e o número de erros associados com a geração de desenhos de construção para todas as disciplinas de projeto. Quando modificações no projeto são requeridas, desenhos completamente consistentes podem ser gerados tão logo as modificações sejam feitas.

Colaboração antecipada entre múltiplas disciplinas de projeto. A tecnologia BIM facilita o trabalho simultâneo de múltiplas disciplinas de projeto. Apesar de a colaboração usando desenhos também ser possível, ela é inerentemente mais difícil e mais demorada do que trabalhar com um ou mais modelos 3D coordenados nos quais o controle de modificações pode ser bem gerenciado. Isso abrevia o tempo de projeto e reduz significativamente os erros e as omissões. Também permite que os problemas de projeto sejam vistos com antecedência e apresenta oportunidades de melhoria contínua. Isso é muito mais eficaz em termos de custo do que esperar até que um projeto esteja próximo de se completar e aplicar a engenharia de valor somente após as principais decisões já terem sido tomadas.

Verificação fácil da consistência da intenção de projeto. O BIM proporciona visualizações 3D antecipadamente e quantifica as áreas dos espaços e outras quantidades de materiais, permitindo estimativas de custos mais cedo e mais precisas. Para edificações técnicas (laboratórios, hospitais, etc.), a intenção do projeto em geral é definida quantitativamente, e isso permite que um modelo de construção seja usado para verificar esses requisitos. Para requisitos qualitativos (p. ex., "esse espaço deve ficar próximo de outro"), o modelo 3D pode dar suporte a avaliações automáticas.

Extração de estimativas de custo durante a etapa de projeto. Em qualquer etapa do projeto, a tecnologia BIM pode extrair uma lista precisa de quantitativos e de espaços que pode ser utilizada para estimar o custo. Durante as etapas preliminares de um projeto, as estimativas de custo se baseiam em fórmulas que são vinculadas a quantidades significativas para o projeto (como o número de vagas de estacionamento ou o número de metros quadrados de áreas de escritório de vários tipos) ou em custos unitários por metro quadrado. À medida que o projeto avança, quantitativos mais detalhados estão disponíveis e podem ser utilizados para estimativas de custos mais precisas e detalhadas. É possível manter todos os participantes conscientes das implicações dos custos associados a dado projeto antes que ele progrida para o nível de detalhamento requerido para a licitação. Na etapa final do projeto, uma estimativa baseada nos quantitativos para todos os objetos contidos dentro do modelo permite a preparação de uma estimativa de custos final mais precisa. Como resultado, é possível tomar decisões de projeto envolvendo custos mais bem informadas usando o BIM do que um sistema baseado em papel. Quando o BIM é utilizado para estimar custos, é desejável que o construtor encarregado faça parte da equipe de projeto e, se possível, também os empreiteiros que serão responsáveis pela execução do edifício. Seus conhecimentos serão necessários para que se façam estimativas precisas dos custos, e eles também poderão fazer observações sobre a construtibilidade ao longo do processo construtivo. O uso do BIM para a estimativa de custos é complexo e será discutido nos Capítulos 4 a 7 e em vários estudos de caso apresentados no Capítulo 10.

Incrementação da eficiência energética e sustentabilidade. Vincular o modelo da construção a ferramentas de análise energética permite a avaliação do uso de energia durante fases mais preliminares do projeto. Isso não é prático de fazer com o uso das ferramentas 2D convencionais, em função do tempo necessário para que se prepare a entrada de dados adequada. Caso seja aplicada, a análise energética será executada no final do processo de projeto 2D como um processo de conferência ou uma exigência regulatória, diminuindo, portanto, as oportunidades para que sejam feitas modificações que poderiam melhorar o desempenho energético da edificação. A capacidade de vincular o modelo da construção a vários tipos de ferramentas de análise proporciona diversas oportunidades para melhorar a qualidade da construção.

1.7.3 Benefícios à construção e à fabricação

Uso do modelo de projeto como base para componentes fabricados. Se o modelo de projeto é transferido para uma ferramenta BIM de fabricação e detalhado ao nível da fabricação de objetos (modelo detalhado), ele conterá uma representação precisa dos objetos da construção para a fabricação e construção. Uma vez que os componentes já estão definidos em 3D, sua fabricação automática usando máquinas de controle numérico é facilitada. Tal automação é uma prática corrente hoje na fabricação de peças em aço e para alguns trabalhos em chapas metálicas. Essa automação também tem sido usada com sucesso em componentes pré-moldados, esquadrias e fabricação de vidros. Isso permite que fornecedores espalhados pelo mundo elaborem mais o modelo para desenvolver detalhes necessários para a fabricação e mantenham vínculos que reflitam a intenção de projeto. Quando a intenção de se pré-fabricar ou pré-montar é inserida suficientemente cedo no processo de projeto, o BIM facilita de modo efetivo a pré-fabricação e reduz os custos e o tempo para construção. A precisão do BIM também permite a fabricação, fora do canteiro, de componentes maiores do que aqueles que normalmente se tentaria fabricar usando desenhos 2D, devido à provável necessidade de modificações no canteiro (retrabalho) e à incapacidade de prever as dimensões exatas até que outros itens sejam construídos na obra. Essa precisão também permite o uso de equipes de montagem menores, menor tempo de instalação e menor uso de espaço para armazenamento no canteiro.

Reação rápida a mudanças no projeto. O impacto de uma mudança sugerida no projeto pode ser introduzido no modelo da construção, e as modificações em outros objetos no projeto serão atualizadas automaticamente. Algumas atualizações serão feitas com base nas regras paramétricas estabelecidas. Outras atualizações feitas por todo o sistema poderão ser averiguadas e atualizadas visualmente ou por meio da identificação de conflitos. As consequências de uma modificação podem ser refletidas com precisão no modelo e em todas as suas vistas subsequentes. Além disso, modificações de projeto podem ser resolvidas com mais rapidez em um sistema BIM, porque podem ser compartilhadas, visualizadas, estimadas e resolvidas sem o uso de transações demoradas feitas em papel. Atualizar dessa forma é extremamente propenso a erros em sistemas baseados em papel.

Descoberta de erros e omissões no projeto antes da construção. Uma vez que o modelo virtual 3D da construção é a fonte para todos os desenhos 2D e 3D, os erros de projeto causados por desenhos 2D inconsistentes são eliminados. Além disso, uma vez que os modelos de todas as disciplinas podem ser colocados juntos e comparados, interfaces com múltiplos sistemas são facilmente verificadas de forma sistemática (para interferências físicas e em folgas) e visual (para outros tipos de erros). Os conflitos e os problemas de construção são identificados antes que sejam detectados na obra. A coordenação entre os projetistas e empreiteiros participantes é aperfeiçoada, e os erros de omissão são significativamente reduzidos. Isso torna mais rápido o processo de construção, reduz os custos, minimiza a probabilidade de disputas jurídicas e proporciona um processo mais suave para toda a equipe do empreendimento.

Sincronização de projeto e planejamento da construção. O planejamento da construção usando CAD 4D requer uma vinculação do planejamento de construção aos objetos 3D em um projeto e a complementação do modelo com objetos de equipamentos de construção (escoramento, andaimes, gruas, etc.), de forma que seja possível simular o processo de construção e mostrar a aparência da construção e do canteiro em qualquer ponto no tempo. Essa simulação gráfica proporciona uma compreensão considerável sobre como a construção será realizada dia a dia e revela fontes de potenciais problemas e oportunidades para melhorias (canteiro, pessoal e equipamentos, conflitos espaciais, problemas de segurança, etc.).

Melhor implementação de técnicas de construção enxuta. Técnicas de construção enxuta (*lean*) exigem uma coordenação cuidadosa entre a construtora e os subempreiteiros para garantir que apenas o trabalho que pode ser realizado (i.e., todas as pré-condições são satisfeitas) seja delegado às equipes. Isso minimiza o desperdício de esforços, melhora os processos de trabalho e reduz a necessidade de estoques de materiais. Uma vez que o BIM fornece um modelo preciso do projeto e dos recursos materiais requeridos para cada segmento de trabalho, ele proporciona a base para uma melhoria no planejamento e no cronograma dos subempreiteiros e ajuda a garantir a chegada de pessoal, equipamentos e materiais no momento exato da sua necessidade (*just-in-time*).

Isso reduz custos e permite uma melhor colaboração no trabalho do canteiro. O modelo também pode ser utilizado com *tablets*, a fim de facilitar o acompanhamento de materiais, o progresso das instalações e o posicionamento automatizado no canteiro de obras. Esses benefícios são ilustrados nos estudos de caso do Mapletree e do Saint Joseph Hospital apresentados no Capítulo 10.

Sincronização da aquisição de materiais com o projeto e a construção. O modelo completo da construção proporciona quantidades precisas para todos (ou quase todos, dependendo do nível da modelagem 3D) os materiais e objetos contidos em um projeto. Essas quantidades, especificações e propriedades podem ser usadas para adquirir materiais de fornecedores de produtos e subempreiteiros (como subempreiteiros que executam concreto pré-moldado).

1.7.4 Benefícios pós-construção

Melhoria do comissionamento e do processo de entrega das informações sobre a edificação. Durante o processo de construção, o construtor e os empreiteiros coletam informações sobre os materiais instalados e sobre a manutenção dos sistemas do edifício. Essas informações podem ser vinculadas aos objetos no modelo da construção e, portanto, estar disponíveis para serem repassadas ao proprietário, que as utilizará nos sistemas de gerenciamento da edificação. Elas também podem ser empregadas para conferir se todos os sistemas estão funcionando conforme o projetado antes que a obra seja aceita pelo proprietário. Isso pode ser conseguido baixando-se uma vez os dados dos sistemas BIM para os sistemas de gerenciamento de facilidades (FM), usando-se os padrões COBie ou sistemas integrados de BIM-FM.

Melhor administração e operação da edificação. O modelo da construção proporciona uma fonte de informações (gráficas e de especificações) para todos os sistemas usados em uma construção. Análises prévias usadas para determinar equipamentos mecânicos, sistemas de controle e outros produtos adquiridos podem ser fornecidas ao proprietário, como um meio de verificação de decisões de projeto quando a construção estiver em uso. Essa informação pode ser utilizada para verificar se todos os sistemas funcionam apropriadamente depois que a construção está completa.

Integração com sistemas de operação e gerenciamento de facilidades. Um modelo de construção que foi atualizado com todas as modificações feitas durante a construção é uma fonte precisa de informações sobre como os espaços e sistemas foram construídos e fornece um ponto de partida muito útil para o gerenciamento e a operação da construção. Um modelo de informações da construção apoia o monitoramento de sistemas de controle em tempo real e proporciona uma interface natural para sensores e operação remota de facilidades. Muitas dessas capacidades estão começando a ser implementadas, mas o BIM fornece uma plataforma ideal para o seu desenvolvimento. Isto é discutido nos Capítulos 4 e 8 e ilustrado no estudo de caso do Medina Airport no Capítulo 10.

1.8 O BIM E A CONSTRUÇÃO ENXUTA (*LEAN*)

A ideia-chave da construção enxuta é otimizar o valor para o cliente por meio de melhorias contínuas nos processos que otimizem o fluxo e a redução de resíduos. Seus princípios básicos foram retirados da produção enxuta, e muito tem sido aprendido com o Sistema de Produção Toyota (TPS, *Toyota Production System*). Naturalmente, é preciso que sejam feitas adaptações significativas antes que as ideias e ferramentas do TPS possam ser aplicadas à construção. As adaptações feitas têm sido práticas e teóricas, e o processo tem levado ao surgimento de novas maneiras de se pensar na produção da construção, como o conceito de Transformação–Fluxo–Valor (TFV) desenvolvido por Koskela (1992).

Muitas ferramentas e técnicas de construção enxuta, como o Last Planner System (Ballard, 2000), exigem comprometimento e preparo, mas, de modo geral, podem ser implantadas com pouco ou nenhum suporte de *software*. Não obstante, há uma forte sinergia entre a construção enxuta e o BIM, uma vez que o uso do BIM atende a alguns princípios da construção enxuta e facilita em muito o atendimento de outros princípios *lean*. Há muitas causas para desperdício na construção que resultam da maneira pela qual as informações são geradas, administradas e transmitidas por meio de desenhos, como as inconsistências entre os documentos de desenho, o fluxo restrito de informações em grandes entregas e os longos lapsos temporais após os pedidos de informação. O BIM contribui muito para evitar essas perdas, mas ele também faz algo mais – ele melhora os processos de trabalho de muitos atores do processo construtivo, ainda que eles não façam uso direto do BIM.

Em um estudo sobre essa relação, Sacks *et al.* (2010) listaram 24 princípios *lean* (ver Tabela 1.2) e 18 funcionalidades do BIM, identificando 56 interações explícitas entre elas, das quais 52 eram positivas.

A primeira área de sinergia significativa é que **o uso do BIM reduz variação**. A capacidade de visualizar forma e avaliar função, gerar rapidamente alternativas de projeto, manter a integridade das informações e do modelo de projeto (incluindo a confiança em uma única fonte de informações e na identificação de conflitos), bem como a geração automática de relatórios – tudo isso resulta em informações mais consistentes e confiáveis, reduzindo radicalmente os desperdícios provocados pelo retrabalho e pela espera por informações. Isso afeta a todos os membros de uma equipe de projeto, mas o impacto econômico naqueles diretamente envolvidos na construção é maior.

A segunda área de sinergia é que **o BIM reduz os tempos de ciclos**. Em todos os sistemas de produção, um objetivo importante é reduzir o tempo total exigido para que um produto avance, desde a entrada no sistema até a sua saída. Isso reduz a quantidade de trabalho em processo, o inventário acumulado e a capacidade do sistema de absorver as mudanças e responder a elas com o mínimo de desperdício. Isso é relevante na administração do projeto, no planejamento da construção e no planejamento e controle no canteiro de obras.

Em terceiro lugar, **o BIM permite a visualização, simulação e análise tanto dos produtos quanto dos processos de construção**. A visualização melhora muito o entendimento que os clientes têm do projeto de um edifício, e também aprimora a coleta dos requisitos. O BIM ajuda a alinhar os vários modelos mentais que os membros da equipe de projeto têm, removendo grande parte das perdas que resultam de vários projetos inconsistentes em diferentes disciplinas. Além disso, os projetistas podem simular e analisar o desempenho do edifício a fim de melhorar a funcionalidade do projeto. Para os construtores e seus fornecedores, a visualização do processo de construção oferece suporte para a melhoria do planejamento e do controle de produção.

Por fim – e talvez o mais óbvio – sempre que utilizado efetivamente, o **BIM melhora os fluxos de informações**.

A construção modular e o aumento do uso da pré-fabricação de componentes e montagens, como mostra o estudo de caso do projeto NTU North Hills (Capítulo 10), revelam como o apoio dado pelo BIM para a pré-fabricação conduz a uma prática mais enxuta de todas as áreas previamente mencionadas. Para uma discussão mais detalhada desses aspectos, ver o Capítulo 7.

Considerando todas essas sinergias, torna-se claro por que o documento do American Institute of Architects sobre o IPD, que é essencialmente uma abordagem *lean* (Eckblad *et al.*, 2007), afirma: "Embora seja possível realizar o Desenvolvimento Integrado de

Tabela 1.2 Princípios da construção enxuta (Sacks *et al.*, 2010)

Área principal	Princípio
Processo de fluxo	**Reduza a variabilidade.**
	Obtenha qualidade desde a primeira vez (reduza a variabilidade do produto). Melhore a variabilidade dos processos desde a entrada (reduza a variabilidade da produção).
	Reduza os tempos dos ciclos.
	Reduza as durações dos ciclos de produção.
	Reduza o inventário.
	Reduza o tamanho dos lotes de entrega (busque o fluxo de itens individuais).
	Aumente a flexibilidade.
	Reduza os tempos de troca (*changeover*).
	Use equipes com habilidades múltiplas.
	Selecione uma abordagem adequada de controle da produção.
	Use sistemas puxados (*pull systems*)
	Nivele a produção.
	Padronize.
	Institua a melhoria contínua.
	Use a gestão visual.
	Visualize os métodos de produção.
	Visualize os processos de produção.
	Desenhe o sistema de produção com base nos processos e na agregação de valor.
	Simplifique.
	Use o processamento paralelo.
	Use somente tecnologias confiáveis.
	Certifique-se quanto à capacidade do sistema de produção.
Processo de geração de valor	**Certifique-se de que todos os requisitos foram listados.**
	Foque a seleção do conceito.
	Certifique-se de que os requisitos são repassados na subcontratação.
	Verifique e valide.
Solução de problemas	**Confira você mesmo.**
	Decida pelo consenso, considere todas as opções.
Desenvolvimento de parceiros	**Cultive uma rede abrangente de parceiros.**

Empreendimentos (IPD) sem a Modelagem da Informação da Construção (BIM), a opinião e recomendação deste estudo é que ele é essencial para obter-se de modo eficiente a colaboração exigida para o IPD".

1.9 QUAIS DESAFIOS PODEM SER ESPERADOS?

Processos aprimorados em cada fase do projeto e da construção reduzirão o número e a severidade dos problemas associados com as práticas tradicionais. O uso inteligente do BIM, no entanto, também causará mudanças significativas nos relacionamentos dos participantes do empreendimento e nos termos contratuais entre eles. (Os termos nos contratos tradicionais refletem as práticas de projeto baseadas em papel.) Além disso, colaborações antecipadas entre o arquiteto, o empreiteiro e outras disciplinas de projeto serão necessárias, já que o conhecimento fornecido pelos especialistas é mais útil durante a fase de projeto. O uso crescente do IPD nas edificações e em outros tipos de construção reflete os grandes benefícios de se ter equipes integradas usando o BIM e as técnicas de construção enxuta para gerenciar o processo de projeto e construção.

1.9.1 Desafios de colaboração e equipes

Embora o BIM ofereça métodos para colaboração, ele introduz novos desafios relacionados ao desenvolvimento de equipes efetivas. Como permitir um compartilhamento adequado do modelo de informações pelos membros de uma equipe do empreendimento é uma questão importante. Nos casos em que os arquitetos e engenheiros ainda fornecem desenhos tradicionais em papel, o construtor (ou terceiro) pode gerar um modelo que possa ser utilizado para o planejamento, a estimativa e a coordenação da construção. Nos casos em que os projetistas criam seu projeto usando o BIM e compartilham o modelo, os detalhes podem ser insuficientes para o uso na construção, ou as definições dos objetos podem ser inadequadas para a extração das quantidades necessárias à obra. Isso, às vezes, exige a criação de um novo modelo para uso durante a construção. Se os membros de uma equipe do empreendimento usam diferentes ferramentas de modelagem, então ferramentas para movimentação dos modelos de um ambiente para outro ou a combinação desses modelos são necessárias. Isso pode acrescentar complexidade e introduzir erros potenciais e tempo ao empreendimento.

Todos esses problemas podem ser amenizados preparando-se um Plano de Execução de BIM (BEP, *BIM Execution Plan*) aprimorado, especificando os níveis de detalhamento exigidos de cada modelador e em cada etapa, bem como os mecanismos para o compartilhamento ou a troca dos modelos. O compartilhamento do modelo pode ser baseado em arquivos ou usar um servidor que se comunique com todas as aplicações BIM. A prática de se alocar juntas as equipes multidisciplinares de projeto e construção em um escritório central ("Big Room") – um ambiente de trabalho comum e colaborativo – é uma maneira muito eficiente de se alavancar a coordenação próxima que o BIM permite para aumentar a qualidade do projeto e reduzir o tempo de duração do empreendimento. As questões técnicas serão analisadas no Capítulo 3, e a colaboração em "Big Rooms" será discutida nos Capítulos 4, 5 e 6. Diversos estudos de caso apresentados no Capítulo 10 fornecem elementos para essa questão.

Todavia, o ambiente de trabalho aberto e colaborativo que o BIM cria também pode aumentar a preocupação com a segurança. Por exemplo, se não forem tomadas medidas adequadas, um modelo BIM detalhado de uma edificação sensível a segurança, como um aeroporto, uma estação ferroviária ou outros tipos de edificação pública ou privada, pode cair nas mãos de pessoas com más intenções. Em resposta a essa ameaça, a Força-Tarefa do BIM do Reino Unido (UK BIM Task Group) desenvolveu a norma BS PAS 1192-5:2015, *Specification for Security-minded Building Information Modelling, Digital Built*

Environments and Smart Asset Management (BSI, 2015). As normas ISO 27001:2013, *Information Technology – Security Techniques – Information Security Management Systems* (ISO, 2013) também oferecem orientação, embora não sejam específicas do BIM. Muitos dos serviços de BIM baseados na nuvem buscam a certificação ISO 27001 para comprovar que são seguros.

1.9.2 Mudanças legais na propriedade e produção da documentação

Questões legais referentes à questão de a quem pertencem os múltiplos conjuntos de dados de projeto, fabricação, análise e construção, quem paga por eles e quem é o responsável pela sua acurácia surgem conforme o uso do BIM aumenta. Esses temas têm sido enfrentados pelos profissionais por meio do uso do BIM nos empreendimentos. Sociedades profissionais, como AIA e AGC, têm desenvolvido diretrizes para a linguagem contratual a fim de cobrir essas questões levantadas pelo uso da tecnologia BIM (ver Capítulos 4 e 8).

1.9.3 Mudanças na prática e no uso da informação

O uso do BIM incentiva a integração do conhecimento de construção mais cedo no processo de projeto. Empresas que integram projeto e construção, capazes de coordenar todas as fases do projeto e incorporar o conhecimento de construção desde o início, serão as mais beneficiadas. Cláusulas contratuais que requerem e facilitam uma boa colaboração trarão grandes vantagens aos proprietários quando o BIM é usado. A mudança mais significativa que as companhias enfrentam quando implementam a tecnologia BIM é o uso intensivo de um modelo de construção compartilhado durante as fases de projeto e um conjunto de modelos de construção coordenado durante a construção e fabricação, como base para todo o processo de trabalho e para colaboração.

1.9.4 Questões ligadas à implantação

Substituir um ambiente de CAD 2D ou 3D por um sistema de modelagem da construção envolve mais do que aquisição de *software*, treinamento e atualização de *hardware*. O uso efetivo do BIM requer que as mudanças sejam feitas em quase todos os aspectos do negócio das empresas (não somente fazer as mesmas coisas de uma nova maneira). Ele exige alguma compreensão da tecnologia BIM e de seus processos relacionados, bem como um plano de implementação antes que se possa iniciar a conversão. Nesse sentido, um consultor pode ser muito útil para planejar, monitorar e auxiliar nesse processo. Enquanto as mudanças específicas para cada empresa dependem de seus setores de atividade em AEC, os passos gerais que precisam ser considerados são similares e incluem o seguinte:

- Designar responsabilidade à alta gerência pelo desenvolvimento de um plano de adoção do BIM que cubra todos os aspectos do negócio da empresa e como as mudanças propostas impactarão tanto nos departamentos internos quanto nos parceiros externos e clientes.
- Criar uma equipe interna de gerentes principais responsável pela implementação do plano, com orçamentos de custo, tempo e rendimento para guiar seu desempenho.
- Alocar tempo e recursos para treinamentos sobre as ferramentas e práticas BIM e garantir que o pessoal de todos os níveis esteja preparado.

- Começar usando o sistema BIM em um ou dois empreendimentos menores (talvez até já terminados) em paralelo com a tecnologia existente e produzir documentos tradicionais a partir do modelo da edificação. Isso ajudará a revelar onde há deficiências nos objetos da construção, em capacidades de saída, em vínculos com programas de análise, etc. Também permitirá que a empresa desenvolva padrões de modelagem e determine a qualidade dos modelos e o nível de detalhes necessários para diferentes usos.
- Usar os resultados iniciais para educar e guiar a adoção contínua de *software* BIM e o treinamento adicional de pessoal. Manter os gerentes seniores informados do progresso, dos problemas, das percepções, etc.
- Ampliar o uso do BIM para novos empreendimentos e começar a trabalhar com membros de fora da empresa em novas abordagens de colaboração que permitam fazer mais cedo a integração e o compartilhamento do conhecimento usando o modelo de construção.
- Continuar a integrar as capacidades do BIM em aspectos adicionais das funções da empresa e refletir esses novos processos de negócio em documentos contratuais com clientes e parceiros de negócio.
- Replanejar periodicamente o processo de implementação do BIM para refletir os benefícios e problemas observados até então e estabelecer novas metas para desempenho, tempo e custo. Continuar a estender as mudanças facilitadas pelo BIM para novos locais e funções dentro da empresa.

Nos Capítulos 4 a 7, são discutidas aplicações específicas do BIM no ciclo de vida da construção, e novas diretrizes de adoção específicas para cada participante envolvido no processo de construção são revistas. O Capítulo 8 discute os facilitadores da adoção e implementação do BIM, comentando as normas e guias BIM, a mudança organizacional e a educação formal sobre o BIM.

1.10 FUTURO DO PROJETO E CONSTRUÇÃO COM O BIM

O Capítulo 9 descreve as visões dos autores sobre como a tecnologia BIM irá evoluir e quais são os prováveis impactos no futuro da indústria de AEC/FM e na sociedade como um todo. Há comentários sobre o futuro de curto (até 2025) e médio (após 2025) prazos. Também discutimos os tipos de pesquisa que serão relevantes para dar suporte a essas tendências.

É bastante simples antecipar os impactos no futuro próximo. Em sua maioria, eles são extrapolações das tendências atuais. Projeções para um período mais longo são aquelas que nos parecem prováveis, dado nosso conhecimento da indústria de AEC/FM e da tecnologia BIM. Para além disso, é difícil fazer projeções úteis.

1.11 ESTUDOS DE CASO

O Capítulo 10 apresenta estudos de caso que ilustram como a tecnologia BIM e seus processos de trabalho associados estão sendo usados hoje. Esses estudos abrangem a extensão completa do ciclo de vida da construção, apesar de a maioria focar nas fases de projeto e construção (com uma extensa ilustração dos modelos de construção para fabricação fora do canteiro). Para o leitor que está ansioso por "mergulhar" diretamente no tema e ter uma visão de primeira mão do BIM, esses estudos de caso são um bom começo.

Questões para discussão do Capítulo 1

1. O que é BIM e como ele difere da modelagem 3D?
2. Quais são alguns dos problemas significativos associados com o uso do CAD 2D e como eles desperdiçam recursos e tempo tanto na fase de projeto quanto na fase de construção, se comparados com um processo utilizando o BIM?
3. Por que a produtividade no canteiro de obras, na indústria da construção, estagnou durante grande parte do período entre 1960 e 2010, apesar dos grandes avanços na tecnologia da construção?
4. Quais mudanças no processo Projeto e Construção são necessárias para permitir o uso produtivo da tecnologia BIM?
5. Por que no processo Projeto-Concorrência-Construção é muito difícil alcançar todos os benefícios que o BIM proporciona durante o projeto ou a construção?
6. De que maneira o Desenvolvimento Integrado de Empreendimentos difere dos métodos de contratação chamados Projeto e Construção e Construção por Administração com Risco para a Gerenciadora?
7. Que tipos de problemas legais, de colaboração e/ou de comunicação podem ser antevistos como resultado do uso do BIM com uma equipe de empreendimento integrada?
8. Quais técnicas estão disponíveis para integrar aplicações de análise de projeto com o modelo de construção desenvolvido pelo arquiteto?

CAPÍTULO 2

Principais Tecnologias e Aplicativos

2.0 SUMÁRIO EXECUTIVO

Este capítulo fornece uma visão da principal tecnologia que distingue aplicativos para projetos em BIM de gerações anteriores de CAD. A modelagem paramétrica baseada em objetos foi desenvolvida originalmente nos anos 1970 e 1980 para a indústria manufatureira. Diferentemente de outros sistemas CAD anteriores a essa época, a modelagem paramétrica não representa objetos com geometria e propriedades fixas. Ao contrário, ela representa objetos por parâmetros e regras que determinam automaticamente a geometria e, de maneira opcional, propriedades e características não geométricas. Os parâmetros e as regras podem ser expressões que relacionem outros objetos, permitindo assim que objetos se atualizem automaticamente de acordo com o controle do usuário ou mudanças de contexto. Objetos paramétricos personalizados permitem a modelagem de geometrias complexas que antes eram impossíveis ou simplesmente impraticáveis. Em outras indústrias, as empresas usam a modelagem paramétrica para desenvolver suas próprias representações de objetos e para refletir o conhecimento e as melhores práticas da indústria. Na área da arquitetura, engenharia, construção e operação (AECO), as empresas de *software* BIM predefiniram um conjunto-base de classes de objetos de construção para os usuários, o qual pode receber adições, modificações ou ser estendido. Uma classe de objetos permite a criação de qualquer número de instâncias de objetos, com formas que variam, dependendo dos parâmetros e possivelmente de acordo com o contexto alterado.

A maneira pela qual um objeto se atualiza à medida que também muda seu contexto é chamada de *comportamento de projeto*. As classes de objeto fornecidas pelo sistema predefinem o que é, por exemplo, uma parede, uma laje ou uma cobertura, em termos de como esses componentes interagem com outros objetos relacionados. As empresas devem ter a capacidade de desenvolver objetos paramétricos definidos pelo usuário, sejam eles novos ou extensões de objetos preexistentes. Os atributos dos objetos são necessários para fazer a interface com análises, estimativas de custos e outras aplicações, mas esses atributos devem primeiramente ser definidos pela empresa de *software* ou pelo usuário.

Algumas plataformas BIM permitem aos usuários associarem objetos 3D com desenhos 2D feitos separadamente, permitindo que determinem o nível de detalhamento 3D, e, então, complementando a geometria do modelo com projeções 2D. Embora a geração de desenhos completos por meio da combinação de objetos 3D simplificados e de detalhes de corte 2D seja viável, não é possível incluir os objetos desenhados em 2D em listas de materiais, análises e outras aplicações oferecidas pelo BIM. Contudo, a maioria dos projetos e plataformas BIM enfatiza a representação de todos os objetos totalmente em 3D e produz desenhos 2D com base no modelo 3D. Nesses sistemas, o nível de detalhamento da estimativa de custo, da elaboração dos cronogramas, da simulação do desempenho energético e de outras análises de engenharia, assim como do detalhamento dos desenhos em si, está sujeito ao nível de modelagem 3D utilizado. De qualquer modo, o nível da modelagem 3D requerido deve ser cuidadosamente determinado, dependendo dos objetivos estabelecidos para o uso do modelo durante as diferentes fases do projeto. O nível da modelagem é chamado de *nível de desenvolvimento* (LOD, *Level of Development*). Muitas organizações e planos de execução do BIM no nível do empreendimento especificam as exigências de LOD para os projetos dos subsistemas em cada uma de suas fases.

Todo aplicativo BIM inclui um ou mais desses tipos de serviço. No nível das ferramentas BIM, os sistemas variam de importantes maneiras: na elaboração de seus objetos-base predefinidos, na facilidade pela qual os usuários podem definir novas classes de objeto, nas formas de atualizar objetos, na facilidade de uso, nos tipos de formas e superfícies que podem ser representadas, nas capacidades de geração de desenhos, na sua habilidade de gerenciar grande número de objetos, etc. No nível da plataforma, eles variam na habilidade de administração de projetos grandes ou muito detalhados, em suas interfaces com outras ferramentas BIM, na consistência de suas interfaces para o uso de múltiplas ferramentas, em suas extensibilidades, nas bibliotecas externas que podem ser utilizadas, nos dados que carregam a fim de permitir a administração e em suas capacidades para suportar a colaboração. Essas questões são critérios importantes para a construção das capacidades BIM dentro de uma organização e entre diferentes organizações.

Este capítulo oferece uma revisão global da tecnologia e ferramentas para geração de modelos BIM e distinções funcionais que podem ser usadas para avaliá-las e selecioná-las.

2.1 A EVOLUÇÃO PARA A MODELAGEM PARAMÉTRICA BASEADA EM OBJETOS

Um bom artesão conhece suas ferramentas, envolvam elas a automação ou não. Este capítulo inicia oferecendo uma forte estrutura conceitual para a compreensão das capacidades que compõem os aplicativos de projeto BIM.

A atual geração de ferramentas de modelagem de edificação é o resultado de quatro décadas de pesquisa e desenvolvimento de ferramentas de computação para o projeto 3D interativo, culminando na modelagem paramétrica baseada em objetos. Uma maneira de entendermos as atuais capacidades dos aplicativos de projeto BIM modernos é relembrar sua evolução histórica incremental. Começaremos com um breve panorama histórico.

2.1.1 Primeiras modelagens 3D

Desde a década de 1960, a modelagem da geometria 3D tem sido uma importante área de pesquisa. O desenvolvimento de novas representações 3D teve muitos usos em potencial, como o cinema, o projeto de arquitetura e engenharia e os jogos eletrônicos (*games*). A habilidade de representar composições de formas poliédricas para visualização foi desenvolvida pela primeira vez no final dos anos 1960, e mais tarde conduziu ao primeiro filme a utilizar computação gráfica, *Tron* (em 1987). Essas formas poliédricas iniciais podiam ser compostas em uma imagem com um conjunto limitado de formas parametrizadas e escaláveis, mas projetar exige a capacidade de editar e modificar formas complexas de maneira fácil. Em 1973, deu-se um grande passo em direção a esse objetivo. A capacidade de criar e editar formatos 3D sólidos arbitrários que definem volumes foi desenvolvida separadamente por três grupos: Ian Braid, na Universidade de Cambridge; Bruce Baumgart, em Stanford; e Ari Requicha e Herb Voelcker, na Universidade de Rochester (Eastman, 1999, Capítulo 2). Conhecidos por *modelagem de sólidos*, esses esforços produziram a primeira geração de ferramentas práticas de projeto com modelagem 3D.

Duas formas de modelagem de sólidos foram inicialmente desenvolvidas e competiam entre si por predomínio: a abordagem de representação por fronteira (B-rep, *boundary representation*) e a abordagem da Geometria Sólida Construtiva (CSG, *Constructive Solid Geometry*). A abordagem de representação por fronteira mostrava as formas como conjuntos fechados e orientados de superfícies delimitadas. Uma forma era um conjunto dessas superfícies delimitadas que atendia a um conjunto definido de critérios para o fechamento de um volume em termos de sua conectividade, orientação e continuidade de superfícies, entre outros requisitos (Requicha, 1980). Funções computacionais foram desenvolvidas para permitir a criação dessas formas com dimensões variáveis, incluindo paralelepípedos, cones, esferas e pirâmides parametrizadas, entre outras, como mostra a Figura 2.1 (à esquerda). Também foram criados formatos de revolução: extrusões e revoluções definidas como um perfil e um movimento ao longo de um eixo reto ou ao redor

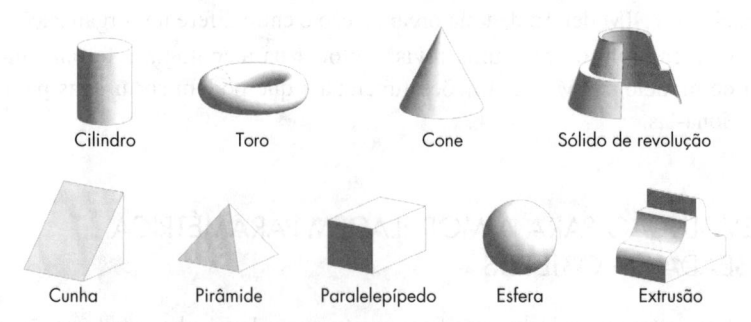

FIGURA 2.1 Um conjunto de funções que geram formas regulares, incluindo as de revolução.

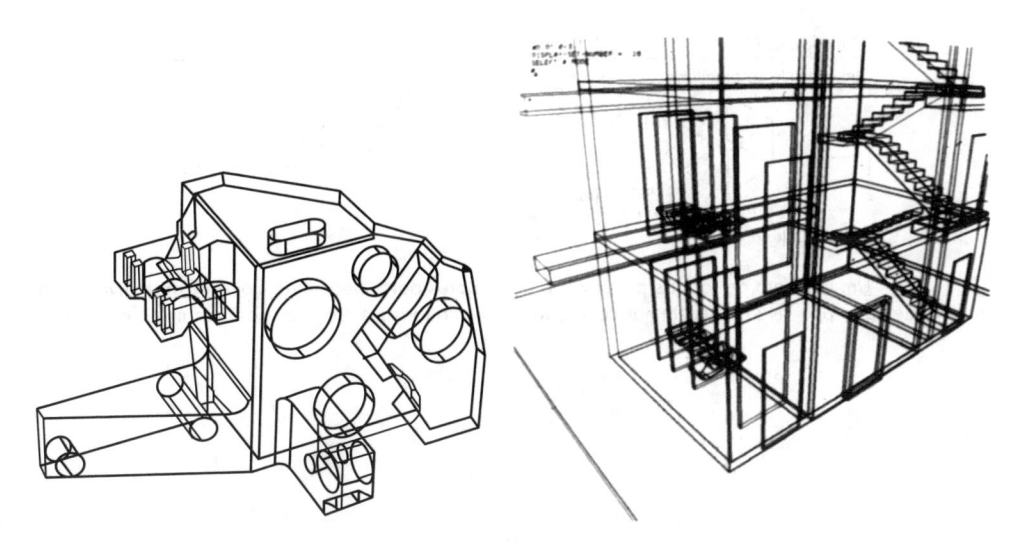

FIGURA 2.2 Uma das primeiras peças mecânicas geradas com o uso de B-reps e as operações booleanas (Braid, 1973) e uma das primeiras representações por modelador de sólidos de um núcleo de serviço de um edifício (Eastman, 1975).

de um eixo de rotação (Figura 2.1, à direita). Cada uma dessas operações criava uma forma B-rep bem definida, com dimensões explícitas. Operações de edição posicionavam essas formas em relação às outras, às vezes sobrepondo-as. Formas sobrepostas podiam ser combinadas por meio do uso de operações de união, interseção e subtração espacial – chamadas de operações booleanas – sobre pares ou em múltiplas formas poliédricas bem definidas. Essas operações permitiam ao usuário gerar interativamente formas bastante complexas, como mostram os exemplos da Figura 2.2 obtidos da tese de Braid ou do antigo edifício do escritório de Eastman. As operações de edição tinham de gerar formas que também fossem B-reps bem conformadas, permitindo que as operações fossem concatenadas. Os sistemas de criação e edição de formas fornecidos pela combinação dessas formas primitivas e das operações booleanas permitiam a geração de um conjunto de superfícies que, juntas, tinham a garantia de delimitar uma forma volumétrica definida pelo usuário. Assim começou a edição de formas por computador.

Na abordagem alternativa, a CSG representava uma forma como um conjunto de funções que definem os poliedros primitivos, como aqueles mostrados na Figura 2.3 à esquerda, similares àqueles para o uso de B-reps. Essas funções são combinadas em expressões algébricas, também usando as operações booleanas, apresentadas na Figura 2.3 à direita. No entanto, a CSG também se baseava em diferentes métodos para a análise da forma final definida como uma expressão algébrica. Por exemplo, ela podia ser desenhada em um monitor gráfico, mas não se gerava um conjunto de superfícies delimitadas. Um exemplo é mostrado na Figura 2.4. Os comandos de texto definem um conjunto de primitivas para a representação de uma pequena casa. A última linha acima da figura compõe as formas usando operações booleanas. O resultado é a mais simples das formas de um edifício: uma forma simples cavada formando o espaço de um único andar com um telhado de duas águas e uma abertura de porta. As formas posicionadas, mas não

O modelo CSG:

Um conjunto de primitivas na forma de:

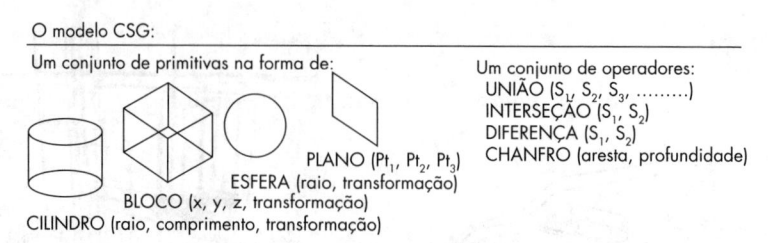

PLANO (Pt$_1$, Pt$_2$, Pt$_3$)
ESFERA (raio, transformação)
BLOCO (x, y, z, transformação)
CILINDRO (raio, comprimento, transformação)

Um conjunto de operadores:
UNIÃO (S$_1$, S$_2$, S$_3$, ...)
INTERSEÇÃO (S$_1$, S$_2$)
DIFERENÇA (S$_1$, S$_2$)
CHANFRO (aresta, profundidade)

FIGURA 2.3 Um conjunto de formas primitivas e operadores para Geometria Sólida Construtiva. Os parâmetros de cada primitiva consistem naqueles que definem a forma e então os posicionam no espaço 3D.

VolumePrédio := BLOCO(35.0,20.0,25.0,(0,0,0,0,0,0,));
Espaço := BLOCO(34.0,19.0,8.0,(0.5,0.5,0,1.0,0,0));
Porta := BLOCO(4.0,3.0,7.0,(33.0,6.0,1.0,1.0,0,0));
PlanoCobertura1 := PLANO((0.0,0.0,18.0).(35.0,0.0,18.0),(35.0,10.0,25.0));
PlanoCobertura2 := PLANO((35.0,10.0,25.0),(35.0,20.0,18.0),(0.0,20.0,18.0));
Prédio := (((VolumePrédio - Espaço) − Porta) - PlanoCobertura1) - PlanoCobertura2;

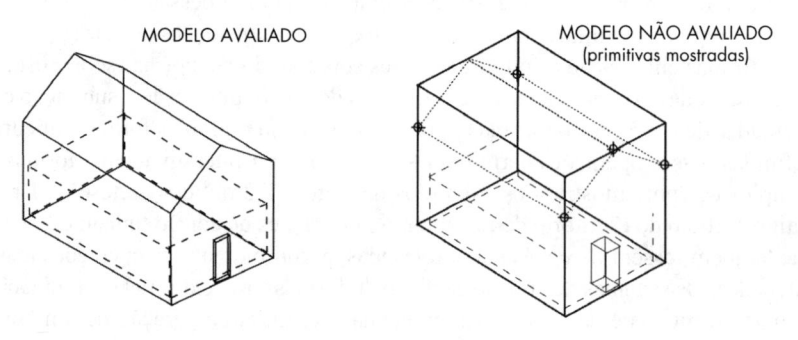

MODELO AVALIADO

MODELO NÃO AVALIADO
(primitivas mostradas)

Espaço := BLOCO(34.0,19.0,14.0,(0.5,0.5,0,1.0,0,0));
Porta := BLOCO(4.0,3.0,7.0,(33.0,6.0,1.0,1.0,0,0));

MODELO AVALIADO

MODELO NÃO AVALIADO
(primitivas mostradas)

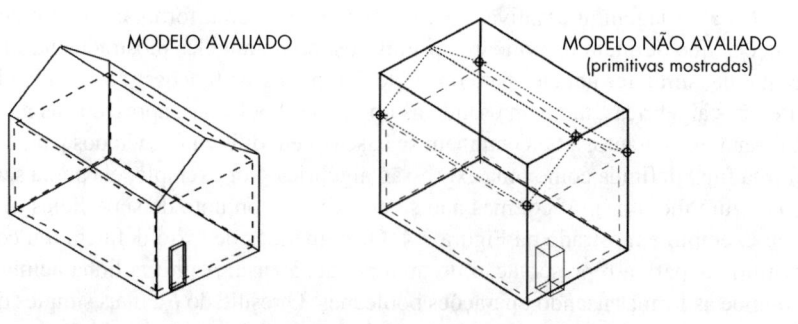

FIGURA 2.4 As definições de um conjunto de formas primitivas e suas composições em um edifício simples. O edifício é então editado.

avaliadas, são mostradas à direita. A principal diferença entre a CSG e a B-rep é que a primeira armazena os parâmetros definindo os componentes de sua forma e uma fórmula algébrica para compô-los conjuntamente, enquanto a B-rep armazena os resultados da sequência de operações e dos argumentos dos objetos que compõem a forma do componente. As diferenças são significativas. Na CSG, os elementos podem ser editados e gerados novamente sob demanda. Observe que, na Figura 2.4, todos os parâmetros de posição e formas podem ser editados por meio dos parâmetros das formas nas expressões da CSG. Este método para descrever uma forma – como cadeias de texto – era muito compacto, mas levava vários segundos para processar a forma nos computadores da época. A B-rep, por outro lado, era excelente para interações diretas, para a computação das propriedades de massa, renderização, animação e para a verificação dos conflitos espaciais. Editar formas B-rep era muito difícil porque sua parametrização não oferecia parâmetros úteis para edição.

No início, esses dois métodos competiram para determinar qual seria a melhor abordagem. Contudo, logo reconheceu-se que os métodos deveriam ser combinados, permitindo a edição dentro da árvore CSG (às vezes chamada de *forma não avaliada*). Usando-se o formato de B-rep para visualizar e interagir na edição de uma forma, podiam ser feitas composições de formas. A B-rep era chamada de *forma avaliada*. Hoje, todas as ferramentas de modelagem paramétrica e todos os modelos de edificações incorporam ambas as representações, sendo uma do tipo CSG, para edição, e a outra, do tipo B-rep, para visualização, medição, identificação de conflitos e outros usos que não são de edição. As ferramentas da primeira geração suportavam modelagem de objetos 3D facetados e cilíndricos com atributos associados, o que permitia que os objetos fossem compostos em conjuntos de engenharia, como motores, plantas industriais ou edifícios (Eastman, 1975; Requicha, 1980). Essa abordagem de modelagem híbrida foi um precursor crucial da modelagem paramétrica moderna.

O valor de associar materiais e outras propriedades às formas foi rapidamente reconhecido nesses primeiros sistemas. Eles podiam ser utilizados para o preparo de análises estruturais ou para a determinação de volumes, cargas permanentes e listas de materiais. Objetos com materiais conduzem a situações em que uma forma feita de um material era combinada por operação booleana com uma forma de outro material. Qual é a interpretação apropriada? Enquanto subtrações têm um claro significado intuitivo (janelas em paredes ou furos em placas de aço), as interseções e uniões dos formatos com diferentes materiais não têm.

Isso conceitualmente era um problema, pois ambos os objetos eram considerados como tendo o mesmo *status* – como objetos individuais. Esses dilemas levaram ao reconhecimento de que o uso principal das operações booleanas era inserir detalhes (*features*) em uma forma primária, tais como conexões em elementos pré-moldados, relevos ou boleados em pré-moldados de concreto (alguns adicionados e outros subtraídos). Um objeto que é um detalhe (*feature*) a ser combinado com o objeto principal é posicionado em relação a esse; posteriormente, esse detalhe pode ser nomeado, referenciado e editado. O material do objeto principal se aplica a quaisquer modificações no volume. O projeto baseado em detalhes tornou-se um destacado subcampo da modelagem paramétrica (Shah e Mantyla, 1995) e foi outro passo incremental importante no desenvolvimento das ferramentas de projeto paramétricas modernas. As aberturas de portas e janelas com esquadrias são exemplos intuitivos de detalhes dentro de uma parede.

A modelagem de edifícios baseada em modelagem de sólidos 3D foi desenvolvida no final dos anos 1970 e início dos anos 1980. Os sistemas de CAD, como RUCAPS (que evoluiu para o Sonata), TriCAD, Calma, GDS (Day, 2002), e os sistemas implementados em pesquisas da Universidade Carnegie-Mellon e da Universidade de Michigan desenvolveram essas capacidades básicas. (Para uma história detalhada do desenvolvimento da tecnologia CAD, ver http://mbinfo.mbdesign.net/CAD-History.htm.) Esse trabalho foi conduzido em paralelo por equipes de projetos de produtos mecânicos, aeroespaciais, de construção e elétricos, compartilhando conceitos e técnicas de modelagem de produtos e análise e simulação integradas.

Os sistemas CAD de modelagem de sólidos eram funcionalmente poderosos, mas em geral ultrapassavam o poder computacional disponível. Algumas questões de produção de edifícios, como a geração de desenhos e relatórios, não estavam bem resolvidas, limitando seu uso na produção. O projeto de objetos 3D era muito exótico conceitualmente para a maior parte dos projetistas, que ficavam mais confortáveis projetando em 2D. Além disso, esses sistemas eram caros, custando mais de 35 mil dólares por posto de trabalho na década de 1980 (incluindo o *hardware*), o equivalente a um carro esportivo de luxo. As indústrias de manufatura e aeroespaciais viram os enormes benefícios potenciais em termos de capacidade integrada de análise, redução de erros e o movimento em direção à automação da fábrica. Assim, trabalharam com as empresas de CAD para resolver as deficiências desses sistemas, e elas lideraram os esforços para o desenvolvimento de novas capacidades. A maior parte da indústria de construção não reconheceu esses benefícios. Em vez disso, adotaram editores de desenhos de arquitetura como AutoCAD®, Microstation® e MiniCAD, que incrementavam os métodos correntes de trabalho e suportavam a geração digital de documentos de projeto e construção 2D.

Outro passo na evolução do CAD à modelagem paramétrica foi o reconhecimento de que formatos múltiplos poderiam compartilhar parâmetros. Por exemplo, os limites de uma parede são definidos pelas superfícies dos planos de piso, de teto e de outras paredes que a delimitam; a maneira pela qual os objetos são conectados determina, em parte, seu formato em qualquer leiaute. Assim, se uma única parede é movida, todas as contíguas a ela também devem ser atualizadas. Ou seja, as mudanças se propagam de acordo com sua conectividade. Em outros casos, a geometria não é definida pelos formatos dos objetos relacionados, e sim globalmente. Grids, por exemplo, há muito tempo são empregados para definir estruturas. Os pontos de interseção do grid fornecem parâmetros para o posicionamento e a orientação das formas. Ou seja, se você move uma linha do grid, todas as formas definidas em relação aos pontos do grid associado também devem ser atualizadas. Parâmetros globais e equações também podem ser empregados localmente. Um exemplo desse tipo de regra paramétrica é mostrado adiante, na Figura 2.6.

Inicialmente, essas capacidades para escadas e paredes eram inseridas em funções de geração de objetos, onde, por exemplo, os parâmetros para uma escada eram definidos – sua localização, as dimensões dos espelhos e pisos dos degraus, a largura da escada – e a montagem da escada era feita virtualmente no computador. Esses tipos de capacidade permitiam o traçado de escadas no AutoCAD Architecture e nas primeiras ferramentas de CAD 3D e o desenvolvimento de operações de montagem no AutoCAD 3D, por exemplo. Mas isso ainda não é a modelagem paramétrica completa.

Mais tarde no desenvolvimento da modelagem 3D, os parâmetros que definem formas passaram a ser reavaliados automaticamente e as formas, reconstruídas, primeiro

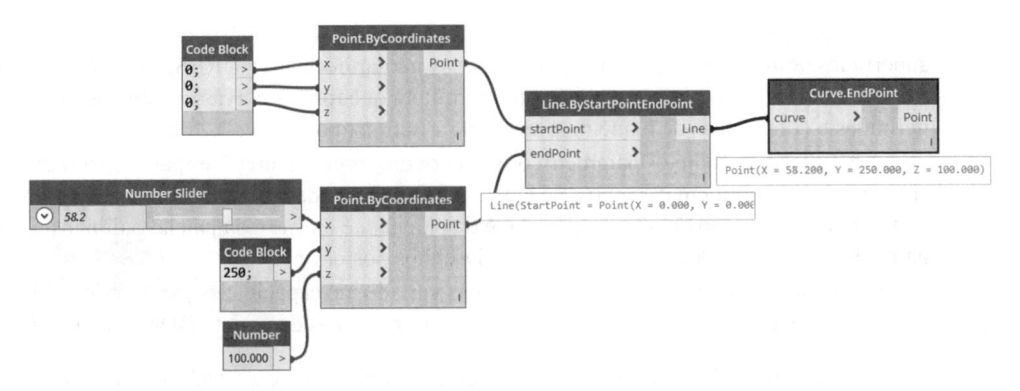

FIGURA 2.5 A representação da relação paramétrica em alguns aplicativos BIM.

sob demanda e controle do usuário. Então o *software* passou a marcar automaticamente o que havia sido modificado, de modo que somente as partes alteradas eram reconstruídas. Como uma mudança podia ser propagada a outros objetos, o desenvolvimento de sistemas com interações complexas levou à necessidade do desenvolvimento de uma capacidade de "resolução de problemas" que pudesse analisar as modificações e escolher a ordem mais eficiente para atualizá-las. A habilidade de dar suporte a essas atualizações automáticas foi mais um avanço da modelagem paramétrica e do BIM.

Em geral, a estrutura interna de uma instância de um objeto, como definida dentro de um sistema de modelagem paramétrica, é um grafo orientado, onde os nós são classes de objetos com parâmetros ou operações que constroem ou modificam uma instância de objeto; *links* no grafo indicam relações entre os nós. Alguns sistemas oferecem a opção de deixar o grafo paramétrico visível para edição, como mostrado na Figura 2.5. Os modernos sistemas de modelagem de objetos paramétricos marcam internamente onde as edições foram feitas e somente regeneram as partes afetadas do grafo do modelo, minimizando a sequência de atualização e maximizando a velocidade.

A gama de regras que podem ser embutidas em um grafo paramétrico determina a generalidade do sistema. Famílias de objetos paramétricos são definidas usando-se parâmetros e as relações entre esses. Como as relações condicionam o comportamento de projeto de um modelo paramétrico, a modelagem paramétrica também é conhecida como *modelagem por restrições*. Três métodos costumam ser utilizados para definir as relações paramétricas: as relações geométricas (p. ex., distâncias e ângulos), as relações descritivas (como *coincidente*, *paralelo*, *vertical*) e as relações equacionais (p. ex., parâmetro* 2). As ferramentas atuais também permitem condições adicionais do tipo "se–então". A definição de uma classe de objetos é uma tarefa complexa, que requer conhecimento embutido sobre como eles devem comportar-se em diferentes contextos. Condições "se–então" podem substituir um detalhe de projeto por outro, com base no resultado do teste ou de alguma condição. Elas são usadas em detalhamento estrutural, por exemplo, para selecionar o tipo desejado de conexão, dependendo das cargas e dos elementos que estão sendo conectados. Exemplos podem ser vistos no Capítulo 5 e em Sacks *et al.* (2004). Ver também Lee *et al.* (2006) para uma breve história da modelagem paramétrica e mais detalhes sobre restrições paramétricas.

Muitos aplicativos de projeto BIM suportam relações paramétricas para curvas e superfícies complexas, como *splines* e *B-splines* não uniformes (NURBS, *Non-Uniform Rational Basis Splines*). Essas ferramentas permitem que formas curvas complexas sejam definidas e controladas de maneira semelhante a outros tipos de geometria.

A definição dos objetos paramétricos também proporciona diretrizes para seu dimensionamento posterior em desenhos. Se janelas são posicionadas em uma parede de acordo com um deslocamento de uma extremidade da parede até o centro da janela, o dimensionamento padrão será feito dessa forma em desenhos posteriores.

Em suma, há um conjunto importante, mas variado, de capacidades paramétricas, algumas das quais não são suportadas por todas as ferramentas de projeto BIM. Isso inclui:

- A generalidade de relações paramétricas, que, em uma situação ideal, suportam todas as capacidades algébricas e trigonométricas;
- O suporte à criação de desvios condicionais e a redação de regras que possam associar diferentes detalhes a uma instância de objeto;
- A criação de *links* entre objetos e possibilidade de que esses *links* sejam feitos livremente, como uma parede cuja base pode ser uma laje, uma rampa ou uma escada;
- O uso de parâmetros externos ou globais para controlar o leiaute ou a seleção de objetos;
- A capacidade de estender as classes de objetos paramétricos usando subtipos, de modo que um objeto existente possa contemplar novas estruturas e comportamentos que não estavam disponíveis originalmente.

A modelagem de objetos paramétricos fornece uma maneira poderosa para criar e editar geometria. Sem ela, a geração e o projeto de modelos seriam extremamente incômodos e sujeitos a erros, como constatou com desapontamento a comunidade da engenharia mecânica depois do desenvolvimento inicial da modelagem de sólidos. Projetar uma construção que contém cem mil ou mais objetos pode ser impraticável sem um sistema que permita uma efetiva edição de projetos automática de baixo nível.

A Figura 2.6, desenvolvida usando o Generative Components, da Bentley, é um exemplo de montagem paramétrica personalizada. Esse exemplo mostra um modelo de parede-cortina cujos principais atributos geométricos são definidos e controlados parametricamente. O modelo é definido por uma estrutura de linhas centrais que dependem de pontos de controle. As diferentes camadas de componentes são propagadas a partir das linhas de centro e ao redor delas, adaptando-se às modificações do formato geral e às subdivisões da parede-cortina e da orientação 3D das conexões. Os modelos paramétricos foram projetados para permitir uma gama de variações que foram definidas pela pessoa que especificou o modelo paramétrico. Isso permite que as diferentes alternativas mostradas sejam geradas em tempo quase real.

A geração atual de plataformas BIM de projeto de arquitetura, que inclui Revit, AECOsim Building Designer, ArchiCAD, Digital Project, Allplan e Vectorworks, assim como plataformas BIM de projeto no nível de fabricação, como Tekla Structures e Structureworks, é toda derivada das capacidades de modelagem paramétrica baseada em objetos que foi desenvolvida e refinada para uso inicial em sistemas mecânicos. Vale a pena mencionar especialmente a Parametric Technology Corporation (PTC). Nos anos 1980, a PTC liderou esforços para definir instâncias de forma e outras propriedades definidas e

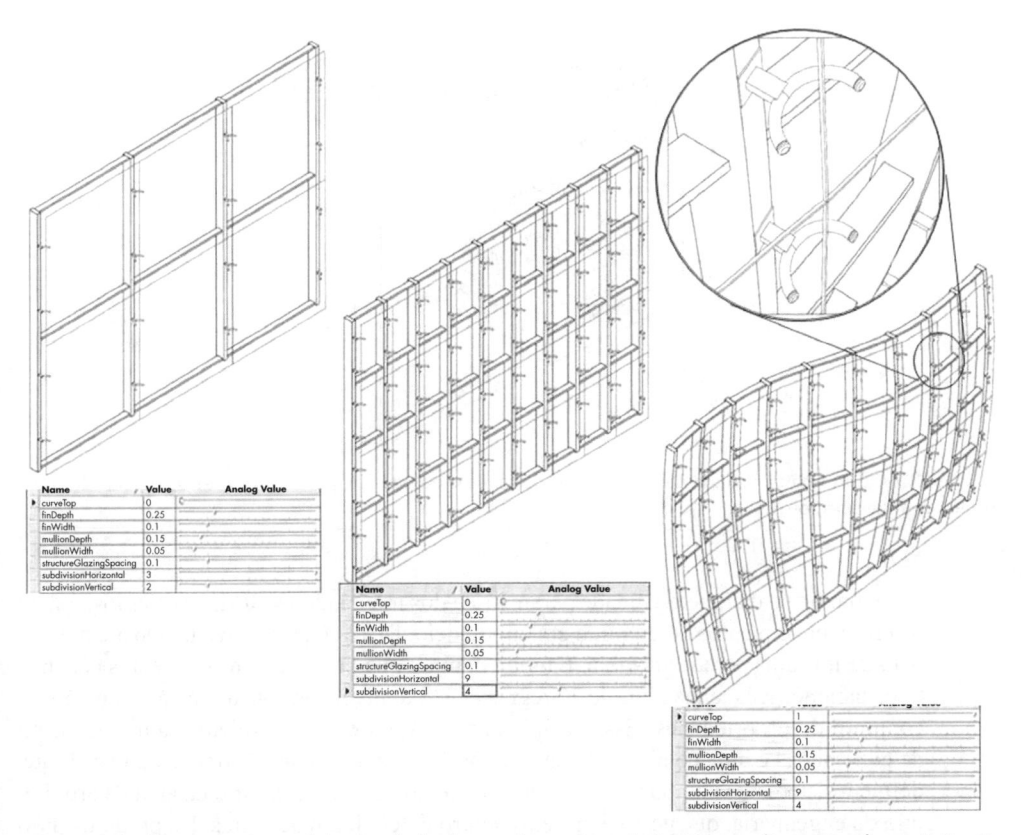

FIGURA 2.6 Montagem parcial de uma fachada com forma livre. A divisão e as dimensões dos mainéis são definidas pela tabela paramétrica, enquanto a curvatura é determinada por uma superfície curva que está por trás deles. A superfície orienta o ajuste automático dos perfis dos mainéis, o tamanho das vidraças e a rotação dos suportes. Os painéis facetados são conectados por suportes, como indica o detalhe ampliado. Este modelo de parede de vidro e suas variações foram gerados por Andres Cavieres usando o Generative Components.

controladas de acordo com uma hierarquia de parâmetros na montagem e em um nível de objeto individual. As formas podiam ser 2D ou 3D.

Nesse sentido, um objeto edita a si mesmo de acordo com seu comportamento, aplicando as regras que foram empregadas para sua definição. Um exemplo de classe de parede que inclui seus atributos de forma e relações é mostrado na Figura 2.7. As setas representam as relações com os objetos adjacentes. A Figura 2.7 define uma família de parede ou classe, porque ela é capaz de gerar muitas instâncias de sua classe em diferentes localizações e com parâmetros variados. As famílias de paredes podem variar muito em termos da geometria que podem suportar, sua estrutura compositiva interna e como a parede pode ser conectada a outras partes do prédio. Alguns aplicativos de projeto BIM incluem diferentes classes de parede, que são chamadas de *bibliotecas de parede*, a fim de permitir que um maior número dessas distinções sejam suportadas.

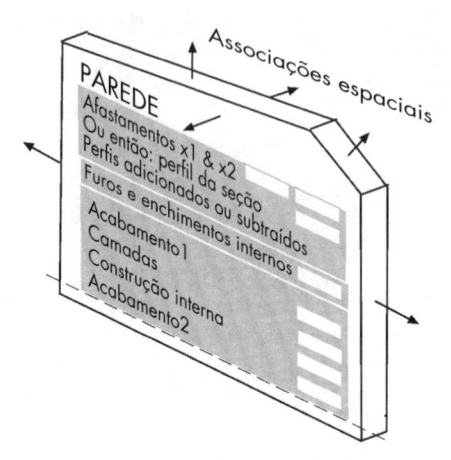

FIGURA 2.7 Estrutura conceitual de uma família de objetos de parede, com várias arestas associadas com superfícies delimitadoras.

Com o uso da funcionalidade paramétrica dos modeladores BIM, os usuários podem inserir conhecimentos do domínio em um modelo. Deve-se ter muito cuidado até mesmo para definir uma parede genérica. É muito comum que uma classe de elementos construtivos paramétricos tenha mais de 50 regras de baixo nível para sua definição e um amplo conjunto de propriedades. Essas condições mostram como o projeto arquitetônico ou de edificações é uma colaboração entre o modelador de classes de objetos do BIM, que define o sistema de comportamentos dos elementos BIM, e o usuário da área da arquitetura ou engenharia, que gera os projetos dentro do conjunto de regras dos produtos. Isso também explica por que os usuários podem encontrar problemas com leiautes de parede incomuns – eles não estão no escopo das regras embutidas. Por exemplo, um clerestório e as janelas inseridas nele são mostrados na Figura 2.8. Nesse caso, a parede deve ser colocada em um plano de piso não horizontal. Além disso, as paredes que delimitam as extremidades da parede do clerestório não estão no mesmo plano-base que a parede que está sendo delimitada. Algumas das ferramentas de modelagem BIM têm problemas em trabalhar com essas combinações de condições, levando à necessidade de subterfúgios.

A Figura 2.9 apresenta uma sequência de operações de edição para o projeto semiautomático de um pequeno teatro. O projetista explicitamente define as relações de fron-

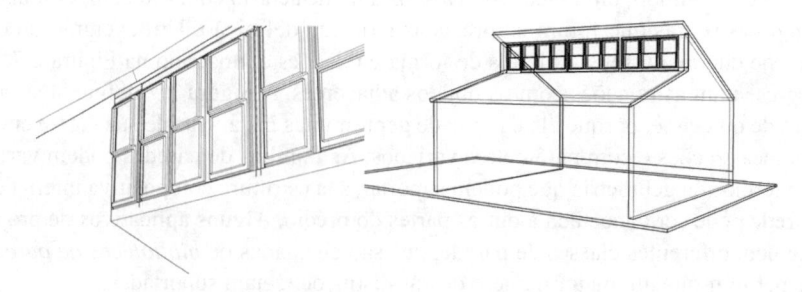

FIGURA 2.8 Uma parede de clerestório em um teto que possui requisitos de modelagem paramétrica diferentes da maioria das paredes.

2-9A 2-9B

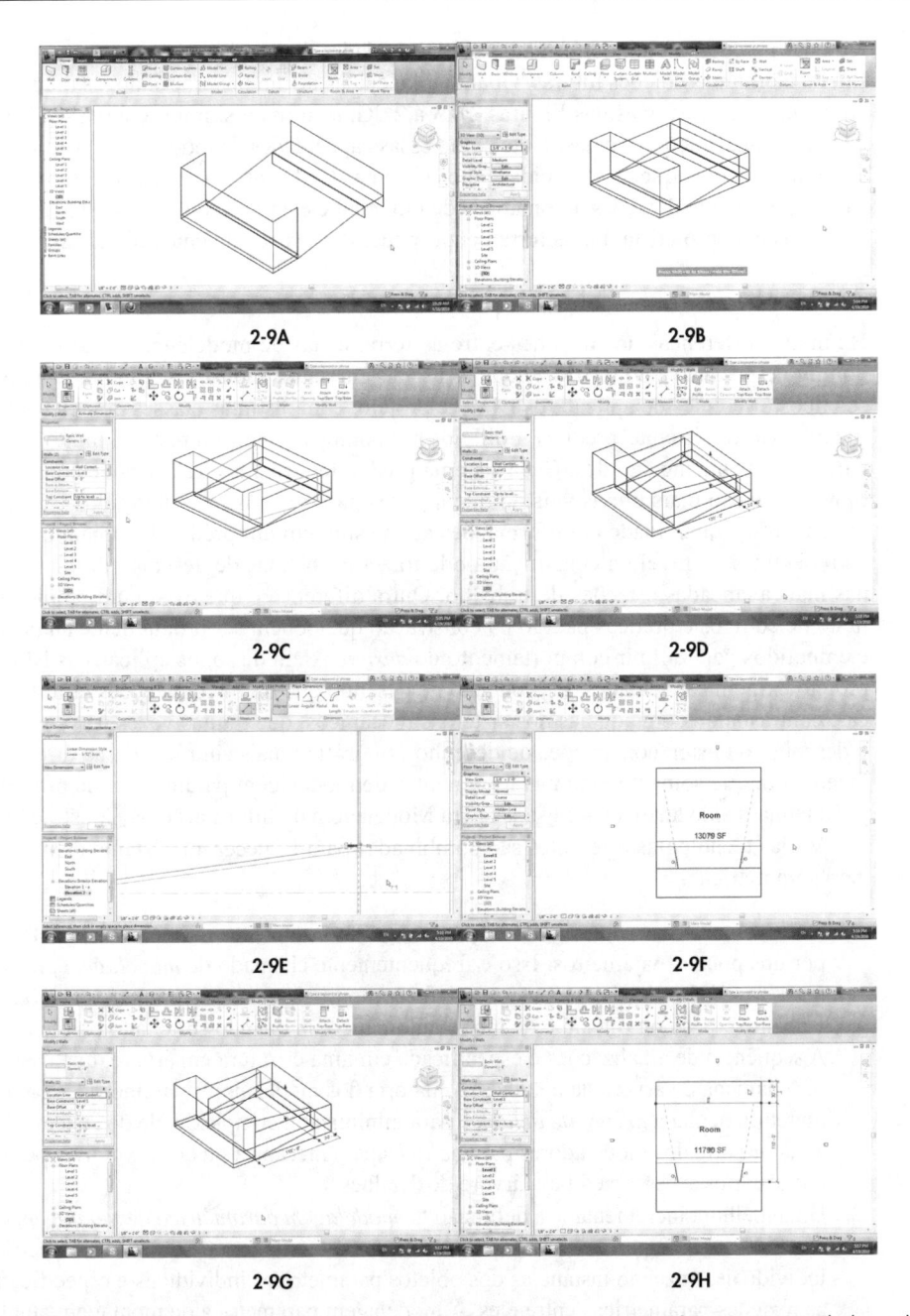

2-9C 2-9D

2-9E 2-9F

2-9G 2-9H

FIGURA 2.9 Um exemplo de modelagem paramétrica: começa-se o projeto de um teatro estabelecendo-se (A) um saguão elevado nos fundos; um piso inclinado e um palco elevado na frente; (B) são acrescentadas as paredes de fechamento e a cobertura; (C) as paredes em ângulo são adicionadas, mas não se conectam naturalmente com o piso inclinado; (D) assim, elas são alinhadas ao piso inclinado; (E) criam-se regras para alinhar a parede inclinada ao piso do saguão; (F) as áreas do auditório são calculadas para que se faça uma estimativa preliminar dos assentos; (G) a profundidade do saguão é aumentada para que se ofereça mais espaço, automaticamente mudando a inclinação do piso do auditório e a base das paredes laterais; (H) a área útil do auditório é revisada, para se analisar as implicações do aumento no número de assentos.

teira das paredes, incluindo formato das extremidades de paredes e conexões com piso, a fim de facilitar as edições futuras. Quando planejadas de modo apropriado, as mudanças, como aquelas mostradas nas Figuras 2.9A a 2.9G, se tornam simples e é possível fazer edições e atualizações rápidas. Note como essas capacidades de modelagem paramétrica vão muito além daquelas oferecidas pelos sistemas CAD anteriores, baseados em CSG. Elas suportam atualizações automáticas de um leiaute e a preservação das relações estabelecidas pelo projetista. Essas ferramentas podem ser extremamente produtivas.

2.1.2 Níveis de modelagem paramétrica

Há muitas diferenças nos detalhes entre as ferramentas de modelagem paramétrica de domínio específico para o BIM e aquelas usadas em outras indústrias. Também há diversos tipos diferentes de aplicativos BIM de projeto, com distintas classes de objetos para tratar os vários sistemas prediais. Edifícios são compostos por um número muito alto de partes relativamente simples. Cada sistema predial tem regras e relações de construção típicas, que são mais previsíveis do que aquelas para objetos manufaturados em geral. No entanto, a quantidade de informações até mesmo em um prédio de tamanho médio com detalhes no nível da construção pode trazer problemas de desempenho, inclusive nas mais avançadas estações de trabalho. Outra diferença é que existe um amplo conjunto de códigos e práticas padrão na construção que podem ser prontamente adaptados e embutidos para definir comportamento de *design*. Além disso, os aplicativos BIM de projeto exigem capacidades de produção de desenho que usam convenções arquitetônicas, contrastando com aquelas dos sistemas mecânicos, que muitas vezes não suportam o desenho, ou usam convenções de desenho ortográfico mais simples. Essas diferenças fazem com que somente algumas ferramentas de modelagem paramétrica de propósito geral tenham sido adaptadas e usadas para Modelagem da Informação da Construção.

Várias tecnologias diferentes são combinadas para fornecer um sistema de modelagem paramétrica.

1. No nível mais básico está a definição de formas complexas ou montagens definidas por uns poucos parâmetros. Isso é frequentemente chamado de *modelagem paramétrica de sólidos*. A edição consiste em fazer modificações nos parâmetros e gerar novamente a peça ou o leiaute de modo automático ou quando solicitado pelo usuário. A sequência de atualizações é especificada em uma estrutura em árvore, que costuma ser chamada de árvore de detalhes. A maioria dos modeladores paramétricos para arquitetura oculta a *árvore de detalhes* para minimizar a complexidade do sistema, mas a maior parte dos modeladores paramétricos para mecânica ou de baixo nível permite aos usuários acessar e editar a árvore de detalhes.
2. Uma melhora incremental é a definição de *modelagem paramétrica de montagem (assemblies)*, a qual permite aos usuários criar uma montagem de objetos paramétricos individuais, trazendo instâncias dos objetos paramétricos individuais e especificando as relações paramétricas entre eles. A modelagem paramétrica de montagem atualiza automaticamente quando qualquer parâmetro de forma é alterado.
3. Outra melhoria permite aos usuários embutir inteligência complexa em um modelo paramétrico ao agregar objetos paramétricos baseados em topologia ou regras baseadas em *scripts*. Por exemplo, se uma cobertura é composta de painéis em forma de quadriláteros de diferentes tamanhos, um objeto paramétrico de painel de cobertura baseado na topologia pode ser criado de modo que a forma de cada instância do objeto

do painel de cobertura se ajuste automaticamente ao formato do padrão de um grid de cobertura. A maioria dos edifícios complexos da atualidade é projetada e construída com essas tecnologias. Ver Glymph *et al.* (2004) para mais detalhes técnicos.

2.1.3 Objetos paramétricos e bibliotecas predefinidos *versus* definidos pelo usuário

Usando essas funções paramétricas, podemos definir classes de objetos. Um conjunto de classes de objetos é chamado de *biblioteca de objetos BIM* ou, simplesmente, *biblioteca* ou *família*. Cada aplicativo BIM fornece um conjunto crescente de *classes de objetos paramétricos predefinidos* (ou de sistema), refletindo sua funcionalidade-alvo, e a maioria delas permite que os usuários criem suas próprias *classes de objetos paramétricos definidas pelo usuário*.

Cada aplicativo BIM de autoria e os objetos predefinidos que vêm com ele são feitos para abarcar as convenções padronizadas na área de edificação visada por aquele aplicativo. A maioria das áreas de projeto e engenharia tem manuais de práticas padrão. Na arquitetura, isso vem sendo abordado há muito tempo pela obra *Architectural Graphic Standards* (Ramsey e Sleeper, 2000). Em outras áreas, a prática padrão é coberta por manuais como o *Detailing for Steel Construction* (AISC, 2017) ou o *PCI Design Handbook* (PCI, 2014). A *prática profissional padrão* reflete as convenções da indústria, como são projetadas as partes e os sistemas de uma edificação com base nas práticas correntes, geralmente considerando questões de segurança, desempenho estrutural, propriedades materiais e uso. O comportamento do projeto, por outro lado, não é codificado, resultando em diferentes comportamentos em cada uma das ferramentas de projeto BIM. Os objetos-base de cada ferramenta de projeto BIM são um repaginamento da prática padrão, do modo interpretado pelos desenvolvedores da empresa de *software* BIM, frequentemente com o apoio de especialistas e entidades do setor.

No entanto, no mundo real esses objetos predefinidos e seus comportamentos embutidos se tornam limitantes nas etapas de projeto e fabricação, por várias razões, como as que enumeramos a seguir:

- *Uma configuração diferente de peças é desejável por motivos de construção, análise ou estética.* Entre os exemplos podemos citar uma janela de quina com mainéis inspirados na obra de Frank Lloyd Wright; uma esquadria de janela fabricada sob encomenda com barreiras térmicas modeladas; conexões especiais, como as utilizadas para componentes de vidro ou plástico; o desenvolvimento de um conjunto de conexões especiais para estruturas de aço, madeira ou pré-fabricadas; e conexões para treliças espaciais.

- *As peças básicas não atendem a uma condição de projeto específica encontrada em um contexto de projeto ou do mundo real.* Como exemplos, poderíamos ter uma parede que se apoia em uma laje inclinada, uma rampa espiral com inclinação variável e recintos com teto em cúpula.

- *Um sistema da edificação cuja estrutura e comportamento não é disponibilizado no software ou pelos fornecedores de sistemas prediais.* Os exemplos são os sistemas de parede-cortina ou de revestimento externo das edificações, tipos de espaços complexos cujo leiaute exige serviços especializados e também laboratórios e espaços médicos.

- *Alguns objetos não são fornecidos pelo aplicativo BIM de projeto.* Os exemplos incluem componentes para energia renovável, como nos sistemas fotovoltaicos e reservatórios para armazenamento térmico.
- *Objetos melhorados que incorporam as melhores práticas de uma companhia.* Eles podem envolver detalhamentos que exijam uma extensão dos objetos-base, atributos específicos e detalhes associados.

Se a capacidade necessária de um objeto paramétrico não existe na ferramenta BIM, a equipe de projeto de arquitetura e engenharia tem as seguintes opções:

1. Criar um objeto em outro sistema e importá-lo para a sua ferramenta BIM como um *objeto de referência*, sem que ele possa ser editado localmente.
2. Lançar a instância do objeto manualmente como se ele fosse um objeto sólido e não paramétrico do modelo, determinando os atributos e lembrando-se de atualizar os detalhes do objeto manualmente, quando necessário.
3. Definir uma nova família de objetos paramétricos que incorpore os parâmetros externos apropriados e as regras de projeto para dar suporte aos comportamentos de atualização automáticos, mas as atualizações não se relacionarão com outras classes de objetos que fornecem os parâmetros necessários.
4. Definir uma extensão de uma família de objetos paramétricos existente que tenha forma, comportamento e parâmetros modificados; o objeto resultante está totalmente integrado à base existente e aos objetos estendidos.
5. Definir uma nova classe de objetos totalmente integrada e responsiva ao seu contexto.

Os primeiros dois métodos listados acima reduzem as capacidades de edição de partes ao nível de objeto sólido 3D puro, sem representações paramétricas. Todas as ferramentas de geração de modelos BIM suportam a definição de famílias de objetos personalizados (métodos 3 a 5). Elas permitem aos usuários definirem novas classes de objeto que possam ser atualizadas de acordo com o contexto definido dentro delas. Um desafio maior é a integração de novos objetos personalizados com objetos predefinidos existentes, como portas, paredes, lajes e coberturas que são fornecidos pela ferramenta BIM. Os novos objetos precisam se adequar às estruturas de atualização já definidas na plataforma BIM; caso contrário, as interfaces desses objetos com outros deverão ser editadas manualmente. Esses objetos estendidos, por exemplo, podem incluir como estruturar um estilo de escada em particular mantendo os parâmetros de dimensões de pisos e espelhos dos degraus conforme o código de edificações. Esses objetos e regras, uma vez criados, podem ser utilizados em qualquer projeto no qual um usuário em potencial queira inseri-los. Também é importante que os objetos carreguem os atributos necessários aos diversos cálculos a que a família de objetos deve dar suporte, como estimativas de custos e análises estruturais ou de energia. As estruturas de atualização nos aplicativos BIM raramente são documentadas por seus desenvolvedores, tornando esse nível de integração mais difícil. Poucas ferramentas de projeto BIM suportam esse nível de personalização. A manutenção do *software* dessas personalizações é outra consideração importante antes de seguir qualquer um desses rumos.

Se uma empresa trabalha com frequência com algum tipo ou sistema de construção envolvendo famílias de objetos especiais, o trabalho adicional para defini-las parame-

Projeto paramétrico de paredes portantes
curvas de blocos de concreto

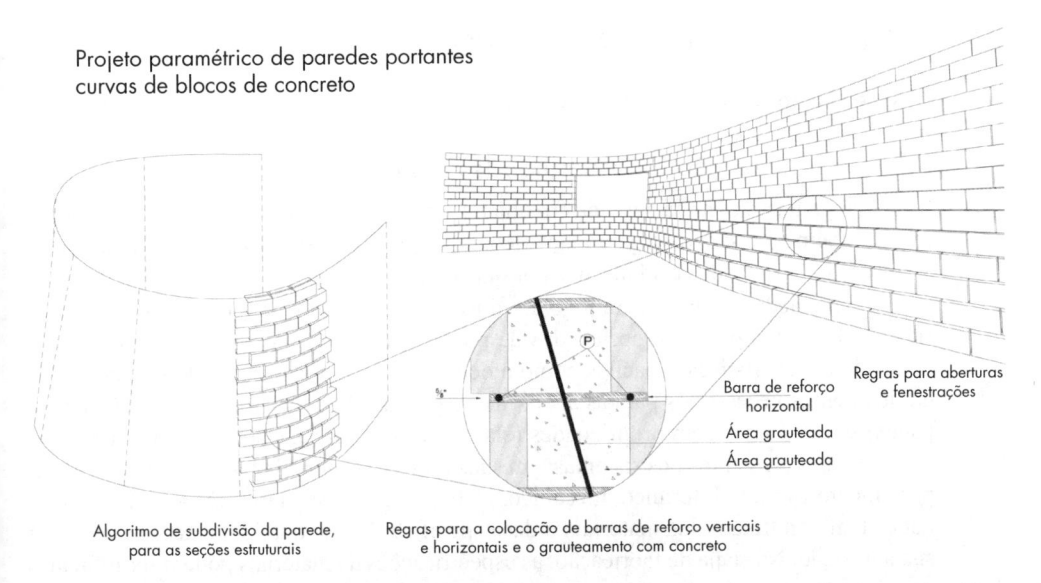

Algoritmo de subdivisão da parede, para as seções estruturais

Regras para a colocação de barras de reforço verticais e horizontais e o grauteamento com concreto

Barra de reforço horizontal
Área grauteada
Área grauteada
Regras para aberturas e fenestrações

FIGURA 2.10 Um modelo paramétrico personalizado para uma superfície de alvenaria (de tijolo ou bloco de concreto) com forma livre (curva em duas direções). O objeto inclui o controle do corte dos tijolos e a avaliação automática de quando são necessárias armaduras de reforço.

Fonte: Cavieres, 2009.

tricamente é facilmente justificado. Elas proporcionam a aplicação automática das melhores práticas da empresa nos vários contextos encontrados em diferentes projetos e podem ser aplicadas em toda a empresa. Isso pode ser feito em um alto nível para leiautes ou para aqueles necessários ao detalhamento e à pré-fabricação. Alguns exemplos desse tipo de objeto paramétrico personalizado são a parede de alvenaria especial mostrada na Figura 2.10 (Cavieres *et al.*, 2009) e o núcleo do prédio descrito no Capítulo 5. O efeito dessas capacidades é estender a modelagem paramétrica de uma ferramenta de projeto geométrico a uma *ferramenta de inserção de conhecimento*. Qualquer firma que se considere pronta para usar o BIM deveria ter a capacidade de definir suas próprias bibliotecas de famílias de objetos paramétricos personalizados, refletindo as habilidades e conhecimentos técnicos que adquiriu e pode utilizar rotineiramente.

Embora as ferramentas de projeto BIM não sejam novas, elas continuam evoluindo e amadurecendo. Os maiores esforços vêm sendo direcionados para trabalhar no conceito do projeto de arquitetura. O próximo nível de esforço tem sido dirigido a alguns objetos e comportamentos no nível da construção e fabricação. As ferramentas BIM de projeto estrutural também estão disponíveis e serão discutidas no Capítulo 5. Outros detalhes são fornecidos nos Capítulos 5, 6 e 7. À medida que a variedade de procedimentos renováveis e sustentáveis e os problemas do controle de sistemas crescerem, a necessidade de ferramentas BIM de projeto para a sustentabilidade também aumentará. As implicações intelectuais da definição de regras e comportamentos de objetos, considerando o nível de controle mantido pelos usuários do BIM, ainda não foram suficientemente exploradas.

2.2 ALÉM DOS FORMATOS PARAMÉTRICOS

Nesta seção, focaremos as questões que vão além da modelagem geométrica paramétrica.

2.2.1 Manipulação de propriedades e atributos

A modelagem paramétrica baseada em objetos trata de geometria e topologia, mas os objetos também precisam carregar uma variedade de propriedades para serem interpretados, analisados, precificados e adquiridos por outros aplicativos.

As propriedades entram em jogo em diferentes etapas do ciclo de vida de uma edificação. Por exemplo, as propriedades de projeto tratam dos nomes dos espaços e das áreas, de características espaciais como a ocupação, as atividades e o desempenho dos equipamentos necessários para as análises energéticas. As zonas (uma agregação de espaços) são definidas com propriedades relacionadas às cargas e aos controles térmicos. Os diferentes elementos dos sistemas têm suas próprias propriedades em termos de comportamento estrutural, térmico, mecânico, elétrico e hidrossanitário. Depois, as propriedades também tratam dos materiais e das especificações de qualidade necessárias para sua aquisição. Na etapa de fabricação, as especificações de materiais podem ser refinadas para incluírem parafusos, soldas ou especificações de outros tipos de conexão. Ao término da construção, as propriedades oferecem informações e *links* para a transmissão de dados sobre operação e manutenção aos sistemas de operação.

O BIM fornece o ambiente para o gerenciamento e a integração dessas propriedades ao longo do ciclo de vida do projeto. No entanto, as ferramentas necessárias à criação e ao gerenciamento delas ainda estão apenas começando a ser desenvolvidas e integradas nos ambientes BIM.

As propriedades raramente são usadas de maneira separada. Um aplicativo de iluminação requer cores de materiais, coeficiente de reflexão, expoente de reflexão especular e possivelmente um mapa de textura e relevo. Para análise precisa de energia, uma parede requer um conjunto diferente. Então, as propriedades são organizadas de forma apropriada em conjuntos e associadas com certas funções. As bibliotecas de conjuntos de propriedades para diferentes objetos e materiais são parte integral de um ambiente BIM bem desenvolvido. Os conjuntos de propriedades nem sempre são disponibilizados pelo fornecedor do produto e frequentemente têm de ser aproximados pelo usuário, pela empresa do usuário ou a partir de dados da American Society of Testing and Materials (ASTM). Embora várias organizações de padronização estejam abordando essas questões, os conjuntos de propriedades necessários ao armazenamento de informações para uma grande variedade de ferramentas de simulação e análise ainda não foram adequadamente organizados de modo padronizado para uso comum – ou seja, atualmente isso fica a cargo do usuário.

Até propriedades aparentemente simples podem ser complexas. Observe, por exemplo, o nome dos espaços, que são utilizados na avaliação do programa de necessidades, na análise funcional, no gerenciamento e na operação dos imóveis e, às vezes, em orçamentações preliminares e na atribuição de cargas energéticas. Os nomes dos espaços são específicos para cada tipo de edificação. Algumas organizações tentaram desenvolver normas para os nomes dos ambientes, a fim de facilitar a automação. A U.S. General Services Administration (GSA), por exemplo, adota três classificações para o nome dos espaços em foros de justiça: uma para a validação espacial do tipo de edificação; outra para cálculos de aluguel; e uma terceira que é a adotada no *U.S. Courts Design Guide*.

Nos níveis de departamentos e espaços individuais, a Georgia Tech estimou que há cerca de 445 diferentes nomes de espaço válidos (Lee *et al.*, 2010). Eles devem, portanto, ser explicitamente definidos nos planos de execução dos projetos com BIM.

A geração atual de ferramentas BIM tem como padrão um conjunto mínimo de propriedades para a maioria dos objetos e oferece a capacidade de estender o conjunto. Os usuários de um aplicativo devem acrescentar propriedades para cada objeto relevante a fim de produzir certo tipo de simulação, estimativa de custo ou análise, e também devem gerenciar sua adequação para várias tarefas. O gerenciamento dos conjuntos de propriedades se torna problemático porque diferentes aplicativos para a mesma função podem demandar propriedades e unidades um tanto diversas, como para energia e iluminação.

Há pelo menos três maneiras de gerenciar os valores das propriedades das instâncias de objetos para um conjunto de aplicativos:

- Pela sua predefinição em bibliotecas de objetos, de forma que sejam acrescentadas ao modelo de projeto quando uma instância do objeto for criada.
- A partir de uma biblioteca de conjuntos de propriedades armazenada, em que o usuário acrescenta as propriedades quando forem necessárias para uma aplicação.
- Pela atribuição automática das propriedades a partir de uma base de dados quando forem exportadas para aplicativos de análise ou simulação, baseada em um identificador único ou chave.

A primeira alternativa é boa para o trabalho de produção envolvendo um conjunto padrão de tipos de construção, mas requer uma definição cuidadosa pelo usuário para objetos personalizados. Cada objeto carrega uma quantidade extensa de dados de propriedades para todas as aplicações relevantes, mas somente algumas são efetivamente usadas em um projeto. Definições extras podem diminuir o desempenho de um aplicativo e aumentar o tamanho do modelo do projeto. A segunda alternativa permite que os usuários selecionem um conjunto de objetos semelhantes ou conjuntos de propriedades para exportar para um aplicativo. Isso resulta em um processo de exportação mais demorado. O uso reiterado de ferramentas de simulação pode requerer a adição das propriedades toda vez que o aplicativo for executado. Isso pode ser necessário, por exemplo, para examinar sistemas alternativos de janelas e paredes para eficiência energética. A terceira abordagem mantém o aplicativo de projeto leve, mas requer o desenvolvimento de uma rotulagem de materiais abrangente, que possa ser usada por todos os tradutores na exportação para associar um conjunto de propriedades para cada objeto. Os autores acreditam que a terceira abordagem é a desejável a longo prazo para manipulação de propriedades. As classificações globais de objetos e rotulagem de nomes necessárias para essa abordagem ainda precisam ser desenvolvidas. Atualmente, múltiplas rotulagens devem ser desenvolvidas, uma para cada aplicativo.

O desenvolvimento de conjuntos de propriedades e bibliotecas de classificação de objetos apropriadas ao suporte de tipos diferentes de aplicativos é um tema amplo, que está sendo considerado pelo Construction Specification Institute of North America e por outras organizações nacionais de especificação. As bibliotecas de Modelo de Objetos de Construção (BOM, *Building Object Model*), que representam tanto os objetos quanto as propriedades de produtos de edificações comerciais específicos para o gerenciamento das propriedades de objetos, são uma parte potencialmente importante de um ambiente BIM. Essa importante facilidade é revista na Seção 5.4.

2.2.2 Geração de desenhos

Mesmo o modelo de construção tendo o leiaute geométrico completo de uma construção e seus sistemas – e os objetos possuindo propriedades e especificações – os desenhos continuarão a ser requeridos como relatórios ou vistas extraídos do modelo ainda durante algum tempo no futuro. Os processos contratuais existentes e a cultura do trabalho, apesar de estarem mudando, ainda são centrados em desenhos, seja em papel ou eletrônicos. Os desenhos são considerados as representações espaciais nos contratos de uma edificação. Se uma ferramenta BIM não dá suporte efetivo à extração de desenhos e um usuário precisa fazer muitas edições manuais para gerar cada conjunto de desenhos a partir de cortes, os benefícios do BIM são reduzidos significativamente.

Com a modelagem da informação da construção, cada instância de objeto da construção – sua forma, propriedades e posicionamento no modelo – é representada somente uma vez. Baseados em um arranjo de instâncias de objeto de construção, todos os desenhos, relatórios e conjuntos de dados podem ser extraídos, e todos serão consistentes se obtidos da mesma versão do modelo de construção. Essa capacidade em si resolve uma fonte significativa de erros. Com desenhos de arquitetura 2D normais, qualquer modificação ou edição deve ser transferida manualmente a múltiplos desenhos pelo projetista, resultando em potenciais erros humanos pela não atualização de todos os desenhos corretamente. Em construções pré-moldadas de concreto, essa prática 2D tem se mostrado causadora de erros que custam aproximadamente 1% do que é gasto na construção (Sacks *et al.*, 2003).

As capacidades das ferramentas de projeto BIM atuais estão perto da extração automática de desenhos.

A posição da seção é registrada automaticamente com um símbolo de corte em uma vista em planta ou em elevação como uma referência cruzada, e sua localização pode ser movida, se necessário. Um exemplo é dado aqui, na Figura 2.11, com a figura da esquerda mostrando o corte extraído e a da direita mostrando o corte detalhado com anotações desenhadas. O corte é detalhado manualmente mostrando os blocos de madeira, perfis, selantes e vedações necessários, e as anotações associadas são colocadas no detalhe completo desenhado. Na maioria dos sistemas, esse detalhamento é associado ao corte no qual ele foi baseado. Quando elementos 3D no corte se modificam, eles se atualizam automaticamente no corte, mas os detalhes desenhados à mão devem ser atualizados manualmente.

Para produzir desenhos, cada planta, corte e elevação é composta separadamente com base nas regras listadas acima, a partir de uma combinação de cortes 3D e seções 2D alinhadas. Eles são então agrupados em folhas com margens e legendas. Os leiautes das folhas são mantidos entre as sessões e são parte dos dados gerais do empreendimento.

A produção de desenhos a partir de um modelo 3D detalhado passou por uma série de refinamentos para torná-la eficiente e fácil. A seguir se encontra uma lista ordenada de níveis de qualidade que agora podem ser suportados tecnicamente, apesar de a maioria dos sistemas não ter atingido o nível máximo na geração de desenhos. A lista inicia com o nível mais fraco.

1. Um nível fraco de produção de desenhos oferece a geração de vistas ortográficas em corte a partir de um modelo 3D, e o usuário edita manualmente os formatos de linha e acrescenta cotas, detalhes e anotações. Esses detalhes são associativos, isto é, en-

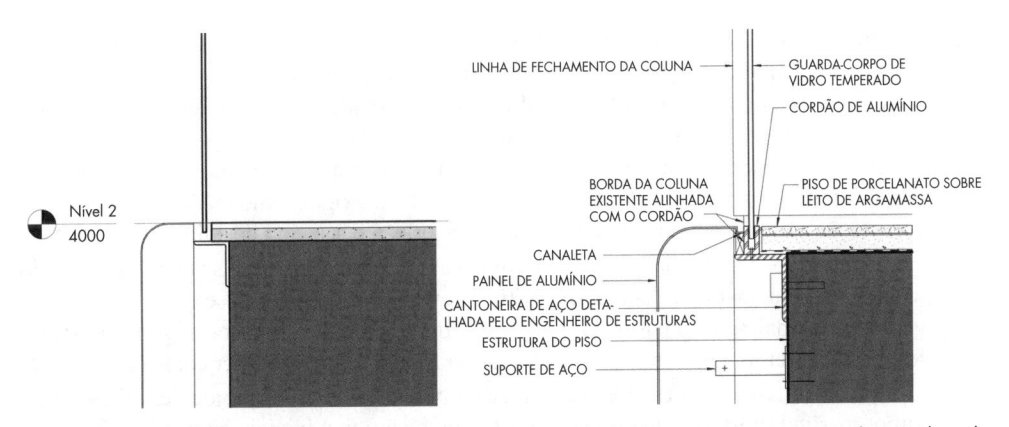

FIGURA 2.11 Esboço mostrando o corte inicial extraído do modelo de construção (à esquerda) e o desenho detalhado manualmente e elaborado a partir do corte (à direita).

Imagem fornecida por cortesia de Yunhee Kim.

quanto o corte existir no modelo, as anotações são mantidas ao longo das versões do desenho. Essas capacidades de associação são essenciais para a regeneração efetiva de versões dos desenhos do projeto. Nesse caso, o desenho é um relatório elaborado, gerado a partir do modelo. A geração de desenhos pode ser feita em um sistema de desenho externo ou dentro da ferramenta BIM.

2. Uma melhoria sobre o nível 1 (acima) é a definição e o uso de gabaritos de desenho associados aos elementos para um tipo de projeção (planta, corte, elevação) que gera automaticamente cotas do elemento, atribui espessuras de linha e gera anotações a partir de atributos definidos. Isso acelera bastante a configuração inicial do desenho e melhora a produtividade, apesar de a configuração para cada família de objetos ser tediosa. As definições padronizadas para as vistas podem ser sobrescritas e é possível adicionar anotações personalizadas. Edições nos desenhos 2D não podem ser propagadas às projeções do modelo; elas devem ser feitas nas vistas do modelo. Nesses dois primeiros casos, gerenciamento de relatórios deve ser fornecido para informar ao usuário que foram feitas mudanças no modelo, mas os desenhos não se atualizam automaticamente para refletir essas mudanças até que sejam regenerados.

3. As funcionalidades de desenho atuais de mais alto nível dão suporte à edição bidirecional entre modelos e desenhos. As modificações nas anotações do modelo são feitas da maneira descrita anteriormente. Contudo, as edições nos modelos são permitidas nas vistas e propagadas ao modelo. Se mostradas em janelas ao lado de vistas do modelo 3D, atualizações em qualquer vista podem ser visualizadas imediatamente nas outras vistas. Vistas bidirecionais e forte capacidade de geração de gabaritos padronizados reduzem ainda mais o tempo e o esforço necessários para a geração de desenhos.

Tabelas de portas, janelas e ferragens são definidas de maneira similar às três alternativas descritas acima. Ou seja, elas podem ser geradas como relatórios e apenas editadas localmente. As tabelas também podem ser tratadas como vistas do modelo, e alguns sistemas permitem que elas sejam atualizadas diretamente, modificando o modelo de construção. Um método gerador de relatórios estático é o mais fraco, e uma potente abordagem bidirecional é o mais forte. Tal bidirecionalidade oferece benefícios importantes, incluindo a habilidade de trocar as ferragens usadas em um conjunto de portas por aquelas recomendadas na tabela, em vez de trocá-las através do modelo. No entanto, as edições feitas a um modelo com base em uma tabela exigem cuidado, e os modelos de construção são frequentemente corrompidos em razão desse tipo de edição.

Em sistemas de modelagem BIM em nível de fabricação, esse sistema misturando leiaute 3D esquemático e detalhamento 2D é pouco usado, e assume-se que o projeto seja gerado principalmente a partir do modelo 3D do objeto. Nesses casos, vigotas, montantes, bases, soleiras e outras peças mostradas na Figura 2.11 devem ser colocadas em 3D.

Um objetivo atual óbvio é automatizar o processo de produção de desenhos o máximo possível, uma vez que a maior parte dos benefícios iniciais de produtividade de projeto (e custos) dependerá da extensão da geração automática. Em algum momento no futuro, a maioria dos envolvidos no processo de produção de uma construção adaptarão suas práticas à tecnologia BIM, deixando de precisar dos jogos de desenho convencionais e passando a trabalhar diretamente com os modelos de construção. Estamos lentamente nos dirigindo a um mundo sem papel (ver o Capítulo 9 para uma discussão). Os desenhos continuarão a ser usados, mas como folhas de revisão descartáveis para as equipes de construção e outros usuários. À medida que essas mudanças se tornarem realidade, as convenções para desenhos de arquitetura provavelmente evoluirão, permitindo que sejam personalizados para as tarefas específicas nas quais são usados. Alguns exemplos são mostrados no Capítulo 5. Apesar dos avanços na geração automática de desenhos, é improvável que a automação algum dia chegue a 100%, pois os desenhos podem ser gerados de várias maneiras, dependendo das convenções de projeto ou de desenho.

As ferramentas BIM atuais oferecem tecnologia para aliviar alguns desses problemas. Os aplicativos BIM, em geral, permitem aos projetistas escolherem o nível de modelagem 3D que desejam usar, com os cortes 2D preenchendo os detalhes que faltarem. Os benefícios do BIM em intercâmbio de dados, lista de materiais, estimativa de custos detalhada e outras ações são perdidos nesses elementos definidos somente em seções 2D. Embora se possa argumentar que a modelagem de objetos 3D não seja justificada em todas as situações, os usuários avançados do BIM estão se aproximando de um nível de modelagem de 100% (p. ex., os estudos de caso da reforma do Medina Airport e do Saint Joseph Hospital, no Capítulo 10), sendo contidos apenas por aqueles consultores de projeto que não conseguem fornecer modelos 3D para coordenação.

2.2.3 Escalabilidade

Um problema que muitos usuários encontram é a escalabilidade. Os problemas de escalabilidade são encontrados quando um modelo se torna muito grande para uso prático de revisão ou edição. As operações se tornam muito lentas, de forma que até mesmo operações simples se tornam árduas. Os modelos de construção ocupam muito espaço na memória de um computador. Grandes edificações podem conter milhões de objetos, cada um com uma forma diferente. A escalabilidade é afetada tanto pelo tamanho do prédio (digamos, sua área de piso) quanto pelo nível de detalhamento do modelo e o uso de métodos de modelagem ineficientes. Mesmo uma construção simples pode encontrar problemas de escalabilidade se cada prego e cada parafuso forem modelados individualmente.

A modelagem paramétrica incorpora regras de projeto que relacionam a geometria ou outros parâmetros de um objeto com aqueles de outros objetos. Esses parâmetros existem em uma hierarquia de relações: relações paramétricas tipo *dentro de objeto*, relações *com outros objetos* que ajustam o formato de um objeto em resposta às mudanças feitas em outro e *relações hierárquicas* entre grades de controle e superfícies que determinem os parâmetros de forma e posicionamento de um conjunto de objetos associados. Embora as relações *dentro de* e *entre objetos* atualizem localmente, as propagações de regras hierárquicas podem gerar atualizações no prédio inteiro. A propagação de regras paramétricas locais executa apenas demandas razoáveis nos modelos, enquanto algumas plataformas BIM limitam a capacidade de gerenciamento de grandes conjuntos de regras hierárquicas. Além disso, é difícil dividir um projeto em partes para seu desenvolvimento separado e, ainda assim, gerenciar um grande conjunto de regras hierárquicas.

O problema é o tamanho da memória: todas as operações nas formas dos objetos devem ocorrer na memória do computador. Assim, a solução simples para administrar as atualizações paramétricas é carregar o projeto na memória. Isso impõe um desafio à escalabilidade e coloca limites práticos no tamanho de um módulo de projeto que pode ser efetivamente editado. Entretanto, se as regras puderem ser propagadas entre diferentes arquivos, quando a atualização de um objeto em um arquivo puder levar a atualizações automáticas em outros arquivos, a limitação de um projeto desaparecerá. Poucos aplicativos de projeto BIM desenvolvidos especificamente para a arquitetura têm condições de administrar a propagação de mudanças paramétricas entre múltiplos arquivos. Chamamos a esses sistemas que precisam carregar simultaneamente todos os objetos atualizados na memória de *sistemas baseados em memória*. Quando o modelo se torna grande demais para ser mantido na memória, ocorre a transferência para memória virtual, o que pode resultar em degradação do desempenho do modelo BIM. Alguns sistemas possuem métodos para propagar relações e atualizações entre os arquivos e podem abrir, atualizar e fechar múltiplos arquivos em uma operação de edição. Eles são chamados de *sistemas baseados em arquivos*. Sistemas baseados em arquivos geralmente são um pouco mais lentos para projetos pequenos, mas sua velocidade diminui bem devagar à medida que o tamanho do projeto cresce.

A segmentação dos projetos em módulos feita pelo usuário é uma maneira comprovada de se compartilhar o trabalho e limitar a escala das atualizações automáticas. Arquivos de referência são frequentemente utilizados para limitar o que se pode editar. Eles funcionam bem se as relações hierárquicas dentro de um projeto não levarem a mudanças globais no projeto. Algumas ferramentas BIM impõem essas limitações.

Questões relativas à memória e ao processamento naturalmente diminuirão à medida que os computadores se tornarem mais rápidos. Também se espera que a computação baseada na nuvem reduza os problemas de desempenho de grandes projetos. Processadores e sistemas operacionais de 64 bits também proporcionam uma ajuda significativa. Em paralelo, no entanto, haverá o desejo por modelos de construção mais detalhados e conjuntos maiores de regras paramétricas. Problemas de escalabilidade estarão entre nós por algum tempo.

2.2.4 Gerenciamento de objetos e *links*

Gerenciamento de objetos. Os modelos BIM se tornam bastante grandes e complexos. Modelos com vários gigabytes estão se tornando comuns. Nesses casos, a coordenação e a gestão de dados (o que é chamado de "sincronização" no Capítulo 3) se tornam uma tarefa e preocupação do gerenciamento de grandes conjuntos de dados. A abordagem tradicional de atualizar as versões de um projeto com o uso dos arquivos acarreta dois tipos de problemas:

1. Os arquivos se tornam gigantescos, e o projeto precisa ser dividido de alguma maneira para que se possa continuá-lo; os modelos se tornam grandes, lentos e pesados.
2. Determinar as mudanças dentro de um arquivo continua sendo um esforço manual de administração, mesmo substituindo uma marcação em vermelho em uma prancha de papel com notas em um arquivo de revisão em PDF 3D ou um formato similar. Tradicionalmente, grandes alterações no projeto na etapa de projeto executivo eram vistas com maus olhos, em função dos custos que a sincronização acarretava. O BIM e a gestão de modelos deveriam eliminar ou reduzir profundamente esse problema. Embora as atualizações paramétricas resolvam as questões de modificação local, a coordenação de diferentes modelos específicos para cada disciplina e seus dados derivados para tabelas, análises e relatórios ainda é uma importante questão de gerenciamento de projeto.

A capacidade discutida há muito tempo, mas apenas recentemente realizada de trocar somente as instâncias de objeto novas, modificadas ou deletadas em um arquivo, eliminando o peso dos objetos não modificados, está disponível em um ambiente de produção, especialmente no servidor BIM Graphisoft (que será analisado com mais detalhes no Capítulo 3, Seção 3.5.3). Transferir somente os objetos modificados e importá-los (o que é chamado de *atualização incremental*) reduz profundamente o tamanho das trocas e permite a identificação imediata e o foco nos problemas criados pelas modificações. Essa capacidade exige a identificação de objetos e o controle da versão no nível do objeto, o que, em geral, é oferecido por registros de horário. Todavia, essa capacidade se tornará cada vez mais importante à medida que crescem os modelos BIM. Ela se tornará um recurso obrigatório nas versões futuras de todos os sistemas para que haja a coordenação entre múltiplos aplicativos BIM. Essa é uma capacidade fundamental para os sistemas BIM baseados na nuvem.

Administração de parâmetros externos. Uma capacidade explorada em inúmeros projetos inovadores tem sido o controle do leiaute geométrico de um projeto com base nos parâmetros de controle (que frequentemente são uma grade 3D) gerados e definidos em uma planilha eletrônica. Um exemplo de aplicativo com o uso de uma planilha eletrônica para controlar e coordenar a geometria é apresentado no modelo do núcleo da edificação do Capítulo 5.

Para certos tipos de projeto, a capacidade de ler e gravar planilhas eletrônicas oferece um importante nível de interoperabilidade entre diferentes ferramentas de projeto. Imagine que modelos paramétricos equivalentes possam ser construídos em dois *softwares* de modelagem diferentes, como o Rhino e o Bentley, mas mantendo-se os mesmos parâmetros que controlam a geometria. Os estudos de projeto podem ser feitos no Rhino (que, em geral, é uma ferramenta de projeto amigável, mas com informações limitadas), e, então, os parâmetros podem ser atualizados no Bentley Architecture, permitindo que as modificações possam ser integradas a uma ferramenta BIM que talvez tenha capacidades de análise de custos e desempenho energético. A planilha eletrônica oferece um importante nível de interoperabilidade geométrica.

Outro uso de planilha eletrônica externa com listas de parâmetros é o de trocar objetos paramétricos por referência, em vez de explicitamente. O exemplo mais conhecido é o das estruturas de aço. Os manuais sobre estruturas de aço, hoje existentes no formato digital, apresentam as seções padronizadas de componentes de aço estrutural, como o perfil W 18 × 35 ou o perfil L 4 × 4. Esses nomes de perfil podem ser utilizados para importação de perfis, pesos e propriedades de massa diretamente dos manuais de estruturas de aço. Perfis similares estão disponíveis para produtos em concreto pré-moldado, barras de armadura e em alguns catálogos de fabricantes de janelas. Se o remetente e o destinatário tiverem acesso ao mesmo catálogo, então eles poderão enviar e receber informações relevantes por referência (nome), e a troca será feita importando-se as informações do catálogo e carregando-as no modelo paramétrico apropriado para o componente. Essa é uma importante capacidade em muitas áreas da produção.

Links *para arquivos de catálogos externos.* Outra importante capacidade é a de oferecer *links* para arquivos externos. Hoje, o principal uso dessa capacidade é vincular produtos a seus manuais associados, para fins de manutenção e operação e futura associação com os departamentos envolvidos com essas atividades de gestão predial. Algumas ferramentas BIM oferecem essa capacidade e aumentam seu valor por fornecerem suporte durante a fase de operação e manutenção predial.

As capacidades funcionais descritas nesta seção são todas importantes durante a análise e seleção de uma plataforma BIM a ser adotada. Elas também serão discutidas mais adiante neste capítulo, quando analisarmos as principais ferramentas de projeto BIM.

2.2.5 Algumas perguntas frequentes

Há muitas questões relacionadas ao BIM e aos sistemas de projeto paramétrico assistido por computador. Esta seção tenta responder as questões mais comuns.

Quais são os pontos fortes e as limitações da modelagem paramétrica baseada em objetos? Um dos principais benefícios da modelagem paramétrica é o comportamento de projeto inteligente dos objetos. A edição de baixo nível automática é integrada, quase como se fosse um assistente de projeto pessoal. Essa inteligência, no entanto, tem um custo. Cada tipo de objeto do sistema tem seu próprio comportamento e associações. Como resultado, as ferramentas BIM de projeto são inerentemente complexas. Cada tipo de sistema da edificação é composto de objetos que são criados e editados de maneiras diferentes. Geralmente, o uso efetivo de uma ferramenta de projeto BIM leva meses para ser proficiente em uma única área de projeto.

Os *softwares* de modelagem preferidos por alguns usuários, especialmente para o lançamento do partido de arquitetura, como o SketchUp e o Rhino, não são ferramentas paramétricas baseadas em modelagem. Em vez disso, eles têm uma maneira fixa de editar geometricamente os objetos, que varia somente de acordo com os tipos de superfície empregados. Essa funcionalidade se aplica a todos os tipos de objeto, tornando-os muito mais simples de usar. Assim, uma operação de edição aplicada a paredes terá o mesmo comportamento quando aplicada a lajes. Nesses sistemas, os atributos que definem o tipo do objeto e sua intenção funcional, se chegarem a ser definidos, podem ser acrescentados quando o usuário quiser, não quando o objeto é criado. Todos esses sistemas permitem o agrupamento de superfícies, dando ao grupo um nome e, talvez, atributos. Se for feito com cuidado e com uma interface que combine, o objeto pode ser exportado e utilizado em outras áreas, como os estudos de ganho solar. Isso é similar aos tipos de subterfúgios que as pessoas usavam para criar visuais 3D com as ferramentas de modelagem geométrica 3D (como o AutoCAD) antes que o BIM se popularizasse. No entanto, não se usava esse tipo de modelagem durante o desenvolvimento de projeto, pois esses objetos não estão conectados a outros e devem ser gerenciados individualmente no espaço. Pode-se argumentar que, para uso em projeto, a tecnologia BIM, com seu comportamento específico para cada objeto, não é sempre a melhor. Esse tópico é mais explorado no Capítulo 5.

Por que modeladores paramétricos diferentes não podem intercambiar seus modelos? Com frequência pergunta-se por que as empresas não podem intercambiar um modelo do Revit com um do Bentley AECOsim, ou intercambiar um modelo ArchiCAD com o Digital Project. A partir da visão geral discutida anteriormente, pode-se perceber que a razão para a falta de interoperabilidade é que ferramentas BIM diferentes se baseiam em definições diferentes para seus objetos-base e seus comportamentos. Uma parede gerada no Bentley se comporta de modo diverso ao de uma parede do Vectorworks ou do Tekla. Esses são os resultados de diferentes capacidades envolvendo tipos de regras na ferramenta BIM e as regras aplicadas nas definições de famílias de objetos. Esse problema aplica-se somente a objetos paramétricos, não àqueles com propriedades fixas. Se os formatos forem aceitos em sua forma corrente, e suas regras de comportamento forem abandonadas, um objeto do ArchiCAD poderá ser utilizado no Digital Project; um objeto do Bentley poderá ser utilizado no Revit. As questões de intercâmbio são solucionáveis. Outra solução é o IFC, um padrão aberto para intercâmbio de dados BIM que também suporta definições paramétricas. O problema é intercambiar o comportamento dos objetos (o que nem sempre é necessário). O comportamento também pode ser intercambiado sempre que as organizações concordarem com o uso de um padrão para definições comuns de objetos da construção que incluam não somente a geometria como também o comportamento. Até lá, intercâmbios para alguns objetos serão limitados ou falharão completamente. Melhoras virão incrementalmente, à medida que a demanda para resolver esses problemas faça as implementações valerem a pena e as múltiplas questões relacionadas sejam resolvidas. O mesmo problema existe na manufatura e ainda não foi resolvido.

Existem diferenças inerentes nas ferramentas de projeto BIM para construção, fabricação e arquitetura? A mesma plataforma BIM pode dar suporte tanto ao projeto quanto ao detalhamento para fabricação? Uma vez que a base tecnológica para todos esses sistemas tem muito em comum, não há razão tecnológica para que ferramentas BIM de projeto de construção e de fabricação não possam oferecer produtos em cada uma das outras áreas. Isso está acontecendo, até certo ponto, com o Revit e outras plataformas que estão desenvolvendo algumas das capacidades oferecidas pelos aplicativos de projeto BIM no nível da fabricação.

Por outro lado, há casos em que o Tekla, uma plataforma originariamente destinada ao projeto estrutural e aos detalhes de fabricação, é empregado para o projeto e a construção de casas. No entanto, a especialização necessária para suportar um uso total de produção em áreas de projeto ricas em informação depende da inserção maciça e desde o início dos necessários comportamentos de objetos, que são claramente distintos para cada sistema predial e suas necessidades no ciclo de vida. O conhecimento especializado dos comportamentos específicos dos objetos de sistemas do edifício é mais prontamente incluído quando ele está codificado, como está, por exemplo, no projeto de sistemas estruturais. As interfaces, relatórios e outras questões do sistema podem variar, mas é provável que vejamos uma luta no meio de campo por algum tempo enquanto cada produto tenta ampliar seus domínios no mercado.

Existem diferenças substanciais entre ferramentas de modelagem paramétrica orientada à manufatura e aplicativos BIM de projeto? Um sistema de modelagem paramétrica para projeto mecânico pode ser adaptado para o BIM? Algumas diferenças na arquitetura do sistema são destacadas nas Seções 2.1.3 e 2.3.1. Ferramentas de modelagem paramétrica para mecânica já foram adaptadas para o mercado de AEC. O Digital Project, baseado no CATIA, é um exemplo óbvio. O Structureworks é um produto para detalhamento e fabricação de concreto pré-moldado que usa o Solidworks como uma plataforma. Essas adaptações são inseridas nos objetos e comportamentos necessários ao domínio do sistema-alvo. Os modeladores para edificações são organizados como sistemas de projeto *top-down*, enquanto as ferramentas de fabricação paramétricas eram originariamente organizadas como *bottom-up*. Em virtude da estrutura dos sistemas de manufatura, em que diferentes peças eram originariamente "projetos" diferentes, eles abordaram o desafio de propagar as mudanças nos arquivos, frequentemente tornando-os mais escaláveis. Em outras áreas, como tubulações, fabricação de paredes-cortina e projeto de dutos, pode-se esperar ver tanto ferramentas de modelagem paramétrica mecânica quanto ferramentas BIM de arquitetura e em nível de fabricação brigando por esses mercados. A faixa de funcionalidades oferecidas em cada mercado segue sendo definida. O mercado é o campo de batalha.

Nesta seção, tentamos articular questões diversas:

- A diferença entre os sistemas CAD anteriores e os aplicativos de projeto BIM
- As diferenças entre os aplicativos de projeto BIM utilizados no projeto de arquitetura e engenharia e aqueles empregados na fabricação
- As semelhanças e diferenças entre os aplicativos de projeto BIM e os sistemas de modelagem paramétrica baseados em objetos mais gerais utilizados por outras indústrias

2.3 AMBIENTES, PLATAFORMAS E FERRAMENTAS BIM

Este capítulo forneceu, até aqui, uma visão geral das capacidades básicas das ferramentas BIM de projeto, que resultam de seu desenvolvimento como ferramentas de projeto paramétrico baseadas em objetos. Agora serão examinadas as principais ferramentas BIM de projeto e suas diferenças funcionais. Até agora consideramos os aplicativos de modelagem paramétrica de modo homogêneo, principalmente como ferramentas para a geração de informações de projeto e, às vezes, para sua estruturação e administração. Ao considerar seu uso com mais detalhes, observamos que os aplicativos de projeto BIM buscam ser mais do que uma mera ferramenta de projeto. A maioria dos aplicativos de projeto também tem interfaces com outros aplicativos para a renderização, análise energética, estimativa de custo, etc. Alguns deles também proporcionam capacidades multiusuário, permitindo que múltiplos usuários coordenem seus trabalhos entre si.

Ao planejar e desenvolver o BIM dentro de uma organização, é útil pensarmos nele em termos da arquitetura de sistemas. Na maioria das organizações, o BIM envolverá múltiplos aplicativos para diferentes usos. Como os diferentes aplicativos serão conceitualizados e organizados? As empresas de grande porte geralmente oferecerão suporte e, de certo modo, integrarão dezenas de diferentes aplicativos para uso por seus usuários.

Usamos o termo *aplicativo* de modo genérico, para denotar *software*. Fazemos uso explícito de alguns termos (que há muito vêm sendo utilizados informalmente) para considerar os aplicativos BIM na seguinte hierarquia:

- **Ferramenta BIM:** Um recurso de envio, recebimento e processamento de informações BIM utilizado dentro de um processo BIM, em associação com as plataformas BIM. Observe que muitas dessas ferramentas podem não ser genericamente consideradas ferramentas BIM, a menos que sejam empregadas dentro do contexto de um processo BIM. Exemplos de ferramentas BIM incluem aplicativos como as ferramentas para geração de especificações, as ferramentas de orçamentação, as ferramentas para cronogramas e as ferramentas de engenharia com base no Excel que não incluem definições geométricas e são totalmente baseadas em texto. O AutoCAD para a produção de desenhos ou outros aplicativos baseados em AutoCAD também podem ser considerados como ferramentas BIM, desde que sejam utilizados no contexto de um processo BIM. Alguns outros exemplos incluem ferramentas para a verificação da qualidade de um modelo, renderização, navegação, visualização, gerenciamento de facilidades (*facility management*), geração de projeto preliminar, gestão de projeto e vários tipos de análises de engenharia e simulação. Os aplicativos de terceiros também estão incluídos.
- **Plataforma BIM:** Um gerador central de informações BIM, com funções para manter a integridade de um modelo baseando-se na capacidade de modelagem baseada em objetos e paramétrica. Ela fornece um modelo de dados primário que hospeda as informações oriundas de vários aplicativos BIM. Portanto, são necessárias fortes capacidades de interoperabilidade, e elas costumam incluir interfaces com múltiplas ferramentas, em níveis de integração variados. Os aplicativos BIM paramétricos baseados em objetos mais conhecidos, como Revit, ArchiCAD, Tekla Structures, Vectorworks, Bentley AECOSim e Digital Project, se inserem nessa categoria. A maioria das plataformas inclui funcionalidades de ferramentas internamente, como a renderização, a produção de desenhos e a detecção de conflitos. Muitas plataformas oferecem diferentes conjuntos de interfaces, bibliotecas e funções para diferentes domínios e disciplinas. Os exemplos incluem Revit Structure, ArchiCAD MEP e diferentes Workbenches no Digital Project.
- **Ambiente BIM:** Um conjunto de aplicativos BIM que são interfaceados a fim de suportar múltiplos fluxos de informações e processos em um projeto, organização ou setor da construção local. Os ambientes BIM incluem as várias ferramentas, plataformas, servidores, bibliotecas e processos de trabalho BIM dentro do projeto ou da organização. Ver a Figura 2.12.

Quando são utilizadas múltiplas plataformas e, consequentemente, múltiplos modelos de dados, são necessários níveis adicionais de gestão e coordenação de dados. Eles abordam o rastreamento e a coordenação da comunicação entre as pessoas, bem como entre múltiplas plataformas. Os ambientes BIM também oferecem a oportunidade de lidar com formas de informação muito mais amplas do que apenas dados de modelagem, como vídeos, imagens, gravações de áudio, *e-mails* e várias outras formas de informação utilizadas no gerencia-

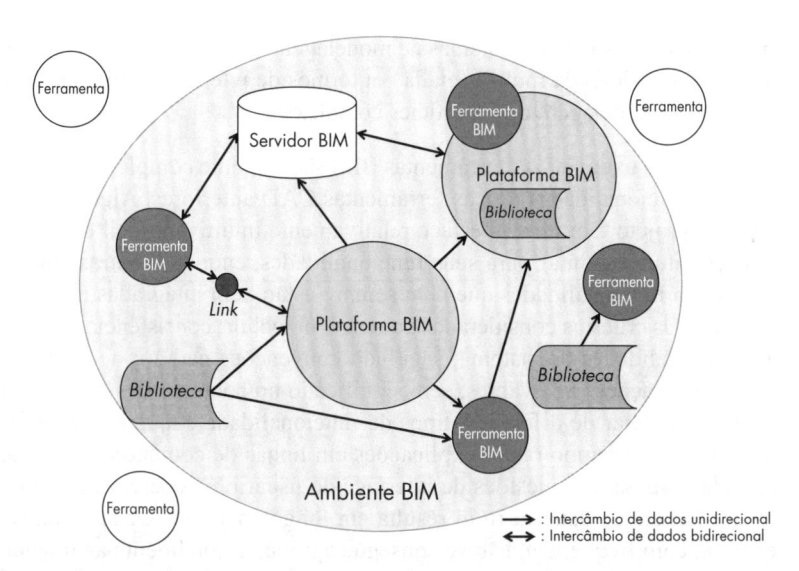

FIGURA 2.12 Ambientes, plataformas e ferramentas BIM.

mento de um projeto. As plataformas BIM não são feitas para gerenciar informações tão diversas. Os servidores BIM, que serão tratados no Capítulo 3, Seção 3.5, são os novos produtos que deverão suportar os ambientes BIM. Além disso, o ambiente BIM inclui bibliotecas de objetos e de montagens para serem reutilizadas, interfaces para os aplicativos que a organização suporta e *links* para sistemas corporativos de administração e contabilidade.

Adotar um aplicativo de projeto BIM, como uma ferramenta e/ou plataforma dentro de um ambiente BIM, é uma tarefa significativa. A adoção também é discutida em capítulos seguintes desta obra, especialmente no que concerne ao uso pretendido para os projetos de arquitetura e engenharia (Capítulo 5), para os construtores e a gestão da construção (Capítulo 6) e para os fabricantes (Capítulo 7). Um aspecto essencial é a facilidade com que esses aplicativos se integram a um ambiente BIM (ver o Capítulo 3). Decisões sobre aplicativos envolvem o conhecimento das novas tecnologias e das novas habilidades organizacionais necessárias e, então, o aprendizado e gerenciamento dessas habilidades. Esses desafios diminuirão com o passar do tempo, à medida que a curva de aprendizado e as práticas relacionadas ao uso do BIM se tornarem mais arraigadas. Uma vez que a funcionalidade dos aplicativos de projeto BIM está rapidamente mudando, é importante que consideremos as avaliações das versões atuais na *AECBytes*, *Cadalyst*, *BIM Hub* ou de outros periódicos sobre projeto com CAD para AEC e de grupos de interesse especial em *sites* de colaboração, como o LinkedIn. Dentro do contexto comum de proporcionar modelagem paramétrica baseada em objetos, as ferramentas BIM de criação e edição incorporam muitos diferentes tipos de capacidades. As seções a seguir fazem algumas considerações sobre os aplicativos de projeto BIM e os ambientes BIM.

2.3.1 Considerações sobre os aplicativos de projeto BIM

Elas são descritas a seguir em uma ordem aproximada segundo nosso senso de seu nível de importância. Consideramos a geração e edição de modelos paramétricos como fundamentais. Pressupomos que a definição do modelo e a produção dos desenhos são os principais usos atuais para os sistemas de modelagem de edificações. A geração e edição de modelos é considerada multifacetada em termos de interface com o usuário, objetos customizados e modelagem de superfícies complexas.

- **Interface do usuário:** As ferramentas BIM são bastante complexas e possuem muito mais funcionalidades que as ferramentas CAD anteriores. Algumas ferramentas BIM de projeto têm uma interface relativamente intuitiva e fácil de aprender, com uma estrutura modular para suas funcionalidades, enquanto outras colocam maior ênfase em funcionalidades que nem sempre estão bem integradas no sistema como um todo. Os critérios considerados aqui devem incluir: consistência dos menus entre as funcionalidades do sistema, seguindo convenções padrão; ocultação de menus eliminando ações irrelevantes, sem significado no contexto das ações atuais; organização modular de diferentes tipos de funcionalidade e ajuda *on-line* fornecendo mensagens em tempo real e explicações em linhas de comando sobre operações e entradas. Apesar de questões de interface do usuário parecerem menos relevantes, uma interface de usuário ruim resulta em longos períodos de aprendizado e mais erros, e, com frequência, não se consegue aproveitar totalmente as funcionalidades disponíveis no aplicativo. Um aplicativo BIM precisa ser capaz de apresentar uma grande variedade de informações: a geometria, as propriedades e as relações entre elas e em relação a outro aplicativos. Os usos típicos incluem as análises estrutural, energética, lumínica, de custos, etc. feitas durante o projeto; a identificação de conflitos e o rastreamento de problemas durante a coordenação de projeto; a compra e o acompanhamento de materiais; e o planejamento de tarefas e equipamentos durante a etapa de construção. As interfaces de usuário que são importantes dependem do uso a que se destina o aplicativo BIM, definido pelos padrões particulares dos processos de trabalho. Analisaremos sua adequação às ferramentas e aos processos de trabalho nos Capítulos 5, 6 e 7, que abordam seu uso em diferentes contextos. As questões de interface em um conjunto de aplicativos integrados também são importantes no nível da plataforma. Analisaremos esse tema na seção a seguir.
- **Geração de desenhos:** Quão fácil é gerar desenhos ou conjuntos de desenhos e mantê-los ao longo de múltiplas atualizações e versões? A avaliação deve incluir: visualização rápida dos efeitos de mudanças do modelo em desenhos; fortes associações, de modo que as mudanças no modelo se propaguem diretamente aos desenhos e vice-versa; e geração efetiva de *templates* que permitam aos vários tipos de desenho formatarem-se automaticamente tanto quanto possível. Uma revisão mais completa das funcionalidades foi apresentada na Seção 2.2.2.
- **Facilidade para desenvolver objetos paramétricos personalizados:** Esta é uma capacidade complexa que pode ser definida em três níveis. Esses tópicos são explicados em detalhes na Seção 2.1.3.
- **Modelagem de superfícies curvas complexas:** O suporte para a criação e edição de modelos de superfícies complexas baseadas em quádricas, *splines* e *B-splines* não uniformes é importante para empresas que fazem esse tipo de trabalho ou estão planejando fazê-lo no futuro. Essas capacidades de modelagem geométrica em uma ferramenta BIM são parte da sua própria base; elas não podem ser facilmente acrescentadas posteriormente.
- **Bibliotecas de objetos BIM**: Cada plataforma BIM possui várias bibliotecas de objetos predefinidos que podem ser importados para utilização naquela plataforma. Eles

podem ser úteis ao eliminar a necessidade de o usuário ter de definir os objetos. Em geral, quanto mais objetos predefinidos, mais produtivos são os usuários. Porém, há outro nível de discriminação relacionado ao valor dos objetos para diferentes usos. Durante o projeto, os objetos BIM podem ser genéricos, em vez de serem um objeto em particular: na construção, o produto provavelmente terá uma identificação específica. Atualmente, pouco se faz no sentido da padronização da estrutura das informações do objeto além da geometria. Estamos nos referindo às especificações para seleção e para uso em análises, manuais de serviço, propriedades materiais para uso em renderização e outros usos similares. Quando se consideram diferentes plataformas, a disponibilidade de objetos de construção predefinidos facilita o trabalho naquela plataforma. As organizações estão reconhecendo o valor das bibliotecas de objetos como meios de desenvolvimento da padronização dos detalhes, seja no nível do projeto de arquitetura, seja no nível do detalhamento do projeto construtivo ou da pré-fabricação.

- **Extensibilidade:** As capacidades para extensão são avaliadas em função de uma plataforma BIM oferecer ou não suporte para *scripts* – uma *linguagem interativa* que acrescenta funcionalidades ou automatiza tarefas de baixo nível, semelhante ao AutoLISP® no AutoCAD –, uma interface bidirecional no formato Excel e uma ampla e bem documentada Interface de Programação de Aplicativos (API, *Application Programming Interface*). Linguagens de *script* e interfaces Excel geralmente são feitas para usuários finais, enquanto uma API é feita para desenvolvedores de *software*. Essas capacidades são necessárias conforme o nível em que uma firma espera customizar suas capacidades, como nos objetos paramétricos personalizados, nas funções especializadas ou nas interfaces com outros aplicativos.

- **Interoperabilidade:** Os dados do modelo são gerados, em parte, para serem compartilhados com outros aplicativos, visando estudos iniciais de viabilidade do empreendimento, para colaboração com engenheiros e outros consultores e depois para construção. Isso é suportado pelo grau com que a ferramenta BIM proporciona interfaces diretas com outros produtos específicos e, mais genericamente, seu suporte a importação e exportação por meio de padrões abertos de intercâmbio de dados. Esses dois tipos de interfaces serão detalhadamente analisados no Capítulo 3. Os padrões de intercâmbio aberto estão se tornando mais elaborados e começando a dar sustentação a trocas no nível dos processos de trabalho. Isso exige várias traduções para exportação e importação. Um recurso de importação e exportação customizável é extremamente benéfico. Tanto as interfaces da ferramenta como os aspectos mais gerais da interoperabilidade são considerados.

- **Ambiente multiusuário:** Mais e mais sistemas oferecem suporte à colaboração entre uma equipe de projeto e um ambiente de trabalho baseado na nuvem. Eles permitem que múltiplos usuários criem e editem partes do mesmo projeto diretamente de um único arquivo, e gerenciam o acesso dos usuários a essas diversas partes da informação. Essas questões se tornarão predominantes à medida que os serviços na nuvem evoluírem.

- **Suporte efetivo para gerenciar as propriedades:** As propriedades são parte integral dos dados necessários para a maioria das ferramentas de suporte BIM. Os conjuntos de propriedades precisam ser fáceis de ajustar e associar com as instâncias de objeto que eles descrevem. As propriedades variam conforme seu uso: fabricação, desempenho do objeto, questões de logística, etc. Consequentemente, a atribuição e o gerenciamento dos conjuntos de propriedades é parte dos processos de trabalho de um sistema.

- **Outras capacidades:** O suporte a capacidades de aplicativos de projeto além das básicas inclui a identificação de conflitos, a extração de quantitativos, o rastreamento de problemas e a inclusão de especificações dos produtos e de construção. Essas variam conforme os diferentes usos e processos de trabalho e serão consideradas com mais detalhes nos Capítulos 5, 6 e 7.

Na Seção 2.5, é oferecida uma visão geral das atuais capacidades das principais plataformas de geração de modelos de construção. Alguns dos sistemas listados dão suporte a funções de projeto de arquitetura, outros a vários tipos de sistemas da construção em nível de fabricação e outros suportam ambos. Cada avaliação é para a versão do sistema de *software* indicada; versões posteriores podem ter capacidades melhores ou piores. A revisão foi feita de acordo com os critérios apresentados.

2.3.2 Considerações para um ambiente BIM

No início da era BIM, pensava-se que um único aplicativo poderia atender às necessidades nos níveis de ferramenta, de plataforma e de ambiente. Contudo, esse idealismo foi desaparecendo aos poucos, à medida que se passou a entender a escala de um projeto BIM e dos sistemas necessários para suportá-lo. Uma importante capacidade necessária para oferecer suporte global a projetos avançados no BIM é apoiar um ambiente multiplataforma e multirrepresentação. Um ambiente BIM precisa ter a habilidade de gerar e armazenar instâncias de objeto em diferentes ferramentas e plataformas, bem como gerenciar esses dados de modo efetivo, inclusive administrando as mudanças ao nível dos objetos. Essa questão é desenvolvida no Capítulo 3. Ela pode ser resolvida com o uso de um marcador de modificações ou de um registro de horário de modificação que é atualizado sempre que um objeto é alterado. O objetivo é trocar e gerenciar objetos e conjuntos de objetos em vez de arquivos.

2.4 VERIFICAÇÃO DO MODELO BIM E DE SUA QUALIDADE

À medida que o uso do BIM se expande, a qualidade do modelo está se tornando rapidamente uma questão de extrema importância. Os usos dos dados dos aplicativos BIM estão se tornando cada vez mais automáticos, pois a eliminação de entradas manuais economiza tempo e, potencialmente, é livre de erros. Porém, em seu entusiasmo com a automação, algumas organizações podem esquecer que o BIM também retira alguns revisores humanos inteligentes do fluxo de dados. Embora seja ineficiente e propensa a erros, a interface do usuário manual obriga à realização de uma rodada de verificações manuais, que são eliminadas pela automação e integração. Além disso, para que as informações do BIM sejam úteis para aplicativos em níveis inferiores – como simulações funcionais, verificação de atendimento ao código de obras, licenciamento automático, etc. – elas devem estar adequadas ao conteúdo semântico e às exigências sintáticas definidas para os aplicativos receptores. Consequentemente, caminhar para verificações automáticas é fundamental caso se deseje que os pressupostos de qualidade do BIM sejam efetivados.

As verificações automáticas são claramente superiores às manuais. Os conjuntos de regras podem ser pré-conferidos comparando-se os resultados de verificações automáticas com as verificações manuais do mesmo modelo. Testes similares também podem ser realizados em diferentes aplicativos de verificação, para que sejam feitas comparações.

Alguns erros podem passar despercebidos em função de erros no *software* de verificação de regras; a verificação de regras exige uma análise cuidadosa por meio de critérios de validação.

Os aspectos do modelo que podem ser verificados vão desde a correção física e material até os requisitos de desempenho exigidos pelos códigos de construção, no outro extremo. A verificação da correção envolve a análise de sobreposições de sólidos no espaço e tempo que não são fisicamente possíveis, o alinhamento de objetos de sistemas diferentes que devem estar conectados (Belsky *et al.*, 2016), as práticas de construção relativas aos requisitos de engenharia para os espaços necessários aos métodos construtivos e outras regras relacionadas à segurança, comportamento do usuário e práticas de manutenção e construção que talvez não estejam explicitamente codificadas. As exigências dos códigos de obras definem o comportamento dos prédios em termos estruturais, térmicos, etc. A lista de assuntos aos quais a verificação de regras pode ser aplicada é ilimitada.

Espera-se que a definição e implementação da verificação de regras seja uma capacidade que todos os participantes do processo BIM precisarão empregar à medida que o BIM amadurecer: ela servirá para que os projetistas e proprietários verifiquem os requisitos programáticos; os empreiteiros e fabricantes confiram se as condições exigidas de interface dos sistemas foram cumpridas (como as conexões); e os administradores prediais tenham suporte para as operações de manutenção, etc. Portanto, no futuro próximo, a verificação de regras não deverá ser uma capacidade que exige conhecimentos avançados de programação – ela deverá ser facilmente aplicável por uma grande variedade de usuários.

A testagem de regras envolve a aplicação de dois tipos de classificação: (1) relativa à intenção da regra; e (2) de acordo com o processo e a implementação da regra. Em geral, essas classificações são ortogonais. A intenção da regra vem do usuário e define o propósito do teste. A implementação da regra envolve tanto os dados que representam o projeto como o processo de verificação. Existem múltiplos métodos para mapear intenções ao processo, alguns variando de aproximações grosseiras (como sobreposição de caixas delimitadoras para verificar relações espaciais) a testes mais precisos. Elas são abertas às muitas maneiras pelas quais uma intenção de projeto pode ser solucionada. Por exemplo, para saídas de emergência, em caso de incêndio, a verificação pode se aplicar às rotas de circulação, aos materiais do fechamento dos espaços seguros e aos *sprinklers* e outras tecnologias, cada um com diferentes problemas algorítmicos de representação e verificação de regra. As representações podem ser triviais, como um valor máximo, um tipo de objeto permitido ou um ponto no tempo; ou complexas, como as relações geométricas representadas apenas implicitamente, o volume de espaço que deve estar vazio para permitir o acesso para manutenção a uma parte do prédio como um filtro de ar-condicionado. As variações na representação, em geral, são selecionadas conforme as diferenças em suas complexidades computacionais. Algumas verificações de regras tratam de objetos temporários, como estruturas temporárias (fôrmas, escoras e caminhos de acesso necessários à manutenção).

Desse modo, um modelo de edificação deve ser *qualificado* para que se possa validar que ele consegue suportar bem determinada variedade de testes. Um modelo qualificado é aquele que satisfaz certas regras para que possa ser testado mais profundamente. As verificações de qualificação são pré-requisitos que devem ser cumpridos antes que se apliquem outras verificações. Por exemplo, em quase todos os prédios, os recintos devem ter ao menos uma porta em suas paredes, permitindo o acesso. Outro conjunto ainda mais básico de testes é relativo às regras de sintaxe da linguagem de testagem, executada pelo compilador/intérprete da linguagem. Todos os testes de qualificação devem ter documentação fácil de entender para que sejam utilizados.

As ferramentas de verificação da qualidade de um modelo exigem que as informações nesse modelo sejam completas, corretas e explícitas. Infelizmente, os usuários com frequência deixam muitas informações implícitas. Por exemplo, os limites de um cômodo são óbvios para qualquer um que observe o modelo, e assim nem sempre são explicitamente definidos. A denominação dos espaços pode ter sido feita arbitrariamente, sem seguir um padrão, o que também confunde os sistemas de verificação de modelos. Da perspectiva de um fornecedor que oferece um *software* de verificação de regras, a maneira mais fácil de obter as informações necessárias para a testagem é fazer o usuário inseri-las no modelo da edificação. Na verdade, todos os sistemas atuais de verificação de regras exigem um pré-processamento, ou uma normalização, para completar o modelo com as informações semânticas antes que se façam as verificações.

A extensão de modelos BIM para resolver regras implícitas (que não foram explicitamente representadas) é exemplificada em testes de análise de circulação. Eles costumam ser implementados pela geração automática de um grafo de circulação em escala que pré-calcula as distâncias de circulação entre os espaços de circulação e a distância até as portas adjacentes. O grafo é uma extensão do modelo para a verificação das distâncias de circulação. Outra verificação de regras se aplica a objetos não representados normalmente em projetos ou modelos de prédios. O acesso aos equipamentos que necessitam de manutenção, andaimes e outras estruturas temporárias exige espaços para se caminhar e espaços que permitam o acesso e a execução dos serviços necessários. Muitas análises do comportamento de edificações se baseiam na derivação automática do comportamento com base na geometria e nas propriedades dos materiais (Belsky *et al.*, 2016; Lee et al., 2016; Solihin e Eastman, 2015). Essas questões serão consideradas separadamente no Capítulo 3, Seção 3.6.2.

Outra importante parte da verificação de regras é percorrer a árvore lógica que identifica o contexto do teste. A regra se aplica a todas as entidades? Caso contrário, a que ela se aplica? Isso é essencialmente uma árvore de decisões a serem tomadas a fim de pré-conferir as condições necessárias à aplicação do teste. A verificação efetiva das regras permite que o aplicativo de regras facilmente represente e faça referência às partes específicas do modelo que estão sendo conferidas e à natureza de todas as condições de não conformidade.

Embora ainda exista a clara necessidade de muitas pesquisas e desenvolvimentos nessa área, vários sistemas de verificação de modelos já estão disponíveis. Eles serão analisados mais adiante, na Seção 2.6.3.

2.5 PLATAFORMAS BIM

As plataformas BIM podem ser utilizadas de diversas maneiras na construção de edificações: pelo arquiteto (para a modelagem do projeto e a produção de desenhos); por um engenheiro (para a gestão dos dados estruturais ou energéticos); por um construtor (para o desenvolvimento de um modelo de coordenação da construção, para o detalhamento da pré-fabricação ou para o gerenciamento de facilidades). Por exemplo, elas incluem vários tipos de funcionalidade. Algumas são comercializadas para atenderem a diversos tipos de usuário. As diferentes estratégias de *marketing* levam à criação de pacotes com diferentes conjuntos de funcionalidades. Nessa análise, não abordaremos esses diferentes usos, mas consideraremos as principais plataformas BIM de modo genérico, da perspectiva do produto primário da plataforma, com referência a outros produtos que correm na mesma plataforma. Seus usos e limitações serão considerados mais explicitamente nos capítulos associados com os diferentes tipos de usuário. Consideramos cada plataforma a partir dos três níveis citados na Seção 2.3: como ferramenta, como plataforma e como ambiente de trabalho.

Como é amplamente entendido, a aquisição de um pacote de *software* é muito diferente da maioria das outras aquisições que fazemos. Enquanto a aquisição de uma ferramenta física é baseada em um produto e um conjunto de características bem específicas, um pacote de *software* envolve tanto suas capacidades atuais quanto o caminho de desenvolvimento de melhorias que são lançadas regularmente, pelo menos anualmente, pelo fabricante ou por terceiros. Um cliente está comprando tanto o produto atual quanto suas evoluções, de acordo com o que foi projetado pela companhia, e um sistema de suporte com o qual pelo menos uma pessoa na firma estará lindando. O sistema de suporte é uma adição à documentação fornecida ao usuário e ao suporte *on-line* dentro da ferramenta BIM. Além da rede de suporte do fabricante, uma organização à qual são fornecidos serviços para um sistema de *software* a nível de plataforma também é parte de uma comunidade de usuários mais ampla. A maioria oferece comunicação por meio de *blogs* nos quais os participantes ajudam uns aos outros e que servem como portais abertos para intercâmbio de famílias de objetos. Os *blogs* podem ser livres ou estar disponíveis a custos baixos. A disponibilidade das bibliotecas de produtos para uma plataforma BIM é outra consideração crucial. Contudo, vários sistemas têm um conjunto muito amplo de bibliotecas de produtos. Por exemplo, na época em que esta obra estava sendo escrita, a BIMobject.com possuía informações para cerca de 19.250.000 produtos diferentes fabricados por 967 empresas. Além disso, os produtos eram definidos em nada menos do que 49 tipos de arquivo: RVG, DWG, DWF, DGN, GSM, SKP, IES, TXT, entre muitos outros. Assim, as bibliotecas de objetos devem ser consideradas no momento da aquisição de uma plataforma BIM.

Nota: As revisões a seguir estão em ordem alfabética, não significando qualquer preferência ou sequência cronológica. Somos gratos a Meir Katz, Sibenik Goran e muitos outros pós-graduandos que ajudaram com as revisões em várias plataformas BIM.

2.5.1 Allplan

A primeira versão do Allplan surgiu em 1984 e, desde então, ele é uma marca do Nemetschek Group. Trata-se de uma família de produtos com módulos de *software* para arquitetura, engenharia e gerenciamento de facilidades. É um *software* de projeto de base paramétrica, com muitas automações. A integridade do modelo permanece alta ao mudar-se para diferentes vistas. O Allplan é leve e atende bem a projetos em grande escala, mas os usuários frequentemente os dividem em projetos menores, para facilitar a administração de grandes quantidades de informação.

Sua abordagem à modelagem difere significativamente das outras plataformas BIM, usando desenhos 2D, modelos 3D e combinando elementos 2D e 3D em uma estrutura de projeto única que facilita a criação de informações em 2D e 3D. O Allplan se baseia muito no uso de camadas (*layers*), que representam planos horizontais. A criação de camadas permite a designação fácil e rápida de níveis, pés direitos e afastamentos, bem como a apresentação dos elementos desejados em uma vista, acionando-se ou não a visibilidade das diferentes camadas. Na criação de leiautes, pode-se escolher exatamente quais camadas aparecerão para exportação ou impressão. Entretanto, os usuários familiarizados com outros *softwares* BIM consideram que levam mais tempo para se acostumar com esse sistema.

A partir da versão 2016, o Allplan adotou o núcleo de modelagem Parasolid 3D. O Parasolid permite modelagens complexas com superfícies Bezier e NURBS. Os usuários podem criar geometrias complexas com formas livres graças ao núcleo de modelagem Parasolid.

Os objetos paramétricos são chamados de "Smart Parts" no Allplan. O *software* tem uma grande biblioteca embutida de Smart Parts padronizadas, mas os usuários também podem customizá-las. As Smart Parts são paramétricas e permitem sua customização, mas os usos mais sofisticados exigem habilidades de programação: o Allplan também tem uma API baseada em Python, que permite uma personalização mais profunda, inclusive o acesso às funções de modelagem 3D do Parasolid.

O *software* tem uma interface visual clara, permitindo que se trabalhe em 2D, em 3D ou em vistas mistas. O posicionamento dos elementos estruturais, como as armaduras, é bastante intuitivo. No entanto, às vezes ele pode ser complexo de operar, pois ele se baseia no domínio pelo usuário de todos os seus atalhos para ser proficiente.

O Allplan geralmente é utilizado em conjunto com outros *softwares*. Ele oferece muitas possibilidades de importação e exportação, tanto para arquivos 2D como para 3D.

Pontos fortes do Allplan: O Allplan é um *software* de modelagem baseado em regras paramétricas que pode trabalhar com geometrias complexas. Relatórios, quantidades e tabelas são facilmente exportáveis em formatos legíveis e com pouca customização. A interface de trabalho permite ao usuário visualizar seus elementos em uma variedade de maneiras. A ferramenta BIM+ baseada em nuvem permite o compartilhamento tanto de modelos e elementos IFC quanto nativos. O Allplan oferece suporte às práticas de projeto europeias, como a criação de plantas detalhadas da estrutura do prédio (como as plantas de fôrmas e armaduras), de modo efetivo e eficiente. Elementos 2D, 3D e plantas podem ser utilizados juntos e com facilidade. Seu suporte para o projeto estrutural detalhado é particularmente forte, inclusive para os cálculos de quantidades e custos.

Pontos fracos do Allplan: A interface é complexa. Embora ofereça muitas opções e possibilidades e a maioria dos atributos possa ser definida, é necessária uma quantidade significativa de ajustes para que os elementos possam ser gerados corretamente. O *mix* de desenhos 2D e modelagem 3D permite aos usuários continuar usando exclusivamente os desenhos 2D quando migrando para o BIM. Os elementos dos modelos Allplan são menos associativos do que os de outros *softwares*. Por exemplo, caso um elemento anfitrião seja deletado ou movido, as mudanças não são propagadas aos elementos dentro dele (p. ex., as barras da armadura em uma parede de concreto armado). O Allplan depende de aplicativos de terceiros para a modelagem dos sistemas prediais.

2.5.2 ArchiCAD

O ArchiCAD é o aplicativo BIM para projetos de arquitetura que tem sido continuamente comercializado há mais tempo. A Graphisoft começou a comercializar o ArchiCAD no início dos anos 1980. Sediada em Budapeste, Hungria, a Graphisoft foi adquirida em 2007 pela Nemetschek, uma empresa alemã de CAD. O ArchiCAD também suporta a plataforma Mac, além do Windows.

A interface do usuário do ArchiCAD é bem elaborada, com cursores inteligentes, dicas de operação ao passar sobre elementos e menus sensíveis ao contexto. A geração de modelos e a facilidade de uso são muito estimadas pela sua leal base de usuários. A geração de desenhos no ArchiCAD é gerenciada automaticamente pelo sistema; cada edição do modelo é automaticamente refletida nos leiautes do documento; detalhes, cortes e imagens 3D podem ser facilmente inseridos nos leiautes. Todas as seções, elevações, plantas e documentos 3D são editáveis bidirecionalmente. Como uma ferramenta de modelagem paramétrica, o ArchiCAD inclui uma gama muito extensa de objetos paramétricos predefinidos. Ele inclui capacidades de modelagem para terrenos e interiores e oferece fortes recursos para planejamento espacial. Além disso, há um grande número de *websites* externos que definem tanto objetos estáticos quanto paramétricos para o ArchiCAD (a maioria deles é da Europa).

O ArchiCAD suporta a geração de objetos paramétricos customizados por meio de sua linguagem de *script*, a Linguagem de Descrição Geométrica (GDL, *Geometric Description Language*), que se baseia em constructos do tipo CSG e em uma sintaxe do tipo Visual Basic. Ele contém amplas bibliotecas de objetos para os usuários, as quais são organizadas por sistemas: concreto pré-moldado, alvenaria, metais, madeira, proteção térmica e contra umidade, sistema hidrossanitário, climatização, sistema elétrico, etc. Sua modelagem paramétrica definida pelo usuário apresenta algumas limitações; sua ferramenta para esboços e geração de regras paramétricas não suporta expressões algébricas ou condicionais. As classes de objetos existentes podem ser ampliadas e customizadas com o uso da GDL. Ele também possui uma interface Open Database Connectivity ODBC. O uso de grades ou controles globais é possível, porém complexo. Este aplicativo pode representar e criar referências para formas feitas com superfícies curvas complexas por meio do uso da ferramenta Shell, da Morph ou de *add-ons* externos. Quando o ArchiCAD foi adquirido pela Nemetschek, ela reforçou o foco do aplicativo em projeto, liberando seu movimento anterior na direção do gerenciamento da construção com o Vico.

O ArchiCAD tem *links* com ferramentas múltiplas em diferentes domínios, como ferramentas para estruturas, instalações mecânicas, energia e engenharia ambiental, além das ferramentas de visualização e gerenciamento de edificações. Alguns deles são *links* diretos por meio da GDL, outros são através do IFC. A última lista de formatos de *software* e arquivos compatíveis suportados pelo ArchiCAD está disponível, em inglês, na página "Import/Export File Formats in ArchiCAD" do *website* oficial da Graphisoft (http://helpcenter.graphisoft.com/technotes/setup/software-technologies/file-formats-in-archicad/). Outras ferramentas incluem o BIMx (anteriormente, Virtual Building Explorer), uma ferramenta de navegação.

O ArchiCAD reforçou suas interações com o IFC e oferece boas trocas bidirecionais. Suas funções de intercâmbio IFC incluem a classificação dos objetos, a filtragem por tipo de objeto e o gerenciamento de versão a nível de objetos. O ArchiCAD tem o Servidor BIM Graphisoft, que vem com a plataforma ArchiCAD. Para mais detalhes do Graphisoft BIM Server, ver o Capítulo 3.

Pontos fortes do ArchiCAD: Possui uma interface intuitiva e relativamente simples de usar. Tem grandes bibliotecas de objetos e um rico conjunto de aplicativos de suporte para projeto, sistemas prediais e gerenciamento de facilidades. Suporta todas as fases do projeto, exceto o detalhamento para fabricação.

Pontos fracos do ArchiCAD: Tem pequenas limitações em suas capacidades de modelagem paramétrica customizadas.

2.5.3 Bentley Systems

A Bentley Systems oferece uma ampla gama de produtos para arquitetura, engenharia e construção. O Bentley AECOsim é uma evolução do Triforma, um produto anterior. A Bentley é um dos principais fabricantes nos mercados da engenharia civil, infraestrutura e plantas industriais.

Como ferramenta de modelagem de edificações e geração de desenhos, o Bentley possui um conjunto padronizado de objetos paramétricos predefinidos. Esses objetos se relacionam uns com os outros. Sua modelagem paramétrica global ou no nível das montagens é suportada pelo GenerativeComponents. O Bentley tem boas capacidades de modelagem de sólidos e superfícies *B-spline* de forma livre. Seu motor de renderização é rápido e oferece renderizações e animações de alta qualidade. Para a produção de desenhos, o detalhamento 2D e as anotações em cortes de um modelo 3D são bem suportados. Para a edição de desenhos, os objetos predefinidos são bidirecionais, mas os demais objetos devem ser editados no modelo para que sejam atualizados. Suas capacidades de desenho são fortes, apresentando textos e linhas com diferentes espessuras. É fácil adicionar propriedades às suas classes de objetos. O Bentley AECOsim, com seus vários módulos, é um grande sistema com muitas funcionalidades, porém é mais difícil acessá-lo e se tornar proficiente nele. O Bentley AECOsim suporta importação de objetos externos e detecção de conflitos.

Os aplicativos da plataforma Bentley AECOsim são sistemas baseados em arquivos, o que significa que todas as ações são imediatamente escritas para um arquivo, resultando em menor carga na memória. O sistema tem boa escalabilidade.

Além de suas ferramentas de modelagem de projeto de base, a Bentley possui uma ampla variedade de sistemas adicionais (aproximadamente 40 aplicativos), muitos dos quais foram adquiridos para suportar seus produtos de engenharia civil. A lista completa de *softwares* da Bentley está disponível no *website* oficial da empresa: https://www.bentley.com/pt/products.

Alguns desses produtos foram adquiridos por meio da compra de pequenas empresas e não apresentam compatibilidade total com outros produtos dentro do ambiente da Bentley. Portanto, o usuário pode precisar converter formatos de modelo de um aplicativo Bentley para outro. De maneira similar, a cognição do usuário às vezes precisa mudar, pois as convenções de interface com o usuário também variam.

Primavera e outros sistemas de criação de cronogramas podem ser importados e agrupados com objetos do Bentley, para simulações 4D. As interfaces do Bentley AECOsim incluem: DWG, DXF, PDF, U3D, 3DS, Rhino 3DM, IGES, CGM, STEP AP203/AP214, STL, OBJ, VRML, Google Earth KML, SketchUp, COLLADA e ESRI SHP. Seu suporte a padrões públicos inclui IFC, CIS/2, STEP e SDNF. Os produtos da Bentley são extensíveis. O sistema suporta macros definidos pelo usuário: Microsoft VBA, VB.NET, C++, C# e Bentley MDL. A Bentley oferece um servidor multiprojeto bem desenvolvido e popular, chamado ProjectWise (ver o Capítulo 3). Ele suporta a replicação de arquivos em um conjunto predefinido de *sites* locais, administrando a consistência de todos os arquivos. É baseado em arquivos, não em objetos. Suporta *links* para administrar as relações com documentos nos formatos DGN, DWG, PDF e Microsoft Office. O seu gerenciamento de versões suporta IDs de objetos e registros de horário.

Pontos fortes da Bentley Systems: A Bentley oferece uma ampla faixa de ferramentas de modelagem da construção, lidando com quase todos os aspectos da indústria de AEC. Ela também suporta a modelagem de superfícies curvas complexas, incluindo Bezier e *B-splines*. Ela inclui múltiplos níveis de suporte para desenvolvimento de objetos paramétricos personalizados, inclusive o Parametric Cell Studio e o GenerativeComponents. Seu *plug-in* de modelagem paramétrica, o GenerativeComponents, permite a definição de montagens com geometrias paramétricas complexas e tem sido usado em muitos projetos de edificações vencedoras de prêmios. A Bentley oferece suporte escalável para grandes empreendimentos com muitos objetos. Ela fornece capacidades multiplataforma e de servidor.

Pontos fracos da Bentley Systems: Os muitos produtos oferecidos pela Bentley são parcialmente integrados nos níveis de consistência de dados e interface com o usuário, exigindo assim mais tempo para aprendizado e navegação. Seus módulos funcionais heterogêneos incluem diferentes comportamentos de objeto, aumentando ainda mais o desafio para o aprendizado do sistema. A deficiência na integração de seus vários aplicativos reduz o valor e a amplitude do suporte que esses sistemas proporcionam individualmente.

2.5.4 DESTINI Profiler

O DESTINI Profiler (Design ESTImating INtegration Initiative) é um produto da Beck Technology, Ltd. Ele se baseia em uma plataforma de modelagem paramétrica adquirida da Parametric Technologies Corporation (PTC) no final da década de 1990, quando a PTC decidiu não ingressar no mercado de arquitetura, engenharia e construção. O DESTINI Profiler é um aplicativo e plataforma que evoluiu de um *software* adquirido da PTC. Ele é único em termos de funcionalidades, pois aborda o projeto desde o lançamento de seu conceito, com base no custo de construção e, até certo ponto, considerando seus futuros custos operacionais. O DESTINI Profiler suporta a definição rápida do projeto preliminar de determinados tipos de edificação, com base nos tipos de recintos e em parâmetros estruturais e do terreno. Os componentes de alto nível de um projeto são o terreno (consistindo em tipo de solo, estacionamento e bacias de detenção); e a volumetria (revestimentos externos, elementos externos, instalações mecânicas, lajes e recintos). Esses são os objetos do modelo de construção que levam consigo *links* para as definições de custo. Um modelo no nível do conceito de arquitetura pode ser lançado como um esboço rápido em 3D, usando-se operações de edição intuitivas. Um prédio pode ser composto de três maneiras: como um conjunto de espaços, pavimento por pavimento; como um fechamento externo que então é decomposto em pavimentos, aos quais se atribuem espaços; ou com um método híbrido entre os dois citados. A implantação pode ser com um modelo de terreno importado ou um segmento do Google Earth. Cada um desses pode ser definido com poucos ou muitos detalhes, usando-se esquemas padronizados (*defaults*), ou, caso se prefira, definidos manualmente.

Os *defaults* são estabelecidos para diferentes tipos de edificação, usando-se as 16 divisões Masterformat da RS Means, as categorias de itens individuais específicos ou, em um nível ainda mais detalhado, as do Timberline. Cada objeto, como uma parede ou laje, é associado a uma classe de custo de sistema composto. Os objetos podem ser trocados de um tipo de construção para outro, sem que necessariamente se mude sua geometria. Isso significa que um orçamentista tem controle quase absoluto dos custos do projeto, definindo tipos de laje e detalhes de revestimento de fachadas e construção. O sistema vem continuamente aumentando o nível de detalhamento dos custos e das definições dos projetos. Os parâmetros de custo são conduzidos como unidades fixas para o tipo de prédio ou sua localização, enquanto outros parâmetros permanecem sob controle explícito do usuário (como o tipo de película aplicada às vidraças ou o número de extratores de ar em um laboratório), enquanto a geometria do prédio define suas propriedades espaciais. O modelo de projeto pode ser simples ou complexo do ponto de vista dos custos, mas a intenção de projeto é definida por suas categorias de custo associadas. Portanto, a força do sistema é a articulação entre intenção de projeto e orçamentação, a qual é organizada hierarquicamente como componentes, conjuntos, sistemas compostos e itens individuais. Esses múltiplos itens permitem aos construtores e outros usuários mapearem seus próprios bancos de dados de custo, se desejarem.

Os orçamentos resultantes são detalhados, baseados na quantidade de materiais empregados que começam como estimativas, mas que podem ser acompanhados ao longo dos processos à medida que o projeto é detalhado e então construído, para comparar os orçamentos com as efetivas quantidades e os custos para o controle da qualidade. Além disso, oferece um relatório de desenvolvimento de fluxo de caixa econômico completo, com a opção de incluir ocupação e operação. O banco de dados para orçamentação acessado pelo DESTINI Profiler é centralizado e mantido no escritório de Dallas.

O DESTINI Profiler suporta uma variedade de entradas gráficas que podem ser utilizadas como bases 2D, sobre as quais o usuário pode modelar, incluindo arquivos nos formatos DWG, DXF, PDF, JPG e em outros formatos de imagem. Pode importar geometrias do SketchUp como detalhes, e, com o auxílio de um *plug-in* customizado do Revit, é possível importar lajes, revestimentos de fachada e objetos volumétricos como geometrias nativas. Suporta saídas para análises energéticas no eQuest, que são utilizadas para a estimativa de custos de operação e saídas para planilhas eletrônicas XLS e em vários formatos de imagem.

A Beck Technology também oferece o *software* DESTINI Estimator e o DESTINI Optioneer. Este último aplicativo é único por sua capacidade de ajudar os usuários a otimizar as decisões preliminares de projeto, como a identificação da melhor implantação e configuração para um prédio. O sistema gera e então avalia um número muito grande de possíveis permutações de projeto em uma gama de parâmetros projetuais, permitindo aos usuários seguir tendências e identificar cenários de projeto que talvez não fossem considerados sem o uso dessa estratégia. O estudo de caso do Hillwood-Beck Multiuse Building (discutido no Capítulo 9 do *Manual de BIM*, 2ª edição) apresenta um exemplo de uso do DESTINI Profiler.

Pontos fortes do DESTINI Profiler: A funcionalidade do DESTINI Profiler permite que ele seja facilmente adaptado a praticamente qualquer tipo de edificação, com base no custo dos sistemas compostos e dos itens individuais. Sua força está na análise de valor dos projetos conceituais alternativos com base em uma ampla variedade de especificações de construção e suas estimativas de custo associadas. Alguns estudos de caso mostram que um projeto bem desenvolvido no DESTINI Profiler tem margem de erro de apenas 5% em termos dos custos de construção e tem suportado modelos de projetos com margem de erro de 1% nos custos de projeto.* Sua capacidade de fazer análises econômicas detalhadas em um projeto de nível conceitual, junto com a capacidade de enumeração dos modelos do DESTINI Optioneer, é poderosa e ímpar.

Pontos fracos do DESTINI Profiler: O DESTINI Profiler não é uma ferramenta BIM de uso geral. Seu principal objetivo é a análise financeira de um projeto de construção, com a análise financeira de acabamentos e escolha de sistemas alternativos, em geral sem modelá-los geometricamente. Uma vez que o modelo está completo, sua interface para dar suporte ao desenvolvimento total geralmente é limitada a exportar o modelo para o Revit.

2.5.5 Digital Project

Desenvolvido pela Gehry Technologies, o Digital Project (DP) é uma adaptação para arquitetura e construção do CATIA V5 da Dassault, que é uma plataforma de modelagem paramétrica usada para grandes sistemas na indústria aeroespacial e automobilística. A Gehry Technologies foi adquirida pela Trimble em 2014. O DP requer uma estação de trabalho poderosa para rodar bem, mas é capaz de lidar até mesmo com os maiores projetos.

---

* N. de R.T.: Esses resultados são obtidos em projetos nos Estados Unidos, para os quais as bases de dados da Beck foram desenvolvidas. Podem variar para outras regiões com custos e métodos de construção distintos, como o Brasil.

O DP é uma ferramenta complexa, aprendida aos poucos. Seu cursor inteligente apresenta opções de seleção. A documentação *on-line* é prontamente disponibilizada. Os menus são customizáveis. Como modelador paramétrico, o DP suporta tanto parâmetros globais para a definição de classes de objetos como regras locais e relações a serem mantidas entre os objetos. Suas regras para a definição de objetos são completas e gerais. Ele é excelente para o desenvolvimento de montagens paramétricas complexas, como as necessárias para lidar com questões de fabricação. Podem ser gerados subtipos de uma classe de objetos, e sua estrutura ou suas regras podem ser elaboradas. Sua modelagem de superfícies curvas é excelente, pois ele aproveita uma ferramenta cujos principais usuários são os projetistas de automóveis. Até o terceiro *release*, o DP não incluía objetos-base para edificações incorporados. Os usuários podiam reutilizar objetos desenvolvidos por outros, mas estes não eram suportados pelo próprio DP. Contudo, o DP é complexo e apresenta uma curva de aprendizado íngreme. Ele tem boas interfaces para a importação e exportação de dados de objetos para planilhas eletrônicas e arquivos XML. Suas capacidades IFC continuam se expandindo. Assim como a maioria dos aplicativos, as anotações no DP são associadas com uma vista de desenho, e não bidirecionais com o modelo, de modo que os desenhos são tratados como relatórios com anotações. O DP também suporta a identificação de conflitos. O Knowledge Expert do DP oferece a verificação baseada em regras que pode ser complementada pelas regras utilizadas para a definição de formas, mas pode ser aplicada entre objetos de diferentes árvores paramétricas.

O Digital Project é baseado em arquivos, mas é muito escalável. A estrutura lógica do CATIA envolve módulos chamados *workbenches*. O DP vem com vários *workbenches*, além do Architectural and Structures Workbench. Imagine & Shape é uma ferramenta de desenho de esboços (*sketch*) de formas livres totalmente integrada e baseada no CATIA; o Knowledgeware suporta a verificação do projeto baseada em regras; o Project Engineering Optimizer permite a fácil otimização de projetos paramétricos baseada em qualquer função objetiva bem definida; e o Project Manager rastreia partes de um modelo e gerencia suas versões. Essas são ferramentas sofisticadas com grandes benefícios em potencial, mas que exigem conhecimentos técnicos significativos para seu uso efetivo. O DP também inclui capacidades para o leiaute de sistemas mecânicos, elétricos e hidrossanitários em seu MEP Systems Routing. Outros produtos organizados como CATIA Workbenches também podem ser facilmente integrados. Destaca-se o Delmia, um sistema de simulação Monte Carlo que permite a modelagem e avaliação para montagem e fabricação. Sua interface com o usuário é consistente nos vários *workbenches*. Além dos *workbenches* integrados, o DP tem interfaces com o Ecotect (para estudos energéticos), com o 3DVia Composer (para a produção de documentos) e com o 3DXML (para visualizações leves). Ele tem *links* com o Microsoft Project e o Primavera Project Planner, para a criação de cronogramas, e com o ENOVIA, para a administração do ciclo de vida do projeto. O DP suporta a definição de novas classes de objetos e famílias de objetos. Ele também suporta *scripts* em Visual BASIC e tem uma forte API que usa o .NET para o desenvolvimento de *add-ons*. Ele possui as classificações Uniformat e Masterformat embutidas, o que facilita a integração de especificações e estimativas de custos. Ele suporta os seguintes formatos de intercâmbio: CIS/2, IFC Versão 2x3, SDNF, STEP AP203 e AP214, DWG, DXF, VRML, TP, STL, CGR, 3DMAP, SAT, 3DXML, IGES, STL e HCG.

O DP foi projetado como uma plataforma, com um conjunto de ferramentas criadas especificamente para integrar o projeto e engenharia de produtos manufaturados. Ele suporta usuários trabalhando em paralelo, por meio do administrador de controle versão aberto SVN. Ele tem recursos adicionais, que oferecem integração no nível do ambiente.

ENOVIA é o principal produto PLM (Product Lifecycle Management) da Dassault (ver o Capítulo 3). O DP registra múltiplas marcações de horário e de identificadores ao nível de objetos, para dar suporte ao gerenciamento de versões à altura de objetos.

Pontos fortes do Digital Project: Oferece capacidades completas e muito potentes de modelagem paramétrica. Consegue modelar de maneira direta montagens grandes e complexas para o controle de superfícies, detalhes e montagens. Pode dar suporte à fabricação. O Digital Project se baseia em modelagem paramétrica 3D para a maior parte dos tipos de detalhamento. É uma solução completa ao nível de plataforma. Ele tem um conjunto poderoso de ferramentas Workbench integradas.

Pontos fracos do Digital Project: Possui uma curva de aprendizado muito íngreme, tem uma interface de usuário complexa e um alto custo inicial. Suas bibliotecas de objetos predefinidos para edificações são limitadas, bem como suas bibliotecas externas, de objetos de terceiros. Suas capacidades de desenho para uso arquitetônico não são tão desenvolvidas quanto as de outras plataformas AECO. O DP ainda se baseia no CATIA V5, que não é a última versão. Ele ainda não se beneficia das últimas funcionalidades do CATIA.

2.5.6 Revit

O Revit é uma plataforma conhecida e popular, introduzida pela Autodesk em 2002, depois que a Autodesk adquiriu o *software* Revit de uma empresa *start-up*.

O Revit oferece uma interface de uso fácil com dicas de operação quando o cursor passa sobre elementos da interface, além de um cursor inteligente. Seus menus são bem organizados de acordo com os processos de trabalho, e seus menus de operador mantêm em cinza as ações indisponíveis dentro do contexto do sistema em uso. Seu suporte para a geração de desenhos é muito bom; sua produção de desenhos é extremamente associativa, de modo que a geração de desenhos é fácil de gerenciar. Ele oferece a edição bidirecional dos desenhos para o modelo (e vice-versa), e também edição bidirecional de tabelas para portas, ferragens de porta, etc. O Revit suporta o desenvolvimento de novos objetos paramétricos customizados e a customização de objetos predefinidos. Seu conjunto de regras para definição de objetos tem melhorado a cada nova versão, e inclui funções trigonométricas. Ele pode restringir as distâncias, os ângulos e o número de objetos em um arranjo. Ele também suporta relações hierárquicas de parâmetros. Assim, um objeto pode ser definido por meio do uso de um grupo de subobjetos com relações paramétricas. Contudo, é mais difícil ajustar parâmetros globais para controlar leiautes e tamanhos de montagens de objetos. A versão da API atual oferece um bom suporte para o desenvolvimento de aplicativos externos.

O Revit é uma plataforma sólida, especialmente em função da variedade de seus aplicativos de apoio. O Revit tem o maior número de aplicativos associados. Alguns deles têm *links* através da API aberta do Revit, e outros são vinculados por meio do IFC ou de outros formatos de intercâmbio.

O Revit interfaceia com o AutoCAD Civil 3D para fazer análises de terreno, com o Autodesk Inventor para a fabricação de componentes e com o LANDCADD para o planejamento do terreno. Ele possui interfaces com o US Cost, Cost OS (da Nomitech), Innovaya e Sage Timberline e também com o Tocoman iLink, para a extração de quantitativos destinada à orçamentação. O Innovaya também fornece *links* de simulação 4D com cronogramas do Primavera e do MS Project. O Revit suporta *links* para o Autodesk Navisworks. O Vico Office suporta tanto a criação de cronogramas quanto a extração de quantitativos. O Revit possui *links* com especificações para o e-SPECS e o BSD Spec*cLink* por meio da ferramenta de mapeamento BSD Linkman.

O Revit pode importar modelos das ferramentas de projeto conceitual SketchUp, AutoDesSys form•Z, McNeel Rhinoceros, Google Earth e de outros sistemas que exportam arquivos no formato DXF. Anteriormente, esses modelos eram visíveis, mas não podiam ser referenciados. Eles podiam ser referenciados do Revit Versão 2011 ("referenciado", neste caso, significa que os usuários podem selecionar pontos dos objetos, permitindo o referenciamento preciso em termos dimensionais, em vez do uso de alinhamentos visuais para dimensionamento).

O Revit suporta vários formatos de arquivo, inclusive DWG, DXF, DGN, SAT, IFC (para componentes construtivos), gbXML e ODBC (Open DataBase Connectivity). As informações mais atualizadas sobre os formatos de arquivo suportados pelo Revit podem ser encontradas *on-line* na Autodesk Knowledge Network.

O Revit carrega IDs de objetos. Contudo, as informações sobre versões e modificações são carregadas no nível de arquivo, não no nível de objeto. Isso limita a sincronização de objetos com diferentes vistas em diferentes arquivos.

Pontos fortes do Revit: Como ferramenta de projeto, o Revit 2018 é forte e intuitivo, e suas ferramentas de produção de desenhos são excelentes. Contudo, muitos projetistas que desejam ir além das limitações de objetos incorporados usam outras ferramentas para projetar de maneira mais livre em termos de forma, e, então, exportam os resultados para o Revit, a fim de fazer a modelagem. O Revit é fácil de aprender e suas capacidades são organizadas em uma interface bem projetada e amigável. Possui um amplo conjunto de bibliotecas de objetos desenvolvidas por eles e por terceiros. Em virtude de sua posição dominante no mercado, é a plataforma favorita para interfaces com *links* diretos com outras ferramentas BIM. Seu suporte bidirecional de desenhos permite atualizar e administrar informações de desenhos e vistas dos modelos, inclusive de tabelas. Ele suporta operações concomitantes em um mesmo projeto. O Revit inclui uma biblioteca de objetos excelente (bimobject.com).

Pontos fracos do Revit: O Revit é um sistema baseado em memória que se torna significativamente mais lento com projetos maiores do que 100 a 300 MB (no caso do Revit 2018, com 4GB de RAM). Tem umas poucas limitações em suas regras paramétricas, e apresenta suporte limitado para superfícies curvas complexas. Como não possui marcadores de horário ao nível de objetos, o Revit ainda não oferece o suporte necessário para a administração total de objetos em um ambiente BIM. Para mais informações, ver o Capítulo 3.

2.5.7 Tekla Structures

O Tekla Structures é oferecido pela Tekla Corp., uma companhia finlandesa fundada em 1966, com escritórios espalhados pelo mundo. Em 2012, a Trimble comprou a Tekla. A Tekla possui múltiplas divisões: Infraestrutura, Energia e Edificações e Construção. Seu produto de construção inicial foi o Xsteel, que foi introduzido em meados dos anos 1990 e cresceu a ponto de se tornar um aplicativo de detalhamento de aço amplamente usado no mundo. É, em grande parte, baseado em arquivos e tem boa escalabilidade. Suporta usuários múltiplos trabalhando no mesmo modelo de projeto em um servidor. Contudo, atualmente não suporta superfícies *B-spline* ou NURBS.

No início da década de 2000, o Tekla acrescentou os projetos com madeira e concreto pré-moldado, bem como o detalhamento para elementos arquitetônicos e estruturais pré-fabricados. Em 2004, o *software* ampliado foi renomeado para Tekla Structures, para refletir seu suporte expandido para aço, concreto pré-moldado, madeira, concreto armado e para engenharia estrutural. Recentemente, acrescentou capacidades de gerenciamento de obra e um aplicativo de projeto estrutural. O Tekla é uma plataforma de suporte para uma crescente variedade de produtos. Além de agregar licenças completas de edição de detalhes, ele também oferece as licenças Engineering, Project Manager e Viewing. Todas essas ferramentas fornecem a funcionalidade necessária para a fabricação e fabricação automatizada. Tem boa funcionalidade para customizar objetos paramétricos existentes ou criar novos objetos paramétricos. No entanto, trata-se de um sistema complexo e com muitas funcionalidades, exigindo tempo para aprender seu uso e se manter atualizado.

O Tekla oferece suporte para interface com um grande número de outros aplicativos, e tem uma interface aberta de programação de aplicativos. Também suporta uma enorme variedade de formatos de intercâmbio. A lista mais recente de formatos de arquivo que são suportados por ele pode ser encontrada na página da *web* "Compatible Formats" da Tekla. A Tekla oferece suporte para o acesso de usuários trabalhando juntos no mesmo projeto, permitindo reservas ao nível de objetos ou de agregação maiores. Carrega IDs de objeto e registros de horário, suportando a administração ao nível do objeto.

Pontos fortes do Tekla Structures: Possui capacidades versáteis para modelar estruturas que incorporam uma ampla gama de materiais estruturais e detalhamento e a habilidade de suportar modelos muito grandes e operações simultâneas no mesmo projeto com múltiplos usuários ao mesmo tempo. Suporta bibliotecas de componentes customizadas, paramétricas e definidas pelo usuário, inclusive a customização dos seus objetos fornecidos.

Pontos fracos do Tekla Structures: Por ser uma ferramenta poderosa, suas funcionalidades são bastante complexas para aprender e utilizar plenamente. O poder de seus componentes paramétricos é impressionante e, apesar de ser um ponto forte, requer operadores dedicados que devem desenvolver alto nível de habilidade. Consegue importar de aplicativos externos objetos com complexas superfícies de curvaturas múltiplas, e essas podem ser referenciadas mas não editadas.

2.5.8 Vectorworks

O Vectorworks começou como MiniCAD, um sistema CAD para Mac (Apple Computer) desenvolvido pela Diehl Graphsoft em 1985, e foi adaptado para o Windows em 1996. A Diehl Graphsoft foi adquirida pela Nemetschek em 2000. O aplicativo sempre enfatizou muito o sólido suporte ao cliente e sua grande base de usuários no mundo inteiro, focando as empresas menores. Em 2009, adotou o motor de geometria Parasolid para sua plataforma de modelagem geométrica principal – até então o Vectorworks tinha capacidades paramétricas similares às do AutoCAD Architecture. Hoje, sua modelagem paramétrica é parecida com a dos outros aplicativos, mas com capacidades fáceis de usar, com o uso de recursos amigáveis para o usuário e ricas possibilidades de apresentação, características pelas quais se destaca.

O Vectorworks 2018 oferece uma enorme variedade de ferramentas, que são organizadas em produtos separados, atendendo a distintos setores. Isso inclui:

— *Architect* – para aplicações em arquitetura, interiores e BIM.
— *Landmark* – para aplicações de paisagismo, implantação no terreno e projeto urbano, com uma biblioteca de plantas e capacidades em irrigação, digitalização de terrenos e sistema de informações geográficas (GIS, *Geographic Information System*).
— *Spotlight* – para o projeto de luminotécnica e produção de espaços teatrais e eventos com palcos. O Spotlight tem dois produtos complementares: Vision (para interfaces de simulação e controle lumínico) e Braceworks (para análises estáticas de estruturas temporárias).
— *Fundamentals* – para modelagem 2D/3D geral e renderizações integradas.

Esses diferentes produtos oferecem uma grande variedade de funcionalidades, todos com uma interface com o usuário e estilo consistentes, assim como dicas de operação ao passar o cursor sobre elementos da interface, cursor inteligente, destaques de pré-seleção, interface sensível a conteúdo e menus e barras de ferramentas customizáveis. As capacidades de desenho do Vectorwork associam as anotações de cortes com as projeções do modelo. O Vectorworks tem um conjunto razoável de bibliotecas de objetos para serem importadas e utilizadas. Sua modelagem de superfícies NURBS é muito boa. Ele suporta a customização das suas classes de objetos predefinidos, bem como a definição de objetos novos, usando-se qualquer uma de suas quatro APIs:

- SDK, uma API baseada em C++;
- Python/VectorScript: linguagens de *script* utilizando as sintaxes Python e Pascal, respectivamente;
- Marionette: uma ferramenta de programação algorítmica gráfica.

O Vectorworks incorporou o Design Constraint Manager da Siemens PLM, que facilita a administração de interações dinâmicas entre dimensões e formas. Os atributos são carregados em um banco de dados de projeto e associados a objetos, para serem utilizados quando necessário. O Vectorworks é um sistema de 64 bits que suporta tanto o Mac como o PC. Seus formatos de intercâmbio incluem o DXF/DWG, Rhino 3DM, IGS, SAT, STL, Parasolid X_T, 3DS, OBJ, COLLADA, FBX e KML, entre muitos outros. Na página da *web* Import/Export File Format da Vectorworks, encontra-se a lista de formatos de arquivos que são suportados por ele atualmente.

O Vectorworks tem reforçado suas interações com o IFC e oferece bons intercâmbios bidirecionais, suportando o IFC 2x3 e o IFC4. Suas funções IFC incluem a classificação de objetos, a atribuição de conjunto de propriedades, suporte ao COBie e dados de proprietário e histórico (*owner/history*). Suas capacidades IFC já foram testadas com o ArchiCAD, Bentley Microstation, AutoCAD Architecture, Revit, Solibri Model Checker e o Navisworks. O Vectorworks suporta serviços na nuvem e visualizadores de modelo gratuitos. Ele também tem uma implementação completa do BIM Collaboration Format.

2.5.9 Aplicativos baseados em AutoCAD

Considerar os aplicativos baseados em AutoCAD como plataformas BIM é algo questionável. Embora o AutoCAD consiga modelar objetos utilizando "blocos", na verdade, ele não mantém relações paramétricas e a integridade entre objetos, como faria uma plataforma BIM verdadeira. Não obstante, incluiremos uma breve análise nesta seção, em virtude de seu uso muito difundido. O *software* AutoCAD, da Autodesk, tornou-se a ferramenta de projeto 2D e 3D de edificações dominante antes da aquisição do Revit pela Autodesk. Embora antes disso já houvesse aplicativos completos de modelagem paramétrica 3D de edificações, o Autodesk Architecture – o aplicativo da Autodesk para edificações na plataforma AutoCAD – continuou sendo o *software* de modelagem arquitetônica mais popular, pois foi baseado na plataforma de geometria AutoCAD, que, por si só, já era de uso generalizado para a geração de desenhos 2D. Até certo ponto, o AutoCAD Architecture pode ser considerado o programa que forneceu aos usuários uma transição confortável do desenho 2D para o BIM.

O AutoCAD possui extensões de modelagem de superfícies e sólidos e suporta a definição de "blocos" de geometria 3D. O AutoCAD oferece algumas das funcionalidades oferecidas por ferramentas paramétricas, inclusive a habilidade de criar objetos customizados com comportamentos adaptativos.

Os desenvolvedores de aplicativos independentes podem trabalhar a partir dessa base, agregando conjuntos predefinidos de objetos e conjuntos limitados de regras a esses objetos, e, portanto, implementar um comportamento paramétrico dentro de objeto ou montagens definidas (como uma escada ou cobertura). Entretanto, assim é muito mais difícil alcançar a funcionalidade total do comportamento de projeto almejado, o que é a marca registrada de um verdadeiro aplicativo BIM. O AutoCAD continua sendo uma útil plataforma BIM legada somente na medida em que ainda é a tecnologia central de muitas ferramentas BIM que foram desenvolvidas com base nele.

O Drawing Space do AutoCAD possui *links* para o Model Space do modelo 3D e, na interpretação atual, oferece *links* unidirecionais do modelo para os desenhos anotados. As vistas do modelo são simples projeções ortográficas, com funcionalidades de administração de vistas limitadas. As interfaces incluem DGN, DWG, DWF™, DXF™ e IFC.

A Autodesk encorajou terceiros a usar o AutoCAD como plataforma e a desenvolver novos conjuntos de objetos em diferentes domínios AEC ao oferecer poderosas APIs, como AutoLISP, Visual Basic, VB Script e ARX (C++). Isso levou ao surgimento de uma comunidade internacional de desenvolvedores em uma infinidade de empresas independentes, que oferecem pacotes para análise e projeto de estruturas, projeto de plantas industriais e tubulações, sistemas de controle, projetos de instalações elétricas, aço estrutural, sistemas de *sprinklers*, dutos, estruturas de madeira, entre muitas outras aplicações.

Pontos fortes dos aplicativos baseados no AutoCAD: Fácil adoção pelos usuários do AutoCAD em função da consistência da interface do usuário; fácil uso devido à sua construção em cima das funcionalidades de desenho 2D bem conhecidas do AutoCAD e sua interface. Existe uma extensa API, com inúmeras linguagens de programação para o desenvolvimento de novos aplicativos, bem suportadas por *kits* de desenvolvimento de *software* (SDK, *Software Development Kits*) apropriados.

Pontos fracos dos aplicativos baseados no AutoCAD: Suas limitações fundamentais dizem respeito ao fato de que esses aplicativos não são modeladores paramétricos que permitem que os não programadores definam novos objetos (sem a programação no nível de API), regras de objetos e restrições; além disso, eles têm interfaces limitadas com outros aplicativos; fazem uso de referências externas (XREFs) (com limitações de integração inerentes) para o gerenciamento de projetos; são sistemas *in memory* com problemas de escalabilidade se não se basearem em XREFs; e é demandam a propagação manual das modificações entre diferentes jogos de desenhos.

2.6 APLICATIVOS DE REVISÃO DE PROJETO

A revisão de um projeto é considerada uma das maneiras mais comuns de uso do BIM (Kreider *et al.*, 2010). Ao contrário da percepção geral, até mesmo profissionais com muita experiência não conseguem identificar erros nos desenhos com facilidade (Lee *et al.*, 2003; Lee *et al.*, 2016). No entanto, o BIM pode ajudar uma equipe de projeto a inspecionar virtualmente um prédio ou mesmo automatizar um processo de revisão de projeto. Esta seção analisará os métodos e os aplicativos que ajudam os usuários a revisar os projetos de maneira efetiva e eficiente. Serão comentados aplicativos de visualização e navegação de modelos (*visualizadores de modelos*), aplicativos de integração e revisão de modelos (*ferramentas de integração de modelos*) e aplicativos de verificação de modelos (*revisores de modelos*) que são particularmente automatizados.

Nota: Nesta seção, assim como na seção das Plataformas BIM, os aplicativos estão listados em ordem alfabética. A ordenação não representa qualquer preferência ou sequência cronológica.

2.6.1 Visualizadores de modelos

Há um grande número de visualizadores de modelos disponíveis para a visualização e navegação de modelos BIM. Os visualizadores de modelo vêm sendo utilizados como o método primário para a revisão de desenhos por usuários trabalhando sozinhos ou em equipe. Algumas dessas ferramentas se mantêm como visualizadores de modelos puros com simples funções de anotação, enquanto outras evoluíram, se tornando aplicativos com funções mais avançadas, como a identificação de conflitos. Outra tendência é desenvolver visualizadores de modelo que usem motores de jogos eletrônicos para renderizações rápidas e de alta qualidade e para a navegação facilitada em modelos BIM grandes e complexos. A maioria dos visualizadores de modelo também roda em um ambiente móvel, permitindo aos projetistas e engenheiros de campo agilidade nas revisões e apresentações de projetos.

Adobe Acrobat 3D é um visualizador PDF (Portable Document Format) 3D. O formato PDF 3D é um formato 3D leve que foi desenvolvido pela Adobe, não para criar informações de modelos de edificações, e sim para "publicar" informações que suportam vários processos de trabalho. O Adobe Acrobat 3D suporta objetos 3D e animações dinâmicos e visualizáveis inseridos em um documento. Ele suporta a comparação de modelos.

Allplan BIM+ possibilita a fusão de submodelos oriundos de diferentes disciplinas e plataformas BIM. Inclui a capacidade de identificação de conflitos e a gestão de tarefas de projeto.

Autodesk BIM 360 Glue é um aplicativo de coordenação BIM baseado na rede, com seu próprio visualizador de geometrias leves que pode automaticamente traduzir e visualizar objetos vindos de múltiplas plataformas BIM e que suporta a maioria dos principais formatos de arquivo 3D (b4.autodesk.com/file_compatibility.html). Isso facilita muito a colaboração. O Autodesk BIM 360 Glue suporta a gestão de arquivos IFC e nativos, assim como sua própria identificação de conflitos e a do Navisworks; seu principal ponto positivo é oferecer *links* de comunicação abertos e o rastreamento de registros de mudanças.

Autodesk Design Review é um visualizador que pode ser baixado gratuitamente e que suporta a revisão, verificação e outras formas de colaboração. Ele suporta desenhos 2D e modelos 3D convertidos em DWF (Design Web Format), desenvolvido pela Autodesk. Os modelos podem ser revisados espacialmente de uma posição fixa, caminhando-se neles ou voando através deles; as vistas podem ser fixadas ortogonalmente em várias superfícies ou fazendo-se cortes no projeto. As distâncias e os ângulos entre as superfícies dos objetos podem ser selecionadas e medidas. Também são suportadas consultas por meio do uso dos nomes de objetos, que são retornados e podem, então, ser selecionados e destacados na vista. Os documentos bidimensionais podem ser rotacionados, e podem ser feitas anotações em quaisquer pontos de uma superfície para o registro de comentários para revisões. Também é fácil gerar relatórios com anotações. Uma assinatura digital é fornecida, permitindo ao usuário conferir se o arquivo foi modificado desde a aplicação da assinatura.

Autodesk Navisworks Freedom é um visualizador de modelos gratuito que foi adquirido pela Autodesk em 2007. O aplicativo original, Navisworks Jetstream, tornou-se popular como ferramenta BIM porque suportava uma ampla variedade de formatos de arquivo 3D e tinha uma função de agregação de arquivos de modelo.

BIMx (anteriormente chamado Building Model Explorer) é um visualizador de modelos desenvolvido pela Graphisoft. Ele suporta referências cruzadas entre visualizações 2D e 3D e, como muitos outros visualizadores de modelos, permite aos usuários medir a distância entre os pontos localizados em um modelo. Ele também apresenta imagens estéreo 3D, para serem utilizadas no Google Cardboard e em ferramentas de visualização estéreo similares.

Fuzor é uma ferramenta proprietária de renderização e navegação BIM baseada em um motor de jogos eletrônicos. Porém, ao contrário de outros visualizadores BIM, ela oferece funções de renderização e visualização de luz fáceis e rápidas com base em opções de renderização predefinidas. O Fuzor também tem uma função que permite manter um *link* entre ele e uma ferramenta de criação de modelos. Ou seja, qualquer modificação em um modelo BIM será refletida no modelo Fuzor. O Fuzor oferece um *link* direto com o Revit e o ArchiCAD, e consegue ler vários tipos de arquivo, como os do Rhinoceros 3D, SketchUp, Navisworks, FBS e 3DS, sempre mantendo as definições de modelo prévias do Fuzor. Outro de seus pontos fortes é que ele suporta a realidade virtual (VR, *virtual reality*) com efeitos de áudio.

Kubity facilita a publicação e distribuição de modelos 3D em qualquer equipamento (de mesa ou móvel) em uma realidade virtual padrão ou imersiva, usando o formato de arquivo de geometria do SketchUp. Ele torna simples e intuitivo o compartilhamento de modelos 3D, fornecendo acesso facilitado às pessoas que não são profissionais do setor da construção civil. No entanto, os arquivos do BIM, como o Revit, devem ser exportados para o formato de arquivo SketchUp, o que significa que todas as informações não gráficas são perdidas.

Oracle AutoVue é um visualizador leve de desenhos 2D e modelos 3D para revisão, passeios virtuais, medições espaciais precisas e identificação de conflitos em 3D. Suporta PDF 3D.

ProjectWise Navigator fornece uma capacidade de apresentação com camadas múltiplas, que permite a manipulação de arquivos de projeto heterogêneos. Ele lida com camadas (*layers*) em DGN, i-Model, PDF e DWG e com índices de usuário para arquivos-chave (acesso e visualização), incorpora aplicativos internos para identificação de conflitos entre produtos diferentes e permite agrupamentos para gerenciar dados de produtos, compras, revisões, etc. Suporta simulações 4D, renderizações e marcações para revisão, mas as edições são limitadas. Os produtos ProjectWise ainda não oferecem a administração de dados no nível dos objetos, embora a Bentley tenha tido produtos anteriores com essa capacidade.

Solibri Model Viewer é um visualizador de modelos gratuito desenvolvido pela Solibri e que usa o IFC como seu formato nativo de dados. Ele roda nos sistemas operacionais Windows e Mac. A série Solibri é mais um caso que evoluiu como ferramenta BIM com funções avançadas. Essas funções incluem fazer cortes em tempo real, tornar objetos selecionados transparentes, para melhor visualização, além da possibilidade de medir comprimentos e ângulos entre pontos de modelos importados. Os produtos Solibri também incluem a compressão de modelos IFC. Uma versão do Solibri com funções de verificação de modelo baseadas em regras é chamada de Solibri Model Checker. O Solibri Model Checker será comentado em detalhes na seção a seguir.

Tekla BIMSight é um visualizador gratuito e leve de modelos desenvolvido pela Tekla (Trimble), principalmente para a agregação de modelos, a identificação de conflitos e o registro de problemas. Suporta arquivos do tipo IFC (.ifc), IFC XML (.ifcxml), IFC ZIP (.ifczip), DWG (.dwg), DGN (.dgn) and XML (Tekla Web viewer file), IGES (*.igs,*.iges), STEP (*.stp, *.step) e SketchUp (*.skp).

VIMTREK é um conversor, baseado na nuvem, de modelos Revit para o motor de jogos eletrônicos Unity. Ele administra todas as geometrias, texturas e iluminações suportadas pelo Revit, e tem uma biblioteca de móveis e ocupantes associada. Embora seja um motor de visualização geral, é excelente ao oferecer passeios virtuais para clientes ou usuários, substituindo as maquetes convencionais. Além de móveis, ferragens e decorações de janela, ele inclui várias opções de céu e horizonte de fundo. O VIMtrek suporta dispositivos de realidade virtual, incluindo o Oculus Rift e o Gear VR. A biblioteca de móveis é, na verdade, muito mais do que os materiais necessários para sua aparência visual, pois inclui especificações dos produtos, o nível de dióxido de carbono equivalente e outros dados de sustentabilidade. Essa é a biblioteca SMARTbim, que será descrita com mais detalhes no Capítulo 5, Seção 5.4.

xBIM Xplorer é um aplicativo visualizador IFC de modelos com fonte aberta. É um dos muitos aplicativos que usam o "xBIM Toolkit", uma biblioteca de recursos com código de fonte aberta para trabalhar com arquivos IFC (disponível em www.openbim.org). Usando o conteúdo xBIM fornecido em GitHub, os desenvolvedores de *software* podem rapidamente desenvolver aplicativos. O xBIM em si é apenas mais um dos vários recursos IFC de fonte aberta que hoje estão disponíveis gratuitamente.

2.6.2 Ferramentas para integração de modelos

As ferramentas para integração de modelos oferecem a seus usuários a possibilidade não somente de juntar modelos múltiplos para formar um modelo federado e verificar interferências como fazem alguns dos visualizadores mais sofisticados; elas também disponibilizam funções de administração da obra que podem operar nos modelos integrados. Funções comuns são o planejamento da obra e a definição de zonas de trabalho; o estabelecimento de cronogramas e a criação de simulações 4D; a extração de quantitativos e a orçamentação; e o monitoramento e controle da produção.

DP Manager (Digital Project Inc., uma empresa Trimble): O DP Manager oferece ferramentas para colaboração em projetos, medições e extração de quantitativos, modelagem 4D e integração de cronogramas. Ele não apresenta uma função de orçamentação. Sua principal vantagem é a capacidade de trabalhar com modelos de prédios muito grandes e geometricamente complexos, por trabalhar diretamente com modelos BIM do Digital Project na plataforma 3D CATIA. Outra vantagem é que as modificações feitas no modelo não exigem a exportação e o realinhamento do modelo com o cronograma, já que essa ferramenta roda dentro da plataforma BIM.

Navisworks Manage (Autodesk): Navisworks é uma ferramenta multiuso de administração de obra, incluindo ferramentas para revisão de modelos, identificação de conflitos, simulações e animações 4D, extração de quantitativos 5D e renderização. O Navisworks se tornou popular originalmente em função de sua capacidade de importar modelos BIM e geometrias 3D em uma ampla variedade de formatos, e esse ainda é seu grande diferencial. O Navisworks também consegue importar e visualizar nuvens de pontos oriundas de escaneamentos a laser ou fotogrametria.

iTWO (RIB): A plataforma do iTWO usa um banco de dados SQL próprio para armazenar objetos de modelos, dados de estimativas e recursos de planejamento em um ambiente único integrando banco de dados e a solução. Um ou mais modelos podem ser importados de várias plataformas BIM e coordenados com o uso do gerenciador BIM do iTWO. O iTWO possibilita estimativas de preço, elaborações de contrato, administração de empreiteiros, controles de custo e processos de emissão de faturas. O modelo BIM pode ser aprimorado com dados sobre preços e históricos de custos ou outros dados internos, acelerando o desempenho e a qualidade da orçamentação. Suas interfaces abertas suportam o intercâmbio de dados XML, inclusive ifcXML, permitindo, portanto, a integração com sistemas BIM ou ERP. Também fornece facilidades para a administração de processos de concorrência e escolha de empreiteiros. Dentro do iTWO, um ou mais cronogramas detalhados podem ser desenvolvidos paralelamente, permitindo o alinhamento direto de custos, quantitativos e cronogramas de tarefas entre diferentes empreiteiros. Os cronogramas podem ser criados e mantidos diretamente no iTWO ou derivados de aplicativos de cronograma comerciais, como Microsoft Project, Oracle Primavera P6, entre outros. Dado que o cronograma é alinhado com custos, quantidades e modelos, é possível analisar simulações 5D completas dentro do iTWO, permitindo o planejamento virtual detalhado e geração de alternativas. À medida que o modelo amadurece, os mapeamentos são mantidos, e novas versões são integradas ao projeto com a clara visualização das mudanças, assim como as implicações em termos de custo e cronograma. Por fim, o iTWO suporta o monitoramento de quantidades instaladas e avança quando o projeto passa à execução, oferecendo capacidades de controle de custos e de previsão.

Vico Office (Trimble): Vico é possivelmente a mais sofisticada e completa ferramenta BIM integrada para o gerenciamento de obra. Ele é completo por cobrir revisões de modelo, extrações de quantitativos e orçamentações, cronogramas e controles de projeto. É sofisticado por incorporar funções avançadas, como zoneamentos para a definição de pacotes de trabalho, extrações de quantitativos integradas, estimativas e cronogramas 4D que usam composições que definem serviços para produtos da construção representados por objetos do modelo, a simulação Monte Carlo para a análise de riscos em custos e cronogramas, cronogramas baseados em localização, gráficos de linha de balanço e análise de cronogramas e a comparação de cronogramas planejados *versus* reais por meio de vistas 4D. Contudo, não é surpreendente que ele também seja mais difícil de aprender e usar do que as outras ferramentas.

2.6.3 Ferramentas de verificação de modelo

Os sistemas de verificação de regras precisam ter as seguintes funcionalidades, e todos os sistemas analisados anteriormente aplicam esses passos:

1. Identificar conjuntos de regras que serão aplicadas.
2. Identificar os aspectos do modelo que são necessários para fornecer os dados para as regras a serem testadas, geralmente definidos com uma vista do modelo.
3. Usar métodos de seleção das partes do modelo da edificação ao qual a verificação será aplicada.
4. Aplicar a regra ou os conjuntos de regras ao modelo do prédio.
5. Identificar todas as instâncias na parte selecionada do modelo onde as falhas ocorreram.

Como foi discutido na Seção 2.4, um requisito comum a todas as ferramentas é que as informações no modelo de construção sendo verificado devem ser completas, corretas e explícitas. Todas elas, portanto, exigem o pré-processamento por parte do usuário, para certificar que as informações sejam fornecidas à medida que forem necessárias pelas cláusulas dos conjuntos de regras.

BIM Assure. A Invicara foi fundada no início da década de 2010 como uma empresa de desenvolvimento de aplicativos BIM e aproveitou os muitos anos de automação e experiência com verificação de códigos de edificação da Building Construction Authority (BCA) de Singapura. A Invicara introduziu seu primeiro produto, o BIM Assure, em meados de 2016. O Assure é um aplicativo de verificação de regras baseado em nuvem que executa grande parte das tediosas, porém importantes, verificações de regras, fazendo especialmente as checagens de regras durante o projeto. Ele é lincado bidirecionalmente com o Revit para a geração de modelos e correção de erros nos modelos. O Assure oferece suporte aos processos de trabalho por meio do controle da qualidade dos dados, reduzindo os erros nos modelos e o retrabalho. Assim como a maioria das ferramentas de verificação de modelo, o Assure executa os seguintes processos:

- Preparação do modelo BIM para verificação;
- Identificação dos tipos de verificação que serão aplicados;
- Identificação da parte do projeto a ser conferida (se não for todo o projeto);
- Relatório de erros e preparo para sua correção na ferramenta de geração do modelo.

O BIM Assure organiza as regras por meio de classificações. Para isso, ele mapeia os objetos do Revit com as classes de objetos nas definições de regras, um processo chamado de "normalização". A normalização incialmente libera os usuários de inserir informações sobre os objetos, de acordo com um conjunto predefinido de classes de objetos, mas isso deve ser feito em um momento posterior durante o processo de normalização. O modelo Assure tem acesso bidirecional às propriedades não geométricas do Revit. O Assure é particularmente adotado para edificações de saúde.

Solibri Model Checker. No final da década de 1990, os fundadores do Solibri Model Checker (SMC) se deram conta de que a qualidade dos modelos BIM era crucial e, em 1999, introduziram um produto como resposta inicial ao problema. O SMC aplica testes a partes ou a todo o modelo de uma construção.

A fim de oferecer suporte à variedade de plataformas BIM existentes no mercado, o SMC desenvolveu as verificações a serem aplicadas a um modelo de projeto IFC. Seja qual for a plataforma, o mesmo conjunto de regras pode ser aplicado. Se as diferentes plataformas modelarem um mesmo projeto, os resultados dos testes serão os mesmos, assim como os resultados dos testes relatados. Por padrão, o SMC se baseia no IFC Coordination View como subconjunto do modelo, mas também tem outras vistas predefinidas para focar em várias questões de revisão de projeto, com base nos papéis do revisor: arquitetura, estrutura, instalações mecânicas, etc. Os usuários avançados podem modificar as vistas do modelo e desenvolver novas regras de verificação.

O SMC pressupõe que os usuários compilarão bibliotecas de verificação para diferentes tipos de projeto, tipos de espaço, materiais, funções especiais, etc. Os subconjuntos são selecionados e gerenciados pelo Solibri Solution Center (SSC), na nuvem. Cada regra ou conjunto de regras inclui uma documentação sobre suas definições e usos, as entidades e atributos que ela exige do modelo para executar os testes e exemplos de modelos de instância. O SSC é predefinido para atender a equipes de usuários e compartilhar conjuntos de regras. O SMC suporta múltiplos esquemas de classificação de construção: Omniclass, Uniclass, Masterformat, Uniformat, DSTV e outros.

As verificações gerais fornecidas incluem conflitos espaciais, propriedades necessárias, objetos duplicados (inclusive em diferentes plataformas BIM), programas espaciais (opcionalmente aplicando algoritmos ANSI-BOMA para o cálculo de áreas, como mostra a Figura 5.15), o fechamento de zonas, entre outras. O SMC inclui o BIM Collaboration Format (BCF) para rastrear falhas detectadas pelas regras, que são monitoradas no nível do projeto. Os relatórios de erros podem ser destacados visualmente, formatados por função, papel do usuário, pavimento, etc. O SMC também suporta a mineração de dados: erros nas regras podem ser agrupados por tarefa, implementador, contexto ou outra classificação e exportados para análise.

O **Autodesk Revit Model Review** é um *add-on* para o Revit que possibilita a verificação do conteúdo de um modelo, a adequação dos dados do modelo para análises de desempenho energético ou outras, a conectividade das instalações prediais, as inconsistências de modelagem ou geometria, a visibilidade do objeto e desenhos de anotações. Os usuários podem compilar na interface as regras para fazer verificações e coletar e salvar conjuntos de avaliações de regras em arquivos de verificações (com a extensão BCF). As regras de conteúdo de modelo podem conferir se objetos específicos foram apresentados e se os parâmetros de objeto têm valores exigidos específicos, por exemplo, de modo que o Revit Model Review possa ser empregado para compilar um conjunto de regras a serem atendidas pelo modelo. Em certos casos, o *add-on* pode facilitar a correção de um erro uma vez que ele é identificado, levando o usuário ao objeto do modelo ou ao conjunto de objetos que violam determinada condição. O Revit Model Review suporta tanto a verificação de regras automática como a interativa.

O **SmartReview APR** é um novo produto de verificação de regras que examina se o modelo de construção atende às normas estipuladas nos códigos de obras. Ele aplica as regras do International Building Code (IBC) diretamente aos modelos do Revit. O IBC define as exigências do código de edificações básico em uso nos Estados Unidos e em inúmeros órgãos públicos internacionais. O IBC é elaborado por instituições de verificação de códigos locais para atender às condições locais. Atualmente, o *software* verifica as seções de códigos particularmente importantes para o leiaute e a construção de um prédio dos Capítulos 5, 6, 7, 8 e 10 do IBC, inclusive a área construída, a altura do prédio, o número de pavimentos, as classificações de resistência ao fogo dos sistemas compostos, as classificações de dispersão de chama, as cargas de ocupação, as rotas de fuga, as circulações comuns e a localização de saídas de emergência, entre outros pontos. O *software* confere o modelo Revit diretamente, coletando dados e enviando-os a um serviço de análise baseado na nuvem. Ao armazenar as regras em um servidor na nuvem, o processamento pode ser externo, as regras podem ser facilmente mantidas e novas regras podem ser rapidamente compartilhadas com a base de usuários. O APR possui uma interface bidirecional com os modelos Revit e usa a Interface de Usuário do Revit, facilitando o aprendizado pelos novos usuários. Sua interface bidirecional permite atualizações de propriedades não geométricas dentro do Revit ou da interface de usuário SmartReview APR, facilitando atualizações no modelo. Os resultados são reconectados ao modelo Revit, permitindo ao usuário identificar quais elementos não estão em conformidade com o modelo. As informações relativas ao código de edificações ficam ao alcance do usuário para o modelo de projeto, auxiliando-o a adquirir um entendimento tácito do código de edificações no contexto das decisões de projeto. O motor de verificação dos códigos exige um modelo bastante simples da edificação. O SmartReview APR fornece famílias Revit embutidas de paredes externas e internas, portas externas e internas, janelas, pisos, coberturas, recintos, divisas de terreno, níveis e áreas. Além disso, os tipos de parede oferecidos têm um parâmetro embutido para classificação de resistência ao fogo, usando valores 0, 1, 2, 3 e 4. O SmartReview APR busca os tipos de entidades recém-citadas e se baseia nelas para fazer as verificações. Os dados faltantes são marcados com bandeiras; os dados de objetos adicionais desnecessários são ignorados.

2.7 CONCLUSÃO

A modelagem paramétrica baseada em objetos é um grande avanço para o setor da edificação, uma vez que facilita a transição de uma tecnologia baseada em desenhos e um tanto manual para outra baseada em modelos digitalmente legíveis que pode gerar modelos e desenhos 3D consistentes, tabelas e interfaces de dados para aplicativos que abordam questões de desempenho de projeto, construção e informações para a operação e manutenção de prédios. A modelagem paramétrica facilita o projeto de modelos 3D grandes e complexos. O custo desses benefícios é que o BIM impõe um estilo de modelagem e planejamento que é novidade para muitos usuários. Como o CADD, ele tem sido mais diretamente usado como uma ferramenta de documentação separada do projeto. Um número crescente de firmas, no entanto, usa-o diretamente para projeto e para a geração de resultados formidáveis. Alguns desses usos são abordados no Capítulo 5. O Capítulo 10 traz mais exemplos como estudos de caso.

A habilidade de extrair informações geométricas e de propriedades de um modelo de construção para uso em projeto, análise, planejamento da construção e fabricação ou na operação tem grandes impactos em todos os aspectos das indústrias de AEC; muitos deles serão discutidos nos capítulos seguintes. O potencial completo dessas capacidades não será completamente conhecido por pelo menos outra década, porque suas implicações e novos usos estão sendo descobertos de forma crescente. O que se sabe é que a modelagem paramétrica baseada em objetos resolve muitas das questões fundamentais de representação em modelagem geométrica em arquitetura e construção e permite retornos rápidos para aqueles que estão migrando para ela, mesmo com uma implementação somente parcial. Esses primeiros retornos incluem uma redução nos erros dos desenhos devido à consistência incorporada em um modelo central da edificação, à melhoria da produtividade de engenharia e à eliminação de erros de projeto com base nas interferências espaciais. Uma vez que os modelos são 3D e muito mais próximos da realidade cotidiana, eles facilitam a comunicação entre os envolvidos em um projeto: proprietários, arquitetos, engenheiros, consultores, construtores, empreiteiros, fabricantes e gerentes de operação predial, síndicos, etc.

Apesar de a modelagem paramétrica baseada em objetos ter tido uma influência catalisadora no surgimento e na aceitação do BIM, ela não é sinônimo de ferramentas de projeto BIM ou da geração de modelos de edificações. Há muitas outras ferramentas de projeto, análise, verificação, exibição e relatórios que podem exercer um papel importante nos procedimentos do BIM. Muitos componentes e tipos são necessários para projetar e construir uma edificação completamente. Contudo, os fundamentos desses outros tipos de dados, relativos às relações e aos atributos, ainda não foram tão bem desenvolvidos quanto o componente geométrico, nem padronizados. Muitos tipos de *software* podem facilitar o desenvolvimento e a maturação da modelagem da informação da construção. As ferramentas de projeto e plataformas BIM que consideramos, bem como os ambientes BIM que serão tratados no próximo capítulo, são apenas a mais recente geração de instrumentos, mas já estão revolucionando o setor da construção civil com seus impactos.

Questões para discussão do Capítulo 2

1. Resuma as principais funcionalidades que distinguem as capacidades de uma ferramenta BIM de projeto das ferramentas de modelagem CAD 3D.
2. A maioria das ferramentas BIM de projeto suporta tanto modelos de objetos 3D quanto cortes desenhados em 2D. Quais considerações poderiam ser feitas para determinar a mudança no nível de detalhes, como quando parar a modelagem em 3D e completar os desenhos em 2D?
3. Por que é pouco provável que um sistema único integrado incorpore um modelo paramétrico unificado de todos os sistemas de uma edificação? Por outro lado, quais poderiam ser as vantagens se isso pudesse ser atingido?
4. Por que algumas ferramentas populares de projeto (SketchUp, 3D Max Viz, FormZ e Rhino) não são plataformas BIM?
5. Como as regras paramétricas associadas aos objetos no BIM melhoram o processo de projeto e construção?
6. Quais limitações podem ser antevistas em relação às bibliotecas genéricas de objetos dos sistemas BIM?
7. Quais são as diferenças essenciais entre uma ferramenta de modelagem paramétrica para manufatura, como o Autodesk Inventor, e uma ferramenta BIM de projeto, como o Revit?
8. Você acha que pode haver outras ferramentas de modelagem paramétrica orientada à manufatura usadas como uma plataforma para desenvolver aplicativos BIM? Quais são os custos de propaganda e os benefícios? Quais são as questões técnicas?
9. Você faz parte de uma pequena equipe de amigos que decidiu iniciar uma firma integrada de projeto-construção compreendendo um pequeno empreiteiro comercial e dois arquitetos. Trace um plano para selecionar uma ou mais ferramentas BIM de criação de modelos. Defina os critérios gerais para todo o ambiente do sistema.
10. Quais são os diferentes aspectos de um modelo BIM que devem ser verificados? De que maneira a automação da verificação de modelo pode melhorar os processos de projeto e construção?

CAPÍTULO 3

Colaboração e Interoperabilidade

3.0 SUMÁRIO EXECUTIVO

A AECO é uma atividade colaborativa. Múltiplos participantes empregam múltiplas aplicações com sobreposições de requisitos de dados para dar suporte a várias tarefas de projeto, construção, operação e manutenção. Consequentemente, o próximo nível para melhoria do projeto e do gerenciamento de obras é aprimorar os *fluxos de trabalho colaborativos* – processos de trabalho colaborativo suportados por compartilhamento e troca de informações facilitada entre os participantes de um projeto. *Interoperabilidade* é a capacidade de troca de dados entre aplicações, o que estabiliza os fluxos de trabalho e, por vezes, facilita sua automação. Há várias maneiras de compartilhar e trocar dados, sendo fundamental que os gerentes de BIM, seus usuários e desenvolvedores de *software* entendam com clareza os benefícios e as limitações de cada método para gerenciamento efetivo dos processos de trabalho.

A interoperabilidade tradicionalmente foi baseada em formatos de intercâmbio de arquivos limitados a geometria, como o formato DXF (Drawing eXchange Format) e o IGES (Initial Graphic Exchange Specification). O uso de ligações diretas baseadas nas Interfaces de Programação de Aplicações (API, *Application Programming Interfaces*) é o caminho mais antigo, e ainda importante, para a interoperabilidade. A partir do final dos anos 1980, os *modelos de dados* ou *esquemas* foram desenvolvidos para dar suporte a intercâmbios de *modelos de produtos* e de *objetos* em diferentes indústrias, conduzidos pelo esforço internacional de padronização da ISO-STEP (ISO 10303).

Dois principais modelos de dados de produtos de construção são o *Industry Foundation Classes* (IFC) – modelo padrão internacional ISO 16739 para planejamento, projeto, construção e gerenciamento de edificações, e o *CIMsteel Integration Standard Version 2* (CIS/2) – para engenharia e fabricação de aço estrutural. Além do IFC e do CIS/2, muitos modelos de dados baseados em XML, como o Green Building XML (gbXML) e o OpenGIS, têm sido desenvolvidos e estão sendo utilizados.

Diferentes modelos de dados de produto representam tipos distintos de geometria, relações, processos e materiais, desempenho, fabricação e outras propriedades necessárias para diferentes domínios. Contudo, eles incluem sobreposições de definições ou diferentes definições dos mesmos objetos. Para resolver essas questões, o National BIM Standard (NBIMS) e a buildingSMART International (bSI), nos Estados Unidos, têm realizado esforços para harmonizar diferentes modelos de dados de produto. Sua abordagem é especificar as exigências de informações para casos de uso de informações específicas de maneira estruturada, chamada de Manual de Entrega de Informações (IDM, *Information Delivery Manual*), e usar subconjuntos predefinidos de modelos de dados de produto, chamados de Definições de Vistas de Modelo (MVD, *Model View Definitions*), para casos de uso de informações específicas. O Construction Operations Building Information Exchange (COBie) é um exemplo de um modelo de dados de subconjunto que foca na operação e manutenção de instalações e ativos.

Embora o intercâmbio baseado em arquivo e XML facilite a troca de dados entre pares de aplicações, existe uma necessidade crescente de coordenação de dados em aplicações múltiplas por meio de um *servidor BIM* (*um ambiente de dados comum, um repositório do modelo de construção ou um repositório BIM*) – um sistema de gerenciamento do banco de dados para os dados BIM. Um aspecto crítico dos servidores BIM é a permissão para a gestão colaborativa de projetos no nível dos objetos da construção, em vez de no nível dos arquivos. Um dos propósitos fundamentais de um servidor BIM é ajudar a gerenciar a sincronização de modelos múltiplos que representam um projeto. Os servidores BIM estão lentamente sendo integrados a Sistemas de Informações de Gerenciamento de Projeto (PMISs, *Project Management Information Systems*) e se tornarão uma tecnologia comum para a gestão de projetos BIM.

3.1 INTRODUÇÃO

Na década de 1970, a Força Aérea dos Estados Unidos (USAF) iniciou o projeto Manufatura Assistida por Computadores Integrados (ICAM, *Integrated Computer Aided Manufacturing*) a fim de desenvolver tecnologias de manufatura aeroespacial que poderiam integrar e automatizar os processos de projeto, engenharia e produção, além de reduzir seus custos. Contudo, a equipe do projeto logo se deparou com problemas de intercâmbio de dados, pois os componentes eram projetados em sistemas CAD diferentes. O formato de arquivo Initial Graphics Exchange Specification (IGES) foi então desenvolvido para solucionar esse problema. Questões similares de *interoperabilidade* também existem nos processos BIM e foram reconhecidas como a principal barreira para o compartilhamento de dados já nos primórdios do BIM (Young *et al.*, 2007). Interoperabilidade é a capacidade de troca de dados entre aplicações, o que suaviza os fluxos de trabalho e, por vezes, facilita sua automação.

O projeto e a construção de um edifício são atividades em equipe. Todas as atividades e especialidades têm recebido cada vez mais suporte e maior aprimoramento de suas próprias aplicações informáticas específicas. Além da capacidade de suportar leiautes de geometria e materiais, há análises estruturais e energéticas que se baseiam em suas formas próprias de representação da edificação. O cronograma do processo construtivo é uma representação não geométrica do projeto, intimamente alinhada a ele. Os modelos de fabricação utilizados para cada subsistema (aço, concreto, instalações hidrossanitárias, instalações elétricas) são alguns exemplos de representações com detalhamento especializado, dentre outros. A *interoperabilidade* é a habilidade de passar dados entre aplicações e de contribuir para que múltiplas aplicações atuem de forma conjunta no trabalho em questão. A interoperabilidade, no mínimo, elimina a necessidade de se copiar manualmente dados já gerados em outra aplicação. A cópia manual de dados parciais de um projeto desencoraja profundamente a iteração durante sua elaboração, que é necessária para que se encontrem soluções ideais para problemas complexos, como os que ocorrem nos projetos estruturais e de sistemas energéticos. Isso também acarreta erros, nos quais a cópia manual inevitavelmente leva a certo nível de inconsistência, além de restringir muito a automação das práticas de negócio.

Por muitos anos têm sido intercambiados dados geométricos entre aplicações usando formatos de arquivo CAD, como DXF, IGES e SAT. Como o intercâmbio do modelo BIM é diferente? Embora a geometria tenha sido a principal preocupação para desenhos e sistemas CAD, o BIM representa não somente múltiplos tipos de geometria, como também relações, atributos e propriedades para diferentes comportamentos, como descrito no Capítulo 2. O modelo, por ser integrado, deve carregar muito mais informações do que os arquivos CAD. Esta é uma grande mudança, e os métodos e padrões de tecnologia da informação necessários para alcançá-la estão sendo gradativamente postos em prática.

Então, por que arquitetos, construtores, engenheiros e fabricantes deveriam se interessar por questões de interoperabilidade e pelas normas e tecnologias associadas a elas? Tais questões tecnológicas não deveriam ser resolvidas por cientistas da computação e empresas de *software*? Por que a leitura e o entendimento deste capítulo são importantes?

Em primeiro lugar, para encontrar uma solução efetiva para qualquer problema, é fundamental compreender os problemas detalhadamente, bem como suas possíveis soluções. Por exemplo, conhecer as diferenças entre as tecnologias da telecomunicação 2G, 3G e LTE parece algo muito técnico, mas é essencial para que uma pessoa escolha o telefone celular mais adequado para si. As tecnologias de interoperabilidade não são muito diferentes. O BIM, como plataforma de processos e colaboração, envolve o intercâmbio e o reuso de informações. A colaboração efetiva entre os participantes de um projeto já foi reconhecida como um dos fatores críticos de sucesso para projetos BIM (Won *et al.*, 2013b). A maioria dos estudos identificou a baixa interoperabilidade como um obstáculo-chave para os ambientes colaborativos de BIM. Quando uma equipe começa a trocar dados entre seus membros, os problemas de interoperabilidade são inevitáveis. Para resolver diferentes tipos de problemas de interoperabilidade, são necessários métodos distintos de intercâmbio de dados. Sem a compreensão clara das vantagens e limitações de cada método de interoperabilidade, é difícil selecionar o método correto para atender a diferentes problemas de interoperabilidade.

Em segundo lugar, normas têm desempenhado e continuarão desempenhando um importante papel na prática da indústria de AEC – normas sobre o desempenho de materiais, normas gráficas, normas para a definição de produtos, normas técnicas de desenho, normas de classificação, normas sobre o uso de *layers* (camadas). Arquitetos, engenheiros, construtores e fabricantes, contudo, são os especialistas que sabem quais deveriam ser as normas e o conteúdo do intercâmbio de informações. Em AEC, não há uma organização específica que tenha a influência econômica ou os conhecimentos necessários para definir como deve ser a interoperabilidade efetiva para toda a indústria. Os padrões de intercâmbio definidos pelo usuário parecem um imperativo. Considere o significado de valores R, lumens, barreiras térmicas e panos de alvenaria.[1] Diferentes áreas da construção definem termos técnicos necessários e estes fazem parte deste campo. Em alguns aspectos, os intercâmbios de modelos de construção lidam com as variadas informações construtivas com as quais um campo trabalha. A fim de desempenhar um papel de fornecedor de informações para a comunidade que usa as normas e, potencialmente, para os desenvolvedores de normas, é fundamental que arquitetos, engenheiros, construtores e fabricantes entendam por que as normas são importantes e como funcionam, além de saber sua situação atual.

Em terceiro lugar, os aplicativos de *software*, bem como os modelos de dados e as soluções de interoperabilidade, são desenvolvidos com base em cenários de casos de uso. Os cenários de casos de uso são definidos por arquitetos, engenheiros, fabricantes e proprietários de edificações, e não por cientistas ou programadores de computador.

Os diferentes tipos de métodos de intercâmbio são o foco da primeira parte deste capítulo. A segunda parte concentra-se nas questões e nos métodos para sincronização e gerenciamento das múltiplas representações de um projeto de construção e no gerenciamento dessas representações heterogêneas.

3.2 DIFERENTES TIPOS DE MÉTODOS DE INTERCÂMBIO DE DADOS

Mesmo nos primeiros dias do CAD 2D, no final dos anos 1970 e início dos anos 1980, a necessidade de intercambiar dados entre diferentes aplicações era visível. O sistema de CAD para AEC mais utilizado era o Intergraph. Um conjunto de empresas surgiu com o objetivo de escrever *software* para traduzir arquivos de projeto do Intergraph para outros sistemas, especialmente projetos de plantas industriais – por exemplo, para intercambiar dados entre o *software* de projeto de tubulações e as aplicações de lista de materiais de tubulações ou de análise de fluxo.

Mais tarde, na era pós-Sputnik, a NASA percebeu que estava gastando uma quantia significativa de capital com tradutores, entre todos os seus desenvolvedores de CAD. O representante da NASA, Robert Fulton, reuniu todas as companhias de *software* de CAD e solicitou que entrassem em acordo sobre um formato de domínio público para intercâmbio. Duas empresas financiadas pela NASA, Boeing e General Electric, se ofereceram para adaptar alguns esforços iniciais que estavam sendo realizados por elas separadamente. O padrão de intercâmbio resultante foi revisto, ampliado e batizado de IGES (Initial Graphics Exchange Specification). Usando o IGES, cada companhia de *software* apenas precisava desenvolver dois tradutores (assim se pensava), para exportar de e importar para suas aplicações, em vez de desenvolver um tradutor para cada um dos pares de intercâmbio. O IGES foi um sucesso inicial que ainda é amplamente usado pelas muitas comunidades de projeto e de engenharia.

---

[1] Um pano ou subparede de alvenaria é uma seção vertical contínua de parede com a espessura de um tijolo ou bloco, geralmente referida por seções de parede.

Pesquisas conduzidas pela McGraw-Hill e Dodge identificam a interoperabilidade como uma questão crítica para usuários avançados do BIM (Jones e Laquidara-Carr, 2015; Young *et al.*, 2007). Os problemas de interoperabilidade (em particular a perda de dados) são atribuídos principalmente às quatro razões técnicas descritas a seguir (Lee, 2011).

1. *Cobertura limitada de um modelo de dados*: Os dados de interesse não estão dentro do escopo de um modelo de dados ou de um formato de arquivo de intercâmbio. Por exemplo, o IGES é desenvolvido para suportar apenas alguns tipos de superfícies complexas com curva dupla e, portanto, não consegue suportar certas formas de dados geométricos. De modo similar, o IFC não suporta o intercâmbio de dados que não estão incluídos em seu escopo.
2. *Problemas no tradutor*: Um tradutor não suporta os dados de interesse, embora estejam especificados em um modelo de dados.
3. *Erros* (bugs) *nos* softwares *ou problemas de implementação*: Os dados são intercambiados com sucesso e conseguem ser lidos pelo aplicativo de *software*, mas o aplicativo de *software* apresenta um problema para carregar ou visualizar os dados, em razão de um *bug* ou de outros problemas de implementação.
4. *Problemas no domínio do* software: Os dados de interesse estão fora do escopo do aplicativo de *software*. Por exemplo, um aplicativo de *software* de orçamentação geral inclui o comprimento, o volume e os dados de área extraídos do modelo 3D, mas não armazena internamente os dados do modelo 3D.

Além dos fatores técnicos previamente citados, fatores processuais também são causas comuns de problemas de interoperabilidade, especialmente quando várias pessoas colaboram em um projeto utilizando modelos múltiplos de BIM ao longo de diferentes fases de um projeto.

5. *Problemas com o controle da versão e problemas de engenharia concorrentes*: Se um arquiteto atualiza um projeto enquanto um engenheiro de estruturas analisa a estabilidade estrutural de um edifício com base em uma versão anterior do projeto, os resultados da análise estrutural se tornarão obsoletos quando um novo projeto for criado.
6. *Questões sobre o nível de desenvolvimento (LOD, Level of Development)*: Seria ideal desenvolver gradualmente um único modelo BIM que pudesse suportar todos os tipos diferentes de usos do BIM ao longo de todo o ciclo de vida de um projeto. Contudo, é praticamente impossível incluir todos os detalhes requeridos por diferentes usos de modelos BIM ao longo de todas as diferentes fases de um projeto em apenas um único modelo. Uma capacidade recente do BIM tem sido fornecer uma diretriz para os níveis de detalhe apropriados ou desenvolvimento de modelos BIM para diferentes usuários. Os modelos BIM em diferentes LODs não são apenas diferentes em termos de níveis de detalhes, mas também no conteúdo de suas informações. A harmonização do LOD com as análises de desempenho e econômica está sendo explorada para que se obtenha maior integração dos fluxos de trabalho. Consequentemente, os dados de modelos BIM em diferentes LODs exigem ajustes de dados adicionais. Mais discussões e uma análise histórica dos LODs (também chamados de LOx) estão disponíveis no Capítulo 8, Seção 8.3.2.

Nem todos, mas muitos desses problemas técnicos e processuais podem ser superados por meio da implementação de diferentes estratégias de intercâmbio de dados ou de processos de trabalho apropriados, desde que os participantes de um projeto concordem em compartilhar informações com os membros da equipe. Na prática, contudo, não é raro encontrar participantes de um projeto que não estão dispostos a compartilhar informações com os demais membros da equipe. Este fator humano é um dos obstáculos mais difíceis de superar.

7. *Desinteresse em compartilhar informações*: Alguns membros da equipe de projeto não estão dispostos a compartilhar informações com os demais membros devido a questões de propriedade intelectual, de segurança ou contratuais, mas, às vezes, sem uma razão racional. Especialistas em BIM do mundo inteiro identificam a vontade dos participantes de projeto de compartilhar informações como um dos fatores críticos de sucesso para os projetos BIM (Won *et al.*, 2013b). Contrariamente, isso significa que o problema da falta de vontade não é fácil de resolver. Como o problema da ausência de interesse não é uma questão técnica, este e outros problemas de interoperabilidade devido a fatores humanos só podem ser solucionados por meio de negociação ou de imposição contratual.

Como alcançamos a interoperabilidade – o intercâmbio fácil e confiável de dados de um projeto? Em primeiro lugar, deve-se definir um *modelo* ou *esquema de dados*. Um *modelo* ou *esquema de dados* define conceitualmente os elementos necessários para um domínio-alvo e as relações entre os elementos. Em geral, os modelos de dados entre as aplicações são definidos em três níveis, caracterizados na Figura 3.1 (ANSI/X3/SPARC, 1975). A definição em três níveis é frequentemente referida como a *arquitetura ANSI/SPARC (para bancos de dados)*.

O primeiro nível é a visão do usuário sobre os requisitos de intercâmbio de informações. Esse nível é chamado de *nível externo*. Cada usuário necessita de um conjunto de informações distinto para executar suas atividades. Um modelo de dados especificado a partir da perspectiva de um usuário específico é chamado de *subconjunto, vista, vista do modelo, definição da vista, Definição de Vistas de Modelo* (MVD) ou *classe de conformidade*. O primeiro e último passos da modelagem de dados são a especificação e a geração dessas vistas. O primeiro passo é chamado de *fase da coleta de requisitos e modelagem* – é a etapa em que se coletam e especificam as necessidades de informação dos usuários.

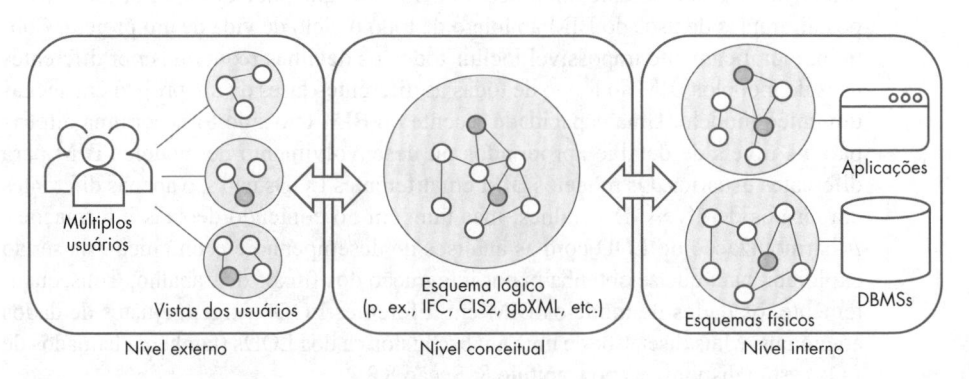

FIGURA 3.1 Definições dos requisitos de intercâmbio de informações em três níveis.

Uma norma internacional que define este processo e o formato de documentação para o BIM é a ISO 29481 Information Delivery Manual (IDM) (ISO TC 59/SC 13, 2010). O último passo é desenvolver um módulo de exportação em uma aplicação de *software* ou uma especificação de vista em um sistema de gerenciamento de banco de dados baseado em uma definição da vista.

A segunda camada é a do *nível conceitual*, que é independente de um método de implementação ou sistema de aplicação. O modelo de dados especificado nesse nível é referido como um *esquema lógico*. Um esquema lógico pode ser visualizado como um modelo de dados que é gerado por meio da consolidação de vistas de múltiplos usuários. Exemplos de esquemas lógicos incluem a Industry Foundation Classes (IFC) (bSI, 2017) e a CIMsteel Integration Standard, versão 2 (CIS/2) (Crowley, 2003a). O IFC é descrito com mais detalhes na Seção 3.3.

O terceiro nível é o *nível interno*. Um esquema lógico que é gerado no segundo nível pode ser implementado de várias maneiras, como um tradutor entre dois diferentes sistemas ou como um sistema de gerenciamento do banco de dados. Cada aplicação de *software* possui sua própria estrutura de dados. A fim de implementar um esquema lógico em uma aplicação de *software*, é necessário um processo de mapeamento entre um esquema lógico e uma estrutura de dados internos de uma aplicação. A estrutura de dados internos ou o modelo de dados no nível interno é referido como um *esquema físico*.

Em virtude das dimensões dos esquemas, diferentes métodos de intercâmbio de dados podem ser implantados, dependendo das causas dos problemas de interoperabilidade. Os intercâmbios podem ser classificados em uma das três maneiras listadas a seguir:

- **Ligações diretas** entre duas aplicações por meio de uma Interface de Programação de Aplicações (API) de um sistema podem ser empregadas quando um modelo de dados não é suficientemente maduro para suportar a troca de dados entre duas aplicações. Alguns talvez escrevam um arquivo temporário no intercâmbio entre duas aplicações independentes; outros podem se basear em trocas reais em que uma aplicação convoca a outra. Algumas aplicações fornecem interfaces proprietárias, como a GDL (da ArchiCAD), a Open API (da Revit) ou a MDL (da Bentley). Ligações diretas são implementadas como interfaces no nível da programação, geralmente dependendo das linguagens C++, C# ou Visual Basic. As interfaces tornam parte do modelo de construção da aplicação acessível para criação, exportação, modificação, conferência ou exclusão, e a outra interface de programação oferece capacidades para importação e adaptação dos dados da aplicação receptora. Muitas dessas interfaces existem, geralmente, dentro da família de produtos da própria companhia e, às vezes, por meio de um arranjo de negócios entre duas ou mais empresas.

    As empresas de *software* costumam fornecer uma ligação direta ou intercâmbios proprietários a um *software* específico; elas podem oferecer um suporte melhor. As interfaces podem ser fortemente acopladas com uma ferramenta de análise diretamente inserida na aplicação de projeto, por exemplo. Essas interfaces permitem capacidades que não são facilmente suportadas por intercâmbios públicos atuais. A funcionalidade dos intercâmbios que são suportados é determinada pelas duas companhias (ou divisões dentro de uma mesma companhia) que identificam certos casos de uso, definindo onde ela se encontra no ciclo de vida de projeto e construção e qual é o propósito assumido (ou quais são eles). Às vezes, os casos de uso que motivaram as capacidades de intercâmbio são documentados, mas isso em geral não ocorre e, assim, são difíceis de avaliar. As definições públicas das normas do BIM para os casos de uso estão impulsionando o reconhecimento de que todos os intercâmbios entre modelos de construção precisam ter uma especificação de casos de uso para que sejam confiáveis. Uma vez que os intercâmbios diretos tenham sido desenvolvidos, depurados e mantidos pelas duas empresas envolvidas, costumam ser robustos para as versões do *software* para o qual foram projetados e para a funcionalidade dos casos de uso e LOD pretendidos. Muitos intercâmbios não funcionam porque os tradutores foram desenvolvidos tendo-se diferentes casos de uso em mente. As interfaces são mantidas enquanto as relações comerciais se mantiverem.

- O **intercâmbio de dados baseado em arquivos** é um método de troca de dados por meio de um arquivo modelo, seja usando um formato de intercâmbio proprietário ou um formato padrão publicamente aberto. Um *formato de intercâmbio proprietário* é um esquema de dados desenvolvido por uma organização comercial para a interface com a aplicação desta empresa. A especificação do esquema pode ser publicada ou confidencial.

  Alguns dos formatos de intercâmbio proprietários bem conhecidos na área de AEC são o DXF e o RVT, ambos definidos pela Autodesk, o PLN, pela Graphisoft, e o DGN, pela Bentley. Outros formatos de intercâmbio proprietários incluem o SAT (definido pela Spatial Technology, que implementou o *kernel* ACIS para *softwares* de modelagem geométrica) e o 3DS para o 3D-Studio. Cada um deles tem seu propósito específico, tratando com diferentes tipos de geometria. O *intercâmbio de dados em um formato de troca padrão* envolve o uso de um esquema aberto e administrado publicamente. O IFC e o CIS/2 são exemplos de formatos de dados padronizados para AEC. Eles serão descritos com mais detalhes na sequência.

- O **intercâmbio de dados baseado em um servidor modelo** é um método de troca de dados por meio de um sistema de gerenciamento de banco de dados (DBMS, *Database Management System*). Um DBMS para modelos BIM é por vezes chamado de *servidor modelo*, *servidor BIM*, *servidor IFC*, *repositório de dados*, *repositório de dados do produto* ou *ambiente de dados comum* (CDE, *Common Data Environment*). Um servidor BIM é frequentemente estruturado com base em modelos de dados padronizados, como o IFC ou o CIS/2, para fornecer um ambiente de dados comum. Exemplos de servidores modelo incluem o servidor modelo do IFC (IMSvr) desenvolvido pela VTT, da Finlândia (Adachi, 2002); o servidor CIS2SQL, pela Georgia Tech, Estados Unidos (You *et al.*, 2004); o Eurostep Model Server (EMS), desenvolvido pela Eurostep (Jørgensen *et al.*, 2008); o Express Data Manager Server (EDMServer), desenvolvido pela Jotne EPM Technology, Finlândia (Jotne EPM Technology, 2013); o Open Source BIMserver, pela TNO, dos Países Baixos (BIMserver.org, 2012); e o servidor OR-IFC, pela Yonsei, Coreia do Sul (Lee *et al.*, 2014).

  A abordagem do intercâmbio de dados baseado no servidor modelo apresenta uma vantagem em relação à abordagem do intercâmbio de dados baseado em arquivos, na medida em que pode aliviar aspectos do controle de versão e problemas de engenharia concorrentes. Além disso, a abordagem do intercâmbio de dados baseado no servidor modelo tem o potencial de reduzir muitos problemas de interoperabilidade, adicionando funções de inteligência artificial a um servidor modelo e permitindo uma análise automatizada do *status* e da qualidade dos dados, além de preencher informações faltantes ou conflitivas baseadas nos resultados das análises.

Um resumo dos formatos de intercâmbio mais comuns na área de AEC é fornecido na Tabela 3.1. A Tabela 3.1 agrupa formatos de intercâmbio de acordo com seus usos principais. Estes incluem formatos matriciais de imagens 2D para imagens baseadas em pixel, formatos vetoriais 2D para desenhos de linhas, superfícies 3D e formatos sólidos 3D para formas 3D. Formatos tridimensionais baseados em objetos são especialmente importantes para os usos do BIM e foram agrupados de acordo com seu campo de apli-

Tabela 3.1 Formatos de intercâmbio comuns em aplicações de AEC

Formatos de imagem (matricial)	
JPG, GIF, TIF, BMP, PNG, RAW, RLE	Os formatos matriciais variam em termos de compacidade, número de cores possíveis por pixel, transparência, compressão com ou sem perda de dados.
Formatos vetoriais 2D	
DXF, DWG, AI, CGM, EMF, IGS, WMF, DGN, PDF, ODF, SVG, SWF	Os formatos vetoriais variam em termos de compacidade, formatação de linhas, cores, criação de camadas (*layers*) e tipos de curvas suportados; alguns se baseiam em arquivos, outros usam o XML.
Formatos de superfícies e formas 3D	
3DS, WRL, STL, IGS, SAT, DXF, DWG, OBJ, DGN, U3D PDF(3D), PTS, DWF	Os formatos de superfícies e formas 3D variam conforme os tipos de superfície e arestas representadas, se eles representam superfícies e/ou sólidos, propriedades da forma (cor, imagem bitmap e mapa de textura) ou informação do ponto do observador. Alguns têm tanto a codificação ASCII quanto a binária. Alguns incluem controles de iluminação, câmera e outros controles de visualização; alguns são em formato de arquivo, outros em XML.
Formatos de intercâmbio de objetos 3D	
STP, EXP, CIS/2, IFC	Os formatos de modelo de dados de produtos representam a geometria de acordo com os tipos 2D e 3D representados; eles também carregam dados sobre os tipos de objetos e propriedades e relações relevantes entre os objetos. Eles são os mais ricos em conteúdo de informação.
AecXML, Obix, AEX, bcXML, AGCxml	Esquemas XML desenvolvidos para intercâmbio de dados da construção; eles variam conforme a informação intercambiada e os fluxos de trabalho suportados.
V3D, X, U, GOF, FACT, COLLADA	A grande variedade de formatos de arquivos de jogos varia de acordo com os tipos de superfícies, se eles possuem uma estrutura hierárquica, tipos de propriedades de materiais, parâmetros de mapas de textura e de relevo, animação e *skinning*.
SHP, SHX, DBF, TIGER, JSON, GML	Os formatos de sistema de informações geográficas variam em termos de 2D ou 3D, das ligações de dados suportados e podem ser em formato de arquivo ou XML.

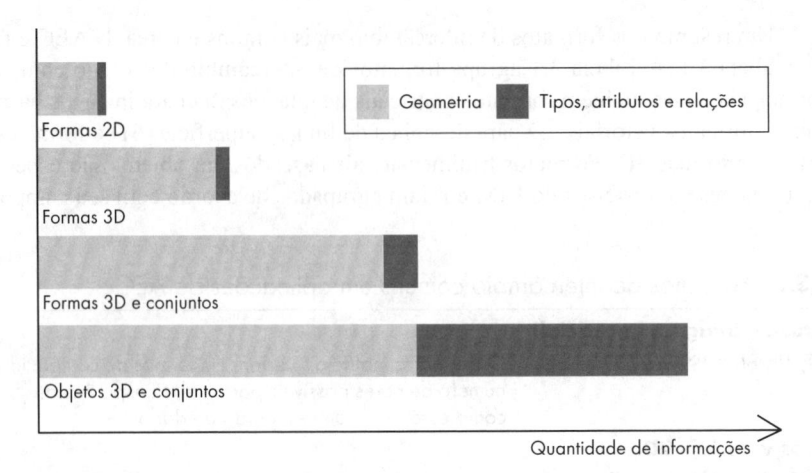

FIGURA 3.2 A crescente complexidade dos dados para diferentes tipos de intercâmbio. O eixo horizontal representa o número aproximado de classes de objeto dentro do esquema.

cação. Estes incluem os formatos baseados no ISO-STEP, que abrangem informações de formas 3D, juntamente com relações de conectividade e atributos, dos quais o modelo de dados da construção IFC é o de maior importância. Também estão listados vários formatos de jogos, que suportam geometria fixa, iluminação, texturas juntamente com atores e geometria dinâmica que se movimenta, e formatos públicos de intercâmbio dos sistemas de informações geográficas (GIS, *Geographic Information Systems*) para terrenos 3D, usos da terra e infraestrutura.

À medida que o campo do projeto assistido por computador tem progredido das representações 2D para 3D e para formatos e conjuntos mais complexos, o número de tipos de dados representados tem crescido enormemente. Uma tabulação ordinal deste fenômeno é mostrada na Figura 3.2. Como a geometria de conjuntos 3D é complexa, os acréscimos de propriedades, tipos de objeto e relações têm acarretado um grande aumento nos tipos de informação representados. Não surpreende, portanto, que o propósito do intercâmbio de dados tenha recebido cada vez mais atenção e importância, tornando-se a principal questão para usuários avançados de BIM. Conforme a riqueza de dados sobre um edifício aumenta, as questões do intercâmbio de dados alternam da tradução precisa para a filtragem apenas das informações necessárias e de sua qualidade (p. ex., os dados são um formato ou uma propriedade estimada ou nominal ou são aqueles de um produto específico?).

Um desejo natural é "misturar e combinar" ferramentas de *software* a fim de oferecer funcionalidades além daquelas que podem ser oferecidas por apenas uma plataforma de *software*. Isso é especialmente verdadeiro quando diversas organizações colaboram em um projeto como uma equipe. Obter a interoperabilidade de diferentes sistemas utilizados pela equipe é muito mais fácil do que obrigar todas as firmas da equipe a empregar apenas uma plataforma. O setor público também deseja evitar uma solução proprietária que daria a qualquer plataforma um monopólio. O IFC e o CIS/2 (para aço) são padrões públicos e internacionalmente reconhecidos. Assim, é provável que se tornarão o padrão internacional para intercâmbio de dados e integração dentro das indústrias de construção de edificações.

3.3 INFORMAÇÃO BÁSICA SOBRE MODELOS DE DADOS DE PRODUTOS

Com o BIM, o número e a variedade de aplicações de AEC está rapidamente expandindo para o uso em projeto, fabricação, construção e operação da edificação. A necessidade de interoperabilidade só poderá crescer, não diminuir. Até meados dos anos 1980, quase todo intercâmbio de dados em todos os campos de projeto e engenharia era baseado em vários formatos de arquivos de esquema fixo. O DXF e o IGES são exemplos bem conhecidos. São formatos de intercâmbio efetivo para geometrias 2D e 3D. No entanto, modelos de objetos de sistemas de tubulações, mecânicos, elétricos e outros sistemas estavam sendo desenvolvidos naquela época. Se o intercâmbio de dados lidava com modelos de objetos complexos com geometria, atributos e relações, qualquer formato fixo de intercâmbio de arquivo rapidamente se tornava tão grande e tão complexo a ponto de não ser interpretável. Tais questões surgiram praticamente ao mesmo tempo tanto na Europa quanto nos Estados Unidos. Depois de algumas idas e vindas, a International Organization for Standardization (ISO), em Genebra, Suíça, iniciou um Comitê Técnico, TC184, para começar um subcomitê de desenvolvimento de um padrão chamado STEP (*STandard for the Exchange of Product model data*), numerado como ISO-10303, para tratar dessas questões. Eles desenvolveram uma nova abordagem e um conjunto de tecnologias para lidar com problemas avançados do intercâmbio de dados.

Em torno do padrão STEP há um conjunto de empresas de *software* fornecendo *kits* de ferramentas para implementação e teste de *software* baseados na linguagem EXPRESS. A leitura de arquivos de texto e arquivos no formato XML é amplamente suportada, junto de visualizadores de modelo, navegadores e outras ferramentas de implementação. Poucas aplicações BIM usam o IFC como seu modelo de dados nativo; isto é, elas utilizam o IFC como sua estrutura de dados internos para ler, escrever e salvar dados dentro do sistema. As subseções a seguir analisarão mais detalhadamente essas linguagens de modelagem, modelos de dados e servidores BIM.

3.3.1 Linguagens de modelagem

Os esquemas são definidos com linguagens de modelagem de dados gráficos, como a EXPRESS-G, a Entity Relationship Diagrams (ERD) ou a UML Class Diagrams, ou com linguagens de modelagem de dados textuais, como a EXPRESS ou a XSD (XML Schema Definition).

Um dos principais produtos do ISO-STEP foi a linguagem EXPRESS, desenvolvida por Douglas Schenck, com contribuição posterior de Peter Wilson (Schenck e Wilson, 1994). A linguagem EXPRESS tornou-se um mecanismo central para dar suporte à modelagem de produtos por meio de uma larga gama de indústrias: sistemas mecânicos e elétricos, plantas de processamento, construção de embarcações, mobiliário, modelos de elementos finitos e outros, bem como edifícios e pontes. Também inclui uma grande quantidade de bibliotecas de características, geometria, classificações, medições e outros, para fornecer fundamentos comuns para modelos de dados de produtos. Tanto o sistema métrico internacional quanto o sistema métrico imperial são suportados e misturados. Como uma linguagem legível por máquina, é excelente para o uso computacional, mas difícil para os usuários humanos; assim, foi desenvolvida (e geralmente é utilizada) uma versão de exibição gráfica dessa linguagem, chamada de EXPRESS-G. Todas as informações do ISO-STEP estão no domínio público.

A XML (eXtensible Markup Language) é um subconjunto da ISO 8879:1986 Standard Generalized Markup Language (SGML) e uma irmã da HTML, a linguagem básica da *web*. A XML pode ser utilizada como linguagem de esquemas e linguagem de representação de dados de instância. Um esquema definido em XML é chamado de esquema de XML ou esquema de XSD. Alguns esquemas de XML são publicados e públicos, outros são proprietários. Os esquemas de XML para AEC incluem o BACnet (Building Automation and Control networks; BACnet, sem data), um protocolo padrão para controles mecânicos de edificação; AEX (Automating Equipment Information Exchange; FIATECH, sem data) para identificação de equipamentos mecânicos; AECxml, uma versão XML do esquema IFC (bSI, 2017); e cityGML (City Geography Markup Language; CityGML, sem data), um esquema de intercâmbio para a representação de edifícios dentro de um formato de sistema de informações geográficas (GIS) para planejamento urbano, serviços de emergência e planejamento de infraestruturas.

Um arquivo de instância XML pode ser gerado de acordo com um esquema de XML. Um arquivo de instância ou uma representação de dados de instância é um conjunto de dados definidos baseado em um esquema. Por exemplo, o esquema "Arquivo da Edificação" pode incluir entidades como tipologia de edificação, nome da edificação e ano de finalização. Os dados de instância desse esquema serão: edificação de saúde (tipologia de edificação), John Hopkins Hospital (nome do edifício) e 1989 (ano de finalização). Um arquivo de instância XML tem uma extensão .xml, e um arquivo de esquema XML tem uma extensão .xsd.

Com o advento da rede internacional de computadores (World Wide Web), diferentes linguagens de esquema alternativas foram desenvolvidas. Tais linguagens aproveitaram a transmissão de pacotes de informações que podem ser processados à medida que são recebidos, contrastando com as transferências de arquivos, que exigem a transferência completa de dados, antes que possam ser processados. Embora o transporte de dados baseado em arquivos ainda seja comum, o XML fornece pacotes de dados para transmissão que são atraentes para muitos usuários. Com telefones celulares e outros dispositivos, é esperado que outras mídias de transporte, como a GSM (Groupe Spécial Mobile), a GPRS (General Packet Radio Service) e a WAP (Wireless Application Protocol), possam ser aplicadas aos dados da construção.

3.3.2 ISO-STEP na construção de edificações

As organizações de AEC inicialmente participaram das reuniões ISO-STEP e começaram alguns dos primeiros modelos de intercâmbio STEP. As organizações que não fazem parte do STEP também podem usar as tecnologias STEP para desenvolver modelos de dados de produtos baseados na indústria, e há dois grandes esforços neste sentido. Até o momento, foram desenvolvidos os seguintes modelos de produtos relacionados a construção, todos baseados na tecnologia ISO-STEP e definidos na linguagem EXPRESS (Tabela 3.2):

- **ISO 10303 AP 225** (Elementos de Construção Usando Representação Explícita de Formas) – É o único modelo de dados de produto orientado a construção desenvolvido e aprovado pelo ISO-STEP. Lida com o intercâmbio da geometria da construção. O AP 225 tem sido usado na Europa, principalmente na Alemanha, como uma alternativa ao DXF. São poucas as aplicações CAD que o suportam.
- **IFC** (Industry Foundation Classes) – É um modelo de dados de produto desenvolvido pela indústria, para projeto e representação do ciclo de vida da construção, suportado pela buildingSMART. Possui amplo suporte da maioria das empresas de *software*; é enfraquecido por várias implementações inconsistentes. O IFC é uma norma ISO (ISO 16739) e é desenvolvido com base nas tecnologias ISO-STEP, embora não

Tabela 3.2 Padrões desenvolvidos pelo Comitê Técnico ISO/TC 59/SC 13 (Organização de Informações sobre Obras de Construção)

Número Padrão	Título	Estágio	Catálogo
ISO 12006-2:2015	Construção de edificações, Organização das informações sobre obras de construção; Parte 2: Estrutura para classificação	Publicada	Indústria da construção
ISO 12006-3:2007	Construção de edificações, Organização das informações sobre obras de construção; Parte 3: Estrutura para informações orientadas por objetos	Publicada	Indústria da construção
ISO 16354:2013	Diretrizes para bibliotecas de conhecimento e bibliotecas de objetos	Publicada	Indústria da construção
ISO 16757-1:2015	Estruturas de dados para catálogos de produtos eletrônicos para serviços de construção; Parte 1: Conceitos, arquitetura e modelos	Publicada	Indústria da construção
ISO 16757-2:2016	Estruturas de dados para catálogos de produtos eletrônicos para serviços de construção; Parte 2: Geometria	Publicada	Indústria da construção
ISO 22263:2008	Organização de informações sobre obras de construção; Estrutura para gerenciamento de informações de projeto	Publicada	Indústria da construção
ISO 29481-1:2016	Modelos de informações de construção, manual de entrega de informações; Parte 1: Metodologia e formato	Publicada	Indústria da construção
ISO 29481-2:2012	Modelos de informações de construção, manual de entrega de informações; Parte 2: Estrutura de interação	Publicada	Indústria da construção
ISO/DIS 19650-1.2	Organização das informações sobre obras de construção, Gestão de informações usando a Modelagem da Informação da Construção (BIM); Parte 1: Conceitos e princípios	Em desenvolvimento	Aplicações de TI na indústria da edificação e construção
ISO/DIS 19650-2.2	Organização das informações sobre obras de construção, Gestão de informações usando a Modelagem da Informação da Construção (BIM); Parte 2: Fase da entrega de ativos	Em desenvolvimento	Aplicações de TI na indústria da edificação e construção
ISO/NP 16739-1	Industry Foundation Classes (IFC) para o compartilhamento de dados nas indústrias da construção e de gerenciamento das instalações; Parte 1: Esquemas de dados utilizando definições de esquema EXPRESS	Novo projeto	Medição e controle de processos industriais
ISO/NP 21597	Contêiner de informações para *data drop* (ICDD)	Novo projeto	Não atribuído
ISO/TS 12911:2012	Estrutura para orientações sobre a Modelagem da Informação da Construção (BIM)	Publicada	Indústria da construção

seja parte do ISO-STEP. Atualmente, existem esforços internacionais para desenvolver extensões IFC para sistemas de infraestrutura, como estradas, rodovias, pontes e ferrovias. Os principais participantes são França, Japão, Coreia do Sul, China, Países Baixos e Alemanha. Os esforços são chamados de projetos de IFC para Infraestrutra (IFC Infra) e incluem IFC Alignment, IFC Bridge e IFC Road.

- **CIS/2** (CIM [Computer-Integrated Manufacturing] Steel Integration Standard, Versão 2) – É um padrão desenvolvido pela indústria para projeto, análise e fabricação de estruturas de aço, suportado pelo American Institute of Steel Construction e pelo Construction Steel Institute do Reino Unido. O CIS/2 é amplamente usado e implantado na indústria norte-americana de fabricação e engenharia de estruturas de aço.
- **ISO 10303 AP 241** (Generic Model for Life Cycle Support of AEC Facilities) – Aborda instalações industriais e se sobrepõe ao IFC em termos de funcionalidade; foi proposto em 2006 pela buildingSMART Korea (bSK). O propósito do AP 241 é desenvolver um modelo de dados de produtos para indústrias e seus componentes em um formato totalmente compatível com o ISO-STEP. Este projeto perdeu força, pois a comunidade da buildingSMART International voltou-se para os projetos do IFC Infra.
- **ISO 15926**, um padrão STEP para *sistemas de automação industrial e integração* – Integração de dados do ciclo de vida para plantas de processamento, inclusive instalações para a produção de óleo e gás. Aborda todo o ciclo de vida, do planejamento e projeto à manutenção e operação. Uma vez que uma planta de processamento é continuamente mantida, seus objetos naturalmente são 4D. O ISO 15926 evoluiu de um projeto anterior, o European Community EPISTLE, fortemente suportado por Det Norske Veritas, conhecido como DNV (www.dnv.com). Ele reuniu vários modelos parciais ISO-STEP, para esquemas de plantas 2D, para leiautes físicos de plantas e para modelagem de plantas de processos. O ISO 15926 foi adotado por um consórcio de firmas chamado FIATECH e foi aprimorado e adaptado para o uso na América do Norte. O esquema suporta o conceito de Fachadas, que é similar ao de vistas de modelo. O ISO 15926 se baseia nos formatos EXPRESS, entre outros formatos ISO-STEP.

O ISO 15926 tem sete partes:

— *Parte 1* – Introdução: Informações sobre engenharia, construção e operação de instalações de produção são criadas, utilizadas e modificadas por muitas organizações diferentes ao longo do ciclo de vida de uma instalação. O propósito do ISO 15926 é facilitar a integração de dados a fim de suportar as atividades do ciclo de vida e os processos de instalações de produção.

— *Parte 2* – Modelo de Dados: Um modelo 4D genérico que pode suportar todas as disciplinas, tipos de empresas da cadeia de suprimentos e etapas do ciclo de vida quanto às informações sobre os requisitos funcionais, as soluções físicas, os tipos de objetos e os objetos individuais, além das atividades.

— *Parte 3* – Geometria e Topologia: Definição em OWL, das bibliotecas geométrica e topológica do ISO-STEP.

— *Partes 4, 5, 6* – Dados de Referência: Os termos utilizados dentro das instalações da indústria de processamento.

— *Parte 7* – Métodos de implementação para a integração de sistemas distribuídos: Definição de uma arquitetura de implementação que se baseia nas Recomendações W3C para a *Web* Semântica.

Uma parte importante do ISO 15926 é seu grande conjunto de bibliotecas, cobrindo componentes fluidos, elétricos e mecânicos.
- **ISO 29481**, modelos de informação da construção: manual de entrega de informações (IDM) – Um modelo de dados ou um esquema é frequentemente desenvol-

vido de modo inclusivo, para suportar o máximo possível. Contudo, na prática, o intercâmbio de dados usa apenas um pequeno subconjunto de um modelo de dados. O ISO 29481 especifica uma metodologia e um formato para a definição dos requisitos de intercâmbio de informações para cenários de trocas de informações específicas. Outro propósito de um IDM é permitir que os usuários definam seus requisitos de informações independentemente de qualquer modelo de dados específico, como o IFC ou o CIS/2.

O ISO 29481 tem duas partes e é esperado que cresça:

— *Parte 1 – Metodologia e formato*: Um IDM é composto principalmente de três partes: um mapa de processos (PM), requisitos de intercâmbio (ER) e uma definição de vista do modelo (MVD). Um PM ilustra graficamente um cenário para o intercâmbio de dados em termos de um modelo de processos. Como notação para um PM, a BPMN (Business Process Modeling Notation) é recomendada, mas não é obrigatória. Um ER é um conjunto de itens de informações específicas necessário para um PM e de descrições sobre os itens de informações em uma linguagem natural. Uma MVD é uma tradução de um ER para um modelo de dados específicos. Uma MVD pode ser considerada como parte de um IDM, mas muitas vezes é tratada separadamente. Uma MVD também é chamada de modelo de subconjunto, e geralmente significa um modelo de subconjunto de IFC.

— *Parte 2 – Estrutura de interação*: Em vez de usar um PM, um cenário de intercâmbio de dados pode ser expresso como uma interação entre atores. A Parte 2 do ISO 29481 define como representar um cenário de intercâmbio de dados como uma interação entre atores.

- **ISO 12006-3**, Construção de edificações, Organização das informações sobre as obras de construção, Parte 3: Estrutura para informações orientadas por objetos – Um dicionário de dados é uma coleção de termos e definições utilizada para o desenvolvimento de um modelo de dados. O ISO 12006-3 derivou do projeto buildingSMART Data Dictionary (bSDD). Ele especifica uma estrutura para a definição de um dicionário de dados para o setor de AEC.
- **ISO/DIS 19650**, Organização das informações sobre obras de construção: Gerenciamento das informações usando a Modelagem da Informação da Construção (BIM) – O padrão ISO/DIS 19650 especifica conceitos e princípios para a geração, gestão e entrega de informações durante o ciclo de vida de ativos construídos. A Parte 1 descreve conceitos gerais e princípios e a Parte 2 especifica as exigências específicas para o gerenciamento de informações durante a entrega de ativos construídos. A Parte 2 deve muitos de seus conceitos ao COBie.

Há múltiplos modelos de dados de produtos da construção com funcionalidades que se sobrepõem, todos utilizando a linguagem EXPRESS. Estes variam em termos das informações de AEC por eles representadas e seu uso pretendido, com sobreposições. O IFC pode representar a geometria das construções, assim como podem o AP 225 e o ISO 15926. Existe uma sobreposição entre o CIS/2 e o IFC nos projetos de estruturas de aço. O ISO 15926 se sobrepõe ao IFC nas áreas de tubulações e equipamentos mecânicos. Esses esforços largamente separados precisarão ser harmonizados. Os esforços de harmonização estão sendo discutidos entre o ISO 15926 e o IFC, especialmente nas áreas de projeto de equipamentos mecânicos e de estruturas de aço.

3.3.3 buildingSMART e IFC

O IFC, modelo de dados mais comumente utilizado em AEC, tem uma longa história. No final de 1994, a Autodesk iniciou um consórcio industrial para assessorar a companhia no desenvolvimento de um conjunto de classes C++ que poderiam suportar o desenvolvimento integrado de aplicações. Doze companhias dos Estados Unidos se juntaram a esse consórcio. Inicialmente chamada de Industry Alliance for Interoperability, a aliança abriu-se para que todos os interessados se tornassem membros em setembro de 1995 e modificou seu nome em 1997 para International Alliance for Interoperability (IAI). A nova aliança foi reconstituída como uma organização internacional sem fins lucrativos, conduzida pela indústria, com o objetivo de publicar o Industry Foundation Class (IFC), como um modelo neutro de dados de produtos AEC, respondendo pelo ciclo de vida de construções. Ela seria baseada nas tecnologias ISO-STEP, mas independentemente de sua burocracia. Em 2005, percebeu-se que o nome International Alliance for Interoperability era longo demais e que seu acrônimo (IAI) causava confusões (p. ex., com o AIA, American Institute of Architects), sendo de difícil compreensão por parte do público. Em uma reunião do Comitê Executivo da IAI na Noruega, a IAI foi renomeada como buildingSMART, refletindo seu objetivo definitivo. A organização central internacional é chamada buildingSMART International e seus subgrupos são chamados de capítulos da buildingSMART. Uma boa visão geral histórica da buildingSMART e do IFC está disponível no *site* da buildingSMART.

Em 2017, a buildingSMART possuía 17 seções em 22 países. Os membros da buildingSMART reúnem-se duas vezes por ano para desenvolver ou atualizar normas internacionais e compartilhar e documentar as melhores práticas para o BIM. Um dos esforços internacionais correntes é ampliar a cobertura do IFC para projetos de estradas, pontes, túneis e ferrovias. O BIM Collaboration Format (BCF), um formato de dados para intercâmbio de dados de revisão de projeto e de coordenação, é outro resultado deste tipo de esforço internacional. Building Room, Infra Room, Product Room, Regulatory Room (para representantes do governo), Construction Room e Airport Room são exemplos de esforços internacionais para o compartilhamento e a documentação das melhores práticas para o BIM.

3.3.4 O que é o IFC?

O Industry Foundation Classes (IFC) é um esquema desenvolvido para definir um conjunto extensivo de representações de dados consistentes de informações da construção para intercâmbio entre aplicações de *software* de AEC. Ele se baseia nos conceitos e na linguagem ISO-STEP EXPRESS para sua definição, com algumas pequenas restrições na linguagem EXPRESS. Enquanto a maioria dos outros esforços ISO-STEP focou em intercâmbios detalhados de *software* dentro de domínios de engenharia específicos, pensou-se que na indústria de construção isso poderia levar a resultados fragmentados e a um conjunto de padrões incompatíveis. Em vez disso, o IFC foi projetado como um "modelo de estrutura" extensível. Isto é, seus desenvolvedores pretendiam-no para fornecer definições amplas e gerais dos objetos e dados, a partir das quais poderiam ser definidos intercâmbios particulares de suporte a modelos mais detalhados e para tarefas específicas. Neste sentido, o IFC foi projetado para tratar todas as informações da construção, ao longo de todo o seu ciclo de vida, desde a viabilidade e planejamento, passando pelo projeto (incluindo análise e simulação) e construção, até a ocupação e a operação (Khemlani, 2004). Devido a seu papel central na interoperabilidade de AEC, o descreveremos aqui com alguns detalhes.

A última versão do IFC, antes de a edição original deste livro ser publicada, a IFC 4 Addendum 2, foi lançada em 2016. Esse lançamento do IFC tem 776 entidades (objetos de dados), 413 conjuntos de propriedades e 130 tipos de dados definidos. Embora esses números indiquem a complexidade do IFC, também refletem a riqueza semântica das informações da construção, abordando múltiplos sistemas diferentes, refletindo as necessidades de diferentes aplicações, variando da análise energética e estimativa de custos ao rastreamento de materiais e à elaboração de cronograma. Todas as principais empresas de *software* de ferramentas e plataformas de BIM desenvolveram interfaces para essa versão. O IFC 4 Addendum 2 está disponível para revisão no *site* da buildingSMART.

A organização conceitual do IFC pode ser considerada de várias maneiras. A Figura 3.3 ilustra um exemplo de domínio específico que usa um único modelo de projeto IFC. Uma perspectiva da arquitetura do sistema é mostrada no diagrama da Figura 3.4. Abaixo estão 21 conjuntos de definições baseadas na EXPRESS, definindo a base de constructos reutilizáveis, como Geometria, Topologia, Materiais, Medições, Atores, Pa-

(A) Vista arquitetônica

(B) Vista de sistemas mecânicos

(C) Vista do pórtico estrutural

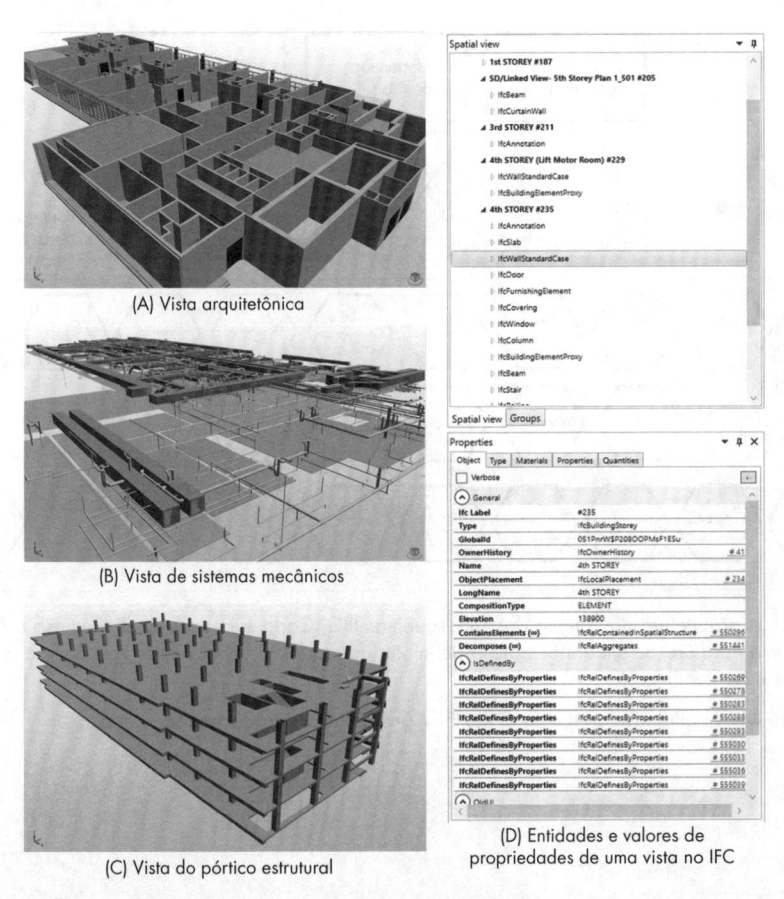

(D) Entidades e valores de propriedades de uma vista no IFC

FIGURA 3.3 IFCs consistem em uma biblioteca de objetos e definição de propriedades que podem ser usadas para representar um projeto de construção e suportar a utilização dessa informação da construção para um propósito em particular. A figura mostra três exemplos de usos específicos de domínios de um único projeto IFC: (A) uma vista arquitetônica, (B) uma vista de sistemas mecânicos e (C) uma vista do pórtico estrutural. Também são apresentados (D) uma amostra de objeto ou entidade IFC e exemplos de propriedades e atributos.

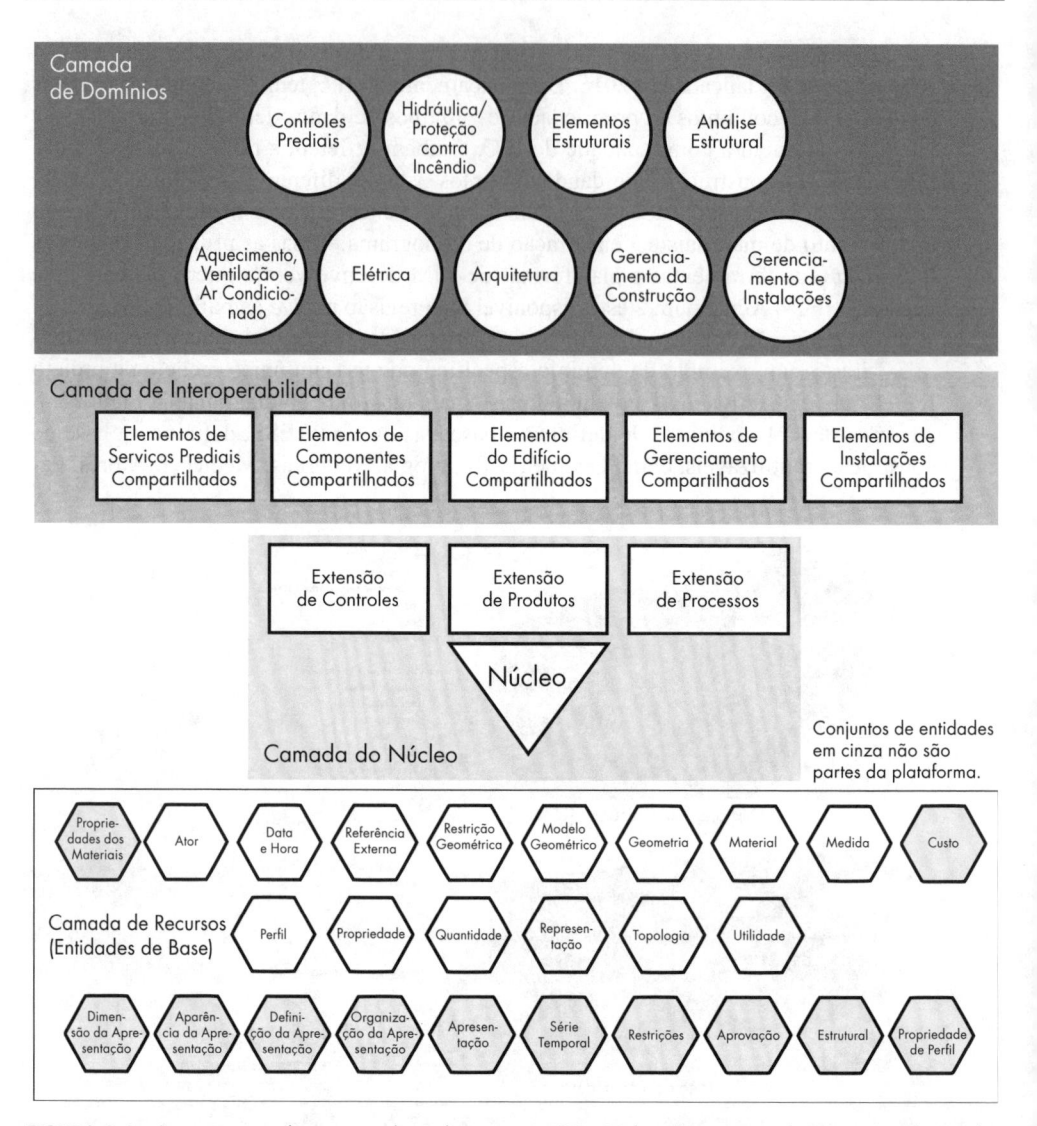

FIGURA 3.4 A arquitetura de sistema dos subesquemas IFC. Cada subesquema de Recurso e do Núcleo (*Core*) tem uma estrutura de entidades para a definição de modelos, especificada nas Camadas de Interoperabilidade e de Domínio.

Adaptada de www.buildingsmart-tech.org/ifc/IFC4/Add2/html/introduction.htm.

péis, Apresentações e Propriedades. Estes são genéricos para todos os tipos de produtos e são amplamente consistentes com recursos de biblioteca compartilhada ISO-STEP, mas com pequenas extensões.

As entidades-base são então compostas para definir objetos comumente usados em AEC, denominados Shared Objects (Objetos Compartilhados) no IFC. Estes incluem elementos da construção, como paredes genéricas, pisos, elementos estruturais, elementos de sistemas prediais, elementos de processos, elementos de gerenciamento e características gerais. Uma vez que o IFC é definido como um modelo de dados extensível e orientado a objetos, as entidades-base podem ser elaboradas e especializadas por subtipos[2] para criar qualquer número de subentidades.

Conceitualmente, o IFC é estruturado como objetos (p. ex., *IfcObjectDefinition*) e suas relações (entidades cujos nomes começam com *IfcRel*). No nível superior do modelo de dados IFC há extensões específicas do domínio desses objetos e entidades relacionais. Estas lidam com diferentes entidades específicas necessárias para determinado uso. Portanto, há extensões para Elementos Estruturais e para Análise Estrutural, Arquitetônica, Elétrica, Climatização e Ventilação, e para Elementos de Controle da Edificação.

Todos os modelos IFC fornecem uma estrutura espacial comum da edificação para o leiaute e acesso dos elementos de construção. O IFC organiza todas as informações dos objetos na hierarquia Projeto → Terreno → Edifício → Pavimento do Edifício → Espaço. Cada estrutura espacial de nível mais alto é uma agregação dos níveis inferiores, além de quaisquer elementos que atravessem as classes de nível mais baixo. Por exemplo, as escadas geralmente atravessam todos os pavimentos de um edifício e, assim, fazem parte da Agregação da Edificação. As paredes, em geral, conectam dois ou mais espaços em um ou vários pavimentos. Elas costumam ser parte do Pavimento do Edifício, se construídas em um único pavimento, e parte da Agregação da Edificação, se atravessarem vários pavimentos. Em virtude da estrutura hierárquica de subtipos de objetos, os objetos utilizados nos intercâmbios são inseridos em uma profunda árvore de definições com subentidades. Todos os objetos físicos, objetos de processo, atores e outros constructos básicos são representados abstratamente de modo similar. Por exemplo, uma simples entidade de parede tem um vestígio ao longo da árvore, mostrado na Figura 3.5.

Cada nível da árvore na Figura 3.5 introduz diferentes atributos e relações com a entidade da parede. *IfcRoot*, a entidade abstrata de nível mais alto no IFC, atribui identificadores únicos no nível global (GUID, *Globally Unique ID*) e outras informações para o gerenciamento do objeto, tal como quem o criou e quando. *IfcObjectDefinition* posiciona a parede na composição do pavimento do edifício. Esse nível também identifica os componentes da parede, incluindo janelas, portas e quaisquer outras aberturas. O nível *IfcObject* fornece *links* às propriedades da parede com base em seu tipo (definido mais abaixo na árvore hierárquica). O *IfcProduct* define a localização da parede e sua forma. O *IfcElement* carrega os relacionamentos deste elemento com outros, como relacionamentos entre paredes fronteiriças e espaços que a parede separa. Ele também carrega quaisquer aberturas dentro da parede e, opcionalmente, seus preenchimentos por portas

---

[2] Subtipo fornece a definição de uma nova classe de objetos de construção, que "herda" as propriedades de sua classe "pai" e adiciona novas propriedades, o que a torna distinta de seu pai e de quaisquer possíveis classes "irmãs". As superclasses, subclasses e herança de comportamento do IFC estão em conformidade com os princípios aceitos de modelagem orientada a objetos. Para mais detalhes, ver Booch, 1993.

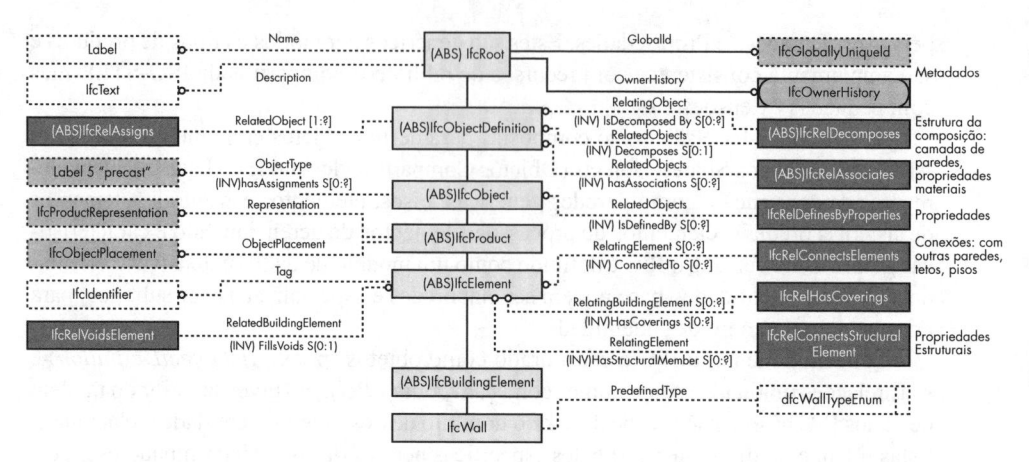

FIGURA 3.5 A estrutura IFC de definição de uma parede.

ou janelas. Se a parede for estrutural, um elemento estrutural representando-a pode estar associado a ela.

As paredes são escritas como: *Standard*: extrudada verticalmente e com uma largura fixa ao longo de sua linha de controle; *Polygonal*: extrudada verticalmente, mas com seção transversal variável; *Shear*: paredes não extrudadas verticalmente; *ElementWall*: paredes compostas de elementos como montantes e revestimentos; *PlumbingWall*: parede com espaços de roteamento embutidos; *Userdefined*: todos os outros tipos; *Undefined*. Muitos desses atributos e relações são opcionais, permitindo que os implementadores excluam algumas das informações de suas rotinas de exportação. É possível que nem todas as ferramentas de projeto BIM possam criar ou representar todos os tipos de parede diferentes.

As propriedades são carregadas em P-sets opcionais. O *PSetWallCommon* fornece campos a serem definidos: Identifier, AcousticRating, FireRating, Combustibility, SurfaceSpreadOfFlame, ThermalTransmittance, IsExterior, ExtendToStructure (para a laje acima), LoadBearing, Compartmentation (parede corta-fogo). Outros P-sets mais detalhados também podem ser suportados, caso seja necessário. Aberturas, recortes, recuos e elementos protuberantes, como pilastras, são suportados, junto de paredes cortadas por tetos irregulares.

A partir deste exemplo de parede, é possível perceber como todos os elementos de uma edificação são definidos no IFC. Há muitos tipos de composições, P-sets e características que podem suportar elementos estruturais, mecânicos e de outros sistemas. Modelos de análise, dados carregados e parâmetros de desempenho de produtos também podem ser representados em algumas áreas. A geometria dos objetos também pode ser representada parametricamente com o esquema IFC, mas esse uso ainda não é comum.

Existem esforços significativos para aplicar o IFC em várias partes do mundo, incluindo Estados Unidos, Reino Unido, Noruega, Finlândia, Dinamarca, Alemanha, Coreia do Sul, Japão, China, Cingapura e outros países. Estados Unidos, Coreia do Sul e Cingapura iniciaram esforços para desenvolver capacidades de conferência de códigos de edificação automáticas e sistemas de submissão eletrônica baseados no IFC. Além disso, o número de projetos BIM e IFC bem-sucedidos vem crescendo a cada ano. Projetos BIM baseados no IFC que foram premiados podem ser encontrados na página da *web* buildingSMART BIM Awards.

3.3.5 IDM e MVD

À medida que o setor de AEC vem amadurecendo, o foco da questão da interoperabilidade deixou de ser o intercâmbio de dados entre duas operações BIM, voltando-se ao suporte dos casos de uso definidos pelos processos de trabalho. Os principais benefícios da interoperabilidade não são apenas automatizar uma troca (embora replicar os dados em outra aplicação seja certamente uma atividade redundante); os maiores benefícios são aqueles que refinam fluxos de trabalho, eliminam etapas e melhoram os processos. A ordem do dia é melhorar "a gestão de fluxos de trabalho enxutos".

Os requisitos de informações sobre tarefas e fluxos de trabalho passaram a ser reconhecidos como fatores cruciais ao sucesso do intercâmbio de dados. O IFC, desenvolvido para responder a diferentes necessidades de projetistas, construtores, fornecedores de produtos da construção, fabricantes, agentes governamentais e outros, é muito extenso e complexo para obter um conjunto de dados de interesse clicando em simples botões de interface com usuários para "IFC export" ou "IFC import". O que é necessário são intercâmbios relacionados a tarefas baseados em subconjuntos do esquema IFC, como, por exemplo, "exportação da estrutura do projeto de arquitetura para uma análise estrutural preliminar", ou "exportação do detalhe do fabricante de parede-cortina ao gerente da obra, para coordenação no nível da fabricação". Tais intercâmbios são chamados *vistas de modelo* (*model views*) e são definidos por *definições de vistas de modelo* (MVD, *Model View Definitions*), extraídos da noção da visão de banco de dados. Esse nível de especificidade envolve a identificação dos intercâmbios a serem suportados e, então, a especificação da vista de modelo do IFC das informações de que a troca necessita.

A especificação dos requisitos de informações é chamada de *manual de entrega de informações (IDM, Information Delivery Manual)*, que é composto de uma definição de processo de trabalho alvo (um *mapa de processo, PM – process map*) e uma especificação das informações exigidas pelo processo-alvo (*requisitos de intercâmbio, ER – exchange requirements*) (ISO TC 59/SC 13, 2010). As MVDs são outro nível de especificação, acima do esquema IFC. O National Institute of Building Science (NIBS) estabelece um processo a ser seguido no desenvolvimento de MVDs (NIBS, 2012). Isso está caracterizado na Figura 3.6.

A especificação do IDM/MVD é tanto o início como o fim da modelagem de dados. As informações que não são incluídas no IFC podem ser especificadas pelo IDM/MVD e adicionadas ao IFC. O IDM/MVD também pode ser usado para especificar um subconjunto do IFC para um cenário de intercâmbio de dados específico, que pode ser utilizado por desenvolvedores de *software* como um guia para desenvolver uma função de exportação/importação do IFC. Hoje, há maior foco no segundo caso, porém o papel do IDM/MVD está se expandindo. Por exemplo, o IDM/MVD pode ser utilizado para definir o fornecimento de especificações para diferentes fases da entrega de projeto (p. ex., do projeto à construção, e da construção à operação), conforme definido pelo Construction Operations Building information exchange (COBie); ver a Seção 3.4.3. Outro exemplo são os Pedidos de Informação do Empregador (EIRs, *Employers Information Requirements*) exigidos pelo governo do Reino Unido. O EIR são informações do BIM que devem ser submetidas como parte dos entregáveis. Fazem parte da definição de um escopo de projeto e são definidos junto dos contratos para especificar os marcos de entregas, que finalizam etapas de projeto. Eles precisarão ser definidos para intercâmbios diretos entre aplicações, bem como para intercâmbios de esquemas de dados públicos. O ponto é que os IDM/MVDs respondem a necessidades muito importantes na aquisição de construção, muito além da interoperabilidade de IFC.

106 Manual de BIM

PROGRAMA
- Formação do Grupo de Trabalho
- Mapa do Processo
- Exigências de Intercâmbio e Regras de Negócios

Requisitos Padrão

Produtos:
– Os grupos de interesse são formados, localizam recursos e/ou definem uma nova necessidade.
– Descrição do processo.
– Dados solicitados, opcionais e variáveis, exigidos em cada intercâmbio, conforme acordado por especialistas experientes no tema.

PROJETO
- Modelos de Requisitos de Intercâmbio
- Definição de Vistas do Modelo Genérico

Projeto Padrão

Produtos:
– Agrupamento comum de dados.
– Descrição não específica de *software* de como o agrupamento de dados deve ser gerenciado pelas aplicações.

CONSTRUÇÃO
- Definições de Vistas do Modelo e Especificações de Implementação
- Facilitação de implementação e certificação de produtos de *software*

Implementação no *Software*

Produtos:
– Associação muito específica de dados para uma versão específica do IFC.
– Os NBIMS trabalham junto com os fornecedores de *software* que implementam as definições de intercâmbio técnico em seus produtos e auxiliam na testagem dos produtos de *software*.

EMPREGO
- Guia BIM Genérico
- Guia BIM para um Produto Específico
- Criação BIM
- Intercâmbio no BIM e Validação de Dados
- Reuso e Ampliação dos Dados do BIM

Requisitos do Contrato do Projeto

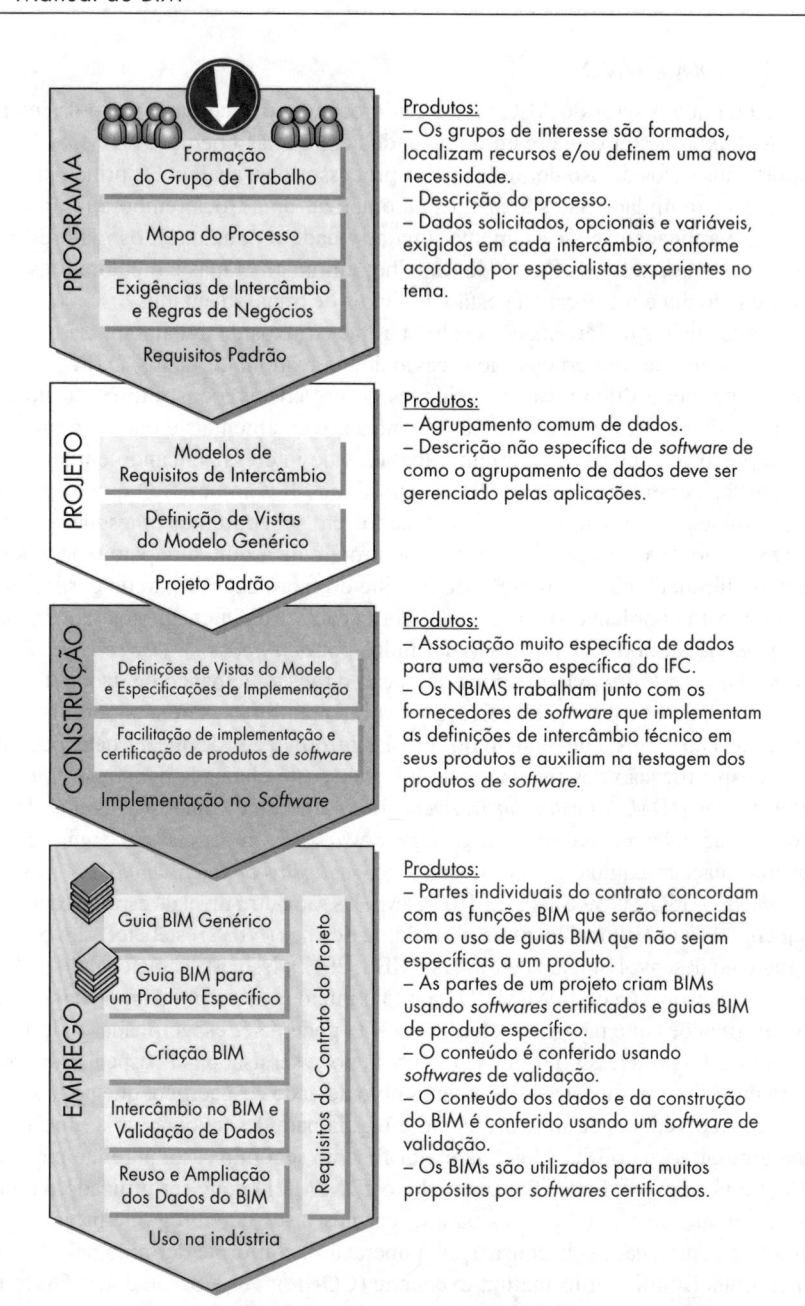

Uso na indústria

Produtos:
– Partes individuais do contrato concordam com as funções BIM que serão fornecidas com o uso de guias BIM que não sejam específicas a um produto.
– As partes de um projeto criam BIMs usando *softwares* certificados e guias BIM de produto específico.
– O conteúdo é conferido usando *softwares* de validação.
– O conteúdo dos dados e da construção do BIM é conferido usando um *software* de validação.
– Os BIMs são utilizados para muitos propósitos por *softwares* certificados.

FIGURA 3.6 Os quatro principais passos para definição e implementação de NBIMS: Programa, Projeto, Construção e Emprego (NIBS, 2012).

3.4 OUTROS ESFORÇOS DE APOIO À PADRONIZAÇÃO

O IFC é somente uma das peças de um enorme quebra-cabeças relativo a convenções e padrões na indústria da construção. Enquanto o IFC aborda as estruturas de dados que lidam com geometria, relações e atributos, como os atributos serão nomeados e utilizados? Como chineses ou outras pessoas que não usam o alfabeto romano trabalham com aqueles que o usam? A interoperabilidade é uma questão mais ampla que aquela abordada pelo IFC ou qualquer esquema XML atual. Embora setores da indústria tenham se desenvolvido lidando com a classificação e a testagem de materiais de construção, o mesmo agora precisa ser feito levando em conta outros tipos de informações da construção. Aqui fornecemos uma rápida referência e uma visão geral de outros esforços normativos relacionados ao BIM.

3.4.1 buildingSMART Data Dictionary

A Comunidade Europeia foi pioneira ao identificar o problema na nomenclatura das propriedades e classes de objetos. "Porta" é *porte* em francês; *tür* em alemão; e 門 em chinês. Cada uma de suas propriedades também tem nomes diferentes. Os objetos especificados no IFC podem ter nomes e atributos em diferentes idiomas, e seus significados precisam ser interpretados de modo correto. Felizmente, o IFC lida bem com medidas em diferentes unidades (do Sistema Internacional e do Sistema Imperial). Além disso, podemos encontrar diferentes padrões, como o CIS/2 e o IFC, que possuem objetos e propriedades que se sobrepõem e são tratados de modos diferentes, embora estejam na mesma língua falada. A equipe do buildingSMART Data Dictionary (bSDD; também conhecida como International Framework for Dictionary, IFD) foi formada para trabalhar com esses problemas, que podem ser encontrados no *website* do bSDD. Ela está desenvolvendo o mapeamento dos termos entre diferentes línguas, para uso posterior e generalizado em modelos e interfaces da construção. Outro esforço importante sendo feito pelo bSDD é o desenvolvimento de normas para especificações de produtos da construção, em particular dados de especificação, de modo que possam ser utilizados em diferentes aplicações, como análise energética, cálculo da pegada de carbono e estimativa de custos.

O bSDD está sendo realizado pelo Construction Specifications Institute (CSI), nos Estados Unidos; pelo Construction Specifications Canada, no Canadá; pela buildingSMART, na Noruega; e pela STABU Foundation, nos Países Baixos.

3.4.2 OmniClass

Uma atividade relacionada é a revisão e a substituição de sistemas existentes de classificação relacionados a edificações para que sejam utilizados no BIM. Tanto o Masterformat quanto o Uniformat são esquemas de classificação de elementos e composições da construção empregados para especificações e orçamentação nos Estados Unidos, que são administrados pelo Construction Specification Institute. Ambos, Masterformat e Uniformat, são estruturas de documentação geral excelentes para a agregação de informações de desenhos de projetos, mas que nem sempre mapeiam bem os objetos individuais dentro de um modelo de construção (embora possam ser mapeados). Suas limitações são descritas na Seção 5.4.2. Como resultado, europeus e norte-americanos iniciaram um novo conjunto de tabelas de classificação estruturadas, denominado OmniClass. O OmniClass vem sendo desenvolvido por subcomitês e grupos de trabalho da International Organization for Standardization (ISO) e da International Construction Information Society (ICIS) desde o início da década de 1990 até o momento presente. No Reino Unido, o Uniclass (administrado pela NBC) é utilizado no lugar do OmniClass. Atualmente, o OmniClass é composto por 15 tabelas.

Tabela 11	Entidades da Construção, por Função	Tabela 32	Serviços
Tabela 12	Entidades da Construção, por Forma	Tabela 33	Disciplinas
Tabela 13	Espaços, por Função	Tabela 34	Papéis Organizacionais
Tabela 14	Espaços, por Forma		
Tabela 21	Elementos	Tabela 35	Ferramentas
Tabela 22	Resultados de Trabalho	Tabela 36	Informações
Tabela 23	Produtos	Tabela 41	Materiais
Tabela 31	Fases de Projeto	Tabela 49	Propriedades

Essas tabelas de termos de classificação estão sendo definidas e estruturadas por membros voluntários da indústria. Estão rapidamente em evolução para adoção e utilização nas ferramentas e nos métodos do BIM. Para mais discussões sobre o OmniClass e o BIM, ver o Capítulo 5, Seção 5.4.2.

3.4.3 COBie

O Construction Operations Building information exchange (COBie) aborda o fornecimento de informações entre a equipe de construção e o proprietário. Lida com operações e manutenção (O&M), assim como com informações mais gerais sobre o gerenciamento das instalações. Tradicionalmente, as informações de O&M são fornecidas em uma estrutura *ad hoc* ao término da construção. O COBie descreve em linhas gerais um método padrão para a coleta das informações necessárias durante todo o processo de projeto e construção, como parte do pacote de entregas feitas ao proprietário durante o comissionamento e a entrega. Ele coleta dados dos projetistas à medida que definem o projeto e, então, do construtor e empreiteiros, conforme o edifício é construído. Ele classifica e estrutura as informações de maneira prática e fácil de implementar.

Os objetivos específicos do COBie são os seguintes (East, 2012):

- Fornecer um formato simples para troca de informações em tempo real para entregas de contratos de projeto e de construção existentes.
- Identificar claramente os requisitos e as responsabilidades para os processos de negócios.
- Fornecer uma estrutura para armazenamento de informações e recuperação/troca de informações posteriores.
- Não adicionar custo à operação ou manutenção de edificações.
- Permitir a importação direta do sistema de gerenciamento de manutenção do proprietário.

O COBie especifica as entregas ao longo de todas as etapas de projeto e construção, com entregas específicas em cada uma das fases a seguir:

- fase de elaboração do programa de necessidades arquitetônico;
- fase de desenvolvimento do projeto de arquitetura;
- fase do projeto de coordenação;
- fase de elaboração dos desenhos de construção;
- fase de mobilização da construção;

- fase de finalização de 60% da obra;
- fase de ocupação;
- fechamento fiscal;
- manutenção corretiva.

O COBie foi atualizado no início de 2010 e agora é chamado de COBie2. Possui formatos legíveis tanto por humanos quanto por máquinas. O formato de informações do COBie2 legível por humanos é uma planilha convencional, fornecida no formato do Microsoft Excel Spreadsheet no *website* do WBDG COBie. O COBie2 também já foi implementado para o intercâmbio de dados de gerenciamento de instalações utilizando o padrão aberto das Industry Foundation Classes (IFC) da buildingSMART (ou seu equivalente ifcXML). Estão disponíveis, gratuitamente, tradutores entre IFC-EXPRESS e ifcXML para a planilha eletrônica do COBie2 e a partir dela, sem suporte técnico na página da *web* do NIBS COBie.

O COBie trata dos envios normais necessários para a entrega ao término de um projeto de construção, mas os coloca em uma forma estruturada, receptiva ao gerenciamento baseado em computador. Isso inclui as seções descritas na Tabela 3.3.

O COBie2 vem sendo desenvolvido para dar suporte à entrada de dados inicial nos Sistemas Computadorizados de Manutenção e Gerenciamento (CMMS, *Computerized Maintenance and Management Systems*). Maximo, TOKMO, Onuma e Archibus suportam COBie2, assim como o fazem várias aplicações de projeto e da Rede Europeia de Gerenciamento de Facilidades (FM, *Facility Management*). Ele foi adotado como uma entrega obrigatória pelos hospitais do VA (*Veterans Affairs*), Corpo de Engenheiros do Exército dos Estados Unidos e NASA, bem como por vários sistemas universitários. Também foram adotados pelos governos da Noruega, Finlândia e Reino Unido, com al-

Tabela 3.3 Seções de dados do COBie2

Tipo de Objeto	Definições
Metadados	Arquivo de intercâmbio
Projeto	Atributos, Unidades, Decomposição de projetos
Terreno	Atributos, Endereço, Classificação, Quantidades Básicas, Propriedades
Edificação	Atributos, Endereço, Classificação, Quantidades Básicas, Propriedades
Pavimento	Atributos, Quantidades Básicas, Classificação, Propriedades
Volume Espacial	Atributos, Classificação, Quantidades, Propriedades, Limites Espaciais
Limite Espacial	Portas, Janelas, Espaço Delimitador
Revestimento	Atributos, Tipo, Material de Revestimento, Classificação, Quantidades Básicas
Janela	Atributos, Tipo, Classificação, Material, Quantidades Básicas, Propriedades
Porta	Atributos, Tipo, Classificação, Material, Quantidades Básicas, Propriedades
Acabamento	Atributos, Tipo, Material, Classificação, Propriedades
Elementos de Instalações Prediais	Atributos, Tipo, Material, Classificação, Propriedades
Móveis sob medida, Acessórios, Equipamentos	Atributos, Tipo, Material, Classificação, Propriedades
Zona	Atributos, Classificação, Propriedades, Atribuição Espacial
Sistema	Atributos, Classificação, Propriedades, Atribuição do Componente, Edificação de Serviços de Sistemas

NOTA: Os tipos de atributos de Classificação, Tipo e Atributo variam conforme o tipo de objeto.

gumas variações. O ISO/DIS 19650 Parte 2 está sendo desenvolvido como uma versão padronizada e internacional do COBie.

3.4.4 Esquemas baseados em XML

A Linguagem de Marcação Extensível (XML, *eXtensible Markup Language*) oferece linguagens de esquema alternativo e mecanismos de transporte, especialmente adequados para uso na *web*. Da mesma maneira que alguns formatos de intercâmbio são estritamente orientados para arquivos, alguns dos novos formatos de intercâmbio são apenas baseados em XML. O XML fornece *tags* definidas pelo usuário para a especificação de um significado pretendido para o dado transmitido. O XML tornou-se muito popular para intercâmbio de informações entre aplicações *web*, por exemplo, para dar suporte a transações de *e-commerce* ou coletar dados.

Esquemas XML em áreas da AEC

O **OpenGIS** e seus padrões de implementação têm sido desenvolvidos pelo OGC (Consórcio Geoespacial Aberto). O OpenGIS define um conjunto aberto de abstrações comuns, independentes de linguagem, para descrever, gerenciar, renderizar e manipular objetos geométricos e geográficos dentro de um ambiente de programação de aplicações (a lista dos padrões OGC está disponível no *site* da OGC).

O **gbXML** (Green Building XML) é um esquema desenvolvido para transferir informações necessárias para análise preliminar de energia do invólucro da edificação, zonas e simulação de equipamentos mecânicos (gbXML, sem data). Múltiplas plataformas fornecem uma interface.

O **ifcXML** é um subconjunto do esquema IFC mapeado para o XML, suportado pela buildingSMART. Também se baseia em um esquema de XML, o XSD, derivado do esquema de lançamento do IFC-EXPRESS empregado para seu mapeamento. A conexão de linguagem, por exemplo, o método de como traduzir o modelo IFC-EXPRESS para o modelo ifcXML XSD, segue a norma internacional ISO 10303-28ed2 "representação XML dos dados e esquemas EXPRESS". A versão ISO/CD 10303-28ed2 de 05-042004 é utilizada para a conexão de linguagem.

O **aecXML** é administrado pela FIATECH, um grande consórcio de indústrias da construção que dá suporte a pesquisas em AEC, e pela buildingSMART. Foi inicialmente desenvolvida uma estrutura de integração que tentou harmonizar o ifcXML e o aecXML, como um esquema geral, que poderia suportar múltiplos subesquemas. O aecXML se baseava na tecnologia para negócios XML desenvolvida pelo United Nations Centre for Trade Facilitation and Electronic Business. O esquema de integração é chamado de Common Object Schema (COS), que consiste em estruturas niveladas de nomes, endereços, quantidades e outras unidades de informação básica do XML. O aecXML foi iniciado para representar recursos, bem como para documentos de contrato e do empreendimento (Pedidos de Proposta [RFP], Pedidos de Orçamentação [RFQ], Solicitações de Informação [RFI], especificações, adendos, pedidos de modificação, contratos, pedidos de compra), atributos, materiais e peças, produtos, equipamentos; metadados como organizações, profissionais, participantes; ou atividades como propostas, empreendimentos, projeto, estimativas, programação e construção. Carrega descrições e especificações de edificações e seus componentes, mas não as modela geométrica ou analiticamente. O Bentley foi um dos primeiros implementadores do aecXML.

O **agcXML**, desenvolvido pelo Associated General Contractors (AGC) em 2007, é um sistema que suporta processos de negócios da construção, baseado no esquema mestre do COS do esforço aecXML. Seus esquemas incluem o intercâmbio de informações comumente inclusas nos seguintes tipos de documentos:

- Pedido de Informações
- Pedido de Precificação/Propostas
- Contratos do Proprietário/Construtor
- Programação de Valores
- Pedido de Modificação
- Solicitação de Pagamento
- Instruções Adicionais
- Diretiva de Modificação
- Oferta, Pagamento, Desempenho e Garantia
- Submissões

O agcXML tem sido implementado por poucas empresas, como a VICO e a Newforma.

O **BIM Collaboration Format** (BCF) é um formato de XML que suporta o intercâmbio de dados de revisão de projeto durante o processo de colaboração BIM. Durante revisões do projeto, vários itens de ação são identificados, que são então trabalhados pelos vários membros da equipe de projeto. Mas como esses itens de ação deveriam ser transmitidos? A resposta vem de ferramentas de detecção de conflitos que identificam uma inconsistência nas coordenadas 3D, associam uma posição de câmera padrão para exibir a condição, e depois acrescentam o item de ação a ser considerado, de acordo com o identificado pelas partes envolvidas. Originalmente, esta capacidade era limitada a aplicações de identificação de conflitos, como o Navisworks. No entanto, ao ser transmitido em XML, o item de ação pode ser importado a uma plataforma BIM qualquer e exibido ao usuário para que aja de acordo. Seu uso pode ser muito mais amplo que a detecção de conflitos; pode ser empregado em qualquer tipo de revisão, seja automatizado (como o gerado pelo Solibri Model Checker) ou feito de modo manual em uma reunião presencial ou *on-line*. O benefício do BCF é que carrega e roda diretamente na plataforma de projeto BIM que gerou o componente de interesse. O BCF foi inicialmente proposto e definido pela Tekla e Solibri em 2010, e tem recebido o comprometimento para suporte da Autodesk, DDS, Eurostep, Gehry Technologies, Kymdata, MAP, Progman e QuickPen International. Hoje é uma parte dos padrões buildingSMART. A segunda versão, o bcfXML v2, foi lançada em 2014.

O **CityGML** é um modelo de informações comum para a representação de objetos urbanos 3D. Define classes e relações para objetos topográficos relevantes em cidades e modelos regionais relativos às suas propriedades geométricas, topológicas, semânticas e de aparência. Também são incluídas hierarquias de generalização entre classes temáticas, agregações, relações entre objetos e propriedades espaciais. Essas informações temáticas vão além dos formatos de intercâmbio gráfico, suportando modelos 3D virtuais de cidades para tarefas de análises sofisticadas em diferentes domínios de aplicação, como simulações, mineração de dados urbanos, gerenciamento de instalações e questionamentos temáticos. O modelo de base diferencia cinco níveis de detalhamento LODs. Os arquivos do CityGML podem (mas não precisam) conter representações múltiplas para cada objeto em diferentes níveis de detalhamento. Para mais informação, consultar o *site* da CityGML.

Existem vários métodos para definição das etiquetas personalizadas, inclusive as Definições de Tipo de Documento (DTDs), que são desenvolvidas para definir as estruturas e os elementos válidos de um documento XML. Há vários modos de definir esquemas XML, incluindo o XML Schema, o RDF (Resource Description Framework) e o OWL (Web Ontology Language). Continuam sendo feitas pesquisas para desenvolver ferramentas ainda mais poderosas ao redor do XML, bem como esquemas cada vez mais poderosos e baseados em definições semânticas chamadas de *ontologias*. Entretanto, os resultados práticos dessas abordagens mais avançadas ainda são limitados.

Usando linguagens de definição de esquemas já disponíveis, alguns esquemas XML efetivos e métodos de processamento têm sido desenvolvidos em áreas da AEC. Sete deles foram descritos anteriormente, no quadro "Esquemas XML em áreas da AEC".

Cada um desses diferentes esquemas XML define suas próprias entidades, regras, atributos e relações. Funcionam bem para dar suporte ao trabalho de grupo de empresas em colaboração que implementam um esquema e desenvolvem aplicações sobre ele. Contudo, os esquemas de XML são diferentes e incompatíveis entre si. O ifcXML oferece um mapeamento global do modelo de dados da construção IFC para remissões recíprocas. Estão sendo feitos esforços para harmonizar o esquema OpenGIS com o IFC. Já existem tradutores para mapear modelos IFC para o CityGML. Um arquivo de dados especificado em XML com etiquetas geralmente é de duas a seis vezes maior do que um especificado em formato de texto simples. Contudo, pode ser processado significativamente mais rápido do que um arquivo de texto simples, e, portanto, funciona de modo mais efetivo do que os intercâmbios de arquivo na maioria dos casos. A questão de longo prazo é harmonizar os outros esquemas XML com mapeamentos equivalentes entre eles e com as representações de modelos de dados. A analogia é com as ferrovias nos Estados Unidos, que rapidamente construíram trilhos por todo o país, cada uma com sua própria bitola; elas funcionaram bem dentro de sua comunidade, mas não podiam ser interligadas.

Dois formatos de XML importantes para a publicação de dados de modelo da construção são o DWF e o PDF 3D. Oferecem mapeamento leve de modelos de construção para usos limitados.

3.5 A EVOLUÇÃO DO INTERCÂMBIO BASEADO EM ARQUIVO PARA SERVIDORES BIM

Este capítulo analisa a tecnologia que já foi ou está sendo desenvolvida para permitir que informações criadas em uma aplicação possam ser reutilizadas em outras. Mas um ponto básico feito na introdução é que os edifícios exigem vários modelos para seus projetos, engenharia e construção completos. Retomemos esta questão para examinar suas implicações.

O uso de produção do intercâmbio de arquivos IFC ou XML e de outros intercâmbios de comércio eletrônico (*e-business*) baseados em XML começou com intercâmbios de aplicação para aplicação. Tipicamente, uma pessoa de cada departamento ou equipe de consultoria é responsável pela gestão das versões em um projeto; quando o arquiteto ou engenheiro lança uma atualização no projeto, isso é passado às organizações de consultoria para sua reconciliação e sincronização de modelo. Todavia, à medida que o projeto cresce e as estruturas de arquivo do projeto se tornam mais complexas, este estilo de coordenação se torna cada vez mais complexo. O gerenciamento de projetos em cada firma, que é o modo histórico de fazê-lo, não é efetivo quando os intercâmbios devem ser processados rapidamente. As tarefas de gerenciamento podem estourar se o gerenciamento de arquivos for substituído pelo gerenciamento de objetos.

A tecnologia associada à resolução desses tipos de problemas de gerenciamento de dados é um *servidor BIM* (*repositório do modelo da construção, servidor IFC ou repositório BIM*). Um servidor BIM é um servidor ou sistema de banco de dados que reúne e facilita o gerenciamento e a coordenação de todos os dados relacionados ao projeto. É uma adaptação e ampliação dos sistemas existentes de gerenciamento de dados de projetos (sistemas PDM) e dos sistemas de gerenciamento de projeto baseados na *web*. Os sistemas PDM têm tradicionalmente gerenciado um projeto como um conjunto de arquivos e carregado arquivos CAD e arquivos de projeto de pacotes de análise. Os servidores BIM são distinguidos por suas capacidades de gerenciamento baseadas em objetos, permitindo consultas, transferências, atualizações e a gestão dos dados do modelo divididos e agrupados em uma grande variedade de maneiras, a fim de suportar um conjunto de aplicações potencialmente heterogêneo. A mudança evolutiva no campo de AEC, do gerenciamento de arquivos para o gerenciamento de objetos de informação, apenas começou a acontecer.

As tecnologias de servidores BIM são uma nova tecnologia que tem exigências distintas daquelas dos sistemas equivalentes desenvolvidos para fabricação. Seus requisitos funcionais estão apenas começando a ser resolvidos. Fornecemos uma visão geral de sua funcionalidade desejada, como agora é entendida. Em seguida, ao final desta seção, avaliamos os principais produtos da atualidade.

3.5.1 Transações de projeto e sincronização

Um importante conceito nos bancos de dados é a definição de *transação*. Transação é uma sequência unitária de leitura, escrita e criação de dados. As transações são fáceis para aplicações com um único usuário e para atualizações não concorrentes. Para aplicações de usuário único ou atualizações não concorrentes, o tradicional gerenciamento de dados no nível do arquivo e o controle da versão são suficientes, pois todo o arquivo ou modelo pode ser salvo e gerenciado como uma nova versão. A *transação ou o gerenciamento de dados no nível do arquivo* é um método para salvar o arquivo do modelo inteiro como uma única informação. Um exemplo de sistema de gerenciamento de dados no nível do arquivo é um sistema de gerenciamento de projeto que armazena todo o modelo como um arquivo (p. ex., *.rvt, *.dgn, *.pln ou *.ifc) em um banco de dados com informações de submissão adicionais (os dados submetidos, o usuário e os comentários).

A maioria dos sistemas de gerenciamento de projeto colaborativos da atualidade são sistemas de gerenciamento no nível do arquivo com suporte na *web* ou na rede. Muitos deles foram transferidos de um sistema baseado na *web* para um *software* baseado na nuvem como um sistema de serviço (SaaS) e suporte tanto em ambientes na *web* quanto na nuvem. As funções são similares, embora o nível de funções possa variar por sistema.

As funções que costumam ser suportadas incluem a gestão de documentos (arquivos modelo e referências relacionadas ao projeto); acompanhamento de contratos; controle de versão; capacidades de busca; gerenciamento de problemas de projeto; gerenciamento do usuário; notificações de ordens de trabalho, de problemas de projeto e de solicitações de informações (RFIs); geração e gerenciamento de transmissões, minutas de reuniões, pedidos de modificação e outros relatórios; gerenciamento de fluxos de trabalho; e painéis de gerenciamento de projeto. Os painéis são uma exibição gráfica do sumário estatístico de um projeto, o qual pode ajudar os participantes de projeto a identificar imediatamente o *status* de um projeto ou serviço a ser feito.

Tabela 3.4 Sistemas de gerenciamento de projetos colaborativos baseados em arquivo

Função Principal / Aplicação	Aconex	Procore	Vault	Construct-Ware	Project-wise	FINALCAD	BIM 360 Field
Suporte móvel e na nuvem	o	o			o	o	o
Gerenciamento de documentos	o	o	o	o	o	o	
Gerenciamento de projeto	o	o		o	o	o	
Sumário do projeto (painel)	o	o		o	o	o	o
Gerenciamento dos fluxos de trabalho	o	o	o				
Gerenciamento de solicitações de informações, *e-mails* e formulários	o	o			o		
Visualizador de modelos/Integração BIM	o				o		
Gerenciamento de listas de furações	o	o			o	o	o
Controle de versão	o		o		o		
Estimativa de custos		o		o			
Contabilidade		o		o			
Entrega à Operação e Manutenção	o						o
Gerenciamento da qualidade e segurança	o	o				o	

Algumas ferramentas suportam a gestão de custos com o acompanhamento e a previsão de orçamentos e desembolsos, o intercâmbio de dados com sistemas de contabilidade a fim de rastrear os projetos individuais e o gerenciamento avançado de cronograma. A Tabela 3.4 lista várias ferramentas popularmente usadas de forma comercial de gerenciamento de projeto colaborativo no nível do arquivo.

A abordagem que concorre com a transação no nível do arquivo é a *transação no nível do objeto ou o gerenciamento de dados*. A transação no nível do objeto ou gerenciamento de dados é um método para analisar e salvar um modelo em um nível do objeto (p. ex., pilar, viga e laje). Quando comparada à transação e gestão de dados no nível do objeto, o gerenciamento de dados no nível do arquivo apresenta várias desvantagens (Lee *et al.*, 2014):

1. O sistema não consegue relatar quais partes de um projeto foram modificadas e por quem.
2. Os usuários não conseguem consultar dados diretamente de um modelo em um banco de dados. Por exemplo, um usuário não tem como obter informações sobre o número de pilares de um pavimento a partir de um modelo armazenado em um banco de dados.
3. Um subconjunto de um modelo não pode ser extraído do arquivo do modelo.
4. Os usuários não conseguem interagir diretamente com um modelo em um banco de dados e conduzir atividades, como adicionar notas a um pilar com problemas.
5. Privilégios de acessos diferentes não podem ser atribuídos a diferentes usuários por tipo de dados.
6. Quando vários usuários trabalham em um mesmo projeto, ocorrem problemas de sincronização. O gerenciamento de dados no nível do arquivo não tem uma função para resolver problemas de sincronização.

A sincronização também é chamada de *engenharia concorrente*, sendo um método de resolver conflitos que ocorrem durante atualizações simultâneas de projetos de produto. A *sincronização de projeto* significa que todos os vários modelos de projeto heterogêneos são mantidos de tal forma a serem consistentes entre si. O processo de manter um registro das modificações e manter modelos a serem sincronizados é referido como *gerenciamento de modificações*. Um método de gerenciar um histórico de modificações de objetos ou modelos é chamado de *controle de versões*.

Um bom exemplo de um problema de sincronização comum pode ser encontrado nos sistemas de reserva *on-line* para ingressos de cinema ou passagens aéreas. Um passo comum é iniciar um processo de reserva, selecionar um assento e pagar pelo ingresso ou passagem. Esse processo pode demorar um pouco, pois você talvez precise pensar no assento que gostaria de reservar e poderá levar alguns minutos para encontrar o número de seu cartão de crédito. Enquanto isso, se apenas um dos milhões de usuários do sistema ingressar e pagar pelo assento antes que você o faça, você pode perder o lugar que havia selecionado. Para evitar tais problemas, os sistemas de reserva *on-line* geralmente têm um sistema de travamento que "tranca" seu assento por um tempo limitado (digamos, 15 minutos).

Tais problemas de transação são classificados como problemas de *transação longa* (Gray e Reuter, 1992). As transações longas são problemas mais sérios no BIM do que no exemplo acima da reserva *on-line*, pois o tamanho dos modelos BIM é muito grande e, portanto, uma transação leva mais tempo. Em geral, a garantia da integridade das transações de projeto, engenharia e construção com um servidor de modelo de construção usando transações longas e concorrentes é um requisito fundamental para um servidor de modelo de construção ou produto. As capacidades de transação são fundamentais e se aplicam a configurações de servidores simples, em paralelo ou "na nuvem".

Uma transação é tanto a unidade de modificação quanto uma unidade de gerenciamento (ou sincronização) de consistência. Um sistema de gerenciamento de transações determina como os trabalhos concorrentes são feitos e gerenciados, por exemplo, gerenciando divisões do modelo de construção em diferentes níveis de granularidade, o que talvez seja um nível de modelo (ou arquivo), um nível de pavimento, um nível de conjunto ou um nível de objeto. Os grãos de informação podem ser travados, permitindo a escrita por apenas um usuário, ou permitindo o compartilhamento da escrita de dados por vários usuários, mas com notificações automáticas das atualizações e outras políticas de gerenciamento concorrentes. Estas se tornarão mais importantes à medida que passarmos para o gerenciamento de dados no nível do objeto, potencialmente permitindo níveis de concorrência mais altos. Atualmente, a maioria das transações são iniciadas diretamente por usuários humanos e somente no nível do modelo (arquivo). Contudo, muitas transações de bancos de dados de engenharia se tornarão *ativas*, na medida em que podem disparar automaticamente, por exemplo, para identificar uma modificação em objetos somente de leitura que estão sendo utilizados por outros, ou para atualizar um relatório quando os dados nos quais ele se baseou tiverem sido atualizados.

Uma importante meta de capacidade de um servidor BIM é a sincronização de projetos. Enquanto a geração de vistas de desenho 2D múltiplas e de programação de atividades de uma única plataforma de modelo paramétrico resolvem a sincronização entre um conjunto de desenhos derivados do mesmo modelo, não se resolve o caso que envolve múltiplos modelos funcionalmente diferentes, que operam em ferramentas que utilizam dados derivados de modelos sincronizados de modo concorrente. Ainda menos facilmente sincronizados são os modelos de plataformas múltiplas, digamos, utilizados em diferentes processos de fabricação de um mesmo projeto. Neste caso, a sincronização aborda todas as questões de coordenação entre os diferentes sistemas, incluindo conflitos espaciais, de conexões entre sistemas, e de transferências de carregamento entre sistemas (cargas energéticas, estruturais, elétricas ou de fluxos de fluidos).

A sincronização entre modelos heterogêneos ainda é largamente realizada de forma manual, mas este é um dos principais benefícios de um servidor BIM efetivo. Métodos manuais de gerenciamento de consistência de dados têm sido confiáveis, mas são onerosos, pois só ajudam um pouco quando se sabe que a informação de um arquivo depende do conteúdo de outro arquivo. A gestão humana baseada em objetos (realizada na mente de uma pessoa) funciona melhor. Contudo, se a sincronização deve ser executada no nível de objeto junto de milhares de objetos, a manutenção manual não é prática, sendo necessário implementar métodos automáticos e confiar neles. Deve-se observar que a atualização associada à sincronização ainda não tem como ser totalmente automatizada, uma vez que muitas revisões para alcance de consistência envolvem decisões de projeto; alguns aspectos da sincronização exigem a colaboração pessoa a pessoa. Assim, a sincronização automática somente pode ser alcançada em estágios.

A sincronização automática pode ser feita comparando-se a geometria e os valores de propriedade de cada objeto em um modelo, mas são consumidos recursos e tempo demais para realizar a tarefa de comparação. Uma solução prática que permite a coordenação efetiva no nível do objeto entre modelos de projeto heterogêneos é o uso de identificadores únicos no nível global (GUID, *Globally Unique Identifiers*). Um GUID é um identificador que é único entre aplicações de *software* e sistemas de *hardware*. Também é conhecido como UUID (identidade universalmente única, *universally unique ID*) e geralmente é composto de registros de horários e identificadores do sistema. Atualmente é um integrador de 128 bits (16 bytes, hexadecimal) e não é legível por seres humanos. Cada objeto em um modelo BIM recebe um GUID.

Como os GUIDs são independentes dos sistemas, eles identificam um objeto independentemente de qual seja a aplicação que estiver utilizando-o e permitem o acompanhamento e o gerenciamento confiáveis das modificações. Outro tipo de metadados são os registros de horário que permitem acompanhar o horário da atualização mais recente. O termo *metadados* foi criado com o sentido de abordar "os dados sobre os dados", permitindo que os dados sejam gerenciados.

O *status* dos objetos pode ser determinado usando GUIDs baseados na lógica descrita na Tabela 3.5 (Lee *et al.*, 2011). Se o GUID de um objeto (p. ex., uma viga ou pilar) em um modelo novo for igual ao de um modelo existente, e os registros de horário da última atualização forem os mesmos, então o *status* do objeto é determinado como a ser

Tabela 3.5 Determinação do *status* de um objeto pelo GUID (Adaptada de Lee *et al.*, 2011)

GUID em um Modelo Novo	GUID em um Modelo Anterior	Registro de horário para a última atualização	Status
Existe	Existe	Mantido	Preservado
Existe	Existe	Alterado	Revisado
Existe	Não existe	Não se aplica	Novo
Não existe	Existe	Não se aplica	Deletado

"preservado". Se o GUID existir em ambos os modelos, mas os registros de horário da última atualização forem diferentes, então o modelo é determinado como a ser "revisado". Se um objeto com o GUID existir apenas no novo modelo, o objeto será determinado como "novo", seja qual for o registro de horário. Se um objeto com o GUID existir somente no modelo existente, então o objeto será determinado como a ser "deletado", não importa qual for o registro de horário.

Esta lógica pode ser aplicada para determinar se um objeto foi modificado durante um processo de projeto de arquitetura e engenharia dentro de um sistema, comparando-se um modelo de entrada com um modelo de saída do sistema, em vez de comparar o modelo novo com o existente.

A fim de permitir a conferência de *status* de um objeto baseado em GUIDs e registros de horário, qualquer aplicação que possa criar, modificar ou deletar os dados de projeto ou de engenharia deve suportar:

- A criação de novos GUIDs e registros de horário, sempre que um novo objeto for criado (ou armazenado) ou exportado
- A leitura dos GUIDs e registros de horário com objetos importados e o carregamento destes dados para posterior exportação
- A exportação do registro de horário e dos dados do GUID com outros dados e objetos exportados que tenham sido criados, modificados ou deletados

A capacidade de GUID de uma aplicação pode ser facilmente conferida por meio de um *teste ida e volta (roundtrip test)* – um método para testar a interoperabilidade de uma aplicação por meio da exportação e importação de um modelo na aplicação sem qualquer revisão, analisando quaisquer modificações no modelo. Com base nos resultados da análise dos GUIDs, o modelo pode ser atualizado (sincronizado) de duas maneiras:

- **Atualizações completas**: Todo o modelo pode ser atualizado e salvo como um novo modelo.
- **Atualizações parciais**: Somente os objetos explicitamente modificados e as entidades associadas podem ser atualizados.
- **Atualizações lógicas**: Essas atualizações são o resultado da aplicação da derivação reversa das interferências prévias ao projeto que são invalidadas de forma lógica pela operação do projeto atual. Este conceito é chamado de reparação lógica, *logical patching* (Eastman *et al.*, 1997).

As atualizações parciais podem ser subcategorizadas em atualizações automáticas e atribuídas:

- **Atualizações parciais automáticas**: Muitas vistas de objeto derivadas são simples e podem ser automaticamente atualizadas. Esta classe de transação de sincronização atualiza automaticamente aqueles objetos cuja vista é inconsistente com as capacidades de intercâmbio dentro do servidor BIM. Elas se aplicariam a modificações geométricas de formatos B-rep, à geração de Modelos de Objetos da Construção (BOMs, *Building Object Models*) e outras programações e mudanças de atributos. Os objetos atualizados também teriam seus registros de horário atualizados, possivelmente levando a outras atualizações automáticas ou manuais adicionais.
- **Atualizações parciais manuais**: Onde as atualizações automáticas não são deterministas, é necessária uma transação manual para atualização, como a utilizada para

alguns tipos de detecção de conflitos. Aqui, cada usuário recebe uma lista de objetos pelos quais é responsável, que precisa ser revisada devido à checagem de conflitos e possivelmente atualizada. Depois das correções realizadas e aprovadas pelas partes responsáveis, a transação é considerada completa. Este é o nível mais baixo de execução de sincronização.

Inicialmente, a sincronização será em sua maioria manual, mas, à medida que o tempo avançar, serão desenvolvidos métodos para obter automaticamente vistas atualizadas de objetos modificados. A sincronização pode ser ampliada, por exemplo, para incluir a detecção de conflitos automática, na qual o conflito é entre um objeto claramente dominante e outro subsidiário. Este provavelmente será um exemplo precoce de transação de sincronização automática.

A sincronização garante que todos os dados tenham sido conferidos a fim de estarem consistentes com o registro de horário mais recente. A sincronização não é abordada no meio de uma atividade de projeto, como aquela em que uma pessoa temporariamente salva seus arquivos correntes na hora do jantar. Ela aplica-se somente quando as alterações forem consideradas adequadas para compartilhamento e revisão externos, ou seja, quando as ações de "submissão" são realizadas. Objetos que não são atuais, não sincronizados, não deveriam ter seus dados exportados para outros sistemas. Isso pode resultar na propagação de dados errôneos; somente objetos totalmente sincronizados devem ser a base para intercâmbios. As bandeiras de *status* frequentemente são carregadas no nível do objeto para distinguir atualizações temporárias de transações completas e, também, de objetos sem sincronização. Com base nestas informações de *status*, uma transação de base identifica quais objetos foram criados, modificados ou deletados e mostra quais outros arquivos têm aqueles objetos dentro de si. Mecanismos alternativos podem ser aplicados para marcar com bandeiras os objetos afetados nos diferentes conjuntos de dados das aplicações. Após identificar as inconsistências potenciais, o tipo de transação de sincronização determina quais são manuais e quais são automáticas.

3.5.2 Funcionalidade dos servidores BIM

Os requisitos funcionais básicos para um servidor BIM são relativamente simples. Alguns são comuns à maioria dos sistemas de gerenciamento de bancos de dados. Outros são necessidades básicas articuladas nas indústrias de AEC. Todos os servidores BIM precisam suportar o controle de acesso e a propriedade das informações. Precisam suportar a variedade de informações exigida por seu domínio de aplicação. Os requisitos básicos para um servidor BIM podem ser resumidos da seguinte forma:

- *Gerenciar usuários* associados a um projeto, de modo que seu envolvimento, acesso e ações possam ser rastreados e coordenados com fluxos de trabalho. O *controle de acesso de usuários* oferece acesso e capacidade de leitura/escrita/criação em diferentes níveis de granularidade do modelo. A granularidade do acesso ao modelo é importante, pois ela identifica o quanto os dados do modelo devem ser apreendidos para que um usuário possa revisá-los.
- *Importar e analisar modelos BIM* em um formato de dados proprietário, como *.rvt ou *.dgn, ou em um formato padrão aberto, como *.ifc em instâncias de dados no

nível do objeto. Os arquivos importados podem ser salvos em seu formato original, bem como podem ser gerenciados em associação aos dados do projeto.
- *Consultar e exportar instâncias de dados no nível do objeto* em um servidor BIM como um arquivo modelo BIM independente, em um formato de dados proprietário, como *.rvt ou *.dgn, ou em um formato padrão aberto, como *.ifc.
- *Administrar instâncias de objeto* e lê-las, escrevê-las e deletá-las com base nos protocolos de transação atualizados.
- *Versões de controle de dados armazenados. Controle de versão* – uma capacidade de manter e gerenciar um registro de transações e alterações de dados é um fator crítico para o gerenciamento simultâneo de dados, especialmente em um ambiente com múltiplos usuários.

Um servidor BIM pode adicionalmente suportar as seguintes funções:

- *Visualizar os dados BIM no servidor.*
- *Suportar consultas visuais de dados BIM,* permitindo aos usuários pesquisar, revisar e selecionar visualmente as informações de que eles precisam diretamente de um modelo 3D visualizado e armazenado em um servidor BIM.
- *Suportar funções baseadas na* web *ou na nuvem* com um nível alto de segurança de proteção de dados contra ataques de *hackers* e vírus.
- *Suportar bibliotecas de produtos* para incorporação de entidades de produtos em modelos BIM durante o detalhamento do projeto ou fabricação.
- *Suportar o armazenamento de especificações de produtos* e outras informações sobre manutenção e serviço de produtos, para conectá-lo a modelos *as-built* para entrega aos proprietários.
- *Armazenar dados de comércio eletrônico* sobre custos, fornecedores, listas de remessas de pedido e faturas para a criação de *links* com aplicações.
- *Gerenciar formas não estruturadas de dados de comunicação* e multimídia: *e-mails*, registros telefônicos e anotações feitas em reuniões, programações, fotografias, faxes e vídeos.

Estas fornecem capacidades básicas e adicionais do conteúdo de um servidor BIM. No entanto, mais capacidades são necessárias para gerenciar modelos de objetos complexos e todos os seus dados auxiliares.

Os requisitos funcionais de um servidor BIM também podem ser discutidos pelo mercado. Acreditamos que o mercado de servidores BIM consiste em várias divisões, sendo pelo menos três baseadas em suas diferentes funcionalidades:

1. Um *mercado de projeto, engenharia e construção*. Este é o mercado central e é descrito com mais detalhes a seguir. É orientado a projetos, precisa suportar uma ampla gama de aplicações e ser capaz de suportar o gerenciamento e a sincronização de alterações.
2. Um *mercado de produtos feitos sob encomenda*, aplicado principalmente a produtos de engenharia desenvolvidos sob encomenda, como plantas de processamento, fabricação de aço, paredes-cortina, escadas rolantes e outras unidades pré-fabricadas e moduladas para um determinado produto. Contudo, este sistema deve acompanhar vários projetos e facilitar a coordenação de produção entre eles. Este mercado é simi-

lar aos mercados de sistemas de Gerenciamento de Ciclo de Vida do Produto (PLM, *Product Lifecycle Management*) dos pequenos negócios.
3. Um *mercado de operação e gerenciamento de instalações*, abordando o monitoramento de operações prediais, possivelmente capturando dados de sensor de uma ou mais instalações, com monitoramento em tempo real e comissionamento durante toda a vida útil da edificação.

Cada um desses mercados amadurecerá na próxima década, respondendo a seus diferentes usos e funcionalidades, responsáveis pela gestão de diferentes tipos de dados.

Abordaremos aqui as necessidades do primeiro dentre os três usos listados anteriormente: um servidor para projeto, engenharia e construção centrado na atividade projetual. É provável que seja o mais desafiador, com as mais diversas aplicações. Na prática, cada aplicação e participante do projeto não estão envolvidos na representação completa do projeto da edificação e de sua construção. Cada participante está interessado apenas em um subconjunto do modelo de informação da construção, definido como visões particulares de modelo da construção. De maneira semelhante, a coordenação não se aplica universalmente; apenas alguns usuários precisam conhecer leiautes de reforço nas especificações de concreto ou de solda. Os desenhos eram naturalmente divididos e os servidores de modelo seguirão essa tradição com vistas de modelo como suas especificações, onde a sincronização precisar ocorrer.

A arquitetura do sistema geral e os fluxos de intercâmbio de um servidor BIM idealizado são mostrados na Figura 3.7. Os serviços do servidor BIM são complicados pelos desafios de armazenamento dos dados necessários no formato apropriado a fim de arquivar e recriar os arquivos de projeto nativos exigidos pelas ferramentas de autoria BIM e ferramentas dos usuários. Os formatos neutros são inadequados para recriar os formatos de dados nativos usados pelas aplicações, exceto em poucos e limitados casos. Só podem ser recriados a partir dos conjuntos de dados de aplicações nativas, em função da heterogeneidade básica do comportamento incorporado às ferramentas de projeto de modelagem paramétrica. Assim, qualquer informação de intercâmbio em formato neutro, como os dados de modelo do IFC, deve ser ampliada ou associada aos arquivos de projeto nativos produzidos por ferramentas de autoria BIM. Os requisitos e intercâmbios mostrados na Figura 3.7 refletem os formatos mistos que precisam ser gerenciados.

Áreas futuras em que se espera que os servidores BIM proporcionem serviços importantes de sincronização automatizada incluem preparação e pré-verificação de conjuntos de dados para análises de múltiplos tipos, como análise de energia de envoltórios de edificações, distribuição interna de energia e simulação de equipamentos mecânicos; rastreamento de listas de materiais e aquisições; gerenciamento da construção; comissionamento da construção; e gerenciamento de instalações e operações. Além disso, estas capacidades do servidor também estarão aptas a conferir os modelos de projeto para determinar se cumprem os requisitos de informações para atender a vários momentos-chave de um projeto, como a proposta de construção ou a entrega ao proprietário após sua conclusão.

Enquanto os potenciais candidatos a servidores BIM podem ser avaliados em termos de capacidades prévias, outras considerações relativas à integração da aplicação, treinamento e suporte necessários fazem parte do cálculo do retorno do investimento (ROI).

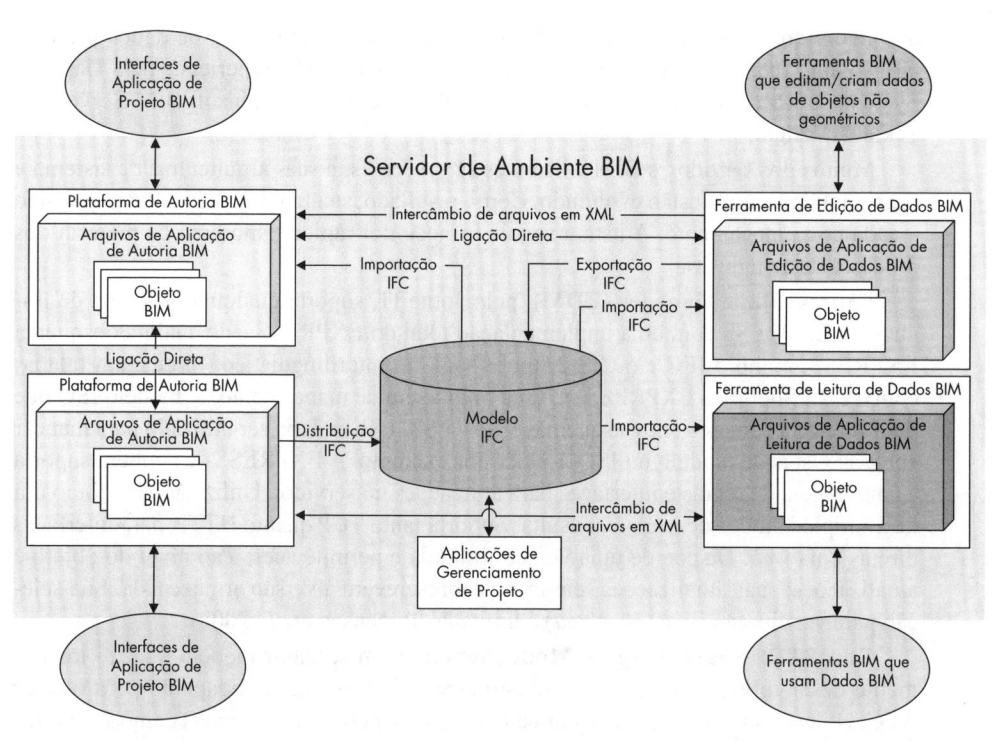

FIGURA 3.7 Exemplo de uma estrutura interna de intercâmbios suportada por um servidor BIM. A fim de suportar a sincronização, todas as ferramentas BIM devem ser acessíveis e verificadas pelo servidor. As transações ativas comunicam-se entre as aplicações para definir os itens de ação do projeto ou usuário. Em certos casos, as transações ativas podem iniciar atualizações. O sistema de gerenciamento da sincronização é controlado pelo administrador BIM.

3.5.3 Sobre o servidor BIM

A história dos servidores BIM é curta, pois os modelos de dados necessários ao desenvolvimento de um servidor BIM, como o IFC e o CIS/2, tornaram-se disponíveis somente em 1997 e 1999, respectivamente. O servidor de modelo IFC (IMSvr) – um dos primeiros servidores BIM – foi desenvolvido pela VTT, na Finlândia, e pelo SECOM, no Japão, em 2002 (Adachi, 2002). Paralelamente, um servidor BIM baseado no CIS/2 foi desenvolvido pelo Georgia Tech, nos Estados Unidos (You *et al.*, 2004). Esses servidores BIM foram desenvolvidos usando-se um sistema de gerenciamento de banco de dados relacional (RDB) como uma plataforma, e padeciam de longas transações, devido ao tempo exigido para converter a estrutura baseada em objeto do IFC e do CIS/2 em uma estrutura RDB, e vice-versa. Para superar o problema das longas transações dos servidores BIM baseados em RDB, vários servidores BIM foram desenvolvidos usando-se o banco de dados baseado em objetos (OODB, *Object-Oriented Database*), o banco de dados NoSQL e o banco de dados relacional baseado em objetos (ORDB, *Object-Relational Database*). Exemplos de tais servidores incluem o Express Data Manager (EDM) (Jotne EPM Technology, 2013), o Open BIMserver (BIMserver.org, 2012) e o OR-IFC (Lee *et al.*, 2014). São servidores BIM baseados no IFC, mas muitos outros servidores BIM também foram desenvolvidos ou estão em desenvolvimento utilizando-se modelos de dados proprietários como um banco de dados. Os exemplos incluem o 3D Experience pela Dassault Systems, o i-Model pela Bentley, o Graphisoft BIMcloud e Graphisoft BIM Server, e o Tekla BIMSight.

Muitos dos servidores BIM existentes são recentes, e suas arquiteturas de sistema e funcionalidade ainda estão evoluindo. Como resultado, sua funcionalidade está mudando a cada novo lançamento. A lista a seguir fornece um rápido panorama da maioria dos produtos desta indústria.

Express Data Manager (EDM), pelo Jotne IT, suporta qualquer esquema de linguagem EXPRESS com uma implementação total do EXPRESS e de qualquer esquema EXPRESS, como o IFC e o CIS/2. Inclui suporte multilinguístico (linguagem falada) com o IFC. Suporta a EXPRESS-X, uma linguagem de mapeamento do modelo ISO que permite o mapeamento entre esquemas EXPRESS. Isso poderia ser utilizado para mapear entre as vistas de modelo ou ISO-15926, por exemplo. A EXPRESS-X também suporta a conferência de regras e interfaces para aplicações no servidor. Utiliza MVDs como um de múltiplos modos de acesso/consulta. Suporta tanto TCP quanto HTTP, para interfaces diretas e na *web*. Dispõe de uma versão limitada e permite acesso ao nível do objeto e atualizações; suas atualizações sempre se sobrescrevem à versão armazenada. Sua seleção para verificação final (*checkout*) é limitada (Jørgensen *et al.*, 2008).

EuroSTEP Share-A-Space Model Server é um servidor modelo que foi inicialmente desenvolvido para a indústria aeroespacial, sendo então adaptado para o setor AEC. Utiliza o Oracle (em breve também usará o Windows SQL Server) como seu banco de dados anfitrião. É um servidor modelo de objetos que se baseia no IFC como uma representação interna, mas que também suporta modelos nativos no nível do arquivo; aplica o ISO10303-239 STEP e o OGC Product Life Cycle Support (PLCS) para o gerenciamento de alterações, criação de versões, consolidação, requisitos, *status*, etc. Utiliza o MS Biztalk para a comunicação baseada em XML e incorpora um portal do cliente na *web*. Suporta fortes capacidades de processos de negócios, para entidades de partes e produtos, testagem, requisitos, *status* e rastreamento de pessoas. Inclui serviços de *e-mail* e tem interessantes capacidades de fluxos de trabalho; inclui uma função Mapper que traduz uma vista de objeto para outra, implementada em XML e C#; suas importações podem ter regras associadas que se aplicam a atualizações de alterações que podem ser automáticas, parciais ou manuais. Incorpora o Solibri Model Checker para conferência de aplicações e requisitos; também usa o VRML para visualizações. Este sistema do tipo PLM está sendo adaptado a aplicações de AEC.

Open BIMserver, um servidor BIM de fonte aberta da TNO Netherlands e TU Eindhoven, suporta importações/exportações de IFC, que são a base da estrutura de dados do BIMserver. Inclui atualizações incrementais e gerenciamento de alterações. Disponibiliza uma interface de usuário fácil de usar (*web*) com o IFC Browser. Oferece a criação de versões IFC e pode retroceder no tempo para ver quem fez quais mudanças e quando. Suporta filtragens e buscas, como "selecione somente as janelas de um modelo", ou "selecione uma parede específica" utilizando Objectlinks diretos. Possui um serviço de cliente na *web* para exploração do BIMserver. Dispõe do SOAP (Simple Object Access Protocol) e do REST (que suporta o acesso a objetos baseados na URL) para a interface de serviço na *web*. Escrito principalmente em Java, atualmente é executado no Berkeley Database. Os *feeds* RSS são fornecidos para alertas de alterações em tempo real. Inclui algum suporte para bSDD. Está em desenvolvimento uma aplicação embutida para a identificação de conflitos. Suporta exportação CityGML de IFC Models para o CityGML, incluindo a BIM/IFC-Extension. Várias aplicações de clientes são baseadas no BIMserver: detecção de conflitos, renderização, interface de energia gbXML, KML, exportação de SketchUp para Google Earth, exportação XML e exportação COBie para entrega de operações de construção. O Open BIMserver é um sistema de compartilhamento com uma equipe de desenvolvimento de usuários e acesso ao código fonte.

Bentley i–Model é um formato extensivo XML com seus próprios esquemas para publicação DGN e outros dados da Bentley. Também está disponível um *plug-in* para gerar dados i-Model do Revit. Os dados i-Model podem ser derivados de modelos STEP, inclusive CIS/2, IFC e ISO 15926, bem como formatos de arquivo DWG e DGN. Isso proporciona uma plataforma para marcações e revisões, assim como para a integração de aplicações dentro da Bentley.

Graphisoft BIM Server e Graphisoft BIMcloud. A Graphisoft oferece tanto sistemas de gestão de projetos baseados na *web* quanto na nuvem, com simples controles de acesso ao projeto, gerenciamento de alterações e de versões para ArchiCAD e projetos baseados no IFC. A ferramenta baseada na *web* é chamada Graphisoft BIM Server, e a baseada na nuvem, Graphisoft BIMcloud. Os dois sistemas compartilham funções de gerenciamento de modelos básicos similares. A diferença é que o BIMcloud fornece mais funções de gestão e de ambientes de múltiplos usuários do que o BIM Server. A Graphisoft BIM Server é uma das primeiras grandes plataformas de projeto BIM com um repositório de segurança cuja unidade de gerenciamento são os objetos, em vez dos arquivos. Isso permite a seleção de um objeto a ser trabalhado, enquanto o servidor BIM gerencia os acessos e os bloqueios de acesso. Na maioria dos casos, a leitura de objetos e o uso de objetos de referência para contexto reduzem muito o escopo de cada transação. As atualizações são, então, limitadas aos objetos de fato modificados, reduzindo o tamanho da transferência de arquivos e o tempo necessário para realizar as atualizações. Todos os usuários podem ver graficamente o que os outros usuários reservaram. As atualizações são aparadas de objetos não alterados, chamadas de atualizações Delta. A sincronização é uma questão importante – quando as mudanças em um objeto são propagadas a outros que não podem ser reservados? O ArchiCAD oferece três opções: em tempo real e automática, quando os objetos são selecionados e trabalhados sem conferi-los; sincronização semiautomática, para os objetos conferidos e modificados, mas somente para aqueles solicitados; e sob demanda. Suporta o uso de arquivos DXF em 2D para coordenação.

Dassault 3D Experience. Outras indústrias têm reconhecido a necessidade de servidores de modelos de produtos. Sua implementação nas maiores indústrias – eletrônica, de manufatura e aeroespacial – levaram a uma indústria importante envolvendo o Gerenciamento de Ciclo de Vida do Produto (PLM). Estes sistemas são geralmente adaptados mediante engenharia de *software* personalizado para uma única companhia e normalmente envolvem a integração de sistemas de um conjunto de ferramentas, incluindo gerenciamento de modelo de produto, gerenciamento de inventário, rastreamento e programação de materiais e recursos, entre outros. Eles se baseiam em prover suporte ao modelo de dados em um dos poucos formatos nativos proprietários, possivelmente ampliados pelos intercâmbios baseados em ISO-STEP. Um exemplo é o Dassault 3D Experience. O Dassault 3D Experience fornece uma plataforma baseada na nuvem para múltiplas soluções de PLM, incluindo a Dassault CATIA e a Enovia SmartTeam. A falta de um produto pronto para uso que possa suportar organizações de pequena ou média escala tem sido uma limitação, mas o problema tem sido lentamente superado pela redução da barreira de custo.

BIM 360 Design é um ambiente de projeto colaborativo baseado na nuvem, fornecido pela Autodesk, que permite que vários usuários revisem e comentem um projeto. A Autodesk também oferece outros produtos BIM 360, que cobrem as diferentes etapas de um projeto. Por exemplo, o BIM 360 Field é uma plataforma baseada na nuvem para o gerenciamento do canteiro de obras, e o BIM 360 Glue é uma ferramenta de colaboração baseada na nuvem que pode compilar e visualizar modelos de diferentes finalidades para sua análise. Na época de escrita da série, a BIM 360 não estava totalmente integrada e alguns dos produtos BIM 360 não eram sistemas de gerenciamento no nível de objeto, mas o direcionamento do próximo passo era evidentemente rumo à integração destas ferramentas.

Konstru é um ambiente de projeto colaborativo baseado na *web* desenvolvido especificamente para suportar processos iterativos de projetos de arquitetura e engenharia de estruturas. Os usuários podem criar, editar e analisar modelos BIM utilizando ferramentas gerais BIM de projeto e de engenharia, além de atualizar o último modelo ao servidor Konstru usando o *add-on* Konstru embutido em cada ferramenta. O Konstru gerencia um histórico de modificações, o que permite aos usuários retornarem a uma versão específica. O Konstru suporta Tekla Structures, Revit, Rhino, Grasshopper, Bentley Ram, SAP2000, ETABS e Excel.

Além das ferramentas anteriormente mencionadas, existem muitos outros sistemas de gestão de projetos colaborativos no nível do objeto. Os exemplos incluem os sistemas de gerenciamento de requisitos de projeto, como o dRofus ou o Onuma System. Essas ferramentas serão apresentadas no Capítulo 5, BIM para Arquitetos e Engenheiros. Recentemente, as ferramentas de gerenciamento colaborativas no nível do arquivo têm ampliado sua capacidade de gerenciamento de dados ao nível do objeto, ao fornecer módulos que permitem aos usuários revisar e manipular os dados no nível do objeto. Outra boa análise das ferramentas de colaboração e funções do BIM pode ser encontrada em Shafiq *et al.* (2013).

3.6 TECNOLOGIAS DE INTERFACE

Quando o BIM foi apresentado pela primeira vez, a noção de um modelo BIM como uma "única fonte de informações" era frequentemente citada como um de seus principais benefícios. Rapidamente se tornou claro que os modelos BIM deveriam ser configurados de diferentes maneiras e exigiam conjuntos de informações distintos para propósitos diversos e para cada uma das fases de projeto. Assim, foram cunhados termos para distinguir modelos BIM para diferentes propósitos. Exemplos de tais termos incluem os modelos BIM de projeto, BIM de construção, BIM de gerenciamento de edificações, BIM de registro, BIM 4D (BIM para o planejamento e gerenciamento de cronogramas) e BIM 5D (BIM para estimativas de custos).

Outra lição aprendida foi que o modelo BIM não pode ser readaptado por meio de um simples processo de "troca" de modelos, mas exige um processo de "conversão" de modelo. A diferença é que cada uso pretendido do modelo – análise, simulação, etc. – exige novas informações. Durante um processo de conversão de modelo, em muitos

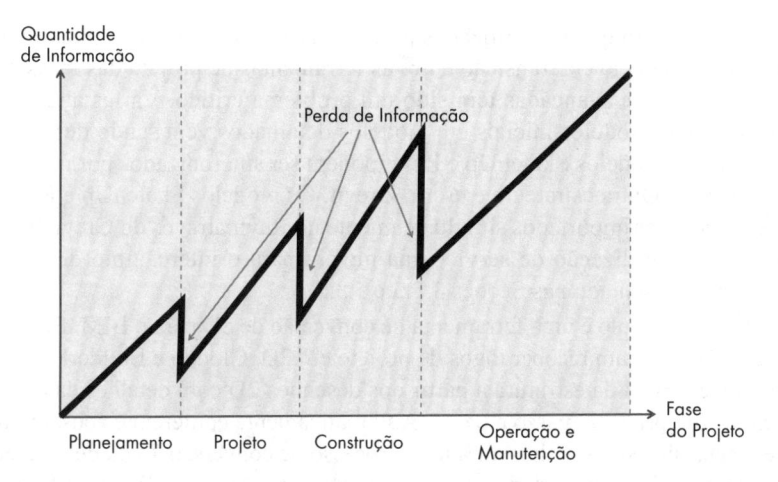

FIGURA 3.8 Perda de informação entre fases do projeto.
Adaptada de Teicholz, 2013.

casos a perda de informações é inevitável (Figura 3.8). As tecnologias de interface são ferramentas ou funções de *software* que preenchem tais lacunas entre os modelos BIM para diferentes propósitos e fases. Esta seção revisa brevemente duas abordagens para tecnologias de interface: a abordagem semiautomática e a abordagem semântica.

3.6.1 Abordagens semiautomáticas

Idealmente, informações faltantes ou recentemente requisitadas podem ser acrescentadas automaticamente quando alguém quiser reutilizar um modelo BIM para um propósito diferente daquele para o qual foi criado. Embora tais tecnologias de interfaceamento totalmente automático ainda estejam em um estágio de desenvolvimento inicial, estão disponíveis no mercado algumas maneiras semiautomáticas de preenchimento de informações faltantes ou recentemente requisitadas. Por exemplo, muitas ferramentas de análise de engenharia suportam a conversão ou o passo a passo semiautomático de um modelo de projeto para um modelo de análise (como um modelo de análise energética ou um modelo de análise estrutural). Ferramentas de detalhamento estrutural automatizadas, como Tekla Structures, SDS/2 e RAM Steel, são outros exemplos.

Algumas ferramentas como CATIA (Digital Project), GenerativeComponents e Grasshopper utilizam objetos de bibliotecas baseados na topologia para gerar e atualizar automaticamente elementos de construção. No CATIA, as bibliotecas baseadas em topologia são chamadas de *Knowledge Templates, Power Copies* e *User Features*.

Os requisitos funcionais para as ferramentas de projeto entre as fases preliminares e as mais avançadas de um projeto são significativos, e há diferentes processos de trabalho para essas etapas de um projeto. As ferramentas das fases de projeto iniciais precisam de ferramentas de estudo rápidas e de uso fácil, enquanto para as fases finais de projeto as ferramentas precisam de acurácia e modelagem baseadas em objetos. Exemplos de ferramentas de fases preliminares de projeto incluem o SketchUp e o Rhino. Exemplos de ferramentas de fases posteriores incluem Revit, ArchiCAD, AllPlan, Vectorworks e Digital Project, bem como um grande número de ferramentas de detalhamento que são utilizadas para as fases de execução de uma obra. A sincronização de modelo e a transição entre as ferramentas de projeto das fases preliminares e das fases mais avançadas têm sido um problema crítico. Várias abordagens para a conversão de modelos iniciais em modelos detalhados vêm sendo desenvolvidas. Por exemplo, os modelos SketchUp e Revit podem ser sincronizados por meio do Flux.io e do Dynamo. Outra estratégia é usar o Grevit. Os modelos SketchUp e Rhino-Grasshopper podem ser importados simultaneamente no Revit através do Grevit. Outro método possível é a utilização de serviços na nuvem para o intercâmbio de dados, como o Konstru, apresentado nas Seções 3.5.3 e 5.3.3.

Outro exemplo é uma ferramenta de conversão de 2D para o BIM. Em muitos projetos, ainda é comum receber jogos de projeto em 2D. Glodon e BuilderHub podem gerar um modelo BIM da estrutura a partir dos desenhos 2D com detalhes das armaduras por meio de um processo passo a passo. Automaticamente conferem e acusam qualquer discrepância entre os desenhos durante o processo de conversão. O modelo gerado automaticamente pode ser exportado a outras ferramentas BIM, como Revit ou Tekla Structures, pode ser vinculado a ferramentas de análise da estrutura para aperfeiçoá-la, e pode ser empregado para produzir quantitativos de material. A BuilderHub relatou que o processo de conversão do modelo poderia ser reduzido de três meses para um dia e que a taxa de erro na quantidade de armaduras também era reduzida de 10% para 1% em seus casos de estudo.

Em geral, os objetos de uma biblioteca BIM desenvolvidos por uma plataforma não podem ser utilizados em outras. BIMscript e LENA, desenvolvidos pelo bimobject.com, podem converter objetos BIM criados em uma plataforma para uso em outras plataformas. O BIMscript e o LENA também suportam os formatos IFC, 3DS e DWG.

Estes tipos de tecnologias de conversão de modelos automáticas e semiautomáticas estão rapidamente se desenvolvendo, pois reduzem o tempo e o esforço necessários para o preenchimento das lacunas de informações entre os modelos BIM para diferentes propósitos e fases do projeto.

3.6.2 Abordagens semânticas

Quando você olha para um modelo BIM no monitor ou faz um passeio virtual dentro dele, o que você vê? Isso depende muito de sua formação e experiência profissional, mas seja qual for a sua especialidade, em geral você consegue inferir mais informações sobre a edificação do que está explicitamente registrado no modelo. Por exemplo, um arquiteto que vê um espaço longo e estreito que se conecta a muitos recintos por meio de portas entende que se trata de um corredor, ainda que não esteja denominado ou que os objetos que delimitam o espaço não tenham sido definidos. Um engenheiro de estruturas que vê uma armadura longitudinal adjacente à face superior de uma viga que se apoia em um pilar sabe que a conexão entre a viga e o pilar é rígida. Os modelos contêm dicas – geométricas, topológicas, etc. – que as pessoas interpretam para construir sua percepção do modelo.

O enriquecimento semântico dos modelos BIM é a ideia de que as técnicas de inteligência artificial podem ser aplicadas aos modelos para complementar informações, interpretando seu conteúdo de uma maneira muito similar àquela que seria feita por um especialista humano e escrevendo informação inferida e implícita ao modelo. A falta de informações explícitas nos modelos é uma das razões pelas quais eles não podem ser utilizados diretamente para a revisão automática dos códigos de edificações e para outras aplicações que exigem informações extremamente definidas.

A suplementação de modelos com as informações necessárias de um caso de uso específico pode ajudar em situações nas quais não há uma rotina de exportação feita sob encomenda, em que arquivos de intercâmbio neutros (como os arquivos IFC) são inadequados, ou quando o arquivo fonte contém somente geometrias 3D. A ideia central dos fundadores da Industry Alliance for Interoperability (IAI, posteriormente chamada de buildingSMART) era estabelecer o padrão IFC como uma linguagem universal para todos os intercâmbios BIM. Infelizmente, devido a diferenças significativas entre os diversos domínios dentro da indústria de AEC, na maneira com que as pessoas entendem as construções, em como simulam o comportamento de uma edificação e, portanto, no modo como modelam de maneira conceitual os dados que representam as edificações, o padrão IFC teve que ser feito de modo muito genérico. Como resultado, há muitas maneiras pelas quais se pode representar um edifício no IFC, as quais não são uniformes (é a razão pela qual as MVDs são necessárias, como explicado na Seção 3.3.5).

A fim de entender rápida e facilmente esta limitação, abra um modelo BIM em seu software BIM favorito, exporte o modelo como um arquivo IFC, feche o modelo, abra um modelo em branco e, por fim, importe o arquivo IFC. O modelo final lembra o original que você exportou? Provavelmente parecerá ter a mesma geometria, mas tente usar os objetos importados com as funções padronizadas de seu sistema – insira uma janela, conecte uma viga, o que for –, e possivelmente descobrirá que o modelo que você tem agora é definitivamente menos funcional do que aquele com o qual começou. Este exercício é chamado de BIM *round trip* (viagem de ida e volta), e para todos os modelos, exceto os mais simples, não é possível ser feito com a tecnologia de interoperabilidade disponível no momento da escrita.

O enriquecimento semântico para os modelos BIM potencialmente supera estes problemas, pois permite a uma ferramenta BIM receptora inferir quaisquer informações necessárias, desde que sejam carregadas de modo implícito. Os tipos de informações que podem ser inferidas e adicionadas a um modelo BIM são:

1. Classificação do objeto (tipo)
2. Identificação do objeto
3. Propriedades e valores dos objetos
4. Geometria paramétrica
5. Relações de agregação (parte de)
6. Relações funcionais (conectadas a)
7. Relações associativas
8. Condicionantes paramétricos

Na engenharia mecânica, o enriquecimento semântico tem sido aplicado para transportar a intenção de projeto, modelado sob a forma de condicionantes paramétricos entre objetos (p. ex., a relação entre o diâmetro de um eixo e os diâmetros dos rolamentos que nele são montados), quando os dados são transferidos de uma ferramenta para outra. Este tipo de informação em geral não é carregado em modelos de dados de produtos padronizados; exige o enriquecimento semântico por parte da ferramenta CAD que a recebe. Tecnologias PLM inovadoras podem inferir tais relações a partir da geometria e da topologia espacial. Ferramentas como a Siemens Synchronous Technology (Siemens, 2014), por exemplo, podem usar dados de diversos sistemas CAD. Tendo um modelo gerado com abordagem de representação por fronteira (B-rep), a ferramenta consegue processá-lo em uma representação CSG baseada em características e, ao fazê-lo, inferir as dimensões paramétricas e os condicionantes que podem ser utilizados para posicionar e dimensionar seus objetos e controlar seus formatos.

No projeto e na construção de edificações, técnicas de raciocínio semântico e topológico têm sido aplicadas para consultar modelos e extrair subconjuntos de informações dos modelos BIM (p. ex., Won *et al.*, 2013a; e Borrmann e Rank, 2009). O enriquecimento semântico por meio da inferência de regras tem sido demonstrado com sucesso para domínios como a estimativa de custos de concreto pré-moldado e a reconstrução de modelos BIM de pontes a partir de arquivos CAD gerados de dados de nuvem de pontos. O aprendizado de máquinas com redes neurais artificiais tem sido aplicado com sucesso para classificar o uso dos espaços de apartamentos para licenciamento (Bloch e Sacks, 2018). É, no entanto, ainda um tema de pesquisas e desenvolvimento, que será discutido mais adiante no Capítulo 9.

Questões para discussão do Capítulo 3

1. Quais são as principais diferenças entre o DXF, como um formato de intercâmbio, e um esquema baseado em objetos, como o IFC?
2. Escolha uma aplicação de projeto ou engenharia que não tenha uma interface efetiva com uma ferramenta BIM de projeto que você usa. Identifique os tipos de informação que a ferramenta BIM de projeto precisa enviar para essa aplicação.
3. Amplie isto para refletir sobre o que pode ser retornado para a ferramenta BIM de projeto, como um resultado de execução desta aplicação.
4. Selecione um projeto básico de um objeto simples, como uma escultura de Lego. Usando o IFC, defina as entidades IFC necessárias para representar o projeto. Confira a descrição utilizando um interpretador de EXPRESS.
5. Para uma ou mais das atividades de coordenação a seguir, identifique a informação que precisa ser intercambiada em ambas as direções:

    a. Projeto da construção informado pela análise de energia do envoltório da edificação

    b. Projeto da construção informado por uma análise estrutural

    c. Modelo de nível de fabricação de aço que coordena com uma aplicação de programação de produção e rastreamento de materiais

    d. Projeto de concreto moldado *in loco* informado por um sistema de fôrmas modulares

6. Quais são as capacidades funcionais diferenciadas fornecidas por um servidor BIM quando comparadas a um sistema baseado em arquivos?

7. Explique por que o intercâmbio de arquivos entre sistemas de projeto usando o IFC pode resultar em erros. Como esses erros podem ser detectados?
8. Você é o gerente de um servidor de projeto BIM que tem um modelo de análise estrutural e um modelo de análise energética. Você faz uma alteração de posicionamento no modelo físico (de intenção arquitetônica). Como o processo de sincronização deveria funcionar a fim de tornar o modelo do ambiente BIM consistente?
9. Defina um cenário de intercâmbio de dados entre todas as aplicações de *software* que serão utilizadas em seu projeto. Isto se tornará uma seção de seu plano de execução BIM.

CAPÍTULO **4**

BIM para Proprietários e Administradores de Edificações

4.0 SUMÁRIO EXECUTIVO

Os proprietários podem obter benefícios significativos em projetos utilizando processos e ferramentas BIM para agilizar a entrega de edifícios de maior qualidade e melhor desempenho. O BIM facilita a colaboração entre os participantes do projeto, reduzindo erros e modificações em obra, levando a um processo de entrega mais eficiente e confiável, que diminui o tempo e o custo do empreendimento. Existem muitas áreas potenciais para as quais o BIM pode contribuir. Os proprietários podem utilizar um modelo de edifício e processos associados para:

- **Aumentar o desempenho e a sustentabilidade do edifício** por meio do projeto e análise de consumo de energia e iluminação baseados em BIM para melhorar o desempenho geral do edifício.
- **Reduzir o risco financeiro** associado ao projeto, usando os modelos BIM do arquiteto e/ou do construtor para obter orçamentos mais confiáveis e mais cedo e melhorar a colaboração entre a equipe de projeto.
- **Reduzir a duração do cronograma** da aprovação ao término utilizando modelos do edifício para coordenar e pré-fabricar partes do projeto, reduzindo o tempo da mão de obra no canteiro.
- **Suportar práticas de construção enxuta (*lean*)** que focam na geração de valor para proprietários, como o *target value design* e o desenvolvimento integrado de empreendimentos (IPD, *Integrated Project Delivery*).

- **Garantir a conformidade do programa** por meio de análises contínuas do modelo do edifício em relação aos requisitos do proprietário e aos códigos de construção locais.
- **Otimizar a administração e manutenção** de edificações exportando ou integrando modelos *as-built* relevantes e informações sobre os equipamentos aos sistemas que serão utilizados ao longo de toda a vida útil do prédio.
- **Suportar o valor do modelo BIM durante o ciclo de vida**, mantendo a precisão do modelo *as-built* à medida que são feitas alterações e acréscimos ao prédio durante sua vida útil.

Esses benefícios estão disponíveis a todos os tipos de proprietários e em quase todos os tipos de projeto. Todavia, a maioria dos proprietários ainda não percebeu todos os benefícios de uma abordagem de ciclo de vida ao BIM nem utilizou todas as ferramentas e processos discutidos neste livro. Mudanças significativas nos processos de entrega, escolha de prestadores de serviços e na abordagem para utilizar BIM nos projetos são necessárias para que os benefícios do BIM sejam obtidos. Os proprietários estão reescrevendo a linguagem contratual, as especificações e os planos de execução BIM (BEP, *BIM Execution Plans*) para incorporar o uso de processos e tecnologias colaborativas baseadas em BIM em seus projetos o máximo possível. A maioria dos proprietários que iniciaram esforços BIM (ou participaram deles) está colhendo os frutos no mercado de trabalho por meio de entregas mais rápidas e mais confiáveis de edificações com valor mais elevado e custos operacionais mais baixos. Junto a essas mudanças, alguns proprietários estão liderando de modo ativo esforços para a implementação das ferramentas BIM em seus projetos ao facilitar e dar suporte ao aprendizado do BIM para o desenvolvimento de suas edificações e para seus funcionários de *Facility Management* (FM, Gerenciamento de Facilidades).

4.1 INTRODUÇÃO: POR QUE OS PROPRIETÁRIOS DEVEM SE INTERESSAR PELO BIM

Os processos de produção enxuta e a modelagem digital revolucionaram as indústrias aeroespacial e de manufatura. Pioneiros na adoção desses processos, como a Toyota e a Boeing, alcançaram grande eficiência e sucesso comercial (Laurenzo, 2005). Aqueles que os adotaram mais tarde precisaram recuperar o atraso para poder competir e, apesar de as barreiras técnicas já não serem as mesmas encontradas pelos primeiros usuários, eles ainda enfrentaram modificações significativas em seus processos de trabalho.

A indústria AEC está enfrentando uma revolução semelhante, que demanda tanto transformações dos processos quanto uma mudança de paradigma – da documentação baseada em 2D e entregas em estágios para a modelagem e documentação digital que suporta processos de trabalho colaborativo. O fundamento do BIM são modelos coordenados e ricos em informações, que permitem a prototipagem virtual, análises e a construção virtual de um projeto. Essas ferramentas ampliam largamente as capacidades do CAD 3D e da modelagem de superfícies por meio da habilidade de associar informações do projeto a processos de negócio, como orçamentação, previsão de vendas e operação do edifício. Essas ferramentas suportam uma abordagem colaborativa, em vez de fragmentada,

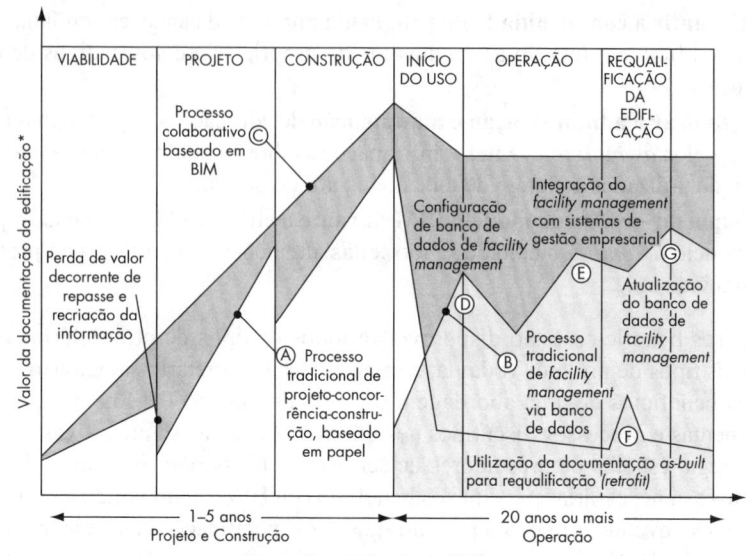

FIGURA 4.1 Comparação da qualidade das informações entre os processos de projeto baseados em desenhos e aqueles baseados no BIM durante a vida de uma edificação.

para o desenvolvimento de empreendimentos. Essa colaboração gera confiança e objetivos comuns que atendem ao proprietário, em vez de criar relacionamentos competitivos em que cada membro da equipe se esforça para maximizar seus objetivos individuais. Em contraste, com processos baseados em desenhos, as análises são feitas de modo independente da informação de projeto do edifício, muitas vezes exigindo entradas de dados repetidas, tediosas e propensas a erros. O resultado é a perda de valor dos ativos informacionais ao longo das fases e um maior esforço para produzir informação de projeto, como mostra o diagrama conceitual na Figura 4.1. Consequentemente, essas análises podem ocorrer fora de sincronia com a informação do projeto, levando a erros. Em processos baseados em BIM, o proprietário pode obter um retorno maior de seu investimento em decorrência da melhoria do processo integrado de projeto e construção, que aumenta o valor da informação em cada fase e permite uma maior eficiência da equipe de projeto. Além disso, os proprietários podem colher dividendos na qualidade do projeto, no custo e na futura operação da edificação.

Tradicionalmente, os proprietários não têm sido agentes transformadores na indústria da construção. Há tempos eles se resignaram com os problemas típicos dos empreendimentos imobiliários, como extrapolação de custos, atrasos nos cronogramas e questões relativas à qualidade (Jackson, 2002). Muitos proprietários consideram a construção como uma despesa relativamente pequena, quando comparada aos custos do ciclo de vida ou a outros custos operacionais que se acumulam com o tempo.

As empresas (profissionais de AEC) que prestam serviços para os proprietários frequentemente apontam a miopia dos clientes e suas constantes solicitações de modificações, que impactam na qualidade do projeto e nos custos e cronograma da construção. Essas mudanças em geral resultam de análises e simulações inadequadas durante a fase de elaboração dos projetos de arquitetura e complementares e dos processos de informação verticalizados que são frequentemente utilizados por serviços profissionais. Elas estão associadas ao uso de desenhos que são difíceis de manter alinhados à medida que as alterações são feitas.

Devido ao considerável impacto potencial que o BIM pode ter sobre esses problemas, o proprietário pode ser o maior beneficiário de seu uso. Assim, é fundamental que todos os tipos de proprietários compreendam como as aplicações BIM podem possibilitar vantagens competitivas e permitir que suas organizações respondam melhor às demandas do mercado, gerando maior retorno do capital investido. Nos casos em que os prestadores de serviços lideram a implementação do BIM – buscando sua própria vantagem competitiva –, os proprietários informados podem alavancar mais facilmente as especialidades e o *know-how* de suas equipes de projeto e construção.

A Tabela 4.1 traz um resumo das aplicações BIM revistas neste capítulo, a partir da perspectiva do proprietário, assim como os benefícios associados a elas. Muitas das aplicações mencionadas neste capítulo estão descritas em mais detalhes nos Capítulos 5, 6 e 7, bem como nos estudos de caso do Capítulo 10.

4.2 O PAPEL DO PROPRIETÁRIO EM UM PROJETO BIM

Nas próximas seções, apresentamos uma visão geral dos impulsionadores que motivam os vários tipos de proprietários a adotar tecnologias BIM e descrevemos as diferentes aplicações BIM disponíveis atualmente. Esses impulsionadores são:

- avaliação antecipada e frequente do projeto
- complexidade das *facilities*
- tempo de lançamento (tempo até a comercialização)
- confiabilidade de custos e gestão
- qualidade do produto, em termos de vazamentos, defeitos, manutenção sem garantia
- sustentabilidade
- gestão de ativos
- alterações nas *facilities* ao longo de sua vida útil

4.2.1 Avaliação de projeto

Deve ser possível aos proprietários gerenciar e avaliar o escopo do projeto em relação aos seus próprios requisitos em cada fase do empreendimento. Durante o estudo preliminar, isso frequentemente inclui a análise dos espaços. Mais adiante, envolve avaliar se o projeto proposto atenderá aos requisitos funcionais. Antigamente, essa avaliação se restringia ao uso de mídias 2D e se limitava a um processo manual, e os proprietários dependiam dos projetistas para "visitar" um projeto por meio de desenhos, imagens ou animações renderizadas. Os requisitos, entretanto, mudam frequentemente, e mesmo quando são claros, pode ser difícil para o proprietário garantir que todos eles foram atendidos.

Tabela 4.1 Resumo das áreas de aplicação do BIM e benefícios potenciais para todos os proprietários, sejam usuários ou incorporadores

Fornecedor de serviço (capítulos relevantes)	Áreas de aplicação do BIM específicas para proprietários	Impulsionador de mercado	Benefícios para todos os proprietários	Estudos de caso relevantes no Capítulo 10
Arquitetos e engenheiros (Capítulo 5)	Planejamento de espaços e conformidade com o programa de necessidades	Gestão de custos/complexidade do mercado	Garantia de que os requisitos do projeto sejam seguidos	NTU North Hills
	Análise energética (ambiental)	Sustentabilidade	Melhora da sustentabilidade e eficiência energética	
	Configuração de projetos/planejamento de cenários	Gestão de custo; complexidade da edificação e da infraestrutura	Comunicação da qualidade do projeto	
	Análise e simulação do sistema predial	Sustentabilidade	Desempenho e qualidade da edificação	
	Comunicação e revisão dos projetos	Complexidade do mercado e barreiras de linguagem	Comunicação	Todos os estudos de caso
Projetistas, engenheiros e empreiteiros (Capítulos 5 e 6)	Quantitativos e estimativas de custo	Gestão de custos	Estimativas mais confiáveis e mais cedo durante o processo de projeto	Desenvolvimento do Hospital St. Joseph
	Coordenação de projetos (detecção de interferências)	Gestão de custos e complexidade da infraestrutura	Redução de erros no canteiro e redução dos custos de construção	Hyundai Motorstudio Goyang
Empreiteiros e fabricantes (Capítulos 6 e 7)	Simulação de cronogramas/4D	Tempo de lançamento, escassez de mão de obra e barreiras de linguagem	Comunicação visual do cronograma	
	Controles do empreendimento	Controles do empreendimento	Rastreamento das atividades do projeto	NTU North Hills
	Pré-fabricação	Pré-fabricação	Redução do tempo de trabalho no canteiro e aumento da qualidade dos projetos	Hyundai Motorstudio Goyang NTU North Hills Hospital St. Joseph
Proprietários (Capítulo 4)	Análise de viabilidade futura	Gestão de custos	Aumento da confiabilidade dos custos	
	Simulação da operação	Sustentabilidade/gestão de custos	Desempenho e manutenção da edificação	
	Comissionamento e gestão de ativos	Gestão de ativos	Gestão de facilidades e de ativos	
	Melhoria nas edificações	Avaliação mais rápida	Finalização mais rápida	

Além disso, uma parcela crescente dos projetos envolve a modernização de instalações existentes ou a construção em espaços urbanos. Esses projetos normalmente geram impactos nas comunidades vizinhas ou nos usuários dos espaços existentes. Buscar opiniões de todos os interessados é difícil quando eles não conseguem interpretar adequadamente os desenhos e as tabelas. A seguir, é mostrado como os proprietários podem trabalhar junto com suas equipes de projeto para alcançar estes resultados:

- **Integrar o desenvolvimento de seus requisitos programáticos**. Durante a fase de elaboração do programa de necessidades e do estudo de viabilidade, os proprietários, trabalhando com seus consultores, desenvolvem programas e requisitos para os projetos. Eles frequentemente executam esse processo recebendo pouco retorno quanto à viabilidade da obra e aos custos de várias características do programa ou requisitos do projeto. Uma ferramenta em potencial para a facilitação desse processo é o BIMStorm (http://bimstorm.com/Data/), um ambiente e processo desenvolvido pela Onuma Systems, que permite aos proprietários, participantes múltiplos e outros envolvidos conceitualizar um projeto, solicitar entradas de várias fontes e avaliar em tempo real várias opções de projeto em termos de custo, tempo e sustentabilidade. A Figura 4.2 mostra uma dessas sessões. A equipe elabora um modelo conceitual do edifício para desenvolver um programa realista em tempo real.
- **Aumentar a conformidade ao programa por meio de ferramentas BIM de análise de espaços**. Os proprietários podem analisar rapidamente os espaços do projeto com ferramentas de projeto BIM. Com um modelo da edificação, pode-se comunicar em tempo real tanto através da espacialidade quanto de dados numéricos, permitindo a verificação da conformidade com os requisitos. Diferentes cores são definidas

FIGURA 4.2 Imagem de uma colaboração em equipe utilizando o Onuma Systems (OS) durante um evento BIMStorm.

Imagem fornecida por cortesia de Onuma Systems e do Computer Integrated Construction Research Program da Penn State.

FIGURA 4.3 Foto mostrando o proprietário (GSA) e juízes em um ambiente de caverna digital (realidade virtual) revisando interativamente o projeto.

Imagem fornecida por cortesia de Walt Disney Imagineering.

automaticamente para os cômodos, com base nas suas dimensões e função. Em alguns casos, a codificação por cores pode alertar os projetistas ou proprietários sobre espaços que excedem ou não atendem aos requisitos estabelecidos. Essa resposta visual é de grande importância durante o estudo preliminar e anteprojeto. Assim, o proprietário pode garantir que os requisitos de sua organização sejam cumpridos e que a eficiência operacional do programa seja atingida.

- **Receber opiniões mais valiosas das partes interessadas no projeto por meio da simulação visual**. Os proprietários frequentemente precisam de retorno adequado das partes interessadas no projeto que ou têm pouco tempo ou têm dificuldade para entender a informação fornecida sobre o projeto. A Figura 4.3 mostra juízes revisando o projeto de seu tribunal. A Figura 4.8 mostra uma visualização 4D de todos os andares de um hospital, para comunicar aos diferentes departamentos a sequência da construção, permitindo que informações sobre como as obras afetarão as operações do hospital sejam obtidas. Em ambos os projetos, o modelo do edifício e a rápida comparação de cenários melhoraram consideravelmente o processo de revisão. O uso tradicional de tecnologias de passeios virtuais em tempo real ou renderizados em alta qualidade é um evento que ocorre apenas uma vez, enquanto as ferramentas BIM e 4D tornam explorações de diferentes cenários muito mais fáceis e viáveis economicamente.
- **Reconfigurar e explorar rapidamente novos cenários de projeto**. É possível configurar cenários em tempo real em ferramentas de geração de modelos ou em ferramentas de configuração especializadas. A Figura 4.4 mostra um exemplo da capacidade de planejamento espacial automatizada da ferramenta Aditazz que usa os requisitos dos quartos para pacientes de um hospital combinados com os padrões de circulação de pacientes a fim de criar um leiaute de cômodos otimizado e obter

1. Defina os requisitos funcionais e espaciais

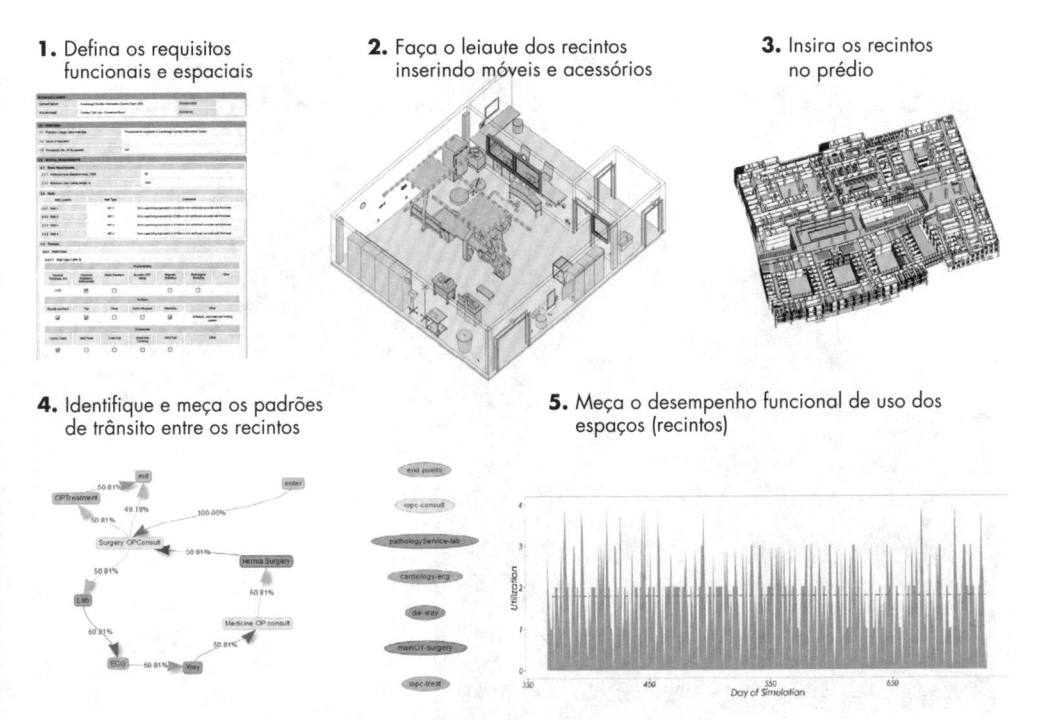

2. Faça o leiaute dos recintos inserindo móveis e acessórios

3. Insira os recintos no prédio

4. Identifique e meça os padrões de trânsito entre os recintos

5. Meça o desempenho funcional de uso dos espaços (recintos)

FIGURA 4.4 Exemplo de um planejamento de espaços automatizado com base nos requisitos conceituais até a simulação da circulação.

Imagem fornecida por cortesia de Aditazz, Inc.

resultados de uma simulação de circulação para determinado leiaute. Outra abordagem especificamente voltada para ajudar os proprietários a rapidamente avaliar a viabilidade de projetos de edificações alternativos é oferecida pelo sistema DESTI-NI Profiler, desenvolvido pela Beck Technology, Ltd. (http://www.beck-technology.com/products/destini-profiler/). Esse sistema começa com um modelo gráfico aproximado que permite uma avaliação expedita das alternativas que incorporam dados de custos e requisitos funcionais do proprietário. Isso é discutido em mais detalhes em outros exemplos neste capítulo.

- **Avaliar o uso da construção pré-fabricada e modular durante a fase do projeto.** A fim de tornar efetivo o uso de módulos pré-fabricados como uma alternativa à construção convencional (feita no canteiro de obras), essas opções são mais bem avaliadas durante a fase preliminar de projeto. Isso permite à equipe de projeto considerar o projeto, o tempo e as oportunidades de redução de custos criadas por componentes fabricados fora do canteiro que podem ser incorporados no modelo BIM de projeto. É difícil fazer isso após o detalhamento do projeto ter sido iniciado. Essa alternativa está ilustrada no estudo de caso do NTU Student Residence Hall, no Capítulo 10.
- **Simular a operação das instalações.** Além de passeios virtuais e simulações visuais, os proprietários podem precisar de outros tipos de simulação para avaliar a qualidade do projeto. Elas podem incluir comportamento de multidões ou cenários de

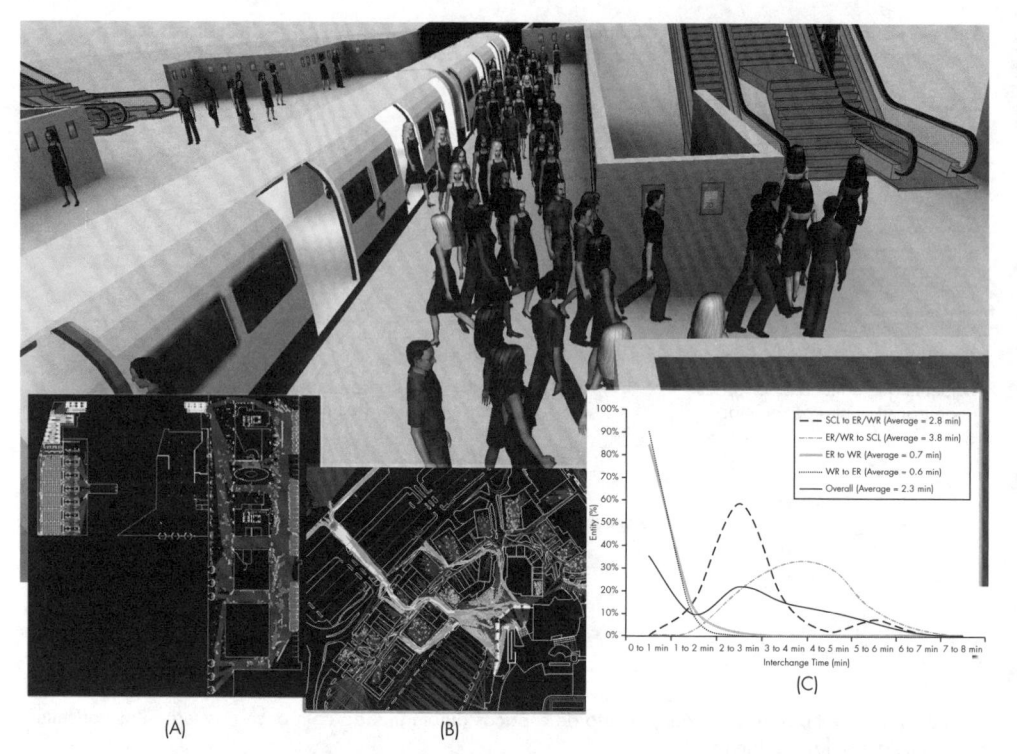

FIGURA 4.5 Exemplos de resultados visuais e analíticos do Legion Studio, com base em informações 2D e 3D do edifício. A renderização 3D principal mostra a simulação de uma estação de metrô durante o horário de pico de uma manhã em um dia de semana. (A) O mapa de um aeroporto usa retícula e tracejado para mostrar a velocidade média, com o cinza tracejado indicando movimento lento e o preto tracejado mostrando movimento de fluxo livre; (B) o mapa de um estádio, com rotas de acesso e lojas adjacentes, mostrando densidade média, com cinza tracejado e cinza indicando os locais de densidade mais alta; (C) um gráfico comparando tempo de baldeação de passageiros entre vários pares origem-destino.

Imagem fornecida por cortesia de Legion Limited.

evacuação em caso de emergência. A Figura 4.5 mostra um exemplo de simulação de comportamento de multidões para um dia típico em uma estação de metrô e a respectiva análise. As simulações utilizaram o modelo do edifício como um ponto de partida para a geração dos diferentes cenários. Essas simulações são trabalhosas e envolvem o uso de ferramentas e serviços especializados. Para instalações nas quais esses requisitos de desempenho são críticos, entretanto, o investimento inicial em um modelo de edifício pode se pagar em decorrência da entrada 3D mais precisa que as ferramentas especializadas exigem.

4.2.2 A complexidade da infraestrutura e do ambiente da construção

Edifícios e instalações modernos são complexos em termos de sua infraestrutura física e das estruturas organizacional, financeira e legal usadas para implantá-los. Códigos de construção complicados, questões de regulamentação e responsabilidades legais são comuns em todos os mercados imobiliários e frequentemente são gargalos ou barreiras significativas para equipes de projetos. Não raro, os proprietários precisam coordenar os trabalhos de desenvolvimento e aprovação do projeto simultaneamente. Ao mesmo tempo, a complexidade da infraestrutura das instalações tem crescido cada vez mais. Sistemas tradicionais da edificação (como condicionamento de ar, redes elétrica e hidráulica) estão sendo integrados com redes de dados e telecomunicações, sensores e medidores, e, em alguns casos, sofisticados equipamentos elétricos ou de fabricação. As ferramentas e os processos BIM podem auxiliar os esforços dos proprietários na coordenação da crescente complexidade da infraestrutura dos edifícios e dos processos regulatórios, por meio dos seguintes métodos:

- **Coordenação da infraestrutura com modelos 3D totalmente integrados dos sistemas prediais, da arquitetura e dos sistemas estruturais**. Um modelo da informação da construção permite a coordenação virtual de sua infraestrutura, para todas as disciplinas. O proprietário de uma instalação pode incluir representantes de suas equipes de manutenção e operações para fornecer informações e para revisar o modelo. O retrabalho causado por falhas de projeto pode potencialmente ser evitado. O estudo de caso do Hyundai Automobile Complex no Capítulo 10 demonstra como um proprietário pode trabalhar com uma equipe de construção a fim de coordenar sistemas complexos de concreto, aço e instalações utilizando modelos digitais 3D.
- **Produção de infraestruturas de maior qualidade e de manutenção mais fácil por meio da revisão interativa dos modelos coordenados**. Muitos proprietários precisam ir além da coordenação típica de instalações prediais para garantir que suas instalações prediais, dados/telecomunicações e equipamentos sejam facilmente acessíveis durante a manutenção. Isso é crucial para companhias que dependem muito desses sistemas, como empresas de caráter tecnológico e de biotecnologia, que demandam serviços confiáveis 24 horas por dia, 7 dias por semana. A revisão interativa de um sistema integrado BIM-FM permite que os proprietários acessem e simulem os procedimentos de manutenção virtualmente. Isso é discutido em detalhes no estudo de caso Howard Hughes Medical Center, no Capítulo 10.
- **Prevenção de litígios por meio da criação e aprovação colaborativas de modelos de informação de edifícios**. Atualmente, muitos empreendimentos recorrem a processos judiciais para resolver quem deve pagar pelos custos resultantes de mudanças. Esse tipo de questão inclui projetistas questionando modificações solicitadas pelo proprietário; proprietários afirmando que os projetistas não atenderam aos requisitos contratuais; e empreiteiros questionando a respeito do escopo do trabalho, falta de informação ou documentação projetual imprecisa. Os processos que se concentram em um modelo de construção podem mitigar essas situações simplesmente adaptando-se ao nível de precisão e resolução necessário para a criação de um modelo; o esforço colaborativo de se criar o modelo frequentemente leva a uma maior responsabilização dos participantes de um projeto.

4.2.3 Sustentabilidade

A tendência aos edifícios "verdes" está levando muitos proprietários a considerar a eficiência energética de suas instalações e o impacto ambiental geral de seus projetos. A construção sustentável é uma boa prática de negócio e pode gerar edificações mais facilmente comercializáveis. Modelos de edifícios fornecem várias vantagens sobre desenhos 2D, dada a riqueza da informação sobre os objetos necessária para executar análises energéticas e outras análises ambientais. Ferramentas específicas BIM para análises são discutidas em detalhes nos Capítulos 2 e 5. Da perspectiva do proprietário, os processos BIM podem ajudar a alcançar os seguintes objetivos:

- **Reduzir o consumo de energia por meio da análise energética.** Nos Estados Unidos, a iluminação, a calefação e o resfriamento de prédios correspondem a, aproximadamente, 40% do consumo energético total, uma parte significativa do custo operacional de um proprietário. Por isso, o investimento em sistemas de construção eficientes em energia, como os sistemas de controle, muitas vezes têm boa relação custo/benefício. O desafio ao fazer essas avaliações é calcular a verdadeira redução de consumo de energia que pode ser obtida por um projeto específico. Há muitas ferramentas para os proprietários avaliarem o retorno de investimentos em economia de energia, inclusive análise de ciclo de vida, e estas são discutidas no Capítulo 5. Apesar de essas ferramentas de análise não necessitarem obrigatoriamente de um modelo de edifício como entrada, este facilita muito o seu uso. O estudo de caso NTU North Hills, no Capítulo 10, ilustra os tipos de análises de conservação de energia que podem ser integradas por meio do uso das ferramentas BIM.

- **Aumentar a produtividade operacional com ferramentas de criação e simulação de modelos.** Projetos sustentáveis podem influenciar consideravelmente na produtividade dos ambientes de trabalho. Dos custos operacionais, 92% são gastos com as pessoas que trabalham nas instalações (Romm, 1994). Estudos sugerem que a iluminação natural em lojas e escritórios aumenta a produtividade e reduz o absenteísmo (Roodman e Lenssen, 1995). As tecnologias BIM fornecem aos proprietários ferramentas necessárias para avaliar as mudanças que precisam ser realizadas quando se considera o uso de luz natural e a redução do ofuscamento e do aquecimento pelo sol, em comparação com os custos e requisitos globais do projeto. Os projetistas da Sala de Concertos de Helsinque compararam diferentes cenários a fim de maximizar os benefícios potenciais de diferentes sistemas de envidraçamento. Uma vez finalizada a obra, os proprietários podem usar o modelo da construção e os dados de projeto para monitorar o consumo de energia e comparar o uso em tempo real.

4.2.4 Entidades de construção públicas: diretrizes de adoção do BIM

Existem muitas agências governamentais que criaram regulamentos e diretrizes para o projeto e construção de obras pelas quais são responsáveis. Essas normas cobrem os processos, procedimentos e entregáveis que se esperam de seus vendedores em cada fase de projeto, construção e faturamento. Para uma discussão mais aprofundada de algumas dessas diretrizes (em particular do GSA), ver o Capítulo 3 de *BIM for Facility Managers* (Teicholz *et al.*, 2013). Sacks *et al.* (2016) oferecem uma análise rápida de várias diretrizes BIM para o proprietário. Os tópicos a seguir são aqueles mais usuais em uma grande amostra de diretrizes das agências públicas:

1. **Interoperabilidade** (arquitetura aberta, gerenciamento de dados). Requisitos que estipulam como os prestadores de serviço fornecerão seus dados de modelos de construção e, especificamente, em que formatos, de modo que as informações possam ser trocadas entre os prestadores de uma equipe de projeto qualquer e entre o projeto e os clientes das informações mais adiante no processo, como aquelas pessoas envolvidas com a manutenção e operação da edificação.

2. **Papel do gerente de BIM** (gerente de coordenação do empreendimento, gerente do modelo do empreendimento, gerente do modelo BIM, facilitador BIM da equipe de projeto e construção). Quais são as responsabilidades e funções da(s) pessoa(s) indicada(s) para administrar os modelos de construção de um empreendimento?

3. **Modelos de colaboração** (coordenação, detecção de interferências). Alguns guias ditam como os parceiros de projeto devem colaborar, em certos casos definindo a forma de compartilhamento de informações e, em outros, apenas orientando como definir os formatos de contratação que devem ser utilizados (como IPD).

4. **Pré-qualificação dos projetistas** (proficiência em BIM). Qual é o conjunto mínimo de habilidades e experiências com BIM necessárias para que os projetistas e outros parceiros colaborem em um projeto BIM, e quais são os métodos para o estabelecimento de conformidade com esse conjunto?

5. **Funções do BIM ao longo das etapas de projeto** (fases de projeto). Quais são as principais fases de um projeto? Quais são os entregáveis em cada fase?

6. **Nível de desenvolvimento/nível de detalhamento** (nível de maturidade, requisitos de modelagem, nível de definição do modelo). A maioria dos guias especifica o nível pelo qual um modelo deve ser desenvolvido ou detalhado por parte de cada disciplina de projeto em casa fase do empreendimento.

7. **Requisitos de operação e manutenção** (Construction Operations Building Information Exchange [COBie]). Quais são os conteúdos e formatos das informações da construção exigidos para a entrega para as funções de operação e manutenção?

8. **Plano de execução BIM** (plano de trabalho para o BIM no empreendimento, plano de gestão BIM, diretrizes de aquisição de dados BIM, manutenção do modelo de informações do ativo [AIM]). Muitos guias pedem que cada equipe de projeto estabeleça um plano formal e específico para a integração do BIM nos fluxos de informação de um projeto, em vez de estipular essas condições no documento em si.

9. **Simulações** (análises, simulação, modelagem energética). Grande parte do valor do BIM se encontra na capacidade de fazer simulações computacionais do comportamento do edifício projetado a fim de conferir o cumprimento das especificações. Alguns dos documentos buscam garantir o uso dessas ferramentas exigindo simulações e análises específicas.

10. **Cronograma de pagamentos** (mudanças nos honorários de projeto). Ao se projetar com o BIM, os projetos geralmente são desenvolvidos com mais detalhes em um momento mais cedo no empreendimento do que seriam se estivessem utilizando ferramentas de projeto tradicionais. Alguns documentos, em particular aqueles preparados pelas organizações de clientes da construção, estipulam mudanças nos cronogramas de pagamento dos projetistas reconhecendo isso, antecipando um percentual dos honorários dos projetistas no ciclo de vida dos empreendimentos.

O Capítulo 8, Seção 8.4, contém uma discussão das diretrizes BIM (públicas e privadas) de várias partes do mundo.

4.3 GESTÃO DE CUSTO E TEMPO

4.3.1 Gestão de custos

Os proprietários frequentemente se deparam com situações de custos que ficam acima do esperado ou custos não previstos, que os forçam a realizar "engenharia de valor", a ampliar o orçamento ou a cancelar o projeto. Para mitigar o risco de extrapolação de custos e estimativas não confiáveis, proprietários e prestadores de serviços adicionam contingências às estimativas ou um "valor reservado para lidar com as incertezas que surgem durante a construção" (Touran, 2003). A Figura 4.6 mostra uma típica faixa de contingências que os proprietários e seus prestadores de serviços aplicam às estimativas, variando de 50 a 5%,

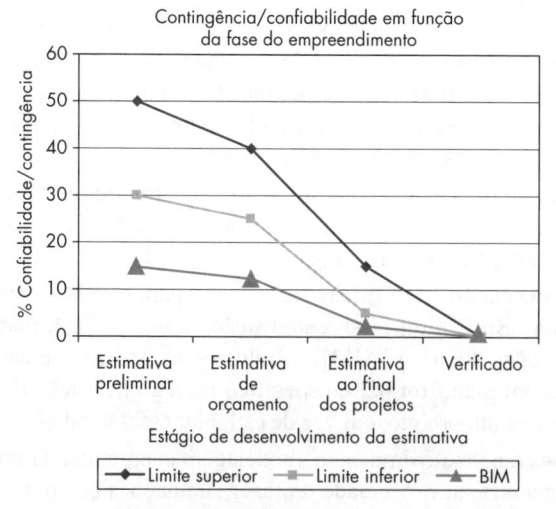

FIGURA 4.6 Gráfico mostrando os limites superior e inferior de contingências adicionadas pelos proprietários às estimativas de custos durante diferentes fases do empreendimento e o potencial aumento de confiabilidade associado às estimativas de custo baseadas em BIM.
Dados adaptados de Munroe (2007) e de Oberlender e Trost (2001).

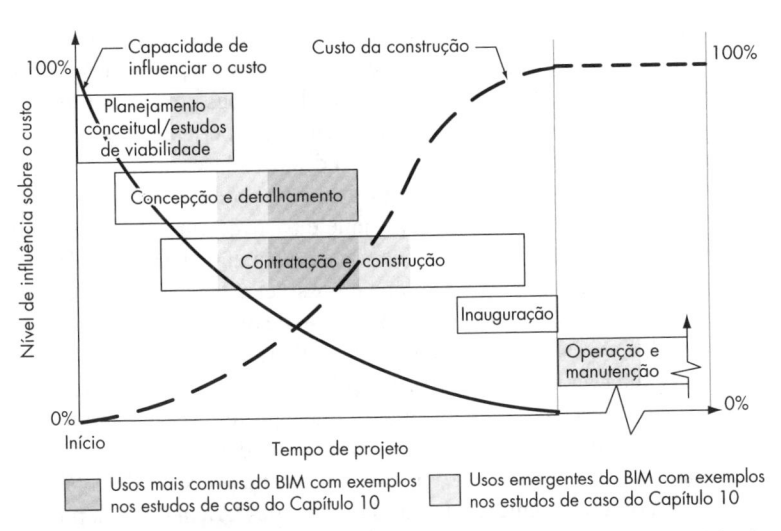

FIGURA 4.7 Influência do custo total do empreendimento durante o ciclo de vida do edifício.

dependendo da fase do empreendimento. Estimativas não confiáveis expõem os proprietários a um risco significativo e aumentam artificialmente todos os custos do projeto.

A confiabilidade das estimativas de custo é influenciada por vários fatores, incluindo condições de mercado que variam ao longo do tempo, tempo decorrido entre a estimativa e a execução, modificações nos projetos e questões relativas à qualidade (Jackson, 2002). A natureza precisa e computável dos modelos BIM proporciona uma fonte mais confiável para proprietários realizarem quantitativos e estimativas, além de realimentações de custo mais rápidas para modificações nos projetos. Isso é importante porque, nas fases iniciais no processo, como as de estudo de viabilidade e concepção, a possibilidade de influenciar os custos é a mais alta, como mostrado na Figura 4.7. Os orçamentistas citam falta de tempo, documentação pobre e falhas na comunicação entre os participantes do projeto, especialmente entre orçamentistas e proprietários, como as principais causas de estimativas deficientes (Akintoye e Fitzgerald, 2000).

Os proprietários podem gerenciar custos por meio de aplicações BIM para obter:

- **Estimativas de custo mais confiáveis nas fases iniciais do processo de projeto com estimação usando BIM conceitual**. Estimativas que utilizam modelos conceituais de informação do edifício, consistindo em componentes com informações sobre histórico de custos, produtividade e outras informações para estimativas, podem fornecer aos proprietários respostas rápidas em vários cenários de projeto. Estimativas precisas podem ser altamente valiosas nas fases iniciais do projeto, particularmente na avaliação do fluxo de caixa previsto e na busca de financiamento.
- **Estimativas mais rápidas, mais detalhadas e mais precisas com ferramentas de quantificação BIM**. Tanto proprietários quanto orçamentistas batalham para responder às modificações nos projetos e nos requisitos, e compreendem o impacto dessas mudanças no orçamento geral e nas estimativas do empreendimento. Ao as-

sociar o modelo de projeto aos processos de orçamentação, a equipe de projeto pode acelerar a extração de quantitativos e o processo de orçamentação como um todo e obter realimentação mais rápida sobre modificações propostas (ver os Capítulos 5 e 6). Há evidências de que ter um orçamentista experiente, que usa um *software* de orçamentação vinculado ao modelo BIM desde as fases iniciais do projeto, pode resultar em uma redução de tempo significativa e produzir orçamentos com pequenas variações entre o processo manual e aquele baseado em BIM. Isso também fornece um modelo visual que ilustra as bases para as quantidades incluídas na estimativa. Há estudos de caso que mostram que é possível estabelecer um percentual de contingência menor no orçamento devido ao uso de um projeto mais confiável e preciso usando BIM e a estimativa de custos baseada nele. No estudo de caso do Saint Joseph Hospital (ver o Capítulo 10), as equipes desenvolveram frequentes estimativas de custo baseadas em BIM para garantir que o projeto fosse mantido dentro do orçamento. Entretanto, os proprietários devem entender que quantificação e estimação baseadas em BIM são apenas o primeiro passo no processo de orçamentação, e não resolvem completamente a questão das omissões. Além disso, a precisão maior no levantamento de componentes oferecida pelo BIM não lida com condições específicas do canteiro ou com a complexidade da edificação, que dependem da perícia de um orçamentista para serem quantificadas. A estimativa de custos baseada em BIM ajuda o orçamentista de custos experiente a ser mais produtivo e preciso, mas não o substitui.

4.3.2 Tempo para o lançamento: gestão de cronograma

O tempo para o lançamento afeta todas as indústrias, e frequentemente a construção das instalações fabris é um gargalo. As organizações industriais têm requisitos bem definidos de tempo para o lançamento e devem explorar métodos e técnicas que permitem a entrega de prédios melhores, mais rapidamente e com menor custo. O BIM fornece aos proprietários e às suas equipes de projeto as ferramentas para automatizar, em parte, o projeto, simular operações e usar a pré-fabricação. Essas inovações – inicialmente dirigidas a instalações de manufatura ou processamento – agora estão disponíveis para instalações comerciais genéricas e seus prestadores de serviços. As inovações discutidas a seguir oferecem aos proprietários uma variedade de aplicações BIM que respondem às necessidades ligadas ao tempo de lançamento:

- **Reduzir o tempo para lançamento utilizando modelos paramétricos e o *target value design*.** Longos ciclos de construção aumentam o risco de mercado. Projetos que são financiados em períodos de condições econômicas favoráveis podem chegar ao mercado em um momento de recessão, impactando muito o retorno do investimento (ROI, *Return On Investment*) do projeto. Processos BIM, como projeto e pré-fabricação baseados em BIM, podem reduzir consideravelmente a duração do empreendimento, da aprovação até a finalização da obra. A natureza paramétrica e de componentes do modelo BIM torna mais fáceis as modificações no projeto e automáticas as consequentes atualizações da documentação. Quando o projeto paramétrico é combinado com modelos de custos baseados nos componentes em um modelo BIM, então é possível fazer iterações em um projeto a fim de avaliar rapidamente o custo previsto. O *target value design*, em particular, é facilitado pelo uso do BIM na elaboração de quantitativos e orçamentação, como ilustram a seção Trabalhando do Orçamento para Trás deste capítulo e o projeto do Hospital Temecula Valley (Do *et al.*, 2015).

- **Redução da duração do cronograma com a coordenação 3D e pré-fabricação.** Todos os proprietários pagam o preço de atrasos da construção ou da lentidão dos empreendimentos, seja em pagamento de juros de empréstimos, postergação dos rendimentos de locação ou de outros rendimentos de vendas de bens e produtos. No projeto do NTU Student Residence Hall (ver o estudo de caso, no Capítulo 10), a Nanyang Technological University (NTU, representada pelo NTU Office of Development & Facilities Management) teve de fornecer uma moradia para estudantes em um curtíssimo período de tempo: 26 meses. Eles decidiram utilizar a construção com volumes pré-fabricados e pré-acabados (PPVC, *Prefinished Prefabricated Volumetric Construction*) para criar uma residência estudantil com 1.660 unidades, com apartamentos e alojamentos. A aplicação do BIM para dar suporte à coordenação desde o início, à análise de construtibilidade (incluindo a pré-fabricação e o transporte) e à instalação no canteiro de obras melhorou o projeto, a manufatura e a produtividade em obra, resultando em uma previsão segura da entrega do projeto dentro do prazo previsto. Também deve-se observar que ocorreram algumas falhas significativas com o uso de soluções modulares quando o planejamento e a coordenação não ocorreram logo no início do processo de projeto.

- **Redução dos riscos relacionados ao cronograma com o planejamento baseado em BIM.** Cronogramas frequentemente são impactados por atividades que envolvem altos riscos, dependências, múltiplas organizações ou sequências complexas de atividades. Não é raro que isso ocorra em projetos como renovações de instalações existentes, onde a construção precisa ser coordenada com a operação normal do edifício. Por exemplo, uma gerenciadora de obra representando o proprietário usou modelos 4D (ver a Figura 4.8 e o Capítulo 6) para comunicar um cronograma de reforma para a equipe de um hospital e mitigou o impacto das obras sobre suas atividades (Roe, 2002). O uso do 4D durante a etapa de planejamento de um empreendimento pode melhorar o entendimento de decisões de projeto alternativas em termos das opções de custos, lucros e construção.

- **Respostas rápidas a condições de campo imprevistas com modelos BIM coordenados em 4D.** Os proprietários e seus prestadores de serviços costumam encontrar condições que mesmo os melhores modelos digitais não conseguem prever. Equipes utilizando modelos digitais muitas vezes estão em melhor posição para responder a essas condições imprevistas e retornar ao cronograma. Por exemplo, no projeto de um comércio de varejo, foi definido que ele deveria abrir antes do Dia de Ação de Graças, para o período de compras dos feriados de fim de ano. Três meses depois de iniciar, condições imprevistas forçaram o projeto a ser paralisado por 90 dias. O empreiteiro utilizou um modelo 4D (ver o Capítulo 6) para ajudar no planejamento da recuperação, para que a edificação fosse aberta em tempo (Roe, 2002).

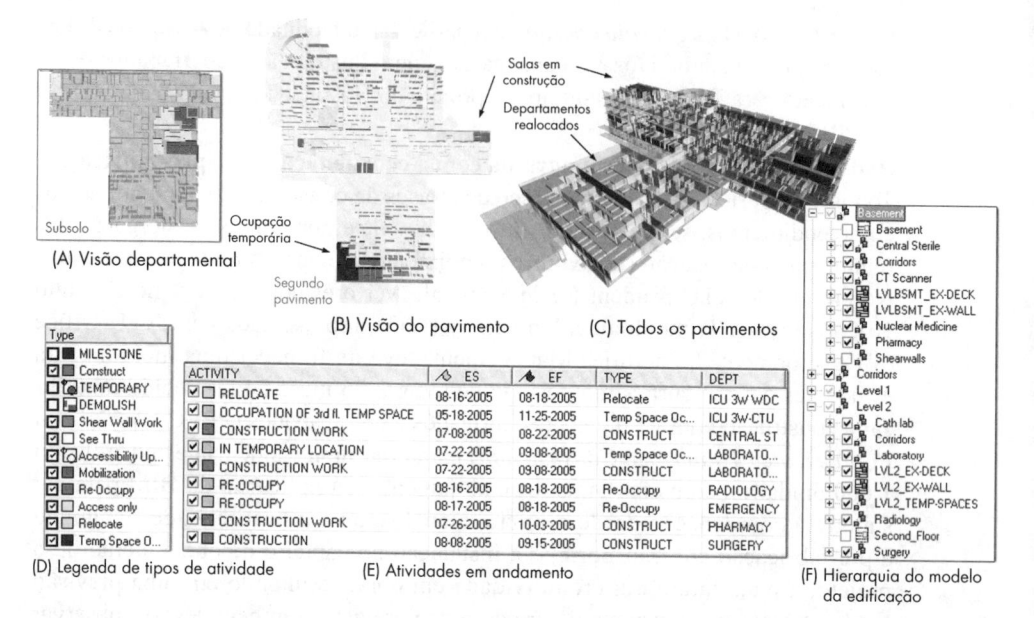

FIGURA 4.8 Visualizações de um modelo 4D para um edifício hospitalar de nove pavimentos, mostrando atividades de reformas concomitantes em diferentes pavimentos e departamentos: (A) visualização 4D de um departamento; (B) visualização 4D de um pavimento; (C) visualização 4D de todos os pavimentos; (D) legenda mostrando os tipos de atividades comunicadas pelo construtor e pelo proprietário no modelo 4D; (E) as atividades em andamento; e (F) a hierarquia 4D mostrando a organização por pavimento e departamento.

Cortesia da imagem: URS.

Trabalhando do Orçamento para Trás

Se existe algo que um orçamentista raramente houve é a frase "dinheiro não é o problema". Ao contrário, é raro encontrar um projeto no qual o orçamento não tem grande peso na tomada de decisões de projeto. Mas quando as firmas de construção ajudam os proprietários a aproveitar seu investimento ao máximo, elas não somente conseguem entregar um bom serviço, como também podem ganhar um cliente para toda a vida.

Em vez de permitir que o projeto conduza o orçamento – o que frequentemente resulta na necessidade da "engenharia de valor" em uma etapa de projeto posterior – o *target value design* é uma abordagem na qual o orçamento orienta as decisões de projeto, ocorrendo bem no início da pré-construção. Este conceito permite que toda a equipe de pré-construção comece com um custo estimado e validado em mente e, então, a partir desse valor, trabalhe em direção ao projeto, otimizando o orçamento do cliente.

Uma vez que o DESTINI Profiler da Beck Technology combina a modelagem 3D com custos amarrados a cada elemento de projeto, o *software* oferece uma ferramenta para os estimadores avaliarem o impacto de custo de várias opções de projetos e materiais, ajudando os proprietários a fazer escolhas realistas que entregam o máximo valor pelo dinheiro gasto.

Decisões de Projeto Embasadas, em Tempo Real

Na Yates Construction, o DESTINI Profiler desempenha um papel – chave no *target value design* para a administração da construção. Os orçamentistas frequentemente usam o *software* nas etapas preliminares de desenvolvimento de projeto, mostrando aos proprietários o que é possível dentro do orçamento estabelecido.

"Podemos reunir na mesma sala o arquiteto, os gerentes de obra e o proprietário, para em uma mesa – redonda, lançar um punhado de ideias e, então, fazer mudanças no projeto realmente rápidas", diz o orçamentista da Yates Stanley Wielgosz. "Se os proprietários dizem: 'E se fizermos isso? Podemos recuar esta parte do prédio? Adicionar todos esses cômodos? Como será o aspecto e quanto custará?', nós podemos mostrar o impacto durante a reunião utilizando o DESTINI Profiler."

Em um projeto de escola recentemente premiado, por exemplo, Yates inseriu desenhos básicos no DESTINI Profiler para criar um modelo 3D e, então, aplicou os custos nos elementos do banco de dados de custos da empresa.

"Apresentamos o modelo na frente do diretor de ensino e do auditor público", diz Wielgosz. "Eles ficaram muito impressionados com a aparência do modelo e com o fato de que o edifício já tinha os custos carregados nele. Se eles precisavam fazer modificações, podíamos orçar rapidamente com base no projeto mesmo nessa etapa preliminar. Nós os ganhamos com o imediatismo e a transparência."

O Perfil do *Target Value Design*

"Trabalhar com base em um orçamento garante que nos mantenhamos dentro dele, bem como nos permite oferecer aos clientes opções inteligentes e conscientes em termos de custo."

Em uma apresentação ao comitê diretor da escola, a equipe da Yates fez alterações ao vivo no modelo DESTINI Profiler, experimentando várias opções a fim de demonstrar como era possível fazer o orçamento render. Por exemplo, os orçamentistas conseguiram demonstrar visualmente como os clientes poderiam economizar cerca de 5 dólares por metro quadrado se escolhessem um material diferente para o forro das salas de aula. Eles conseguiram trabalhar "de trás para frente", ou seja, começando com o orçamento a fim de garantir que ele não fosse extrapolado no empreendimento escolar, mas ainda assim sugerindo opções de projeto conscientes em termos de custo.

Colaboração Entre Funções

O Diretor de Pré-Construção do Beck Group, Jeff Ratcliff, observa que as equipes de pré-construção e as equipes de projeto/arquitetura devem partir do mesmo ponto e ao mesmo tempo, além de manter a comunicação fluida e trabalhar juntas rumo ao mesmo objetivo. Embora a equipe de pré-construção seja mais voltada para custos e a equipe de arquitetura seja mais voltada para questões estéticas, o consenso desde o início é crítico para que o projeto se mantenha no rumo. Um aspecto-chave é que todos estejam envolvidos e focados na entrega de valor ao proprietário, diz Ratcliff. O DESTINI Profiler ajuda a tornar isso possível permitindo às equipes de pré-construção e projeto explorar as opções juntas e comunicar essas escolhas aos proprietários, de modo que eles possam tomar decisões bem embasadas.

Uma vez que o DESTINI Profiler contém dados históricos sobre o custo, inclusive pacotes de projeto para vários tipos de recintos, a equipe de pré-construção pode rapidamente criar um modelo com base em vários pressupostos e fornecer à equipe de projeto uma tabela de recintos baseada em um modelo. Os dados sobre os custos são divididos em tabelas de orçamentos, com metas de orçamento menores para vários elementos, como a cobertura, o exterior, o interior ou as obras de terraplenagem. A cada elemento é atribuída uma subequipe que toma as decisões sobre como chegar às metas de orçamento.

"Deixamos os arquitetos focarem na criatividade, e podemos facilmente estimar o custo dessa criatividade", diz Ratcliff. "Usar tabelas de orçamentos nos permite focar em metas enquanto orçamos as obras." A equipe multifuncional acompanha continuamente o progresso em relação ao orçamento original, atualizando os dados ao mesmo tempo que entende o impacto no custo de cada modificação.

4.3.3 Gerenciamento de informações de ativos e de *facilities*

Todas as indústrias estão enfrentando o desafio de entender como trabalhar a informação como um ativo, e os proprietários de instalações não são exceção. Hoje, a informação é gerada durante cada fase do projeto e é frequentemente reintroduzida ou produzida durante as entregas entre fases e organizações, como mostrado na Figura 4.1. Ao final da maioria dos empreendimentos, o valor dessa informação cai abruptamente, porque ela não é atualizada para refletir o que foi de fato executado (*as-built*), ou então está em um formato que não é facilmente acessível ou gerenciável. A Figura 4.1 mostra que um empreendimento envolvendo a criação e atualização colaborativa de um modelo de edifício terá menos períodos de entradas duplicadas ou chances para perda de informação. Os proprietários que visualizam todo o ciclo de vida dos seus empreendimentos podem usar modelos de edifícios de forma estratégica e efetiva para:

- **Comissionamento mais eficiente de um prédio**. Conforme a Building Commissioning Association (ver www.bcxa.org/), "o comissionamento de um prédio oferece uma confirmação documentada de que os sistemas prediais funcionam de acordo com os critérios estabelecidos nos documentos do projeto, satisfazendo as necessidades operacionais do proprietário". Infelizmente, o processo de comissionamento com base em registros 2D é muito trabalhoso e propenso a erros. Coletar todos os dados necessários sobre equipamentos e garantir que a versão seja a mais atual (que reflete todos os pedidos de alteração) pode levar muitos meses. Durante esse período, os dados dos sistemas de *facility management* não podem ser utilizados, e esse é um problema sério e que custa caro. Além disso, os dados 2D são armazenados em rolos de desenhos e arquivos relacionados, em papel. Eles são de acesso difícil e frequentemente não refletem as condições correntes no prédio (em particular após algum tempo). Isso é verdade mesmo quando os dados 2D são armazenados em arquivos em PDF nos computadores. Felizmente, há abordagens muito mais eficientes que envolvem o uso de dados BIM que são inseridos durante o processo de projeto e construção, e então são transferidos para sistemas de *facility management* (utilizando COBie ou outros formatos), ou diretamente integrados com o sistema FM ao término da obra. Um exemplo dos benefícios de um sistema BIM-FM integrado (p. ex., custos menores de manutenção, maior disponibilidade e melhores serviços aos clientes) é descrito no estudo de caso Howard Hughes, no Capítulo 10.

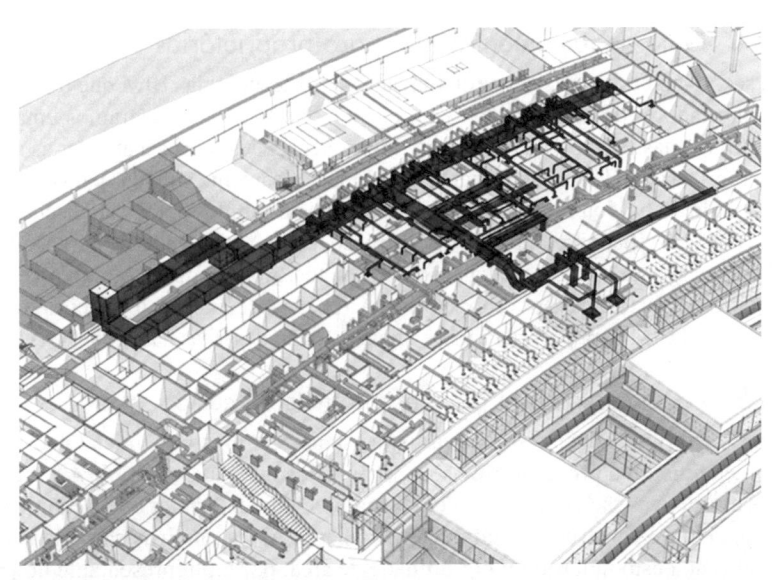

FIGURA 4.9 Exemplo de uso de um modelo de construção para o gerenciamento de ativos construídos, como os sistemas elétrico, mecânico e hidrossanitário. Se houvesse uma perda de energia nesse sistema, esta imagem rapidamente permitiria à equipe de gerenciamento de edificações mostrar todas as áreas impactadas pela falha.

Imagem fornecida por cortesia de Howard Hughes Medical Center.

- **Avaliar rapidamente o impacto de atividades de manutenção nas** *facilities*. Outro exemplo é o uso de modelos visuais e inteligentes para auxiliar gerentes de *facilities* a avaliar o impacto de falhas de sistemas em uma instalação. A equipe de manutenção do Howard Hughes Medical Center utilizou um sistema integrado BIM-FM para avaliar visualmente quais áreas seriam afetadas quando o fornecimento de energia elétrica fosse interrompido em um equipamento de distribuição de ar, como mostra a Figura 4.9. Também mostrou quais instalações (laboratórios e outros espaços) seriam afetadas e qual seria a melhor maneira de resolver o problema. Algumas delas são discutidas nos estudos de caso no Capítulo 10. Chan *et al.* (2016) descrevem um sistema inovador para acelerar a localização de defeitos desenvolvido em Hong Kong. O sistema integra o BIM, a topologia dos sistemas, tecnologia RFID e interfaces de aquisição de dados em tempo real, incluindo sensores sem fio de um sistema de automação predial (BAS), circuito fechado de televisão (CFTV) e um sistema de localização em tempo real. Ele oferece economias de tempo significativas (duas horas ou mais) na localização de defeitos em um sistema típico de ar-condicionado com problema. Isso representaria uma média de, pelo menos, 160 horas economizadas por ano nas respostas às 80 falhas operacionais dos 8 mil edifícios da Região Administrativa Especial de Hong Kong. O sistema encontra-se em suas etapas preliminares e ainda não foi totalmente implementado, mas efetivamente indica que a integração desses sistemas díspares pode ser útil em instalações complexas que exigem altos níveis de disponibilidade.

4.3.4 Guia de ferramentas BIM para proprietários

Nas seções anteriores, fizemos referência a várias tecnologias BIM que os proprietários e seus prestadores de serviço estão empregando. Nesta seção, mostramos uma visão geral das ferramentas BIM ou recursos dessas ferramentas destinados a atender às necessidades dos proprietários, além de ferramentas BIM especificamente voltadas para os proprietários. O Capítulo 3 abordou servidores de modelos; nos Capítulos 5 a 7, são discutidas tecnologias BIM específicas para projeto e construção, como ferramentas de geração de modelos, análise energética, 4D e coordenação de projetos. Aqui, a discussão aborda ferramentas específicas direcionadas aos proprietários. A Tabela 4.2 contém informações sobre algumas ferramentas BIM para proprietários, e algumas estão descritas nas seções a seguir.

4.3.5 Ferramentas BIM para estimativas de custo

Os proprietários utilizam estimativas para estabelecer uma base inicial para os custos do empreendimento e produzir previsões financeiras ou análises *pro forma*. Muitas vezes, essas estimativas são criadas no início do empreendimento antes que a equipe desenvolva um modelo de construção totalmente detalhado. As estimativas são criadas utilizando métodos de custo unitário ou por unidade de área, por um representante do proprietário ou um consultor de orçamentação. O DESTINI Profiler discutido previamente usa um modelo de construção conceitual para gerar estimativas e relatórios de custo. Os dados de custo unitário em que as estimativas são baseadas podem usar dados de empreendimentos anteriores ou da Beck Technology. O modelo pode ser modificado rapidamente para avaliar uma variedade de projetos alternativos.

O Microsoft Excel, entretanto, é o *software* mais utilizado para estimativas. Exportar dados de um modelo BIM em vez de extrair quantidades dos desenhos é uma maneira fácil de continuar usando os processos de estimativa existentes. Há muitos aplicativos que fornecem esta funcionalidade. Em 2007, a U.S. Cost forneceu aos seus clientes a funcionalidade de extrair informação de quantitativos a partir de um modelo de edifício criado no Autodesk Revit. Outro produto dirigido a proprietários é o CostX da Exactal (ver https://www.exactal.com/en/costx/products/costx/), que importa modelos de edifícios e permite que os usuários realizem quantificações automáticas e manuais. O Capítulo 6 traz uma visão mais detalhada sobre estimativas baseadas em ferramentas BIM.

4.3.6 Ferramentas de gestão de *facilities* e ativos

A maior parte das ferramentas de gestão de *facilities* existentes dependem das informações em poligonais 2D para representar os espaços ou dados numéricos inseridos em uma planilha. Da perspectiva da maioria dos gerentes de edificações, a administração de espaços, seus equipamentos relacionados e ativos não exigem informações 3D; mas modelos 3D e baseados em componentes podem agregar valor às funções de *facility management*.

Modelos de edifícios oferecem benefícios significativos na fase inicial de entrada das informações da instalação e na interação com essas informações. Com o BIM, os proprietários podem utilizar componentes do tipo "espaço" que definem fronteiras espaciais em 3D, reduzindo significativamente o tempo necessário para criar a base de dados da instalação, já que o método tradicional envolve a criação manual desses espaços após a conclusão do projeto. Esta foi uma contribuição muito importante para o projeto do Medina Airport, descrito no Capítulo 10, porque os espaços em um aeroporto são complexos e difíceis de descrever. O uso do modelo BIM para definir esses espaços e então

Tabela 4.2 Tabela de ferramentas BIM úteis para proprietários

Uso principal	Ferramenta	Empresa	Principais funções
Gestão de ativos	Maximo	IBM www.ibm.com/bs-en/ marketplace/maximo	Gestão de ativos Gerenciamento de ordens de serviço Aquisição e gestão de materiais Gerenciamento de serviços Gestão de contratos
	EcoDomus FM	EcoDomus, Inc. http://ecodomus.com/	Filtragem de informações por localização e disciplina Navegação 3D *on-line* Análise da documentação dos produtos Interface de escaneamento a laser BIM e Sistemas de Automação Predial (BAS) Buscas sobre acabamentos
	ARCHIBUS	ARCHIBUS www.archibus.com/	Gestão de espaços Gerenciamento de mudanças Gerenciamento de projetos Manutenção Gestão de imóveis e aluguéis Gestão de ativos
	FM:Systems	FM:Systems Group, LLC https://fmsystems.com/	Gestão de espaços Gestão de mudanças Gestão de projetos Manutenção Planejamento do portfólio de espaços estratégicos Monitoramento do consumo de energia ou água Gestão de imóveis e aluguéis Gestão de ativos Ferramentas móveis
	AssetWORKS Solutions	AssetWORKS www.assetworks.com/ iwms/operations-and-maintenance-*software*	Gestão de espaços Gestão de mudanças Gestão de projetos Manutenção Gestão de energia Planejamento de bens de capital Operação e manutenção Administração de móveis
	FAMIS	Accruent www.accruent.com/ products/famis	Aquisição de imóveis Aluguéis Gestão de projetos Operação e manutenção *Facilities management* Gestão de ativos Controle de inventário Gestão de espaços

(*continua...*)

Tabela 4.2 Tabela de ferramentas BIM úteis para proprietários (*Continuação*)

Uso principal	Ferramenta	Empresa	Principais funções
	WebTMA	TMA Systems www.tmasystems.com/products/webtmasolutions/	Gestão de requisições Gestão de materiais Gestão de projetos Gestão do tempo Gestão de contratos Painel executivo Planejamento de bens de capital Gestão de custódia Inspeções gerais Inspeções de recintos Gestão de utilidades Gestão de serviços de tecnologia da informação Base de conhecimentos Agendamento das *facilities* Gestão de chaves Agendamento de eventos Gestão de frota Soluções de sistemas de informações geográficas (GIS) Interface BIM
	Corrigo	Corrigo Inc. www.corrigo.com/	Soluções de FM baseadas na nuvem
	Operações prediais	Autodesk www.autodesk.com/products/building-ops/overview	*Software* para equipamentos móveis para gestão de ativos e manutenção de prédios para construtores e proprietários
Pré-orçamentação	DESTINI Profiler	Beck Technologies www.beck-technology.com/products/destini-profiler/	Orçamentação do projeto conceitual Modelagem 3D Avaliação de projeto
Gestão preliminar do tempo usando-se 4D	Synchro	Synchro Software https://www.synchroltd.com/	Planejamento 4D conectando cronograma ao modelo BIM conceitual, permite um entendimento melhor do planejamento da edificação. Pode ser estendido para o modelo BIM detalhado para o planejamento da construção
	Assemble vinculado ao P6 schedule	Assemble Systems + Oracle, Inc. https://assemblesystems.com/	Planejamento 4D, como descrito acima, mas com mais ênfase na fase de construção
Plano de Execução BIM	LOD Planner	LOD Planner https://www.lodplanner.com/	Desenvolvimento de um plano BEP que especifique o nível de desenvolvimento apropriado do modelo BIM em cada etapa de projeto e construção, os padrões a serem utilizados, etc.
FM baseado em IoT	BIM Watson IoT for FM	IBM https://www.ibm.com/internet-of-things/business-solutions/facilities-management	Análise de sensores de edificações (IoT)

(*continua...*)

Tabela 4.2 Tabela de ferramentas BIM úteis para proprietários (*Continuação*)

Uso principal	Ferramenta	Empresa	Principais funções
Cidade inteligente através de decisões embasadas	Virtual Singapore Platform	National Research Foundation of Singapore www.nrf.gov.sg/ programmes/virtual-singapore	Experimentação virtual e banco de ensaios Planejamento, tomada de decisões, pesquisa e desenvolvimento com o uso de um modelo 3D de cidade com informações semânticas
	The City of Seul, Big Data Platform	Cidade de Seul seoulsolution.kr/en/ content/7594	Análises de tráfego, terrenos ideais para empreendimentos e outros, usando-se *big data* Suporte para a elaboração de políticas de *marketing* para o turismo, políticas para o bem-estar de idosos e outras. Análise e melhoria do processo de administração da cidade

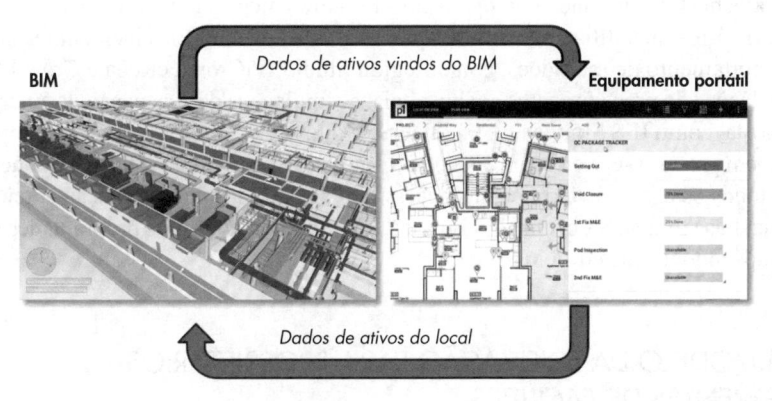

FIGURA 4.10 Ilustração de como os dados espaciais no modelo BIM do aeroporto de Medina puderam ser mostrados em computadores portáteis.

Imagem fornecida por cortesia de TAV Construction.

vinculá-los ao sistema de gestão de ativos foi uma importante vantagem para o proprietário. A Figura 4.10 ilustra como os dados espaciais no modelo BIM do aeroporto podem ser mostrados em computadores portáteis.

Conforme um artigo na ENR de maio de 2015, "em média, os proprietários de edificações nos Estados Unidos com condições pelo menos razoáveis de alavancar o BIM no *facilities management* relatam que os arquitetos e construtores estão utilizando o BIM em um percentual mais alto de seus projetos atuais – em média, cerca de 55% – do que os proprietários de edificações com menos capacidade de alavancar o BIM para esse uso, com uma média de 37% usando o BIM" (Jones e Laquidara-Carr, 2015). Portanto, é cada vez mais importante que os proprietários tenham capacidades em BIM para o gerenciamento de suas edificações.

A alavancagem de um modelo de informação da construção para *facility management* pode exigir o uso de ferramentas de gestão BIM específicas, ou ferramentas do tipo *add-on* de terceiros, como mostrado no estudo de caso do Medina Airport. Esse projeto ilustra como a equipe de manutenção do proprietário trabalhou com a equipe de construção para integrar um modelo de construção (Revit) com sua ferramenta Sistema

Computadorizado de Gestão de Manutenção (CMMS, *Computerized Maintenance Management System*) do IFS (www.ifsworld.com/us/solutions/), usando o *middleware* Eco-Domus-FM (ecodomus.com/products/).

Um dos desafios da passagem de dados do BIM para o CMMS é que as normas e os formatos de arquivo comuns nas ferramentas BIM nem sempre são prontamente aceitos pelas ferramentas CMMS. Um esforço de padronização, o COBie (ver o Capítulo 3), auxilia a carga de informações para manutenção.

O uso de BIM para apoiar o *facility management* ainda está no início, e apenas recentemente as ferramentas tornaram-se disponíveis para suportar esta área. Os proprietários devem trabalhar com suas organizações de *facility management* para identificar se suas atuais ferramentas podem suportar dados BIM ou se um plano de transição para uma ferramenta de *facility management* que suporta BIM é necessário.

4.3.7 Ferramentas de simulação da operação

Ferramentas de simulação da operação são outra categoria emergente de *software* para proprietários que utilizam dados de um modelo de edifício. Elas incluem ferramentas de comportamento de multidões, como Legion Studio, ViCrowd eRena e Crowd Behavior; simulações de procedimentos em hospitais; e simulações de evacuação de emergência ou resposta, como IES Simulex ou EXODUS. Muitas delas são fornecidas por empresas que também prestam serviços para executar a simulação e adicionar informações necessárias. Em todos os casos, as ferramentas necessitam de entradas de informação adicionais para realizar as simulações e, em alguns casos, elas extraem apenas as propriedades geométricas dos modelos de edifícios.

4.4 UM MODELO DA EDIFICAÇÃO PARA PROPRIETÁRIOS E GERENTES DE *FACILITIES*

4.4.1 O conteúdo das informações de um modelo BIM-FM

Além dos tipos de ferramentas BIM disponíveis, os proprietários precisam se familiarizar com o escopo e o nível de detalhe que desejam para o modelo da edificação que pode ser utilizado para atender aos requisitos de FM. A Figura 4.11 ilustra a função dos modelos desenvolvidos em cada etapa do ciclo de vida da edificação.

É importante entender que os modelos criados para projeto, construção e operação não costumam ser adequados ao gerenciamento de edificações pelas seguintes razões:

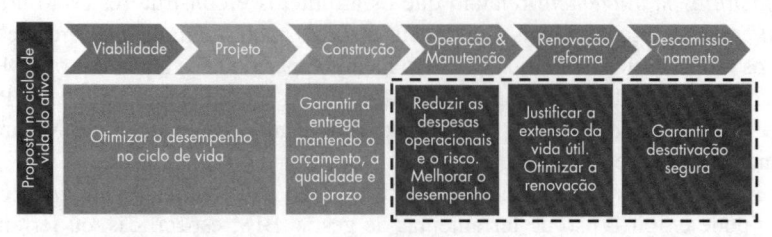

FIGURA 4.11 BIM para Operações e Manutenção, e como ele se relaciona com os outros modelos utilizados ao longo do ciclo de vida.
Imagem fornecida por cortesia de EcoDomus.

- O modelo de arquitetura carece de detalhes e informações sobre os dados dos sistemas e equipamentos, e muitos elementos do prédio não são modelados em razão da complexidade do processo de modelagem, ou não são considerados essenciais aos desenhos do projeto e à sua visualização.
- O modelo de construção normalmente contém informações demais sobre os detalhes construtivos que são irrelevantes para FM e faltam definições adequadas para a administração dos espaços, bem como informações e equipamentos de conectividade necessários para o FM.
- O modelo BIM *as-built*, se solicitado pelo proprietário, é criado pelo construtor, empreiteiros e fornecedores. Tradicionalmente, essa informação vem sendo fornecida como um conjunto de desenhos de trabalho que foram anotados a fim de refletir pedidos de modificação e alterações em campo, com folhas de especificações de equipamentos e desenhos de execução que os acompanham. Esse modelo representa a fonte mais confiável e serve de referência para a edificação que efetivamente foi construída.

A fim de fornecer orientação sobre como melhor integrar o BIM com as necessidades de FM, em 2015 foi formado o BIM FM Consortium como um grupo profissional e acadêmico com a expectativa de beneficiar-se da experiência das principais firmas industriais que trabalham com a FM:Systems, Inc. e o Georgia Tech (Kathy Roper) provendo orientações e supervisão geral. Suas sugestões para o modelo BIM-FM são as seguintes:

- O modelo BIM para FM deriva do modelo BIM *as-built*, com as seguintes modificações:
- Informações irrelevantes são removidas, inclusive os detalhes construtivos e os desenhos de construção. Essas informações podem ser obtidas do modelo *as-built*, caso necessário, mas, de resto, atrapalham o modelo BIM-FM.
- Quando modelos vinculados tiverem sido empregados para representar de modo distinto o núcleo do prédio, seus fechamentos externos e as melhorias feitas pelos usuários, eles devem ser agregados em um único modelo.
- Caso seja praticável, modelos vinculados representando a arquitetura, as instalações mecânicas, hidrossanitárias, elétricas, de proteção e combate a incêndio e os equipamentos especializados são agregados. No caso de grandes edificações, isso às vezes não é possível com a tecnologia atual, de modo que pode haver a necessidade de manter modelos múltiplos, que são vinculados.
- A numeração para ocupação das salas é derivada da numeração de construção com números coincidindo com a sinalização no prédio.
- Nos espaços para escritórios, postos de trabalho e escritórios são definidos separadamente das salas e são numerados por meio de um sistema de numeração para ocupação. Isso é fundamental para se relacionar os usuários dos escritórios a mesas de trabalho, cubículos e escritórios, e também é essencial para a administração de ordens de serviço.
- Os equipamentos de uma edificação são numerados com identificadores de ativos únicos.
- O modelo BIM-FM é vinculado ao sistema de *facility management*, o qual controla os pedidos de serviço ativos, as operações de manutenção, as informações de ocupação, os custos de substituição de equipamentos e materiais e outros dados relacionados às operações prediais.

4.4.2 Abordagens alternativas à criação de um modelo BIM-FM

Muito já foi escrito sobre a passagem de informações entre as fases de projeto, construção e operação. Há quatro estratégias básicas para a transferência de informações da construção ao *facility management* ou para a integração direta dessas informações:

1. Entrada manual de dados a partir dos desenhos, documentos dos fabricantes, etc., nos arquivos do CMMS. Isso é tedioso, propenso a erros e atrasa consideravelmente o uso dos sistemas CMMS após a entrega do prédio. É uma estratégia que não pode ser considerada seriamente no caso de prédios modernos de tamanhos médios ou grandes.
2. Transferência de dados de um modelo BIM a um sistema CMMS mediante o uso de algum formato padronizado, como o COBie.
3. Integração direta entre o BIM e o sistema de *facility management*.
4. Uso de um sistema *middleware* que se integre tanto com o sistema de autoria BIM quanto ao CMMS.

A transferência unidirecional para um CMMS vem sendo utilizada há vários anos, desde o desenvolvimento e o amadurecimento dos padrões COBie. O COBie foi desenvolvido pelo Corpo de Engenheiros do Exército dos Estados Unidos (USACE), e atualmente está sendo desenvolvido e mantido pela buildingSMART, oferecendo uma estrutura para os atributos de informações exigidos pelos principais sistemas da edificação. Vários desenvolvedores de *software* para BIM e *facility management* têm desenvolvido interfaces para a importação e exportação de dados COBie. Quando os dados COBie são exportados a um CMMS independente, contudo, os usuários devem estar cientes de que os dados deverão ser validados após a importação, uma vez que o sistema fonte não está integrado a um sistema destino. O padrão COBie também é uma referência útil para os atributos para rastrear vários tipos de equipamentos da edificação. Os usuários devem usar bom senso para determinar o subconjunto de atributos que podem ser mantidos atualizados. Uma abordagem enxuta aos dados BIM, rastreando as informações que são consideradas essenciais para a manutenção em execução, será mais bem-sucedida do que o acompanhamento de todos os atributos possíveis da totalidade de equipamentos. Para uma longa discussão sobre o COBie, ver East (2007) e Teicholz (2013).

Há vantagens significativas derivadas da integração direta do modelo BIM com o sistema de *facility management*. Elas incluem:

- **Uma melhor validação dos dados.** Com a conexão entre o BIM e os sistemas de *facility management*, os dados são validados na entrada, e não há necessidade de "fazer limpeza" antes de repassá-los.
- **Um melhor acesso aos dados BIM.** Os sistemas de *facility management* que fornecem funcionalidades de visualização da planta baixa e do modelo dão acesso do modelo BIM a qualquer um com acesso a um navegador *web*. Isso reduz radicalmente a necessidade de os funcionários de FM buscarem dados em desenhos e outros documentos.
- **Melhores atualizações na edificação.** Ao manter um modelo BIM funcionando ao longo da ocupação da edificação, o proprietário tem um registro preciso do prédio como base para futuras reformas e ampliações.

A abordagem com *middleware* oferece como vantagens a flexibilidade adicional ao suporte de várias visões dos dados do CMMS, como a visualização das instalações de climatização, quais sistemas impactam quais espaços, etc. Outra vantagem potencial é que interfaces de programação de aplicações (APIs) podem ser escritas para interfacear

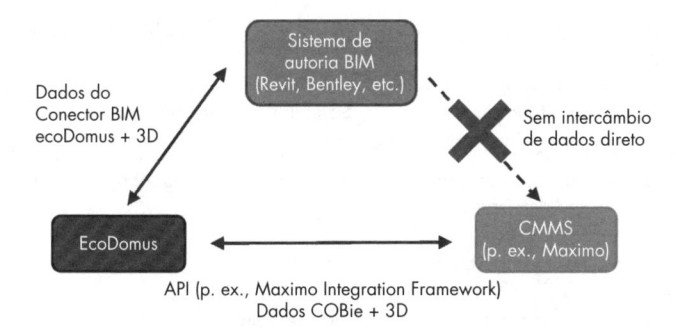

Capítulo 4 • BIM para Proprietários e Administradores de Edificações 157

FIGURA 4.12 Integração entre BIM e sistema CMMS, utilizando o sistema *middleware* EcoDomus.
Imagem fornecida por cortesia de EcoDomus.

com vários fabricantes de *software* BIM e CMMS, em vez de suportar apenas um vínculo direto. Isso oferece maior flexibilidade para atender às necessidades de um proprietário que talvez já esteja usando sistemas BIM e/ou CMMS existentes. Esse tipo de integração é ilustrado na Figura 4.12.

Na Figura 4.12, o grande X na ligação entre as ferramentas de autoria BIM e o CMMS reflete as várias razões pelas quais é difícil estabelecer e manter esse vínculo. Essas razões incluem:

- Os dados nos aplicativos de autoria BIM quase nunca são bons o suficiente para a passagem direta para o CMMS; eles exigem extensa preparação e "limpeza". Por exemplo, os padrões de atribuição de nomes utilizados para os equipamentos não são implementados nos modelos BIM e precisam ser inseridos ou revisados antes que possam ser utilizados pelo CMMS.
- Os ativos que não requerem manutenção não vão para o CMMS e, portanto, não são acessíveis ao pessoal de FM através de interfaces fáceis de usar.
- Os CMMS não suportam fases ou versões de modelo e frequentemente exigem complexos fluxos de trabalho para gerenciamento de mudanças.

Quando os sistemas BIM e FM são integrados, os dados sobre a edificação podem ficar localizados em qualquer um dos sistemas, mas não em ambos. É fundamental determinar a fonte de cada conjunto de dados. As diretrizes do BIM FM Consortium são mostradas na Tabela 4.3 (Schley *et al.*, 2016).

4.4.3 Classificação dos dados do modelo e padrões

Não importa a forma pela qual os dados BIM estão vinculados aos dados de um sistema FM, padrões são necessários para a nomenclatura dos dados no sistema integrado. Há padrões de nomenclatura existentes chamados de OmniClass que são úteis para essa abordagem (Tabelas 21 e 23); ver os exemplos nas Figuras 4.13 e 4.14. Muitos proprietários estabeleceram padrões de nomenclatura para seus sistemas FM anteriores (não integrados ao BIM), mas há benefícios significativos com o uso dos padrões OmniClass para facilitar o trabalho com consultores externos, vendedores e fornecedores que tenham adotado os padrões de nomenclatura da indústria. É altamente recomendável que cada organização implemente e cobre a adoção de normas bem definidas, que podem incluir

Tabela 4.3 Diretrizes para as fontes de informações da edificação em um sistema integrado BIM-FM

Modelo BIM-FM é a fonte de referência	Sistema de *facility management* é a fonte de referência
A estrutura do prédio e a arquitetura de base do prédio, incluindo suas paredes, portas, escadas, elevadores e áreas do núcleo de circulação vertical	Informações imobiliárias, inclusive os registros do imóvel e informações sobre o aluguel
Arquitetura de interiores, incluindo paredes, portas, pisos e tetos	Não se aplica
Recintos com numeração "conforme ocupados" consistentes com a sinalização no prédio. A numeração dos recintos deve ser única, para cada prédio	Não se aplica
Áreas de trabalho que incluem os escritórios divididos por paredes, mas também incluem postos de trabalho com planta livre. As áreas devem incluir números de identificação de espaços que são consistentes com os sistemas de administração da ocupação, para identificação dos espaços de trabalho dos usuários. A numeração dos recintos deve ser única, para cada prédio	Usuários com números de identificação únicos e números de posto de trabalho para referência. Informações para gerenciamento de mudanças, incluindo de onde, para onde, data da transferência e detalhes. Códigos de departamento ou do centro de custos
Equipamentos da edificação por tipo geral e dimensões com números únicos de identificação de ativos, para referência por outros sistemas. O modelo BIM também deve ter o número de modelo, fabricante e número de série dos principais equipamentos. O BIM costuma ser uma fonte confiável sobre a existência de um equipamento. Em outras palavras, ele é primeiramente colocado no BIM e, se for removido do prédio, retirado do modelo BIM	Informações sobre a garantia dos equipamentos, informações sobre a data de instalação, custos de reposição, valores dos ativos, cronogramas de depreciação e contratos de serviço. Cronogramas de manutenção preventiva dos equipamentos e resultados das inspeções. Pedidos de serviço e ordens de serviço. Acordos de nível de serviço (SLA) por atividade
Painéis de mobiliário, escrivaninhas e superfícies de trabalho, mas não acessórios, componentes, prateleiras ou gavetas	Não se aplica
Tomadas e interruptores com informações sobre os circuitos	Não se aplica
Luminárias com informações sobre os circuitos	Não se aplica
Aparelhos e tubulações hidrossanitários	Não se aplica
Sprinklers e sistemas de proteção contra incêndio	Não se aplica
Equipamentos especiais, como equipamentos para alimentação e equipamentos de laboratório	Não se aplica
Não se aplica	Informações sobre o usuário do sistema, inclusive sobre privilégios no sistema
Não se aplica	Cronogramas e custos para administração de projetos
Não se aplica	Informações sobre sustentabilidade, incluindo certificações e iniciativas sobre recursos
Não se aplica	Planos estratégicos
Não se aplica	Informações sobre a administração do ciclo de vida, incluindo a vida útil por sistema, os custos de substituição, os custos de conservação anual e as previsões de orçamento de capital

Capítulo 4 • BIM para Proprietários e Administradores de Edificações **159**

Tabela 21   Elementos

Número OmniClass	Título do Nível 1	Título do Nível 2	Título do Nível 3	Título do Nível 4	Referência na Tabela 22
21-04 40 30 70				Acessórios de Combate a Incêndio	22-10 44 43
21-04 50			Elétrica		22-26 00 00
21-04 50 10				Geração de Energia da *Facility*	
21-04 50 10 10				Sistemas Compostos de Geração de Energia	22-26 32 00
21-04 50 10 20				Equipamentos com Bateria	22-26 33 00
21-04 50 10 30				Coletores Fotovoltaicos	22-26 31 00
21-04 50 10 40				Células de Combustível	22-48 18 00
21-04 50 10 60				Filtragem e Condicionamento da Energia Elétrica	22-26 35 00
21-04 50 10 70				Disjuntores	22-26 36 00
21-04 50 10 90				Componentes Extras da Geração de Energia Elétrica do Prédio	
21-04 50 20				Instalações Elétricas e Distribuição	
21-04 50 20 10				Instalações Elétricas	22-26 21 00
21-04 50 20 30				Distribuição de Energia Elétrica	22-26 20 00
21-04 50 20 70				Aterramento do Prédio	22-26 05 26
21-04 50 20 90				Instalações Elétricas e Componentes Extras de Distribuição	
21-04 50 30				Energia Elétrica de Uso Geral	
21-04 50 30 10				Sistema de Ramais de Eletricidade	
21-04 50 30 50				Acessórios de Fiação	22-26 27 26
21-04 50 30 90				Componentes Extras de Distribuição do Sistema de Energia Elétrica de Uso Geral	
21-04 50 40				Iluminação	22-26 50 00
21-04 50 40 10				Controles de Iluminação	22-26 09 23
21-04 50 40 20				Fiação dos Ramais de Iluminação	
21-04 50 40 50				Luminárias	22-26 50 00
21-04 50 40 90				Componentes Extras da Iluminação	

FIGURA 4.13   Parte da Tabela 21 da OmniClass.
Cortesia de OmniClass Development Committee.

Tabela 23 Produtos

Número OmniClass	Título do Nível 1	Título do Nível 2	Título do Nível 3	Título do Nível 4	Título do Nível 5	Título do Nível 6	Título do Nível 7	Sinônimo
23-25 69 13				Equipamentos Científicos e de Laboratório				
23-25 69 13 11					Microscópios			
23-25 69 13 11 11						Microscópios Acústicos		
23-25 69 13 11 13						Microscópios Binoculares		
23-25 69 13 11 13 11							Microscópios Binoculares de Contraste	
23-25 69 13 11 13 13							Microscópios Compostos Leves Binoculares	
23-25 69 13 11 15						Equipamento de Inspeção com Boroscópio		
23-25 69 13 11 17						Microscópios Compostos (Ótico e de Elétrons)		
23-25 69 13 11 19						Microscópios de Campo Escuro		
23-25 69 13 11 21						Microscópios com Imagem Digital		

FIGURA 4.14 Parte da Tabela 23 da OmniClass.

Imagem fornecida por cortesia da OmniClass Development Committee. Informações adicionais sobre as tabelas OmniClass estão disponíveis em http://www.omniclass.org/.

convenções de nomenclatura, formatos e classificações. As diretrizes do BIM FM Consortium contêm informações específicas sobre os padrões OmniClass, como segue:

- O OmniClass Construction Classification System é reconhecido pelo setor da construção civil como a fonte de referência para a classificação de informações relacionadas à construção de edificações. As Tabelas 21 e 23 da OmniClass são benéficas para o proprietário da edificação e o uso de ambas pode ser necessário, uma vez que elas servem a diferentes propósitos.
- A Tabela 21 – Elementos da OmniClass é recomendada como uma estrutura geral para informações sobre o BIM. Os elementos são sistemas ou conjuntos principais e, portanto, se prestam à migração de informações do projeto conceitual até a construção e operação da edificação. A Tabela 21 se baseia no sistema Uniformat, que foi desenvolvido na década de 1980 para orçamentação de projetos na etapa de definição do conceito de arquitetura.

A Tabela 23 – Produtos também é relevante como classificação para equipamentos prediais e produtos manufaturados finais. Os fabricantes estão começando a oferecer conteúdos BIM que podem ser baixados, os quais costumam ser classificados conforme a Tabela 23. Essas tabelas também são utilizadas no padrão Construction Operations Building Information Exchange (COBie).

4.5 CONDUZINDO A IMPLEMENTAÇÃO DO BIM EM UM EMPREENDIMENTO

Os proprietários controlam a seleção dos prestadores de serviço de projeto, o tipo de contratação e os processos de entrega, além das especificações e requisitos gerais de uma *facility*. Infelizmente, muitos proprietários aceitam o *status quo* tradicional e podem não perceber sua capacidade para mudar ou controlar o modo como um edifício é desenvolvido. Eles podem inclusive não ter consciência dos benefícios que podem ser obtidos de um processo BIM.

Os proprietários mencionam desafios relacionados a mudanças em contratos padronizados de projeto ou construção produzidos por associações encarregadas, como o Instituto Americano de Arquitetos (AIA) ou a Associação de Empreiteiros (AGC). O governo norte-americano, por exemplo, enfrenta muitas barreiras para modificar contratos, já que estes são regidos por agências e órgãos legisladores. Esses desafios são reais e o AIA, a AGC e agências federais como a GSA e o Corpo de Engenheiros do Exército Americano estão trabalhando no sentido de instituir os métodos de contratação necessários para suportar modos de contratação mais integrados e colaborativos (ver os Capítulos 5 e 6 para uma discussão desses esforços). Ainda assim, os estudos de caso e os vários projetos citados neste livro demonstram uma variedade de formas pelas quais os proprietários podem trabalhar dentro dos arranjos contratuais atuais e superar as barreiras apresentadas na Seção 4.6. A liderança e o envolvimento dos proprietários são pré-requisitos para o uso otimizado do BIM em um empreendimento.

A abordagem do desenvolvimento integrado de empreendimentos (IPD) para a contratação de projetos de construção (introduzida no Capítulo 1, Seção 1.2.4) busca alcançar uma íntima colaboração entre todos os membros de uma equipe de projeto. O BIM tem se mostrado uma tecnologia-chave para equipes que trabalham com IPD. O papel do proprietário ao iniciar e apoiar projetos IPD é crucial e começa já no primeiro contrato, que às vezes é chamado de "Acordo Integrado para Desenvolvimento Enxuto de Empreendimentos" (*Integrated Form of Agreement for Lean Project Delivery* – IFOA; Mauck *et al.*, 2009). Também há contratos IPD publicados por entidades como o AIA e ConsensusDocs (ConsensusDocs 300 series). Uma excelente discussão de como o IPD pode dar suporte às necessidades do proprietário de análise das questões contratuais pode ser encontrada em um ensaio redigido por uma equipe de advogados que têm experiência considerável com essa forma de contratação (Thomsen *et al.*, 2007). As questões legais associadas ao BIM em geral e ao uso de um contrato IPD em particular são discutidas em detalhes no Capítulo 4 de *BIM for Facility Managers* escrito por Kimberly Agular e Howard Ashcraft (Teicholz *et al.*, 2013). Esses autores abordaram as seguintes questões relacionadas ao proprietário:

1. Qual é o *status* contratual do modelo (incluindo o papel do plano de execução BIM)?
2. Quem é o proprietário das informações do modelo (durante e após sua transferência)?
3. Quem possui os direitos de propriedade intelectual gerados durante o projeto?
4. O uso do BIM aumenta os riscos dos participantes do empreendimento (inclusive do proprietário)? Como eles podem ser mitigados?

O contrato IPD geralmente define as ferramentas de *software* BIM que os vários membros usarão, assim como as soluções de servidores de compartilhamento de informações que o projeto suportará para o benefício da equipe como um todo. Com os contratos IPD, o proprietário desempenha um papel ativo ao longo de toda a vida do projeto, participando na tomada de decisões em todos os níveis. As ferramentas BIM são essenciais para que os proprietários entendam as intenções e as considerações dos projetistas e construtores que compõem a equipe IPD. O IPD será discutido com mais detalhes nos Capítulos 1, 5 e 6 (Seções 1.2.4, 5.2.1 e 6.3).

Os proprietários podem entregar o máximo valor para suas organizações ao revisar e desenvolver diretrizes BIM, ao construir lideranças e conhecimento internos, ao selecionar prestadores de serviços com experiência e *know-how* em projetos BIM, ao educar a rede de prestadores de serviços e ao modificar requisitos contratuais. Felizmente, a crescente adoção do BIM e o uso de equipes de projeto integradas e contratos que exigem forte colaboração estão tornando isso mais comum e mais fácil de ser alcançado.

4.5.1 Desenvolva diretrizes para o uso do BIM nos empreendimentos

Muitas organizações, em particular aqueles proprietários que constroem e gerenciam várias edificações, vêm desenvolvendo diretrizes para o BIM. Essas diretrizes contêm os seguintes componentes-chave:

- Identificação dos objetivos para uso do BIM e seu alinhamento com os objetivos organizacionais.
- Escopo e uso do BIM em todas as fases do empreendimento (p. ex., uma lista de verificação das aplicações BIM, como o uso do BIM para análise energética ou detecção de interferências).
- Papel das normas ou formatos relacionados ao BIM e ao intercâmbio do BIM.
- Papéis dos participantes no processo BIM e especificação clara de qual participante será responsável por quais dados em cada ponto significativo do empreendimento. Essa especificação detalhada é chamada de Plano de Execução BIM e garante que cada membro da equipe saiba o que se espera dele para uma entrega bem-sucedida de dados BIM, de modo que possa ser utilizado para o *facility management* e outras funções.
- Os proprietários devem revisar essas diretrizes como um ponto de partida e, com o passar do tempo, desenvolver diretrizes que se adaptem a seus objetivos de projeto. A Figura 4.15 oferece algumas diretrizes para o desenvolvimento de um Plano de

Plano de Execução BIM

1 Seja claro
As diretrizes não podem ser ambíguas: todos os requisitos de dados e de geometria devem ser claramente definidos; forneça exemplos.

2 Foque no ciclo de vida
Pense na implementação do BIM para todas as etapas do ciclo de vida de uma *facility*: não apenas projeto e construção, mas também operação, manutenção e FM.

3 Use padrões abertos
Aplique padrões abertos onde fizer sentido. Não os adote cegamente apenas porque são de graça: calcule o retorno do investimento (ROI) total.

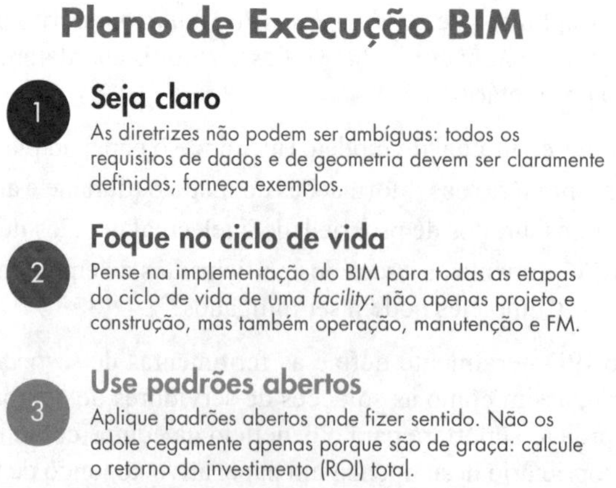

FIGURA 4.15 Diretrizes para o desenvolvimento de um Plano de Execução BIM para um empreendimento. Imagem fornecida por cortesia de EcoDomus, Inc.

Execução BIM. Esse plano pode ser desenvolvido pelo proprietário junto com um consultor experiente nesse processo. Uma ferramenta de *software* que pode ajudar um proprietário a desenvolver um Plano de Execução BIM é o LOD Planner (https://www.lodplanner.com/product), que oferece um meio de especificar o nível de detalhe necessário no modelo BIM em cada etapa de projeto e construção, quem fornecerá essa informação e quais padrões serão utilizados para identificar os objetos no projeto. Isso pode, então, ser refinado com a equipe de projeto, a fim de garantir um uso enxuto do BIM no empreendimento.

Um artigo de Robert Cassidy (Cassidy, 2017) discute o BEP que foi desenvolvido para a renovação completa da Corcoran Gallery of Art, em Washington, D.C., que hoje é administrada pela George Washington University (GWU). Uma parte desse artigo é mostrada no quadro a seguir e nos oferece uma boa ideia dos objetivos e métodos empregados nesse projeto.

Colocando Tudo por Escrito

Todos esses esforços foram feitos para atender o Facilities Information Management (FIM) Procedures Manual da GWU, um documento de 86 páginas que regula todas as construções no *campus* Foggy Bottom, de 17 hectares. O Departamento de Planejamento, Desenvolvimento e Construção da GWU finalizou este manual em 2014.

Um componente-chave é o "Plano BIM de Execução do Empreendimento", que define os papéis e as responsabilidades da equipe do empreendimento e oferece diretrizes detalhadas sobre os objetivos para o BIM, os entregáveis do empreendimento, as comunicações eletrônicas, os procedimentos de colaboração (como as reuniões de coordenação BIM) e os requisitos de conteúdo do modelo BIM.

Um plano de execução BIM também define o nível de desenvolvimento (LOD) requerido para os entregáveis do empreendimento, das paredes externas, janelas e coberturas, até as divisórias internas, escadas rolantes, instalações hidrossanitárias, instalações mecânicas, elétricas, iluminação, equipamentos e acessórios e obras de terraplenagem. Por exemplo, as portas internas devem alcançar o LOD 100 no partido de projeto, 200 no anteprojeto, 300 no projeto executivo e 500 na entrega da obra.

Andrew Graham, AIA, NCARB, Arquiteto Sócio no escritório de Washington, D.C. da Leo A Daly, ficou impressionado com o processo de BIM da GWU. "Eles estão claramente estabelecendo desde o início o que esperam ter para a operação e manutenção futuras", diz ele. "Seu pessoal de operação e manutenção tem um sistema pronto para obter os dados de que necessitam. É muito organizado."

Graham diz que o pensamento da GWU sobre o BIM abriu seus olhos. "Nós, arquitetos, tendemos a pensar no BIM como 'o modelo', mas, do ponto de vista do *facility management*, o BIM é mais um banco de dados", ele diz. De fato, somente um funcionário de *facilities* da GWU tinha uma licença Revit.

"Muitos arquitetos olham para o modelo BIM. Eles deveriam estar olhando para como administrar o prédio e seus equipamentos", diz Doug Williams, diretor de práticas digitais da Leo A Daly. Ele observa que o plano de execução BIM da GWU se concentra na coleta de dados sobre os equipamentos do prédio – até 16 pontos de dados para cada equipamento: número do modelo, tempo de vida útil, informações sobre a garantia, instalador, etc. Grande parte dos dados dos levantamentos foi inserida no modelo Revit, mas alguns dados estão sendo coletados separadamente a fim de atender aos requisitos do FIM.

Na entrega da obra, um pouco mais tarde neste ano, a Leo A Daly e a Whiting-Turner serão responsáveis por se certificar de que as informações *as-built* e materiais adicionais, como manuais de operação e manutenção dos equipamentos, sejam incorporados no modelo Revit final. (A Whiting-Turner está reunindo alguns dos dados exigidos pelo FIM no Excel, o que é aceito pela universidade, desde que eles obtenham os dados.) Depois, a GWU colocará todos os dados em um formato da AssetWorks (www.assetworks.com) para referência futura.

Williams, que ingressou na Leo A Daly em julho passado, deixando a firma Perkins+Will, diz que não há muitos proprietários institucionais que têm um plano de execução BIM tão sofisticado quanto a GWU. Ele cita a Penn State University como um dos primeiros a fazer isso. O Centro Médico Sudoeste da University of Texas (UTSW), com o qual ele trabalhou enquanto estava na P+W, era "muito minucioso" no rastreamento dos equipamentos médicos. "Tinham que ter códigos de barra para uso no CMMS", diz Williams. (CMMS significa "sistema computadorizado de gerenciamento de manutenção".) Williams diz que a UTSW também queria uma extensa modelagem do sistema de instalações prediais, a fim de identificar componentes como registros de gaveta e zonas de serviço.

Outra instituição de ensino superior, a Brigham Young University, solicita um inventário detalhado da metragem de todos os materiais, para a orçamentação do ciclo de vida. "Eles sabem que os carpetes têm um ciclo de substituição de sete anos, então fazem cronogramas e relatórios de orçamentação para o setor de operação e manutenção", diz ele, "incluem não somente o custo de aquisição e instalação de novos carpetes a cada sete anos, mais ou menos, mas também sabem os custos dos materiais de limpeza e do tempo de trabalho da equipe de manutenção".

Williams diz que os funcionários de *facilities* devem se envolver na modelagem BIM desde o início dos grandes projetos. "Eles precisam administrar o prédio pelos próximos 30 a 50 anos", diz ele. "Eles precisam se perguntar: O que é importante para mim, como cliente?" Graham complementa o que diz seu colega nesse ponto. "Você não pode envolver o pessoal de *facilities* na metade do projeto", ele diz. "É preciso envolvê-los desde o início."

4.5.2 Construindo liderança e conhecimento internos

A iniciativa BIM liderada pelo proprietário e apresentada no Capítulo 10 (Instituto Médico Howard Hughes, Seção 10.6) tem em comum com outras dois processos-chave: (1) o proprietário desenvolveu conhecimentos internos sobre tecnologias BIM e (2) o proprietário dedicou pessoal-chave para liderar os esforços. No projeto do Stanford Hospital, por exemplo, o proprietário examinou processos internos de trabalho intensivamente e identificou as ferramentas que poderiam ser utilizadas para suporte às operações de FM de maneira mais eficiente. Eles contrataram consultores para auxiliá-los na implementação desses sistemas em um subconjunto de tarefas típicas e críticas. Eles então compararam como essas tarefas seriam suportadas usando os novos sistemas integrados que permitiam acesso imediato aos dados em vez de referenciar documentos em papel. Essas comparações levaram à sólida conclusão de adotar sistemas BIM-FM integrados e treinar toda a gerência e a equipe do proprietário na utilização e no suporte a esses novos processos. Isso exigiu esforços e tempo consideráveis, mas gerou benefícios significativos de custo e de suporte ao cliente.

O estudo de caso do Howard Hughes ilustra um proprietário que já estava trabalhando com um sistema de BIM-FM integrado, mas desejava um conhecimento mais aprofundado dos sistemas que atendiam a vários locais, em particular no caso de panes e mal funcionamentos. Eles estudaram abordagens alternativas para incorporar esse conhecimento em seus sistemas e examinaram cuidadosamente como o tempo de resposta poderia ser reduzido para melhor servir aos seus clientes. O estudo de caso descreve suas abordagens e seus resultados.

Todos esses casos mostram proprietários que desenvolveram conhecimento por meio da exploração de seus próprios modelos de negócios e processos de trabalho internos relacionados ao desenvolvimento e à operação de instalações. Eles entenderam as ineficiências inerentes a seus processos de trabalho atuais e como elas afetavam o resultado. Fazendo isso, membros-chave na equipe conseguiram o conhecimento e habilidades para liderar o esforço em direção ao BIM-FM.

4.5.3 Seleção de prestadores de serviços

Diferentemente das indústrias de manufatura de âmbito global, como as de automóveis ou semicondutores, não há uma única organização que domine o mercado da construção. Mesmo as maiores organizações proprietárias, que geralmente são agências governamentais, representam apenas uma pequena fração dos mercados doméstico e global. Consequentemente, esforços para padronizar processos, tecnologias e normas da indústria são muito mais desafiadores na indústria AEC do que naquelas que têm líderes de mercado claramente estabelecidos. Sem líderes de mercado, os proprietários olham para o que os seus concorrentes estão fazendo, ou para organizações industriais como guias para melhores práticas ou tendências tecnológicas mais recentes. Além disso, muitos proprietários constroem ou iniciam apenas um empreendimento, e lhes falta experiência para assumir uma posição de liderança. O que todos os proprietários compartilham, porém, é o controle sobre como selecionam prestadores de serviço e o formato das entregas do empreendimento.

O McGraw Hill SmartMarket Report de 2014 contém muitas informações úteis sobre como o proprietário pode se beneficiar com o BIM e como alcançar esses benefícios. O quadro a seguir contém sugestões tiradas deste documento elaborado por Kristine Fallon, da KFA BIM Consultants (http://i2sl.org/elibrary/documents/Business_Value_of_BIM_for_Owners_SMR_(2014).pdf).

Os consultores de BIM podem agregar três valores principais aos proprietários:

1. **Estratégia BIM.** Os consultores fornecem requisitos internos e para os projetistas/construtores, com objetivos e métricas, e um plano para alcançá-los. Os proprietários devem buscar consultores que conheçam todas as perspectivas do BIM – projetista, construtor, gerenciador e proprietário – e tenham conhecimentos sobre desenvolvimento de empreendimentos, contratos, licenciamento, responsabilidades legais, processos de negócio e cultura. Eles devem solicitar um plano de implementação BIM com etapas bem definidas e orçamento de cada item.
2. **Orientações para implementação.** Por exemplo, obter resultados do COBie a partir de um *software* BIM pode ser um processo nebuloso. Um consultor BIM pode oferecer treinamento, vídeos, documentos, planilhas, bibliotecas de objetos, etc., para

o uso interno do proprietário e para o uso com equipes do empreendimento. Os proprietários devem buscar consultores com os pré-requisitos em *software*, discutir os resultados pretendidos, combinar os entregáveis e fazer, como usuário final, uma revisão dos entregáveis para garantir sua qualidade.
3. **Executar BIM**. Os consultores podem terceirizar a modelagem, a conferência dos modelos BIM e dos dados COBie das equipes do empreendimento, transferir os dados do COBie aos sistemas do proprietário ou a manutenção de modelos BIM. Os proprietários devem buscar consultores que entendam os processos de trabalho da indústria da construção civil e que automatizem processos em vez de cobrar horas infindáveis.

Desenvolver diretrizes para seleção de fornecedores de serviços. Os proprietários podem se valer de vários métodos para garantir que os prestadores de serviço trabalhando em seus empreendimentos sejam familiarizados com BIM e processos relacionados:

- **Modificando requisitos de experiência de trabalho para que incluam conhecimentos e habilidades em BIM.** Para contratação interna, os proprietários podem exigir que os candidatos tenham habilidades específicas, como 3D e conhecimento de BIM ou projeto baseado em componentes. Muitas organizações estão contratando empregados com títulos específicos, como Especialista BIM, Campeão BIM, Administrador BIM, Especialista 4D e Gerente de Projeto e Construção Virtuais. Os proprietários podem contratar empregados com esses títulos ou buscar prestadores de serviço que tenham títulos semelhantes.
- **Incluindo critérios de pré-qualificação específicos para BIM.** Muitas licitações feitas pelos proprietários incluem um conjunto de critérios de pré-qualificação para os licitantes. Para projetos de obras públicas, esses requisitos são formulários padronizados que todos os potenciais licitantes devem preencher. Proprietários comerciais podem formular seus próprios critérios de pré-qualificação. Um exemplo excelente são os requisitos de qualificação formulados pelo proprietário de hospitais Sutter Health. Eles incluem requisitos explícitos de experiência e habilidade no uso de tecnologias de modelagem 3D.
- **Entrevistando candidatos à prestação de serviços**. Os proprietários devem reservar tempo para conhecer os projetistas pessoalmente durante o processo de pré-qualificação, já que qualquer prestador de serviços pode preencher um formulário de qualificação e mencionar experiências com ferramentas específicas sem ter, no entanto, experiência de projeto. Um proprietário até prefere reunir-se no escritório do projetista, para ver o ambiente de trabalho e os tipos de ferramentas e processos disponíveis. A entrevista pode incluir os seguintes tipos de questão:
  – Quais tecnologias BIM sua organização usa e como elas foram utilizadas em projetos anteriores?
  – Que organizações colaboraram com você na criação, modificação e atualização do modelo do edifício? (Se a questão for dirigida a um arquiteto, descubra se o engenheiro estrutural, empreiteiro ou pré-fabricante contribuíram para o modelo e como suas organizações trabalharam em conjunto.)
  – Quais foram as lições aprendidas e as métricas verificadas nestes projetos, com relação ao uso do modelo de edifício e ferramentas BIM? Como essas lições e

métricas foram incorporadas à sua organização? (Essa questão ajuda a identificar evidências de aprendizado e mudança dentro da organização.)
- Quantas pessoas estão familiarizadas com ferramentas BIM na sua organização? Como você treina e educa sua equipe?
- Sua organização tem cargos e funções especificamente relacionados ao BIM (como os listados anteriormente)? (Isso indica um compromisso claro e um reconhecimento do uso do BIM na organização.)
- Na ausência de um Plano de Execução BIM especificado pelo proprietário, como você entrega o(s) modelo(s) utilizado(s) neste projeto, e como eu posso transferir as informações necessárias ao meu sistema de *facilities management*? Que experiências anteriores sua organização tem com outros requisitos de BIM-FM especificados pelo proprietário?

Exemplos de habilidades de trabalho exigidas

- Experiência mínima de 3 a 4 anos no projeto e/ou construção de edifícios comerciais
- Formação superior em gerenciamento de construção, arquitetura ou engenharia
- Conhecimento comprovado em BIM
- Proficiência comprovada em um dos principais aplicativos BIM e familiaridade com ferramentas de revisão de projetos
- Conhecimento prático e proficiência em uma das seguintes ferramentas: Revit, ArchiCAD, Navisworks, SketchUp (ou outras aplicações BIM específicas que sua organização utiliza)
- Sólida compreensão dos processos de projeto, documentação e construção, e habilidade de comunicação com o pessoal de campo

4.5.4 Providencie um espaço comum para o pessoal de projeto e construção ("Big Room")

O proprietário está em posição única para exigir o uso de uma "Big Room" para que os membros mais importantes da equipe do empreendimento colaborem intimamente com seus esforços durante a etapa preliminar de um projeto. Isso permite que o proprietário, o arquiteto, os engenheiros e o pessoal de FM entendam melhor os requisitos do projeto e avaliem opções de projeto alternativas. Também permite que se considerem as opções de pré-fabricação e modularização já na etapa preliminar do projeto, quando essas opções são mais fáceis de se considerar. O uso de uma sala de reunião central durante a construção é discutido mais profundamente no Capítulo 6, Seção 6.6.2. O Capítulo 7 discute várias opções de pré-fabricação e como é melhor implementá-las (ver a Seção 7.2).

4.6 BARREIRAS À IMPLEMENTAÇÃO DO BIM: RISCOS E MITOS COMUNS

Há riscos associados com qualquer mudança em processos de trabalho. Barreiras reais e percebidas e as mudanças relacionadas à implementação de BIM nos projetos não são exceção. As barreiras dividem-se em duas categorias: barreiras relacionadas aos processos de negócios, incluindo questões legais e organizacionais que impedem a implementação do BIM; e barreiras tecnológicas relacionadas a prontidão e implementação. Essas barreiras são resumidas a seguir:

O mercado não está pronto – ainda está na fase do inovador. Alguns proprietários acreditam que, se mudarem os contratos para exigir novos tipos de entregas, especificamente exigindo usos do BIM, não receberão propostas competitivas, limitando o rol de licitantes e, em última instância, aumentando o preço. Felizmente, hoje, com o BIM sendo aceito em certo nível de profundidade pela grande maioria dos arquitetos, engenheiros e empreiteiros nos Estados Unidos e em outros países avançados, isso não costuma ser um problema. Na verdade, profissionais, em particular aqueles que trabalham com projetos maiores, provavelmente não seriam considerados por muitos proprietários se não utilizassem o BIM.

Em fevereiro de 2014, a revista Engineering News-Record (ENR) discutiu um SmartMarket Report (Jones e Bernstein, 2012) que afirmou que "a modelagem da informação da construção (BIM) está acelerando o passo das mudanças positivas dos construtores de todos os tipos, tamanhos e locais". As descobertas de 2012, obtidas por amostragem de nove grandes mercados globais no Oeste da Europa, na Ásia e na América do Norte, mostram os seguintes resultados:

Retorno do investimento (ROI)

- Dois terços das empresas de construção que responderam percebiam um retorno do investimento positivo em seu programa de BIM e tinham ideias claras sobre como melhorá-lo ainda mais (Figura 4.16).
- As empresas no Japão, na Alemanha e na França eram as líderes. Mais de 95% dos respondentes percebiam um retorno do investimento positivo.
- O aumento do retorno do investimento percebido é diretamente proporcional ao nível de engajamento com o BIM que o construtor tem, o que é evidenciado por sua experiência no BIM, seu nível de conhecimentos práticos e seu compromisso em fazer grande parte de seu trabalho em BIM.

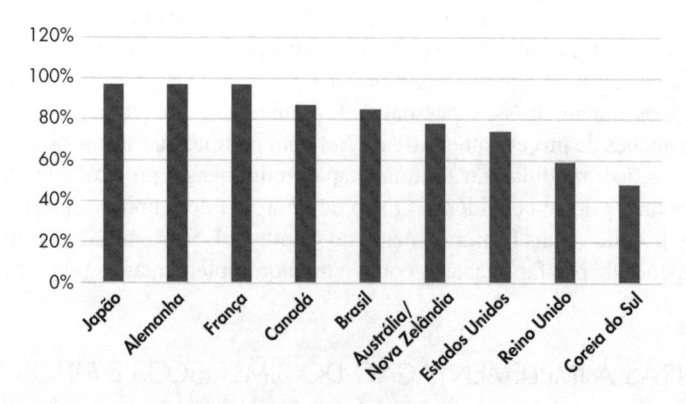

FIGURA 4.16 Proporção de construtores que percebem um retorno do investimento positivo para o BIM (por país) (Jones e Bernstein, 2012)

Imagem fornecida por cortesia da McGraw Hill.

Benefícios do BIM

- Menos erros e omissões, menos retrabalho e menores custos de construção estão entre os principais benefícios do BIM relacionados ao empreendimento e citados pelos construtores.
- Melhor controle/previsibilidade dos custos e redução do tempo do ciclo dos processos de trabalho e do tempo para as aprovações também são reconhecidos como importantes benefícios do BIM.
- Alavancagem das capacidades BIM para se conseguir novos trabalhos, manter clientes e oferecer novos serviços traz benefícios internos fundamentais.

Investimentos no BIM

- Os construtores estão cada vez mais assumindo o papel central nos projetos BIM; portanto, as principais categorias de investimento planejadas focam na infraestrutura de TI para a hospedagem e no compartilhamento dos modelos e dos processos colaborativos entre as companhias.
- Embora as empresas de construção nos mercados do BIM menos avançados ainda estejam focadas em investimentos com *software* e *hardware* básicos, os usuários BIM mais maduros estão planejando investimentos pesados nas tecnologias móveis para aproveitar ao máximo o BIM no canteiro de obras.

Expansão do uso do BIM. Entre 2013 e 2015, os construtores esperavam que o percentual de suas obras que envolviam o BIM aumentaria, em média, em 50%. Mercados em crescimento, como o Brasil, previam que o número de companhias que usam o BIM em níveis elevados triplicaria. Ver a Figura 4.17.

O empreendimento já está financiado e o projeto já está completo. Não é vantagem implementar o BIM. Conforme o empreendimento se aproxima da fase de construção, os proprietários e a equipe de projetos perdem valiosas oportunidades que

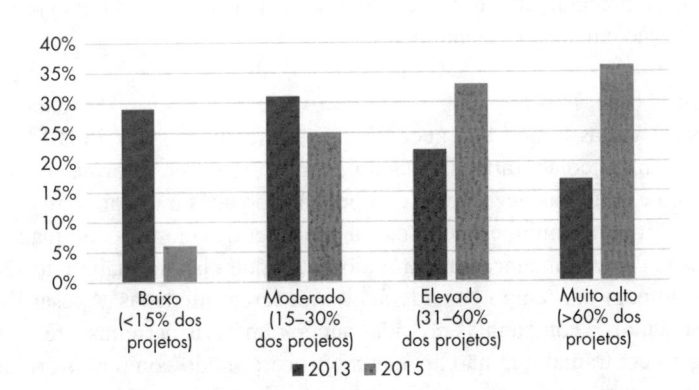

FIGURA 4.17 Os níveis de implementação do BIM esperados para os construtores atualmente e para o futuro, em médias para todas as regiões.
Imagem fornecida por cortesia da McGraw Hill.

poderiam ser obtidas pelo uso de aplicações BIM, como estimativas de custo e verificação do programa arquitetônico. Porém, ainda há tempo e oportunidade amplos para implementar o BIM nos estágios finais de projeto e ao longo das fases iniciais da construção. Por exemplo, no estudo de caso do Medina Airport (ver o Capítulo 10), a implementação do BIM começou após o início da fase de projeto executivo. O construtor sugeriu o uso do BIM para a melhoria da precisão e clareza da colaboração. Os benefícios foram imediatos e ampliados após a entrega do projeto desde que o BIM *as-built* se tornou o ponto de partida de um sistema BIM-FM integrado.

Custos de treinamento e curva de aprendizado muito altos. Implementar novas tecnologias como o BIM é custoso em termos de treinamento e modificações nos processos e fluxos de trabalho. O investimento financeiro em *software* e *hardware* frequentemente é excedido pelos custos de treinamento e baixa produtividade inicial. Um artigo da revista Engineering News Record (Grose, 2016), "BIM Adoption in the MEP World", ilustra o problema da falta de habilidades: "Para as empresas de projetos complementares que tentam passar de programas 2D, como o AutoCAD, para o BIM 3D, o maior obstáculo é o pessoal. As gerações mais velhas de engenheiros têm usado *software* 2D há 20 anos ou mais e, compreensivelmente, resistem ao aprendizado de novos programas. Mas, de forma surpreendente, a geração mais jovem de engenheiros MEP ainda não está aprendendo a usar os *softwares* BIM na faculdade". Felizmente, como discutiremos no Capítulo 8, a formação de arquitetos e engenheiros vem tentando fazer uma transição significativa no uso de tecnologias colaborativas digitais.

Todos precisam estar envolvidos para que a iniciativa BIM seja vantajosa. É difícil garantir que todos os participantes do projeto tenham o conhecimento e a disposição para participar na criação ou no uso do modelo do edifício. Muitos dos estudos de caso no Capítulo 10 demonstram os benefícios da implementação do BIM sem a participação total dos envolvidos desde o início do projeto, que então apresentam desafios de recriação da informação oriunda de organizações que não participavam da modelagem. O proprietário pode evitar esse problema exigindo que todos ou pelo menos os principais participantes do empreendimento demonstrem a competência em BIM como pré-condição para a participação em um empreendimento.

Há muitas barreiras legais e é muito custoso superá-las. Mudanças legais e contratuais em várias frentes são necessárias para facilitar o uso do BIM e criar equipes de projeto mais colaborativas. Mesmo a troca digital de informação sobre o empreendimento é difícil às vezes, e as equipes são forçadas a trocar somente desenhos em papel em formatos muito específicos e a depender de contratos antiquados. Instituições públicas encaram mudanças ainda maiores, já que elas normalmente são regidas por leis que tomam um tempo considerável para serem mudadas. Apesar disso, agências governamentais e companhias privadas superaram essas barreiras e têm preparado uma linguagem contratual que não apenas modifica o modo como a informação é trocada entre a equipe de projeto, mas também as responsabilidades e os riscos associados com iniciativas mais colaborativas. As exigências governamentais de uso do BIM em todos os empreendimentos, exceto os muito pequenos, são agora muito comuns (ver os requisitos governamentais na Seção 4.2.4 e as exigências governamentais para o BIM no Capítulo 8, Seção 8.2).

O principal desafio é a atribuição de responsabilidades e riscos. A implementação do BIM centraliza informações que são "amplamente acessíveis", depende de atualização constante e submete os projetistas a um potencial maior de responsabilidade legal (Ashcraft, 2006). Advogados reconhecem essas barreiras e as mudanças necessárias na alocação de riscos. Essa é uma barreira real que vai persistir e só desaparecerá quando as associações profissionais revisarem os contratos padrão e/ou os proprietários revisarem seus próprios contratos.

Questões de propriedade e gerenciamento do modelo exigirão muito dos recursos dos proprietários. O BIM requer uma visão que perpassa múltiplas organizações e aspectos do projeto. Tipicamente, um gerente de construção (GC) exerce a supervisão gerenciando a comunicação e revisando a documentação do empreendimento. Esse gerente também observa se o processo está alinhado com entregas e marcos específicos. Com o BIM, a descoberta e a identificação de problemas ocorrem mais cedo e mais frequentemente, permitindo que as equipes os resolvam mais cedo. Entretanto, isso requer decisões do proprietário, que deveriam ser vistas como um benefício, e não como uma desvantagem. As demoras atuais no processo de implementação do empreendimento causadas por múltiplas entregas são significativamente reduzidas, exigindo um envolvimento maior do proprietário. O processo torna-se mais fluido e interativo. Gerenciar esse processo e, consequentemente, o modelo é crítico para o projeto. Com o uso de um Plano de Execução BIM, os proprietários precisam estabelecer papéis e responsabilidades claros e métodos de comunicação com a equipe do empreendimento, bem como garantir que um representante seu esteja disponível sempre que necessário.

4.7 QUESTÕES A SEREM CONSIDERADAS PELOS PROPRIETÁRIOS AO ADOTAREM O BIM

Adotar o BIM isoladamente pode não levar a empreendimentos bem-sucedidos. O BIM é um conjunto de tecnologias e processos de trabalho em desenvolvimento que precisa ser apoiado pela equipe, pela gerência e por um proprietário colaborativo e experiente. O BIM não substituirá um gerenciamento de qualidade, uma boa equipe de projeto ou uma cultura respeitável de trabalho. Seguem aqui alguns fatores fundamentais que um proprietário deverá considerar quando adotar o BIM.

Realize um projeto piloto com um prazo curto, uma pequena equipe qualificada e um objetivo claro. Os esforços iniciais devem empregar ou recursos internos ou prestadores de serviço de confiança com os quais a organização já tenha trabalhado. Quanto mais conhecimento um proprietário constrói com relação à implementação e aplicação do BIM, mais facilmente terá sucesso em iniciativas futuras, porque passa a desenvolver competências para identificar e escolher prestadores de serviço qualificados e formar equipes cooperativas.

Faça um exercício prático. Durante o desenvolvimento de um projeto piloto, é sempre melhor fazer um exercício prático para garantir que as ferramentas e processos estejam bem ajustados. Isso pode significar simplesmente passar ao projetista uma pequena tarefa de projeto que ilustra a aplicação BIM desejada. Por exemplo, o proprietário pode pedir à equipe de projeto para desenvolver uma sala de conferência para 20 pessoas, com metas específicas de orçamento e consumo de energia. A entrega deverá incluir um modelo do edifício (ou modelos que reflitam duas ou três opções) e as análises de custo e consumo energético. Este é um exemplo de uma tarefa de projeto realizável em um ou dois dias. O arquiteto pode construir o modelo e trabalhar com um engenheiro projetista de instalações e um orçamentista para produzir um conjunto de protótipos. Isso exige que os participantes desatem os nós do processo, e permite que o proprietário forneça orientação sobre os tipos de informação e formatos de apresentação que oferecem realimentações claras, valiosas e ágeis.

Mantenha o foco em objetivos de negócio específicos. Apesar de este capítulo citar muitos benefícios diferentes, poucos empreendimentos alcançaram todos eles. Em muitos casos, o proprietário iniciou com um problema ou objetivo específico e obteve sucesso. Na iniciativa de projetos piloto da GSA (Daken, 2006), por exemplo, cada um envolveu um tipo de aplicação BIM para nove diferentes empreendimentos. As áreas de aplicação incluíram análise energética, planejamento de espaços, escaneamento a laser para coletar dados *as-built* precisos e simulação 4D. O sucesso alcançado em objetivos bem focados e gerenciáveis levou ao uso expandido, com múltiplas aplicações BIM em projetos como o uso em evolução do BIM relatado no estudo de caso do Medina Airport (Capítulo 10).

Selecione uma equipe de projeto que tenha comprovada experiência prévia com o BIM. Com a adoção crescente do BIM, hoje é possível encontrar fornecedores com capacidades comprovadas de uso do BIM em uma equipe colaborativa. Também é desejável usar uma abordagem de contratação que garanta que a colaboração será maximizada ao longo de todo o período de projeto e construção. Certifique-se de que os funcionários do gerenciamento do prédio estejam envolvidos desde o início do processo e que os requisitos de entrega da obra sejam incorporados ao plano de execução BIM.

Estabeleça métricas para avaliar o progresso. Métricas são fundamentais para avaliar a implementação de novos processos e tecnologias. Muitos dos estudos de caso do Capítulo 10 incluem métricas de projeto, como redução de solicitações de modificação e retrabalho, variação do custo ou cronograma em relação ao previsto e redução do custo típico por metro quadrado. (Ver também a Seção 8.3 para mais discussão sobre métricas e medição BIM.) Há várias fontes excelentes de métricas ou objetivos relevantes para organizações de proprietários ou projetos específicos, incluindo:

- **Construction Users Roundtable** – CURT (Mesa-Redonda dos Usuários da Construção). Essa organização de proprietários promove oficinas e conferências e lan-

ça várias publicações em seu *site* (http://www.curt.org/) que permitem identificar métricas-chave para o empreendimento e o desempenho.
- **CIFE Working Paper on Virtual Design and Construction** (Kunz and Fischer, 2007; Kunz, 2012). Esses artigos documentam tipos específicos de métricas e objetivos, juntamente com exemplos de estudos de caso.

Participe da iniciativa BIM. A participação de um proprietário é um fator-chave no sucesso do empreendimento, porque ele está na melhor posição para levar a equipe do empreendimento a colaborar de forma a extrair todos os benefícios do BIM. Todos os estudos de caso nos quais o proprietário assumiu a posição de liderança demonstram o valor de sua participação na condução proativa da implementação do BIM. Os estudos também destacaram os benefícios de seu envolvimento contínuo naquele processo. Aplicações BIM, como aquelas para revisão de projetos, permitem que proprietários participem melhor e forneçam mais facilmente os retornos necessários. A participação e a liderança dos proprietários é essencial para o sucesso de equipes de projeto colaborativas que exploram o BIM.

Questões para discussão do Capítulo 4

1. Liste três tipos de métodos de contratação de projeto e explique como esses métodos suportam ou não o uso de tecnologias e processos BIM. Discuta também maneiras de maximizar os benefícios do uso do BIM sob diferentes métodos de aquisição.

2. Imagine que você seja um proprietário iniciando um novo empreendimento e que tenha participado de várias oficinas que discutiram os benefícios e as limitações do BIM. Quais itens você consideraria para decidir se deveria apoiar e promover o uso do BIM no seu projeto? Como proprietário, por que eles são importantes para considerar um projeto bem-sucedido?

3. Se o proprietário realmente decidir adotar o BIM no ciclo de vida, quais tipos de avaliação e pedidos seriam necessários para garantir o sucesso da equipe do empreendimento usando o BIM em cada etapa do ciclo de vida da edificação? Quais riscos precisam ser antecipados e como eles podem ser mitigados?

4. Imagine que você é um proprietário desenvolvendo um contrato para encomendar um empreendimento utilizando uma abordagem colaborativa por meio da aplicação do BIM. Quais seriam algumas disposições que o contrato deveria incluir para que se promova a colaboração da equipe, o uso do BIM e o sucesso do projeto?

5. Liste os tópicos que precisam ser cobertos em um Plano de Execução BIM (BEP) que é desenvolvido no início de um empreendimento.

6. Quais métodos podem ser utilizados para transferir os dados de FM (equipamentos, tubulações, registros, instalações elétricas, etc.) ao proprietário de modo que possa ser usado para a administração do prédio? Quais são os padrões disponíveis para esses dados? Como o proprietário pode garantir que receberá o que deseja com o uso de dados e padrões de nomenclatura adequados? Quais são as deficiências típicas do modelo *as-built* utilizado na construção quando empregado para as funções de FM?

7. Considerando que os conhecimentos sobre FM são necessários durante a etapa preliminar de um projeto, como um proprietário pode garantir que esses conhecimentos estejam disponíveis quando forem necessários?

CAPÍTULO **5**

BIM para Arquitetos e Engenheiros

5.0 SUMÁRIO EXECUTIVO

A Modelagem da Informação da Construção (BIM, *Building Information Modeling*) pode ser considerada como uma transição de época na prática de projeto. Diferentemente do Projeto e Desenho Assistidos por Computador (CADD, *Computer-Aided Design and Drafting*), que automatiza principalmente os aspectos da produção de desenhos tradicional, o BIM é uma mudança de paradigma. Pela automação parcial do detalhamento de modelos de uma edificação no nível da construção, o BIM redistribui a alocação de esforços, dando mais ênfase à fase de concepção do projeto, na qual as decisões de maior impacto são tomadas.

Outros benefícios incluem métodos mais fáceis para a garantia de consistência entre todos os desenhos e relatórios, a automatização da análise de interferência espacial e de outros tipos de conferência de modelos, o fornecimento de uma base poderosa para interface entre aplicações de análise/simulação/custos e os avanços na visualização/comunicação em todas as escalas e fases do projeto.

Não existe um processo de projeto "padrão", e atores paralelos resultam em processos complexos não sequenciais e integrados. Em vez de tentar descrever construtivamente toda a gama de práticas de projeto, oferecemos uma amostragem de subprocessos divergentes que antecipam o paralelismo e a integração. Examinamos o impacto do BIM no projeto a partir de quatro pontos de vista:

1. O *projeto conceitual* aborda a organização conceitual e espacial do projeto. O BIM facilita potencialmente a geração de fachadas de edificações complexas e suporta uma exploração e avaliação mais aprofundadas do conceito arquitetônico, porém os fluxos de trabalho para suportar uma forte avaliação de projetos conceituais estão apenas parcialmente implementados.
2. *Integração de serviços de engenharia*. O BIM suporta fluxos de trabalho de novas informações e integra-os mais estreitamente com as ferramentas existentes de simulação e análise utilizadas pelos consultores ao longo do ciclo de vida do projeto e da construção. O BIM suporta a integração de consultores na avaliação dos custos e benefícios relativos à sustentabilidade, aos custos do ciclo de vida, à manutenção e aspectos similares, incluindo aqueles utilizados por subempreiteiros. Os subempreiteiros são incentivados a realizar o detalhamento de engenharia utilizando ferramentas BIM por eles escolhidas para detalhamento e fabricação, para suporte de múltiplas funções de detalhamento, fabricação, entrega e montagem, de modo que possam ser coordenados com componentes e sistemas de outros empreiteiros. O BIM aborda a integração de engenharia ao facilitar a integração do ambiente de trabalho dessas ferramentas e, também, ao suportar fluxos de trabalho que podem agilizar processos, tanto dentro de um único sistema quanto por meio de múltiplos sistemas que se baseiam em equipamentos, prazos e cronogramas compartilhados.
3. A *modelagem no nível da construção* aplica as melhores práticas e às vezes avança até o detalhamento, as especificações, a fabricação, a montagem e a orçamentação resultantes do controle da gestão visível dos processos construtivos. Esta é a força-base do BIM. Esta fase também aborda o que potencialmente pode ser alcançado mediante um processo de projeto e construção colaborativo, assim como junto de contratos de projeto e construção e Desenvolvimento Integrado de Empreendimentos (IPD, *Integrated Project Delivery*).
4. A *especialização de tipologia de edificação* aborda os requisitos especiais de um tipo de edificação em particular. Hospitais, aeroportos, estádios esportivos, *shopping centers* e igrejas – todas essas diversas tipologias têm seus próprios requisitos, funções implícitas e tradições que são únicas para cada tipo e que exigem considerações especiais. Requisitos únicos frequentemente resultam em fluxos de trabalho especializados adaptados aos tipos de edificação específicos.

Além dessas questões, as provisões contratuais sob as quais os serviços de projeto são oferecidos estão mudando. Novos arranjos, como os contratos de projeto e construção e IPD, afetam a comunicação e a colaboração, alterando os processos de projeto. Diferentes projetos de empreendimentos podem ser categorizados de acordo com o nível de desenvolvimento da informação requerido para sua realização, variando desde edifícios previsíveis de franquias comerciais até arquiteturas experimentais. O conceito de desenvolvimento da informação facilita a distinção entre os variados processos e ferramentas necessários para a concepção e a construção de todas as variedades de edifícios.

Este capítulo também trata de questões da adoção do BIM na prática, como os passos evolutivos para substituição dos desenhos 2D por modelos digitais 3D; automação da geração de desenhos e preparação da documentação; gerenciamento do nível de detalhe nos modelos do edifício; desenvolvimento e gestão de bibliotecas de componentes e conjuntos; e novos mecanismos para integração de especificações e estimativa de custos. O capítulo é concluído com uma revisão das questões práticas que as empresas de projeto enfrentam quando tentam implementar o BIM em suas atividades, incluindo a seleção e a avaliação de ferramentas de autoria BIM; o treinamento; a preparação do escritório; o início de um projeto BIM; e o planejamento futuro para os novos papéis e serviços para os quais uma empresa de projetos baseados em BIM irá evoluir.

5.1 INTRODUÇÃO

Em 1452, o arquiteto renascentista Leon Battista Alberti em seu *De re aedificatoria* (Sobre a arte de construir) distinguiu o "projeto" arquitetônico da "construção" ao propor que a essência do projeto recai no processo do pensamento associado ao traçado de linhas no papel (Alberti, 1988). Seu objetivo era diferenciar a tarefa intelectual do projeto da fabricação artesanal da construção. Antes de Alberti, no primeiro século antes de Cristo, Vitrúvio, em seu *Dez Livros de Arquitetura*, discutiu o valor inerente do uso de plantas, elevações e perspectivas para transmitir as intenções de projeto. Ao longo da história da arquitetura, os desenhos têm sido o modo dominante de representação e têm sido fundamentais para a autodefinição da arquitetura. Mesmo atualmente, autores contemporâneos criticam o quão diferente os arquitetos usam desenhos e croquis para melhorar seu modo de pensar e seus processos criativos (Robbins, 1994; Scheer, 2014). A dimensão desta longa tradição é ainda mais evidente na maneira com que a arquitetura inicialmente adotou os computadores: o projeto e o desenho assistidos por computador (CADD).

Em função desta história, a modelagem da informação da construção (BIM) é revolucionária na maneira com que transforma a representação arquitetônica, substituindo desenhos por modelos de edificação 3D virtuais, potencialmente reintegrando a dicotomia de Alberti. Altera-se a maneira com que uma representação é pensada e manipulada, alterando profundamente o leiaute linha por linha de velhos e conhecidos processos que lhe eram conexos. O aprendizado das ferramentas do BIM é apenas o primeiro passo, levando a novas maneiras pelas quais os conceitos de projeto são formados, aprimorados e avaliados. Essas alterações sugerem um grande repensar com relação ao nível em que os projetos são gerados conceitualmente na mente do projetista e registrados externamente, ou se surgem de um diálogo interno entre o projetista e suas representações externas, ou emergem por meio de um conjunto compartilhado de documentos de projeto que fornecem a estrutura dos processos mentais de diferentes especialistas – ou uma combinação dessas três possibilidades. A questão é que as tarefas intelectuais correntes estão sendo transformadas por causa das novas representações.

Uma mudança na representação é, ao final, somente uma instrumentalidade para atingir os fins, os quais são, neste caso, o desenvolvimento e a realização de um projeto arquitetônico e a realização das múltiplas intenções que ele concretiza. O BIM facilita o projeto para a sustentabilidade? Facilita métodos de construção mais eficientes? Oferece suporte ao projeto de qualidade mais elevada? Estas são questões importantes que este capítulo procura abordar. O projeto é um esforço de equipe, embora não seja adequadamente ensinado desta forma, envolvendo o proprietário/cliente, o arquiteto, os projetistas e engenheiros especialistas e, com cada vez mais reconhecimento, outros envolvidos no detalhamento, fabricação e montagem do projeto. A realização de um projeto envolve níveis prodigiosos de coordenação e colaboração.

Este capítulo também analisa as estruturas de contrato em alteração que facilitam soluções em equipe nos projetos de AEC. Coordenação e colaboração envolvem múltiplos níveis de comunicação. Em um nível, envolvem a comunicação entre as pessoas com relação a valores, intenção, contexto e procedimentos. Em outro nível, também envolvem representações de ferramentas diferentes e a necessidade de intercâmbio de dados entre as ferramentas para custos e várias dimensões de desempenho das instalações. Diferentes membros de uma equipe de projeto usam diferentes ferramentas digitais para apoiar seu trabalho em particular. Os modelos 3D que são a base do BIM fornecem grandes melhorias na comunicação humana de leiautes espaciais. Os leiautes 3D, que não estão no plano ortogonal, somente poderiam ser visualizados por meio de projeções planas 2D. A prática profissional recente passou a contar com a correção no canteiro de leiautes complexos, pois as representações baseadas no papel eram fundamentalmente inadequadas. Estes problemas são eliminados com a modelagem 3D virtual dos leiautes de sistemas de projeto. Qualquer um pode visualizar como seu trabalho se relaciona espacialmente com o trabalho dos outros. No nível do intercâmbio de dados, os modelos de construção, em virtude da legibilidade da máquina e da codificação explícita, suportam a tradução automática dos dados do modelo da edificação, melhorando a disponibilidade das informações do projeto para outros usos, por meio dos processos de projeto e, depois, de construção. Embora a realização atual deste objetivo seja insuficiente, como descrito no Capítulo 3, sua realização será alcançada utilizando-se de vistas de modelo BIM.

Definição dos serviços tradicionais da arquitetura

Estudo de Viabilidade

Quantitativos não espaciais e especificação textual do empreendimento, lidando principalmente com fluxos de caixa, função ou geração de renda; associa áreas e equipamentos necessários; inclui estimativa inicial de custos; pode sobrepor ou interagir com a fase de anteprojeto; pode sobrepor e interagir com a fase de produção ou planejamento financeiro.

Anteprojeto

Fixa requisitos de espaço e de funcionalidade, fases e possíveis necessidades de expansão; questões relativas ao terreno e contexto; restrições do código de obras e zoneamento; também pode incluir atualização da estimativa de custos baseada nas informações adicionadas.

Projeto Básico (SD, *Schematic Design*)

Projeto preliminar do empreendimento com plantas da edificação, mostrando como o programa do anteprojeto é materializado; modelo de massas da forma do edifício e renderizações iniciais do conceito; determina alternativas de materiais e acabamentos; identifica todos os subsistemas do edifício por tipo de sistema.

Projeto Executivo (DD, *Design Development*)

Plantas baixas detalhadas incluindo todos os principais sistemas de construção (paredes, fachadas, pavimentos e todos os sistemas: estrutural, fundação, iluminação, mecânico, elétrico, comunicação, segurança, acústica, etc.) com detalhes gerais; materiais e seus acabamentos; drenagem do terreno, sistemas relativos ao terreno e paisagismo.

Projeto para Produção (CD, *Construction Detailing*)

Planos detalhados para demolição, preparação do canteiro de obras, terraplenagem, especificação de sistemas e materiais; dimensionamento de membros e componentes e especificações para conexões de vários sistemas; testes e critérios de aceite para os sistemas principais; todos os componentes e conexões requeridas para integração entre sistemas.

Revisão da Construção

Coordenação de detalhes, revisão de leiautes, seleção e revisão de materiais; alterações requeridas quando as condições na construção não são como esperadas ou devido a erros de execução.

Estas novas capacidades de comunicação oferecem novas oportunidades para a melhoria dos serviços de projeto. O BIM suporta interfaces semiautomáticas com programas de análise e simulação que fornecem *feedback* durante o processo de desenvolvimento de projeto. A coordenação com os fabricantes, por meio dos modelos de construção, está expandindo o nível de coordenação com a construção. Estas mudanças estão, por sua vez, afetando a maneira de pensar dos projetistas e os processos que eles realizam. Essas mudanças estão apenas começando. Contudo, mesmo neste estágio inicial, o BIM está redistribuindo o tempo e o esforço que os projetistas despendem em diferentes aspectos do projeto.

Este capítulo mostra como o BIM influencia toda a gama de atividades de projeto, desde os estágios iniciais de desenvolvimento de um projeto, lidando com a viabilidade e o projeto básico, até o projeto executivo e o detalhamento da construção. Em um sentido restrito, o BIM trata de serviços de projeto de edificações, independentemente de quem realize este papel: empresas autônomas de arquitetura ou engenharia; como parte de uma grande empresa integrada de arquitetura/engenharia (AE) ou por meio de uma corporação de desenvolvimento com serviços de projetos internos. Dentro dessas variadas estruturas organizacionais, uma grande variedade de arranjos organizacionais e contratuais pode ser encontrada. Este capítulo também introduz alguns dos novos papéis que surgirão com esta tecnologia e considera as novas necessidades e práticas para as quais o BIM dá suporte.

5.2 ESCOPO DOS SERVIÇOS DE PROJETO

Projetar é a atividade na qual a maior parte das informações sobre um projeto é definida. Um resumo dos serviços frequentemente fornecidos dentro das fases tradicionais de projeto é mostrado na Figura 5.1. As leis norte-americanas antitruste proíbem o American

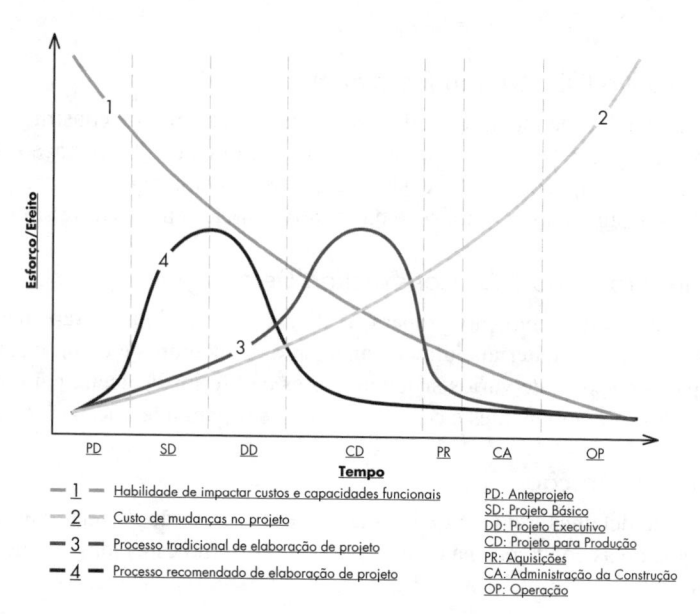

FIGURA 5.1 Valor agregado, custo de mudanças e distribuição de compensação atual para serviços de projeto.

Atribuída a Patrick MacLeamy, CURT (2004).

Institute of Architects (AIA) de publicar estruturas de taxas padronizadas, mas o contrato tradicional anterior dos serviços de arquitetura sugere um cronograma de pagamento (e, consequentemente, de distribuição de esforços) que seja de 15% para projeto básico, 30% para projeto executivo e 55% para elaboração dos documentos de construção e supervisão do projeto (AIA, 1994). Essa distribuição reflete o esforço tradicionalmente requerido para a produção de desenhos de construção.

Devido à sua habilidade de automatizar formas padronizadas de detalhamento, o BIM reduz significativamente a quantidade de tempo necessária para produção de documentos de construção. A Figura 5.1 ilustra a relação geral entre esforço de projeto e tempo, indicando como o esforço é tradicionalmente distribuído (linha 3) e como ele pode ser redistribuído como um resultado da aplicação do BIM (linha 4). Essa alteração alinha o esforço de forma mais próxima ao valor das decisões tomadas durante o processo de projeto e construção (linha 1) e as diferenças no custo de fazer mudanças ao longo da vida útil do projeto (linha 2). O gráfico enfatiza o impacto das decisões antecipadas de projeto sobre a funcionalidade, custos e benefícios gerais de um projeto de edificação. A estrutura tarifária em alguns projetos já está em alteração para refletir o valor das decisões tomadas durante o projeto básico e a diminuição do esforço necessário para produção de documentos de construção. A mudança na distribuição do esforço também faz suposições sobre o método de entrega e contratação. Exploraremos algumas destas implicações a seguir.

5.2.1 Formas colaborativas de entrega de projeto

As formas tradicionais de contrato se baseiam em duas divisões principais do processo de aquisições, chamadas de projeto-concorrência-construção. Tais projetos geralmente envolvem a elaboração, seguida pela contratação do empreiteiro por meio de um processo aberto de concorrência, muitas vezes para obtenção da oferta de melhor preço. Para uma análise mais completa, ver os Capítulos 1, 4 e 6.

A partir de uma perspectiva de projeto, o processo de aquisição de projeto-concorrência-construção é baseado nos seguintes pressupostos atualmente desqualificados:

1. As edificações são construídas utilizando práticas de construção padronizadas, bem entendidas por arquitetos e construtores. Os métodos de construção podem ser inteiramente antecipados por arquitetos e engenheiros, os quais podem otimizar os projetos para custos e duração da construção.
2. A construção depende principalmente das práticas de gerenciamento que não são afetadas pelos detalhes de projeto.
3. As alterações de projeto feitas durante a construção têm impactos bem definidos, distintos e mensuráveis no processo de construção.
4. A contratação projeto-concorrência-construção e a menor oferta responsável oferecem o melhor valor para o projeto.

A necessidade inerente de fundir a *expertise* de projetos de arquitetura e engenharia com a *expertise* da construção, ao final da produção de documentação, tem levado à distorção dos serviços oferecidos. A prática atual tem sido especificar os desenhos do arquiteto, sendo limitados à "intenção de projeto", com todos os aspectos de detalhamento e coordenação da construção sendo resolvidos em um conjunto adicional de desenhos, chamados de documentos de coordenação da construção (para gerenciamento da coordenação do sistema de construção), e de desenhos para fabricação e, muitas vezes, para a montagem dos elementos efetivamente construídos. Na prática, os desenhos de "intenção de projeto" existem para isolar a contribuição intelectual de arquitetos e engenheiros daquela dos fabricantes e construtoras, bem como para compensar projetistas da responsabilização pela coordenação de projeto e outros problemas.

Esse processo dividido e redundante é um uso ineficiente de tempo e capital, que tem evoluído paralelamente com um alto nível de litígios judiciais nos projetos de construção. O potencial de litígio leva arquitetos a reter informações que seriam úteis à construtora e reduz a comunicação e colaboração, pois as informações não estão abrangidas pela cobertura de responsabilidade do arquiteto. Isso também leva os construtores a contarem com erros de projeto e de documentação como um meio de lucrar com um projeto mediante cobranças adicionais associadas a pedidos de alteração. Os processos resultantes são disfuncionais, no sentido de não serem do interesse do proprietário e de contribuírem negativamente para o sucesso de um projeto.

Os contratos de projeto e construção estabelecem uma relação comercial entre o proprietário/cliente e uma única entidade legal para a execução do projeto, que cobre tanto o projeto quanto a construção. Uma desvantagem dessa abordagem é que as empresas de arquitetura, devido aos seus baixos níveis de capitalização, são quase sempre sócios juniores em tais empreendimentos, em geral liderados por construtoras com maior capitalização. Um fenômeno relacionado é a aglutinação de serviços de projeto em grandes entidades corporativas, como AECOM, WSP, Stantec, Gensler e HOK, entre outras. Uma das razões para esta evolução é tratar da limitação da capitalização e tornar possível a liderança em grandes projetos integrados.

O Desenvolvimento Integrado de Empreendimentos (IPD) é uma nova opção, bastante diferente dos sistemas de contratação projeto-concorrência-construção e projeto e construção. Nos projetos IPD, o proprietário, os projetistas e os principais construtores, empreiteiros e fornecedores firmam um contrato colaborativo único. O objetivo-chave do IPD é formar uma equipe coesa por meio da definição cuidadosa dos interesses comerciais comuns e interdependentes e os meios técnicos e sociais de comunicação e colaboração. Outro aspecto importante do IPD é sua designação de como riscos, prazos e custos são alocados. Em contratos de IPD, arquitetos e engenheiros são sócios de pleno direito, aceitando custos e benefícios em potencial dentro do projeto (Fischer *et al.*, 2017). Esta é uma modificação importante, pois ela potencialmente proporciona um mecanismo financeiro para que os projetistas se beneficiem de quaisquer contribuições do desempenho do projeto até a construção. Se o projeto é finalizado antecipadamente, ou abaixo do custo estimado, o projetista se beneficia junto com os demais membros da equipe colaborativa. Estes aspectos de desempenho da construção abrem as portas para a mensuração de outras formas de desempenho do projeto, como o consumo energético, o desempenho organizacional dentro da edificação e a sustentabilidade. Um exemplo de desempenho construído pode ser a dispersão máxima de ar em residências de uma única zona. Espera-se que, no futuro, as métricas de projetos baseados em desempenho se tornem mais comuns e centrais ao projeto de serviços. Os projetos IPD tipicamente usam uma sala de reunião central "Big Room", um local de trabalho e de reunião para todos os membros da equipe, a qual costuma ser no próprio canteiro de obras. As "Big Rooms" têm sido utilizadas por algumas construtoras para facilitar repetidamente a resolução coordenada de problemas. Por vezes, elas também são adotadas para facilitar o trabalho das equipes de projeto em entregas de projeto não integradas. Para uma análise de seu uso no projeto, ver Sacks *et al.* (2017, Capítulo 14).

A contratação de uma entidade única colaborativa para projetos oferece uma nova base para a contratação de serviços. Estas mudanças nas práticas de projeto, na contratação de projeto, nos métodos de entrega e dos novos papéis transformam o projeto de formas fundamentais. Os serviços de projeto prestados não tendem a desaparecer, mas se tornarão cada vez mais articulados e aguçados.

5.2.2 O conceito de desenvolvimento da informação

Projetos de edificações iniciam em diferentes níveis de desenvolvimento da informação, incluindo a definição da função do edifício, estilo e método de construção. No ponto mais baixo do espectro do desenvolvimento da informação estão os edifícios comerciais, incluindo depósitos e postos de serviços de beira de estrada, frequentemente chamados de "grandes caixas", e edifícios similares com propriedades funcionais bem definidas e caráter definido de edificação. Algumas vezes os edifícios já estão pré-projetados e apenas necessitam de adaptação a um terreno em particular. Com estes, é requerido um desenvolvimento mínimo da informação, e o cliente sabe com antecedência o que será entregue. O conhecimento do resultado esperado é prescrito, incluindo o detalhamento de projeto, os métodos de construção e as análises de desempenho ambiental.

No outro extremo do espectro – envolvendo o mais alto nível de desenvolvimento da informação – estão os proprietários interessados em elaborar instalações para novas funções sociais ou tentando repensar funções existentes, como combinar um aeroporto com um porto, um hotel submarino ou um teatro para performances multimídia experimentais ou edifícios com visual icônico. Outras situações de alto desenvolvimento da informação envolvem acordos entre o proprietário e o projetista para explorar a aplicação de materiais não padronizados, sistemas estruturais ou controles ambientais. A Fundação Louis Vuitton é um dos diversos exemplos excelentes de um projeto com alto nível de desenvolvimento da informação. O projeto, desenhado por Frank Gehry, aplicou sistemas novos e não testados que foram gerados a partir das primeiras análises de princípios. Por algum tempo, empresas de arquitetura progressivas e estudantes expressaram interesse na fabricação de edifícios usando materiais e formas não convencionais, seguindo as inspirações de Frank Gehry, Sir Norman Foster, Zara Hadid e outros. Estes projetos envolvem níveis elevados de desenvolvimento da informação em curto prazo, até que tais revestimentos ou práticas construtivas tornam-se aceitas como parte do arsenal de práticas padronizadas. O desenvolvimento de projetos mestres iniciais para empreendimentos que serão replicados, como edifícios de filiais de uma rede, é frequentemente iniciado com um protótipo de conteúdo abundante de informação.

Na prática, a maioria dos edifícios é uma composição funcional e estilística de funções sociais bem compreendidas, com algumas variações nas práticas de detalhamento e procedimentos, estilos e imagem. Do lado da construção, a maior parte da arquitetura está em conformidade com práticas construtivas bem assimiladas, com apenas inovações ocasionais relativas a materiais, fabricação e montagem no canteiro ou fora dele. Ou seja, são projetos em grande parte convencionais com algumas áreas de desenvolvimento de novas informações, muitas vezes refletindo as condições do local. Os proprietários estão apenas começando a entender as questões do nível de desenvolvimento da informação para a contratação de serviços de projeto. Em projetos com dados bem definidos para função e construção, a fase inicial pode ser abreviada ou omitida, com o desenvolvimento do projeto executivo (DD, *Design Development*) e do projeto para produção (CD, *Construction Detailing*) como as principais tarefas. Em outras instâncias, o estudo de viabilidade, o anteprojeto e o projeto básico (SD, *Schematic Design*) podem ser de importância fundamental, nos quais os maiores custos e benefícios funcionais são determinados. Diferentes níveis de desenvolvimento da informação justificam diferentes níveis de remuneração.

O escopo dos serviços de projeto, considerado a partir do nível do desenvolvimento da informação, pode ser simples ou elaborado, dependendo das necessidades e da intenção do cliente. Tradicionalmente, o nível do desenvolvimento da informação fica evidente no escopo dos contratos que definem os serviços de arquitetura, como mostrado no quadro "Gama de serviços técnicos frequentemente utilizados" e na gama de serviços especiais, alguns dos quais estão citados anteriormente. Embora alguns dos serviços listados neste quadro sejam realizados pela empresa principal de projeto, eles são frequentemente realizados por consultores externos. Em um estudo sobre os serviços de arquitetura colaborativos (Eastman *et al.*, 1998) com o escritório de John Portman e Associados em Atlanta, foi encontrada a inclusão de mais de 28 tipos diferentes de consultores em um grande projeto de edificação em Xangai.

Desta visão geral, podemos apreciar que o projeto de edificação é um empreendimento amplo e colaborativo, envolvendo uma grande gama de questões que exigem detalhamento técnico e *expertise* focada. É neste contexto amplo que o BIM deve operar, oferecendo suporte à colaboração tanto na escala humana quanto na social e nos níveis computacional/de modelos. Também podemos ver, a partir da diversidade de colaboradores, que o principal desafio na adoção da tecnologia BIM é fazer com que todas as partes de elaboração de um projeto se envolvam nos novos métodos de documentação e de comunicação de seu trabalho no projeto, engenharia, fabricação, montagem e outras escalas de esforço. No fim, todos deverão se adaptar às práticas associadas com esta nova maneira de fazer negócio, a qual está se tornando o novo padrão da prática. Este ponto é enfatizado – implícita e explicitamente – nos estudos de caso no Capítulo 10.

Gama de serviços técnicos frequentemente utilizados

Análises financeira e de fluxo de caixa
Análise de funções primárias incluindo serviços em hospitais, asilos, aeroportos, restaurantes, centros de convenção, edifícios-garagem, complexos teatrais, e assim por diante
Planejamento do canteiro de obras, incluindo estacionamento, drenagem e vias
Projeto e análise/simulação de todos os sistemas do edifício, incluindo:

- Estrutura
- Sistemas mecânico e de condicionamento de ar
- Sistemas/sensores de alarme/controle de emergência
- Iluminação
- Acústica
- Sistemas de fachadas
- Conservação de energia, conservação de água e qualidade do ar
- Circulação vertical e horizontal
- Segurança
- Estimativa de custos
- Avaliação de acessibilidade
- Paisagismo, fontes e plantações
- Limpeza e manutenção externa do edifício
- Iluminação e sinalização externa

5.2.3 Projetos de construção civil e infraestrutura

O paradigma fundamental do BIM – da modelagem digital de edificações orientada por objetos, permitindo simulação e análise para projeto, construção e operações – aplica-se igualmente aos projetos de infraestrutura, como estradas, rodovias, ferrovias, sistemas de metrô, aeroportos, portos, pontes, barragens, oleodutos e usinas de energia. Assim sendo, pode-se esperar dos projetos de infraestrutura a conquista dos mesmos benefícios a partir da aplicação do BIM que os projetos de edificação obtêm.

A partir da perspectiva das plataformas de *software* BIM, os projetos de infraestrutura são diferentes dos de edificações, uma vez que os objetos com geometria extrudada com seções transversais variáveis e caminhos de extrusão não lineares são muito mais comuns e bem maiores que os das edificações. Os alinhamentos de rodovias, ferrovias, pontes e túneis são quase todos deste tipo. (A Figura 5.2 mostra o alinhamento em curva da ponte Crusell, em Helsinque, por exemplo.) A representação espacial utiliza diferentes operações que refletem a maneira pela qual as representações tradicionais evoluíram para os diferentes tipos de objeto. Por essas razões, a maioria dos fornecedores oferece *softwares* BIM que são confeccionados especificamente para o projeto de infraestrutura,

FIGURA 5.2 O modelo BIM estrutural da ponte Crusell, Helsinque, Finlândia. Note a curvatura do alinhamento longitudinal da ponte.

Imagem fornecida por cortesia de WSP, Helsinque.

como *Autodesk Infraworks, Autodesk Civil 3D, Bentley OpenRoads* e *Bentley OpenRail*. Estas aplicações têm operações especializadas para geração e edição dos alinhamentos longitudinais. Elas fornecem bibliotecas especializadas de objetos paramétricos apropriados para uso no projeto, facilitam a integração dos objetos projetados com o terreno existente, usando modelagem digital do terreno (DTM, *Digital Terrain Modeling*), e possuem operações de análises como a otimização de cortes e aterros nas obras de terraplenagem. Naturalmente, fornecem gabaritos de geração padronizados para desenhos de engenharia civil, mas também oferecem dados digitais para equipamentos de condução de terraplenagem por meio da LandXML e de outras interfaces.

Uma ressalva importante em relação a algumas ferramentas específicas de construção civil é que algumas delas (como o *Autodesk CivilCAD 3D*) ainda utilizam *software* CAD como seus mecanismos centrais de geometria. Conforme explicamos na Seção 2.5.9, isso impõe limitações em sua habilidade de refletir o comportamento de objeto e a intenção de projeto, um dos principais recursos das plataformas BIM.

Longe de remover o potencial de expressar os objetos com geometria paramétrica, os objetos longitudinais do tipo comum nos projetos de infraestrutura se prestam ao uso das curvas de alinhamento paramétricas e às seções transversais paramétricas. As ferramentas BIM específicas de infraestrutura oferecem essas parametrizações como recursos embutidos. As ferramentas de modelagem paramétrica com programação visual, como Dynamo, Grasshopper e outras (descritas na Seção 5.3.3), oferecem excelentes oportunidades para a manipulação paramétrica de geometrias baseadas em curvas de alinhamento.

O terreno é modelado como uma grelha (geralmente ortogonal) com valores de elevação de superfície em cada nó em uma abordagem chamada Modelagem Digital do Terreno (DTM). Estas superfícies irregulares naturalmente não se prestam à modelagem paramétrica, mas às superfícies artificiais geradas pelo projeto de engenharia, como as superfícies de rodovias, paisagismo ou uma implantação de edificação; assim, os volumes gerados pela subtração booleana de uma superfície projetada a partir de um terreno natural podem, em geral, ser representados como volumes com controles paramétricos. Isso permite a aplicação de algoritmos de otimização que podem buscar soluções ótimas (expressas como conjuntos de valores paramétricos) para cortes e aterros, linhas de visão e outras funções almejadas.

Uma consideração de engenharia significativa para os modelos BIM de projetos que se estendem ao longo de distâncias medidas em quilômetros, ao invés de metros (ou em milhas, ao invés de jardas), é que a precisão dimensional obtida utilizando sistemas de coordenadas cartesianas é insuficiente à medida que a curvatura da terra começa a ser significativa. O erro de dimensionamento se torna significativo caso sejam utilizados levantamentos topográficos planos, e, da mesma maneira, os sistemas de coordenadas ortogonais idealizados que a maioria das plataformas BIM usa são inadequados. Em vez disso, para tais projetos, devem ser utilizados sistemas de coordenadas curvilíneas. Os projetos da Transport for London, como o Victoria Station Upgrade, utilizam o sistema de coordenadas London Survey Grid. *Softwares* de infraestrutura da Bentley, como o **OpenRoads** e o **OpenRail**, fornecem ferramentas apropriadas para o gerenciamento desses sistemas de coordenadas e as transformações entre eles, bem como as representações ortogonais utilizadas para edificações.

Os modelos BIM usados em projetos de construção civil e infraestrutura devem realizar a interface não apenas com os modelos de estruturas distintas dos quais são parte ou com os quais interagem, como as estações de metrô ao longo de um túnel ou as pontes ao longo de uma estrada, mas também a interface com sistemas de informação geográfica (GIS) que capturam os sistemas na escala urbana. O IFC é apropriado para a interoperabilidade com estruturas de edificação, projetadas utilizando diferentes plataformas BIM, e o esquema atual (o IFC4 Add 2, na época em que esta obra estava sendo escrita) exige alternativas para representar alinhamentos e objetos específicos de infraestrutura. A buildingSMART está continuando o desenvolvimento de extensões, como o IFC Bridge e o IFC Alignment (IFC Road), e inclusive tem uma sala específica "Aeroporto" para explorar o que é necessário neste campo. Na outra extremidade da escala, o cityGML oferece ferramentas para intercâmbio de dados com plataformas de GIS. A integração completa entre os modelos BIM e GIS ainda é um tópico de pesquisa e desenvolvimento (Liu *et al.*, 2017), com pesquisadores propondo trocas, *links* ativos de dados e consultas simultâneas de modelos com o uso de cityGML e IFC (Daum *et al.*, 2017).

5.3 USO DO BIM NO PROCESSO DE ELABORAÇÃO DE PROJETOS

Os dois fundamentos tecnológicos da modelagem da informação da construção revisados nos Capítulos 2 e 3 – ferramentas de projeto paramétrico baseado em objetos e interoperabilidade – junto com a crescente gama de ferramentas BIM para funções específicas oferecem muitas melhorias de processo e aprimoramento de informação dentro das práticas de projeto tradicionais. Estes benefícios abrangem todas as fases do projeto. Algumas novas utilizações e benefícios do BIM ainda precisam ser concebidos, mas vários caminhos de desenvolvimento evoluíram o suficiente para demonstrar recompensas significativas. Aqui, consideramos o papel e o processo de projeto a partir de quatro destes pontos de vista que se aplicam em graus variados a diferentes projetos, dependendo de seus níveis de desenvolvimento da informação. Em vez dos marcos genéricos de projeto encontrados nos contratos de projeto tradicionais, agora consideramos quatro exemplos importantes de subprocessos que são tarefas de projeto secundárias embutidas, as quais compõem o projeto como um todo. Devido à combinação potencialmente única de focos, as diferentes combinações de problemas criam novos contextos com objetivos únicos nas sequências de desenvolvimento de projeto atuais. Consideramos o projeto conceitual, a pré-fabricação, a integração de análises e a consideração dos tipos especiais de edificações. Também abordamos uma série de questões práticas: desenho baseado em modelo e preparação de documento; desenvolvimento e gerenciamento de bibliotecas de objeto BIM; e integração de especificações e estimativa de custo. As questões práticas da prática de projeto, como a seleção das plataformas e ferramentas BIM, o treinamento e as questões de pessoal, são discutidas nos Capítulos 2 e 8, respectivamente.

5.3.1 Projeto conceitual

O primeiro ponto de vista trata do **projeto conceitual** (por vezes chamado de projeto básico, o *schematic design* nos contratos do AIA), como é geralmente concebido. A importância e a retomada de foco no projeto conceitual são bem articuladas nas curvas de MacLeamy apresentadas na Figura 5.1, onde a fase de contrato do Projeto Básico assume o encargo de projeto conceitual, reduzindo assim o potencial de erros de projeto e de alterações durante as etapas posteriores de um projeto. O projeto conceitual determina a estrutura básica do projeto a ser desenvolvido nas etapas posteriores, em termos de sua volumetria (massa), estrutura, leiaute espacial genérico, abordagem de condicionamento ambiental e resposta ao terreno e outras condições locais. É a parte mais criativa da atividade projetual. Traz à tona todos os aspectos do projeto, em termos de sua função, custos, métodos e materiais de construção, impactos ambientais, práticas de edificação, considerações culturais e estéticas, entre outros. Antecipa e considera toda a gama de *expertise* da equipe de projeto.

O projeto conceitual geralmente envolve o desenvolvimento e o refinamento do programa de necessidades da edificação – a especificação do projeto em termos de áreas espaciais, funções, tipos de material e de construção e a análise básica de sua viabilidade funcional e econômica. Também pode avaliar o potencial de relevância histórica, visual e cultural do projeto. Os arquitetos são muitas vezes os que assumem a liderança na elaboração do programa de necessidades da edificação; às vezes o programa é fornecido pelo cliente ou por consultores. O cliente fornece um programa inicial com as elaborações desejadas. A declaração expressa é frequentemente inconsistente, identificando objetivos conflitantes. Estes podem demandar ações imediatas de zoneamento ou de planejamento, ou o reconhecimento de que certos riscos e resoluções serão necessários no futuro, negociações em relação às necessidades e desejos. Após a elaboração do programa da edificação, o núcleo do projeto conceitual é gerado no projeto básico de leiaute da edificação em plantas baixas, sua volumetria e aparência geral, determinando a implantação da edificação e a orientação no terreno, sua estrutura e sua qualidade ambiental interna, e como o projeto concretizará o programa de edificação básico, levando em conta sua vizinhança e contexto local.

Estas decisões iniciais sobre o programa e o conceito são de tremenda importância para o projeto como um todo, como mostra a Figura 5.1. É considerada como a parte mais criativa da atividade projetual. O programa em grande parte determina o custo, a utilização, a complexidade da construção, o tempo de entrega e outros aspectos críticos. Os programas de edificações estão agora se tornando adequadamente reconhecidos como fundamentais e apresentam um desafio direto aos processos tradicionais empregados no projeto conceitual. No passado, o projeto conceitual baseava-se fortemente na experiência e na *expertise* do projetista responsável ou da equipe de projeto, trabalhando com base em seu conhecimento e intuição, com *feedback* dos outros membros da equipe de projeto.

Devido à necessidade de rápida geração e avaliação das alternativas em nível de esboço, a avaliação tem sido feita de forma intuitiva a partir da memória. A rapidez de exploração e a baixa demanda cognitiva da interface do usuário da ferramenta mantiveram o lápis (ou outro marcador de papel) como a ferramenta dominante no projeto conceitual. Os croquis (esboços) a mão livre têm sido uma forma comum de documentação para o registro e a comunicação interna. Na mesma linha, alguns arquitetos argumentam que o BIM não oferece suporte ao projeto conceitual, devido a sua complexidade e carga cognitiva. Aceitamos parcialmente essa crítica. As aplicações de projeto BIM mais atuais requerem muito da curva de aprendizado, possuem muitas operações que dependem do estado e exigem atenção aos comportamentos dependentes do objeto. A atenção cognitiva exigida por suas operações e a interface do usuário tornam quase proibitiva a "exploração criativa".

Ferramentas leves como SketchUp, Rhinoceros e FormZ Pro, no entanto, têm sido aceitas como ferramentas de projeto conceitual. Tais ferramentas focam na geração rápida de esboços e formas em 3D. Elas facilitam a comunicação de considerações espaciais e visuais pela equipe de projeto. Elas não têm tipos de objetos da construção, nem comportamento específico de tipo de objeto, de modo que as operações geométricas se aplicam consistentemente a todos os formatos, reduzindo a complexidade para o usuário. Algumas limitam suas superfícies a *B-splines* não uniformes (NURBS, *non-uniform rational B-splines*), um tipo de superfície de forma livre que pode representar uma variação muito ampla de superfícies, incluindo superfícies planas e esféricas simples. Essas ferramentas suportam uma complexidade razoável de objetos e oferecem rápido *feedback*, permitindo avaliações visuais intuitivas. Com o uso repetido, é possível aprender a deixá-las "invisíveis" no processo de pensamento do projetista. Como ferramentas independentes, atendem apenas parcialmente ao desafio do projeto conceitual, de empoderar a qualidade da tomada de decisão. No entanto, tais limitações estão mudando. Elas evoluíram significativamente desde a segunda edição deste livro e as ferramentas têm recursos e capacidades crescentes.

Outras ferramentas de *software* suportam o foco do projeto conceitual em uma abordagem particular de desenvolvimento, como a programação espacial, o consumo energético ou a viabilidade financeira. As empresas que fornecem plataformas BIM também estão cientes das limitações percebidas de suas ferramentas. Algumas adicionaram capacidades de projeto conceitual que competem com as ferramentas de nível de esboços nesta área de mercado. Esta seção analisa cada um destes tipos de produtos para examinar como seu papel é percebido no projeto conceitual.

Ferramentas de esboço 3D do projeto conceitual. Aqui oferecemos breves descrições do SketchUp, Rhinoceros e FormZ Pro, atentando especialmente aos fluxos de trabalho que suportam a funcionalidade do BIM.

SketchUp. O Trimble SketchUp é uma das ferramentas de croqui e exploração preferidas de muitos arquitetos. Começou como um modelador de superfícies com uma interface de usuário muito intuitiva. Sua versão profissional tem capacidades funcionais cada vez mais poderosas. Focaremos essa análise na versão Pro.

A capacidade básica do SketchUp é sua facilidade para definir uma linha 3D e alongá-la em uma superfície que se alinha com outros pontos no espaço, suportando manipulação direta de fácil utilização. Linhas podem ser usadas para definir um polígono em uma superfície que pode ser extrudado para dentro ou para fora desta superfície, para perfurar ou definir novos formatos. O *feedback* de dimensionamento permite ao usuário ser preciso ou vago. O SketchUp permite que os formatos e as edificações 3D sejam definidos de modo bastante simples com mínimo ou nenhum treinamento (ver a Figura 5.3). Existem grandes bibliotecas de formatos predefinidos no 3D Warehouse do Trimble e na biblioteca FormFonts. O SketchUp suporta o Ruby Script e um SketchUp System Development Kit (SDK) para criação de *plug-ins*. Existem centenas de *plug-ins* que ampliam muito a funcionalidade do SketchUp, e muitos deles funcionam tanto com o SketchUp básico quanto com o Pro. Os modelos de edificação 3D foto-texturizados podem ser facilmente carregados no Google Earth.

O SketchUp Pro oferece tanto a geração de desenhos 2D a partir de um modelo quanto interfaces para outras aplicações por meio de várias interfaces de arquivo. O *plug-in* gratuito Layout 3 suporta a geração de desenhos dimensionados a partir de um modelo 3D SketchUp, enquanto o Style Builder fornece filtros que estilizam uma renderização de modelo em termos de estilo de desenho. Ele suporta o Generic Components, o qual permite associação de atributos com entidades. Coleções de faces podem ser definidas como "objetos". Com a versão 2017, grupos bem-formados de superfícies podem ser transformados em sólidos – e podem ter propriedades associadas. Os usos desses objetos sólidos e sua exportação para outras ferramentas certamente se expandirão nos lançamentos seguintes.

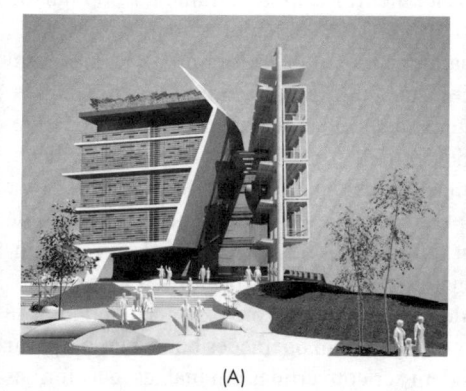

FIGURA 5.3 (A) Um modelo Sketchup do edifício de pesquisa Porter Environmental Sciences na Universidade de Tel Aviv. A imagem foi parte da proposta vencedora para o concurso de projeto para este edifício com certificação Leed Platinum. (B) Uma foto do Edifício Porter após a conclusão da construção.

Imagens fornecidas por cortesia de Axelrod Grobman Architects, Chen Architects, Geotectura e Shai Epstein.

Um *plug-in* importante do SketchUp é o IES VE, que oferece uma série de interfaces de desempenho. O IES utiliza um eficiente modelo de edificação simplificado tanto no SketchUp como nas aplicações de avaliação de desempenho de sustentabilidade. Ele suporta a simples construção de um edifício como paredes de linhas únicas ou duplas (na realidade, zonas térmicas) sobre lajes que são utilizadas para a análise energética e a avaliação das emissões de carbono. São propriedades atribuídas a fim de designar seu comportamento térmico e, com localização e orientação, o IES usa o APACHE-Sim para rapidamente rodar o desempenho energético "indicativo" de calefação e resfriamento. Outras ferramentas IES abordam ganho solar, sombreamento, uso de água e de carbono. Outra aplicação similar é o OpenStudio, que oferece uma interface similar para o EnergyPlus, mapeada por meio da representação de entrada IDF. O novo OpenStudio Version 1.0.5 suporta a combinação inteligente de interfaces zonais, a atribuição de cargas de espaço interno e outras melhorias. Uma terceira opção é o *plug-in* Greenspace Research's Demeter, que responde aos requisitos gEnergyEPC no Reino Unido. Ele gera uma interface de entrada gbXML comum, similar àquelas desenvolvidas para o Revit, ArchiCAD e Microstation. Parece que todos os três *plug-ins* aqui citados exigem uma versão desenvolvida sob medida do modelo SketchUp a fim de suportar a interface de energia e a atribuição manual das propriedades para a realização de simulações.

O SketchUp Pro pode ler como base as entradas de geometria DXF, DWG e IGES. Também pode importar a geometria IFC – para alguns tipos de objeto. O SketchUp Pro também suporta a exportação de 3DS, AutoCAD DWG, AutoCAD DXF, FBX, OBJ, XSI e VRML (para a funcionalidade destes formatos de arquivo, ver o Capítulo 3). Alguns destes podem ser lidos dentro das plataformas BIM, e a geometria pode ser recriada a partir das imagens de fundo importadas.

Os fluxos de trabalho em torno do SketchUp ainda não são muito amplos ou de fácil utilização, sendo limitados à entrada de geometria para análise energética. Cada passo exige a entrada de dados e a manipulação manual. Mas esses passos incrementais mostram que eles estão preenchendo um caminho na direção de fluxos mais suaves para a avaliação do projeto conceitual e assim, posteriormente, nos modelos de edificação.

Rhinoceros. O Rhinoceros (Rhino, abreviadamente) é uma ferramenta popular de modelagem de superfícies geométricas NURBS da McNeel, empresa cuja propriedade pertence aos seus funcionários (www.en.na.mcneel.com/default.htm). O Rhino é um sistema muito atrativo para arquitetos, desenhistas industriais de produtos, animadores, desenhistas de joias e outros profissionais interessados em modelagem 3D de forma livre. O Rhino suporta muitas capacidades de modelagem de superfície para a geração, edição, visualização, combinação e análise de formas superficiais simples ou complexas (ver a Figura 5.4), além de suportar operações para criação e edição de curvas e junção de superfícies. Estas são utilizadas para projetar muitos tipos de formas complexas, incluindo fachadas de edificações, formas para concreto moldado e várias formas e acessórios internos. O Rhino suporta a geração de sólidos primitivos e a conversão de conjuntos de superfícies em sólidos. Os sólidos podem ser editados com operações booleanas e a partir da extração de superfícies. As superfícies podem ser convertidas em malhas, e as formas podem ser analisadas e dimensionadas. O Rhino suporta projeção razoável de formas em um plano e a adição de anotação de rascunho. Com cuidado, os usuários podem definir formas de edificações grandes e complexas.

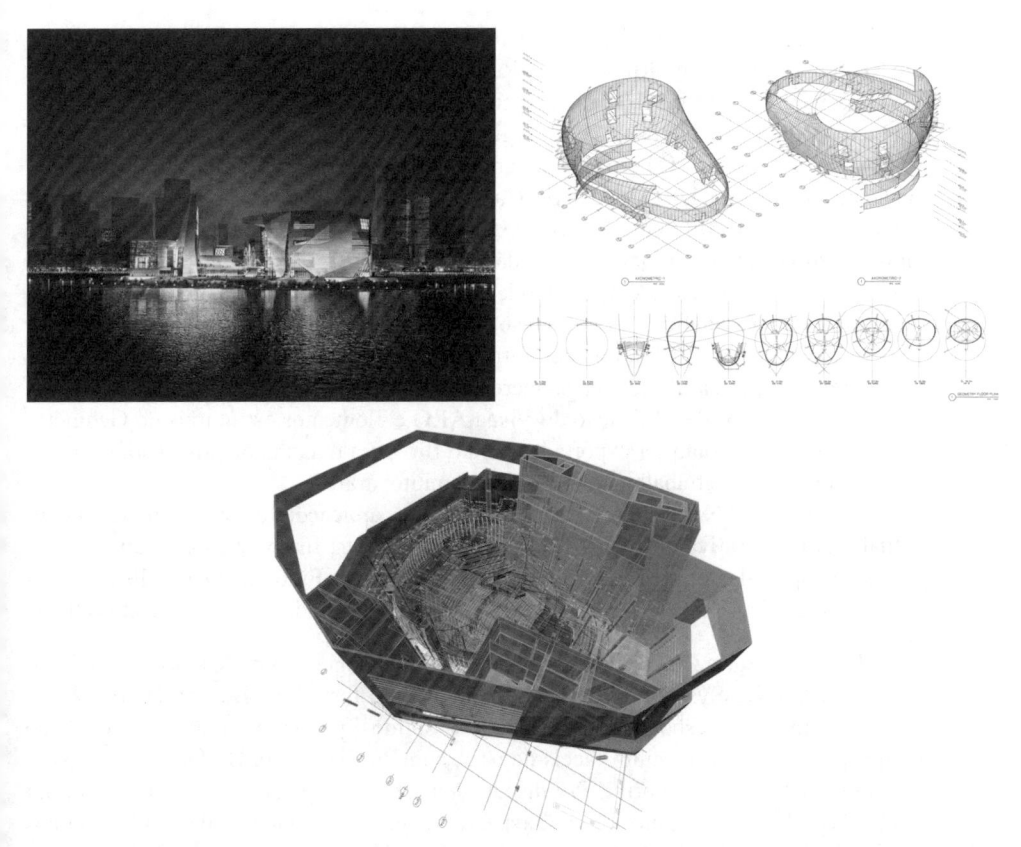

FIGURA 5.4 Incheon Arts Centers Concert Hall. No Rhino o projeto pode ter formas livres ou ser estruturado. Imagens fornecidas por cortesia de dmp, Seul, Coreia.

O Rhino é um sistema muito aberto, permitindo customização de usuário facilitada com a Rhinoscript, uma versão de linguagem de *script* em Visual Basic, e o Grasshopper, uma linguagem de *script* específica do Rhino que exige pouco ou nenhum conhecimento de computação. Um início fácil em *scripting* é capturar operações em um arquivo histórico de operações, e então repeti-las automaticamente. Além de fazer seus próprios *scripts*, há uma grande biblioteca com várias centenas de *plug-ins*, muitos dos quais oferecem suporte ao uso arquitetônico. Isso inclui o Paracloud Modeler e o Paracloud Gem, que permitem fluxos de trabalho generativos para o gerenciamento de matrizes de objetos de forma paramétrica (www.paracloud.com). O Savannah3D fornece bibliotecas de objetos internos de arquitetura para modelos de povoamento. O Rhino suporta uma grande variedade de mecanismos de renderização na forma de *plug-ins*, como V-ray, Lightworks, Maxwell, entre outros. O Geometry Gym (http://ssi.wikidot.com/examples) oferece interfaces para as aplicações de modelagem estrutural. Os formatos de modelos de análise disponíveis incluem OasysGSA, Robot, SAP2000, Sofistik, SpaceGASS e Strand7. O formato neutro SDNF de detalhamento está disponível com desenvolvimento no CIS/2 e IFC (para informações sobre as funcionalidades destes formatos de arquivo, ver o Capítulo 3). O mapeamento do Rhino para o Revit e o reverso estão disponíveis.

O VisualARQ é uma ferramenta particularmente interessante. Suporta a conversão de objetos Rhino em objetos BIM das seguintes classes: Parede, Laje e Cobertura, Pilar, Porta e Janela e Espaço. Os espaços podem ser registrados em uma tabela para a validação do programa espacial. O VisualARQ também fornece classes de objetos paramétricos padrão para os tipos diferentes descritos aqui. Um IFC Export Module está atualmente em desenvolvimento e em lançamento da versão beta. Ele suporta a conversão de seis classes de objeto em VisualARQ em modelos IFC para importação na produção de ferramentas BIM ou para aplicações de análise que aceitam entradas IFC.

Com os *plug-ins*, o Rhino parece fornecer capacidades para o projeto exploratório de arquitetura, seguidas da conversão incremental das superfícies do Rhino em sólidos e, então, em elementos de edificação do VisualARQ e elementos estruturais do Geometry Gym. Estes podem então ser exportados para o IFC para trabalho de produção. Isso proporciona um fluxo de trabalho potencialmente muito atrativo.

As interfaces IFC são suportadas pelas seguintes aplicações de projeto no nível conceitual: para estimativa de custo, Timberline, U.S. Costs, Innovaya; para validação do programa espacial, Solibri Model Checker e Trelligence. Embora existam listas na internet para essas interfaces, não fica claro se elas são suportadas nos lançamentos atuais.

FormZ Pro. O FormZ Pro é uma ferramenta de modelagem com NURBS e croquis facetados da AutoDesSys, a empresa que desenvolveu o formZ e o Bonzai. O FormZ Pro é uma ferramenta de esboço de modelagem de sólidos que possui operações de edição de manipulações diretas muito fáceis de usar, como o SketchUp. De fato, grande parte das informações sobre o FormZ Pro discute seu estilo de operação como sendo similar ao do SketchUp. No entanto, sendo uma ferramenta de modelagem de sólidos, muitas operações são mais fáceis. Por exemplo, a criação de paredes espessas com todas as faces de fechamento é administrada automaticamente. Como é baseado em NURBS, suporta muitas operações que são similares ao Rhino, embora as operações sejam diferentes. Para os arquitetos, define poucos conjuntos paramétricos: escadas, janelas, portas e coberturas. Incorpora o Renderzone para renderizações rápidas e tem acesso ao Lightworks, Maxwell e outros, por meio de formatos de arquivo externos. Tais formatos incluem o DWG, DXF, FACT e OBJ, SAT e STL, e 3DS e COLLADA. Há uma linguagem de *script* disponível.

Conceitos de esboços com aplicações BIM. As limitações percebidas das aplicações BIM têm sido reconhecidas por seus desenvolvedores. Vários deles têm desenvolvido ferramentas de exploração de projeto no nível do conceito, usando objetos de tipo genérico, chamados de objetos de "massa" ou objetos "*proxy*". Estes podem ser customizados parametricamente a fim de definir famílias de formas. São destinados a preencher a lacuna referente à fragilidade do BIM para suportar formas livres, particularmente como base para a geração da fachada da edificação, que pode ser refinada no projeto posterior, ou para a geração de grelhas e outros tipos de geometrias complexas. Estas ferramentas de forma livre também suportam a divisão destes formatos em níveis de pavimento e em painéis para a criação de fachadas. Por exemplo, o Revit acrescentou capacidades a suas ferramentas de volumetria para permitir uma maior amplitude de operações de edição de formas livres e maneiras de inserir uma grade na sua superfície e para designar objetos ou formatos parametrizados para a grade (ver a Figura 5.5). Tanto o ArchiCAD quanto

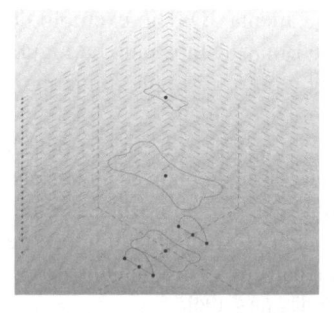

FIGURA 5.5 Os objetos de massa do Revit podem ter formas livres que se tornam mais detalhadas com tipos de objetos adicionados.

As imagens do modelo foram disponibilizadas por David Light, especialista em Revit, HOK London.

(A)

(B)

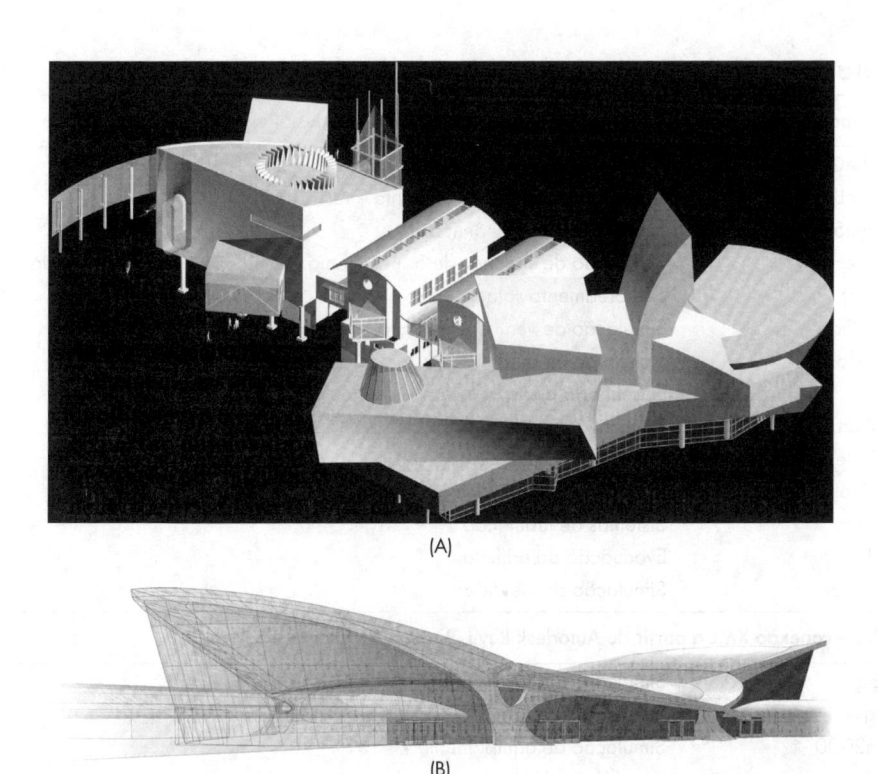

FIGURA 5.6 (A) O Vectorworks suporta uma ampla variedade de formas de massa e superfícies. (B) No Bonzai um projeto pode ser de forma livre ou planar.

o Vectorworks fornecem capacidades similares usando o Cinema 3D. Um exemplo do Vectorworks é mostrado na Figura 5.6A, e um exemplo do Bonzai é mostrado na Figura 5.6B. O Generative Components da Bentley Architecture é outro exemplo ainda mais poderoso.

Estas ferramentas de criação de esboços também têm interfaces potenciais para a análise energética; por exemplo, um projeto esboçado no Revit pode realizar a interface com o Green Building Studio. De modo similar, o ArchiCAD suporta interfaces com o EcoDesigner, uma aplicação para projeto conceitual de análise energética e de uso de carbono. O Bentley também suporta o gbXML para a avaliação energética *on-line*. As capacidades destes modelos de esboço ambientais são indicadas na Tabela 5.1.

Criação de esboços com aplicações de função específica. Outras ferramentas de projeto preliminar enfatizam fluxos de trabalho específicos. O Trelligence oferece leiautes de planejamento espacial com *feedback* sobre a programação de espaços frente às relações espaciais almejadas. O Trelligence suporta as ligações de exportação e bidirecionais com Revit e ArchiCAD, e de importação dentro do SketchUp. O Vectorworks tem sua própria ferramenta de planejamento espacial, assim como o Revit. O Visio também dá suporte ao planejamento espacial, em sua aplicação Space Planner. O IES tem seus próprios modelos de edificação simples e independentes que permitem leiautes esque-

Tabela 5.1 Análises ambientais suportadas por modelos de esboço

IES – modelo próprio da edificação mais ligação direta com Autodesk Revit	
ApacheCalc	Perda e ganho de calor
ApacheLoads	Carregamentos de aquecimento e resfriamento
ApacheSim	Simulação termodinâmica
ApacheHVAC	Simulação de sistemas de aquecimento, ventilação e ar condicionado
SunCast	Sombreamento solar
MacroFlo	Simulação de ventilação natural e sistemas de modos mistos
MicroFlo	Aplicação de dinâmica de fluidos computacional do interior
Deft	Engenharia de valor
CostPlan	Estimativas de custo de capital
LifeCycle	Estimativa dos custos de operação do ciclo de vida
IndusPro	Dimensionamento e leiaute de dutos
PiscesPro	Sistemas de tubulação
Simulex	Evacuação do edifício
Lisi	Simulação de elevador
gbXML – conexão XML a partir do Autodesk Revit, Bentley Architecture e ArchiCAD	
DOE-2	Simulação energética
Energy+	Simulação energética
Trane2000	Simulação de equipamento
	Informação de produto da edificação

máticos rápidos, criando interfaces para análises energéticas, de ganho solar e de iluminação, como descrevemos anteriormente. Ele suporta análise multizona usando o EnergyPlus. O gbXML fornece outro fluxo de informação para a avaliação energética que é simples, com comportamento térmico de uma única zona. Outra área importante para o projeto conceitual é a avaliação de custos, que é oferecida pelo DESTINI Profiler (ver a Seção 2.5.4) e pelo RIB iTWO (ver a Seção 2.6.2).

Infelizmente, nenhum destes programas oferece o espectro amplo de funcionalidades necessárias para o projeto conceitual geral, e os fluxos de trabalho são atualmente desafiadores, exigindo o cumprimento de convenções de modelagem rígidas ou, alternativamente, a reestruturação do modelo. Um fluxo de trabalho suave que use estas ferramentas está próximo, mas ainda não é uma realidade. Na prática, a maioria dos usuários depende de um dos *software*s mencionados anteriormente. Destes, apenas poucos são capazes de interfacear fácil e eficientemente com as ferramentas de autoria BIM existentes. Ferramentas de análise ambiental também requerem uma quantidade significativa de informação de projeto não específico, incluindo detalhes que podem afetar a luz solar incidente e quaisquer objetos ou efeitos que possam restringir a luz solar ou as vistas de estruturas existentes, como localização geográfica, condições climáticas, estruturas ou topografia. Estas informações não são tipicamente carregadas em ferramentas de projeto BIM, mas por ferramentas de análises secundárias. Às vezes, estes conjuntos de dados distribuídos introduzem problemas no nível do gerenciamento, como a determinação de qual rodada de análise produziu quais resultados e baseados em qual versão do projeto. Neste aspecto, repositórios de servidores BIM podem exercer um papel importante (ver o Capítulo 3).

Condições existentes: captura da realidade. Outro aspecto do entendimento do contexto da edificação reside na obtenção das condições *as-built* atuais. Esta é uma questão crítica para trabalho de renovação e remodelagem. Tecnologias de escaneamento a laser e fotogrametria podem ser utilizadas para compilar rapidamente dados de nuvem de pontos (PCD, *Point Cloud Data*), oferecendo informações valiosas sobre as condições *as-built*. Uma vez que os arquivos da nuvem de pontos coletados em campo tenham sido registrados uns nos outros e no sistema de coordenadas de projeto, eles são extremamente úteis "como estão" se tudo o que for necessário seja para situar uma nova construção em relação a objetos existentes. As ferramentas de *software* como **Autodesk RECAP**, **Trimble RealWorks**, **Leica Cloudworx** e **Bentley Descartes** suportam a preparação de nuvens de pontos para uso com modelos BIM, e algumas das plataformas BIM permitem aos usuários carregar as nuvens de pontos diretamente como modelos de referência, nos quais podem ser encaixadas rapidamente.

No entanto, se for necessário trabalhar com edificações existentes ou objetos de infraestrutura, o PCD não é uma solução mágica; será necessário um esforço significativo por parte dos operadores de BIM para preparar os modelos BIM nativos sobre condições existentes. Essencialmente, os modeladores reconstroem os objetos a partir do zero com base em suas observações e nas medidas das condições no PCD. Onde os objetos no mundo real estiverem ocultando partes de uma edificação, eles recriam os objetos utilizando fontes de dados alternativos e/ou sua intuição profissional.

Está sendo investido um grande esforço em pesquisa para automação do processo de "Digitalização para o BIM" (*"Scan to BIM"*) e, em alguns domínios muito específicos e

FIGURA 5.7 (A) Dados da nuvem de pontos de uma ponte de rodovia de concreto perto de Cambridge, Reino Unido. (B) Modelo BIM reconstruído da mesma ponte.

Imagens fornecidas por cortesia de Dr. Ioannis Brilakis, Laing O'Rourke Centre for Construction Engineering and Technology, University of Cambridge.

bem definidos, bons resultados têm sido alcançados. O projeto de pesquisa "SeeBridge" da EU Infravation, por exemplo, progrediu na reconstrução de modelos BIM de pontes de rodovias de concreto (ver a Figura 5.7; Sacks *et al.*, 2017). Os processos de digitalização para o BIM automatizados e genéricos provavelmente exigirão a aplicação de técnicas de inteligência artificial. Discutiremos seu desenvolvimento futuro no Capítulo 9.

Resumo do projeto conceitual. Ferramentas de projeto conceitual devem balancear a necessidade de suportar os processos intuitivos e de pensamento criativo com a habilidade de fornecer uma rápida avaliação e *feedback* baseados em uma variedade de ferramentas de simulação e de análise, permitindo um projeto mais bem fundamentado. Infelizmente, cada uma das ferramentas comerciais disponíveis desempenha apenas parte da tarefa global, requerendo traduções entre elas e, depois, com as principais ferramentas BIM discutidas no Capítulo 2. Contudo, estamos iniciando uma nova era de avaliações. Quando existe a oportunidade de se obter uma avaliação técnica dos conceitos de projeto no nível preliminar para energia, custos e alguns aspectos da função, a interação entre a geração de projeto e a avaliação se tornará mais articulada e conveniente. Tendo-se um *feedback* quase em tempo real, a mudança entre os recursos cognitivos, atualmente baseada em lembrança e intuição, se expandirá para incluir avaliações computacionais e interpretação. Essa mudança afetará tanto a direção quanto a qualidade do desenvolvimento do conceito e dos processos cognitivos que o suportam. A nova geração de projetistas de arquitetura está ganhando familiaridade com o trabalho com este *feedback* em "tempo quase real".

5.3.2 Pré-fabricação

A fabricação da construção se refere às operações em um projeto que são executadas *in loco*, no canteiro de obras. A pré-fabricação se refere às operações de construção realizadas em uma oficina ou fábrica, pré-montadas em módulos. A variação mínima entre os módulos facilita a pré-fabricação, embora a pré-fabricação seja às vezes movida por condições restritas do local onde os módulos são altamente variáveis. A modelagem 3D tem motivado o desenvolvimento e a aplicação da pré-fabricação. Os custos gerais da pré-fabricação são o transporte e a logística das unidades agregadas e a coordenação adicional requerida. As vantagens da pré-fabricação são a segurança e os benefícios do trabalhador de atuar em um ambiente controlado, bem como a redução das operações exigidas no canteiro, com a consequente melhoria do controle de qualidade, permitida pelas operações racionalizadas, redução do congestionamento dos trabalhadores e melhoria da produtividade.

A pré-fabricação e a construção modular são discutidas em detalhes nas Seções 6.11, 7.2.3 e 7.2.5, mas aqui enfatizamos, para arquitetos e para engenheiros, que a pré-fabricação é mais efetiva quando considerada desde o início e aplicada ao longo de todo o processo de projeto. A pré-fabricação aborda naturalmente os diferentes sistemas em integração, uma vez que a interação entre os módulos pré-fabricados é uma preocupação central.

5.3.3 Análise, simulação e otimização

À medida que o projeto passa da fase conceitual, os sistemas requerem especificações detalhadas. Os sistemas estruturais precisam ser projetados, e os sistemas mecânicos devem ser conectados e dimensionados. Estas tarefas geralmente são realizadas em colaboração com especialistas em engenharia, internos ou externos à organização do projeto. A colaboração efetiva entre estas atividades proporciona uma área para diferenciação de mercado.

Nesta seção, examinamos as questões gerais associadas à aplicação de análise e de métodos de simulação ao projeto. Primeiramente, focamos no uso de tais aplicações como parte do processo de avaliação de desempenho normal durante o detalhamento dos sistemas prediais nos estágios posteriores do projeto. Em contraste com as aplicações anteriores, as aplicações nesta fase são específicas, complexas e normalmente operadas por especialistas de domínio técnico. Tais aplicações são principalmente ferramentas, não plataformas, como se definiu no Capítulo 2, suportando a transferência do modelo para análises e parâmetros. Consideramos áreas de aplicação e ferramentas de *software* existentes, algumas das questões relativas ao seu uso e à troca de dados de modelos de edificação entre eles e questões gerais relativas à colaboração. Concluímos examinando o uso especial de análises e modelos de simulação que exploram aplicações inovadoras de novas tecnologias, materiais, controles ou outros sistemas para edificações. É importante observar que a arquitetura experimental em geral requer ferramentas e configurações especializadas.

Análise e simulação. Conforme o desenvolvimento do projeto avança, os detalhes relativos aos vários sistemas do edifício devem ser determinados para validar estimativas anteriores e para especificar os sistemas para licitação, fabricação e instalação. Este detalhamento envolve uma ampla gama de informações técnicas. Todos os edifícios devem satisfazer suas funções estruturais, de condicionamento ambiental, de distribuição de água potável e de remoção de efluentes, de retardamento de incêndio, de distribuição elétrica e de outras energias, de comunicações e demais funções básicas. Enquanto cada uma destas habilidades e dos sistemas requeridos para suportá-las podem ter sido identificados anteriormente, suas especificações para conformidade com códigos, certificações e objetivos do cliente requerem definições mais detalhadas. Além disso, os espaços em um edifício também são sistemas de circulação e de acesso, sistemas de funções organizacionais suportadas pela configuração espacial. Ferramentas para análises desses sistemas também estão começando a ser usadas.

Em projetos simples, a necessidade de conhecimento especializado no que diz respeito a esses sistemas pode ser dirigida pelos líderes de uma equipe de projeto, mas, em instalações de maior complexidade, são normalmente tratadas por especialistas inseridos na própria empresa ou contratados como consultores por projeto.

Ao longo das últimas quatro décadas, muitos recursos de análise computadorizada e ferramentas de *software* foram desenvolvidos, começando bem antes do surgimento do BIM. Uma grande parte destes é baseada na física das edificações, incluindo a estatística e dinâmica estruturais, vazão de fluidos, termodinâmica e acústica. Muitas dessas ferramentas exigiam a modelagem 3D de edifícios. Por exemplo, *softwares* de análise estrutural, como o GT-STRUDL, permitem aos engenheiros de estruturas modelar e analisar estruturas tridimensionais desde 1975. Embora os primeiros usuários tivessem que definir geometrias 3D para entrada listando coordenadas, nós e membros em linhas de texto, as capacidades pré-processadas paramétricas e gráficas foram adicionadas às ferramentas de análise estrutural assim que o *hardware* de computador necessário foi disponibilizado. Portanto, os engenheiros de estruturas estão familiarizados com a modelagem paramétrica 3D há muito tempo, inclusive com as restrições paramétricas e a definição de elementos por referência para seções transversais paramétricas. A este respeito, os aspectos da modelagem paramétrica 3D do BIM são aparentemente menos inovadores para eles e poder-se-ia esperar que a adoção de ferramentas BIM fosse natural e rápida.

Contudo, este não é o caso, sendo as taxas de adoção entre praticantes da engenharia de estruturas mais lentas do que para outras profissões da construção (Young *et al.*, 2007; Young *et al.*, 2009; Bernstein *et al.*, 2012). A explicação parece estar na separação filosófica e comercial que divide os projetistas de engenharia e os analistas, com seu foco restrito à física da edificação, dos engenheiros civis e construtores, que lidam diretamente com o mundo real. A lacuna filosófica é refletida na dicotomia entre os modelos analíticos idealizados e a geometria física real (p. ex., a diferença entre as idealizações das conexões teoricamente "rotuladas" e "fixas" *versus* a realidade desorganizada das conexões, cujo comportamento se situa entre os ideais modelados). Tradicionalmente, os projetistas estruturais modelam estruturas de maneira adequada às análises e tais modelos não podem ser traduzidos diretamente aos modelos de edificação que são úteis para a construção, pois são diferentes conceitualmente. Este descompasso conceitual existe com tamanha extensão que, em muitos países, como os Estados Unidos, a prática usual é que o detalhamento das estruturas para fabricação seja deixado a cargo dos construtores. As organizações profissionais tendem a reforçar esta prática com definições restritas do escopo dos serviços profissionais de seus membros.

Ainda assim, além dos benefícios que o BIM proporciona ao processo de projeto global, por meio da colaboração multidisciplinar, o BIM pode oferecer benefício econômico direto e localizado aos engenheiros ao eliminar retrabalho e melhorar a produtividade do projeto. Quase todas as ferramentas de análise existentes exigem pré-processamento extensivo do modelo geométrico, definindo propriedades de materiais e aplicando cargas. Porém, com as interfaces BIM apropriadas, um modelo representando a geometria real pode ser utilizado para derivar tanto o modelo analítico quanto o conjunto de desenhos, consequentemente eliminando ou simplificando altamente a preparação dos conjuntos de dados de entrada da análise.

Uma interface efetiva entre uma plataforma BIM e uma ferramenta de análise envolve pelo menos três aspectos:

1. Designação de atributos e relações específicos na plataforma BIM, consistentes com aqueles necessários para a análise.
2. Funções para compilação de um modelo de dados analítico que contenha abstrações apropriadas da geometria do edifício para que este represente a edificação de forma válida e precisa para o *software* de análise especificado. O modelo analítico que é abstraído do modelo BIM físico será diferente para cada tipo de análise.
3. Um formato de intercâmbio mutuamente suportado para transferências de dados. Tais transferências devem manter associações entre o modelo de análise abstrato e o modelo BIM físico e incluir informação de ID (identificação) para suportar atualização incremental em ambos os lados do intercâmbio.

Quando as ferramentas BIM incorporam essas três capacidades, a geometria pode ser derivada diretamente do modelo comum; as propriedades do material podem ser atribuídas de maneira automática para cada análise; e as condições de carregamento para uma análise podem ser armazenadas, editadas e aplicadas. Esses aspectos estão no centro da promessa fundamental do BIM de eliminar a necessidade de entradas de dados múltiplas para diferentes aplicações de análise, permitindo que o modelo seja analisado diretamente e em tempo de ciclos muito curtos. Os principais fornecedores de *software* BIM alcançaram isto ao incorporar *softwares* de análise de engenharia (estrutural, de energia, etc.) nos seus pacotes de *software*, fornecendo essas capacidades ao programar a funcionalidade dentro de suas plataformas. Algumas plataformas BIM mantêm representações duplas internamente. O ***Autodesk REVIT***, por exemplo, complementa a representação física dos objetos básicos comumente utilizados pelos engenheiros de estruturas – como pilares, vigas, paredes, lajes e similares – com representações idealizadas do tipo "stick--and-node" ("vareta-e-nó") automaticamente geradas. O ***Tekla Structures*** permite aos usuários especificar a localização dos nós de conexão em seus objetos, incluindo as definições dos graus de liberdade, e também tem objetos para modelar cargas estruturais e casos de carga. Tais capacidades oferecem aos engenheiros interfaces diretas para executar aplicações de análise estrutural, pois elas facilitam a troca de dados com os pacotes de análise estrutural. A Figura 5.8 mostra um modelo de uma parede resistente ao cisalhamento em uma ferramenta BIM e os resultados de uma análise de carga lateral no plano desta parede em tal configuração.

Ao trabalhar entre plataformas, contudo, os problemas ainda permanecem e as trocas devem ser feitas entre os arquivos, seja usando *plug-ins* bidirecionais dedicados (como os *plug-ins* ***CSiXRevit*** para o Revit que permitem o intercâmbio com o SAP2000 e o

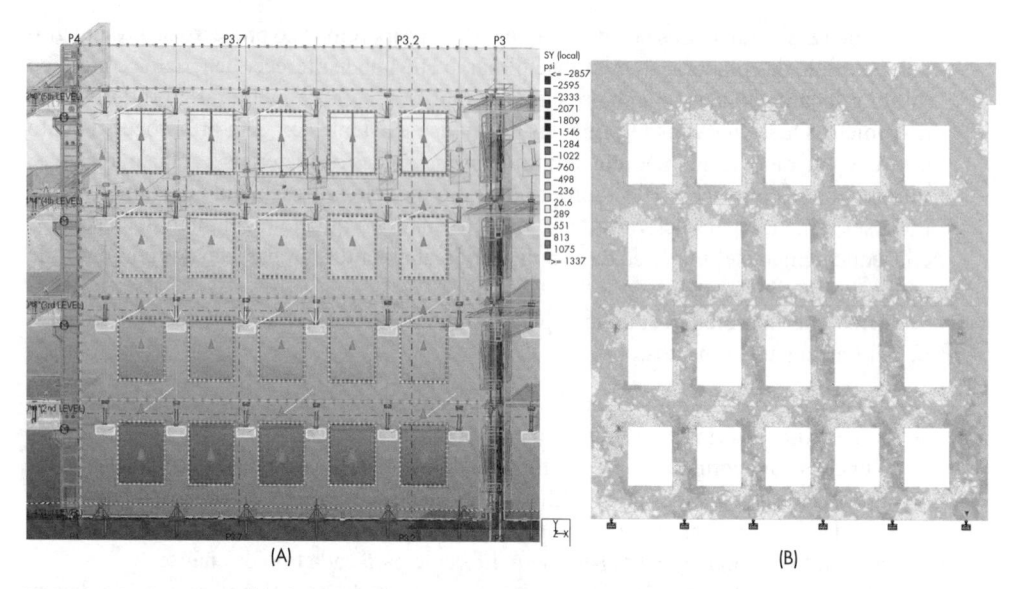

FIGURA 5.8 (A) Uma pilha de peças pré-moldadas de parede-leve em um modelo do Tekla Structures com cargas definidas. (B) A mesma seção no pacote de análise de elementos finitos STAAD PRO.

ETABS), ou usando intercâmbios de OpenBIM, como o IFC ou o CIS/2 (para aço estrutural), que são discutidos em detalhes no Capítulo 3. Serviços baseados na nuvem, como o *flux.io* ou o *konstru.com*, oferecem uma rota alternativa. O Konstru mantém um modelo central de uma estrutura, permitindo aos usuários carregar ou baixar arquivos a partir do modelo central para uma gama de plataformas de modelagem BIM e de aplicações de análise de engenharia estrutural. As conversões entre o modelo nativo de cada ferramenta e o modelo central do Konstru são executadas pelos módulos *plug-in* de tradução fornecidos pelo Konstru para cada ferramenta. Assim, o Konstru se encarrega das traduções e da propagação de modificações através das ferramentas. Também mantém versões de projeto, permitindo retrocesso e avanço transversal no espaço de soluções à medida que se desenvolve no decorrer das iterações normais de um projeto.

A análise energética tem seus próprios requisitos especiais: um conjunto de dados para representação da envoltória externa para radiação solar; um segundo conjunto para representação de usos das zonas internas e da geração de calor; e um terceiro conjunto para representação da planta mecânica do sistema de aquecimento, ventilação e ar condicionado (HVAC). A preparação de dados adicionais pelo usuário, em geral um especialista em energia, é necessária. Por padrão, apenas o primeiro desses conjuntos é representado em uma ferramenta típica de projeto BIM.

Simulação de iluminação, análise acústica e simulações de fluxo de ar baseadas em dinâmica de fluidos computacional (CFD) têm, cada uma, suas próprias necessidades de dados particulares. Enquanto questões relativas à geração de conjuntos de dados de entrada para análise estrutural são bem entendidas e a maioria dos projetistas é experiente com simulações de iluminação (por meio do uso de pacotes de renderização), as necessidades de entrada para conduzir outros tipos de análises são menos entendidas e requerem configuração e *expertise* significativas.

O fornecimento de interfaces para preparação de tais conjuntos de dados especializados é uma contribuição essencial dos modelos de edificação de análise ambiental de especial propósito, analisados na Seção 5.3.1 e na Tabela 5.1. É provável que um conjunto de ferramentas de preparação para realizar análises detalhadas emergirá embutido em futuras versões de ambientes e de plataformas BIM. Estas interfaces embutidas facilitarão a verificação e a preparação de dados para cada aplicação individual, assim como será feito nos projetos preliminares. Um filtro de análise apropriadamente implementado irá: (1) verificar se os dados mínimos estão geometricamente disponíveis a partir do modelo BIM; (2) abstrair a geometria requerida a partir do modelo; (3) atribuir o material necessário ou os atributos de um objeto; e (4) solicitar ao usuário alterações nos parâmetros necessários para a análise.

A revisão mencionada foca na análise quantitativa relacionada ao comportamento físico das edificações. Critérios menos complexos, mas ainda complicados, também devem ser avaliados, como segurança contra incêndio, acessibilidade aos portadores de necessidades especiais e exigências do código de edificação. A disponibilidade de modelos de edificações em formato neutro (IFC) tem facilitado múltiplos produtos para verificação de modelos baseados em regras (*rule-based code checking*). Os princípios para verificação dos modelos BIM estão apresentados em linhas gerais no Capítulo 2 (Seção 2.4), e algumas das ferramentas mais comuns são analisadas na Seção 2.5.3.

As edificações são construídas para abrigar várias funções, como serviços de saúde, empresariais, de transporte ou educação. Ainda que o desempenho físico da envoltória de uma edificação seja obviamente importante para o cumprimento de sua função pretendida, as ferramentas de simulação computacional também podem ser aplicadas para prever até qual grau os espaços construídos suportarão o funcionamento eficiente das operações a serem realizadas dentro da edificação. Isso fica óbvio nas instalações fabris, onde o leiaute das operações é bem entendido para se obter um efeito na eficiência da produção, com extensa literatura disponível (Francis, 1992). A mesma lógica tem sido aplicada aos hospitais, com base no reconhecimento de que médicos e enfermeiros passam uma quantidade significativa de tempo por dia andando (Yeh, 2006). Mais recentemente, questões de desenvolvimento de leiautes de espaço que possam suportar variados procedimentos emergenciais em unidades de trauma e tratamento intensivo também têm sido estudadas.

O tempo de processamento na segurança de um aeroporto é algo que todos os viajantes enfrentam e é afetado fortemente pelo planejamento do aeroporto. O *software* para simulação do fluxo de pessoas pelas instalações pode ser encontrado junto de produtos como **Legion Studio**, **Simwalk** e **Pedestrian Simulations**, da Quadstone Parametrics. À medida que a força de trabalho se torna mais orientada à produção criativa, os ambientes abertos e amigáveis encontrados no Vale do Silício têm se tornado comuns em todos os lugares. A crescente porcentagem do Produto Interno Bruto (PIB) dedicado aos serviços de saúde indica que as melhorias que podem ser geradas por meio de um projeto aperfeiçoado – associado a novos procedimentos – são uma área merecedora de intensa análise e estudo. A integração de projetos de edificações com modelos de processos organizacionais, comportamento de circulação humana e outros fenômenos relacionados se tornará um aspecto importante da análise de projeto. Em geral, estas questões são guiadas pelo reconhecimento das necessidades por parte do proprietário, e são discutidas na Seção 4.5.

Estimativa de custo. Enquanto os programas de análise e de simulação tentam prever vários tipos de comportamento do edifício, a estimativa de custos envolve um tipo diferente de análise e predição. Como as análises anteriores, necessita ser aplicável em diferentes níveis de desenvolvimento de projeto, aproveitando a informação disponível e fazendo suposições normativas sobre o que está faltando. Uma vez que a estimativa de custos aborda questões relevantes para o proprietário, o construtor e o fabricante, também é discutida a partir destas várias perspectivas nos Capítulos 4, 6 e 7, respectivamente.

Até pouco tempo, as unidades de produto ou de materiais para um projeto eram medidas e estimadas por meio de contagem manual e de cálculo de áreas. Como todas as atividades humanas, isso envolvia erros e demandava tempo. Entretanto, modelos de informação da edificação agora possuem objetos distintos que podem ser facilmente contados e, junto de volumes e áreas de materiais, podem ser computados automaticamente, quase instantaneamente. Os dados específicos extraídos de uma ferramenta de projeto BIM podem assim fornecer uma contagem precisa dos produtos da edificação e das unidades de materiais necessários para a estimativa de custos. O sistema DESTINI Profiler, analisado no Capítulo 2, fornece um forte exemplo do mapeamento das unidades de material em uma aplicação BIM para um sistema de estimativa de custos. O custo almejado com ciclos de tempo curtos constitui um uso ainda mais poderoso da estimativa de custos possibilitada pelo BIM. Torna-se um guia efetivo para projetistas ao longo do projeto.

Embora a maioria das plataformas BIM permita a extração imediata da contagem de itens e dos cálculos de área e volume para muitos de seus componentes e/ou materiais, a extração de quantitativos mais sofisticada a partir de um modelo exige um *software* especializado, como o **QTO** (*quantity takeoff*) da Autodesk ou o **Vico Takeoff Manager**. Estas ferramentas permitem ao orçamentista associar objetos em um modelo de edificação diretamente com montagens, composições ou itens no pacote de estimativa ou com um banco de dados de custo externo, como R.S. Means. Uma revisão completa de sistemas de estimativa de custos é apresentada na Seção 6.9. Assim como em muitos *softwares* de análise e simulação de modelos, existem duas maneiras de trocar informações com essas ferramentas:

— Por meio de *plug-ins* dedicados a várias plataformas BIM. ***Innovaya Visual Estimating***, ***RIB iTWO*** e ***Vico Takeoff Manager***, por exemplo, oferecem *plug-ins*.
— Usando o intercâmbio de arquivos OpenBIM com o IFC. ***Nomitech CostOS***, ***Exactal CostX*** e ***Vico Takeoff Manager*** são exemplos.

A importância da estimativa de custos para os projetistas é que lhes permite realizar projeto com valor-meta (*target value design*) (P2SL, 2017) enquanto estão projetando-o, considerando alternativas que atendam às necessidades do cliente de forma otimizada, à medida que o elaboram. A eliminação da prática de orçamento tradicional ou da prática de engenharia de valor que elimina os itens de custo ao final de um projeto é um importante benefício do BIM, em conjunto com a prática da construção enxuta.

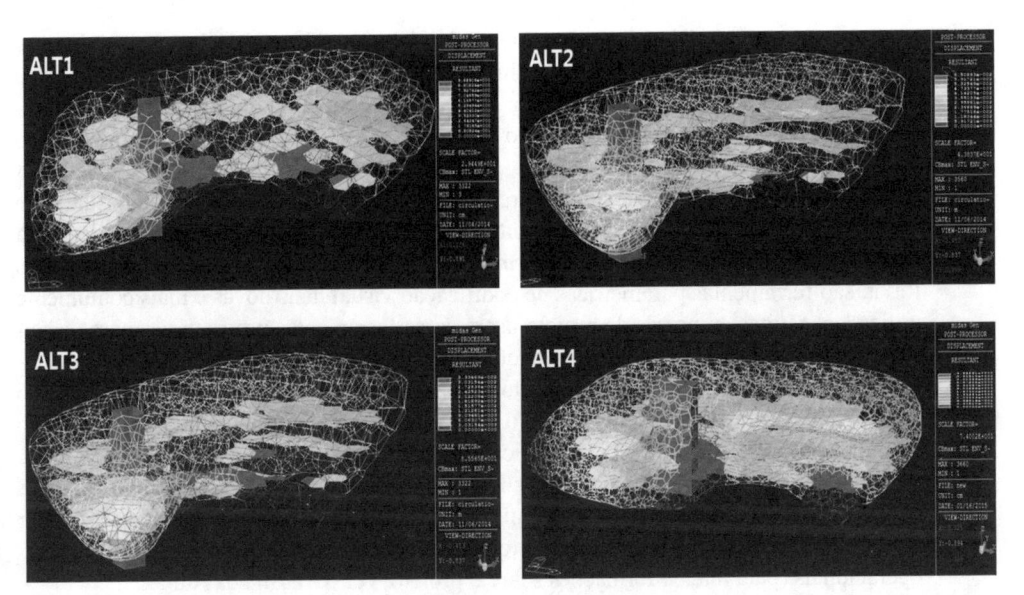

FIGURA 5.9 Otimização de um projeto estrutural de uma edificação.
Imagem fornecida por cortesia de ChangSoft I & I.

O projeto com valor-meta incremental, enquanto está sendo desenvolvido, permite a avaliação prática durante todo o projeto.

Otimização do projeto. À medida que as tecnologias BIM avançam, o projeto e a otimização orientados por dados tornaram-se outra opção. O projeto orientado por dados é um método para produzi-lo e otimizá-lo com base na integração do projeto e *big data*. A modelagem paramétrica fornece definições de modelo de edificação que podem representar uma família ou espaço de projetos, como o conjunto de alternativas estruturais mostrado na Figura 5.9. *Plug-ins* podem ser escritos de forma que, de modo combinado, explorem aqueles espaços dos projetos e retenham aquelas configurações de parâmetros que melhor atendam a alguns conjuntos de objetivos, que podem ser expressos em uma função utilitária. Dessa maneira, o segundo componente de otimização é um módulo de definição de objetivos de configuração que retém a melhor configuração paramétrica de acordo com o objetivo. Algumas ferramentas de modelagem paramétrica de alto nível em fabricação incluem módulos que facilitam essa otimização. Atualmente, o uso da otimização é, em sua maioria, um tópico de pesquisa explorando várias aplicações de AEC (Gerber, 2014).

Os exemplos de aplicação incluem a geração de projetos de fachada baseados na ventilação natural, métodos de ganho e redução solar, consumo de energia, ventilação e/ou iluminação natural; a otimização da estrutura considerando os custos e os métodos de construção, bem como a solidez estrutural; a racionalização do projeto de fachada baseada nos custos de construção e nas tecnologias de fabricação; o planejamento urbano baseado no consumo de energia em potencial; a busca da forma ideal; e mais. Diversos métodos de otimização multiobjetivos, incluindo a otimização de Pareto e as abordagens de aprendizado de máquina, suportam a definição e a busca de objetivos, onde os objetivos não precisam ser compatíveis, provendo busca e *feedback* permitindo otimização com objetivos conflitivos (Gero, 2012).

As ferramentas de modelagem paramétrica, algumas com codificação visual, são facilitadoras essenciais de projetos orientados por dados. **GenerativeComponents**, uma aplicação pioneira, ainda é utilizada. **Grasshopper**, para o Rhinoceros, e **Dynamo**, para o Revit, são ferramentas paramétricas de codificação visual mais novas e mais comumente utilizadas. Muitas empresas de projeto usam essas ferramentas proprietárias para desenvolver soluções próprias para a geração ou otimização de projetos. Um exemplo é a Aditazz – uma empresa de construção e projeto de edificações de saúde estabelecida no Vale do Silício, que emprega o projeto baseado na fabricação, simulação e método de construção modular. No projeto do University Medical College Cancer Hospital no sudeste da China, a Aditazz utilizou fluxos de pedestres clínicos e as melhores práticas de um hospital de câncer para encontrar o número ótimo mínimo de salas de atendimento clínico sem afetar o atendimento ao paciente, o que resultou em reduções de gastos de capital e despesas operacionais (para mais informações sobre o projeto, ver o *website* da Aditazz).

5.3.4 Modelos de edificação no nível da construção

Os projetistas podem abordar o desenvolvimento de um modelo em nível de construção pelo menos de três maneiras diferentes:

1. Como concebido tradicionalmente, o modelo do edifício do projetista é um projeto detalhado expressando a intenção do projetista e do cliente. Nesta abordagem, espera-se que as construtoras desenvolvam seus próprios e independentes modelos e documentos de construção desde o início e com base em seu conhecimento e experiência com métodos de construção.
2. De forma alternativa, o modelo de edificação é considerado como um modelo parcialmente detalhado a ser posteriormente detalhado para uso em todos os aspectos da construção, planejamento e fabricação. Nesta visão, o modelo de projeto é o ponto inicial para a elaboração pela equipe de construção.
3. A equipe de projeto pode colaborar com os construtores e fabricantes desde o início, sendo informada sobre questões de fabricação à medida que são modeladas. Posteriormente, fornecem um modelo que incorpora os conhecimentos de fabricação junto com a intenção de projeto.

A razão principal pela qual o primeiro enfoque tem sido adotado tradicionalmente por arquitetos e engenheiros é eliminar a responsabilidade civil por questões da construção, uma vez que, a partir desta abordagem, eles não estão fornecendo informações da construção, mas apenas intenções de projeto. Isso é visível nos textos sobre isenção de responsabilidades que comumente aparecem nos desenhos, os quais transferem responsabilidades relativas à precisão dimensional e ao grau de correção para os construtores. É claro que, tecnicamente, isso significa que o construtor ou os fabricantes devem desenvolver seus modelos do zero, refletindo a intenção do projetista e exigindo repetidas rodadas de apresentações, revisões de projeto e correções.

Os autores consideram que tais práticas – estritamente baseadas na intenção do projeto – são inerentemente ineficientes e irresponsáveis em relação aos clientes. Incentivamos os projetistas a adotarem o segundo ou terceiro enfoque, fornecendo suas informações de modelo para fabricantes e detalhistas, permitindo que eles elaborem as informações de projeto conforme o necessário, tanto para manter a intenção de projeto quanto para refiná-lo para fabricação. Os benefícios derivados do compartilhamento de projetos entre projetistas e construtores, e de seu desenvolvimento por meio de uma colaboração estreita, são um grande impulsionador para novos métodos de aquisição como o Desenvolvimento Integrado de Empreendimentos (IPD; para mais detalhes, ver os Capítulos 1 e 6 e a Seção 5.2 deste capítulo). Ao mesmo tempo, o BIM é um facilitador essencial para o IPD.

O modelo de engenharia estrutural da USC School of Cinematic Arts fornece um excelente exemplo deste enfoque. Como pode ser visto na Figura 5.10, o engenheiro estrutural disponibilizou toda a geometria da estrutura com a armadura longitudinal do concreto armado moldado *in loco* e detalhes das conexões em aço. Todos os diferentes fabricantes podem refinar seus detalhamentos usando o mesmo modelo; a coordenação entre os diferentes sistemas é assegurada.

Quase todas as plataformas existentes para geração de modelos de edificação suportam uma combinação de representação de componentes totalmente em 3D, seções representativas em 2D, além de representações simbólicas em 2D ou representações esquemáticas em 3D, tais como leiautes de linhas centrais. Leiautes de tubulações podem ser definidos em termos de seus leiautes físicos ou como um diagrama lógico de linha central com diâmetros das tubulações anotados junto deles. De forma similar, eletrodutos

FIGURA 5.10 Uma vista de um modelo Tekla Structures de um engenheiro de projeto da USC School of Cinematic Arts. O modelo contém detalhes relativos a três subempreiteiros – estrutura em aço, fabricante de armadura e concreto moldado *in loco* – e permite ao engenheiro assegurar a coordenação de projeto entre estes sistemas.

Imagem fornecida por cortesia de Gregory P. Luth & Associates, Inc.

podem ser posicionados em 3D ou definidos logicamente com linhas pontilhadas. Como analisado no Capítulo 2, os modelos de edifícios resultantes desta estratégia combinada são apenas parcialmente legíveis por máquina. O nível de detalhe dentro do modelo determina o quanto este é legível por máquina e a funcionalidade que pode alcançar. A verificação automatizada de conflitos pode ser aplicada apenas aos sólidos 3D. Decisões relativas ao nível de detalhe requerido do modelo e à geometria 3D de seus elementos devem ser tomadas à medida que a modelagem no nível da construção prossegue.

Hoje, detalhes construtivos recomendados fornecidos por vendedores de produtos ainda não podem ser definidos de uma forma genérica permitindo sua inserção dentro de um modelo 3D *paramétrico*. Isso se deve à variedade de sistemas de regras subjacentes incorporados nos diferentes modeladores paramétricos (como descrito na Seção 2.2). Detalhes construtivos ainda são mais facilmente fornecidos em sua forma convencional, como seções desenhadas. Os potenciais benefícios para fornecimento de detalhes paramétricos 3D, para fortalecer o controle dos fornecedores sobre como seus produtos são instalados e detalhados, têm grandes implicações relativas a responsabilidades e garantias. Esta questão é desenvolvida no Capítulo 8. Do lado do projetista, entretanto, a atual dependência das seções 2D é tanto uma razão para não executar a modelagem 3D no nível de detalhe quanto uma deficiência de controle de qualidade a ser superada.

Leiaute de sistemas prediais. Diferentes tipos de construção e sistemas prediais envolvem diferentes tipos de *expertise* para detalhamento e leiaute (ver a Tabela 5.2). Paredes-cortina, especialmente para sistemas de projetos customizados, envolvem leiaute e engenharia especializados. Concreto pré-fabricado, aço estrutural e tubulações também são outras áreas que envolvem *expertise* em projeto especializado, engenharia e fabricação. Sistemas mecânicos, elétricos e de tubulações (MEP) exigem dimensionamento e leiaute, normalmente em espaços confinados. Nestes casos, os especialistas envolvidos no projeto requerem objetos de projeto específicos e regras de modelagem paramétrica para o lançamento, o dimensionamento e a especificação de seus sistemas.

A especialização, no entanto, requer uma abordagem cuidadosa para a integração a fim de realizar uma construção eficiente. Os projetistas e os fabricantes/construtores de cada sistema são tipicamente de organizações separadas e distintas. Embora o leiaute 3D durante a fase de projeto traga muitos benefícios, se é realizado com bastante antecedência, pode resultar em iterações dispensáveis. Previamente à seleção de um fabricante, os arquitetos e engenheiros mecânicos, elétricos e de tubulações deveriam gerar apenas "leiautes sugeridos", idealmente consultando um fabricante em uma função de "assistente do projeto". Após a seleção do fabricante, os objetos de produção podem ser detalhados e dispostos, e este leiaute pode diferir do original devido às preferências ou outras vantagens de produção que são únicas ao fabricante. Os projetistas e construtores estão começando a lidar com o problema do nível de desenvolvimento (LOD, *Level of Development*) para a modelagem BIM. Um dos primeiros exemplos são as "Especificações de Progressão do Modelo" que explicitamente definem o LOD exigido a partir dos projetistas e fabricantes para cada tipo de objeto, em cada fase de projeto (Bedrick, 2008). Vários tipos de LODs são analisados com mais detalhes na Seção 8.4.2.

As ferramentas BIM serão mais eficientes quando utilizadas em paralelo – e da maneira mais harmoniosa possível – por todos os projetistas de sistemas e subcontratados de fabricantes. As ferramentas BIM oferecem fortes vantagens para o projeto e construção e

Tabela 5.2 Aplicações de leiaute de sistemas prediais

Sistema predial	Aplicação
Mecânico e de Aquecimento, Ventilação e Ar Condicionado	Carrier E20-II HVAC System Design
	Vectorworks Architect
	AutoCad MEP
	Autodesk Revit MEP
	CAD-DUCT
	CAD-MEP
	CAD-MECH
Elétrico	Bentley Building
	Vectorworks Architect
	Autodesk Revit
	MEP CADPIPE Electrical
Tubulação	Bentley Building
	Vectorworks Architect
	ProCAD 3D
	Smart Quickpen Pipedesigner 3D
	Autodesk Revit MEP
	AutoCad MEP
	CADPIPE
Elevadores/Escadas rolantes	Elevate 6.0
Planejamento do canteiro	Autodesk Civil 3D
	Bentley PowerCivil
	Eagle Point's Landscape & Irrigation Design
Estrutural	Tekla Structures
	Autodesk Revit Structures
	Bentley Structural

os arranjos contratuais de IPD para sistemas prediais. O uso dos modelos de construção no nível do detalhe – em que os modelos de projeto são utilizados diretamente para o detalhamento de fabricação – se tornará mais prevalecente devido às economias de custo e de tempo.

Inúmeras aplicações estão disponíveis para facilitar operações diretamente com seu uso ou em sintonia com as principais plataformas de projeto BIM utilizadas por uma empresa de arquitetura e engenharia ou consultor. Uma amostra representativa disso é mostrada na Tabela 5.2, que expõe uma lista de aplicações para instalações mecânicas e de aquecimento, ventilação e ar condicionado (HVAC), elétricas, tubulações, elevadores, análises de fluxo e de planejamento territorial. Essas áreas de suporte estão se desenvolvendo rapidamente por meio da ação dos desenvolvedores especializados de *software* para sistemas prediais. O *software* em desenvolvimento também está sendo integrado à maioria das plataformas de projeto BIM. Como resultado, revendas de aplicações BIM serão capazes de oferecer pacotes de projeto de sistemas prediais cada vez mais completos.

Os leitores interessados em uma discussão mais detalhada sobre o papel do BIM na manufatura para construções poderão ver o Capítulo 7, que se concentra nesses aspectos.

Produção de desenhos e documentos. A geração de desenhos é uma importante capacidade de produção do BIM, e é provável que permaneça assim por algum tempo. Em algum momento, os desenhos deixarão de ser o registro de informações de projeto e, em vez disso, o modelo se tornará a fonte primária e de informação legal e contratual da informação do edifício. O American Institute of Steel Construction, em seu código de prática padrão, adotou um texto contratual dizendo que se o aço estrutural de um projeto é representado tanto em um modelo como em desenhos, o projeto de registro é o modelo. Mesmo quando tais mudanças se tornarem generalizadas, as empresas de projeto ainda assim precisarão gerar vários desenhos para cumprir os requisitos de contrato, para satisfazer os requisitos do código de edificações para as estimativas do construtor/fabricante e para servir como documentos entre projetista e construtores. Desenhos são usados durante a construção para guiar o leiaute e o trabalho de campo. Requisitos gerais de produção de desenhos a partir de ferramentas BIM são apresentados no Capítulo 2, Seção 2.2.2.

No mundo do BIM, os desenhos de construção e outros tipos são relatórios filtrados e extraídos do modelo BIM. A geração e o uso dos desenhos envolvem dois aspectos:

- O leiaute adequado para diferentes formatos de desenho: espessuras de linha, hachuras, anotações, dimensionamento, espaçamento entre desenhos, e assim por diante. Estas técnicas foram desenvolvidas nos anos 1980. A geração 100% automática é possível teoricamente, mas desafiadora. A reconstrução de dimensões encadeadas exige reencadeamento; a conversão de distâncias para a escala necessária e, opcionalmente, o dimensionamento arquitetônico são desafios. A edição de hachuras exige a redefinição da região hachurada. As dimensões podem se sobrepor, exigindo o reespaçamento. A maioria destas anormalidades pode ser corrigida por simples edições manuais. Toda geração automática de desenho exige certo nível de limpeza manual. A geração automática de desenhos é fornecida por todas as ferramentas BIM, com precisão variando entre 90 e 98% de acurácia.
- Os desenhos são editados e modificados. O que pode ser reformatado e regenerado quando uma edição é feita? Devo editar o modelo ou o desenho? Isso é abordado por meio da associatividade entre as marcas de desenho e os elementos de um modelo de edifício. Em um relatório, o dado credível é o modelo, e as atualizações são, mais frequentemente, feitas por uma marcação lógica de todas as marcas de desenho associadas por um objeto de modelo editado. Estes são redesenhados automaticamente, com as limpezas inseridas manualmente, para replicação das edições. Alguns ambientes BIM suportam atualizações bidirecionais, além de suportarem que as atualizações de um desenho se propaguem no modelo.

Com o desenvolvimento do BIM e de sua capacidade de geração de relatórios, uma vez que as restrições legais no formato de desenhos são eliminadas, surgem opções que podem melhorar ainda mais a produtividade do projeto e da construção. Fabricantes que já adotaram ferramentas BIM estão desenvolvendo novos leiautes de geração de desenhos e relatórios que servem melhor a propósitos específicos. Estes se aplicam não so-

Capítulo 5 • BIM para Arquitetos e Engenheiros 209

mente à dobra de armaduras e listas de material, mas também a desenhos de leiaute que tiram vantagem da modelagem 3D de ferramentas BIM. Um aspecto da pesquisa em BIM é o desenvolvimento de desenhos especializados para diferentes fabricantes e instaladores. Um exemplo excelente é fornecido na Figura 5.11. Novas representações que facilitem a interpretação simples de resultados de pesquisa durante o projeto são outra área onde a pesquisa está melhorando as capacidades do BIM.

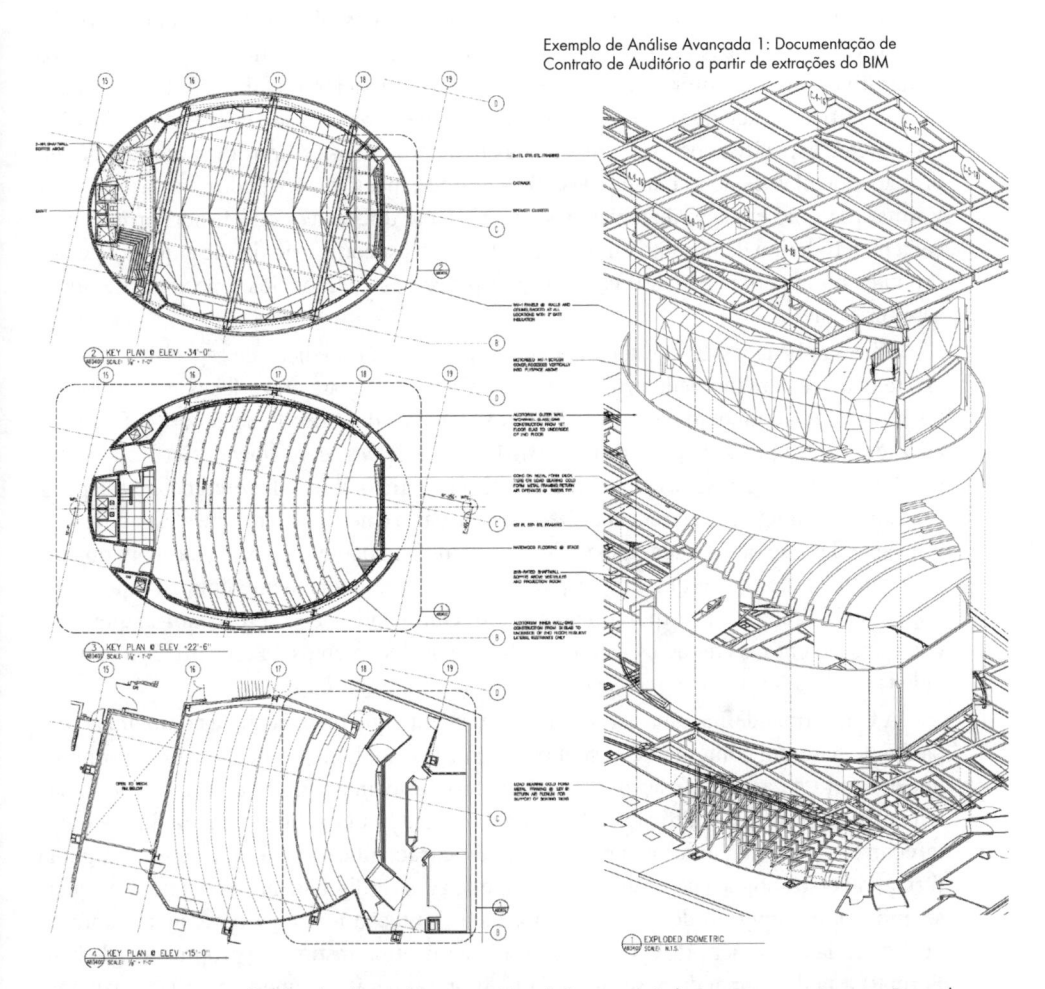

FIGURA 5.11 Leiaute detalhado do auditório no Merck Research Laboratories, em Boston. Desenhos associados incluíam leiaute para fabricação de painéis. O projeto era especialmente complicado devido ao arranjo enviesado da estrutura.

Imagem fornecida por cortesia de KlingStubbins.

O objetivo em médio prazo é automatizar completamente a produção de desenhos a partir de um modelo aplicando gabaritos predefinidos nos leiautes de desenhos. Entretanto, um olhar atento às condições especiais torna evidente que vários casos especiais, que surgem na maioria dos projetos, são tão raros que o planejamento e a preparação de gabaritos de regras para eles não valem o esforço. Assim, a revisão para a completude e o leiaute de todos os relatórios de desenho antes do lançamento provavelmente permanecerá como uma tarefa manual necessária para o futuro previsto.

Especificações. Um modelo 3D ou modelo de edificação completamente detalhado ainda não fornece informações suficientemente definidas para a construção de um edifício. O modelo (ou, historicamente, o conjunto de desenhos correspondentes) omite especificações técnicas de materiais, acabamentos, graus de qualidade, procedimentos construtivos e outras informações necessárias para gerenciar a realização da construção de um edifício desejado. Esta informação adicional é organizada como especificações do projeto. Especificações são organizadas de acordo com os tipos de materiais de um projeto e/ou classes de trabalho. Classificações de especificações padronizadas são UniFormat (da qual existem duas versões ligeiramente diferentes) ou MasterFormat. Para cada material, tipo de produto ou tipo de trabalho, a especificação define a qualidade dos produtos ou materiais e identifica quaisquer processos de trabalhos especiais que precisam ser seguidos.

Várias aplicações de TI estão disponíveis para seleção e edição de especificações que são relevantes para um dado projeto, e, em alguns casos, para cruzá-las com componentes relevantes no modelo. Um dos primeiros sistemas de especificação para referências cruzadas com um modelo de projeto BIM foi o *e-Specs*, com ligações cruzadas com objetos no Revit. O e-Specs mantém consistência entre o objeto de referência e a especificação. Se o objeto de referência é alterado, o usuário é notificado de que a especificação relevante deve ser atualizada. Especificações também podem ser associadas com objetos de biblioteca, de forma que uma especificação é automaticamente aplicada quando o objeto da biblioteca é incorporado no projeto. Outra aplicação é a ***linkman-e***, que faz a coordenação entre os modelos Autodesk Revit e os documentos de especificação compilados usando a ferramenta ***Speclink-e***.

A UniFormat define uma estrutura de documento que foi concebida como um acompanhante para um conjunto de desenhos de construção. Uma limitação da UniFormat é que a estrutura da especificação cobre grandes áreas com múltiplas aplicações possíveis em um dado projeto de edificação. Logicamente, isso limita as ligações para funções unidirecionais, pois uma única cláusula de especificação aplica-se a múltiplos e, de alguma forma, diversos objetos no projeto. Não se pode acessar diretamente os objetos aos quais se aplica um parágrafo de especificação. Esta limitação restringe o gerenciamento da qualidade da especificação. O Construction Specification Institute (o proprietário da UniFormat) está decompondo a estrutura da UniFormat para dar suporte ao relacionamento bidirecional entre objetos da edificação e especificações. As classificações, chamadas de OmniClass, fornecem uma estrutura para informação de especificação de objetos-modelo mais facilmente gerenciável (OmniClass, 2017).

5.3.5 Integração projeto e construção

O terceiro ponto de vista é o ponto de vista do BIM convencional no **desenvolvimento de informação no nível da construção**. Os *software*s de modelagem de edificação incluem regras de colocação e de composição que podem agilizar a geração da documentação padrão ou predefinida da construção. Isso proporciona a opção de acelerar o processo e melhorar a qualidade. A modelagem da construção é uma força básica das ferramentas de autoria BIM atuais. Hoje, o produto primário desta fase são os documentos da construção. Mas isso está mudando. No futuro, o modelo da edificação propriamente dito servirá como a base legal para a documentação do edifício. Este ponto de vista envolve integração do projeto e da construção. No nível mais óbvio, esta visão se aplica a um processo de projeto e construção bem integrado na construção convencional, facilitando a construção rápida e eficiente do edifício após o projeto, ou possivelmente em paralelo ao projeto. Esta fase também aborda a geração de entrada para a modelagem no nível da fabricação. Em seu aspecto mais ambicioso, esta visão envolve desenvolver procedimentos de fabricação fora do padrão, trabalhando a partir de modelos de projeto detalhados, cuidadosamente desenvolvidos, que suportam o que os projetistas mecânicos chamam de "projeto para fabricação".

A separação histórica entre projeto e construção não existia na época medieval e somente apareceu na Renascença. No decorrer de longos períodos da história, a separação foi minimizada pelo desenvolvimento de estreitas relações de trabalho entre artesãos da construção civil, que em seus últimos anos trabalhariam em "empregos de colarinho branco" como desenhistas nos escritórios de arquitetos (Johnston, 2006). Porém, essa conexão recentemente enfraqueceu. Os desenhistas agora são arquitetos juniores e o canal de comunicação entre trabalhadores braçais e o escritório de projeto se atrofiou. Em seu lugar, surgiu uma relação contraditória, em grande medida devido aos riscos associados às responsabilidades quando surgem problemas graves.

Para piorar a situação, a complexidade dos edifícios modernos transformou a manutenção da consistência entre o crescente conjunto grande de desenhos em uma tarefa extremamente desafiadora, mesmo com o uso de desenhos computadorizados e sistemas de controle de documentos. A probabilidade de erros, sejam intencionais ou a partir de inconsistências, cresce bruscamente à medida que mais informações detalhadas são fornecidas. Procedimentos de controle de qualidade raramente são capazes de capturar todos os erros, mas ultimamente todos os erros são revelados durante a construção ou a operação da edificação.

Um projeto de edificação requer um projeto não apenas do *produto* construído, mas também do projeto do *processo* de construção. Este reconhecimento está no centro da integração projeto e construção. Isso envolve um processo de projeto que é consciente das implicações técnicas e organizacionais inerentes à forma como um edifício e seus sistemas são colocados juntos, bem como às qualidades estéticas e funcionais do produto acabado. Em termos práticos, um projeto de edifício baseia-se na colaboração próxima entre especialistas situados em todo o espectro de conhecimento da construção, bem como na colaboração próxima entre a equipe de projeto e os construtores e fabricantes. O resultado pretendido é de um produto projetado e de processo que são coerentes e integram todo o conhecimento relevante.

Diferentes formas de aquisição e de contratação são revistas nos Capítulos 1 e 4. Enquanto a perspectiva do construtor é dada no Capítulo 6, aqui consideramos trabalhar em equipe a partir da perspectiva do projetista. Listamos a seguir alguns benefícios da integração:

- Identificação antecipada de itens de longo prazo de execução e redução do cronograma de aquisição.
- Engenharia de valor à medida que o projeto avança, com estimativas de custos e cronogramas contínuos, de forma que compromissos sejam totalmente integrados ao projeto e não ao pós-fato, sob a forma de "amputações".
- Exploração antecipada e definição das restrições de projeto relacionadas às questões da construção. Ideias podem ser acrescentadas por construtores e fabricantes de tal forma que o projeto facilite a construtibilidade e reflita as melhores práticas, em vez de promover alterações tardias com adição de custos ou aceitação de detalhamentos inferiores. Ao projetar inicialmente com as melhores práticas de fabricação em mente, o ciclo de construção como um todo é reduzido.
- Facilitação da identificação da interação entre sequências de construção e detalhes de projeto e redução de questões construtivas antecipadamente.
- Redução das diferenças entre os modelos de construção desenvolvidos por projetistas e os modelos de manufatura necessários pelos fabricantes, eliminando assim passos desnecessários e encurtando o processo como um todo de projeto/produção.
- Redução significativa do ciclo de detalhamentos para fabricação, diminuindo o esforço requerido para revisão do projeto pretendido e para abordar erros de consistência.
- Grande redução dos erros de coordenação entre os sistemas durante a construção.

Parte da colaboração projeto e construção envolve (e requer) decidir quando a equipe de construção deve ser convocada. Seu envolvimento pode começar no início do projeto, permitindo que considerações na construção influenciem o projeto desde o seu início. O envolvimento posterior é justificado quando o projeto segue práticas de construção bem testadas ou quando questões programáticas são importantes e não requerem *expertise* do construtor ou do fabricante. Cada vez mais, a tendência geral é de envolver construtores e fabricantes mais cedo no processo, o que muitas vezes resulta no ganho de eficiências que não seriam capturadas em um plano projeto-concorrência-construção tradicional.

5.3.6 Revisão de projeto

Ao longo do projeto, o trabalho colaborativo é realizado entre a equipe de projeto, os consultores de engenharia e especialistas. Este trabalho consultivo envolve o fornecimento de informações de projeto apropriadas, seu uso e contexto para que tais especialistas procedam com a revisão, recebendo *feedback*/avisos/solicitações de alterações. A colaboração muitas vezes envolve solução de problemas em equipe, onde cada participante entende apenas parte do problema todo.

Tradicionalmente, estas colaborações dependiam de desenhos, faxes, chamadas telefônicas e reuniões presenciais. A mudança para desenhos e modelos eletrônicos oferece novas opções para a transferência eletrônica, trocas de *e-mails* e conferências *on-line* com modelos e revisão de desenhos *on-line*. Revisões regulares com todas as partes envolvidas em um projeto ou construção podem ser conduzidas usando modelos BIM 3D junto de ferramentas de conferência *on-line*. Os participantes da conferência podem estar distribuídos em todo o mundo e são limitados apenas por padrões de trabalho/descanso e diferenças de fuso horário. Ferramentas mais recentes, como o recurso Bluebeam's Studio em seu *software* **PDF Revu**, permitem a revisão *on-line*, mas assíncrona, e a marcação dos documentos de projeto, que podem ser de uso particular onde as equipes de projeto estão distribuídas pelos fusos horários. Com ferramentas de voz e de compartilhamento de imagens de áreas de trabalho – juntamente com a habilidade de compartilhar modelos de edifícios –, muitas questões de coordenação e colaboração podem ser resolvidas.

A locação conjunta de todos os profissionais projetistas e detalhistas para todo um projeto, no mesmo espaço de escritório, é um novo modo de colaboração que está se tornando comum para projetos grandes e complexos. Este é um recurso comum dos projetos onde é usado o IPD. O escritório da equipe de projeto geralmente inclui uma sala central ("Big Room"), na qual diferentes grupos de pessoas podem se reunir para colaborarem em sessões planejadas ou *ad hoc*, revisando e discutindo aspectos do projeto em grandes telas. A maioria dos grandes sistemas BIM inclui suporte para revisões de modelo e de desenhos e anotações *on-line*. Estas aplicações leves, apenas de visualização, contam com formatos similares aos arquivos de referência externa usados em sistemas de redação, mas estão se tornando rapidamente mais poderosas. Um modelo de edifício compartilhável em um formato neutro, como VRML, IFC, DWG ou Adobe3D, é fácil de gerar, compacto para fácil transmissão, permite marcações e revisões e possibilita colaboração por webconferências. Alguns destes visualizadores de modelos incluem controles para gerenciamento de quais objetos são visíveis e para exame das propriedades de objetos. Outras ferramentas, como Navisworks e Solibri, permitem que modelos múltiplos, gerados em uma variedade de ferramentas de autoria, sejam sobrepostos e exibidos juntos, e incluem recursos como a conferência de conflitos e a comparação de versões. Algumas destas aplicações são revisadas no Capítulo 2. A colaboração acontece minimamente em dois níveis: o primeiro, entre as partes envolvidas, usando encontros pela *web* e telas da área de trabalho, como aqueles recém-descritos. O outro nível envolve compartilhamento de informações do projeto. O nível de interação humana exige as seguintes capacidades de revisão para abordar cada problema identificado:

1. Identificação do problema relevante de projeto por convenção atualmente resolvida como uma câmera observando um ponto no espaço de onde o problema é visível.
2. Notas ou dados associados à questão, identificando o problema.
3. Fácil relato do problema retornando para o aplicativo de projeto e aos usuários responsáveis pela parte do edifício com problema.
4. Capacidade de rastrear os problemas até que sejam solucionados.

Ferramentas como o Navisworks e o Solibri Model Checker têm fornecido um nível desta funcionalidade. O BIM Collaboration Format (BCF) é uma ferramenta de colaboração de código aberto que fornece estes serviços, implementada pela maioria das plataformas de autoria BIM. O BCF é descrito no Capítulo 3. Esses serviços de colaboração assumirão novas formas quando os servidores BIM se tornarem os ambientes dentro dos quais se trabalha.

As habilidades bidirecionais no nível do modelo foram realizadas nas interfaces com algumas análises estruturais. Tanto o IFC quanto os modelos de dados da construção CIS/2 suportam a definição de um identificador único no nível global (GUID). Para uma discussão mais aprofundada sobre o GUID, ver a Seção 3.5.1. As plataformas do BIM como o ArchiCAD permitem que os usuários filtrem e selecionem os objetos da edificação com carregamento para seus intercâmbios bidirecionais usando o IFC e que suportem a exibição filtrada de objetos atualizados de volta no modelo do edifício, uma vez que os objetos tenham sido retornados da análise estrutural, como pode ser visto na Figura 5.12.

A colaboração efetiva usando fluxos de trabalho bidirecional pode ser alcançada entre aplicações de projeto BIM e de análises estruturais. Algum esforço ainda é necessário para criar intercâmbios bidirecionais efetivos na maioria das outras áreas de análise. Para uma discussão mais completa sobre o intercâmbio de modelos, a interoperabilidade e a sincronização de modelos, consultar o Capítulo 3.

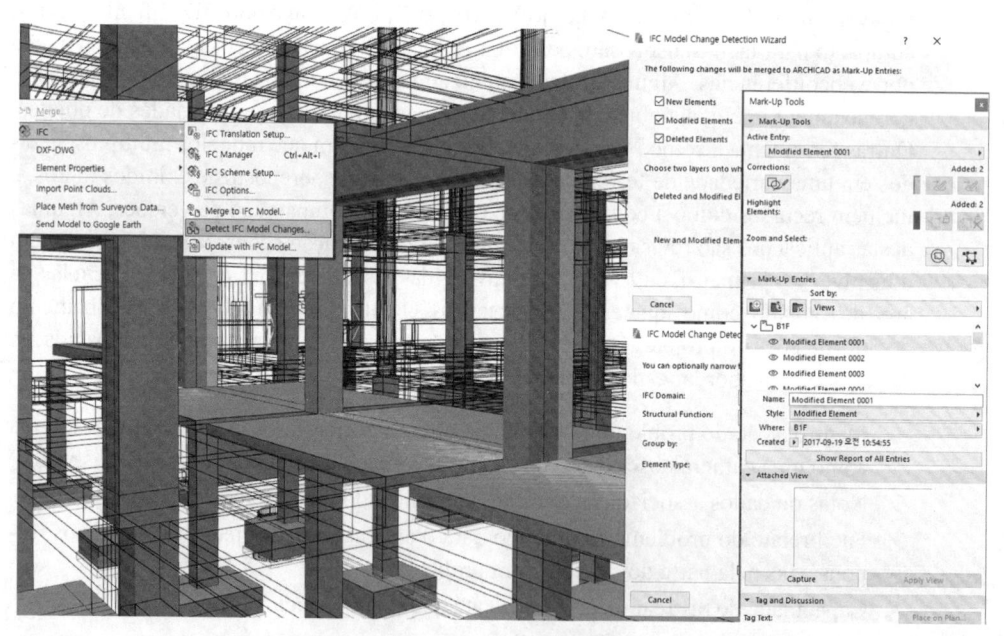

FIGURA 5.12 Exibição de objetos ArchiCAD modificados, adicionados ou deletados em um ciclo de análise estrutural usando o IFC Model Change Detection Wizard. Os intercâmbios foram feitos usando arquivos IFC filtrados para o conteúdo relativo a carregamento estrutural.

Imagem fornecida por cortesia do ARCHITOP KL.

O uso de realidade virtual (VR, *Virtual Reality*), realidade aumentada (AR, *Augmented Reality*) e realidade mista (MR, *Mixed Reality*), da impressão 3D e da prototipagem digital (protótipos digitais) para a revisão de projeto também está se tornando comum durante as fases de projeto e de construção (ver o estudo de caso do Hyundai Motorstudio Goyang no Capítulo 10 para um exemplo). As tecnologias VR, AR e MR são implementadas com *software* de renderização VR e uma variedade de *hardware*, inclusive dispositivos de exibição montados na cabeça (HMD, *head-mounted displays*), ambientes virtuais auxiliados por computador (CAVE, *computer-aided virtual environments*) e grandes telas imersivas curvas (Whyte e Nikolic, 2018). Exemplos de *software* de renderização VR para ferramentas BIM comumente utilizadas incluem o Enscape, o V-Ray e o Autodesk 360 Rendering.

A lógica para iterações mais rápidas entre projetistas e consultores é parte da filosofia de projeto enxuto. Iterações longas resultam em multitarefas de ambos os lados, muitas vezes em múltiplos projetos. A multitarefa resulta em perda de tempo na lembrança de questões e contexto de projetos em cada retorno a um projeto, além de tornar erros humanos mais prováveis. Ciclos de iteração mais curtos permitem o trabalho contínuo em projetos. O resultado é menos tempo desperdiçado e melhor progresso em cada tarefa de projeto.

5.4 MODELOS DE OBJETOS DA CONSTRUÇÃO E BIBLIOTECAS

O BIM envolve a definição de um edifício como um conjunto composto de objetos. Cada ferramenta de projeto BIM fornece diferentes bibliotecas predefinidas de objetos com geometria fixa e paramétrica. Estes são objetos genéricos baseados em padrões da prática de construção no canteiro, que são apropriados para o projeto em estágio inicial. À medida que um projeto é desenvolvido, as definições de objeto se tornam mais específicas, conforme arquitetos e engenheiros as elaboram com desempenhos esperados ou almejados, como para energia, iluminação, acústica, custo, e assim por diante. Os projetistas também adicionam recursos visuais para dar suporte à renderização. Exigências técnicas e de desempenho podem ser esboçadas de forma que definições de objeto especifiquem o que o produto construído final ou comprado deverá atingir. Essa especificação de produto torna-se assim um guia para seleção ou construção do objeto final.

Antes, diferentes modelos ou conjuntos de dados eram construídos manualmente para estes diferentes propósitos e não integrados. É bastante desejável definir um objeto uma vez e usá-lo para múltiplos propósitos. Esses propósitos podem ser de diferentes tipos:

1. Modelos de objeto de produtos, sejam eles produtos genéricos, parcialmente especificados ou especificados.
2. Conjuntos de edificação que se mostraram valiosos para reuso nos trabalhos da empresa.

O desafio é desenvolver meios fáceis de usar e consistentes para a definição de modelos de objetos apropriados para o estágio atual do projeto e para o suporte dos diversos usos identificados para o estágio. Posteriormente, o produto selecionado substitui a especificação. Assim, níveis múltiplos de definição e especificação de objetos são necessários. Ao longo deste processo, os objetos passam por uma sequência de refinamentos de desempenho e de propriedades do material utilizados para dar suporte às análises, simulação, estimativa de custos e a outros usos. Algumas questões de gerenciamento de propriedades de objetos são analisadas na Seção 2.3.2. Com o tempo, esperamos que estas sequências sejam mais bem definidas como fases, espera-se que sejam diferentes de SD (projeto básico), DD (projeto executivo) e CD (projeto para produção), para se tornarem mais estruturadas e partes da prática regular. Ao final da construção, o modelo do edifício consistirá em centenas ou milhares de objetos de construção – muitos destes podem ser transferidos para uma organização de gerenciamento de facilidades (*facility management*) para dar suporte a operações e gerenciamento posteriores (ver o Capítulo 4).

5.4.1 Incorporando *expertise* nos componentes de construção[1]

Parte do desenvolvimento do capital intelectual de um escritório de projeto é o conhecimento que ele traz a seus projetos. Às vezes essa *expertise* é mantida por apenas algumas pessoas. O desenvolvimento de conjuntos paramétricos que incorporam tal *expertise* é uma importante maneira de transferir a *expertise* do indivíduo à organização e de permitir que ela seja utilizada de modo mais amplo, sem demandas constantes do especialista individual.

Muitos requisitos de programática complexa, do sistema de construção e do cumprimento de código são abordados no projeto do núcleo de um arranha-céu. A eficiência espacial é necessária na organização do núcleo para alcance das eficiências operacional e financeira. O projeto do núcleo exige atualmente o envolvimento significativo de arquitetos e engenheiros sênior, com *expertise* substancial neste aspecto específico da prática arquitetônica.

Os problemas do projeto do núcleo são resolvidos aplicando-se tipologias de leiaute básicas que podem ser repetidas de projeto a projeto. Uma exemplificação delas é mostrada na Figura 5.13. Essas tipologias básicas podem ser parametricamente modificadas apenas ligeiramente, com base em regras de projeto informais, porém complexas, a fim de abordar de forma ideal a carga de ocupação específica e as características dimensionais das lajes de piso das torres em particular. Um exemplo detalhado de um leiaute de planta é mostrado na Figura 5.14.

Gehry Technologies (GT) e SOM realizaram pesquisas em conjunto acerca da viabilidade de se desenvolver ferramentas paramétricas para o projeto e o leiaute automatizados dos núcleos das torres de edificação. Esse exercício foi implementado no Digital Project e foi revisado em detalhes no Capítulo 5 da segunda edição do *Manual de BIM*. Ferramentas de programação visual mais novas para os modelos de edificação parametrizados suportam o desenvolvimento rápido de ferramentas de projeto paramétrico poderosas.

---

[1] Esta seção apresenta trabalhos concebidos e dirigidos por Skidmore, Owings e Merrill LLP, Nova Iorque, com suporte do Gehry Technologies e adaptados dos trabalhos desenvolvidos por Dennis Shelden. O trabalho e a tecnologia apresentados possuem patente(s) pendente(s).

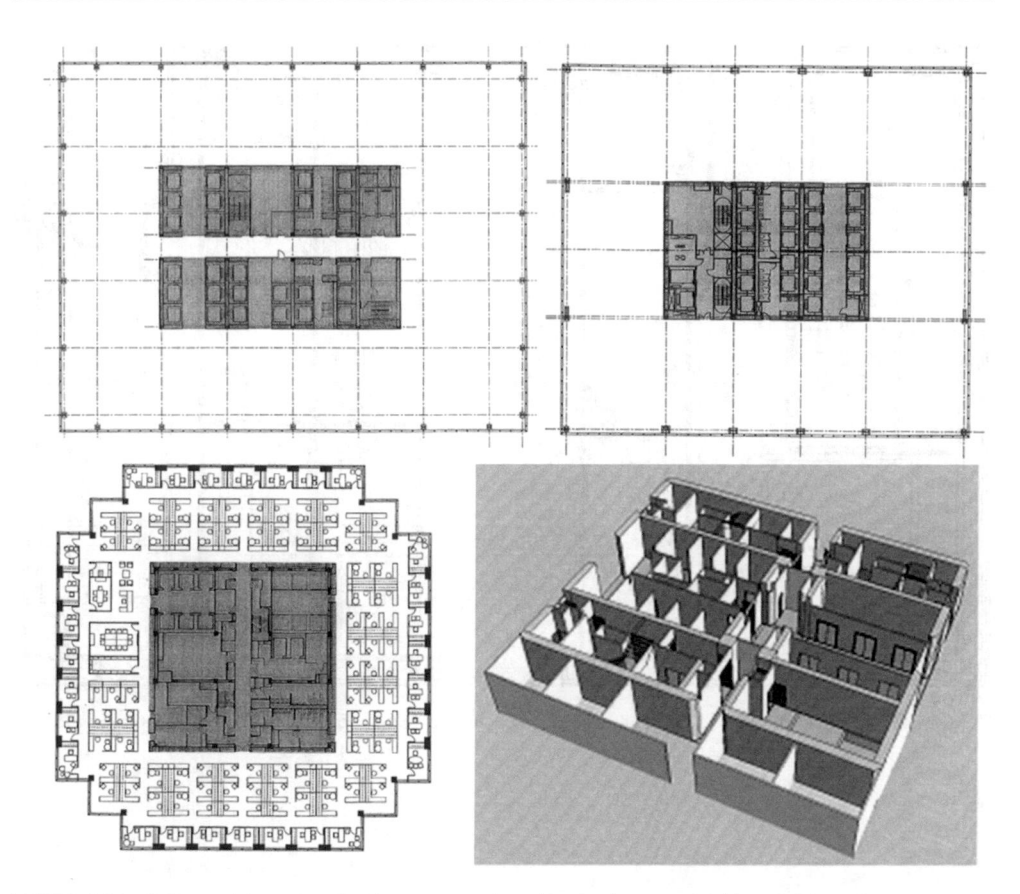

FIGURA 5.13 Amostra de um conjunto de quatro núcleos de arranha-céus de diferentes tipos, com uma torre utilizando um deles.

Imagem fornecida por cortesia de Dennis Shelden.

5.4.2 Biblioteca de objetos[2]

Existem mais de 10 mil fabricantes de produtos para construção na América do Norte. Cada fabricante produz de alguns a dezenas de milhares de produtos, resultando em mais de vinte milhões de produtos e aplicações de produtos para preencher o grande espectro dos usos arquitetônicos e de instalações.

Modelos de Objetos da Construção (BOMs, *Building Objects Models*) são representações geométricas 2D e 3D de produtos físicos como portas, janelas, equipamentos, mobiliário, elementos de fixação e conjuntos de alto nível de paredes, telhados, lajes e pisos nos vários níveis necessários de detalhes durante o projeto e a construção, incluindo produtos específicos. Para empresas de projeto envolvidas em determinados tipos de

---

[2] Esta seção foi adaptada das informações fornecidas por James Andrew Arnold, por cortesia de SmartBIM LLC.

FIGURA 5.14   Leiaute detalhado de um exemplo de núcleo de edificação, com desenvolvimento parcial.

edifícios, modelos paramétricos de tipos de espaços também podem ser representados em bibliotecas – por exemplo, suítes de operação hospitalar ou salas de tratamento de radiação – para permitir sua reutilização entre projetos. Estes conjuntos espaciais e de construção também podem ser considerados como BOMs. Com o tempo, o conhecimento codificado nestas bibliotecas de modelo torna-se um ativo estratégico. Eles representam as melhores práticas, à medida que empresas de projeto e de engenharia progressivamente os melhoram e os anotam por meio de informações baseadas no uso do projeto e nas experiências. Os proprietários da edificação desenvolverão bibliotecas de objetos que representam normas corporativas para produtos e conjuntos instalados por construtores em suas edificações. Eles distribuirão essas bibliotecas às empresas de consultoria de arquitetura e engenharia para o desenvolvimento de projeto, e as usarão para conferir/validar os projetos BIM recebidos de outras empresas de arquitetura e engenharia. Estes fluxos de trabalho envolvendo as bibliotecas de objetos diminuirão o risco de erros e omissões, particularmente à medida que as empresas têm sucesso ao desenvolver e usar os modelos de objetos de alta qualidade de projetos anteriores.

É antecipado que as bibliotecas BOM referenciarão informações úteis para uma gama de contextos e aplicações por meio da entrega de projeto e do ciclo de vida de manutenção das instalações.

O desenvolvimento e o gerenciamento de BOMs introduzem novos desafios para as empresas de AEC, devido ao grande número de objetos, conjuntos e famílias de objetos que precisam organizar e distribuir, possivelmente em vários locais de escritório.

Definição dos objetos. Aqui analisamos as necessidades de conteúdo de informações primárias para as especificações de modelo de objeto avançadas.

- Geometria 2D ou 3D (2D para carpetes e acabamentos em película)
- Representação de materiais, com nome e acabamento gráfico do modelo (mapa de textura)
- Geometria paramétrica, se não for fixada
- Locais de conexão e requisitos com outros sistemas: elétrico, de encanamento, de telecomunicações, estrutural, circulação de ar
- Especificações de desempenho, vida útil, ciclo de manutenção, transmitância da luz e outras especificações utilizadas na seleção (variam conforme o tipo de equipamento)
- Curva de Distribuição de Intensidade Luminosa (para luminárias)
- Ligações a canais de distribuição de produto

Estas propriedades permitem que um objeto seja incorporado nas aplicações que estejam desenvolvendo um modelo BIM avançado e, mais tarde, para a seleção de produto específico.

Organização e acesso. Uma revisão sobre as plataformas de projeto BIM disponíveis mostra que cada uma delas tem definido e implementado um conjunto heterogêneo de tipos de objetos, usando suas próprias famílias de objetos, algumas com campos de atributos predefinidos. Os objetos da biblioteca são acessados e integrados nos projetos, usando a nomenclatura padrão definida dentro daquela plataforma BIM para interpretação adequada. A integração completa inclui a classificação do objeto, as convenções de nomeação, a estrutura de atributos e, possivelmente, a designação das interfaces topológicas com outros objetos refletidos nas regras utilizadas para defini-los de maneira paramétrica. Isso permite ao objeto importado suportar a interoperabilidade e realizar a interface com tais ferramentas como estimativa de custo, análise de sistemas e, eventualmente, aplicações de avaliação de códigos e de programas de edificações, entre outros. Isso provavelmente envolve a tradução de objetos para uma estrutura comum ou a definição de uma capacidade de mapeamento dinâmico que lhes permite manter seus termos "nativos", mas que também possibilita que eles sejam interpretáveis com relações sinônimas e hipônimas.

A complexidade e os investimentos necessários para o desenvolvimento de conteúdos de BOM enfatizam a necessidade de planejar e contar com as ferramentas de gerenciamento de biblioteca para gerenciamento e distribuição de objetos que permitam aos usuários organizar, gerenciar, encontrar, visualizar e usar com facilidade os conteúdos de BOM.

As hierarquias de classificação, como CSI MasterFormat e UniFormat, são índices úteis para organização e agrupamento de BOMs em modelos de projeto. Por exemplo, a atribuição dos códigos CSI MasterFormat aos BOMs colocados nos projetos pode organizá-los para as especificações de projeto. De maneira similar, a atribuição das UniFormat and Work Breakdown Structures (WBS) aos BOMs pode organizá-las para a extração de quantitativos, a estimativa de custos e o planejamento da construção. Contudo, as hierarquias de classificação são frequentemente inadequadas para descrever a configuração ou a aplicação de um produto ou conjunto para um projeto específico. (Para mais informações sobre a OmniClass, ver o Capítulo 3, Seção 3.4.2.)

Espera-se que as classificações OmniClass, desenvolvidas pelo CSI, forneçam classificações específicas do objeto e estruturas de definição de propriedade mais detalhadas (OmniClass, 2017). O CSI, em parceria com Construction Specifications Canada, buildingSMART Norway e STABU Foundation (holandesa), está implementando a terminologia OmniClass no projeto buildingSMART Data Dictionary (bSDD), a fim de estabelecer uma representação interpretável por computador dos produtos e das definições de propriedades OmniClass, que possa servir como uma referência de objeto e ferramenta de validação para objetos BIM em um projeto. Considerando estas novas ferramentas de indexação e classificação para a terminologia de padronização dos nomes e das propriedades de objetos, será possível organizá-los em uma escala internacional para acesso e uso em projetos. Um sistema de gerenciamento de biblioteca bem projetado deverá oferecer suporte de navegação a classificações múltiplas para localização de modelos de objetos; funcionalidade para gerenciar bibliotecas BOM, incluindo a habilidade de criação de catálogos de objetos em uma biblioteca (vistas de biblioteca) para projetos específicos ou tipos de edificação; e funcionalidade para a resolução de discrepâncias entre os nomes de objetos e os conjuntos de propriedades através de catálogos de objetos.

5.4.3 Portais BOM

Portais BOM servem como pontos de acesso à *web* para os objetos da construção; tanto portais públicos quanto privados têm surgido no mercado. Os portais públicos oferecem conteúdo e promovem a comunidade por meio de fóruns e índices para recursos, *blogs* e similares. As ferramentas de conteúdo suportam, principalmente, a navegação, a busca e o *download* hierárquicos e, em certos casos, o *upload* de arquivos BOM. Nesta seção, é apresentada uma comparação dos principais portais. Os portais privados permitem o compartilhamento de objetos entre empresas e seus pares que subscrevem acordos de compartilhamento conjunto sob o controle de acesso e de gerenciamento do servidor. Empresas ou grupos de empresas que compreendem o valor em conteúdo de BOM e a relação custo/valor em diferentes áreas de aplicação podem compartilhar BOMs ou dar suporte ao seu desenvolvimento em conjunto. Portais privados permitem que empresas compartilhem conteúdos comuns e protejam conteúdos que codificam conhecimentos específicos e projetos proprietários. Portais públicos fornecem uma gama de serviços para diferentes usos de mercado.

O BIMobject é um portal proeminente que agrega conteúdo em formatos múltiplos obtidos de parceiros, como Reed Construction Data, McGraw-Hill, ArCAT e CADdetails.com, assim como de usuários finais. O BIMobject recebeu os dados do AutoDesk Seek (que era uma biblioteca pública) e os substituiu, adaptando-os a um portal da nuvem privado. Ele oferece objetos totalmente paramétricos com conectividade topológica para o Revit. O BIMobject fornece bibliotecas para ajudar companhias de produtos da edificação a desenvolver objetos de construção conformes em diferentes formatos BIM. Os BIMobject Apps estão atualmente disponíveis para SketchUp, Revit, ArchiCAD, Vectorworks e AutoCAD, e seus *downloads* e usos são gratuitos. Todos os aplicativos integram a BIMobject Cloud diretamente no programa BIM escolhido pelo usuário, de modo que pode navegar, filtrar e baixar objetos BIM para seu projeto sem alternar janelas. Acreditamos que as ofertas do BIMobject evoluirão rapidamente à medida que amadurecerem.

O produto Form Fonts EdgeServer é um exemplo de tecnologia de servidor que suporta compartilhamento controlado entre pares e objetos do SketchUp. ArchiBase.net é um *website* ArchiCAD com milhares de objetos do ArchiCAD e outros produtos relacionados ao ArchiCAD. A maioria deles parece ser para visualização, sem especificações de produtos ou controle de qualidade. CadCells é uma célula da Microstation e da Bentley Architecture, bem como um *site* de biblioteca de blocos do AutoCAD. Os objetos contêm apenas geometria sem materiais ou propriedades.

O 3D Warehouse é um repositório público para conteúdo do SketchUp, que representa produtos da construção e edificações. Ele permite a qualquer um criar uma área segmentada do depósito e criar um esquema e uma hierarquia de classificação para busca na biblioteca. Oferece armazenamento gratuito e outros serviços de retaguarda (*back-end*), além da capacidade de um desenvolvedor conectar a partir de uma página da *web* para um modelo no 3D Warehouse, criando dessa forma uma *vitrine* que utiliza o 3D Warehouse como *back end*. Ele também oferece integração com o Google Earth, de modo que este serve como uma ferramenta de busca baseada no local para os modelos de edificação carregados no 3D Warehouse. Estas capacidades buscam criar novas oportunidades de negócio. Por exemplo, o McGraw Hill Sweets fez uma experiência inicial com o 3D Warehouse, criando o grupo McGraw Hill Sweets e posicionando fabricantes com certificação Sweets de modelos BOM no formato do SketchUp no Warehouse. O potencial é forte para a combinação de serviços distribuídos pelo Google de buscas, modelagens semânticas e tecnologias de armazenamento, com uma entidade de negócios que tem conhecimentos específicos de AEC; todavia, um esforço focado ainda não foi materializado.

Outros *websites* que fornecem BOMs (e mais) incluem RevitCity, ArchiBase Planet, cad-blocks.net, CadCells.com e SmartBIM Library. A maioria destes foca em produtos dos Estados Unidos.

Um bom *website* para aprendizado e uso das bibliotecas e portais BOM é o BIMobject.com. Diversos aplicativos para usuários de objetos BOM são oferecidos para *download* e incorporação em aplicações e outras aplicações para fabricantes ou outros fornecedores de produtos. Além disso, o BIMobject fornece suporte ao gerenciamento para o *upload* de produtos em projetos e suporte para a compra de produtos por meio de fabricantes/distribuidores. Os BIMobject Apps estão atualmente disponíveis para SketchUp, Revit, ArchiCAD, Vectorworks e AutoCAD, e seus *downloads* e usos são gratuitos. Todos os aplicativos integram a BIMobject Cloud diretamente no programa BIM escolhido pelo usuário, de modo que pode navegar, filtrar e baixar objetos BIM para seu projeto sem alternar janelas.

5.4.4 Bibliotecas no computador/rede local

Bibliotecas privadas são pacotes de *softwares* para computadores projetados para distribuir e gerenciar o conteúdo de objetos da construção e integrá-los de perto ao sistema de arquivos do usuário. Eles automatizam o carregamento de BOMs em um catálogo independente no sistema de gerenciamento da biblioteca a partir de uma ferramenta BIM, como o Revit, ou do sistema de arquivo do usuário, ou ainda de uma rede corporativa.

Eles oferecem um esquema para classificação de objetos e definição de entrada de um conjunto de propriedades que, mais tarde, podem ser usados para buscas, para inspeções e para recuperação. Eles auxiliam buscas – por exemplo, a visualização 3D de objetos fora do sistema CAD, a inspeção de categorias, tipos e conjuntos de propriedade. As companhias que fornecem tais ferramentas também planejam portais públicos para compartilhar BOMs entre empresas (arquivo carregado e baixado, ferramentas comuns, e assim por diante) e para distribuição de BOMs específicos de indústrias para produtos da edificação.

Um exemplo desses produtos é a SmartBIM Library (SBL), mostrada na Figura 5.15. Os produtos para várias Famílias Revit estão em um catálogo, o qual pode ser criado por um usuário a partir do sistema de arquivos ou de um projeto Revit. A SBL mostra catálogos de objetos múltiplos; suporta a filtragem entre catálogos por nome do objeto, propriedades, etiquetas definidas pelo usuário, códigos CSI MasterFormat, UniFormat e OmniClass; e permite aos usuários copiar e mover os objetos entre catálogos definidos pelo usuário. Também inclui as diretrizes de melhores práticas para a modelagem de BOM na plataforma Revit. Produtos similares incluem o FAR Manager da CAD Enhancement Inc. e o BIM Manager.

Conforme apresentado, os portais de BOM têm diferentes funções: representar as descrições normativas de produtos para projeto e discussões com clientes durante a elaboração do projeto conceitual; representar produtos com um nível intermediário de desenvolvimento para a verificação de custos de trocas de valor, tipicamente durante o desenvolvimento do projeto; fazer comparações detalhadas de produtos para as trocas

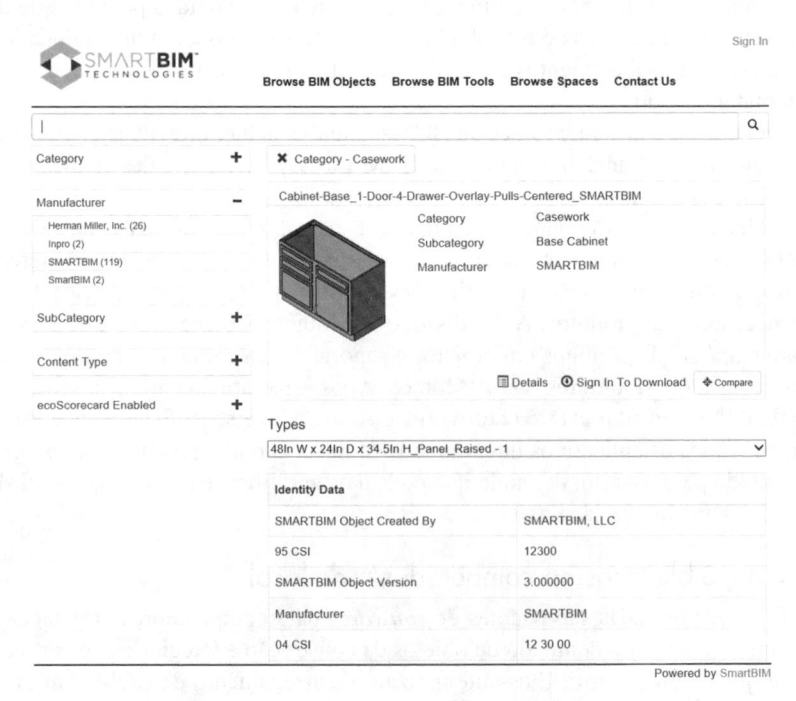

FIGURA 5.15 Uma captura de imagem do monitor de uma SmartBIM Library.
Imagem fornecida por cortesia do SmartBIM LLC.

de nível de desempenho durante a fase do projeto para produção; gerenciar os conjuntos e detalhes da empresa como conhecimento corporativo; entre outros. Esses diferentes usos têm distintas necessidades, que tentamos diferenciar. Espera-se um desenvolvimento contínuo das bibliotecas e portais BIM no curto prazo, à medida que os serviços da nuvem continuarem a expandir os serviços potenciais.

5.5 CONSIDERAÇÕES NA ADOÇÃO PARA A PRÁTICA DE PROJETO

O movimento da representação-base do projeto de um edifício a partir de um conjunto de desenhos (mesmo que produzidos digitalmente) para um modelo de edifício tem muitos benefícios diretos potenciais, não apenas aos projetistas, mas também a todos aqueles envolvidos na construção, operação e manutenção de edifícios e infraestrutura. No entanto, esse movimento exige investimentos significativos de tempo e dinheiro das empresas de projeto. Oferecemos conselhos para aqueles que estão realizando essa transição.

5.5.1 Justificativas e seleção da plataforma

O BIM oferece o potencial de tornar realidade novos benefícios, mas eles não são gratuitos. O desenvolvimento de um modelo 3D, especialmente um que inclua informações que deem suporte a análises e facilitem a fabricação, envolve mais decisões e incorpora mais esforços que a produção do conjunto atual de documentos da construção. Considerando o inevitável custo adicional da aquisição de novos sistemas, o retreinamento de pessoal e o desenvolvimento de novos procedimentos, é fácil assumir que os benefícios podem parecer não valer a pena. A maioria das empresas que seguiram esses passos, porém, descobriu que os significativos custos iniciais associados ao resultado da transição trazem benefícios de produtividade no nível da documentação do edifício. Até mesmo a transição inicial para a produção consistente de desenhos a partir de um modelo vale a pena.

Na estrutura existente de negócios da indústria da construção, em geral os projetistas são remunerados com base na porcentagem do custo da construção. O sucesso de um empreendimento é bastante imprevisível e envolve uma execução mais suave e menos problemática, melhorando a realização pretendida do projeto – e a efetivação dos lucros. Com o crescimento da consciência das potencialidades oferecidas pela tecnologia e pelas práticas BIM, clientes de edifícios e construtores estão explorando novas oportunidades de negócios (ver os Capítulos 4 e 6), e os projetistas podem começar a oferecer novos serviços que podem ser adicionados à estrutura de taxas. Esses serviços podem ser agrupados em duas grandes áreas:

1. Desenvolvimento do projeto conceitual, usando aplicações baseadas no desempenho e aplicações de análise e ferramentas de simulação para abordar:
   - Sustentabilidade e eficiência energética;
   - Avaliação de custo e valor durante o projeto;
   - Avaliação programática usando simulações de operações, como em instalações para a área da saúde ou com foco no pedestre.
2. Integração de projeto com construção:
   - Colaboração aprimorada com a equipe do empreendimento: consultores de estruturas, instalações complementares e outros; subempreiteiros, fabricantes e outros fornecedores. O uso do BIM entre as equipes do empreendimento melhora o

feedback de revisão do projeto, reduz erros, diminui questões de contingência e leva à construção mais rápida.
- Facilitação da fabricação de montagens fora do canteiro, reduzindo o trabalho de campo e aumentando a segurança.
- Automação na aquisição de materiais, fabricação e montagens, e aquisição antecipada de itens de longo prazo.

Qual é o valor de um projeto mais funcional? Comparar os custos iniciais com os custos operacionais é notoriamente difícil, com taxas de descontos variáveis, programas de manutenção diversos e custos mal rastreados. Entretanto, estudos dos hospitais da Veterans Administration (VA) descobriram que menos de 18 meses de operações funcionais de um hospital da VA equivalem ao seu custo de construção (ver a Figura 5.16), ou seja, as economias nas operações do hospital, mesmo que com custos iniciais maiores, podem ser extremamente benéficas. A VA também descobriu que os custos de energia completamente amortizados de toda a vida útil são iguais a um oitavo dos custos de construção e é provável que este percentual aumente. Os custos operacionais da planta totalmente descontados (incluindo energia e segurança da edificação) são aproximadamente iguais aos custos de construção. Estes exemplos indicam a redução dos custos operacionais e o aumento do desempenho que os proprietários/operadores buscarão.

A avaliação do projeto funcional pode usar a abordagem do resultado final triplo (TBL, *triple bottom line*), que considera o impacto financeiro, social e ambiental de um projeto de edificação. Serviços da *web* como o ***Autocase for Buildings*** permitem aos projetistas prepararem suas próprias análises TBL, inclusive avaliações LEED. Isso significa que os projetistas que usam o BIM podem aprimorar seus projetos de modo iterativo, otimizando o resultado final triplo (social, ambiental e financeiro).

Os benefícios da integração de projetos BIM à construção e manufatura já estão bem articulados na Seção 5.3.4 e nos Capítulos 6 e 7.

Benefícios de produtividade em projetos BIM. Uma maneira de avaliar indiretamente os benefícios na produção de uma tecnologia como o BIM reside na redução dos erros, que são facilmente seguidos pelo número de Solicitações de Informação (RFIs) e Ordens de Modificação (COs) em um projeto. Estas frequentemente incluirão um componente baseado na mudança de ideia do cliente ou em mudanças nas condições externas. Entretanto, alterações baseadas na consistência e no grau de correção internos podem ser distinguidas,

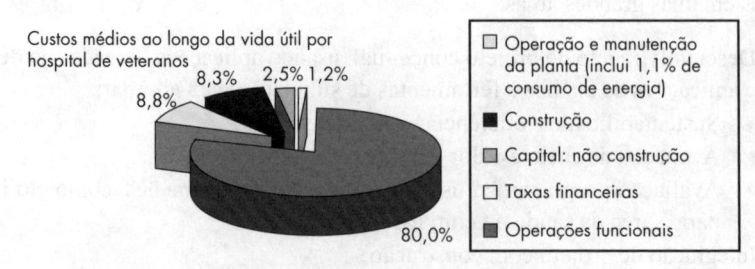

FIGURA 5.16 Os vários componentes do capital ao longo da vida útil e custos operacionais de um hospital de veteranos.

Imagem fornecida por cortesia da Veteran's Administration (Smoot, 2007).

e seus números em diferentes empreendimentos, coletados. Estes indicam um importante benefício do BIM e têm sido relatados em vários dos estudos de casos do Capítulo 10.

Empresas de projeto (normalmente) não conhecem métodos de avaliação de produtividade. Um passo inicial para a realização de tal avaliação é estabelecer uma linha-base de comparação. Poucas empresas controlam os custos unitários associados ao desenvolvimento de projeto e detalhamento de desenhos da construção, por exemplo, baseados na área de um pavimento, área de fachada ou tipo de projeto. Estes podem fornecer uma linha métrica de base para avaliação de custos ou benefícios de uma transição para novas tecnologias de projeto (tal método é descrito por Thomas *et al.*, 1999).

O segundo passo é estimar o ganho de produtividade da nova tecnologia; neste caso, o BIM. Com exceção da evolução dos valores de produtividade fornecidos por vários implementadores BIM, há poucos dados disponíveis nas empresas de projeto que já adotaram o BIM ou mesmo na literatura de pesquisa disponível. Pesquisas em ganho de produtividade para a produção de desenhos para engenharia estrutural com detalhamento de armaduras atingiram ganhos de 21 a 59%, dependendo do tamanho, da complexidade e da repetição das estruturas (Sacks e Barak, 2007). Alguns valores também são fornecidos nos diferentes estudos de caso do Capítulo 10. Naturalmente, os benefícios em uma empresa particular de projeto são necessariamente especulativos até que empreendimentos reais sejam realizados. Uma avaliação deveria fazer a distinção entre o tempo poupado de acordo com a média salarial daqueles fazendo o trabalho e suas porcentagens do custo anual de mão de obra da empresa. Isso proporcionará um ganho de produtividade ponderado. A porcentagem resultante pode ser multiplicada pelos custos anuais diretos de mão de obra para atividades de projeto para calcular o benefício anual.

O terceiro passo é estimar o aumento dos negócios que podem ser obtidos por meio do *marketing* das capacidades de BIM das empresas. Elas variam de acordo com o mercado, mas essa diferença pode ser significativa em certas regiões de um país.

O último passo é calcular os custos de adoção do investimento. O maior custo será o de tempo de treinamento de pessoal, o qual deve incluir custos diretos por tempo gasto e o custo relativo à "curva de aprendizado" da produtividade inicialmente reduzida à medida que as pessoas aprendem a usar as novas ferramentas. Custos de *hardware* e *software* podem ser estimados em consulta com um implementador BIM. Por fim, o benefício anual total dividido pelo custo total deveria fornecer uma rápida medida do retorno anual em investimento e o tempo necessário para recuperar o custo.

Seleção da plataforma. A Seção 2.3.1 esboça critérios para a avaliação de plataformas BIM e oferece breves análises das principais plataformas. Ainda assim, as ferramentas de modelagem não são apenas para uso interno – as necessidades das empresas que são frequentes parceiras de projeto devem ser levadas em consideração, assim como aquelas de um projeto específico. De fato, a seleção não precisa estar restrita a uma única plataforma. Algumas empresas preferem suportar múltiplas plataformas e ferramentas BIM, reconhecendo que algumas têm benefícios não sobrepostos.

5.5.2 Utilização em fases

Somados aos novos serviços externos antes discutidos, outros podem ser introduzidos gradualmente na prática de BIM de uma empresa. Entre eles estão:

- Integração com estimativa de custos para permitir acompanhamento contínuo durante o desenvolvimento do empreendimento

- Integração com especificações para melhor gerência da informação
- Integração no nível de projeto com análises de desempenho em termos energéticos, de ventilação e iluminação para abordar questões que até então se analisavam de modo intuitivo
- Desenvolvimento de bibliotecas da companhia proprietárias de detalhamento, configurações de espaços e outras informações de projeto para embutir conhecimento de pessoal especializado como conhecimento corporativo

Cada tipo de integração envolve seu próprio planejamento e desenvolvimento de fluxos de trabalho e métodos. Uma iniciativa passo a passo permitirá treinamento progressivo e adoção de serviços avançados sem riscos excessivos, o que levará a capacidades radicalmente novas na empresa de projeto como um todo.

Questões para discussão do Capítulo 5

1. Pensando sobre o nível de informação necessária para estimativa de custos, geração de cronograma e aquisição, esboce suas recomendações relativas ao nível de detalhe que deveria ser definido em um modelo de projeto no início do desenvolvimento de projeto. Como ele se diferenciaria do projeto conceitual? Considere e recomende qual papel os projetistas deveriam desempenhar para dar suporte a estas atividades.

2. Considere os estudos de caso 10.2 e 10.5, do Capítulo 10, os quais apresentam trabalhos de arquitetos e engenheiros. Depois, identifique um edifício projetado com uso extensivo do BIM e prepare um breve estudo de caso de sua autoria. Analise e relate como o projeto foi conduzido, como as informações foram compartilhadas entre os projetistas e entre as aplicações de projeto e de análise, e quais informações foram transportadas para fabricação e construção. As histórias de muitos edifícios construídos com BIM podem ser encontradas nos *websites* dos principais fornecedores de aplicações BIM e de muitas empresas de projeto.

3. Considere qualquer tipo específico de sistema predial, tal como sistemas de forro suspenso, ou um sistema de divisórias prontas para uso. Para este sistema, identifique como ele poderia ser apoiado por ferramentas de automação para sua adaptação customizada a um determinado projeto. Quais tipos de biblioteca de objetos facilitariam este projeto? Como o projeto poderia ser suportado por objetos paramétricos? Quais níveis de detalhamento são apropriados para cada fase do projeto?

4. Obtenha o conjunto recomendado de detalhes para instalação de uma porta, janela ou claraboia manufaturadas. Examine e identifique, usando papel e caneta, as variações que poderiam ser aplicadas ao detalhe. Liste essas variações como uma especificação para aquilo que um detalhador paramétrico automatizado precisa executar e projete um diálogo de interface gráfica de usuário para configurar o produto.

5. Proponha um novo serviço para uma empresa de projeto, baseado nas capacidades do BIM. Esboce como este serviço seria de valor para o proprietário. Esboce também uma estrutura tarifária e a lógica por trás desta estrutura.

6. Em geral, o projeto conceitual é realizado por ferramentas BIM não tradicionais como o SketchUp ou o Maya. Esboce um processo alternativo de desenvolvimento de projeto utilizando uma destas ferramentas, em comparação com uma das plataformas BIM (indicadas na lista da Seção 2.5). Quais são as considerações para a seleção de um tipo ou de outro tipo para o projeto esquemático? Avalie os custos e os benefícios de ambos os caminhos de desenvolvimento.

CAPÍTULO **6**

BIM para Construtores

6.0 SUMÁRIO EXECUTIVO

A utilização da tecnologia BIM na construção traz grandes vantagens, que poupam tempo e dinheiro. Um modelo preciso da edificação beneficia a todos os membros da equipe do empreendimento. O BIM permite um melhor planejamento dos processos construtivos e reduz as chances de erros e conflitos. A compilação de um modelo de construção usado por um construtor é uma oportunidade de realizar um "estudo em primeira mão" do processo de construção em si, algo que não era possível antes do advento do BIM. Este capítulo mostra como uma construtora pode obter esses benefícios e quais alterações são desejáveis no processo construtivo.

Embora a modelagem seja muito valiosa para um construtor, mesmo quando os projetistas não a fazem, quanto mais cedo ele estiver envolvido em um projeto e mais íntima for sua colaboração com a equipe de projeto, maior será o potencial de alavancagem do BIM para a otimização do processo construtivo. Os construtores que insistirem em se envolver nos projetos de construção desde o início e derem preferência aos proprietários que exijam essa participação antecipada estarão em vantagem em relação aos demais. Na ausência de iniciativas BIM conduzidas por proprietários ou projetistas, é vital que os construtores estabeleçam lideranças no processo de utilização do BIM, caso desejem obter as vantagens para sua própria organização e se posicionar melhor para beneficiarem-se da ampla adoção do BIM na indústria.

Construtores e proprietários também deveriam incluir projetistas e fabricantes em seus esforços para usar o BIM. O método tradicional Projeto-Concorrência-Construção

(DBB) limita o potencial que o construtor tem para contribuir com um empreendimento ao compartilhar seu conhecimento durante a fase de projeto, quando eles podem adicionar valor considerável. O Desenvolvimento Integrado de Empreendimentos (IPD), no qual um contrato conjunto exige que o proprietário, o arquiteto, os projetistas, o construtor e os principais empreiteiros especializados trabalhem juntos desde o início do projeto, aproveita ao máximo o uso do BIM como ferramenta colaborativa. Quando um contrato IPD não é possível, um acordo de colaboração formal que foque no Plano de Execução BIM, como aquele adotado pela equipe de projeto do Hospital Saint Joseph (ver o estudo de caso 10.2, no Capítulo 10), pode ser empregado.

Tendo sido ou não percebido o valor potencial dos conhecimentos de um construtor quando a fase de projeto é encerrada, benefícios significativos ainda podem ser obtidos pelo construtor e pela equipe do empreendimento por meio do uso do modelo da edificação para dar suporte a uma variedade de processos que envolvem a construção. Esses benefícios são mais bem alcançados desenvolvendo um modelo internamente com a colaboração de subempreiteiros e fabricantes. As funções para as quais um modelo será usado determinam o nível de detalhe da informação nele. Por exemplo, para uma estimativa mais precisa de custos, o modelo deve ser suficientemente detalhado para fornecer as quantidades de materiais necessárias para avaliação de custos. Para a análise do cronograma em CAD 4D, um modelo menos detalhado é adequado. Entretanto, deve conter informações sobre trabalhos temporários (andaimes, escavações) e mostrar como a construção será faseada (como serão os lançamentos do concreto, qual será a sequência de levantamento das paredes, o alcance das gruas, etc.). Um dos benefícios mais importantes é a coordenação ativa que o construtor pode alcançar quando todos os projetistas utilizam o modelo do edifício no detalhamento de suas partes do trabalho. Em uma situação ideal, os colaboradores usarão o modelo para coordenar os percursos e espaços gerais para as redes de instalação predial bem antes do início da construção. Quando a coordenação antecipada é fraca, ainda assim a identificação de conflitos feita de forma precisa por meio do BIM é efetiva para a correção dos conflitos antes que eles se tornem um problema no canteiro de obras. As mesmas análises permitem que os problemas de construção sejam identificados e resolvidos da maneira mais rápida possível. Outro grande benefício é que o BIM oferece um forte suporte para a pré-fabricação, o que reduz os custos e prazos de entrega e aumenta a precisão da obra. Os estudos de caso do Hospital Saint Joseph e da Residência Estudantil da Nanyang Technological University (Capítulo 10, Seções 10.2 e 10.3) são excelentes exemplos desses benefícios. Mais detalhes podem ser encontrados no Capítulo 7.

Na obra, o BIM pode ser utilizado para entregar informações de projeto diretamente às equipes por meio de vários equipamentos móveis. Isso oferece a vantagem do acesso direto às informações mais atualizadas, além de fornecer um canal direto e efetivo para enviar *feedback* de informações sobre a obra ao modelo. Essas ferramentas também podem oferecer informações sobre processos, que é uma das principais maneiras pelas quais os construtores podem implementar e se beneficiar da sinergia entre o BIM e a construção *lean* (enxuta).

O BIM pode tornar os procedimentos de comissionamento e entrega eficientes, e, se os dados de projeto forem administrados corretamente, também consegue fornecer as informações necessárias para dar suporte à operação e manutenção do prédio. Os construtores devem estar cientes do grande valor que o ativo de informações representa para os proprietários e vê-lo como parte integral dos produtos e serviços que eles oferecem.

O Capítulo 4 descreve em detalhes o uso do BIM para o gerenciamento de edificações, incluindo as especificações para a entrega de informações.

Qualquer construtor contemplando a possibilidade de usar a tecnologia BIM deve saber que há uma curva de aprendizado significativa. A transição de desenhos tradicionais para modelos da informação da construção não é fácil, porque quase todos os processos e relacionamentos comerciais são sujeitos a alguma alteração para explorar as oportunidades oferecidas pelo BIM. Claramente, é importante planejar essas alterações com cuidado e obter assistência de consultores que podem ajudar a guiar o esforço.

A difusão do BIM nas construtoras e nos canteiros de obras é lenta, mas certamente está dando suporte ao crescimento dos inovadores de tecnologia da construção. Muitas *start-ups* estão trabalhando com tecnologias de sensores remotos, comunicação, monitoramento, mineração de dados, visão de máquina, realidade aumentada, entre muitas outras tecnologias avançadas para a construção. O BIM fornece as informações sem as quais essas tecnologias são inúteis. Assim, o BIM é um agente fundamental de mudanças na construção, há muito tempo esperado.

6.1 INTRODUÇÃO

Este capítulo inicia com uma discussão sobre os vários tipos de construtores e como o BIM pode trazer benefícios para suas necessidades específicas. A seguir, aprofunda-se em importantes áreas de aplicação pertinentes à maioria dos construtores. Essas áreas incluem:

- Suporte do BIM para a mudança de processos, inclusive a Construção *Lean*
- Análise de construtibilidade e detecção de conflitos
- Levantamento de quantitativos e estimativa de custos
- Análise e planejamento da construção
- Integração com controle de custos, cronogramas, qualidade e segurança
- Pré-fabricação fora do canteiro
- BIM no canteiro de obras
- Melhoria da entrega do prédio finalizado ao proprietário

A seguir, veremos uma discussão sobre as mudanças contratuais e organizacionais que são necessárias para explorar completamente os benefícios que o BIM oferece, concluindo com algumas ideias sobre como o BIM pode ser implementado em uma construtora.

À medida que a prática e o uso do BIM crescem, novos negócios e processos de engenharia evoluem. Os estudos de caso no Capítulo 10 destacam uma variedade de maneiras pelas quais os construtores estão adaptando seus processos de trabalho para alavancar o BIM: o Mapletree Business Park e o Hospital Saint Joseph ilustram os métodos inovadores pelos quais os construtores alavancaram o BIM com bons resultados, implementando muitas das práticas descritas nas seções deste capítulo que veremos a seguir.

O BIM também permite modelos de negócios radicalmente novos, nos quais os construtores oferecem serviços de contratação abrangentes, agregando novos valores para os clientes. Discutiremos alguns desses temas no Capítulo 9.

6.2 TIPOS DE FIRMAS DE CONSTRUÇÃO

Há uma infinidade de empresas de construção, desde grandes companhias que operam em muitos países e oferecem uma ampla gama de serviços a pequenas empresas que trabalham em um empreendimento por vez e oferecem um serviço altamente especializado. Há muito mais empresas de menor escala, e elas representam uma porcentagem surpreendentemente grande do volume total de construção. Dados de 2012 são mostrados na Figura 6.1.

Uma grande porcentagem de empresas era formada por apenas 1 a 19 pessoas (90,9%). Porém, a maioria dos empregados da construção trabalhava em firmas com mais de 19 empregados (60,9%). Uma porcentagem muito pequena de empresas (0,07%) tinha mais que 500 trabalhadores, empregando 9,1% da força de trabalho. O tamanho médio de uma firma era de 9,5 empregados.

A variedade de construtores também é muito grande em termos dos serviços que eles oferecem. A maior parte do setor consiste em empresas de construção civil que começam com uma proposta bem-sucedida ou negociam um preço máximo, executam parte da obra por conta própria e contratam subempreiteiros para serviços especializados. Alguns construtores limitam seus serviços ao gerenciamento do processo de construção, contratando subempreiteiros para todos os serviços da obra. As firmas de Projeto e Construção (DB) assumem a responsabilidade dos processos de projeto e construção, mas terceirizam a maior parte da execução da obra. Quase todas as construtoras encerram sua responsabilidade quando a construção está completa, mas algumas oferecem serviços na entrega e de administração do edifício concluído (construção-operação-manutenção).

Fabricantes de componentes produzidos fora do canteiro funcionam como um híbrido entre indústrias e construtores. Alguns fabricantes, como os de concreto pré-fabricado, produzem um conjunto de produtos padronizados, bem como itens particulares, projetados para um dado empreendimento. Fabricantes em aço pertencem à mesma categoria. Um terceiro grupo inclui fabricantes especializados, que produzem itens estruturais ou decorativos a partir de aço, vidro, madeira ou outros materiais.

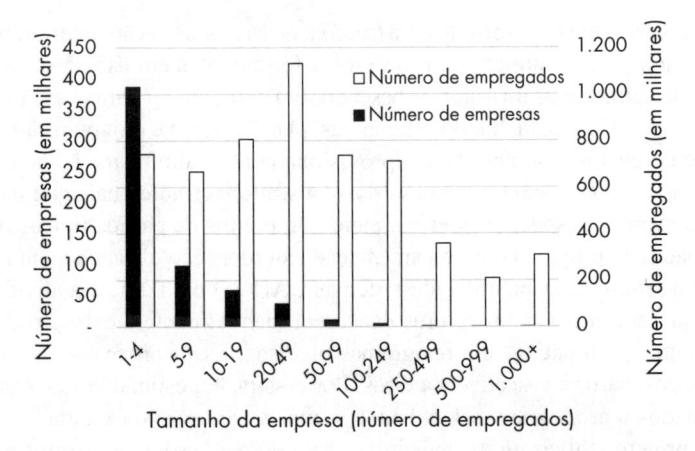

FIGURA 6.1 Distribuição de 598.066 empresas de construção e total de empregados pelo tamanho da empresa em 2012.

U.S. Census Bureau, NAICS 23 – Construction (U.S. Census Bureau, 016b).

Finalmente, há vários tipos de construtores subcontratados que se especializam em uma área ou tipo de trabalho específico, como instalações elétricas, hidráulicas ou de ar-condicionado. A construtora seleciona esses empreiteiros por meio de uma concorrência ou eles são pré-selecionados com base nas relações de negócios anteriores que demonstraram colaboração efetiva. Os conhecimentos de construção especializados desses subempreiteiros podem ser muito valiosos durante a atividade projetual, e muitos deles fazem revisão de projeto (também chamada de "apoio ao projeto") bem como prestam serviços de construção. A porcentagem de trabalho feita por construtores subcontratados varia muito, dependendo do tipo de serviço e das relações contratuais. A maioria das firmas de construção são especializadas em certos serviços, principalmente os pequenos subempreiteiros.

Os contratos de Desenvolvimento Integrado de Empreendimentos (IPD) e Projeto e Construção (DB) oferecem as melhores oportunidades para a exploração das vantagens do BIM, pois a equipe pode se integrar desde o início do processo projetual. Conhecimento especializado fica disponível para a construção do modelo e para compartilhá-lo com todos os membros da equipe. Os processos de DB e IPD são descritos em detalhes nas Seções 1.2.2 e 1.2.4, respectivamente. Essa importante vantagem, porém, pode não ser concretizada a menos que as barreiras tradicionais entre as disciplinas sejam removidas e/ou se os projetistas trabalharem com ferramentas CAD 2D ou 3D que produzem desenhos ou outros documentos, que são meramente passados ao grupo da construção quando o projeto é completado. Nesse caso, ou no método tradicional DBB, muito do valor que o BIM traz a um projeto é perdido se o modelo da edificação é criado somente após o projeto ser completado. Mesmo que isso ainda possa trazer valor, ignora um dos principais benefícios do BIM para a organização da construção – a habilidade de transpor a falta de integração verdadeira entre o projeto e a construção. Essa falta de integração é o calcanhar de aquiles de muitos empreendimentos.

6.3 QUAIS INFORMAÇÕES OS CONSTRUTORES QUEREM DO BIM

Dada a diversidade dos tipos de construtores descritos na seção anterior, não é surpresa que haja um grande número de processos e ferramentas em uso na indústria. Grandes firmas normalmente usam sistemas baseados em computador para quase todos os processos-chave de trabalho, incluindo estimativas, planejamento e programação da construção, controle de custos, contabilidade, aprovisionamento, administração de fornecedores e fabricantes, *marketing*, etc. No caso dos construtores tradicionais que não adotaram o BIM, as plantas e especificações em papel são pontos de partida típicos para as tarefas relacionadas ao projeto, como orçamentação, coordenação e planejamento de obra, mesmo que o arquiteto tenha utilizado sistemas CAD 2D ou 3D para a atividade projetual. Elas requerem que os construtores executem manualmente a extração de quantidades para produzir estimativas e cronogramas precisos. Esses processos consomem tempo, são tediosos, caros e suscetíveis a erros. Por essa razão, estimativas de custos, desenhos coordenados e cronogramas detalhados muitas vezes só são executados mais tarde na fase de projeto. Talvez ainda mais importante do que isso, o construtor não se envolve durante o processo de projeto e não tem como oferecer sugestões que reduziriam custos sem sacrificar a qualidade e sustentabilidade do empreendimento.

Felizmente, essa metodologia está começando a mudar, à medida que os construtores reconhecem o valor do BIM para a colaboração entre a equipe do empreendimento e para a administração da construção. Ao usar ferramentas BIM, os arquitetos estão potencialmente aptos a fornecer, no início do processo de aquisição, modelos que os construtores podem usar para efetuar suas estimativas, coordenação, planejamento da construção, fabricação, aprovisionamento e outras funções. No mínimo, o construtor pode usar esse modelo para adicionar rapidamente informações detalhadas. Para permitir esses recursos, idealmente um modelo da edificação deveria fornecer aos construtores os seguintes tipos de informação:

- **Informações detalhadas da edificação**, as quais estão contidas em um modelo 3D preciso que fornece vistas gráficas dos componentes do edifício, comparáveis àquelas mostradas em desenhos de construção típicos e com a possibilidade de extração de informações de quantitativos e propriedades dos componentes.
- **Especificações associadas a cada componente do edifício**, com *links* para especificações textuais para todo componente que o construtor deve comprar ou construir. Essas informações são necessárias para contratações, instalações e comissionamentos.
- **Conectividade entre componentes**, inclusive os detalhes de engenharia das conexões, juntas de tubulações, sistemas elétricos, etc. Cada vez mais, os construtores são obrigados por contrato a fornecer aos proprietários um modelo *as-built* que possa ser utilizado pelos sistemas de manutenção e operação dos prédios. O padrão COBie define as informações requeridas. As relações que juntam os sistemas prediais para formar sistemas funcionais são necessárias, além das informações sobre os componentes individuais. Atender a essa exigência não é nada fácil, pois exige ou um sofisticado controle de qualidade do modelo, ou uma reconstrução posterior da conectividade do sistema. No projeto do Aeroporto de Medina (Capítulo 10, Seção 10.5), por exemplo, todos os sistemas prediais tiveram de ser novamente modelados pelo proprietário, para uso em *facility management*.
- **Dados de análises relativos aos níveis de desempenho e requisitos do projeto**, como carregamentos estruturais, reações de apoio, momentos e cisalhamento máximos esperados, cargas de aquecimento e resfriamento para dimensionamento de sistemas de condicionamento de ar, níveis de luminância pretendidos, etc. Esses dados servem para o detalhamento, a pré-fabricação e a contratação dos sistemas prediais.
- **Relatório do estágio de projeto e construção de cada componente**, objetivando acompanhar e validar o progresso dos componentes relativos ao projeto, aprovação, aprovisionamento, instalação e teste (se relevante).
- **Principais componentes temporários**, que representam estruturas temporárias, equipamentos, fôrmas e outros componentes que podem ser críticos para a sequência de execução e planejamento do empreendimento.

Poucos projetos alcançam modelos abrangentes que fornecem toda a informação em um único modelo unificado. A maioria das plataformas BIM suportam o primeiro e o segundo item da lista, mas mesmo quando as equipes de projeto utilizam BIM intensivamente desde o início, cada participante pode usar ferramentas diferentes. Ainda que a fusão dos objetos do modelo com suas informações geométricas e básicas para coordenação e revisão seja um processo direto, fundir todas as informações é frequentemente bastante difícil. Daí a necessidade de interoperabilidade usando os métodos descritos no Capítulo 3, muitos dos quais são empregados nos estudos de caso do Capítulo 10.

Um modelo de edificação federado preciso, computável, relativamente completo e que inclua todas as informações que acabamos de citar é necessário para o suporte de processos de trabalho cruciais para o construtor durante a orçamentação, o planejamento da construção, a pré-fabricação dos componentes, a coordenação dos serviços especializados e dos sistemas prediais e o controle da produção. É importante notar que cada novo processo de trabalho requer que o construtor adicione informações ao modelo, uma vez que arquitetos ou engenheiros tradicionalmente não incluem informações relativas aos meios e métodos, como equipamentos ou taxas de produção (necessárias para elaboração de estimativas, programação e aprovisionamento).

Além disso, se o escopo de trabalho do construtor inclui procedimentos de entrega ou a operação do edifício, conexões entre os componentes BIM e os sistemas de controle do proprietário (como de manutenção e *facility management*) facilitarão o processo de comissionamento e entrega ao proprietário ao final do empreendimento. O modelo da edificação precisa representar as informações relativas a todos esses processos.

6.4 PROCESSO DE MUDANÇA PARA O BIM

A principal contribuição do BIM para construtoras, subempreiteiros e fabricantes é que ele permite a construção **virtual**. Do ponto de vista daqueles que são diretamente responsáveis pela construção de edifícios, *in loco* ou nas instalações de fabricação fora do canteiro, esta não é apenas uma melhoria, mas uma nova maneira de trabalhar. Pela primeira vez, os gerentes e supervisores da construção podem praticar a montagem das peças antes de se comprometerem com a mão de obra e os materiais. Eles podem explorar alternativas de produtos e processos, fazer alterações nas peças e adaptar os procedimentos de construção com antecedência. Além disso, podem realizar todas essas atividades em estreita colaboração uns com os outros, entre diferentes disciplinas, continuamente e conforme a construção progride, o que lhes permite encarar imprevistos assim que eles surgirem. Eles também podem lidar da mesma maneira com as mudanças introduzidas pelos proprietários e projetistas.

Apesar do fato de que a construção virtual ainda não é simples nem lugar-comum, as melhores práticas das principais equipes de construção em todo o mundo estão resultando nas mudanças de processo descritas na Seção 6.4.1. Algumas empresas de construção têm desenvolvido um relevante histórico de projetos nos quais elas alcançaram alto nível de coordenação entre todos os parceiros de pré-fabricação e instalação que participaram nos projetos. As equipes de construção do empreendimento estão continuamente aprimorando seus métodos. Elas têm sucesso não porque são especialistas na operação de um ou de outro *software*, mas como resultado da maneira integrada como exploram a tecnologia BIM para construir virtualmente e de forma colaborativa.

6.4.1 Construção mais enxuta

No mundo industrial, métodos de produção enxuta evoluíram para atender a demandas de clientes individuais de produtos altamente personalizados sem os desperdícios inerentes a métodos tradicionais de produção em massa (Womack e Jones, 2003). Em geral, os princípios desenvolvidos se aplicam a qualquer sistema de produção, mas, dadas as diferenças entre a fabricação de produtos de consumo e da construção civil, a adaptação das implementações industriais foi necessária.

A construção enxuta preocupa-se com a melhoria de processos, de modo que os edifícios e instalações possam ser construídos para atender às necessidades dos clientes, consumindo o mínimo de recursos. Isso exige pensar sobre como o trabalho *flui*, com ênfase na identificação e remoção de obstáculos e no alívio de gargalos. A construção enxuta foca especialmente a estabilidade do fluxo de trabalho. Uma causa comum da longa duração de construções são os tempos extras introduzidos por subempreiteiros para proteger sua própria produtividade quando as quantidades de trabalho disponíveis são instáveis e imprevisíveis. Isso ocorre porque os subempreiteiros resistem em arriscar desperdiçar o tempo do seu pessoal (ou reduzir sua produtividade), no caso de outros subempreiteiros não conseguirem cumprir seus compromissos para concluir o trabalho anterior no prazo, ou dos materiais não serem entregues quando necessário, ou quando informações sobre o projeto e as decisões são atrasadas, etc.

Uma das principais formas de expor o desperdício e melhorar o fluxo é adotar o *controle de fluxo puxado*, em que o trabalho só é realizado quando a demanda por ele é aparente nas etapas seguintes do processo, com a última sinalização de puxar feita no final do processo pelo cliente. O fluxo de trabalho pode ser medido em termos do tempo de ciclo global para cada produto ou parte da construção, da taxa de atividades que são completadas como previsto, ou do inventário dos trabalhos em andamento (WIP, *work in progress*). O desperdício não é apenas de materiais, mas também do processo: o tempo despendido esperando por instruções, no retrabalho, etc.[1]

O BIM facilita os processos de construção enxuta que impactam na forma como subempreiteiros e fabricantes trabalham de, pelo menos, quatro maneiras:[2]

1. **Maiores graus de pré-fabricação e pré-montagem** impulsionadas pela disponibilidade de informação de projeto livre de erros, decorrente da construção virtual (as formas pelas quais o BIM suporta esses benefícios estão descritas na Seção 7.3.6), resultam em uma redução da duração da construção *in loco* e um **tempo de ciclo de produto reduzido**, a partir da perspectiva do cliente. O aumento do uso da pré-fabricação também acarreta melhorias na segurança, uma vez que muitos dos serviços que previamente eram executados em locais altos passam a ser realizados em fábricas.
2. **Compartilhamento de modelos**: compartilhar modelos não é útil apenas para identificar conflitos no projeto, físicos ou de outros tipos; modelos compartilhados que estão ligados a dados de planejamento de instalação usando técnicas de CAD 4D permitem a exploração de sequências de construção e das interdependências entre disciplinas. O planejamento cuidadoso das atividades de produção ao nível semanal e a retirada proativa das restrições são práticas padrão de construção enxuta, comumente implementadas com o uso do Sistema Last Planner (Ballard, 2000), no

---

[1] Os leitores interessados em uma breve introdução aos conceitos do pensamento *lean* podem consultar o trabalho de Womack e Jones (2003). Referências e *links* para a extensa literatura especificamente sobre o tema da construção enxuta podem ser encontrados no *site* do International Group for Lean Construction (www.iglc.net).
[2] Para uma discussão mais detalhada da interação entre BIM e construção *lean*, ver Sacks *et al.*, 2010.

qual os indivíduos encarregados da execução do trabalho filtram as atividades para evitar atribuir aquelas que não podem ser executadas de maneira correta e completa. Assim, a identificação antecipada de conflitos espaciais, lógicos ou organizacionais por meio da construção virtual passo a passo usando BIM *melhora a estabilidade do fluxo de trabalho*.

3. **Melhora do trabalho em equipe**: a capacidade de coordenar as atividades de construção em um nível fino de detalhamento entre as diversas disciplinas significa que os problemas de interface tradicionais – que envolvem a transferência de trabalho e espaços de equipe para equipe – também são reduzidos. Quando a construção é realizada por equipes mais bem integradas, e não por grupos independentes, são necessárias *margens de tempo mais curtas e em menor número*.

4. **Redução de tempo**: quando o tempo bruto necessário para a fabricação e a entrega é reduzido – devido à habilidade de produzir desenhos executivos com rapidez –, os fabricantes são capazes de reduzir seus prazos de entrega. Se os prazos puderem ser reduzidos o suficiente, então os fabricantes podem reconfigurar seu fornecimento nos canteiros a fim de aproveitar o fluxo puxado melhorado. Isso se estende para além da entrega *just-in-time* para a produção *just-in-time*, uma prática que *reduz substancialmente os estoques* e o desperdício associado: os custos de armazenagem, múltiplos manuseios, peças danificadas ou perdidas, coordenação de despachos, etc. Além disso, como os sistemas BIM podem gerar desenhos executivos confiáveis e precisos até o último momento possível – mesmo quando são feitas alterações tardias –, os fabricantes de todos os tipos podem ser mais receptivos às necessidades dos clientes, uma vez que as peças não são produzidas muito cedo no processo.

6.4.2 Menos papel na construção

Quando o CAD foi adotado inicialmente, as transferências eletrônicas tornaram-se uma alternativa parcial à comunicação por desenhos em papel. A mudança mais fundamental que o BIM introduz é que os desenhos são relegados de um *status* de arquivo de informações para meio de comunicação, seja em papel ou eletrônico. Nos casos em que o BIM serve como depósito único de informações confiáveis para construção, impressões em papel de desenhos, especificações, levantamento de quantitativos e outros relatórios servem somente para fornecer acesso legível à informação com mais facilidade.

Para fabricantes de equipamentos que exploram equipamentos de produção automatizada, conforme descrito na Seção 7.3.5, a necessidade de desenhos em papel em grande parte desaparece. Por exemplo, peças de treliças de madeira que são cortadas e perfuradas utilizando máquinas CNC são montadas e juntadas de forma eficiente em bancadas, onde a geometria é projetada por cima usando tecnologia a laser. A produtividade na montagem de armações complexas de vergalhões para a fabricação de concreto pré-moldado melhora quando o pessoal envolvido consulta um modelo 3D codificado por cores, que podem manipular à vontade em uma tela grande, em vez da tradicional interpretação de vistas ortogonais em desenhos em papel. Um exemplo similar é a entrega de informações geométricas e de outros tipos aos montadores de estruturas no canteiro de obras com o uso de *tablets* que mostram graficamente modelos 3D de estruturas de aço.

A necessidade de relatórios em papel é bastante reduzida, uma vez que as informações de modelos de fabricação BIM começam a conduzir a logística, a contabilidade e outros sistemas de informação gerencial, e são auxiliadas por tecnologias de coleta automatizada de dados. Talvez seja apenas o ritmo lento das mudanças legais e comerciais que impeça esta seção de ser intitulada "Construção sem papel".

6.4.3 Aumento na distribuição do trabalho

O uso de modelos eletrônicos da construção significa que a comunicação a longas distâncias não é mais uma barreira para a distribuição do trabalho. Nesse sentido, o BIM facilita o aumento da terceirização e até mesmo a globalização de dois aspectos do trabalho de construção que eram previamente do domínio dos subempreiteiros e fabricantes locais.

Em primeiro lugar, é possível que a concepção, análise e engenharia sejam realizadas com mais facilidade por grupos dispersos geográfica e organizacionalmente. Na indústria de aço estrutural, está se tornando comum que indivíduos, munidos de um poderoso *software* 3D paramétrico de detalhamento, tornem-se *freelancers* que prestam serviços para fabricantes que reduziram em muito os seus departamentos de engenharia.

Em segundo lugar, uma melhor coordenação e comunicação de projeto significa que a fabricação em si pode ser terceirizada de forma mais confiável, incluindo o transporte de peças para longas distâncias.

6.5 DESENVOLVENDO UM MODELO BIM PARA CONSTRUÇÃO

É interessante que muitas construtoras de tamanho médio ou grande tenham liderado o processo de adoção do BIM. Isso, em parte, deriva do fato de que os casos de negócios do BIM para construtores são muito persuasivos, mas também se deve ao fato de que essas organizações são grandes o suficiente para dar suporte à adoção estruturada de sistemas de informações sofisticados. Essas organizações têm acesso a capital, estão familiarizadas com a avaliação e implementação de investimentos em equipamentos e processos e podem dar suporte ao aprendizado formal. Informações de produtos isentas de erros tornam as construções menos perdulárias em todos os sentidos, e as economias podem melhorar a produtividade e a margem de lucro dos construtores, tornando o BIM um investimento que vale a pena.

Os construtores podem adotar muitas abordagens diferentes para alavancagem do BIM, devido às diferenças de adoção entre os projetistas em termos da qualidade dos modelos que fornecem e às diferentes necessidades de informação dos construtores. Quando as equipes de projeto não criam modelos, os construtores muitas vezes assumem a responsabilidade do processo de modelagem, preparando e implementando um Plano de Execução BIM tanto para os projetistas quanto para os fornecedores. No entanto, mesmo que os arquitetos e engenheiros tenham efetivamente adotado o BIM, os construtores terão de modelar componentes extras e adicionar informações específicas à construção a fim de tornar os modelos da edificação úteis. Consequentemente, muitos construtores de vanguarda criam seus próprios modelos de edificações a partir do

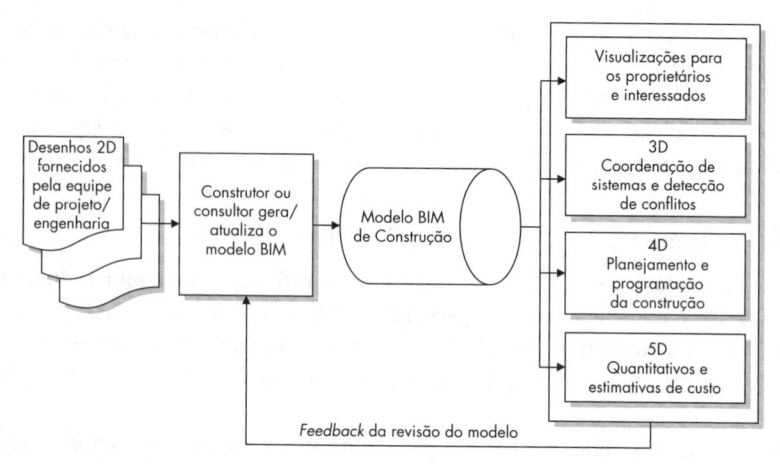

FIGURA 6.2 Fluxo de processo BIM para um empreendimento em que o construtor faz o modelo da construção a partir de desenhos 2D realizados em papel e o usa para coordenação de sistemas e detecção de conflitos, planejamento e programação da construção, quantitativos e estimativas.

zero para dar suporte à coordenação, detecção de conflitos, orçamentação, CAD 4D, contratações, etc.[3]

A Figura 6.2 mostra um fluxo de trabalho em que um construtor cria um modelo da informação da construção a partir de desenhos 2D feitos em papel. A necessidade de atualizar continuamente o modelo BIM de construção sempre que forem feitas alterações no projeto é um inconveniente significativo, que exige um gerenciamento cuidadoso.

Observe que nos casos em que o construtor usa um *software* de modelagem 3D, como o SketchUp, para compilar uma representação visual do projeto, os modelos não contêm componentes paramétricos nem relações entre eles. Nesses casos, o uso do modelo é limitado à detecção de conflitos, revisão de construtibilidade, visualização e planejamento visual, como em 4D, porque o modelo 3D não define componentes discretos quantificáveis para dar suporte ao levantamento de quantitativos, compras e controle de produção.

Se os projetistas fornecem modelos, estes podem ser integrados aos modelos do construtor, conforme descrito na Figura 6.3. Em geral, o construtor ou o consultor gerencia a integração desses vários modelos que são desenvolvidos de forma independente por diferentes membros da equipe do empreendimento mas depois unidos em um modelo colaborativo. O modelo compartilhado pode ser utilizado pela equipe para coordenação, planejamento, levantamento de quantitativos e outras funções. Embora esse enfoque não tire vantagem de todas as ferramentas que um modelo da informação da construção completo suporta, ele reduz custos e tempo quando comparado com práticas tradicionais. O modelo 3D compartilhado torna-se a base para todas as atividades da construção e permite precisão muito maior que os desenhos 2D. Entretanto, esta abordagem traz, para a equipe, o risco de o modelo compartilhado não conter as alterações mais recentes que tenham sido feitas fora do modelo (em 2D ou em 3D em um modelo

---

[3] As histórias e empresas como a Lease Crutcher Lewis de Seattle e a Tidhar de Telaviv, contadas no livro *Building Lean, Building BIM*, são bons exemplos disso (Sacks *et al.*, 2017).

separado). Isso precisa ser monitorado com muita atenção para evitar erros, omissões e (ainda mais) retrabalho.

Observe que o modelo compartilhado pode ser compilado de duas formas:

- Como um *modelo de plataforma única*, abrindo e gerenciando os modelos específicos de cada disciplina dentro de uma única plataforma BIM;
- Como um *modelo federado*, importando-se todos os modelos específicos de cada disciplina, que são gerenciados por diferentes ferramentas de modelagem, em uma ferramenta de integração BIM (***Navisworks Manage**, **Solibri SMC**,* **RIB iTWO**, **VICO Office*** ou ferramentas similares).

O benefício do modelo de plataforma única é que os modelos das disciplinas podem ser editados e coordenados dentro da plataforma, enquanto, no modelo federado, qualquer edição deve ser feita na plataforma original de cada modelo, e então é preciso importar o modelo novamente. A abordagem do modelo de plataforma única raramente é adotada em projetos grandes. O uso de uma ou outra opção costuma ser estabelecido no Plano de Execução BIM do empreendimento. Observe que as Figuras 6.3 e 6.4 não fazem a distinção entre essas duas opções. Nas figuras, o símbolo "Modelo BIM de Construção" representa ou o modelo de plataforma única ou o modelo federado.

6.5.1 Detalhamento para produção

À medida que um empreendimento avança, os fabricantes dos vários componentes e sistemas do edifício agregam informações em nível de detalhamento de produção sobre a parte do prédio pela qual eles são responsáveis. Em uma situação ideal, sempre

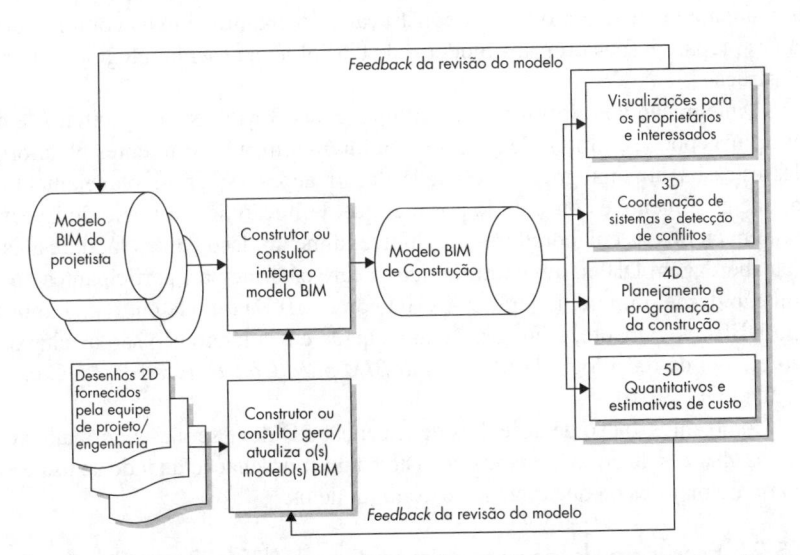

FIGURA 6.3 Fluxograma de processos de um empreendimento em que o arquiteto e outros projetistas e subempreiteiros usam ferramentas de modelagem 3D (ou têm um consultor para desenvolver um modelo 3D a partir de desenhos 2D) e contribuem para um modelo de construção 3D compartilhado.

---

* N. de R.T.: Este aplicativo agora é denominado Solibri Office.

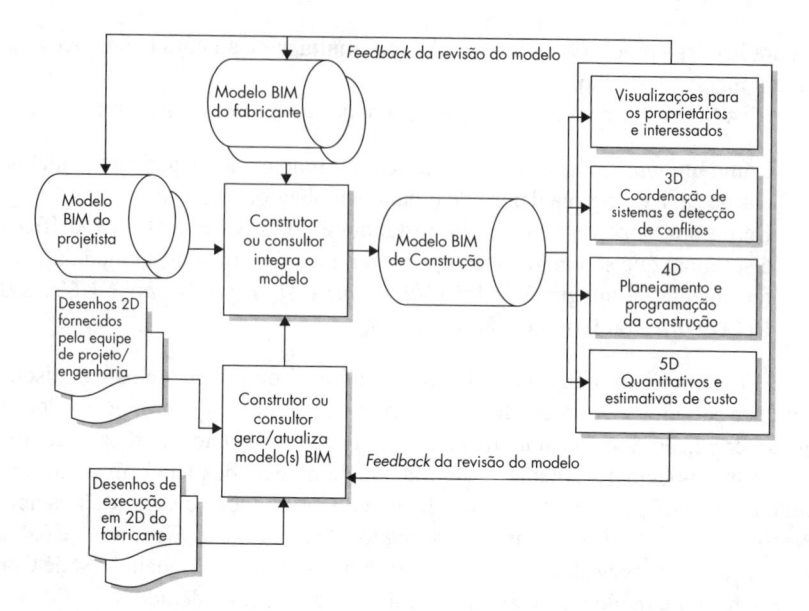

FIGURA 6.4 Os fabricantes contribuem com informações em nível de detalhamento para produção sobre os componentes e sistemas que fornecem. Quando preparam modelos, suas informações podem ser integradas diretamente no modelo de construção BIM. Quando preparam desenhos de execução em 2D, os detalhes deverão ser modelados antes que possam ser integrados.

que as relações contratuais permitirem, os fabricantes podem modelar seus componentes diretamente dentro do modelo da construção. No entanto, é mais comum que os fabricantes preparem seus próprios modelos de disciplina que serão integrados ao modelo de construção.

A integração de informações de componentes BIM de subempreiteiros e das várias disciplinas pode ser difícil de gerenciar se forem utilizadas diferentes plataformas BIM. Nesses casos, uma integração efetiva das informações requer um planejamento cuidadoso, que geralmente é conseguido por meio da definição de um Plano de Execução BIM comum a todos os colaboradores do empreendimento. Isso é mais fácil de alcançar com uma abordagem DB ou um contrato que integre os principais participantes do empreendimento desde o início dos trabalhos (tal como o IPD) do que com uma abordagem do tipo DBB. Novamente, a integração antecipada e a colaboração são as chaves para um uso efetivo da tecnologia BIM. O *Guia BIM para Construtores* da AGC enfatiza esse ponto (AGC, 2010).

Como antes, o uso de desenhos de execução 2D deve ser desencorajado ao máximo, pois as chances de erros humanos no sistema de coordenação quando se usa esse método são muito maiores do que quando se usam modelos.

6.5.2 Escritório de projeto compartilhado ("Big Room") no canteiro de obras

Uma excelente maneira de obter a integração das informações e a boa sintonia entre os envolvidos em projetos de construção complexos é reunir os representantes dos clientes, projetistas, construtores, subempreiteiros e fabricantes para trabalhar em um grande escritório compartilhado ("Big Room") no próprio canteiro de obras. O uso de um escritório de projeto durante a pré-construção e a própria construção é popular, apesar das despesas envolvidas, em função da alta qualidade das informações que podem ser preparadas em períodos de tempo muito curtos. Nele, as alternativas de projeto e pré-fabricação podem ser discutidas e avaliadas, e as questões resolvidas na hora, sem que seja necessário esperar pelos ciclos das reuniões de coordenação que são comuns em outros empreendimentos. O projeto e a construção podem ser totalmente coordenados, à medida que as equipes trabalham com os modelos compartilhados. O construtor geralmente mantém um modelo integrado (federado) com todos os modelos das disciplinas, que é continuamente atualizado.

Fischer *et al*. (2017) descrevem, em seu livro "Integrating Project Delivery", como as edificações modernas de alto desempenho têm sistemas prediais integrados, os quais requerem processos de construção integrados para que possam ser construídos. Os processos integrados, por sua vez, exigem organizações integradas, e estas demandam informações integradas. O escritório de projeto compartilhado é uma expressão da organização integrada, seja ela estabelecida por contratos IPD ou por contratos mais simples entre as partes, e seu objetivo principal é gerar informações de projeto bem integradas com o uso do BIM.

6.6 UTILIZANDO UM MODELO DA INFORMAÇÃO DA CONSTRUÇÃO PARA O CONSTRUTOR

Os construtores e/ou gerentes do empreendimento usam BIM para a coordenação de projeto em nível de fabricação e controle de qualidade para planejamento, programação e projeto de sistemas de produção; para extração de quantitativos, estimativa de preços, orçamentação e aprovisionamento; para controle da produção (fluxo da produção e controles de cronograma e orçamento); e como entrega de informações *as-built* a clientes quando os prédios são entregues. Os termos BIM 3D, 4D e 5D costumam ser empregados para fazer referência à visualização e coordenação 3D de projetos, planejamento visual e orçamentação, respectivamente, no contexto do BIM.

Há uma grande variedade de ferramentas de *software* disponíveis aos construtores para todas essas funções. A maioria delas são ferramentas para um único propósito que usam informações do modelo de construção e as processam a fim de preparar as saídas necessárias, mas outras são mais completas em termos das funções que cobrem. A Figura 6.5 representa a situação em que um construtor extrai informações para uso em ferramentas independentes. Isso inclui a exportação direta de informações de quantitativos para arquivos de dados, como o Excel, e a exportação de arquivos IFC para uso na coordenação de modelos ou visualização 4D. A Figura 6.6 ilustra o uso de ferramentas integradas, nas quais o modelo é exportado como arquivo IFC genérico ou como arquivo de modelo específico de uma ferramenta, e, então, aberto na ferramenta de construção integrativa (como ***DDP Manager***, ***Navisworks Manage***, ***RIB iTWO*** e ***VICO Office***).

As subseções a seguir descrevem em linhas gerais o uso de um modelo BIM do construtor para cada uma de suas três funções principais: coordenação de projeto (3D), criação de cronogramas (4D) e orçamentação e controle (5D). As ferramentas integrativas de BIM para construção são revisadas em um quadro a seguir, na Seção 6.8, e a entrega de informações ao cliente é discutida na Seção 6.13.

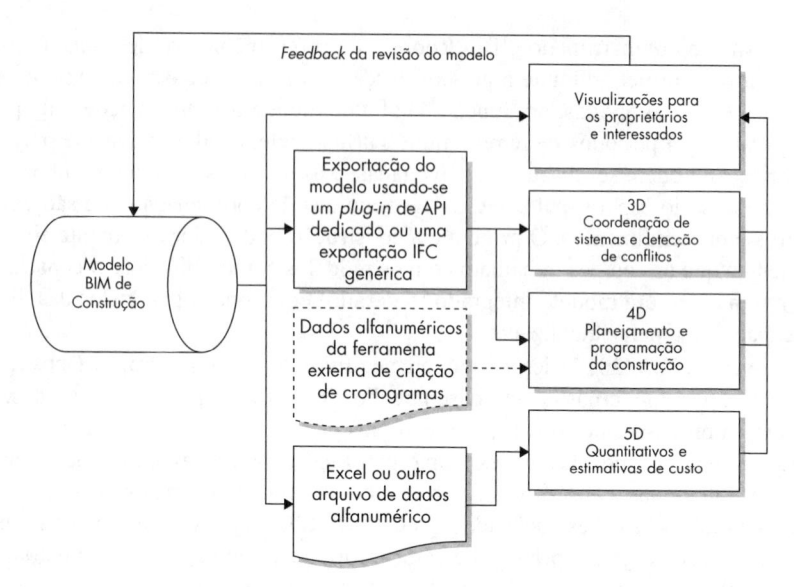

FIGURA 6.5 Fluxo de informações do modelo de construção para várias ferramentas independentes para as diferentes aplicações BIM do construtor.

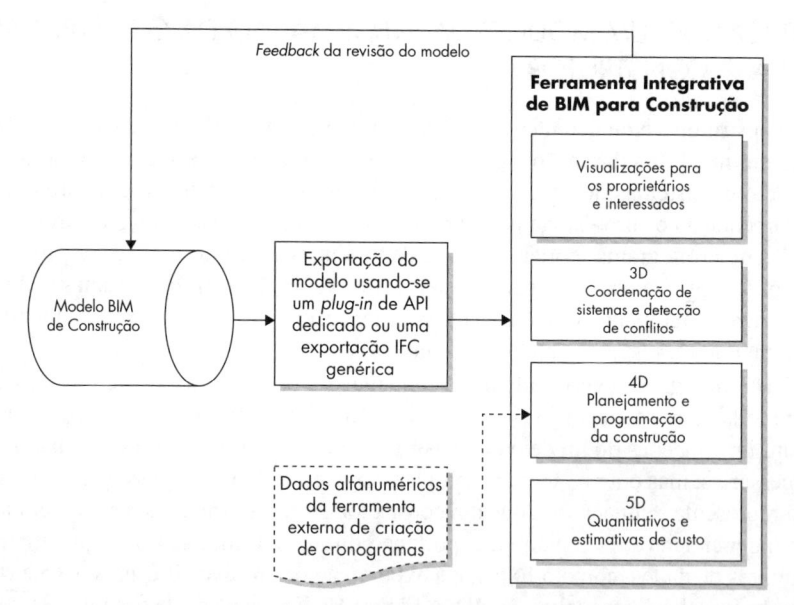

FIGURA 6.6 Fluxo de informações do modelo de construção para várias ferramentas do BIM do construtor integradas que fornecem a maioria das funcionalidades necessárias.

6.7 3D: VISUALIZAÇÃO E COORDENAÇÃO

A coordenação dos sistemas prediais e dos serviços prestados pelos vários subempreiteiros especializados é uma responsabilidade central de qualquer construtor. O BIM pode ser utilizado proativamente, a fim de coordenar o trabalho dos subempreiteiros e instaladores de sistemas prediais, enquando eles detalham e constroem os diferentes sistemas, ou servir reativamente para identificar os conflitos espaciais e temporais ao longo do processo de construção planejado.

Para os construtores, a detecção de conflitos automatizada – na qual os conflitos espaciais entre diferentes objetos de construção são identificados superpondo-se os modelos BIM das diferentes disciplinas e aplicando-se algoritmos de modelagem de sólidos – é um dos benefícios mais alcançáveis do BIM. Essa funcionalidade é eficaz e eficiente, resolvendo um dos tendões de aquiles do sistema de projeto e construção convencional. Antes do BIM, as pessoas trabalhavam duro para identificar as interferências físicas, sobrepondo desenhos 2D, seja em uma mesa de luz, seja em um monitor de computador. Em razão das limitações das ferramentas, das limitações cognitivas dos seres humanos e da probabilidade de erros humanos, muitos conflitos só eram descobertos durante a construção, acarretando custos significativos de retrabalho e atrasos no cronograma. A detecção automática de conflitos é um excelente método para a identificação de erros de projeto, onde objetos ocupam o mesmo espaço (conflitos graves) ou estão próximos demais (conflitos brandos) para permitir adequado acesso, isolação, segurança, manutenção e outras. Em algumas publicações, o termo "conflito funcional" (*clearance clash*) é usado no lugar de "conflito brando" (*soft clash*). Os termos são sinônimos.

Contudo, a detecção de conflitos é reativa. Uma vez que o BIM é cada vez mais adotado pelos construtores, as pessoas vêm se dando conta de que a coordenação espacial anterior ao lançamento do leiaute dos sistemas prediais pode evitar a maior parte dos retrabalhos de projeto decorrentes da detecção de conflitos. Utilizando um modelo BIM compartilhado nas reuniões de projeto multidisciplinares, os projetistas e construtores inserem objetos volumétricos virtuais de "reserva de espaço" para cada sistema predial. Desde que os detalhadores restrinjam os dutos de climatização, as tubulações hidrossanitárias, os porta-cabos elétricos e outros equipamentos a seus espaços designados – e isso pode ser conferido por meio da computação, se forem contidos nesses volumes – pode-se minimizar o número de conflitos que deverão ser resolvidos posteriormente.

Para uma detecção eficaz de conflitos, o construtor deve assegurar-se de que o edifício está modelado com um nível de detalhe apropriado. Embora o LOD 200 possa ser suficiente para os componentes maiores de uma edificação, os tubos, dutos, componentes de aço estrutural (elementos principais e secundários) e acessórios, entre outros, devem ser modelados em LOD 300 (para informações sobre os LODs, ver o Capítulo 8). Para componentes com volumes que não são modelados no nível 300, como o isolamento térmico ao redor de tubulações, pode ser necessário o uso do LOD 400. As informações a serem incluídas ou excluídas em um modelo com LOD 400 devem ser determinadas previamente no Plano de Execução BIM para evitar esforços de modelagem desnecessários. Por exemplo, objetos pequenos, finos ou flexíveis, como cabos elétricos, costumam ser desnecessários em um modelo para detecção de conflitos, porque, ainda que ocorram interferências, elas podem ser facilmente sanadas *in loco*. No entanto, os pendurais de tubos e dutos, ainda que sejam muito esbeltos, devem ser modelados para a detecção de conflitos entre eles e os outros componentes.

Os fornecedores dos sistemas e componentes de construção, sejam eles internos ou terceirizados, devem participar do desenvolvimento do modelo desde as primeiras etapas do detalhamento da construção. De forma ideal, a coordenação do projeto e a subsequente resolução de conflitos deveriam acontecer em um escritório comum, implantado no canteiro, onde cada problema pode ser mostrado em um grande monitor e cada disciplina

FIGURA 6.7 Fotografia de construtor e subempreiteiro usando um modelo da informação da construção para dar suporte à coordenação de instalações prediais.
Cortesia de Swinerton, Inc.

pode contribuir com seu conhecimento especializado para a solução. A Figura 6.7 mostra uma foto de dois empregados, um da construtora e outro de uma subcontratada, usando um modelo da informação da construção para dar suporte à coordenação de instalações prediais. Isso foi feito em um *trailer* implantado no local da obra.

Há dois tipos predominantes de tecnologias para a detecção de conflitos disponíveis no mercado: 1) detecção de conflitos dentro de ferramentas de projeto BIM e 2) ferramentas de integração BIM que executam detecção de conflitos. Todas as principais ferramentas de projeto BIM incluem alguns recursos de detecção de conflitos que permitem ao projetista verificar interferências durante a fase de projeto. Mas o construtor frequentemente precisa integrar esses modelos e pode não conseguir fazê-lo com sucesso em uma ferramenta BIM de projeto devido à fraca interoperabilidade ou ao número e complexidade de objetos.

Ferramentas BIM de integração são a segunda classe de tecnologias de detecção de conflitos. Essas ferramentas permitem que os usuários importem modelos 3D de uma grande variedade de aplicações de modelagem e visualizem o modelo integrado. Exemplos são o ***Navisworks Manage da Autodesk***, o ***Solibri Model Checker**** e o ***iTWO da RIB***, revisados no Capítulo 2. As análises de interferências que essas ferramentas fornecem tendem a ser mais sofisticadas, e são capazes de identificar mais tipos de conflitos brandos e graves. Atualmente, as interferências identificadas não podem ser imediatamente corrigidas, porque o modelo integrado não é diretamente associado ao modelo original. Em outras palavras, o fluxo de informações não é bidirecional. Isso não é um grande problema porque geralmente demora algum tempo para atualizar um modelo. Assim, o processo atual de coordenação exige que os empreiteiros revisem seus próprios modelos após as reuniões

---

*N. de R.T.: Esta ferramenta agora é denominada Solibri Office.

de coordenação e enviem os modelos revisados para um coordenador BIM (geralmente na equipe do construtor) para outra rodada de revisão. É claro que seria preferível que pequenos ajustes ou mudanças pudessem ser feitos durante as reuniões de coordenação, mas essa não é a prática atual, pois as pessoas usam plataformas BIM diferentes.

A fim de atenuar esse problema, definiu-se um padrão público para ajudar os modeladores a localizar, de dentro dos aplicativos BIM de autoria originais, os pontos com conflitos identificados pelos aplicativos específicos de detecção de conflitos. O BIM Collaboration Format (BCF) define um formato de arquivo XML que pode ser salvo pelos aplicativos de detecção de conflitos. Quando os arquivos BCF são abertos no aplicativo de autoria BIM, a lista de problemas é disponibilizada. A visualização que o usuário tem do modelo pode ser ajustada para focar cada um desses conflitos e mostrá-los junto com informações adicionais sobre o problema.

"**Qual é o valor da coordenação da construção obtida com o uso do BIM?**" é uma questão frequentemente formulada, mas raramente respondida em números claros, em especial em termos da redução dos custos dos pedidos de modificação. A Lease Crutcher Lewis, uma construtora do noroeste dos Estados Unidos, registrou cuidadosamente os custos decorrentes dos pedidos de modificação feitos para um prédio de ciências e tecnologia que eles haviam finalizado para a Universidade de Washington. A universidade mantém registros de desempenho de todos os seus projetos, o que permitiu que fosse feita uma comparação do projeto da construtora Lewis, executado com o uso da integração BIM completa, conduzida pela empresa como construtora responsável, e dos três projetos anteriores, muito similares. Para os primeiros três, o custo médio somente das mudanças estruturais, incluindo-se os custos diretos dos materiais, mão de obra e horas extras, foi de US$ 20,77/m^2. Os custos das alterações estruturais no prédio da Lewis foram de apenas US$ 3,77/m^2. O novo prédio tinha 6.968 m^2, o que significa que um custo de cerca de US$ 118.500 foi evitado. O custo real dos esforços de integração BIM atribuído à estrutura foi de US$ 46.000. Portanto, mesmo para esse projeto relativamente pequeno (mas complexo), a economia foi estimada em US$ 72.500, ou seja, 158% do investimento feito em BIM.

Uma vez que isso representa apenas o custo das alterações na estrutura, podemos supor com segurança que o valor real da coordenação em BIM, que cobriu todos os empreiteiros e as especialidades da construção, foi significativamente maior do que essa quantia. Além disso, uma vez que os custos da integração com o BIM incluem tanto custos fixos como custos que variam conforme o tamanho do prédio, o retorno do investimento para uma edificação maior seria ainda mais significativo.

Dados do projeto Lease Crutcher Lewis fornecidos por cortesia da sra. Lana Gochenauer, Lease Crutcher Lewis, Seattle, Washington.

6.8 4D: ANÁLISE E PLANEJAMENTO DA CONSTRUÇÃO

O planejamento e a programação da construção envolvem o sequenciamento de atividades no espaço e no tempo, considerando aprovisionamento, recursos, limitações espaciais e outras questões no processo. Tradicionalmente, gráficos de barras eram usados para o planejamento de empreendimentos, mas eram incapazes de mostrar como ou por que certas atividades eram conectadas em determinada sequência; também não podiam calcular o maior caminho (crítico) para completar um empreendimento. Após o Método do Caminho Crítico (CPM, *Critical Path Method*) ter sido inventado na década de 1950, ele se tornou a abordagem convencional na elaboração de cronogramas para a construção civil.

Mais recentemente, pesquisadores e profissionais têm reconhecido que o método do caminho crítico não é adequado aos aspectos mais detalhados do gerenciamento de obra na construção, e seu uso hoje é mais aplicado ao cronograma geral. Para cronogramas e controles mais precisos, usa-se Sistema Last Planner (LPS) para o controle de produção (Ballard, 2000). O LPS, uma ferramenta de construção *lean*, implementa um cronograma "puxado". Seu princípio orientador é que os pacotes de serviços devem ser preparados proativamente e minuciosamente analisados a fim de garantir que todos os condicionantes – materiais, espaço, equipes de trabalhadores, equipamentos, tarefas prévias, informações e condições externas – foram atendidos antes que um pacote de serviços seja atribuído a uma equipe, para execução. Na prática, isso frequentemente implica que as equipes de trabalhadores só assumem tarefas se todos os pré-requisitos forem atendidos, basicamente postergando o serviço até o "último momento possível". Essa abordagem à criação de cronogramas no nível de detalhamento (de uma até três semanas após) é, na verdade, o controle da produção, e será discutida na Seção 6.9.

O Planejamento Baseado em Localização (LBS) (também conhecido como *planejamento linear* e como método da *linha de balanço*) também se tornou popular nos projetos de construção de edifícios, muitas vezes diminuindo a distância entre o planejamento mestre por meio do uso de *software* CPM padrão e do planejamento e controle da produção com o LPS. As ferramentas de planejamento baseadas em localização usam os algoritmos CPM, mas introduzem os condicionantes de espaço (localização) de modo explícito, somando aos condicionantes tecnológicos e de recursos que são utilizados nas ferramentas CPM padrão (Kenley e Seppänen, 2010). O planejamento baseado em localização é particularmente útil na visualização de tarefas cíclicas, como uma sequência de serviços repetitivos no interior de prédios altos ou de grandes conjuntos de apartamentos.

Planejadores de empreendimentos tipicamente usam aplicativos CPM como o **Microsoft Project**, **Primavera SureTrak** ou o **Primavera P6** para criar, atualizar e comunicar o cronograma mestre usando uma grande variedade de relatórios e visualizações. Esses sistemas mostram como as atividades são conectadas e ainda permitem o cálculo do(s) caminho(s) crítico(s) e das folgas que melhoram a programação durante a realização de um empreendimento. Os pacotes de *software* de criação de cronogramas baseados na localização, como o **Vico Office Schedule Planner**, são mais adequados à construção de edificações, pois eles ajudam a preparar o cronograma de equipes executando serviços repetitivos em vários locais. Métodos sofisticados de planejamento para análises baseadas em recursos, incluindo nivelamento de recursos e programação considerando incertezas, como a simulação Monte Carlo, também estão disponíveis em alguns pacotes.

6.8.1 Modelos 4D para dar suporte ao planejamento da construção

Quando ferramentas CPM são utilizadas de forma independente do modelo de projeto, os planos resultantes tendem a capturar inadequadamente os componentes espaciais relacionados com as atividades. Fazer a programação é, portanto, uma tarefa intensiva e manual, e, muitas vezes, permanece fora de sincronia com o projeto. As partes interessadas do empreendimento lutam para entender o cronograma e seu impacto na logística do local. A Figura 6.8 mostra um diagrama de Gantt tradicional, que ilustra como é difícil avaliar as implicações desse tipo de cronograma na construção. Apenas pessoas totalmente familiarizadas com o empreendimento e como ele será construído podem determinar se essa programação é viável ou não.

Na década de 1980, quando surgiram as primeiras ferramentas de compilação de modelos geométricos 3D em sistemas de CAD *mainframe*, foi desenvolvida uma abordagem para superar esse problema, conhecida como CAD 4D. Os modelos 4D e suas respectivas ferramentas foram desenvolvidos por grandes organizações envolvidas na construção de empreendimentos complexos de infraestrutura, energia e processamento, para os quais atrasos na programação ou erros traziam impactos nos custos. À medida que a indústria de Arquitetura, Engenharia e Construção (AEC) adotou ferramentas 3D mais amplamente no final dos anos 1980, as organizações de construção construíram visualizações 4D "manuais" combinando imagens de modelos para cada fase crítica ou período de tempo no empreendimento. Ferramentas de CAD 4D personalizadas e comerciais evoluíram entre meados e fins da década de 1990, facilitando o processo de conectar geometrias 3D e entidades ou grupos de entidades com as atividades de construção nos cronogramas (ver as Figuras 6.9 e 6.10).

As ferramentas 4D foram, em seguida, implementadas nos modelos BIM e, em função da simplicidade da ideia e da facilidade de sua implementação, hoje há muitas ferramentas de *software* comerciais disponíveis. Em um modelo 4D, o cronograma de construção é vinculado aos objetos BIM, representados em 3D, permitindo a visualização da construção sequencial da edificação. Embora algumas ferramentas 4D permitam essa vinculação manual entre objetos e tarefas, outras ferramentas mais sofisticadas incluem componentes BIM e informações sobre os métodos construtivos a fim de otimizar o sequenciamento de atividades e o detalhamento. Essas ferramentas incorporam informações espaciais, de utilização de recursos e de produtividade. Elas também dão suporte à detecção de conflitos 4D ou dinâmicos. Enquanto a detecção de conflitos convencional identifica conflitos entre objetos estáticos como vigas, pilares, tubulações e dutos, a identificação 4D pode detectar conflitos entre objetos permanentes e temporários, se-

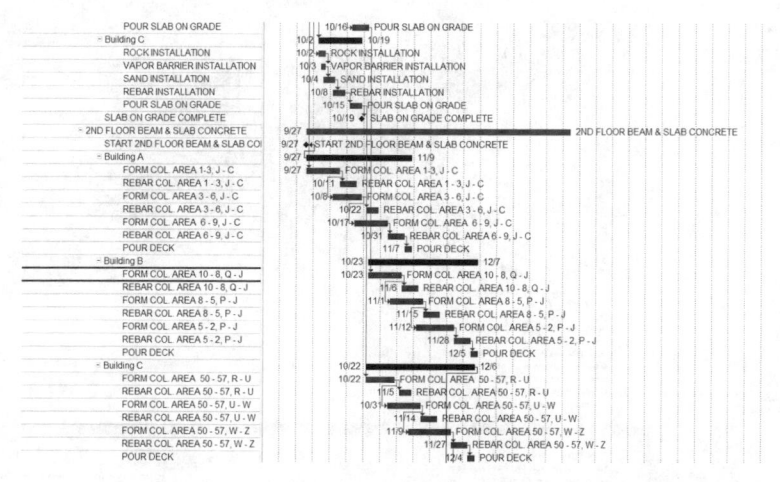

FIGURA 6.8 Amostra de um diagrama de Gantt relativo à programação de uma construção envolvendo três edifícios e múltiplos pavimentos e áreas. Avaliar a viabilidade ou a qualidade de uma programação baseada em um diagrama de Gantt costuma ser difícil para muitos participantes de um empreendimento e requer a associação manual de cada atividade a áreas ou componentes no projeto, já que não há associações visuais com as áreas referenciadas a um desenho ou diagrama.

MÊS 1 & 2   MÊS 2 & 3

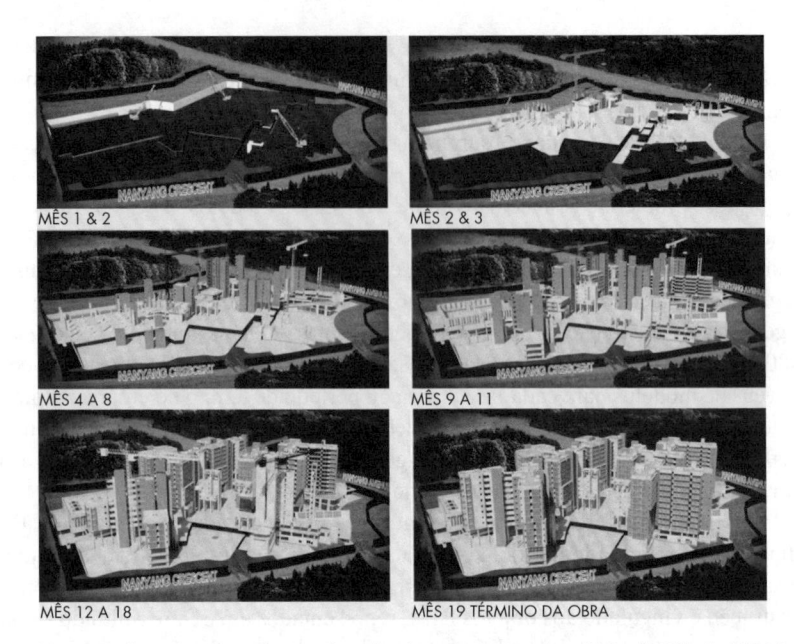

MÊS 4 A 8   MÊS 9 A 11

MÊS 12 A 18   MÊS 19 TÉRMINO DA OBRA

FIGURA 6.9 Vista 4D da construção dos prédios de alojamento estudantil North Hills da NTU (ver o estudo de caso 10.3, no Capítulo 10), mostrando a construção dos núcleos de concreto dos prédios e a montagem das unidades modulares pré-fabricadas. As gruas foram incluídas no modelo para que se revisasse seu alcance, folgas e conflitos.

Cortesia de Singapore Piling & Civil Engineering Pte Ltd., BBR.

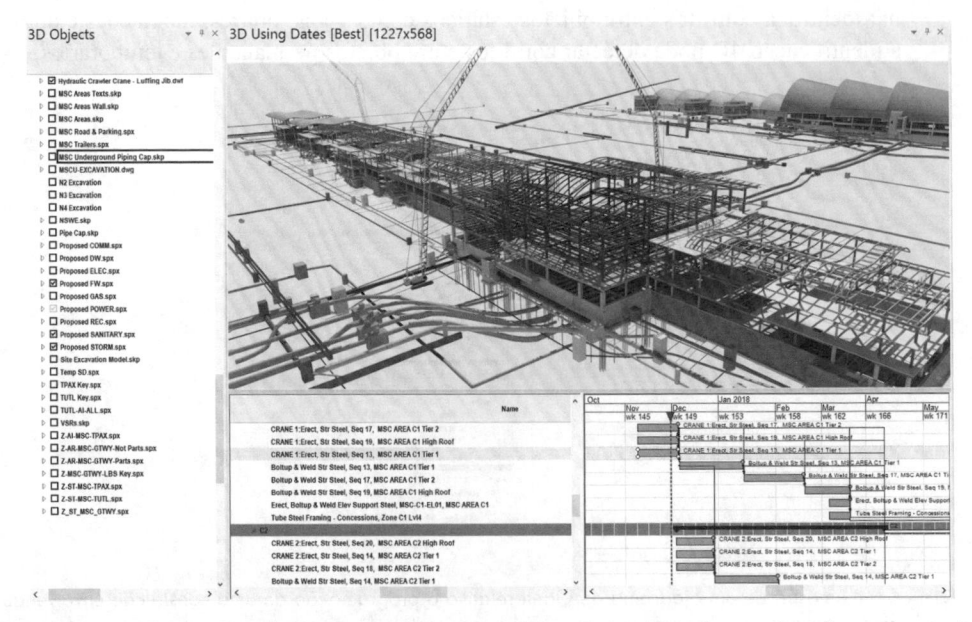

FIGURA 6.10 Cronograma 4D de um terminal aeroportuário preparado com o uso do *software* de criação de cronogramas e gerenciamento do projeto Synchro PRO 4D.

Imagem fornecida por cortesia da Synchro Software.

jam eles estáticos ou móveis (como gruas e caminhões). As ferramentas avançadas de identificação de conflitos 4D podem ajudar os usuários a verificar o acesso de veículos, determinando, por exemplo, se uma rampa de edifício-garagem é larga o suficiente para que um ônibus grande consiga manobrar, ou se uma grua pode se mover em torno de uma estrutura estreita em um terreno urbano apertado.

O BIM permite que planejadores criem, revisem e alterem modelos 4D com mais frequência, o que levou à implementação de cronogramas melhores e mais confiáveis. As seções seguintes discutem os benefícios dos modelos 4D e as várias opções que os planejadores têm ao produzi-los.

6.8.2 Benefícios dos modelos 4D

Ferramentas de CAD 4D permitem que um construtor simule e avalie sequências planejadas para a construção e as compartilhe com outros membros da equipe. Os objetos existentes no modelo devem ser agrupados de acordo com as fases da construção e conectados às atividades apropriadas no cronograma do empreendimento. Por exemplo, se uma laje será concretada em três lançamentos, ela deve ser detalhada como três seções, de forma que essa sequência de execução possa ser planejada e ilustrada. Isso se aplica a todos os objetos necessários para esses três lançamentos: concreto, aço, acessórios, etc. Além disso, as áreas de escavação e as estruturas temporárias, como os andaimes e as áreas de armazenamento transitório, devem ser incluídas no modelo (ver a Figura 6.11). Esse é o principal motivo pelo qual o conhecimento dos construtores é benéfico na definição de um modelo. Se o modelo é gerado pelo arquiteto ou pelo construtor enquanto o edifício ainda

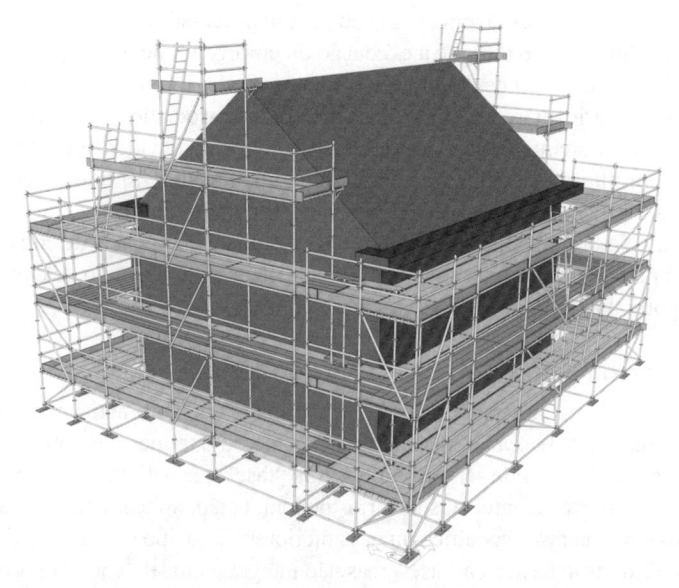

FIGURA 6.11 Uma imagem de modelo 4D, mostrando os andaimes de uma obra no *software* Tekla Structures. Agregar equipamentos temporários é frequentemente fundamental para se determinar a viabilidade do cronograma, pois os detalhes permitem aos empreiteiros e planejadores avaliar de modo visual as questões de segurança e construtibilidade.

Modelos fornecidos por cortesia de Skippon BV; imagem de Trimble Inc.

está sendo projetado, o construtor pode oferecer um rápido retorno sobre construtibilidade, sequenciamento de obras e custo estimado da construção. A integração antecipada dessas informações é de grande valia para o arquiteto e para o proprietário.

Simulações 4D funcionam principalmente como ferramentas de comunicação para revelar potenciais gargalos e como um método para melhorar a colaboração. Os construtores podem revisar simulações 4D para certificar-se de que o planejamento é viável e tão eficiente quanto possível. Os benefícios dos modelos 4D são:

- *Comunicação:* os planejadores podem comunicar visualmente o processo construtivo planejado para todas as partes interessadas no empreendimento. O modelo 4D captura aspectos temporais e espaciais de um cronograma e comunica-o mais efetivamente do que um diagrama de Gantt tradicional.
- *Contribuição de múltiplas partes interessadas:* modelos 4D são frequentemente utilizados em fóruns da comunidade para apresentar a leigos como um empreendimento poderia impactar o tráfego, o acesso a um hospital ou outras preocupações críticas da comunidade.
- *Logística do canteiro:* os planejadores podem administrar as áreas de armazenamento transitório, acessos ao (e no) canteiro, locação de grandes equipamentos, *trailers*, etc.
- *Coordenação de disciplinas:* os planejadores podem coordenar o fluxo esperado no tempo e espaço das disciplinas no canteiro, bem como o trabalho em espaços pequenos.
- *Comparação de cronogramas e acompanhamento do progresso da construção:* os gerentes do empreendimento podem facilmente comparar diferentes programações e identificar rapidamente se o projeto está em dia ou atrasado.

Essas considerações fazem do uso do 4D um processo relativamente caro de ser configurado e administrado durante a execução do empreendimento. Experiências anteriores e conhecimento do nível de detalhe exigido para produzir um cronograma conectado preciso são necessários para obter todos os benefícios associados a essa ferramenta. Quando usada apropriadamente, entretanto, os benefícios associados aos custos e tempo têm excedido em muito os custos iniciais de implementação. Um bom exemplo é o estudo de caso da Residência Estudantil da Nanyang Technological University no Capítulo 10, Seção 10.3. No projeto anterior, a análise 4D detalhada das etapas de construção exigidas para cada piso permitiram ao construtor se certificar de que o ciclo de construção de quatro dias por pavimento poderia ser mantido com segurança.

6.8.3 Ferramentas BIM com capacidades 4D

Uma maneira de gerar imagens 4D é com recursos que automatizam a filtragem de objetos em uma vista, baseada em uma propriedade ou parâmetro de objeto. No ***Revit***, por exemplo, cada objeto pode ser atribuído a uma "fase" que é digitada como um texto, como "Junho 2007" ou "existente". Os usuários podem, então, aplicar filtros para mostrar todos os objetos em uma fase específica ou nas anteriores. Esse tipo de funcionalidade 4D é relevante para a divisão básica em fases, mas não integra o modelo com dados do cronograma. Além disso, funções para animar interativamente um modelo 4D que são comuns em ferramentas especializadas 4D não são fornecidas. O ***Tekla Structures***, por outro lado, apresenta uma interface de criação de cronogramas embutida, estabelecendo vários *links* entre os objetos físicos e os objetos das tarefas nos modelos. Um objeto físico determinado pode se conectar com uma ou mais tarefas, e uma tarefa específica pode se vincular a um ou mais objetos físicos. Podem-se usar modelos para avaliações 4D das sequências de construção, com surgimento e desaparecimento de instalações temporárias. Os objetos do modelo também podem ser codificados com cores, conforme atributos que dependem do tempo.

A maioria das plataformas BIM não tem capacidades de criação de fases ou cronograma embutidas, exigindo o uso de ferramentas BIM 4D independentes. Essas ferramentas facilitam a produção e a edição de modelos 4D e fornecem ao planejador diversos recursos para personalizar e automatizar a produção dos modelos 4D. Em geral, elas requerem que um modelo 3D seja importado de uma aplicação CAD ou BIM. Na maioria dos casos, os dados extraídos são limitados à geometria e a um conjunto mínimo de propriedades de entidades ou de componentes, como "nome", "cor" e um grupo ou nível hierárquico. O planejador importa dados relevantes para a ferramenta 4D, "conecta" esses componentes a atividades de construção e os associa a tipos ou comportamentos visuais. A Figura 6.12 mostra os tipos de conjunto de dados que são usados pelo *software* 4D para gerar o modelo 4D.

Aqui estão algumas considerações a serem feitas na avaliação das ferramentas especializadas 4D:

- **Capacidades de importação de BIM:** quais formatos de geometria ou BIM os usuários podem importar e que tipos de dados de objetos a ferramenta importa (p. ex., geometria, nomes, identificadores únicos, etc.)? Em alguns casos, as ferramentas importam somente geometria, nomes da geometria e hierarquia. Talvez isso seja suficiente para a modelagem 4D básica, mas outros dados podem ser necessários para

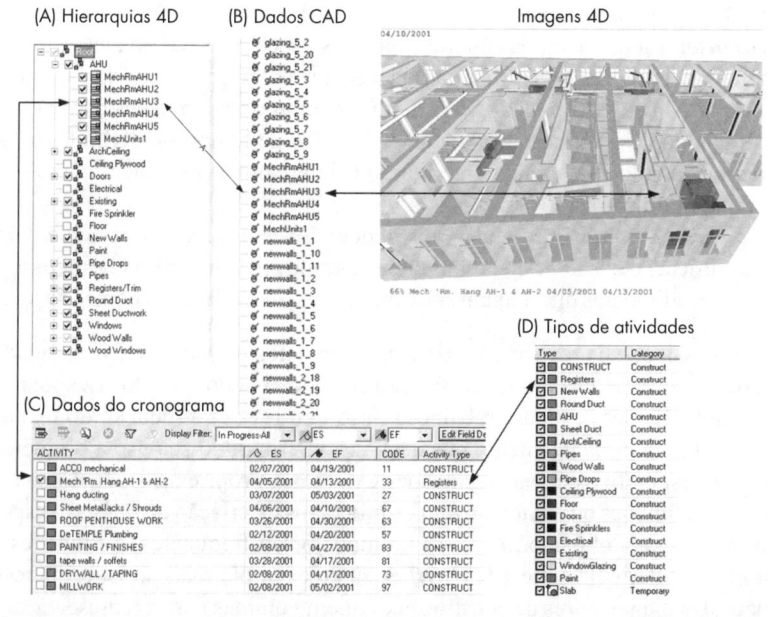

FIGURA 6.12 Diagrama mostrando as interfaces de dados essenciais de um modelo 4D. (A) Hierarquia 4D ou agrupamento de componentes relacionados às atividades do cronograma. (B) Organização dos dados geométricos fornecidos por organizações de projeto e engenharia. (C) Dados de cronograma que podem ser ilustrados hierarquicamente, mas que em geral são um conjunto de atividades com propriedades, como datas inicial e final. (D) Tipos de atividades que definem o comportamento visual do modelo 4D.

que os usuários possam ver as propriedades dos objetos, filtrá-los, ou ainda fazer consultas baseadas neles.
- *Capacidades de importação do cronograma:* que formatos de cronograma a ferramenta é capaz de importar? Os formatos de arquivo são nativos ou de texto? Alguns aplicativos de cronogramas como o Primavera trabalham com um banco de dados. Se for dessa forma, a ferramenta precisará de suporte a conexões com a base de dados e para a extração dos dados do cronograma.
- *Fusão/atualização do modelo 3D/BIM:* os usuários podem fundir múltiplos arquivos em um único modelo e atualizar partes ou todo o modelo? Se um empreendimento envolve modelos criados em múltiplas ferramentas BIM, o processo de modelagem 4D vai exigir a importação e a fusão desses modelos. A ferramenta 4D deve fornecer tal capacidade.
- *Reorganização:* você pode organizar os dados depois que eles foram importados? (Ver a discussão na seção seguinte.) Ferramentas que suportam uma reorganização fácil dos componentes do modelo irão agilizar muito o processo de modelagem.
- *Componentes temporários:* os usuários podem adicionar (e mais tarde remover) componentes temporários como andaimes, áreas de escavação, áreas de armazenamento, gruas, etc., ao modelo 4D? Em muitos casos, os usuários têm de criar esses componentes e importá-los com a geometria do modelo. Idealmente, a ferramenta 4D teria uma biblioteca para permitir aos usuários inserir rapidamente esses componentes.
- *Animação:* você pode simular em detalhes as operações de uma grua ou outras sequências de instalação? Algumas ferramentas 4D permitem que os usuários "animem" objetos em um período especificado para permitir a visualização de movimentação de equipamentos.
- *Análise:* a ferramenta dá suporte a análises específicas, como análise de conflito de tempo-espaço, para identificar atividades que ocorrem no mesmo espaço?
- *Saída:* os usuários podem gerar facilmente múltiplas imagens para períodos específicos ou criar filmes com vistas e períodos de tempo predefinidos? Os recursos personalizados para saídas facilitarão o intercâmbio do modelo com a equipe do empreendimento.
- *Conexão automática:* os usuários podem conectar automaticamente componentes da edificação aos itens do cronograma baseado em campos ou regras? Isso é útil para empreendimentos que adotam convenções padronizadas para nomes de identificação.

A necessidade de revisar os *links* entre os objetos do modelo e as atividades do cronograma sempre que há uma modificação significativa no modelo faz a manutenção do cronograma 4D ser bastante trabalhosa. Isso tem levado à redução do uso dos cronogramas 4D para o planejamento dos detalhes, restringindo seu uso a problemas de planejamento específicos e a apresentações externas a proprietários, órgãos públicos, etc. Portanto, as funções que automatizam os processos de criação de *links* são especialmente importantes quando as modificações no modelo são frequentes. As funções de zoneamento fornecidas pela suíte **VICO Office** são o exemplo mais sofisticado dessa funcionalidade. Os planejadores da construção definem volumes para a representação de zonas. As atividades da construção são definidas de acordo com o tipo de trabalho e os objetos nos quais eles operam. O *software* pode, então, compor as tarefas de estabelecimento de cronograma ao agrupar automaticamente todos os objetos do modelo BIM em cada zona que pertence a um tipo de atividade. A duração prevista para cada tarefa é calculada com base na quantidade de trabalho, definida pela soma das quantidades apropriadas (áreas de superfície, volumes, comprimentos) dos objetos do modelo, de acordo com a definição do tipo de serviço, e dividida pela taxa de trabalho padrão da atividade e o tamanho da equipe dedicada a ela. Quaisquer modificações nos objetos do modelo, na geometria da zona, nos tamanhos das equipes ou nas taxas de trabalho automaticamente se refletem no cronograma resultante, sem que haja a necessidade de o usuário atualizar qualquer *link*.

O Quadro 6.1 apresenta uma breve descrição das ferramentas de modelagem 4D, cobrindo tanto as plataformas BIM com recursos 4D embutidos ou extensíveis *(add-ins)* quanto as ferramentas BIM 4D independentes e específicas para essa função.

Quadro 6.1 Plataformas BIM selecionadas com capacidade 4D e ferramentas BIM 4D específicas

Revit (Autodesk): Cada objeto Revit inclui parâmetros para o estabelecimento de fases que permitem aos usuários atribuir uma fase a um objeto e, então, usar o filtro de visualização do Revit para mostrar diferentes fases e criar vistas 4D rápidas. No entanto, não é possível gerar uma animação 4D.

Tekla Structures (Trimble): Uma interface completa para planejamento com diagramas Gantt permite a definição de atividades e a associação de objetos do modelo a uma ou mais tarefas. O modelo pode ser animado entre datas, e os objetos podem ser codificados com cores de acordo com atributos que dependem do tempo.

DP Manager (Digital Project Inc., uma empresa Trimble): Um produto *add-on* da plataforma principal Digital Project BIM, o DP Manager permite aos usuários vincularem componentes 3D a atividades definidas na ferramenta de simulação Delmia, no Primavera ou no MS Project a fim de gerar análises com simulações 4D. As modificações feitas no cronograma do Primavera ou do MS Project são propagadas ao modelo DP vinculado.

ProjectWise Navigator e ConstructSim Planner (Bentley): Aplicativo independente que pode importar múltiplos arquivos de projeto 2D e 3D. Os usuários podem revisar os desenhos 2D e os modelos 3D ao mesmo tempo, verificar interferências (conflitos) e visualizar e analisar as simulações do cronograma.

Visual 4D Simulation (Innovaya): Vincula quaisquer dados de projeto 3D às tarefas de um cronograma no MS Project ou no Primavera e mostra os projetos em 4D. Ele gera a simulação dos processos de construção e codifica com cores os possíveis problemas do cronograma, como objetos atribuídos a duas atividades concorrentes ou objetos que não foram atribuídos a nenhuma atividade.

Navisworks Manage (Autodesk): O módulo Timeliner inclui todos os recursos do ambiente de visualização do Navisworks e oferece suporte a vários formatos BIM, além de ter boas capacidades de visualização. O módulo Timeliner suporta a vinculação automática ou manual a dados de cronograma importados de várias aplicações de cronograma.

Synchro PRO (Synchro Software*): Esta é uma ferramenta 4D BIM específica, bem desenvolvida e sofisticada. A fim de aproveitar suas funcionalidades de análise de riscos e de recursos, os usuários precisarão ter conhecimentos mais profundos de criação de cronogramas e de gerenciamento de projetos do que o necessário para a animação 4D

---

*N. de R.T.: Este aplicativo agora pertence à Bentley.

básica. Essa ferramenta aceita objetos de modelos de construção e atividades em cronogramas de várias fontes. Esses objetos são então vinculados com o uso de uma interface visual e gerenciados em um único computador ou em um servidor. O Synchro apresenta uma capacidade de atualização bidirecional que mantém os dados em um modelo Synchro sincronizados com os dados de um cronograma vinculado.

Vico Office Schedule Planner e 4D Manager (Trimble): O Virtual Construction 5D é um sistema de planejamento da construção que consiste nos recursos Constructor, Estimating, Control e 5D Presenter. O modelo da construção é desenvolvido no Constructor ou importado de outro sistema de autoria BIM, e aos objetos são atribuídas composições que definem as tarefas e os recursos necessários para a sua construção ou pré-fabricação. As quantidades e os custos são calculados no Estimator, as atividades do cronograma são definidas e planejadas usando-se as técnicas de linha de balanço (LOB ou baseadas em localização) no Schedule Planner e, então, a simulação da construção 4D é visualizada no Presenter. Como alternativa à criação de cronogramas dentro do Vico Office, as datas do cronograma podem ser importadas do Primavera ou do MS Project. As alterações no cronograma feitas no sistema de planejamento são automaticamente refletidas na visualização 4D.

6.8.4 Questões e diretrizes para planejamento e programação suportados por BIM

Ainda que os mecanismos do processo de planejamento e programação possam variar dependendo das ferramentas do planejador, há várias questões que qualquer planejador ou equipe de modelagem 4D deve considerar na preparação e desenvolvimento de um modelo 4D.

Nível de detalhe. O nível de detalhe é afetado pelo tamanho do modelo, pelo tempo alocado para sua construção e por quais itens críticos precisam ser comunicados. Ainda que o arquiteto possa representar uma laje de piso como um objeto sólido único, o construtor às vezes precisa mostrar a laje de concreto e o contrapiso de cerâmica como camadas diferentes, pois são executados em etapas distintas. Essa dicotomia também é verdadeira para outros propósitos, como a extração de quantitativos de materiais e a orçamentação, uma vez que o nível de detalhamento para orçamento de uma obra é maior do que aquele para um projeto de arquitetura. O oposto também é verdadeiro: uma fachada extremamente decorada pode ser relevante para fins de renderização de arquitetura, mas, para a representação de seu momento de construção, ela pode ser mostrada como uma parede simples.

Reorganização. Ferramentas 4D frequentemente permitem ao planejador reorganizar ou criar agrupamentos personalizados de componentes ou entidades geométricas. Esse é um recurso importante, porque a maneira como o arquiteto ou o engenheiro geralmente organiza um modelo não é suficiente para relacionar os componentes às atividades. Por exemplo, o projetista pode agrupar sistemas de componentes para facilitar a duplicação de elementos na criação de um modelo, como uma coluna e uma sapata. O planejador, no entanto, irá organizar esses componentes em zonas de lajes ou sapatas. A Figura 6.13 mostra uma hierarquia de projeto e uma hierarquia 4D para duas diferentes organizações de um modelo. Essa habilidade para reorganizar é essencial para o desenvolvimento e suporte de um modelo 4D flexível e preciso.

Capítulo 6 • BIM para Construtores

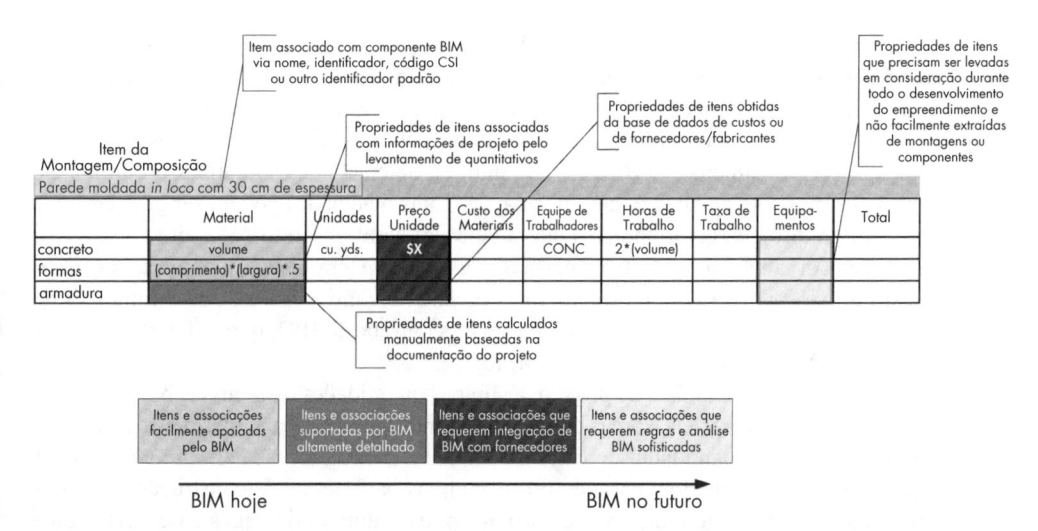

FIGURA 6.13 Exemplo de como as definições de componentes BIM se relacionam com a estimativa de itens de montagem e composições.

Decomposição e agregação. Os objetos mostrados como entidades únicas, como uma laje, podem precisar ser quebrados em partes para mostrar como serão construídos. Outra questão que os planejadores enfrentam é como segmentar componentes específicos, como paredes ou telhados, que um projetista ou engenheiro modelariam como um único componente, mas que o planejador dividiria ou separaria em zonas. A maioria das ferramentas especializadas não fornece essa capacidade, e o planejador deve executar essas "quebras" dentro da ferramenta BIM antes de importar para a ferramenta 4D.

Propriedades do cronograma. As datas de início e final mais cedo são frequentemente usadas para simulação 4D. Pode ser desejável, entretanto, explorar outras datas, como o início ou fim tardio, ou início e fim nivelados, para visualizar o impacto de cronogramas alternativos na simulação visual do processo de construção. Além disso, outras propriedades do cronograma são valiosas no processo de modelagem 4D e podem ser específicas de cada empreendimento.

Por exemplo, em um estudo sobre a renovação de um hospital, uma equipe associou atividades específicas com o número de leitos hospitalares que foram tirados de serviço ou tornados operacionais, de forma que a equipe poderia visualizar a qualquer momento o número de leitos disponíveis e assegurar-se de que um número mínimo poderia permanecer em uso. Também é possível codificar cada atividade com uma propriedade intitulada "Área" ou "Responsabilidade", de forma que o modelo pode mostrar quem é o responsável por certas atividades e rapidamente identificar disciplinas trabalhando próximas umas das outras para melhorar a coordenação.

6.9   5D: LEVANTAMENTO DE QUANTITATIVOS E ESTIMATIVA DE CUSTOS

Muitos tipos de estimativas podem ser desenvolvidos durante o processo de projeto. Estas variam de valores aproximados no início do projeto até valores mais precisos após o projeto estar completo. Claramente, não se deve esperar até o final da fase de projeto para o desenvolvimento de uma estimativa de custos. À medida que o projeto avança, estimativas provisórias ajudam a antecipar problemas, de forma que alternativas podem ser consideradas. Esse processo permite ao projetista e ao proprietário tomar decisões mais informadas, resultando em uma construção de melhor qualidade dentro das limitações impostas pelo orçamento. O BIM facilita muito a obtenção de estimativas preliminares. A vantagem do uso do BIM é que informações mais detalhadas podem ser geradas mais cedo em um projeto, como indica a curva de MacLeamy mostrada na Figura 5.1, e isso resulta em orçamentações mais precisas, mais cedo. Além disso, quanto mais cedo o construtor se envolver com o projeto, mais precisas e confiáveis serão as estimativas de custo. Essa é uma das vantagens do método de contratação IPD, que enfatiza o uso dos modelos BIM como base para a colaboração.

Durante o início da fase de projeto, as únicas quantidades disponíveis para estimativas são aquelas associadas a áreas e volumes, como tipos de espaço, perímetros, comprimentos, etc. Essas quantidades podem ser adequadas para a chamada *estimativa de custos paramétrica*, cujo cálculo é baseado nos principais parâmetros da construção. Os parâmetros usados dependem do tipo de edifício (p. ex., número de vagas e de pavimentos para um edifício-garagem, número e área de cada tipo de espaço comercial, número de andares, nível de qualidade dos materiais para um edifício comercial, localização do edifício, número de elevadores, área das paredes externas, área da cobertura, etc.). Infelizmente, esses quantitativos em geral não estão disponíveis em aplicativos para projeto esquemático, porque não definem tipos de objetos, como aqueles criados por um sistema de projeto BIM. Portanto, é importante levar o modelo do projeto preliminar para o BIM para viabilizar uma boa extração de quantitativos e a realização de estimativas de custo aproximadas. O ***DESTINI Profiler*** (Beck Technology) é um bom exemplo de plataforma BIM que suporta estimativas paramétricas desse tipo. (Para uma descrição adicional desse sistema, ver o Capítulo 2, Seção 2.5.4.)

À medida que o projeto amadurece, podem-se extrair rapidamente quantitativos mais detalhados relacionados aos espaços e aos materiais diretamente do modelo da edificação. Todas as ferramentas BIM fornecem recursos para a extração de quantidades de componentes, áreas e volumes de espaços e quantidades de materiais, e reportam esses valores em várias tabelas. Esses quantitativos são adequados para a produção de estimativas aproximadas de custos. Para estimativas mais precisas, preparadas por construtores, podem surgir problemas quando componentes (como montagens) não estão definidos adequadamente e não são apropriados para fornecer os quantitativos necessários para a estimativa de custos. Por exemplo, os aplicativos BIM podem fornecer o volume ou comprimento de sapatas de concreto, mas não a quantidade de armadura embutida no concreto; ou a área das paredes internas de gesso acartonado, mas não a quantidade de montantes nas paredes. Esses são problemas que podem ser resolvidos, mas a abordagem depende da ferramenta BIM específica e do sistema de estimativa de custos associado.

Note que, embora os modelos de edificações forneçam medidas adequadas para o levantamento de quantitativos, eles não substituem a tarefa de orçamentação. O orçamentista realiza um papel fundamental no processo de construção, muito além da extração de quantitativos e medidas. O processo de orçamentação envolve a avaliação de condições no empreendimento que impactam custos, como condições não usuais de paredes, montagens diferenciadas e condições de acesso difícil. A identificação automática dessas condições por qualquer ferramenta BIM ainda não é viável. Os orçamentistas devem considerar o uso da tecnologia BIM para facilitar a trabalhosa tarefa de levantamento de quantitativos e para rapidamente visualizar, identificar e avaliar condições, e ter mais tempo para revisões de construtibilidade e para otimizar preços de subempreiteiros e fornecedores. Um modelo da informação da construção detalhado é uma ferramenta que permite mitigar riscos para os orçamentistas, e pode reduzir significativamente os custos de licitações, porque reduz a incerteza associada com quantidades de materiais.

6.9.1 Extração de quantidades a partir dos modelos BIM para orçamentação

Os orçamentistas utilizam uma variedade de opções para alavancar o BIM no levantamento de quantitativos e para dar suporte ao processo de orçamentação. Nenhuma ferramenta BIM tem todas as funcionalidades de uma planilha eletrônica ou pacote para orçamentação, de forma que os orçamentistas devem identificar um método que trabalha melhor para seu processo de orçamentação específico. As quatro opções principais são:

1. **Exportar as quantidades de objetos da construção para um *software* de orçamentação usando as capacidades de relatório próprias da plataforma BIM.** Essa estratégia é ilustrada pela seta mais abaixo na Figura 6.5. As tabelas de extração de quantitativos geradas com o uso das funções de quantificação genéricas da plataforma são exportadas para os arquivos de texto ou para formatos de planilha eletrônica tais como o formato de documento computável (CDF, *Computable Document Format*). Essa informação é apenas alfanumérica, sem elementos gráficos ou geometrias. Qualquer modificação no modelo invariavelmente exigirá a geração da tabela quantitativa dentro da plataforma, a exportação para o *software* de orçamentação e o recálculo do orçamento. A maioria das plataformas BIM inclui funcionalidades para a quantificação das propriedades de componentes BIM e a exportação dos dados resultantes para arquivos em diferentes formatos. Há centenas de pacotes de orçamentação comerciais que podem importar dados dessa maneira, e muitos deles são específicos para o tipo de obra orçada. No entanto, pesquisas têm mostrado que o MS Excel é a ferramenta de orçamentação mais utilizada (Sawyer e Grogan, 2002). Assim, para muitos orçamentistas, a capacidade de extrair e associar dados do levantamento de quantitativos usando planilhas personalizadas do Excel geralmente é suficiente.

2. **Exportar objetos da construção e/ou quantidades para um *software* de orçamentação por meio de uma ferramenta *add-in* proprietária** que deve ser instalada dentro da plataforma BIM. Muitos dos pacotes de *software* de orçamentação maiores oferecem *plug-ins* para a exportação de informações sobre quantidades de várias ferramentas BIM usando seus próprios formatos. Essa estratégia também é ilustrada na Figura 6.5, neste caso pela seta que leva à extração de quantitativos e à atividade de orçamentação 5D. Os *add-ins* podem ajudar os usuários a organizar as informações dentro da plataforma BIM durante o preparo para a exportação, ou eles podem exportar primeiramente e, então, oferecer uma interface para os usuários que mostre o modelo e permita que realizem medidas de extração de quantitativos mais sofisticadas. Isso permite que os orçamentistas usem a ferramenta de levantamento especificamente projetada para suas necessidades sem precisar aprender todos os recursos contidos em uma dada ferramenta BIM. Exemplos dessas ferramentas incluem ***Innovaya Visual Estimating***, ***Vico Takeoff Manager*** e ***Assemble***. Essas ferramentas incluem recursos específicos que conectam diretamente a itens e montagens, realizam

anotações no modelo para "condições" e criam diagramas visuais de levantamentos. Alterações no modelo da edificação requerem que quaisquer novos objetos sejam conectados a tarefas apropriadas de orçamentação, de forma que uma estimativa precisa de custos possa ser obtida a partir do modelo, dependendo da precisão e do nível de detalhe já modelados. Para ajudar na administração deste processo, algumas ferramentas fornecem uma vista 3D dos objetos importados do modelo BIM, destacando em cores aqueles objetos que foram modificados desde a última vez que a edificação foi orçada, e elas também podem destacar quaisquer objetos que não tenham sido incluídos na estimativa de custos.

3. **Exportar objetos da construção por meio do uso do IFC ou de outros formatos de intercâmbio**, como ilustra a Figura 6.5. Essa estratégia apresenta a vantagem do uso de modelos de qualquer plataforma BIM que possua a função de exportação IFC. Neste caso, também não se exige qualquer conhecimento da plataforma BIM, embora, pelo mesmo motivo, se o modelo BIM não tiver sido modelado corretamente, os dados que o alimentaram podem ser errôneos e acarretarem orçamentos incorretos. Entre os exemplos dessas ferramentas podemos citar o *Nomitech CostOS* e o *Exactal CostX*. O *Vico Takeoff Manager* também pode usar arquivos IFC.

4. **Exportar os objetos do modelo BIM, inclusive sua geometria, para um *software* de gerenciamento de obra integrativo e multifuncional**, como ilustra a Figura 6.6 e detalha o Quadro 6.2. O *RIB iTWO* e o *Vico Office* são dois exemplos desse tipo de *software*. Eles possuem suas próprias ferramentas de visualização e manipulação do modelo que tiver sido importado por seus sistemas. O intercâmbio pode ser feito usando-se uma exportação de arquivo BIM em formato IFC aberto, mas, na prática, as rotinas de *add-ins* específicos que rodam na plataforma BIM e extraem arquivos com formatos proprietários nos oferecem dados mais completos.

6.9.2 Diretrizes e questões sobre implementação de BIM para dar suporte ao levantamento de quantitativos e orçamentação

Orçamentistas e construtores devem entender como o BIM pode dar suporte a tarefas específicas de orçamentação, reduzindo erros e melhorando a precisão e a confiabilidade da estimativa de custos. Mais importante, eles podem se beneficiar da habilidade de responder rapidamente a mudanças durante as fases cruciais do projeto, um desafio com o qual muitos orçamentistas se deparam diariamente. Aqui estão algumas diretrizes a serem consideradas:

- *O BIM é apenas o ponto inicial para a orçamentação*. Nenhuma ferramenta pode fornecer uma estimativa completa automaticamente a partir do modelo da edificação. A Figura 6.13 mostra que um modelo de edificação pode fornecer apenas uma pequena parte da informação necessária para a estimativa de custos (quantidade de materiais e nomes de montagens). Os dados restantes vêm de regras (chamadas de *recipes* no Vico Estimator) ou de entradas manuais fornecidas por um orçamentista.
- *Inicie com simplicidade*. Se você está estimando custos por meio de processos tradicionais e manuais, comece usando levantamentos na tela para se ajustar aos métodos de levantamento digital. À medida que os orçamentistas ganhem confiança e conforto com levantamentos digitais, considere mudar para um levantamento baseado em BIM.

Quadro 6.2 Ferramentas BIM integrativas para o gerenciamento de obra

DP Manager (Digital Project Inc., uma empresa Trimble): O DP Manager oferece ferramentas para a colaboração em projeto, medição e extração de quantitativos, modelagem 4D e integração de cronogramas. Ele não apresenta uma função de orçamentação.

Navisworks Manage (Autodesk): Navisworks é uma ferramenta multiuso de administração de obra, incluindo ferramentas para revisão de modelos, detecção de conflitos, simulações e animações 4D, extração de quantitativos 5D e renderização. O Navisworks também consegue importar e visualizar nuvens de pontos obtidas por escaneamentos a laser ou fotogrametria.

iTWO (RIB): O iTWO permite a elaboração de orçamentos, propostas e cronogramas, a administração de subempreiteiros, o controle de custos e os processos de faturamento. Ele também fornece facilidades para a administração de processos de concorrência e contratação de subempreiteiros. Dentro do iTWO, um ou mais cronogramas detalhados podem ser desenvolvidos paralelamente, permitindo o alinhamento direto de custos, quantitativos e cronogramas de tarefas entre diferentes subempreiteiros. Dado que o cronograma está alinhado aos custos, quantitativos e modelo, múltiplas simulações 5D completas podem ser analisadas dentro do iTWO, permitindo planejamento e decisão por alternativas de forma virtual e detalhada. Por fim, o iTWO suporta o monitoramento de quantidades instaladas e avança quando o projeto passa à execução, oferecendo capacidades de controle e previsão de custos.

Vico Office (Trimble): O Vico oferece revisão de modelos, extrações de quantitativos, orçamentações, criação de cronogramas e controles de projeto. Ele é sofisticado, pois inclui funções avançadas, como o zoneamento para a definição de pacotes de trabalho, extrações de quantitativos, orçamentações e estabelecimento de cronogramas 4D por meio do uso de composições que definem o conteúdo dos trabalhos para produtos de construção representados pelos objetos do modelo, simulações Monte Carlo para a análise de riscos de custos e o estabelecimento de cronogramas, planejamento baseado em localização, análises de cronogramas com gráficos de linha de balanço, assim como comparações entre cronogramas planejado e real com visualização 4D.

NOTA: As ferramentas apresentadas aqui são revisadas em mais detalhes no Capítulo 2, Seção 2.6.2, Ferramentas para Integração de Modelos.

- ***Inicie pela contagem.*** A maneira mais fácil de se começar é pelo uso do BIM para apoiar a extração de quantitativos e orçamentação das tarefas que envolvem contagens, como portas, janelas e instalações hidrossanitárias. Muitas ferramentas BIM oferecem a funcionalidade da elaboração de tabelas e funções simples para consultar e contar tipos específicos de componentes, blocos ou outras entidades. Elas também podem ser verificadas e validadas.
- ***Comece em uma ferramenta, então mude para um processo integrado.*** É mais fácil iniciar fazendo um levantamento no *software* BIM ou com uma aplicação especializada. Isso limita erros potenciais ou questões relacionadas à tradução e à movimentação de dados de modelo de uma aplicação para outra. Uma vez que o orçamentista

está confiante que os dados fornecidos por determinado pacote de *software* são precisos e válidos, os dados do modelo podem ser transferidos para uma ferramenta de levantamento secundária para validação.
- *Estabeleça expectativas explícitas para o Nível de Desenvolvimento (LOD).* O nível de detalhe no levantamento via BIM reflete o nível de desenvolvimento do modelo da edificação como um todo. Se a armadura não está incluída no modelo, esses valores não serão calculados automaticamente. O orçamentista precisa entender o escopo da informação contida no modelo e o que está representado ali.
- *Inicie com uma única disciplina ou tipo de componente* e resolva os problemas que aparecerem.
- *Automação começa com padronização.* Para alavancar totalmente o BIM, projetistas e orçamentistas precisarão promover a coordenação de métodos para a padronização de componentes da edificação e os atributos associados a esses componentes para o levantamento de quantitativos. Além disso, para gerar quantitativos precisos de subcomponentes e montagens (como montantes no interior de uma parede), é preciso desenvolver padrões para essas montagens. Pode ser necessário modificar as definições de objetos no sistema BIM que você está usando para capturar corretamente as quantidades necessárias para a estimativa de custos. Por exemplo, um objeto parede talvez não ofereça metros lineares de fitas adesivas necessários para a instalação de painéis de gesso cartonado.

É importante observar que o BIM oferece apenas um subconjunto das informações que os orçamentistas necessitam para computar custos, e os componentes BIM oferecem informações de quantitativos, mas muitas vezes carecem da capacidade detalhada de computar de forma automática os custos de mão de obra, dos materiais (não permanentes) para serviços e de equipamentos.

6.10 PLANEJAMENTO E CONTROLE DA PRODUÇÃO

A difusão da construção *lean* tem promovido a conscientização acerca da necessidade de proativamente planejar e controlar os fluxos de trabalho, de informações, de materiais, de equipes de trabalhadores e de equipamentos ao longo de todo o empreendimento. O modelo de "comando e controle centrais", no qual os planos são estabelecidos pelos gerentes e se espera que eles sejam executados pelas equipes de obra da maneira planejada, tem se mostrado inadequado para o ambiente dinâmico e incerto da maioria dos projetos de construção. O Sistema Last Planner (LPS; Ballard, 2000) é um processo popular de planejamento e controle da produção que engaja as pessoas de todos os níveis no planejamento e monitoramento da produção.

O BIM pode ajudar as equipes de construção a remover os condicionantes do processo de várias maneiras. As simulações 4D detalhadas das operações de construção podem ajudar as pessoas a identificar condicionantes espaciais e de outros tipos, que, de outra maneira, talvez passassem despercebidos. A aplicação *add-in* **smartCON Planner** da plataforma de BIM ***ArchiCAD***, da ***Graphisoft***, originalmente desenvolvida pela Kajima Construction Company, por exemplo, fornece detalhes em escala 1:1 para o planejamento do leiaute e da organização do canteiro, permitindo testar a eficácia de todos os tipos de equipamentos de construção dentro de um modelo de construção BIM.

Um suporte mais completo para o LPS pode ser fornecido por meio de ferramentas que visualizam o processo de construção e o *status* de cada um dos condicionantes de um pacote de serviços com o uso do modelo BIM. O protótipo experimental ***KanBIM*** (Gurevich e Sacks, 2013, Sacks *et al.*, 2013) foi o precursor desse tipo de sistema, e o ***ourPLAN*** da DPR Construction foi um dos primeiros aplicativos comerciais para esse fim. Logo em seguida, diversas ferramentas de *software-as-a-service* (SaaS) foram disponibilizadas para o estabelecimento de cronogramas com o LPS. Algumas delas, como o ***VisiLean*** (baseado no KanBIM), usam o modelo BIM diretamente, permitindo aos usuários associar atividades e condicionantes aos objetos do modelo. Outras, como ***vPlanner***, ***touchplan.io***, ***BIM 360 Plan*** (uma edição reformada do ourPLAN) e ***LeanSight***, oferecem ferramentas de planejamento visual, mas não *links* com o modelo.

O estudo de caso da Ponte Crusell explica como um modelo mantido pelo construtor no canteiro de obras e sincronizado com os modelos dos projetistas e fabricantes de aço estrutural foi utilizado para fornecer visualizações detalhadas dos produtos para os instaladores das armaduras e outros trabalhadores, aumentando radicalmente a produtividade, assim como foi utilizado pelos animadores 4D para dar suporte à exploração dos planos de processo antes e durante as reuniões do Sistema Last Planner. Quando os sistemas BIM são integrados aos bancos de dados dos parceiros da rede de fornecedores, eles se tornam um poderoso mecanismo para a comunicação de sinais para puxar a produção e a entrega de materiais e informações de projeto sobre os produtos. Um bom exemplo foi o projeto Meadowlands Stadium, no qual milhares de edifícios altos com estrutura de concreto pré-moldado foram acompanhados durante a fabricação, entrega e instalação, representando-se os resultados de *status* em um modelo de construção codificado com cores (Sawyer, 2008). Cerca de 3.200 componentes de concreto pré-moldado foram acompanhados durante a fabricação, o transporte até o canteiro de obras, a instalação e o controle de qualidade por etiquetas RFID, que eram lidas pelos trabalhadores *in loco* com o uso de *tablets* robustos. Os códigos de identificação nas etiquetas correspondiam aos objetos virtuais do modelo da construção, permitindo aos gerentes acompanhar, relatar e visualizar o *status* de todos os componentes pré-moldados. O principal benefício é que as decisões operacionais do dia a dia que têm implicações de longo alcance nos custos podem ser tomadas com base em informações claras, precisas e atualizadas.

6.11 FABRICAÇÃO FORA DO CANTEIRO DE OBRAS E CONSTRUÇÃO MODULAR

A fabricação fora do canteiro exige um planejamento considerável e informação de projeto precisa. Uma vez que o BIM fornece as informações no nível do detalhe necessárias para que o projeto se torne mais rápido, mais barato e muito mais preciso e confiável, a pré-fabricação fora do canteiro de obras está se tornando cada vez mais comum, afinal ela reduz os prazos de construção, os custos de mão de obra e os riscos associados às atividades executadas no canteiro. Uma variedade crescente de tipos de componentes de um edifício é produzida e/ou montada fora do canteiro, em indústrias, e entregue no canteiro para instalação. Vamos discutir brevemente os benefícios sob a perspectiva do construtor. Os benefícios sob o ponto de vista do fabricante são explicados em mais detalhes no Capítulo 7.

A coordenação das atividades e projetos dos subempreiteiros constitui uma grande parte do valor agregado por um construtor a um empreendimento. O BIM permite que construtores automatizem a modelagem e detalhamento de componentes do edifício, incluindo geometria 3D, especificações de materiais, requisitos de acabamentos, sequência de execução, cronograma e controle da cadeia de suprimentos. Construtores aptos a trocar informações BIM precisas com fabricantes podem economizar tempo através da verificação e da validação do modelo. O uso do BIM para a prototipagem virtual – uma aplicação direta do "projeto e construção virtuais (VDC, *Virtual Design and Construction*)" – reduz os erros e permite que os fabricantes se envolvam com o processo de pré-planejamento e construção antecipadamente.

Essas vantagens se traduzem em transferir processos para fora do canteiro, com os benefícios de segurança, qualidade e produtividade associados. O estudo de caso do Hospital Saint Joseph (Seção 10.2) descreve em detalhes como o construtor liderou a equipe para projetar e instalar vários sistemas totalmente pré-fabricados, como módulos de banheiro, painéis de fachada, módulos horizontais para instalações prediais múltiplas e painel de gases e instalações hospitalares. Nesse projeto, o retorno do investimento geral feito com a pré-fabricação foi de 13%. Além disso, estima-se que foram eliminadas 150.500 horas de mão de obra no canteiro, as quais foram substituídas por 29.500 horas de trabalho em um ambiente industrial. O mais significativo de tudo talvez seja que o processo de pré-fabricação alcançou o índice de zero acidentes, comparado com os sete que poderiam ter ocorrido caso esses serviços tivessem sido efetuados no canteiro, conforme as taxas médias para esse tipo de construção.

De maneira similar, o construtor encarregado pelo projeto do Hyundai Motorstudio – o tema do estudo de caso da Seção 10.1 – utilizou a pré-fabricação de módulos horizontais para instalações prediais múltiplas entre o quinto e o oitavo pavimento da torre de escritórios (Figura 6.14). Isso ajudou a reduzir o cronograma em um mês. Embora o número de horas de mão de obra dedicadas à pré-fabricação e instalação dos sistemas do quinto pavimento tenha sido um pouco maior do que teria sido necessário com o uso de serviços sequenciais *in loco*, quando a equipe chegou ao oitavo pavimento, a produtividade havia aumentado, e as horas de trabalho gastas foram aproximadamente 95,6% das estimadas para o trabalho no canteiro. Projetos com um escopo maior para aprendizagem, como o do prédio da sede da Skanska Finland em Manskun Rasti, Helsinque, têm apresentado ganhos de produtividade maiores. Este prédio usou cerca de 96 módulos de instalações pré-fabricados, e o uso de mão de obra no canteiro baixou de 60 horas para cinco horas por módulo (Sacks *et al.*, 2017, Capítulo 5).

A construção modular é a mais abrangente implementação da pré-fabricação. Na construção modular, as unidades volumétricas são montadas conjuntamente para formar grandes partes dos prédios. Cada módulo é pré-fabricado, e a maior parte dos componentes estruturais, sistemas prediais e acabamentos é preparada antes de ser enviada ao canteiro de obras. O estudo de caso do projeto da Residência Estudantil da Nanyang Technological University (Seção 10.3) é um exemplo detalhado desse método e explica o papel do BIM para que tenha sido possível um alto nível de integração entre os diversos subempreiteiros e o construtor responsável, algo necessário para a construção modular. Uma discussão detalhada do BIM e da construção modular pode ser encontrada no Capítulo 7, Seção 7.2.3, Fabricantes de Componentes Projetados sob Encomenda.

6.12 BIM NO CANTEIRO DE OBRAS

O uso do BIM no canteiro de obras cresceu radicalmente nos 10 anos que se seguiram à primeira edição do *Manual de BIM*, publicada em 2008 (Eastman *et al.*, 2008). Os avanços em equipamentos, plataformas e sistemas de comunicação permitidos pela tecnologia

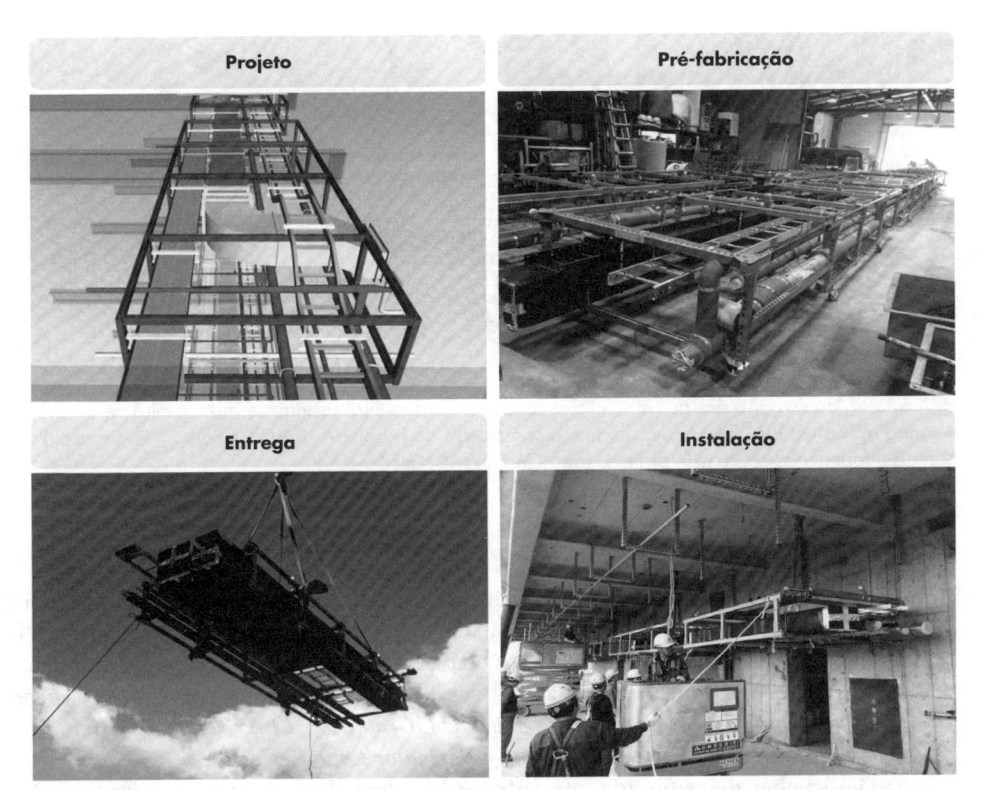

FIGURA 6.14 Um ciclo do método de pré-fabricação do módulo horizontal para instalações prediais múltiplas empregado entre o 5° e o 8° pavimentos do projeto do Hyundai Motorstudio (para mais informações sobre este projeto, ver também o Capítulo 10, Seção 10.1).

da informação tornaram os dispositivos móveis onipresentes nos países desenvolvidos. *Tablets* e *smartphones* são mais convenientes para os trabalhadores do canteiro de obras do que *laptops* robustos ou quiosques de informações, e isso tem facilitado o desenvolvimento generalizado das aplicações de BIM em campo por parte dos desenvolvedores de BIM e de uma grande variedade de *start-ups*. Os aplicativos de BIM para o canteiro de obras têm três usos principais: entregar informações de projeto aos trabalhadores em campo, coordenar os processos de construção entre todos os parceiros de projeto, inclusive as equipes de subempreiteiros, e coletar informações sobre as condições na obra.

6.12.1 Entrega de informações de projeto em campo

- **Visualização e pesquisa de modelos em campo:** Uma grande variedade de aplicações de *software* está disponível em plataformas móveis para auxiliar os trabalhadores da construção a acessar vistas de modelos, desenhos e outros documentos no canteiro (Figura 6.15). As funções importantes para esses aplicativos são a facilidade de navegação dentro do modelo, a filtragem de objetos, a habilidade de criar cortes perspectivados, *links* para produtos e informações da cadeia de suprimentos a partir de bancos de dados, o acesso a metadados de projeto (versionamento, *status* de aprovação, etc.) e a capacidade de medir objetos e distâncias do modelo. A fim de automatizar a navegação, alguns *apps* fornecem funcionalidades como o uso de etiquetas com códigos QR

FIGURA 6.15 Visualização dos dutos de climatização no modelo BIM usando-se, no canteiro de obras, um iPad com o aplicativo BIM 360 Glue, durante a construção do Mapletree Business Park II, Singapura. Para obter mais informações sobre este projeto, ver o Capítulo 10, Seção 10.4.

Imagem fornecida por cortesia de Shimizu Corporation.

no campo, as quais, quando lidas, mudam a vista do modelo para a cena local. Alguns aplicativos exigem que os usuários baixem os modelos em seus equipamentos móveis antes de ir a campo, enquanto outros oferecem acesso direto aos modelos armazenados na nuvem. Entre os muitos aplicativos disponíveis, podemos citar ***BIMAnywhere***, ***BlueBeam Revu***, ***Autodesk BIM 360 Field***, ***Graphisoft BIMx***, ***Tekla BIMsight Mobile***, ***Dalux Field***, ***Assemble*** e ***Bentley Navigator Pano Review***.

- **Aplicações de realidade aumentada:** Esta tecnologia sobrepõe as informações de um modelo na imagem da câmera do dispositivo móvel. Na construção, isso significa que um usuário pode visualizar conteúdos de um modelo BIM, sejam gráficos, sejam alfanuméricos, sobrepostos diretamente em sua visão do prédio e nos contextos de espaço e tempo corretos. Alguns casos de uso, entre muitos, incluem a possibilidade de os trabalhadores da construção revisarem *in loco* onde os dutos e as tubulações serão instalados no prédio; as inspeções de qualidade para se comparar o prédio construído com o projetado; o acesso a dados de manutenção de um objeto dentro de uma edificação apenas olhando para ele; a visualização de objetos ocultos, como uma armadura de concreto armado em uma viga ou os conduítes elétricos por trás de uma parede de gesso cartonado; o recebimento de orientações passo a passo sobre um método de construção; e a visualização de sequências animadas de construção antes de sua execução.

Algumas aplicações de realidade aumentada exigem que marcadores sejam colocados em cena, de modo que um aplicativo possa orientar a apresentação de informações virtuais no mundo real, mas algumas ferramentas mais sofisticadas podem interpretar a cena e identificar sua localização exata, às vezes com o apoio de acelerômetros, giroscópios ou sistemas de GPS. Esses aspectos tecnológicos determinam a precisão da correspondência, que dependerá do propósito. Dispositivos móveis (*smartphones*, *tablets*) dotados de câmeras produzem imagens sobrepostas (como mostra a Figura 6.16A), mas óculos mais sofisticados, como o Microsoft HoloLens e o DAQRI Smart Helmet/Smart Glasses, permitem aos trabalhadores manter suas mãos livres, projetando as informações virtuais diretamente na cena por

FIGURA 6.16 (A) Visualização dos dutos de climatização ocultos por um forro usando-se o modelo *as-built* em um iPAD, no projeto Mapletree III Business Park em Singapura (ver o Capítulo 10, Seção 10.4). (B) Usando *software* BIM da Trimble com um óculos Microsoft Hololens AR para sobrepor um modelo de gesso cartonado na cena de fundo real.

(A) Imagem fornecida por cortesia de Shimizu Corporation. (B) Imagem fornecida por cortesia de Trimble Inc.

meio do uso de um visor transparente (Figura 6.16B). Uma técnica similar também já foi aplicada para implementar um visor projetado (*heads up*) nas cabines de equipamentos de terraplenagem.

- **Leiaute suportado por modelo:** O processo típico do VDC é primeiramente compilar um modelo da construção que sirva de protótipo, então metaforicamente se livrar dos *bugs* do prédio virtual e, por fim, construir o modelo em concreto, aço e madeira. Uma maneira efetiva e muito eficiente de garantir que o prédio real seja construído conforme as informações do modelo é fazer as demarcações na obra diretamente do modelo. O posicionamento das formas de concreto e de perfurações com o uso de uma estação total robótica a fim de identificar os pontos é um bom exemplo. Aplicativos como ***Trimble VICO Office Layout Manager*** e ***Autodesk BIM 360 Layout*** são apenas dois dos muitos que permitem aos usuários identificar os pontos do modelo cuja localização eles gostariam de demarcar no canteiro de obras, salvar os dados em uma estação total robótica e, então, usá-la para identificar esses pontos precisamente no canteiro, como mostram as Figuras 6.17 e 6.18.
- **Tecnologias de direção automática:** Construtores especializados em terraplenagem podem usar equipamentos de movimentação de terra controlados por computador que podem orientar e verificar atividades de nivelamento e escavação baseadas nas dimensões extraídas de um modelo 3D/BIM. Eles se baseiam em várias tecnologias, incluindo escaneamento a laser e GPS diferencial.
- **Tecnologias GPS:** Rápidos avanços nos Sistemas de Posicionamento Global (GPS) e a disponibilidade de dispositivos GPS móveis oferecem aos construtores o recurso de conectar o modelo da edificação ao GPS para verificar localizações. Em algumas situações, o GPS é fundamental. Por exemplo, não é possível medir a altura de prédios altos (torres) com ferramentas topográficas típicas (como uma estação total ou um escâner a laser). Nesses casos, pode-se usar o Real-Time Kinematic (RTK) GPS para conferir a altura de um prédio em relação ao seu projeto.

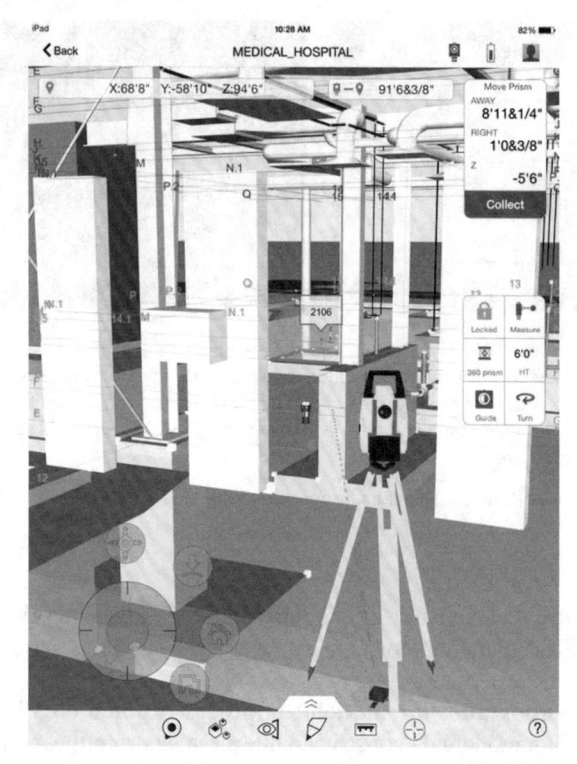

FIGURA 6.17 Interface de *tablet* mostrando o modelo BIM sendo utilizado para o leiaute de pontos com o Autodesk BIM 360 Layout.

Imagem fornecida por cortesia de Autodesk, Inc.

No Letterman Digital Arts Center (LDAC) em San Francisco, a equipe de projeto baseou-se em sua experiência com a construção virtual para identificar e corrigir os erros antecipadamente. O trecho a seguir descreve como a familiaridade da equipe com o BIM lhe permitiu identificar aquilo que poderia ter se transformado em um erro que custaria muito caro no canteiro de obras (Boryslawski, 2006):

"Durante uma das rondas diárias pelo canteiro para fotografar, reconhecemos um erro crítico mostrado no posicionamento de uma fôrma de concreto, que foi rapidamente confirmado por uma consulta ao BIM. Esse erro ocorreu quando a pessoa responsável pelo leiaute da fôrma tirou suas medidas a partir de uma coluna que estava fora da grade padrão, até a borda da laje de concreto. O lançamento de mais concreto na construção desta complexa laje protendida teria causado sérias consequências, não apenas para o construtor, mas também para o empreendimento inteiro, uma vez que mais três pisos seriam construídos acima deste pavimento. O problema foi resolvido no momento em que o concreto estava sendo lançado, salvando o que teria sido definitivamente uma grande despesa."

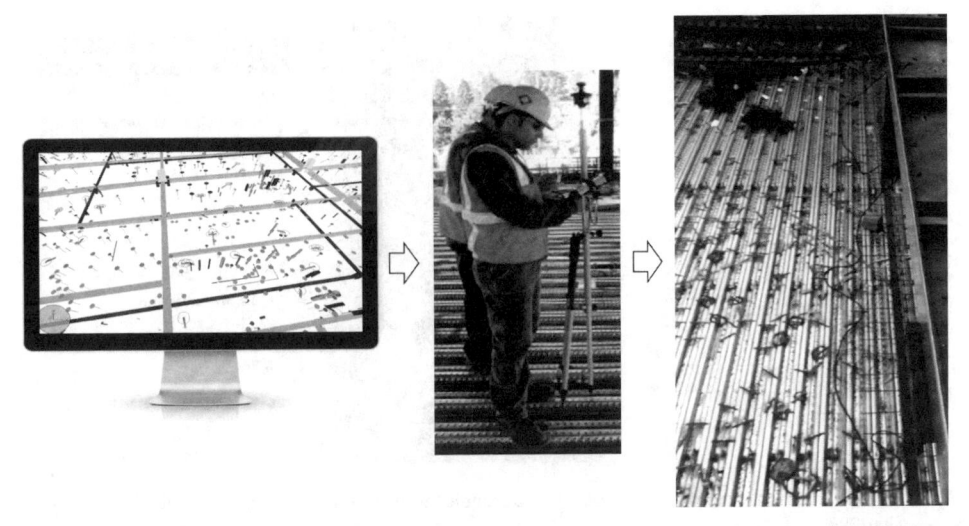

FIGURA 6.18 Do modelo para o canteiro de obras: leiaute dos pendurais das instalações prediais em uma laje *steel deck* antes do lançamento do concreto.

Imagem fornecida por cortesia de DPR Construction.

6.12.2 Coordenação da produção

Para garantir processos de trabalho sem percalços, é preciso que as pessoas adaptem seus planos às condições encontradas *in loco* à medida que a construção avança e, para que consigam se adaptar de maneira inteligente, um fator crucial é a qualidade das informações que elas têm sobre as condições na obra e sobre a cadeia de suprimentos. As ferramentas BIM ajudam a coletar e entregar informações sobre o *status* do projeto às equipes no canteiro de obras. Todas essas aplicações estão na nuvem, o que significa que as informações estão imediatamente disponíveis para todos.

A capacidade de fotografar as condições *in loco* e associá-las aos objetos do modelo é a funcionalidade mais básica para a coleta de informações de *status*. Muitos aplicativos também permitem que os usuários adicionem informações sobre as condições físicas (como as Solicitações de Informações e dados de controle de qualidade), e alguns poucos também possibilitam que se relate o *status* do processo. Aplicativos como o ***SiteDrive*** da Fira e o ***VisiLean*** incluem interfaces móveis para o compartilhamento de informações com as equipes, relatando o *status* dos trabalhos (ilustradas na Figura 6.19). Os aplicativos que conseguem ler códigos de barras, códigos Quick Response (QR) e etiquetas de identificação por radiofrequência (RFID) permitem aos trabalhadores informar o *status* dos componentes do prédio à medida que eles passam pelas etapas de produção, entrega e instalação, enriquecendo as informações sobre o *status*.

No futuro, as ferramentas de visão computadorizada e inteligência artificial provavelmente incluirão sensores remotos do *status* da produção; como será discutido no

FIGURA 6.19 Relatando o *status* dos trabalhos por meio do uso das interfaces de aplicativos móveis Visi-Lean e Sitedrive.

Imagem à esquerda fornecida por cortesia de Visilean Oy; imagens central e à direita fornecidas por cortesia de Fira Oy.

Capítulo 9, atualmente isso é tema de pesquisas acadêmicas e está sendo desenvolvido por *start-ups* de tecnologia da construção.

O fornecimento de informações sobre os processos do empreendimento consiste principalmente em compartilhar com as diferentes equipes de operários e fornecedores o *status* das próximas tarefas a serem executadas e seus condicionantes. Nos termos da construção *lean*, o objetivo é filtrar as tarefas por maturidade, de modo que os "últimos planejadores" – as próprias equipes – consigam avaliar se podem se comprometer em executá-las dentro do próximo período de planejamento (que, em geral, é a semana seguinte). Isso exige que informações de fontes múltiplas sejam agrupadas, e os modelos BIM são um veículo conveniente para a armazenagem e exibição dessas informações em quadros "ANDON" digitais. Alguns protótipos dessas ferramentas já foram demonstrados em pesquisas (p. ex., o sistema "KanBIM" em Sacks *et al.*, 2013) e provavelmente se tornarão disponíveis como aplicações comerciais à medida que são desenvolvidos o *hardware* e o *software* de monitoramento e informação.

6.12.3 Levantamento das condições *in loco*

Os construtores devem verificar a instalação dos componentes da construção *in loco* para certificar-se de que as especificações dimensionais e de desempenho foram satisfeitas. O modelo do edifício pode ser usado para verificar se as circunstâncias reais da construção refletem aquelas mostradas no modelo. A coleta e o registro das condições *in loco* para fins de engenharia exigem um nível de precisão que outrora podia ser obtido somente por topógrafos qualificados, com o uso de teodolitos e outros equipamentos de topografia. As tecnologias de escaneamento a laser e fotogrametria, usando escâneres sobre tripés ou câmeras instaladas em *drones*, oferece uma alternativa mais barata para muitas aplicações de levantamento das condições *in loco* em uma construção, e seus resultados

Capítulo 6 • BIM para Construtores 269

FIGURA 6.20 Dados da nuvem de pontos obtida por escaneamento a laser podem ser mapeados em objetos BIM para mostrar desvios da geometria construída em relação à geometria projetada. As cores representam o grau de desvio em relação às superfícies planejadas (cinza), de acordo com a escala à esquerda da figura.

Imagem fornecida por cortesia de Elsevier (Akinci *et al.*, 2006).

– os arquivos de dados da nuvem de pontos – podem ser fundidos com os modelos BIM para uma interpretação rápida e fácil de seus dados.

- Tecnologias de escaneamento a laser: construtores podem usar tecnologias a laser, como os dispositivos de medição que enviam dados diretamente para uma ferramenta BIM, para verificar se os lançamentos de concreto estão situados nas posições corretas ou se colunas estão alocadas apropriadamente, como mostrado na Figura 6.20. O escaneamento a laser também pode ser empregado de modo efetivo em obras de reformas, para coletar os detalhes de uma construção existente. Serviços de escaneamento a laser são amplamente disponíveis. Os prédios são digitalizados e, então, os operadores geram de modo interativo os objetos do modelo da construção que representam os componentes escaneados. Para aplicações em infraestrutura, os escâneres a laser podem ser transportados em um veículo terrestre ou mesmo aéreo. O resultado, então, é importado para um sistema BIM.
- Fotogrametria: Os algoritmos computacionais podem identificar os mesmos pontos de referência em uma série de imagens, sejam elas quadros de vídeo ou múltiplas fotografias da mesma cena e, então, usá-las para computar a direção e a posição da câmera para cada imagem e, portanto, a posição dos pontos de referência no espaço 3D. O resultado é uma nuvem de pontos representando a geometria da cena que, em princípio, é similar aos dados obtidos com o uso de um escâner a laser. As diferenças são que, enquanto os escâneres registram somente a localização e a cor de cada ponto, as câmeras mantêm as imagens fotográficas e conseguem mapeá-las em uma malha gerada a partir dos pontos. As nuvens de pontos obtidas com a fotogrametria são, em geral, menos densas e menos precisas do que aquelas produzidas com o escaneamento a laser. A precisão da fotogrametria pode ser melhorada com o aumento do número de imagens e/ou de sua resolução.

O escaneamento a laser e a fotogrametria são tecnologias sofisticadas. O escaneamento a laser exige equipamentos bastante caros, e a fotogrametria necessita de *softwares* avançados, que, em muitos casos, têm algoritmos patenteados. A fotogrametria tem uma vantagem em relação ao escaneamento a laser: um modelo 3D pode ser criado até mesmo com várias fotografias tiradas com telefones celulares, enquanto o escaneamento a laser é mais demorado. Não surpreende, portanto, que muitas construtoras achem conveniente terceirizar o processamento de dados para prestadores de serviço especializados, sejam eles topógrafos locais ou sistemas na nuvem nos quais dados de vídeo ou de nuvem de pontos podem ser carregados para processamento. *Start-ups* como Pix4D, Pointivo e Datumate oferecem serviços de processamento de dados fotogramétricos na nuvem, coletando os dados com *drones* ou câmeras instaladas em pontos de observação elevados ao redor de uma obra (como no topo de gruas). O ***Bentley ContextCapture*** é outra poderosa ferramenta de fotogrametria, produzindo modelos de superfície com imagens sobrepostas que podem ser visualizadas com o ***Bentley Acute3D***. A ***Indoor Reality*** fornece um pacote de coleta de dados portátil que inclui telêmetros, câmeras, escâneres a laser e outros sensores para compilar uma malha 3D de uma cena interna mapeada com imagens de alta resolução, permitindo que os engenheiros visualizem, meçam e anotem os modelos.

No entanto, para o registro das condições *as-built* e a comparação com a intenção de projeto, é preciso fazer uma ressalva importante. Como discutimos na Seção 5.3.1, os dados da nuvem de pontos não podem ser automaticamente convertidos em dados do BIM. Atualmente estão sendo realizadas muitas pesquisas nesse sentido, mas esse é um problema que ainda não foi solucionado e que será discutido no Capítulo 9. Do ponto de vista do construtor, isso significa que os dados coletados com o uso desses métodos exigirão trabalho por parte dos engenheiros para que se extraiam informações úteis, como as quantidades, os volumes ou as identidades dos objetos.

6.13 CONTROLE DE CUSTOS E CRONOGRAMA, E OUTRAS FUNÇÕES GERENCIAIS

Durante o processo de construção, as organizações usam uma variedade de ferramentas e processos para administrar e informar o estágio do empreendimento. Elas variam dos sistemas de controle de cronograma e custos aos sistemas de contabilidade, suprimentos, folha de pagamento, segurança na obra, etc. Muitos desses sistemas fornecem informações sobre os componentes de projeto e construção ou se baseiam neles, ainda que não sejam tipicamente vinculados ou associados aos desenhos de projeto ou aos modelos BIM. Isso leva a esforços redundantes de entrada manual de dados relativos ao projeto e à identificação de problemas associados com a sincronização de vários sistemas e processos. O *software* BIM pode dar um suporte vital a essas tarefas, por possuir detalhes sobre quantidades e outras informações de componentes que podem ser conectadas a outras aplicações. Mais ainda, construtores e empreendedores podem ganhar novas percepções por meio de um modelo gráfico para analisar visualmente o progresso do empreendimento e destacar problemas potenciais ou existentes. Alguns exemplos de como as organizações estão usando BIM para dar suporte a essas tarefas são:

- ***Acompanhamento das variações entre o orçamento e o custo real:*** Usando o ***Vico Cost Planner***, um usuário pode importar os custos efetivos para o modelo Vico e,

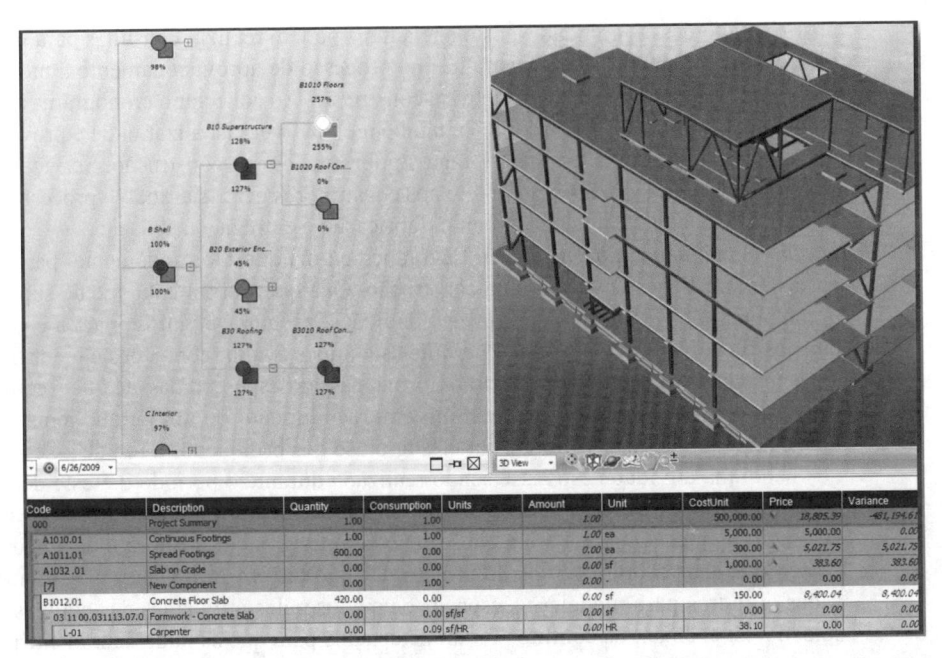

FIGURA 6.21 Vico Cost Planner. Os objetos da construção no modelo podem ser filtrados e codificados por cores conforme os itens de linha do orçamento que refletem seus custos, orçamentos ou outras características financeiras.

então, analisar visualmente no modelo se há variações significativas entre o custo e o orçamento. Isso permite a compreensão rápida do desempenho do empreendimento e de onde estão os problemas importantes, como ilustra a Figura 6.21.

- *Visualização do* **status** *do projeto:* Cada objeto do modelo pode ter um campo chamado "*status*" e, dependendo do projeto, os valores podem ser "em projeto", "aprovado para revisão da construção", "em fabricação", etc. Esses campos podem ser associados com cores, de forma que a equipe pode determinar rapidamente o estado do edifício e identificar gargalos ou áreas que estão em atraso. Animações dos modelos com registros de cronogramas *as-built* podem ser comparadas com os planos 4D para que se tenha uma ideia do ritmo da obra, ou se faça uma análise forense dos cronogramas. O mesmo pode ser feito com sequências de modelos de malhas 3D obtidos ao longo do tempo dos dados da nuvem de pontos.
- *Contratação e compras:* Uma vez que os objetos BIM definem o que precisa ser adquirido, é possível localizar produtos e fazer compras diretamente usando-se a ferramenta BIM. Os fabricantes de produtos fornecem modelos de seus produtos nos servidores da internet. Um bom exemplo de uma aplicação de compra pelo BIM é o serviço ***BIMsupply service***, da bimobject, com o qual os usuários podem gerar listas de materiais e propostas, solicitar orçamentos e fazer pedidos diretamente a partir de um modelo.
- *Acompanhamento da rede de fornecedores:* Outra questão importante diz respeito ao estado do aprovisionamento de serviços e materiais. Frequentemente, cronogramas consistem em uma grande quantidade de atividades de construção, o que torna difícil relacionar atividades de projeto e de aprovisionamento paralelas. Ao acompa-

nhar o estado dessas atividades, os planejadores podem realizar consultas para identificar mais facilmente eventuais falhas no processo de aprovisionamento à medida que eles se relacionam com o projeto e a construção. Ao conectar o cronograma a um modelo da informação da construção, também é possível visualizar onde é provável que o atraso no aprovisionamento traga algum impacto na construção. Serviços na nuvem, como ***ManufactOn***, permitem aos construtores gerenciar todo o processo de especificação, aquisição, detalhamento, fabricação e entrega e instalação.

- ***Gestão da segurança do trabalho:*** Segurança é uma questão fundamental para todas as organizações envolvidas na construção. Qualquer ferramenta que dê suporte a treinamento e educação e que revele condições inseguras é valiosa para a equipe da construção. Um modelo visual permite às equipes avaliar condições e identificar áreas inseguras que poderiam, de outra forma, passar despercebidas até que a equipe estivesse na obra. Por exemplo, em um empreendimento de um parque temático, uma equipe modelou envoltórios para testar o uso dos brinquedos a fim de assegurar que nenhuma atividade estivesse sendo realizada durante o período de teste dentro dos envoltórios. Usando a simulação 4D, eles identificaram um conflito e o resolveram com antecedência. Para a construção de uma grande estrutura independente de aço que abarca dois prédios do projeto da Ilha Yas em Abu Dhabi, foram utilizados cilindros para modelar os espaços ocupados pelas atividades das equipes de soldadores; e, então, os conflitos foram detectados para que se pudessem identificar possíveis exposições de trabalhadores aos perigos impostos por outras equipes de tempos em tempos.

O Departamento de Edificações da Cidade de Nova York é responsável por regular a construção, inclusive a segurança no canteiro, nos inúmeros canteiros de obras da cidade. Em 2013, o departamento foi pioneiro no uso de modelos BIM para análises de segurança, permitindo às construtoras apresentar seus Planos de Segurança no Canteiro de Obras na forma de modelos BIM. "O programa permite ao Departamento visitar de modo virtual os canteiros de obras e observar passo a passo como um prédio será construído, visualizando suas complexidades e desafios. Com esse programa, os Planos de Segurança no Canteiro de Obras são fornecidos, modificados e analisados em meio digital, melhorando o processo de conformidade às normas e acelerando o processo de licenciamento como jamais se pôde fazer (Cidade de Nova York, 2013)."

6.14 COMISSIONAMENTO E ENTREGA DE INFORMAÇÕES

Ao término de uma obra, deve-se atentar a duas questões importantes. A primeira delas é o chamado *comissionamento*, que consiste na testagem de todos os sistemas instalados no edifício (ou outro tipo de *facility*), conferindo se tudo está funcionando adequadamente. Esses sistemas prediais incluem a climatização e as instalações hidrossanitárias e elétricas, entre outras. O segundo processo importante é a *entrega*, ao proprietário do prédio, dos dados que foram gerados durante as fases de projeto e construção, de modo que possam ser utilizados para o *facility management*. Quais dados são fornecidos ao proprietário e em que formato é de vital importância e determinará sua utilidade para o proprietário. Há, pelo menos, três abordagens para a entrega das informações que o proprietário necessitará para *facility management*:

1. Entregar ao proprietário os desenhos impressos (ou os arquivos em PDF equivalentes), os diagramas dos sistemas prediais, os pedidos de modificação do projeto, os registros da obra e outras informações sobre os equipamentos e os sistemas prediais utilizados. Essa abordagem tradicional tem se mostrado cara e pouco efetiva para oferecer suporte às necessidades de *facility management*. Em suma, essa estratégia não é recomendada.
2. Pressupondo-se que o BIM tenha sido utilizado e que os equipamentos e os dados sobre os sistemas apropriados tenham sido inseridos no modelo, esses dados podem ser extraídos conforme o padrão COBie (East, 2007). O segredo para um uso bem-sucedido do COBie é a inclusão dos dados apropriados e padrões de nomenclatura pelo construtor e pelos subempreiteiros nos momentos adequados, de modo que essas informações estejam disponíveis na entrega das informações ao proprietário do prédio. Esse processo precisa ser coberto pelo Plano de Execução BIM (BEP, *BIM Execution Plan*) entre o proprietário ou seu representante e os membros da equipe do empreendimento (ver a Seção 4.5.1, no Capítulo 4).
3. A fim de obter suporte do modelo BIM durante todo o ciclo de vida da obra tanto para as funções de *facility management* quanto para o uso do modelo para alterações no prédio, podem-se integrar esses sistemas em serviços de BIM para FM, como o **Ecodomus**. Isso traz muitos benefícios para o gerenciamento das edificações mas, para tal, o modelo deve incluir todas as informações adequadas sobre a conectividade dos sistemas e os equipamentos. A conectividade pode ser modelada de maneira efetiva em sistemas BIM como o *software* **DAD** da **I&E Systems**, que constrói um Modelo de Informações sobre os Sistemas (SIM, *Systems Information Model*; Love *et al.*, 2016) durante a fase de projeto, que é naturalmente transmitido para as atividades de operação e manutenção do prédio. Isso também exige a integração, desde o início do projeto, entre os encarregados do *facility management* e a equipe de projetistas, de maneira que suas necessidades sejam refletidas no projeto do prédio e no uso do modelo quando vinculado aos sistemas de FM.

Essas questões são discutidas na Seção 4.4.2 e em dois estudos de caso no Capítulo 10 (Aeroporto de Medina e Instituto Médico Howard Hughes). Outra referência útil é o livro *BIM for Facility Managers* (Teicholz *et al.*, 2013).

Questões para discussão do Capítulo 6

1. Por que o uso do BIM favorece o contrato do tipo DB em relação ao DBB? Para empreendimentos públicos, por que contratos do tipo DBB são normalmente preferidos (ver também o Capítulo 1, Seção 1.2.5)?
2. Quais são as principais inovações na contratação em contratos IPD? De que maneira elas modificam os interesses comerciais dos construtores em suas obras? Quais usos do BIM são possibilitados em um contrato de IPD quando comparado com os contratos do tipo DBB ou mesmo DB?

3. Que tipos de informação os construtores esperam obter de um modelo BIM? Qual parte dessa informação os projetistas (arquitetos e/ou engenheiros) podem fornecer e qual não podem?
4. Quais são as sinergias fundamentais entre o BIM e a Construção *Lean*? De que forma o uso do BIM pode melhorar o fluxo da produção para o construtor?
5. Às vezes, modelos BIM estão disponíveis para o construtor, mas em outras somente desenhos 2D são fornecidos. Dependendo do tipo de informação disponível, o construtor deve adotar um método diferente para implementar BIM em um projeto de construção. Quais métodos estão disponíveis para o construtor? Quais são as limitações e os benefícios de cada um desses métodos?
6. Qual nível de detalhe é necessário em um modelo para a detecção de conflitos? Quais são as razões para a detecção de conflitos brandos em oposição aos conflitos graves? Qual é o papel dos subempreiteiros no processo de detecção de conflitos?
7. Quais são as principais vantagens de se reunir as equipes de detalhamento da construção em um grande escritório compartilhado na própria obra? Como o BIM pode dar suporte à sua colaboração?
8. Quais são as principais vantagens e limitações do uso do BIM na preparação de uma estimativa de custos? Como um orçamentista pode conectar o modelo da edificação com um sistema de orçamentação? Quais modificações provavelmente ocorrerão no modelo para que dê suporte à extração precisa de quantitativos?
9. Quais são as exigências básicas para a execução de uma análise 4D do cronograma de uma construção? Quais são as opções do construtor para a obtenção da informação necessária para a condução dessa análise? Quais são os principais benefícios que podem ser obtidos dessa análise?
10. Quais são as exigências para o uso de um modelo da edificação para a fabricação fora do canteiro?
11. Considere o estudo de caso do Hospital Saint Joseph (Seção 10.2). De que maneiras específicas o uso do BIM fez os processos do projeto se tornarem mais enxutos? De que modo o construtor falhou ao explorar o modelo a fim de aplicar a construção enxuta?
12. Quais modos de comunicação o BIM pode oferecer para os trabalhadores no canteiro de obras? Como as muitas e detalhadas informações obtidas *in loco* podem melhor atender ao construtor?
13. Como um construtor pode garantir que as informações do modelo poderão ser usadas para *facility management* depois da entrega ao proprietário?

CAPÍTULO 7

BIM para Subempreiteiros e Fabricantes

7.0 SUMÁRIO EXECUTIVO

As edificações vêm se tornando cada vez mais complexas. São produtos únicos que exigem projetos e habilidades multidisciplinares para sua fabricação. A especialização dos negócios e as economias da construção de pré-fabricação contribuem para que uma proporção cada vez maior de componentes e de sistemas da edificação sejam pré-montados ou fabricados fora do canteiro. Diferentemente da produção em massa de peças padronizadas, entretanto, as edificações complexas requerem projeto e fabricação customizados dos componentes "projetados sob encomenda" (PSE, do inglês ETO, *Engineered-to-Order*), incluindo aço estrutural, estruturas de concreto e fachadas arquitetônicas pré-moldadas, fachadas-cortina de vários tipos, sistemas mecânicos, elétricos e hidrossanitários (MEP, *Mechanical, Eletrical and Plumbing*), treliças de telhados de madeira e painéis de concreto armado.

Por sua natureza, os componentes PSE exigem um processo de engenharia sofisticado e uma colaboração cuidadosa entre os projetistas para assegurar que as peças se encaixem adequadamente no edifício, sem interferir em outros sistemas prediais, e façam a interface corretamente com os outros sistemas. Projeto e coordenação realizados com sistemas CAD 2D são sujeitos a erros, trabalhosos e dependentes de longos tempos de ciclo. O BIM trata desses problemas no sentido de que permite a "construção virtual" dos componentes e a coordenação entre todos os sistemas prediais antes da produção de cada peça. Os benefícios do BIM para subempreiteiros e fabricantes incluem a melhoria do *marketing* e a representação por meio de imagens visuais e estimativas automatizadas; a redução do tempo de ciclo para detalhamento do projeto e produção; a eliminação de quase todos os erros de coordenação de projeto e redução concomitante de solicitação de informação (RFI) e seus custos e atrasos associados; a diminuição dos processos de engenharia e dos custos de detalhamento; dados para conduzir a manufatura automatizada de tecnologias; e a melhoria da pré-montagem e da pré-fabricação.

Informações precisas, confiáveis e sempre disponíveis são fundamentais para o fluxo de produtos em qualquer cadeia de abastecimento. Por essa razão, os sistemas BIM podem permitir métodos de construção mais enxutos se aproveitados pelos muitos departamentos de uma organização ou ao longo de toda a cadeia de suprimentos. A extensão e a profundidade dessas mudanças de processo caminham de mãos dadas com o quanto os modelos de informações de construção desenvolvidos pelas organizações participantes são integrados.

Para serem úteis ao detalhamento de fabricação, as plataformas BIM precisam pelo menos dar suporte à modelagem de peças e aos relacionamentos paramétricos e personalizáveis, oferecer interfaces com sistemas de informação de gerenciamento e ser capazes de importar as informações do modelo da construção a partir das plataformas BIM do projetista. Idealmente, também devem fornecer uma boa informação da visualização do modelo e exportar dados em formatos apropriados para a automação de tarefas de fabricação, usando máquinas controladas por computador. Neste capítulo, as principais classes de fabricantes e suas necessidades específicas são discutidas. As plataformas e as ferramentas de *software* BIM apropriadas são listadas e as principais, analisadas, para cada tipo de fabricante.

Por fim, o capítulo fornece orientações para as empresas que planejam adotar o BIM. A fim de introduzir o BIM com sucesso em uma fábrica com a sua própria equipe de engenharia, ou em um prestador de serviços de detalhamento de engenharia, a adoção deve começar com a definição de objetivos claros e alcançáveis, com marcos mensuráveis. Considerações sobre recursos humanos são a principal preocupação, não só porque os custos de treinamento e configuração de *software* para atender às práticas locais excedem em muito os custos de *hardware* e *software*, mas também porque o sucesso de qualquer adoção de BIM dependerá da habilidade e da boa vontade das pessoas encarregadas de utilizar a tecnologia.

7.1 INTRODUÇÃO

O abismo profissional entre projetistas e construtores, que se tornou nítido durante o Renascimento europeu, continuou a aumentar ao longo dos séculos, enquanto os sistemas construtivos cresceram cada vez mais complexos e tecnologicamente avançados. Com o tempo, os construtores se tornaram cada vez mais especializados e começaram a produzir peças de construção fora do canteiro, primeiro em oficinas e, mais tarde, em instalações industriais para posterior montagem *in loco*. Como resultado, os projetistas tinham cada vez menos controle sobre todo o projeto; o conhecimento específico de um determinado sistema estava dentro do domínio de fabricantes especializados. Desenhos técnicos e especificações em papel tornaram-se o meio essencial para comunicação. Os projetistas comunicam suas intenções aos construtores, os quais detalham suas propostas de soluções. Os desenhos dos construtores, comumente chamados de desenhos executivos (*shop drawings*), têm dois propósitos: desenvolver e detalhar os projetos para produção e, não menos importante, comunicar a sua intenção de construção de volta para os projetistas, para coordenação e aprovação.

Na verdade, o ciclo bidirecional de comunicação não é simplesmente uma revisão, mas uma parte integrante da concepção de um edifício. Além disso, quando são fabricados sistemas múltiplos – e esse é o caso para todas as edificações, exceto as mais simples –, seus projetos devem ser integrados de modo consistente para adequadamente coordenar a localização e a função das várias peças dos sistemas prediais. Na prática tradicional, desenhos em papel e especificações preparados por fabricantes para projetistas cumprem propósitos vitais adicionais. Eles são uma parte fundamental de contratos comerciais para a aquisição de produtos de fabricantes e são usados diretamente para a instalação e construção, além de serem o principal meio de armazenamento das informações geradas pelo processo de concepção de projeto e de construção. Para subempreiteiros e fabricantes, o BIM dá suporte a todo o processo colaborativo de desenvolvimento do projeto, detalhamento e integração. Em muitos casos documentados, o BIM tem sido aproveitado para permitir graus de pré-fabricação maiores do que eram possíveis sem ele, encurtando os prazos e aprofundando a integração do projeto. Como observado no Capítulo 2, plataformas de projeto paramétricas baseadas em objetos já haviam sido desenvolvidas e utilizadas para apoiar muitas atividades de construção, como a fabricação de aço estrutural, antes de as primeiras plataformas BIM mais abrangentes serem disponibilizadas.

Para além dos impactos locais sobre a produtividade e a qualidade, o BIM permite mudanças de processos fundamentais, porque oferece o poder de gerenciar a intensa quantidade de informações necessárias para "personalização em massa", que é um preceito fundamental da produção enxuta (Womack e Jones, 2003). À medida que o uso do BIM e dos métodos de construção enxuta (Howell, 1999) se generaliza, os subempreiteiros e fabricantes descobrem cada vez mais que as forças de mercado os obrigam a fornecer componentes de construção pré-fabricados personalizados a níveis de preço previamente apropriados para componentes repetitivos produzidos em massa. Na manufatura, isso é chamado de "customização em massa". As fachadas do projeto 100 11th Avenue, em Nova Iorque, fornecem bons exemplos – cada peça dispunha de uma geometria diferente. A falta de mão de obra qualificada em economias desenvolvidas é outro fator do aumento da pré-fabricação e da construção modular.

Após definir o contexto desta discussão (Seção 7.2), o presente capítulo descreve os benefícios do BIM para melhorar as várias facetas do processo de fabricação a partir da perspectiva do subempreiteiro ou fabricante responsável pela produção e instalação das peças da construção (Seção 7.3). Os requisitos do sistema BIM para uso eficaz por fabricantes são listados e explicados para modelagem e detalhamento em geral (Seção 7.4). São fornecidas informações detalhadas para um número de serviços específicos (Seção 7.5) e para o caso da construção modular abrangente, assim como são listados os pacotes de *software* significativos para fabricantes. Questões pertinentes relativas à adoção e ao uso do BIM também são discutidas (Seção 7.6).

7.2 TIPOS DE SUBEMPREITEIROS E FABRICANTES

Subempreiteiros e fabricantes executam uma ampla gama de tarefas especializadas na construção. A maioria é identificada pelo tipo de trabalho que faz ou o tipo de componentes que fabrica.

O tipo de trabalho feito *in loco* varia desde o trabalho artesanal, no qual as matérias-primas são transformadas em produtos acabados em uma extremidade da escala, até a montagem e instalação de componentes pré-fabricados, na outra extremidade. A construção de divisórias de blocos de alvenaria ou de placas de gesso acartonado são exemplos de serviços onde o trabalho executado *in loco* é a maior parte do valor agregado. Em contraste, a instalação *in loco* de máquinas ou de unidades volumétricas modulares pré-acabadas é uma pequena parte do valor de tais componentes.

Os tipos de componentes fabricados para uso na construção podem ser classificados de acordo com o nível do projeto de engenharia exigido para sua manufatura. Para além das matérias-primas a granel, os componentes da construção podem ser classificados como pertencentes a um destes três tipos:

- **Componentes padrão** (*made-to-stock components*) são produzidos em massa e disponibilizados para entrega imediata. Os exemplos incluem aparelhos sanitários padronizados, montantes e paredes de gesso acartonado, tubulações e similares.
- **Componentes produzidos sob encomenda** (*made-to-order components*) são pré-projetados, mas fabricados somente após um pedido ser feito. Painéis alveolares protendidos,[1] janelas e portas selecionadas de catálogos são alguns exemplos.
- **Componentes projetados sob encomenda** (*engineered-to-order components*) exigem um projeto de engenharia antes de serem fabricados. Exemplos são elementos da estrutura de armações de aço, peças de concreto pré-moldadas estruturais, painéis de fachada de vários tipos, cozinhas personalizadas e outros tipos de mobiliário, e qualquer outro componente customizado para atender uma localização específica e cumprir certas funções do edifício. A construção modular com a pré-fabricação *in loco* é um caso especial, no qual se exige um projeto de engenharia totalmente integrado.

Os componentes padrão e os produzidos sob encomenda são projetados para uso geral e não são customizados para aplicações específicas.[2] A maioria das plataformas BIM possibilita que os fornecedores disponibilizem catálogos eletrônicos de seus produtos, permitindo que os projetistas incorporem objetos representativos e promovam conexões diretas a esses em modelos de informação da construção. Os fornecedores desses componentes raramente estão envolvidos em sua instalação ou montagem no local, nem participam do processo de projeto e de construção. Por tal razão, este capítulo concentra-se principalmente nas necessidades dos projetistas, coordenadores, fabricantes e instaladores de componentes de construção do terceiro tipo: componentes projetados sob encomenda (PSE).

---

[1] Painéis alveolares são pré-projetados, mas podem ser cortados de forma customizável em comprimentos arbitrários.
[2] Eles se distinguem pelo fato de que os componentes produzidos sob encomenda são feitos apenas quando necessário, geralmente por razões comerciais ou tecnológicas, como no caso de custos de inventário altos ou curta vida útil.

7.2.1 Serviços de subempreiteiros

A maioria dos serviços especializados que executam trabalhos no canteiro pode se beneficiar da funcionalidade do BIM, que é útil também ao construtor da obra, para a coordenação espacial, programação, elaboração de orçamentos, planejamento da produção e assim por diante. Contudo, eles também podem se beneficiar do BIM de várias maneiras para oferecer suporte ao planejamento e ao controle da produção, e tudo isso tem o efeito bastante desejável de reduzir resíduos e tornar os processos mais enxutos, embora também exija que os modelos sejam detalhados nos níveis de fabricação (LOD 400). A lista a seguir detalha maneiras específicas pelas quais esses serviços podem alavancar as informações contidas em modelos, e os detalhes adicionais podem ser encontrados em Sacks *et al.* (2017). Quando o subempreiteiro tem suas próprias capacidades BIM, estas podem ser exploradas diretamente, mas nos casos em que as equipes de empreitadas não têm recursos para manipular os modelos por conta própria, elas devem exigir a modelagem necessária do empreiteiro.

- **Estimativas e licitação:** As quantidades extraídas de um modelo BIM são, em geral, muito mais precisas e confiáveis do que aquelas medidas a partir de desenhos. Isso remove o grau de incerteza do processo de licitação, reduzindo o potencial para estimativas de custos arriscadas e de conflitos de escopo e de quantidade de trabalho.
- **Otimização dos detalhes do nível da produção:** Os pequenos detalhes da obra podem, por vezes, ter um grande impacto na produtividade. Por exemplo, o leiaute de lajotas de piso, de azulejos de parede ou de blocos de alvenaria pode ser otimizado a fim de reduzir a quantidade de cortes de peças ou blocos que serão necessários. Isso é muito fácil de se fazer no BIM (como mostra a Figura 7.1, por exemplo) e pode reduzir a quantidade de trabalho sem valor agregado que é necessária para cortar ou moldar de outra forma as matérias-primas *in loco*, melhorando assim a produtividade.
- **Logística:** Detalhamento do trabalho a ser feito para obter quantidades precisas de materiais e garantir que sejam entregues no local e no momento corretos (ver a Figura 7.2). Isso economizará muito tempo no manuseio dos materiais, seja devido à falta de materiais que deveriam ter sido entregues ou para a remoção do excesso de materiais. As faltas também levam as equipes de serviço a esperar até que as quantidades sejam entregues, diminuindo a produtividade.
- **Coordenação espacial:** O detalhamento do nível de fabricação e a coordenação entre os sistemas prediais também permitirão a resolução antecipada de muitos dos conflitos físicos que poderiam, de outra forma, surgir no canteiro de obras. Por exemplo, se uma parede for detalhada com todas as suas camadas – alvenaria, isolamento, revestimento interno e assim por diante – as interseções onde as paredes se encontram podem ser devidamente planejadas e os trabalhadores não precisam improvisar.
- **Leiaute:** Como descrito na Seção 6.12.1, existem inúmeras maneiras pelas quais os modelos da construção podem ser utilizados para fornecer informações de projeto diretamente ao canteiro de obras. Estas são técnicas que economizam trabalho e não apenas reduzem o tempo de leitura de desenhos e medição de distâncias, como também garantem que a informação correta (ou seja, atualizada) seja utilizada, reduzindo muito a probabilidade de retrabalho.
- **Medição e atualização do estado da obra *as-built*:** A medição do trabalho executado, seja para a prestação de contas ou para o registro da documentação *as-built*, é tanto mais eficiente quanto mais precisa ao utilizar modelos. Também é essencial para a coordenação espacial de peças fabricadas para corresponder às condições existentes *in loco*.

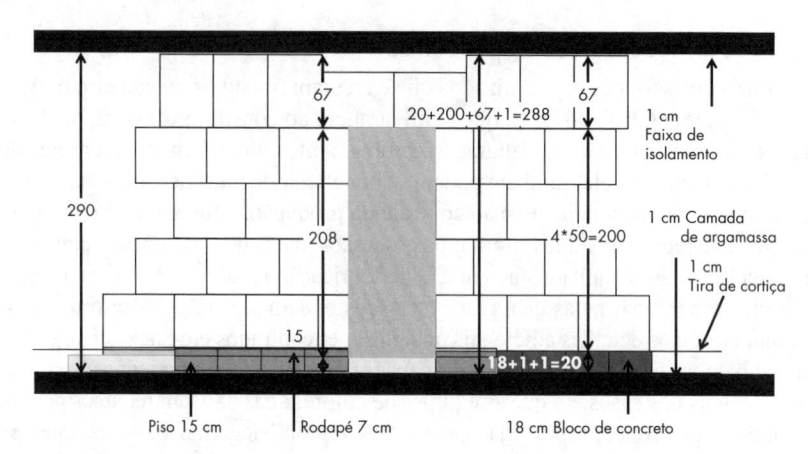

FIGURA 7.1 Uma parede divisória de alvenaria detalhada para fabricação (LOD 400). Esse nível de detalhamento permite a otimização do leiaute dos blocos a fim de reduzir ao máximo a necessidade de cortá-los e também permite a extração de quantitativos precisos para todos os formatos e tamanhos de blocos que serão necessários para entrega.

Imagem fornecida por cortesia de Tidhar Construction.

FIGURA 7.2 Uma vista isométrica da planta de leiaute para a colocação de paletes de blocos de alvenaria para paredes divisórias de um pavimento de um edifício residencial de concreto armado, mostrando o tipo de bloco em cada palete e seu posicionamento entre os locais planejados para as escoras que suportam a forma da laje. Essas instruções visuais são fornecidas aos operadores de guindastes e sinalizadores, garantindo a entrega dos materiais corretos no local exato para as equipes de alvenaria.

Imagem fornecida por cortesia de Tidhar Construction.

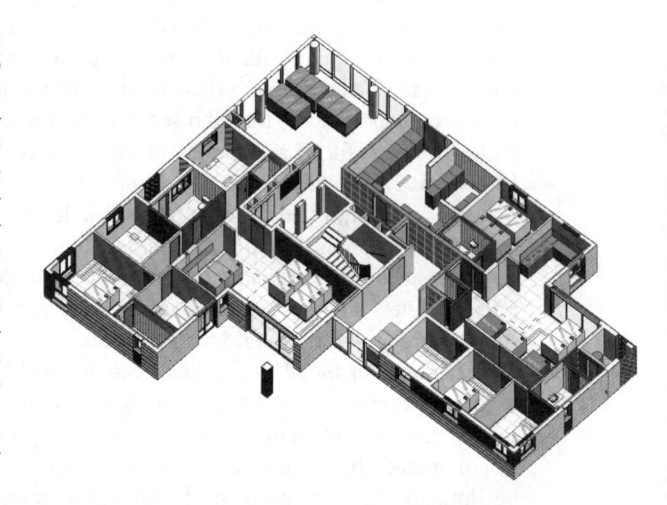

7.2.2 Fornecedores de componentes padrão e produzidos sob encomenda

Tanto os componentes produzidos sob encomenda quanto os componentes padrão são fabricados de acordo com projetos padronizados. Os fabricantes oferecem catálogos de seus produtos e é muito comum que sejam fornecidos como "Modelos de Objetos BIM" (BOM, *BIM Object Models*). Há inúmeros portais *on-line* nos quais os projetistas e detalhistas podem selecionar produtos. Na prática, a facilidade com a qual esses objetos podem ser localizados e inseridos em modelos BIM é extremamente útil para os construtores, pois muitas vezes é apenas na etapa do detalhamento da produção que são tomadas as decisões finais sobre quais produtos específicos serão utilizados na construção e de quais fornecedores específicos serão adquiridos.

O detalhamento do modelo com os componentes exatos que serão empregados na obra apresenta numerosas vantagens. Os componentes específicos podem acarretar conflitos espaciais e podem exigir determinados espaços livres de instalação. Eles também podem ter exigências únicas para conexões elétricas, hidrossanitárias e de outros serviços. Esses componentes podem ser contados de modo automático e preciso para fins de pedidos e entregas e, em certos casos, podem ser rastreados conforme movem-se da rede de fornecedores ao canteiro de obras, e tais informações podem ser dispostas utilizando o modelo.

7.2.3 Fabricantes de componentes projetados sob encomenda

Os componentes projetados sob encomenda (PSE) incluem uma grande gama de produtos, de componentes básicos pré-fabricados ou produtos pré-moldados a componentes de construção em módulos pré-fabricados pré-acabados (PPVC, *Prefinished Prefabricated Volumetric Construction*), como mostra a Figura 7.3. Os módulos PPVC são o nível

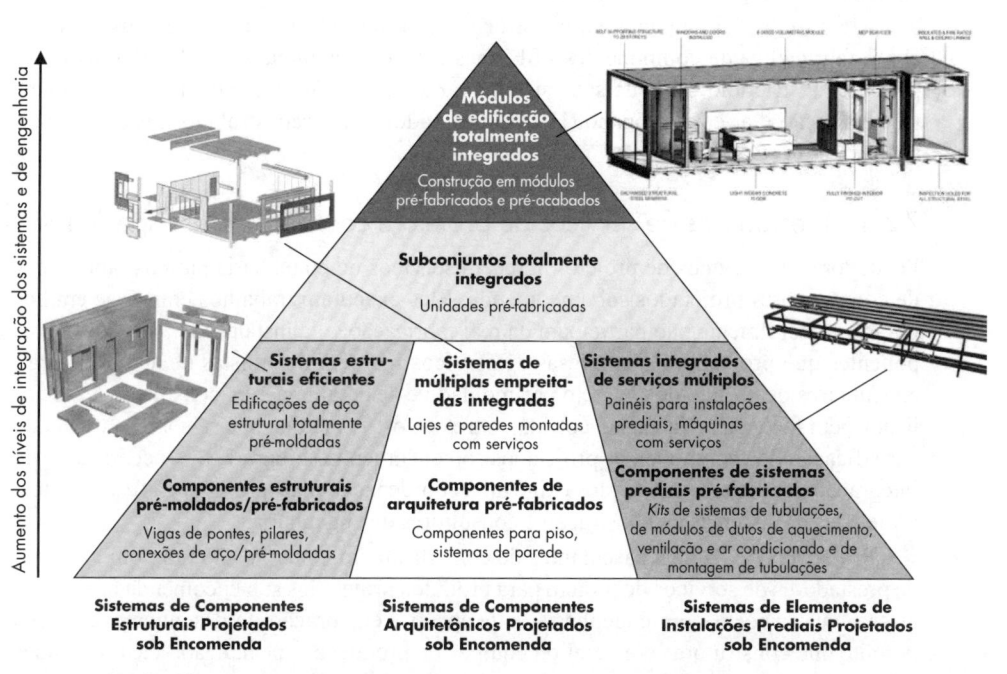

FIGURA 7.3 Classificação dos componentes, de acordo com o grau de integração e finalização do sistema, para uso em programas governamentais que promovem o "Projeto para Manufatura e Montagem" (DfMA, *Design for Manufacturing and Assembly*), com base no sistema de classificação utilizado pela Autoridade de Construção Civil (BCA, *Building Construction Authority*) do Governo de Cingapura, para esquemas de incentivo a projetos de construção pública.

mais alto de componentes PSE. São módulos de construção completos que são içados e posicionados em um edifício, conectados aos serviços públicos e que estão praticamente prontos para ocupação. A Autoridade de Construção Civil (BCA) de Cingapura define os PPVC como "um método de construção em que os módulos volumétricos independentes (completos com acabamentos para paredes, pisos e tetos) são: (a) construídos e montados; ou (b) fabricados e montados, em uma instalação de fabricação credenciada, de acordo com qualquer método de fabricação credenciado, e depois instalados em uma edificação em obras". Em níveis inferiores, o grau de acabamento dos módulos de construção e o grau de integração dos sistemas reduzem, mas o ponto em comum é que todos exigem serviços de engenharia de projetos específicos antes que possam ser fabricados.

Produtores de componentes PSE normalmente operam instalações de produção de componentes que precisam ser projetados e analisados antes da produção propriamente dita. Na maioria dos casos, são subempreiteiras contratadas por uma construtora ou, no caso de um projeto que está sendo executado por uma empresa de serviços de gestão de construção, subcontratadas pelo proprietário. A subcontratação em geral engloba projeto detalhado de engenharia, fabricação e montagem ou instalação de seus produtos. Embora algumas empresas mantenham grandes departamentos de engenharia, seu principal negócio é a fabricação. Outras terceirizam parte ou todo o seu trabalho de engenharia para consultores independentes (prestadores de serviços de projeto dedicados; ver a Seção 7.2.4). Elas também podem subcontratar a montagem ou a instalação de seu produto no canteiro com empresas independentes.

Além disso, há negócios na construção civil que não funcionam exclusivamente como fabricantes de componentes PSE, mas oferecem conteúdo significativo de componentes PSE como parte de seus sistemas. Exemplos são encanamento; aquecimento, ventilação e ar condicionado (HVAC); elevadores e escadas rolantes; carpintaria; e acabamento.

7.2.4 Prestadores de serviços de projeto e coordenadores especialistas

Prestadores de serviços de projeto oferecem serviços de engenharia para os fabricantes de componentes projetados sob encomenda. Eles executam trabalhos com base em honorários e geralmente não participam da real fabricação e da instalação *in loco* dos componentes que projetam. As empresas de serviços incluem detalhistas de aço estrutural, engenheiros de projeto de concreto pré-moldado e de detalhamento, consultores especializados em fachadas e fachadas-cortina, entre outros. À medida que se sobe na escala de classificação dos componentes projetados sob encomenda (Figura 7.3), a necessidade de integração dos sistemas múltiplos exige uma coordenação mais próxima entre arquitetos, projetistas de sistemas de construção e consultores de engenharia.

Projetistas de painéis basculantes de construção em concreto são um bom exemplo de prestadores de serviços de projeto para produtos projetados sob encomenda na terceira classe. Sua *expertise* em engenharia, concepção e elaboração de desenhos executivos permite que construtoras em geral ou equipes de produção especializada façam grandes painéis de parede de concreto armado em leitos horizontais e depois os levantem (ou inclinem) no lugar. Este método de fabricação *in loco* pode ser implementado por empresas contratantes relativamente pequenas, em virtude da disponibilidade de tais prestadores de serviços de projeto.

Coordenadores especialistas fornecem uma prestação de serviços abrangente de produtos PSE, reunindo projetistas, fornecedores de materiais e fabricantes em uma empresa "virtual" subcontratada. A lógica por trás de seu trabalho é oferecer flexibilidade nos tipos de soluções técnicas que fornecem, pois não dispõem de suas próprias linhas de produção fixas. Esse tipo de serviço é comum no fornecimento de fachadas-cortina e de outras fachadas arquitetônicas. Os projetistas dos sistemas de fachada montaram uma subempreiteira virtual *ad hoc* composta por um fornecedor de material, um fabricante, um instalador e uma empresa de gerenciamento de construção.

7.2.5 Serviço completo de projeto e construção pré-fabricada e construção modular

Um dos meios de explorar plenamente as economias oferecidas pela pré-fabricação e construção modular é implementar o alto grau de integração necessária dentro de uma única empresa prestadora de serviços completos, integrada verticalmente. Neste contexto, o BIM pode ser utilizado como um ponto central de informação que pode fluir sem problemas ao longo de todo o processo. Os projetistas podem considerar as capacidades de construção e de fabricação próprias das empresas desde as primeiras etapas do projeto conceitual. Ao longo do processo de projeto e detalhamento, os padrões da empresa podem ser aplicados a partir do uso das bibliotecas de componentes BIM que são pré-configuradas para usar os métodos de construção proprietários.

Este modelo de negócios contradiz o senso comum de que os construtores reduzem ao mínimo seus funcionários internos, terceirizando o máximo possível do trabalho, o que tradicionalmente tem sido a resposta das empresas às incertezas e à instabilidade da demanda para as obras de construção civil em suas regiões. No entanto, quando a produção é transferida para fora do canteiro e as informações podem ser gerenciadas com BIM e sistemas de tecnologia da informação (TI) de produção, parece haver uma renovação do valor do modelo de serviço completo. A ***Katerra***, uma empresa de serviço completo com sede na Califórnia, adotou esse modelo e alcançou um valor de mercado impressionante em um tempo relativamente curto. A Katerra oferece customização em massa com o uso intensivo de *software* de computador e pré-fabrica sistemas de piso e painéis de paredes externas e internas em suas próprias fábricas.

7.3 OS BENEFÍCIOS DE UM PROCESSO BIM PARA FABRICANTES SUBEMPREITEIROS

A Figura 7.4 mostra as informações típicas e o fluxo de produtos para componentes PSE na construção civil. O processo tem três partes principais: a aquisição do projeto (projeto preliminar e licitação), o projeto detalhado (engenharia e coordenação) e a fabricação (incluindo entrega e instalação). O processo inclui ciclos que permitem que a proposta do projeto seja (repetidamente, se necessário) formulada e revista. Em geral, isso ocorre na fase de detalhamento do projeto, quando o construtor é obrigado a obter o *feedback* e a aprovação dos detalhistas do edifício, sujeitos não só às suas próprias necessidades, mas também à coordenação do projeto do fabricante com outros sistemas

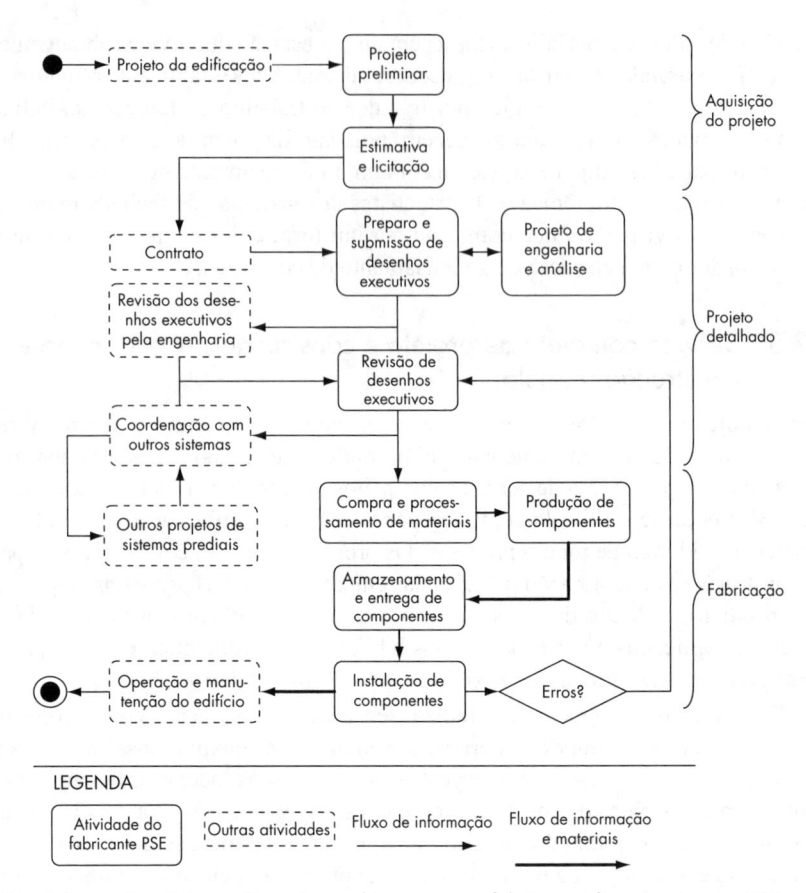

FIGURA 7.4 Informações típicas e fluxo de produtos para um fabricante de componentes PSE.

de construção igualmente em desenvolvimento. Há muitos problemas com o processo existente. É trabalhoso, com grande parte do esforço gasto na produção e na atualização de documentos. Os conjuntos de desenhos e outros documentos apresentam altas taxas de imprecisões e inconsistências, que muitas vezes não são descobertas até a montagem de produtos *in loco*. A mesma informação é inserida em programas de computador várias vezes, cada vez para uma utilização distinta e separada. O fluxo de trabalho tem tantos pontos intermediários para a revisão que o retrabalho é comum e os ciclos iterativos são longos.

A alavancagem do BIM pode aprimorar o processo de várias maneiras. Primeiro, o BIM pode melhorar a eficiência da maioria das etapas existentes no processo de CAD 2D tradicional, aumentando a produtividade e eliminando a necessidade de manter manualmente a consistência entre os arquivos múltiplos de desenho. Com implementação mais profunda, no entanto, o BIM muda o processo em si, permitindo graus de pré-fabricação que continuam sendo proibitivos em custos de coordenação com os sistemas de informação existentes. Quando implementado no contexto das técnicas de construção enxuta, como com o controle de fluxo puxado[3] do detalhamento, produção e instalação, o BIM pode reduzir substancialmente os tempos de espera (*lead times*) e tornar o processo da construção mais flexível e menos gerador de desperdício. Nesta seção, os benefícios em curto prazo são primeiramente explicados em uma sequência cronológica aproximada, com base no mapa do processo mostrado na Figura 7.4. A Seção 7.4 discute o processo de mudança mais fundamental.

7.3.1 Marketing e licitações

Projeto preliminar e estimativa de custos são atividades essenciais na obtenção de trabalho para a maioria dos fabricantes subempreiteiros. Para ganhar um projeto a um preço rentável, exigem-se precisão na medição de quantidades, atenção ao detalhamento e capacidade de desenvolver uma solução técnica competitiva – o que demanda investimentos significativos de tempo pelos engenheiros mais experientes da empresa. Em geral, nem todas as propostas são bem-sucedidas, e as empresas são obrigadas a orçar mais projetos do que os que são realizados, tornando o custo das licitações uma parte significativa das despesas gerais da empresa.

A tecnologia BIM auxilia engenheiros em todas as três áreas: desenvolvimento de múltiplas alternativas, detalhamento de soluções a um grau razoável e medição de quantitativos.

Para fins de comercialização, o poder de persuasão de um modelo de edificação para um cliente em potencial não é limitado a sua capacidade de fornecer uma imagem 3D ou fotorrealística de um projeto de edifício proposto. Seu poder reside na sua capacidade de se adaptar e alterar os projetos parametricamente e explorar melhor os conhecimentos de engenharia incorporados, permitindo o desenvolvimento mais rápido do projeto para satisfazer as necessidades dos clientes, na maior extensão possível. O seguinte trecho descreve a história da experiência de um orçamentista de concreto pré-moldado que utilizou uma ferramenta BIM para desenvolver e vender um projeto para um estacionamento:

"Para lhe dar algumas informações sobre esse projeto, começamos como um empreendimento do tipo projeto e construção para um dos vendedores. Bill modelou toda a garagem (240' de largura × 585' de comprimento × 5 pavimentos), sem conexões ou reforços, em 8 horas. Ela é composta por 1.250 peças. Nós enviamos as imagens em PDF para o proprietário, o arquiteto e o engenheiro.

Na manhã seguinte, tivemos uma teleconferência com o cliente e recebemos uma série de modificações. Bill modificou o modelo às 13h30. Eu imprimi as plantas e as elevações e gerei um modelo *web viewer*. Enviei-as para o cliente às 13h50 por *e-mail*. Em seguida, tivemos outra teleconferência às 14h00. Dois dias depois, tínhamos o projeto. O proprietário estava em êxtase por ver um modelo de sua garagem. Curiosamente o

(continua)

---

[3] Fluxo puxado é um método para regular o fluxo de trabalho em um sistema de produção no qual a produção em qualquer estação é sinalizada para começar apenas quando um "pedido" de uma peça é recebido da próxima estação da sequência. Esse processo contrasta com os métodos tradicionais em que a produção é "empurrada" por diretrizes de programa de uma autoridade central. Nesse contexto, o fluxo puxado implica que o detalhamento e a fabricação de componentes para qualquer parte específica do edifício somente começariam a um curto tempo predefinido antes da instalação tornar-se possível para aquela seção.

> bastante, ele deveria estar a 30 milhas das instalações do nosso concorrente. Na verdade, é para o braço de construção deles que seremos contratados.
> Pensamos que levaríamos duas semanas em 2D para chegar aonde estávamos em 3D. Quando tivemos a reunião de negócios (uma reunião em que tivemos de mudar o escopo de estimativa para engenharia, esboço e produção), projetamos o modelo em uma tela para verificar o escopo do trabalho. Tudo aconteceu exatamente como imaginávamos. Foi emocionante vê-lo realmente acontecer dessa maneira."

O projeto referenciado neste trecho – o Penn National Parking Structure – foi documentado de forma mais detalhada na 1ª edição deste livro (Eastman *et al.*, 2008). Este exemplo ressalta como os tempos de resposta reduzidos – obtidos com o uso do BIM – permitiram que a empresa abordasse de um modo melhor o processo de tomada de decisão do cliente. Configurações alternativas do leiaute da estrutura foram consideradas. Para cada uma, o produtor extraiu automaticamente os quantitativos que enumeraram as peças pré-moldadas necessárias. Essas quantidades permitiram o fornecimento de estimativas de custo para cada uma, possibilitando ao proprietário e à construtora chegar a uma decisão sobre qual configuração adotar.

7.3.2 Tempos de ciclo de produção reduzidos

O uso do BIM reduz significativamente o tempo necessário para gerar desenhos executivos e o levantamento de material para aquisição. Isso pode ser alavancado de três maneiras:

- Para oferecer um nível superior de serviço aos proprietários de imóveis (para quem as mudanças tardias são muitas vezes indispensáveis), acomodando-se às mudanças mais tarde no processo, mais do que é possível na prática padrão de CAD 2D. Fazer alterações em projetos de edificação que impactam peças produzidas perto do momento de fabricação é muito difícil na prática padrão. Cada mudança deve se propagar por toda a montagem e desenhos executivos que possam ser afetados e deve também ser coordenada com os desenhos que refletem os componentes adjacentes ou conectados à peça que mudou. Caso a alteração afete vários sistemas de construção fornecidos por diferentes fabricantes ou subempreiteiros, a coordenação se torna muito mais complexa e demorada. Com as plataformas BIM, as mudanças são introduzidas no modelo e, por consequência, na construção do edifício, e os desenhos executivos são produzidos quase automaticamente. O benefício é enorme em termos de tempo e esforço necessários para implementar a mudança de maneira apropriada.
- Para ativar um "sistema de produção puxada" em que a elaboração de desenhos executivos é dirigida pela sequência de produção. Tempo de espera curto reduz o "inventário" do sistema de informações do projeto, tornando-o menos vulnerável às mudanças em primeiro lugar. Os desenhos executivos podem ser produzidos uma vez que a maioria das alterações já tenha sido feita. Isso minimiza a probabilidade de que alterações adicionais sejam necessárias. Nesse sistema "enxuto", os desenhos executivos são produzidos até o último momento sensato.

- Para tornar soluções de pré-fabricação viáveis em projetos com prazos de entrega restritos entre a data do contrato e a data exigida para o início da construção no local, o que normalmente impediria seu uso. Muitas vezes, construtoras encontram-se comprometidas com a data de início da construção com um prazo mais curto do que o tempo necessário para converter os projetos de sistemas de edificação convencionais para os pré-fabricados, devido aos longos prazos necessários para a elaboração do projeto de produção usando CAD 2D. Por exemplo, um edifício projetado com uma estrutura de concreto moldada *in loco* exige, em média, dois a três meses para concluir a conversão para concreto pré-moldado antes que as primeiras peças possam ser produzidas. Em contraste, os sistemas BIM encurtam a duração do projeto até um ponto em que mais componentes com maior prazo de entrega possam ser pré-fabricados mais cedo.

Tais benefícios decorrem do alto grau de automação que sistemas BIM são capazes de alcançar, ao tentar gerar e comunicar as informações detalhadas para fabricação e montagem. Relações paramétricas entre os objetos do modelo da construção (que implementam o conhecimento básico de projeto) e seus atributos (que permitem a sistemas computar e gerar relatórios de informações significativas para os processos de produção) são as duas características dos sistemas de BIM que tornam essas melhorias possíveis. Essa tecnologia é avaliada em detalhes no Capítulo 2.

A redução do tempo do ciclo pode ser alcançada explorando a automação da produção de desenhos executivos. A extensão desse benefício tem sido examinada em inúmeros projetos de pesquisa. Na indústria de fabricação de aço estrutural, fabricantes relataram uma economia de quase 50% no tempo da fase de detalhamento de engenharia (Crowley, 2003b). O estudo de caso da fábrica da General Motors, discutido na primeira edição deste livro, documentava um projeto com uma redução de 50% do tempo total de projeto e construção em relação aos empreendimentos tradicionais do tipo projeto-concorrência-construção (embora uma parcela dessa redução possa ser atribuída ao gerenciamento enxuto e a outras tecnologias que foram utilizadas junto de modelos 3D do aço estrutural). Uma avaliação inicial (mas detalhada) da redução de prazo, no caso de painéis de fachadas arquitetônicas de concreto pré-moldado, foi realizada no âmbito de um projeto de pesquisa iniciado por um consórcio de empresas de concreto pré-fabricado (Sacks, 2004). O primeiro gráfico de Gantt na Figura 7.5 mostra um processo com valores de referência para o desenvolvimento do projeto dos painéis da fachada de um prédio comercial. O referencial de excelência representa a menor duração teórica do empreendimento usando CAD 2D se o trabalho tivesse sido realizado de forma contínua e sem interrupção. O referencial foi obtido com a redução das durações medidas de cada atividade no empreendimento real para as horas líquidas que a equipe do projeto trabalhou em cada uma delas. O segundo gráfico de Gantt ilustra uma linha do tempo estimada para o mesmo empreendimento se executado usando um sistema de modelagem 3D paramétrica. Nesse caso, a redução do tempo de espera diminuiu do valor de referência mínimo de 80 dias úteis para 34 dias úteis.

7.3.3 Erros reduzidos de coordenação de projeto

Na introdução deste capítulo, mencionamos a necessidade dos fabricantes de comunicar a intenção da construção para os projetistas. Uma das razões para isso é que as informações obtidas pelo processo de submissão e aprovação são essenciais para a equipe de projeto como um todo. Elas permitem que a equipe identifique potenciais conflitos inerentes ao

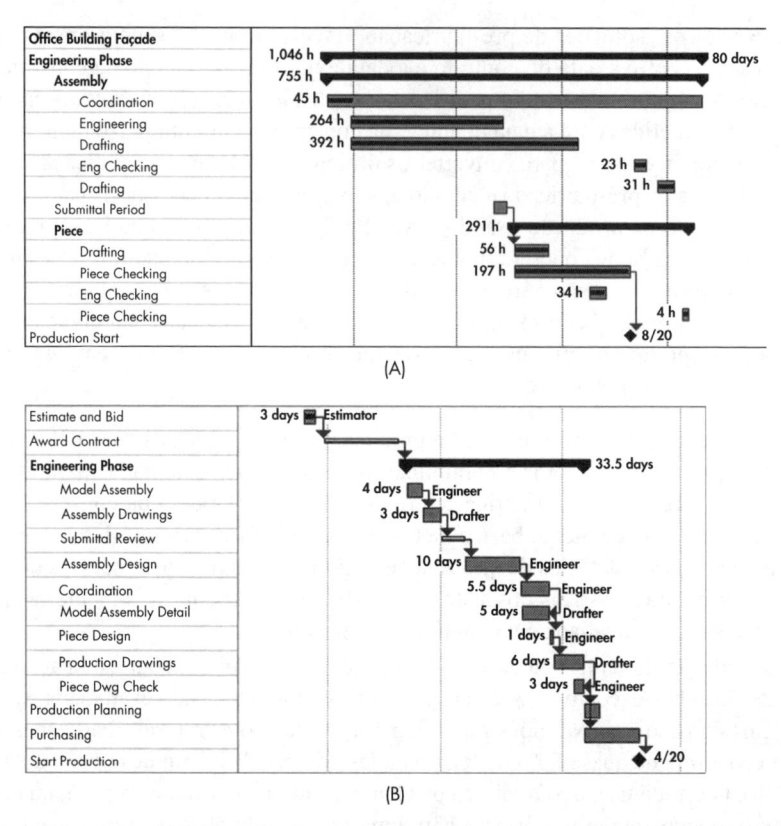

FIGURA 7.5 (A) Um referencial do tempo de espera de produção para o projeto de engenharia e o detalhamento dos painéis de fachadas arquitetônicas pré-moldados usando-se o CAD 2D. (B) Uma avaliação de um tempo de espera comparável usando-se a modelagem paramétrica 3D (Sacks, 2004).

Reproduzida do *Journal of Computing in Civil Engineering* 18(4), com a permissão da American Society of Civil Engineers.

projeto. Um conflito físico entre dois componentes, destinados a ocupar o mesmo espaço físico, é o problema mais evidente, sendo considerado um conflito grave (*hard clash*). Conflitos brandos (*soft clashes*) ocorrem quando os componentes são colocados muito próximos uns dos outros, apesar de não estarem em contato físico, como vergalhões que estão muito próximos para permitir a colocação adequada de concreto ou tubos que necessitam de um espaço adequado para o isolamento. Os conflitos brandos por vezes são chamados de conflitos de espaço livre (*clearance clashes*). Os conflitos de lógica são um terceiro tipo e incluem problemas de construtibilidade, quando certos componentes obstruem a construção ou montagem de outros componentes, e problemas de acessibilidade, em que os acessos necessários são obstruídos para operação, serviço ou desmontagem de equipamentos.

Quando a coordenação de projeto é incompleta, descobrem-se conflitos graves[4] no canteiro de obras durante a instalação do segundo componente. Independentemente de quem carrega a responsabilidade legal e financeira do retrabalho e dos atrasos resultan-

---

[4] Para uma definição detalhada dos tipos de conflito, ver a Seção 6.7.

tes, os fabricantes inevitavelmente sofrem. A construção é mais enxuta quando o trabalho é previsível e ocorre sem interrupções.

O BIM oferece inúmeras vantagens técnicas que melhoram a coordenação do projeto em todas as fases. De interesse especial para os fabricantes é a capacidade de criar modelos integrados de produção de sistemas potencialmente conflitantes nos níveis de detalhe de produção. As ferramentas BIM para a integração de modelos, como o *Autodesk Navisworks Manage* e o *Tekla BIMsight*, importam modelos de várias plataformas em um único ambiente a fim de identificar conflitos. Os conflitos são identificados automaticamente e reportados aos usuários (essa aplicação é discutida no Capítulo 6, na Seção 6.7). As limitações da tecnologia atual impedem a resolução de conflitos diretamente, pois não é possível fazer correções no ambiente integrado e então colocá-las de volta na plataforma de origem. É possível, no entanto, gerar um registro do problema em um arquivo em Formato de Colaboração BIM (BCF, *BIM Collaboration Format*), o qual, então, pode ser aberto na própria plataforma original do BIM. Isso permite que os engenheiros vejam o problema na mesma vista na plataforma BIM, onde eles podem executar quaisquer mudanças necessárias para corrigir o problema. A repetição do ciclo de importação dos modelos para o *software* de análise permite uma coordenação próxima ao tempo real, especialmente se os detalhistas dos serviços compartilham o mesmo espaço de trabalho.

Para evitar conflitos de coordenação de projeto, a melhor prática é executar o projeto de detalhamento em paralelo e em ambientes de trabalho colaborativo que envolvam todos os serviços de fabricação. Isso evita a necessidade quase inevitável de retrabalho no projeto de detalhamento, mesmo quando conflitos nos projetos concluídos já foram identificados e resolvidos. A maioria dos Planos de Execução de BIM incluem provisões específicas para a coordenação de sistema antes do detalhamento e para que os processos colaborativos solucionem os conflitos, caso estes ocorram. Nas "Big Rooms" de BIM, onde os projetistas, construtores e subempreiteiros compartilham o espaço de trabalho, os detalhistas dos sistemas hidrossanitários, de climatização, de *sprinklers*, de conduítes elétricos e de outros sistemas os detalham em estreita proximidade e em resposta direta ao progresso de fabricação e de instalação dos sistemas *in loco*. A experiência em muitos projetos ao redor do mundo tem repetidamente mostrado que, sob tais condições, pouquíssimos erros de coordenação de fato chegam ao canteiro de obras.

Outra perda significativa ocorre quando inconsistências aparecem dentro do próprio conjunto de desenhos do fabricante. Conjuntos tradicionais, desenhados à mão ou usando o CAD, contêm múltiplas representações de cada artefato individual. Projetistas e desenhistas são obrigados a manter a coerência entre os vários desenhos à medida que o desenvolvimento do projeto progride e alterações adicionais são feitas. Apesar dos vários tipos de sistemas de controle de qualidade, conjuntos de desenho totalmente livres de erros são raros. Um estudo detalhado dos erros de desenho na indústria de concreto pré-moldado, abrangendo cerca de 37.500 peças de diversos projetos e produtores, mostrou que os custos ocasionados por erros de coordenação de projeto representam aproximadamente 0,46% do custo total do empreendimento (Sacks, 2004).

Duas visualizações de desenhos de uma viga de concreto pré-moldado são apresentadas na Figura 7.6. Elas servem como um bom exemplo de como as discrepâncias podem ocorrer. A Figura 7.6 (A) mostra uma viga de concreto em uma vista de elevação da parte externa do edifício; a Figura 7.6 (B) exibe a mesma viga em um desenho executivo de fabricação da peça. Na face externa da viga havia revestimento em tijolo, que é realizado colocando a face dos tijolos no molde. O desenho executivo deveria ter mostrado a parte traseira da viga para cima, com a face exposta do concreto (interna ao edifício) para cima

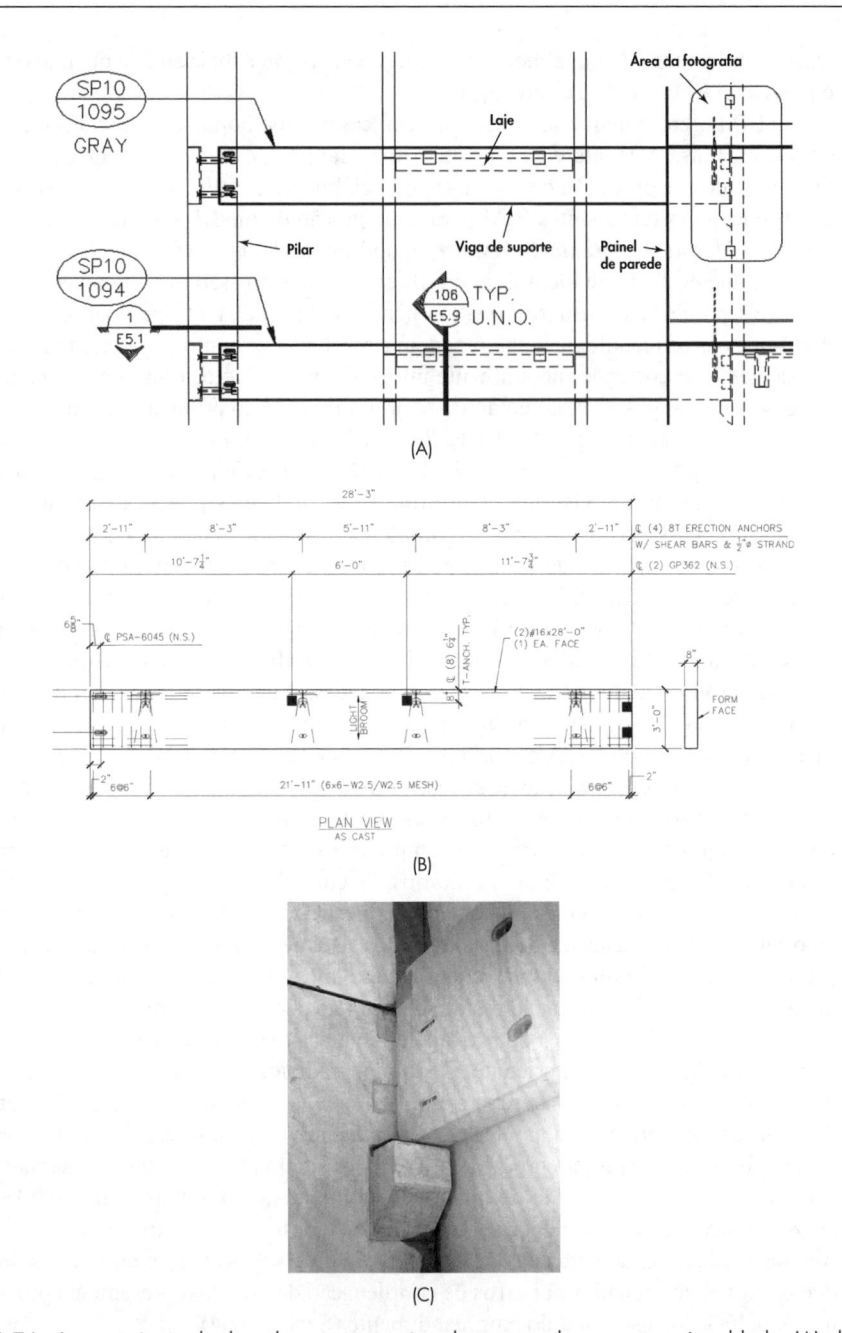

FIGURA 7.6 Inconsistência do desenho para uma viga de suporte de concreto pré-moldado: (A) elevação; (B) desenho executivo de fabricação da peça elaborado em imagem espelhada por engano; e (C) as vigas instaladas com detalhes de conexão das extremidades incompatíveis (Sacks et al., 2003).

Imagens reproduzidas do Journal of the Precast/Prestressed Concrete Institute 48(3), com a permissão do Precast/Prestressed Concrete Institute.

na vista da planta. Devido a um descuido no desenho, a inversão não foi feita, e a viga foi mostrada com a face externa para cima, o que resultou em oito vigas deste projeto fabricadas como "imagens espelhadas" em relação às vigas reais necessárias. Elas não poderiam ser erigidas como planejado – ver a Figura 7.6 (C) – o que resultou em retrabalho caro, qualidade reduzida e atrasos na construção.

7.3.4 Menores custos de engenharia e detalhamento
O BIM reduz os custos diretos de engenharia de três maneiras:

- Aumento da utilização de automação no projeto e *software* de análise
- Produção quase totalmente automatizada de desenhos e levantamentos de material
- Retrabalho reduzido devido ao controle de qualidade e à coordenação de projeto

Uma diferença importante entre BIM e CAD reside no fato de que os objetos de informação da construção podem ser programados para exibir comportamentos aparentemente "inteligentes". Isso significa que o pré-processamento de dados para *software* de análise de vários tipos, desde análises térmicas e de ventilação até análises dinâmicas de estruturas, pode ser feito diretamente a partir de dados do BIM ou dentro da própria plataforma BIM. Por exemplo, a maioria das plataformas BIM usadas para sistemas estruturais permite a definição de cargas, os casos de carga, as condições de apoio, as propriedades do material e todos os outros dados necessários para análises estruturais, como a análise de elementos finitos.

Isso também significa que os sistemas BIM permitem que projetistas adotem uma abordagem de desenvolvimento de projeto de cima para baixo (*top-down*), em que o *software* propaga as implicações geométricas em suas partes constituintes, obtidas a partir das decisões de alto nível de projeto. Por exemplo, os detalhes finos de modelagem de peças, para se encaixarem em conexões, podem ser executados por rotinas automatizadas com base em componentes personalizados pré-fabricados (*famílias*). O trabalho de detalhamento de projetos para produção pode ser, em grande parte, automatizado. Além das outras vantagens, o detalhamento automatizado reduz diretamente o número de horas que devem ser consumidas para detalhar componentes PSE e para produzir desenhos executivos.

A maioria dos sistemas BIM produz relatórios (incluindo desenhos e levantamento de material) de uma maneira altamente automatizada. Alguns também mantêm a coerência entre o modelo e o desenho definido, sem uma ação explícita por parte do operador. Isso gera economias no número de horas necessárias de desenho, o que é particularmente importante para fabricantes que já gastaram a maior parte de suas horas de engenharia com a tediosa tarefa de preparar desenhos executivos.

Várias estimativas do tamanho do ganho direto de produtividade para engenharia e desenhos com o uso do BIM foram publicadas (Sacks, 2004; Autodesk, 2004). Um conjunto de experiências controladas foi realizado para o caso da preparação de desenhos e detalhamento da armadura para estruturas de concreto armado moldadas *in loco* usando uma plataforma BIM com modelagem paramétrica, rotinas de detalhamento automatizadas personalizadas e preparação de desenhos automatizada (Sacks e Barak, 2007). Os edifícios haviam sido previamente detalhados usando CAD 2D, e as horas trabalhadas foram registradas. Como pode ser visto na Tabela 7.1, a redução das horas de engenharia

Tabela 7.1 Dados experimentais de três projetos de construção de concreto armado

Horas trabalhadas	Projeto A	Projeto B	Projeto C
Modelagem	131	191	140
Detalhamento da armadura	444	440	333
Produção de desenhos	89	181	126
Total para 3D	664	875	599
Comparativos de horas (2D)	1.704	1.950	760
Redução	61%	55%	21%

e de desenho de três estudos de caso de projetos caiu na faixa de 21 a 61%. (A Figura 7.7 mostra as vistas axonométricas de três estruturas de concreto armado moldadas *in loco* modeladas no estudo.)

7.3.5 Aumento da utilização de tecnologias de produção automatizada

Máquinas com controle numérico computadorizado (CNC) para várias tarefas de fabricação de componentes PSE já estão disponíveis há muitos anos. Exemplos incluem máquinas a laser para corte e perfuração de aço estrutural; máquinas de dobra e corte para a fabricação de aço de reforço para concreto; serras, brocas e projetores a laser para fabricação de treliças de madeira; equipamentos de jato de água e laser para corte de chapas metálicas para encanamento; corte de tubos e rosqueamento para tubulação; entre outros. No entanto, a necessidade de trabalho humano para codificar as instruções computadorizadas que norteiam essas máquinas revelou ser uma barreira econômica significativa à sua utilização.

A tecnologia CAD 2D forneceu uma plataforma para superar as barreiras de entrada de dados, permitindo que outros fornecedores de *software* desenvolvam interfaces gráficas em que os usuários podem desenhar os produtos em vez de fornecer códigos alfanuméricos. Em quase todos os casos, os desenvolvedores acharam necessário acrescentar informações significativas para as imagens que representam as peças a serem fabricadas, criando objetos de dados computáveis que representam as peças da construção. Eles poderiam então gerar peças e quantitativos de materiais de modo automático.

As peças, no entanto, continuaram a ser modeladas separadamente para cada fase de fabricação. Quando as mudanças foram feitas nos sistemas construtivos, os operadores tiveram que revisar ou reproduzir manualmente os objetos do modelo para manter a consistência. Além do tempo adicional necessário, a revisão manual tem a desvantagem da possível introdução de inconsistências. Em alguns casos, como para a indústria de fabricação de aço estrutural, empresas de *software* abordaram esse problema por meio do desenvolvimento de sistemas de modelagem de cima para baixo (*top-down*) para a atualização de conjuntos e peças, de modo que uma mudança seria quase inteiramente propagada de maneira automática nas peças afetadas. Esses desenvolvimentos foram limitados em determinados setores, como na indústria do aço estrutural, em que a dimensão do mercado, a escala dos benefícios econômicos da utilização dos sistemas e os avanços tecnológicos viabilizaram economicamente investimentos no desenvolvimento

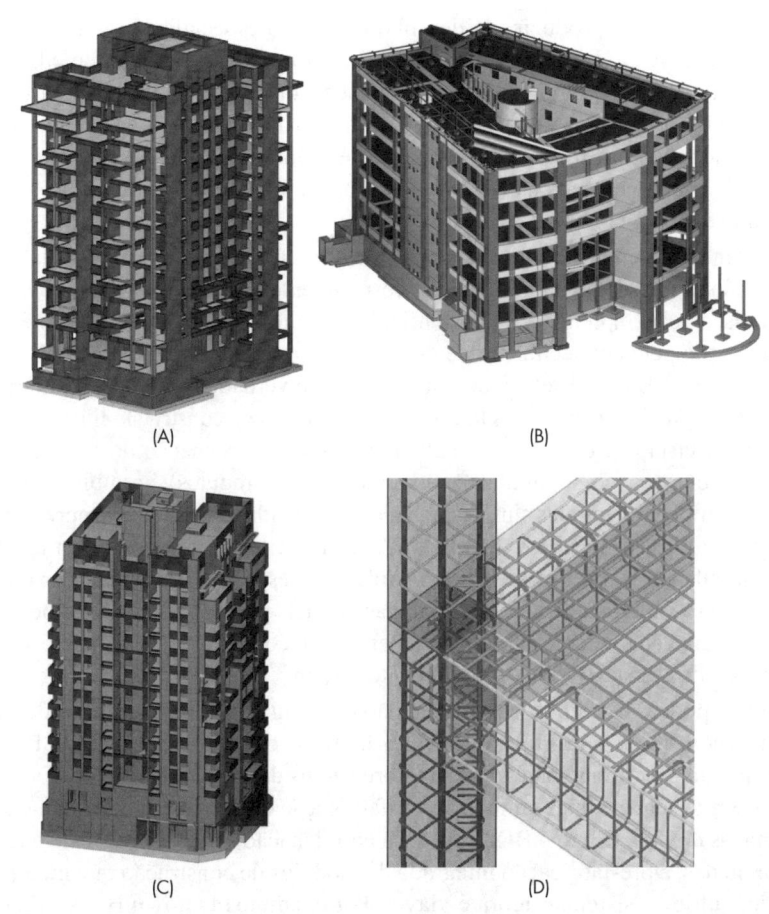

FIGURA 7.7 Vistas axonométricas dos projetos A, B e C. Estes modelos (A-C), preparados como parte de um experimento para avaliar a produtividade da modelagem 3D, contêm detalhamentos completos de armaduras. A imagem em destaque (D) mostra a armadura detalhada em uma laje de varanda e vigas de apoio.

de *softwares*. Essas aplicações evoluíram para sistemas completos de modelagem paramétrica 3D orientada a objetos.

Plataformas BIM modelam cada parte de um edifício usando objetos significativos e computáveis e, assim, fornecem informações a partir das quais os formatos de dados necessários para o controle de máquinas automatizadas podem ser extraídos com relativa facilidade.

7.3.6 Aumento da pré-montagem, pré-fabricação e construção modular

Ao eliminar ou reduzir drasticamente o investimento necessário para produzir desenhos executivos, as plataformas BIM viabilizaram economicamente às empresas a pré-fabricação de uma maior variedade de peças para qualquer projeto de edificação. A manutenção automática da integridade geométrica significa que fazer uma mudança em uma peça padrão e produzir um desenho executivo especializado, ou um conjunto de instruções CNC, exige relativamente pouco esforço. A construção de edifícios estruturalmente diversos e ímpares, como a Sala de Concerto Walt Disney, em Los Angeles (Post, 2002), o Dublin's Aviva Stadium, o edifício da Fundação Louis Vuitton, em Paris, e o Hyundai Motor Studio, em Goyang (este último o Estudo de caso 10.1), tornou-se possível, e cada vez mais partes padronizadas de um edifício podem ser pré-fabricadas de modo econômico.

A tendência em direção à pré-fabricação é incentivada pela redução relativa do risco associado às peças que não se ajustam corretamente quando instaladas. Toda percepção desse risco pela empreitada, ou da confiabilidade do projeto como um todo, é fortemente influenciada pelo conhecimento de que todos os outros sistemas são igual e totalmente definidos em 3D e revisados em conjunto. Isso é verdadeiro não apenas para as partes moduladas pré-fabricadas, mas também para sistemas de construção linear mais simples. Tendo em vista que o custo de detalhamento e de coordenação do leiaute de diversos sistemas roteados (como tubulações e bandejas de eletrodutos) é proibitivo usando desenhos 2D, muitas vezes eles simplesmente eram deixados a cargo dos empreiteiros, que os roteavam no próprio canteiro de obras. Cada empreiteiro subsequente teria um trabalho mais difícil de rotear seus sistemas à medida que o espaço de forro era ocupado. A modelagem 3D paramétrica de todos os sistemas prediais permite às equipes alocar e reservar espaços para cada sistema participante, bem como coordená-los, a fim de resolver quaisquer conflitos espaciais que eventualmente surjam.

Com poucas exceções, o CAD 2D não deu origem a novos métodos de fabricação, e pouco contribuiu para a logística da pré-fabricação fora do canteiro. O BIM, por outro lado, já está permitindo não apenas maiores graus de pré-fabricação do que poderia ser considerado sem ele, mas também a pré-fabricação de partes do edifício que antes eram montadas *in loco*. Como o BIM suporta a coordenação estreita entre sistemas prediais e empreitadas, a pré-fabricação integrada de módulos de construção que incorporam partes de múltiplos sistemas agora é viável. Por exemplo, a Crown House Technologies, uma empreiteira de instalações complementares (MEP) do Reino Unido, desenvolveu um sistema sofisticado para projetos hospitalares no qual grandes seções de tubulações e acessórios sanitários são pré-montadas em estruturas de montantes e depois posicionadas no local. A construção do Staffordshire Hospital, no Reino Unido, foi um excelente exemplo (Court *et al.*, 2006; Pasquire *et al.*, 2006). Muitos outros projetos ao redor do mundo têm aplicado esta abordagem com grande sucesso; o projeto do Saint Joseph Hospital, em Denver, Colorado (Estudo de caso 10.2) é outro bom exemplo. A Figura 6.14, retirada do projeto Hyundai Motor Studio (Estudo de caso 10.1), mostra como os componentes de climatização, tubulação, *sprinkler* e elétrico e os sistemas de comunicação podem ser montados juntos em um módulo para simples instalação no forro *in loco*.

Da mesma maneira, a construção modular baseia-se fortemente na capacidade das equipes de projeto e de construção em alcançar processos altamente detalhados de projetos integrados, de informações, de produção e de controle. Coordenar os aspectos físicos e logísticos da integração a este grau só é possível devido à riqueza e à confiabilidade das informações fornecidas pelo BIM. As necessidades de informações para a construção modular são discutidas na Seção 7.5.2.

O BIM também é utilizado para facilitar o projeto, o detalhamento, a fabricação e a montagem de sistemas prediais proprietários pré-fabricados. As empresas que desenvolveram sistemas prediais patenteados e/ou proprietários descobrem que conseguem utilizar ferramentas de projeto BIM paramétricas dedicadas para rapidamente configurar, detalhar e manufaturar seus sistemas estruturais. Por exemplo, a Prescient Co. Inc. oferece um sistema estrutural (ver a Figura 7.8) dedicado e configurado com o uso de uma aplicação adicional dedicada (*add-on*) para Revit que suporta projeto, manufatura e montagem.

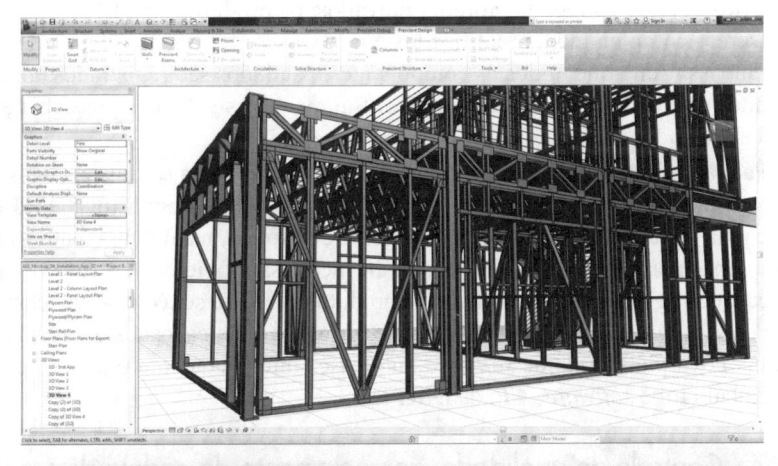

FIGURA 7.8 (Acima) Aplicativo adicional (*add-on*) de projeto BIM de propriedade da Prescient Co. Inc. para o Revit. (Abaixo) Uma estrutura da edificação fabricada.

Imagens fornecidas por cortesia de Prescient Co. Inc.

A DIRTT é uma empresa canadense que projeta, fabrica e instala divisórias internas, principalmente, mas não apenas, para espaços de escritórios. DIRTT é o acrônimo em inglês para "desta vez vamos fazer da maneira certa" (*"Doing It Right This Time"*), que reflete a ideia da abordagem de um "projeto para manufatura e montagem" (DfMA) totalmente integrado com uma solução de *software* BIM de ponta a ponta, que pode superar os métodos tradicionais de projeto e construção de interiores. Os componentes de suas soluções de construção pré-fabricada *plug-and-play* são produzidos em fábricas distribuídas por toda a América do Norte. Os módulos de paredes pré-fabricados são instalados assim que chegam ao canteiro de obras, e os acessórios elétricos prontos são acrescentados, bem como os acessórios modulares de mercadorias, onde aplicável. A fim de evitar que os componentes sejam dispostos em aterros sanitários quando os recintos forem renovados, os produtos da DIRTT são projetados para serem completamente reutilizados em novas configurações de parede. Contudo, para que isso funcione, todos os componentes instalados são registrados em um banco de dados que os disponibiliza para reconfigurar novas soluções possíveis assim que são desmontados.

Para atingir uma rede de suprimento na qual os produtos são sustentáveis, personalizados para cada cliente e flexíveis o suficiente para o reuso previsto, a DIRTT precisava de uma plataforma de *software* abrangente de projeto, manufatura, entrega e rastreamento, mas nenhuma existia. Buscando alcançar esses objetivos, o *software* precisava fornecer configurabilidade ilimitada e o produto precisava ser compatível com a capacidade do *software*. Esses objetivos somente poderiam ser alcançados por meio da criação de uma nova plataforma de *software* que fosse sintonizada com o projeto do produto. O resultado foi o *software ICE*, da DIRTT.

7.3.7 Controle de qualidade, gerenciamento da cadeia de suprimentos e manutenção no ciclo de vida

Inúmeros caminhos para a aplicação de tecnologias de rastreamento e monitoramento sofisticadas na construção foram propostos e explorados em vários projetos de pesquisa. Eles incluem o uso de etiquetas de identificação por radiofrequência (RFID) para logística, a comparação de estruturas como construídas (*as-built*) com modelos projetados por meio de varredura a laser (LIDAR), o controle de qualidade utilizando processamento de imagem e a leitura de informações monitoradas em equipamentos do tipo "caixa-preta" para avaliar o consumo de material. Muitos outros estão descritos no "*Capital Projects Technology Roadmap*", desenvolvido pela FIATECH (FIATECH, 2010).

O rastreamento dos componentes projetados sob encomenda (PSE) por meio de etiquetas RFID passou da fase de pesquisas à prática, com sucesso significativo registrado em inúmeros projetos. O Meadowlands Stadium, projeto construído pela Skanska em Nova Jersey, Estados Unidos, é um excelente exemplo (Sawyer, 2008). Cerca de 3.200 componentes de concreto pré-moldado foram rastreados durante a fabricação, o envio, a instalação e o controle de qualidade com o uso de etiquetas RFID lidas por funcionários de campo que usavam *PCs tablets* robustos (Figura 7.9, acima). As identificações nas etiquetas correspondiam aos objetos virtuais no modelo da edificação, o que permitiu a clara visualização e o relatório da situação de todas as peças pré-moldadas. A Figura 7.9 (abaixo) mostra uma captura de tela do modelo Tekla em um visualizador da *web* com a

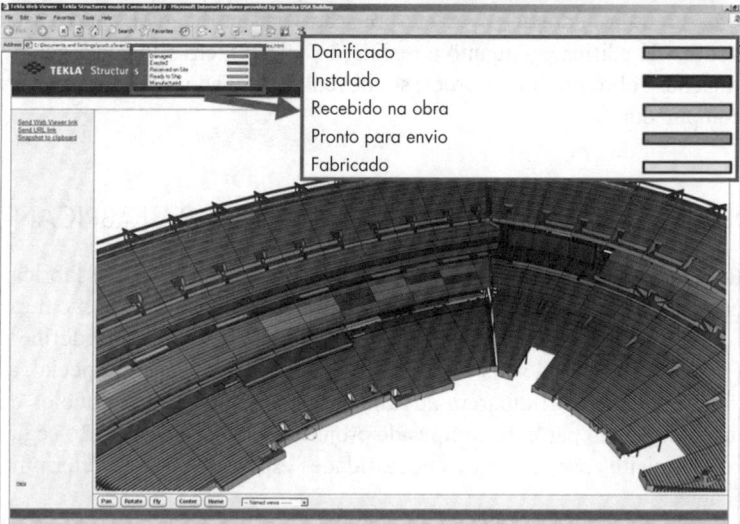

Capítulo 7 • BIM para Subempreiteiros e Fabricantes 297

FIGURA 7.9 (Acima) Pessoal de campo usando *PCs tablets* robustos para consultar informações sobre peças e sua situação de produção, entrega, instalação e aprovação a partir de um modelo codificado por cores do estádio. (Abaixo) Os PCs são equipados com leitores para captura de informações contidas nas etiquetas RFID afixadas às peças de concreto pré-moldado.

Fotografias fornecidas por cortesia de Vela Systems, Inc. Todos os direitos reservados.

codificação por cores das peças conforme registradas com o uso de *software* e *hardware* fornecidos pela Vela Systems. O principal benefício é que as decisões operacionais do dia a dia que têm implicações de custo de grande alcance podem ser tomadas com base em informações claras, precisas e atualizadas.

O projeto do Maryland General Hospital ilustra como um sistema de informações que utiliza etiquetas com códigos de barras, empregado para o rastreamento de grandes equipamentos elétricos e mecânicos durante a construção, se tornou um inestimável ativo para manutenção do ciclo de vida. Para os fabricantes de produtos PSE para a construção, as três principais áreas de aplicação serão:

- Monitoramento de produção, armazenagem, entrega no canteiro de obras, localização de instalação e controle de qualidade de componentes PSE usando sistemas de GPS e RFID
- Apoio à instalação ou montagem de componentes e ao controle de qualidade, utilizando LIDAR e outras tecnologias de levantamento
- Fornecimento de informações sobre o ciclo de vida dos componentes e o seu desempenho, empregando etiquetas RFID e sensores

Um ponto comum de todos esses sistemas de rastreamento é a necessidade de um modelo de construção que contraste as informações com os dados monitorados que podem ser comparados. A quantidade de dados que é tipicamente coletada pelas tecnologias de monitoramento automatizadas é tamanha que um *software* sofisticado é necessário para interpretá-las. Para que essa interpretação seja significativa, tanto o estado projetado do produto da edificação quanto a realização *as-built*, envolvendo a geometria e outras informações sobre produto e processo, devem estar disponíveis em um formato legível por computador.

7.4 REQUISITOS GENÉRICOS DO SISTEMA BIM PARA FABRICANTES

Nesta seção e na seguinte, definimos os requisitos de sistema que fabricantes de componentes PSE, prestadores de serviços de projeto e consultores devem exigir de qualquer plataforma de *software* que estão considerando. Esta seção define os requisitos genéricos comuns a todos os tipos de fabricação e enfatiza, em especial, a necessidade dos fabricantes de participarem ativamente na compilação de modelos de construção abrangentes, como parte de equipes de projeto colaborativo. A seção seguinte amplia a lista de requisitos para incluir as necessidades especializadas de determinados tipos de fabricantes.

Observe que as propriedades mais básicas exigidas das plataformas BIM, como o suporte para a modelagem de sólidos, não estão listadas, pois são essenciais para todos os usuários e quase universalmente disponíveis. Por exemplo, todos os fabricantes exigem capacidades de modelagem de sólidos para detecção de conflitos e extração de quantitativos volumétricos, as quais são fornecidas em todos os *softwares* BIM, pois as vistas de seção não podem ser produzidas automaticamente sem elas.

7.4.1 Peças e relações paramétricas e personalizáveis

A capacidade de automatizar tarefas de projeto e detalhamento em um grau elevado – e para que os modelos de construção permaneçam coerentes, semanticamente corretos e precisos, mesmo quando forem manipulados – é essencial para que fabricantes colham os benefícios do BIM. A criação de modelos seria excessivamente demorada e pouco prática caso os usuários fossem obrigados a gerar cada objeto detalhado individualmente.

Não seria apenas demorada, mas também muito propensa a erros, se os usuários precisassem divulgar ativamente todas as alterações, desde a montagem dos conjuntos a todos os seus elementos constitutivos detalhados.

Por essas razões, os fabricantes devem ter sistemas de *software* que suportem objetos paramétricos para seus sistemas e que gerenciem relações entre objetos em todos os níveis (objetos paramétricos e relações são definidos no Capítulo 2). A ligação de aço estrutural mostrada na Figura 7.10 ilustra este requisito. O *software* seleciona e aplica uma conexão adequada, de acordo com suas regras predefinidas. A configuração e a seleção de conjuntos de regras para um empreendimento podem ser feitas pelo engenheiro responsável ou pelo fabricante, dependendo da prática aceita, e podem ou não incluir regras de resposta a mudanças nos carregamentos aplicados. Se a forma do perfil ou os parâmetros de qualquer um dos elementos conectados são posteriormente alterados, a geometria e a lógica das conexões são atualizadas automaticamente.

Um aspecto importante a avaliar é o grau em que peças personalizadas, detalhes e conexões podem ser adicionados a um sistema. Um poderoso sistema dará apoio ao assentamento de componentes paramétricos um dentro do outro; à modelagem de restrições geométricas, como "paralelo a" ou "a uma distância constante de"; e à aplicação de regras geradoras que determinam se um componente será criado em um determinado contexto.

Enquanto as aplicações voltadas para projetos BIM permitem aos usuários atribuir camadas a seções de parede em termos de um corte 2D, algumas aplicações de projetos BIM arquitetônicos incluem o leiaute paramétrico de montagens agrupadas de objetos, tais como montantes leves com painéis de vedação, dentro de uma camada de parede genérica. Isso permite a geração do detalhamento do montante e a produção da programação do corte da madeira, reduzindo perdas e permitindo erguer mais rapidamente as estruturas de montantes de madeira ou metal. Em estruturas de grande escala, opções semelhantes de montantes e de leiaute de estruturas são operações necessárias para fabricação. Nesses casos, os objetos são partes compostas dentro de um sistema – estrutural, elétrico, hidrossanitário e similares – e as regras determinam como os componentes

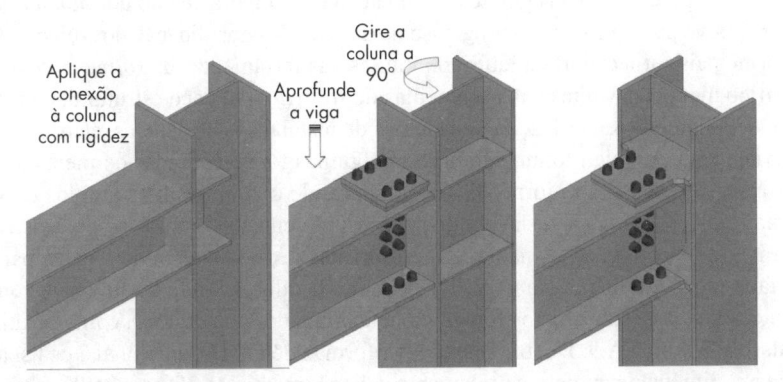

FIGURA 7.10 Modelo de uma conexão de aço estrutural, definido no Tekla Structures. O *software* aplica a conexão selecionada pelo operador (da esquerda para o centro) e atualiza automaticamente a conexão personalizada quando a viga é aprofundada e a coluna é girada (do centro para a direita).

são organizados. Os componentes frequentemente têm características, como as conexões, que são desenhadas e fabricadas de forma customizável. Nos casos mais complexos, cada uma das partes do sistema é internamente composta de suas partes constituintes, como armaduras de aço no concreto ou complexas estruturas de aço de grande envergadura.

Um conjunto distinto de aplicações de projeto BIM vem sendo desenvolvido para a modelagem nos níveis de fabricação mais detalhados. Essas ferramentas oferecem diferentes famílias de objetos agregando diferentes tipos de conhecimento específico (ver a Tabela 7.2). Elas também se relacionam com diferentes usos específicos, como o pedido e rastreamento de materiais, os sistemas de gerenciamento de plantas industriais e os *softwares* de fabricação automatizada. A pré-fabricação de componentes de aço estrutural foi um dos primeiros domínios para o qual tais ferramentas foram desenvolvidas. No início, esses eram simples sistemas de leiaute em 3D com famílias de objetos paramétricos predefinidas para as conexões e a edição de operações que cortavam componentes para as conexões de aço (p. ex., o **Tekla Structures** começou como um *software* de detalhamento de componentes de aço chamado **XSteel**). Essas capacidades foram aprimoradas a fim de suportarem o projeto de conexões automáticas baseado no cálculo das cargas e no dimensionamento dos componentes. Com a associação com máquinas CNC de corte e perfuração, esses sistemas se tornaram parte integrante da fabricação automatizada em aço. De maneira semelhante, sistemas foram desenvolvidos para concreto pré-moldado, concreto armado, dutos metálicos, tubulação e outros sistemas prediais.

Na modelagem de fabricação, detalhistas refinam seus objetos paramétricos por motivos bem compreendidos: para minimizar o trabalho, para alcançar uma aparência visual específica, para reduzir a mistura de diferentes tipos de equipes de trabalho, ou para minimizar os tipos ou os tamanhos de materiais. Implementações de guias de projeto padrões normalmente abordam uma entre múltiplas abordagens aceitáveis para o detalhamento. Em alguns casos, vários objetivos podem ser alcançados usando as práticas de detalhamento padrão. Em outras circunstâncias, essas práticas de detalhamento precisam ser substituídas. As melhores práticas de uma empresa ou de interface padrão para uma determinada peça de equipamento de fabricação podem demandar maior customização. Nas décadas futuras, os manuais de projeto serão complementados desta forma, como um conjunto de modelos e regras paramétricos.

Ao longo da década seguinte à publicação da primeira edição do *Manual de BIM* em 2008, houve um significativo progresso na direção da consolidação do *software* BIM, com os principais fornecedores adquirindo muitas das ferramentas de *software* de domínio específico menores. Muitas das ferramentas de *software* para aço estrutural, concreto armado e detalhamento e fabricação de sistemas de instalações mecânicas, elétricas e hidrossanitárias, em particular, foram adquiridas. Algumas foram retiradas do mercado, enquanto outras continuam sendo fornecidas como parte de conjuntos mais amplos de *softwares*. A maioria das que já não estavam disponíveis pertenciam a uma classe de sistemas CAD de nível de fabricação que não eram ferramentas de modelagem de objetos paramétricos de fabricação completa. Na verdade, eram modeladores B-rep tradicionais com uma biblioteca de classes de objetos fornecida pelo vendedor do *software*, e muitas utilizavam a plataforma AutoCAD. Dentro dessas plataformas de CAD tradicionais, os usuários selecionam, dimensionam parametricamente e dispõem objetos 3D com atributos associados. Instâncias e atributos dos objetos podem ser exportados e usados em outras aplicações, como para listas de material, ordens de trabalho e fabricação. Estes sistemas funcionam bem quando há um conjunto fixo de classes de objetos para serem compostos usando

Tabela 7.2 *Software* BIM para subempreiteiros e fabricantes

Software BIM	Aço estrutural	Concreto pré-moldado	Concreto moldado *in loco* (CIP)	Instalações mecânicas/ Aquecimento, ventilação e ar condicionado (HVAC)	Instalações elétricas	Instalações hidrossanitárias/ *sprinkler*	Fachadas-cortina	Estruturas de madeira/metal	Energia solar	Funcionalidade	Fornecedor
Tekla Structures	✓	✓	✓				✓	✓	✓	Modelagem, detalhamento, coordenação	Trimble
Revit	✓	✓	✓	✓	✓	✓	✓	✓	✓	Modelagem	Autodesk
AECOsim	✓	✓	✓	✓	✓	✓	✓	✓		Modelagem	Bentley
Allplan Engineering	✓	✓	✓							Modelagem, detalhamento	Nemetschek
Allplan Architecture	✓	✓	✓							Modelagem	Nemetschek
SDS/2 Design Data	✓									Detalhamento de pré-fabricação	Nemetschek
ProSteel	✓									Modelagem, detalhamento	Bentley
Structureworks		✓								Modelagem, detalhamento, leiaute, rastreamento da produção	Structureworks LLC
ProConcrete			✓							Modelagem, detalhamento	Bentley
Software aSa Rebar			✓							Estimativas, detalhamento, rastreamento da produção	Applied Systems Associates, Inc.
DDS-CAD				✓	✓	✓		✓	✓	Modelagem, detalhamento, análises	Nemetschek
Field Link for MEP				✓	✓	✓				Leiaute no canteiro de obras	Trimble MEP
Graphisoft MEP Modeler				✓	✓	✓				Modelagem	Nemetschek
Fabrication CADmep, ESTmep, CAMduct				✓	✓	✓				Modelagem, detalhamento	Autodesk
DuctDesigner				✓						Modelagem, detalhamento de fabricação	Trimble MEP
CADPIPE HVAC and Hanger				✓						Modelagem, detalhamento de fabricação	Orange Technologies Inc.
CADPIPE Electrical and Hanger					✓					Modelagem, detalhamento de fabricação	Orange Technologies Inc.
CADPIPE Commercial Pipe						✓				Modelagem, detalhamento de fabricação	Orange Technologies Inc.
PipeDesigner						✓				Modelagem, detalhamento de fabricação	Trimble MEP
SprinkCAD						✓				Modelagem, detalhamento	Tyco Fire Protection Products
Graphisoft ArchiGlazing							✓			Modelagem	Nemetschek
SoftTech V6							✓			Modelagem, estimativas, detalhamento	Softtech
Framewright Pro								✓		Modelagem, detalhamento	Cadimage
MWF – Metal Wood Framer								✓		Modelagem, detalhamento, coordenação, manufatura	StrucSoft Solutions

regras fixas. Aplicações apropriadas incluem tubulação, dutos e sistemas de bandejas para cabeamento. Dentre as ferramentas deste tipo ainda disponíveis estão o *DuctDesigner* e o *PipeDesigner* da Trimble (para instalações mecânicas, elétricas e hidrossanitárias), o *SprinkCAD* da Tyco e a suíte *CADPIPE* da Orange Technologies.

A vantagem das ferramentas de fabricação baseadas em BIM mais modernas é a possibilidade de os usuários definirem estruturas muito mais complexas de famílias de objetos e relações entre elas do que é possível com o CAD 3D, sem realizar o desenvolvimento do *software* em nível de programação. Com o BIM, um sistema de fachada-cortina fixada a pilares e lajes pode ser definido a partir de esboço por um não programador experiente. Tal esforço exigiria o desenvolvimento de uma grande extensão de aplicação no CAD 3D.

7.4.2 Relatório de componentes para fabricação

A capacidade de gerar automaticamente relatórios de produção para cada componente PSE individual em um edifício é essencial para fabricantes de todos os tipos. Os relatórios podem incluir elaboração de desenhos executivos; compilação de instruções de máquinas CNC; lista de partes constituintes e materiais para aquisição, especificação de tratamento de superfícies para acabamentos e materiais; lista dos equipamentos necessários para a instalação no canteiro, etc.

Na pré-fabricação de qualquer tipo de componente PSE, é importante poder agrupar os componentes em diferentes formas para administrar melhor a produção (como aquisição de peças, preparação de formas e ferramentas, armazenamento, transporte e montagem). Elementos pré-fabricados de concreto e de formas fabricadas para lançamento de concreto *in loco* normalmente são agrupados de acordo com suas formas, de modo que formas unitárias podem ser usadas para várias partes com pequenas modificações entre cada uso. Vergalhões devem ser produzidos e agrupados de acordo com sua associação a elementos de construção.

Para dar suporte a essas necessidades, as aplicações BIM devem ser capazes de agrupar os componentes de acordo com critérios especificados por operadores com base em suas informações geométricas, ordem de montagem, fornecedor e outras classificações, e também em seus metadados (definição da origem e da propriedade dos dados, *status* e identificações). No caso de formas geométricas, o *software* deve distinguir entre as partes com base no grau de semelhança ou diferença das peças. Por exemplo, pode ser dado um identificador primário a treliças de madeira para agrupar as treliças com a mesma forma e configuração geral, enquanto um segundo identificador pode ser usado para distinguir subgrupos de uma ou mais treliças com pequenas diferenças dentro do grupo principal. Se uma família genérica de treliça recebeu o identificador de tipo "101", então um subgrupo de poucas treliças dentro da "família 101" genérica poderia incluir um membro em particular com um tamanho maior do perfil que, em outro contexto, é o mesmo que um "101" e pode ser nomeado subfamília "101-A".

Em algumas aplicações, os componentes pré-fabricados PSE exigirão que algumas das peças constituintes sejam entregues soltas no local da obra, tais como placas de solda para embutir em componentes de concreto armado. Estes também devem ser agrupados e rotulados para garantir a entrega no lugar certo na hora certa. Sempre que as peças devem ser lançadas ou aparafusadas à estrutura do edifício, elas podem precisar ser entregues com antecedência para outros subempreiteiros ou mesmo para outros fabricantes. Todas essas informações devem ser geradas e aplicadas aos objetos, de preferência, automaticamente, dentro da plataforma BIM.

7.4.3 Interface com sistemas de informações gerenciais

Uma interface de duas vias de comunicação com a aquisição, o controle de produção, o transporte e os sistemas de informação contábil é essencial para se aproveitar totalmente os benefícios potenciais listados na Seção 7.3. Estas podem ser aplicações isoladas, partes de um conjunto abrangente de planejamento dos recursos empresariais (ERP, *Enterprise Resource Planning*) ou fornecidas como uma solução "*Software* como um Serviço" (SaaS, *Software as a Service*) para o gerenciamento da cadeia de suprimentos da construção, como a ***ManufactOn***. O objetivo é monitorar e controlar o projeto, os pedidos, a produção, o envio, a instalação, o controle da qualidade e a rotatividade dos produtos PSE. A principal vantagem de um sistema baseado na rede é que várias empresas independentes podem receber acesso para colaborar em um projeto, expondo assim o *status* dos materiais e produtos a todos. Isso reduz incertezas e melhora a previsibilidade do planejamento da produção e, consequentemente, torna a construção mais enxuta. A coleta de dados pode ser manual ou automatizada com leitores de códigos de barra e códigos QR ou com a tecnologia mais poderosa de identificação por radiofrequência (RFID). As etiquetas RFID têm se mostrado viáveis para componentes de concreto pré-moldado (Ergen *et al.*, 2007) e vêm sendo aplicadas com sucesso na indústria, em projetos como o Meadowlands Stadium e outros discutidos na Seção 7.3.7.

A fim de evitar inconsistências, o modelo da construção deve ser a única fonte para listas de peças e detalhes da produção de peças para a operação completa. A fabricação é realizada ao longo do tempo, durante o qual as mudanças podem continuar sendo feitas no projeto do edifício. As informações atualizadas sobre as alterações feitas em pedaços no modelo devem estar disponíveis para todos os departamentos de uma empresa o tempo todo, a fim de que erros sejam evitados. Idealmente, este não deve ser um simples intercâmbio de arquivo de exportação/importação, mas uma conexão de base de dados *on-line*. Minimamente, o *software* deve fornecer uma interface de programação de aplicativo, para que as empresas com acesso à capacidade de programação possam adaptar os intercâmbios de dados às exigências dos seus sistemas empresariais existentes.

7.4.4 Interoperabilidade

Por definição, empreiteiros e fabricantes fornecem apenas parte dos sistemas de um edifício. A habilidade de comunicar informações entre suas plataformas BIM e aquelas de projetistas, construtoras e outros fabricantes é essencial. De fato, pode-se conceber um modelo de construção abrangente que consiste no conjunto completo de modelos de sistemas mantidos nas distintas plataformas BIM de inúmeras empresas e construtoras, mesmo se não houver um banco de dados unificado. Nenhuma plataforma de fabricação sozinha é capaz de abordar todos os aspectos da fabricação de edifícios hoje em dia, e não esperamos que essa situação mude.

Os aspectos técnicos da interoperabilidade são exaustivamente discutidos no Capítulo 3, incluindo suas vantagens e limitações. Basta dizer que, para efeitos de seleção de uma plataforma BIM por empreiteiros e fabricantes, a capacidade de importar e exportar modelos usando um padrão de intercâmbio apropriado ao setor deve ser considerada obrigatória. O padrão mais importante depende do setor da indústria: para a indústria do aço estrutural, o formato CIS/2 é essencial; para a maioria dos outros setores, o formato IFC provavelmente será mais útil.

7.4.5 Visualização de informação

Um visualizador de modelos de edifício em 3D é uma plataforma muito eficaz para a entrada e a visualização de informações de gerenciamento, particularmente para os construtores e o pessoal da construtora de fora da organização do fabricante. As funções personalizáveis para geração de exibição de modelos coloridos, de acordo com uma variedade de dados de *status* da produção, são altamente benéficas.

Dois bons exemplos são o uso de técnicas CAD 4D para o planejamento da produção de uma operação de construção e o uso de uma interface de modelo para puxar a entrega de peças pré-fabricadas para o canteiro em uma configuração *just-in-time*. No primeiro, um modelo de construção que incluía elementos estruturais, recursos (guindastes) e atividades foi utilizado para o planejamento passo a passo e simulação da sequência de montagem para o aço e elementos de concreto pré-moldado para um telhado da estação subterrânea de metrô em Londres (Koerckel e Ballard, 2005). O planejamento cuidadoso foi essencial para que a equipe do empreendimento pudesse encontrar um limite máximo de 48 horas para a construção, durante o qual o tráfego ferroviário foi suspenso. Para uma descrição detalhada das técnicas CAD 4D e seus benefícios, consultar a Seção 6.9 do Capítulo 6.

O segundo exemplo é ilustrado pela Figura 7.9 (acima), a qual mostra os trabalhadores no canteiro de obras consultando um modelo da construção durante o projeto do Meadowlands Stadium, descrito na Seção 7.3.7. Em vez de consultar uma série de desenhos e relatórios em papel, que muitas vezes estão desatualizados, a fim de selecionar peças para manufatura e entrega, os gerentes de projeto podem planejar os trabalhos com alta confiabilidade. O esforço de coordenação entre os múltiplos jogos de desenhos e de listas é eliminado, assim como os erros humanos resultantes. De fato, esse tipo de visualização de informações, em que um supervisor da obra pode simplesmente apontar e clicar em um modelo codificado por cores para compilar listas de entrega, como mostra a Figura 7.9 (abaixo), permite a adoção do paradigma de controle de fluxo defendido pelo pensamento da construção enxuta.

Os fabricantes de uma ampla gama de componentes PSE também podem explorar os modelos BIM a fim de preparar instruções 3D animadas passo a passo, entregues em aparelhos portáteis, para orientar os trabalhadores na manufatura e na instalação de seus produtos. A aplicação **Structureworks XceleRAYtor** automaticamente compila uma sequência de telas de instruções gráficas detalhadas, codificadas por cores e dimensionadas para orientar os trabalhadores na montagem das peças embutidas e vergalhões necessários para preparar uma forma para a concretagem de uma peça de concreto, como ilustra a Figura 7.11. Pode ser utilizado com um laser aéreo para projetar as peças necessárias em cada passo diretamente dentro da fôrma, na posição correta. Isso nada mais é do que uma pequena extensão adicional da imaginação para considerar que uma câmara colocada acima da fôrma pode ser usada para conferir, usando visão computacional, se cada embutido e vergalhão foi corretamente colocado, antes da autorização do lançamento do concreto. A mesma ferramenta também é utilizada para compilação e entrega de sequências de montagem aos trabalhadores no canteiro, incluindo a preparação automatizada de listas de carregamento. Além dos ganhos de qualidade e de produtividade na fábrica, este processo evita completamente a necessidade de desenhos executivos, eliminando muitas horas de trabalho que não agregam valor ao processo.

7.4.6 Automação das tarefas de fabricação

A seleção de uma plataforma de *software* BIM deveria refletir as oportunidades e os planos para a automação das tarefas de fabricação. Estas variam de acordo com cada siste-

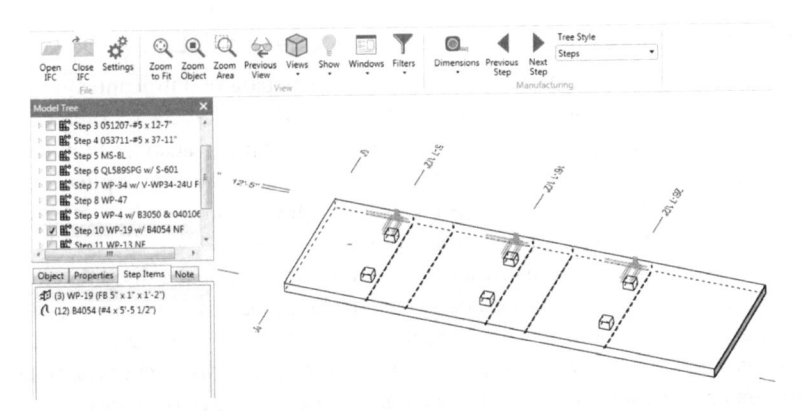

FIGURA 7.11 Décima etapa em uma sequência de etapas de montagem dos diversos embutidos e armaduras necessárias em uma fôrma antes de lançar uma peça de concreto pré-moldado em uma fábrica. A vista 3D mostra somente as peças necessárias nesta etapa, e os itens necessários são listados na árvore à esquerda.

Imagem fornecida por cortesia de Structureworks LLC.

ma predial. Algumas empresas já terão máquinas CNC de diferentes tipos, como aquelas para dobramento e corte de vergalhões, cortadores a laser para perfis de aço ou chapas, ou sofisticados sistemas de transporte e concretagem para concreto pré-moldado. Essas tecnologias poderão motivar alguns fabricantes a adotar o BIM em seus métodos de produção existentes. Para outros, elas serão novas opções e o BIM lhes permitirá aumentar a participação no mercado – esse é o caso da impressão 3D e de várias formas de construção robótica, para a qual a modelagem 3D é necessária.

Em ambos os casos, é importante considerar as exigências de informação e as interfaces que são suportadas pelo *software* BIM. Cortadores a laser bidimensionais e máquinas para a dobra de vergalhões em armaduras de concreto armado exigem *drivers* que gerem instruções de controle numérico; a impressão 3D exige a geometria dos sólidos BREP totalmente fechada antes que se possam gerar instruções para impressão. Os equipamentos robóticos de construção, como as máquinas para assentamento automático de tijolos da Fastbrick Robotics, não apenas exigem a geometria 3D como também requerem informações sobre os materiais e outros sistemas de construção relacionados a seus produtos. As informações sobre o modelo BIM devem ser processadas a fim de fornecer o formato necessário à operação das máquinas.

7.5 REQUISITOS ESPECÍFICOS DE BIM PARA FABRICAÇÃO

Existem várias maneiras de reduzir a quantidade de trabalho humano necessário à construção de edificações, como a pré-fabricação, a construção modular, a robótica e a impressão 3D. O denominador comum a todas elas é a necessidade de informações de produtos e de processos detalhadas, precisas e completas. O fornecimento dessas informações é a contribuição-chave que o BIM faz para permitir a automação na construção civil. No entanto, os tipos de informação necessária variam com cada aplicação. A geometria, os processos de fabricação e outros fatores diferem e colocam requisitos únicos sobre as ferramentas BIM.

7.5.1 Fabricantes tradicionais de componentes PSE

Esta seção descreve exigências de BIM específicas para os fabricantes dos tipos mais comuns de produtos projetados sob encomenda (PSE), e a Tabela 7.2 oferece uma breve lista dos pacotes de *software* (disponíveis na época de publicação deste livro) para cada classe de fabricante. Os pacotes de *software* estão listados, junto de explicações sobre sua funcionalidade para cada domínio. A lista não é exaustiva ou completa, mas fornece uma visão geral dos tipos de sistemas disponíveis.

Aço Estrutural: Na construção em aço, a estrutura global é dividida em partes distintas que podem ser facilmente fabricadas, transportadas para o canteiro, erguidas e ligadas, utilizando quantidades mínimas de material e mão de obra, tudo sob as restrições das cargas necessárias definidas pelos engenheiros estruturais. A simples modelagem da estrutura em 3D com detalhamento de todas as porcas, parafusos, soldas, chapas, e assim por diante, não é o suficiente. A seguir, são apresentados os requisitos adicionais que devem ser cumpridos pelo *software* de detalhamento de aço:

- **Detalhamento automatizado e personalizável das conexões de aço.** Este recurso deve incorporar a capacidade de definir conjuntos de regras que governam as formas pelas quais os tipos de conexão são selecionados e adaptados parametricamente para se adequarem a situações específicas nas estruturas.
- **Capacidades de análise estrutural internas, incluindo a análise de elementos finitos.** Como alternativa, o *software* deve ser capaz de, no mínimo, retratar e exportar um modelo estrutural, incluindo a definição das cargas em um formato que é legível por um pacote de análise estrutural externo. Neste caso, também deve ser capaz de importar cargas e reações de volta para o modelo 3D.
- **Informação sobre corte, soldagem, perfuração e instruções diretamente para a máquina de controle numérico computadorizado (CNC).** Essa capacidade está sendo ampliada para incluir montagem, a qual exige uma geometria ainda mais extensiva e informações de processos.

Concreto Pré-Moldado: A modelagem de informação de concreto pré-moldado é mais complexa que a modelagem de aço estrutural, porque peças de concreto pré-moldado têm partes internas (armadura, cabos de protensão, peças de aço embutidas; ver a Figura 7.12), uma liberdade muito maior de formas e uma rica variedade de acabamentos de superfície. Estas foram algumas das razões pelas quais os *softwares* de BIM sob medida para as necessidades do concreto pré-moldado foram disponibilizados comercialmente muito mais tarde do que para o aço estrutural.

As duas primeiras necessidades especificadas para o aço estrutural – detalhamento automatizado e personalizável de conexões e capacidades de análise estrutural internas – aplicam-se igualmente ao concreto pré-moldado. Além disso, os seguintes requisitos são específicos para concreto pré-moldado:

- A capacidade de modelar peças em um modelo de edificação com formas geométricas diferentes da geometria reportada nos desenhos executivos. Todas as peças pré-moldadas estão sujeitas a encurtamento e deformação, ou seja, sua forma final é diferente da que foi produzida. Peças pré-moldadas que são excentricamente protendidas curvam-se quando os cabos protendidos são liberados após a cura. A mudança mais complexa ocorre quando peças pré-moldadas longas são deliberadamente tor-

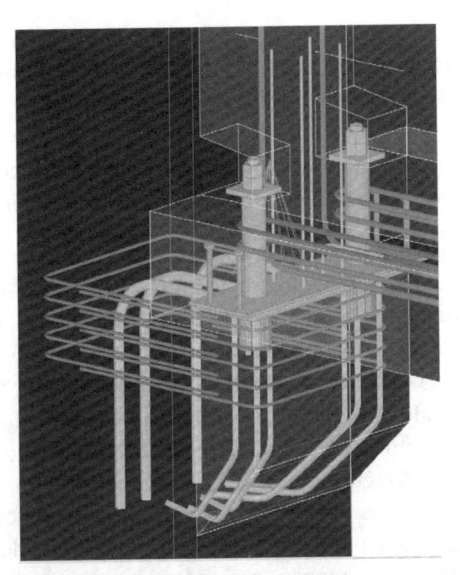

FIGURA 7.12 Barras de reforço e outros embutidos em uma conexão de pilar-consolo-viga paramétrica do Tekla Structures para construção de concreto pré-moldado. O leiaute da conexão pode ser ajustado para se adequar aos tamanhos de seção e ao leiaute dos pilares e vigas. As operações de modelagem paramétrica podem incluir operações de subtração e adição de formas que criam saliências, entalhes, bordas e recortes definidos para conexões com outras peças.

cidas ou deformadas. Isso é comumente feito com peças longas no formato duplo--T em garagens de estacionamentos e outras estruturas, para fornecer declives para drenagem, colocando suportes em uma extremidade em um ângulo relativo ao da outra extremidade. As peças devem ser representadas com geometria deformada no modelo do computador, mas devem ser produzidas em fôrmas de protensão retas. Portanto, devem ser representadas diretamente nos desenhos executivos. Isso exige uma transformação geométrica relativamente complexa entre a montagem e as representações do desenho executivo de qualquer peça intencionalmente deformada.

- Acabamentos e tratamentos de superfície não podem ser simplesmente aplicados às faces das peças, mas muitas vezes têm a sua geometria distintiva, que pode exigir a subtração de volume do próprio concreto. Revestimentos de pedra, padrões de tijolos, camadas de isolamento térmico, etc., são todos exemplos comuns. Misturas de concreto especiais são empregadas para criar cores customizadas e efeitos de superfície, mas normalmente são demasiado caras para preencher toda a peça. Como resultado, as peças podem ser compostas por mais de um tipo de concreto e o *software* deve oferecer suporte à documentação dos volumes necessários para cada tipo.
- Análises estruturais especializadas de peças individuais – para verificar sua resistência às forças aplicadas durante o descascamento, elevação, armazenamento, transporte e montagem, que são diferentes daquelas aplicadas durante seu serviço na vida útil de um edifício – são necessárias. Isso coloca ênfase especial na necessidade de integração com pacotes de *software* de análise externa e uma interface de programação de aplicativo aberta.

- As partes constituintes de uma peça pré-moldada devem ser agrupadas de acordo com o momento de sua inserção: moldadas dentro da unidade no momento da fabricação, moldadas ou soldadas na fundação ou estrutura do edifício, ou fornecidas separadas (em conjunto com a peça) ao canteiro para a construção.
- Saída de formas de armaduras em formatos compatíveis com o *software* de controle de fabricação e máquinas de dobra e de corte automatizados.

Reforço e Cofragem para Componentes de Concreto Moldado *in loco*: Como o concreto pré-moldado, o concreto armado moldado *in loco* tem componentes internos que devem ser modelados em detalhes. Todos os requisitos para análise estrutural, para geração e envio de formatos de armaduras para produção e colocação, bem como para medição dos volumes de concreto, são igualmente válidos para o concreto moldado *in loco*.

O concreto moldado *in loco* (CIP, *Cast-in-place*), no entanto, é bastante diferente, tanto do aço estrutural quanto do concreto pré-moldado, porque as estruturas moldadas *in loco* são monolíticas. Elas não têm limites físicos claramente definidos entre os componentes físicos, como colunas, vigas e lajes. De fato, se o volume de concreto na interseção dos componentes é considerado parte de um componente ou parte do enquadramento conjunto de outro, ele é determinado com base nas necessidades relatadas. O recurso de geometria conjunta do ***Revit da Autodesk*** começa a atender a esta necessidade e, para os casos padrão, os parâmetros que dão prioridade a um tipo de elemento sobre outro podem ser definidos para automatizar esse comportamento (como definir vigas a serem sempre encurtadas onde cruzam com pilares). Igualmente as mesmas armaduras podem cumprir uma função específica dentro de um membro e uma função diferente dentro de uma junção, tais como o aço superior em uma viga contínua, que serve para a resistência ao cisalhamento e à fissuras dentro do vão, mas também como reforço do momento sobre o apoio.

Outra diferença é que o concreto moldado *in loco* pode ser moldado por meio de geometrias curvadas complexas, com curvatura em uma ou duas direções do eixo e com espessuras variáveis. Embora superfícies multicurvadas não uniformes sejam raras, as cúpulas não são incomuns. Qualquer empresa que encontra superfícies curvas de concreto em seus empreendimentos deve garantir que o mecanismo de geometria descritiva de qualquer *software* de modelagem possa modelar tais superfícies e os volumes sólidos que delimitam. Uma terceira diferença é que, ao contrário do aço e dos componentes pré-moldados, as estruturas de concreto moldadas *in loco* são divididas de forma diferente para a análise e para o projeto, se comparadas com a fabricação. Os locais de paradas de lançamentos são muitas vezes determinados no canteiro e nem sempre estão em conformidade com as divisões de produtos, conforme previstas pelos projetistas. No entanto, se os elementos são usados para o gerenciamento da construção e do projeto, eles devem ser modelados em ambos os sentidos (Barak *et al*., 2009).

Por último, o concreto CIP exige leiaute e detalhamento de cofragem, sejam estes modulares ou personalizados. Algumas empresas de fabricação de formas modulares fornecem *software* para leiaute e detalhamento, o que permite aos usuários aplicar graficamente seções padrão de formas para elementos de CIP em 3D. O *software* assim gera as faturas detalhadas do material necessário e os desenhos para auxiliar os trabalhadores na montagem das formas modulares. A PERI, por exemplo, uma grande fabricante e fornecedora de formas e andaimes, oferece uma biblioteca paramétrica de seus produtos para o ***Tekla Structures***. A Figura 7.13 mostra um modelo BIM de cofragem projetado para a construção de um pilar de concreto para uma ponte ferroviária na Alemanha.

FIGURA 7.13 Renderização da configuração da forma para moldagem de um pilar de concreto alto para uma ponte ferroviária.

Imagem fornecida por cortesia de PERI GmbH, Weißenhorn, Alemanha.

Fachadas-cortina e Esquadrias: Fachadas-cortina incluem qualquer sistema de fechamento de parede que não tenha uma função estrutural, pois não transmite cargas de gravidade para as fundações de um edifício. Entre as fachadas-cortina projetadas personalizadas e fabricadas – essencialmente envolvendo componentes PSE –, paredes de alumínio e de vidro são típicas. Elas podem ser classificadas como *sistemas stick*, *sistemas de unidades* ou *sistemas compostos*. Os produtos PSE de esquadrias incluem todas as unidades de janelas que são projetadas de forma customizada para serem fabricadas e instaladas em um edifício específico, com perfis de aço, alumínio, madeira, plástico (PVC) ou outros materiais.

Os *sistemas stick* são construídos *in loco* a partir de perfis de metal (geralmente alumínio), que são anexados à estrutura do edifício. São semelhantes aos quadros de aço estrutural, uma vez que são compostos por seções extrudadas longitudinais (montantes verticais e travessas horizontais), com juntas entre elas. Como os painéis de fachada pré--moldados, suas conexões ao quadro estrutural devem ser explicitamente detalhadas para cada contexto. É estabelecido um requisito único na modelagem de *software*, pois são altamente suscetíveis às mudanças de temperatura, que causam expansão e contração. Assim, suas juntas devem ser detalhadas para permitir a livre movimentação sem comprometer seu isolamento ou funções estéticas. Juntas com graus apropriados de liberdade e capas para acomodar e esconder o movimento longitudinal são comuns. Os sistemas *stick* exigem apenas a modelagem da montagem, com o mínimo de detalhamento da fabricação das peças (necessário apenas para o suporte dos perfis de corte com o comprimento correto na manufatura). A capacidade de planejar as sequências de construção, a fim de acomodar as tolerâncias, é crucial.

Sistemas de unidades são compostos por peças pré-fabricadas separadas, que são instaladas diretamente na estrutura do edifício. Uma característica fundamental para a modelagem é a necessidade de alta precisão na construção, significando que as tolerâncias dimensionais para a armação estrutural do edifício devem ser modeladas de forma explícita.

Sistemas compostos incluem sistemas de unidades e de batentes, revestimentos de colunas e sistemas *spandrel*, bem como sistemas de painel (*strong back*). Estes exigem não só detalhamentos de montagem e de fabricação de peças, mas também devem ser estreitamente coordenados com outros sistemas de um edifício.

Fachadas-cortina são uma parte importante de qualquer modelo de edificação, porque são centrais para todas as análises de desempenho do edifício, além da análise estrutural global (ou seja, térmica, acústica e de iluminação). Qualquer simulação de computador que pode ser executada em um modelo precisará das propriedades físicas relevantes do sistema de fachada-cortina e seus componentes – não apenas sua geometria. Os modelos também devem suportar análises estruturais de cargas de vento local e de cargas permanentes para os componentes do sistema.

A maioria das rotinas de modelagem de fachadas-cortina que estão normalmente disponíveis nas plataformas BIM de arquitetura permite a concepção preliminar e não tem funcionalidade de detalhamento e fabricação. O edifício de apartamentos 100 11th Avenue, em Nova Iorque possui uma complexa fachada-cortina cujo projeto e fabricação são bons exemplos de uso da plataforma BIM para projetos e análises. Por outro lado, aplicações de *software* proprietário estão disponíveis para detalhamento e estimativas dos sistemas de fachadas-cortina e esquadrias de inúmeros fabricantes. Estas aplicações se destinam à modelagem de janelas individuais ou seções de fachadas-cortina, sem que sejam compiladas em modelos de construção completos. Devido à natureza do aço e dos perfis de alumínio utilizados na maioria das fachadas-cortina, algumas empresas consideram úteis as plataformas de modelagem paramétrica para mecânica, como o **SolidWorks** e o **Autodesk Inventor**.

Mecânica, Elétrica e Hidrossanitária: Três tipos distintos de sistemas de componentes PSE estão incluídos nesta categoria: dutos e máquinas para sistemas de climatização (aquecimento, ventilação e ar condicionado); tubulação para abastecimento e esgotamento de líquidos e gás; e bandejas e caixas de controle de sistemas elétricos e de comunicação. Esses três sistemas são semelhantes, tanto em sua natureza quanto no espaço que ocupam dentro de um edifício, mas também dependem de requisitos específicos para o *software* de detalhamento e de fabricação.

Dutos para sistemas de climatização devem ser cortados em seções de folhas de metal, fabricados em unidades que podem ser convenientemente transportadas e manobradas na posição e, em seguida, montadas e instaladas no canteiro de obras. Unidades de duto são objetos tridimensionais e muitas vezes têm geometrias complexas. Resfriadores, bombas, difusores e outras máquinas têm exigências rígidas de espaço e de acesso necessários, e interfaces tanto com sistemas elétricos quanto de tubulações – suas localizações e orientações exigem coordenação cuidadosa.

Tubulações para abastecimento e esgotamento de vários líquidos e gases são compostas por perfis extrudados que também incorporam válvulas, curvas e outros equipamentos. Embora nem toda tubulação seja projetada sob encomenda, as seções que necessitam de corte, segmentação ou outros tratamentos devem ser feitas em uma oficina antes da entrega para serem consideradas componentes PSE. Além disso, bobinas de componentes de tubulação que são pré-montadas como unidades completas antes da entrega e/ou instalação também são consideradas projetadas sob encomenda, mesmo que a maior parte de suas peças constituintes sejam componentes padronizados.

Apesar de os cabos elétricos e de comunicação serem bastante flexíveis, os condutores e as bandejas que os acomodam podem não ser, ou seja, sua disposição deve ser coordenada junto de outros sistemas.

O primeiro e mais genérico requisito para que esses sistemas sejam apoiados pelo BIM é que haja coordenação cuidadosa de sua localização, orientação e roteamento no espaço. O roteamento requer uma visualização fácil de seguir ou codificada por cores, além de funções para a identificação de conflitos entre sistemas. A Figura 7.14, que foi preparada por uma construtora (a Mortenson Company) para fins de coordenação, é um excelente exemplo de como os sistemas de mecânica, elétrica e hidráulica (MEP) podem ser modelados, conferidos e preparados para fabricação, produção e instalação. Embora a detecção de conflitos físicos esteja disponível na maioria dos *softwares* de encanamentos e dutos, em muitos casos a detecção de interferências de nível leve (*soft clash detection*) também é necessária. A detecção de interferências de nível leve se refere a determinados requisitos que definem um espaço livre mínimo que deve ser mantido entre os diferentes sistemas, como a distância mínima entre uma tubulação de água quente e cabos elétricos. De maneira similar, pode ser necessário desmontar uma parte de equipamento para inspeção ou reparo, de modo que o percurso para acessá-la ou removê-la deve ficar desobstruído. O *software* deve permitir aos usuários o estabelecimento de regras que definem

FIGURA 7.14 Vista de um modelo mostrando os sistemas MEP de um edifício com os componentes da estrutura transparentes, elaborado por uma construtora (Mortenson) para a coordenação da construção.

Imagem cedida por Mortenson.

restrições espaciais verificáveis entre diferentes pares de sistemas, quando forem executadas as checagens de conflitos.

A segunda exigência genérica é o agrupamento de objetos para as logísticas de produção e instalação. Numeração e etiquetagem de componentes devem ser realizadas em três níveis: uma parte exclusiva do ID para cada peça; um ID de grupo para bobinas de instalação; e um ID de grupo de produção, que o sistema atribui com base na coleção de peças idênticas ou bastante similares para fabricação ou aquisição. O agrupamento de peças para a entrega no canteiro, com coleções de componentes separados pertencentes a passagens de dutos e bobinas de tubulações, é particularmente importante. Se qualquer parte estiver faltando ou não couber no lugar em razão de alterações dimensionais ou erros de fabricação, a produtividade degrada e o fluxo de trabalho é interrompido. Para evitar isso, os sistemas BIM devem fornecer listas de levantamento de material e integração contínua com os *softwares* de logística para esquemas de etiquetagem, a fim de permitir a reunião completa e correta das peças a serem direcionadas para a frente de trabalho no momento certo.

Os requisitos exclusivos do BIM para cada um dos sistemas são descritos a seguir:

- A maioria das seções de dutos é fabricada a partir de chapas planas de metal. O *software* deve gerar padrões de corte – alcançados a partir de formas geométricas 3D – e traduzir os dados em um formato apropriado para mesas de corte de plasma ou outras máquinas. O *software* também deve oferecer a otimização do padrão de assentamento para minimizar os resíduos não cortados.
- Bobinas de tubulações em geral são representadas em desenhos isométricos simbólicos. O *software* deve permitir sua visualização em vários formatos, incluindo representação em 3D, representação em linha e na forma simbólica, bem como em plantas 2D, seções e vistas isométricas.
- Seções de dutos, bobinas de tubulações e suportes modulares de MEP são bons candidatos para pré-fabricação. O *software* deve fornecer as ferramentas para a geração de composições, fabricação e instruções de instalação, bem como gerar automaticamente as listas de materiais. O **STABICAD da Stabiplan**, por exemplo, oferece bibliotecas de objeto e uma ferramenta adicional para o Revit (ver https://www.mep-content.com/en/ para a modelagem de composições MEP no LOD 400), compilação de listas de peças e o preparo das instruções de pré-fabricação (ver a Figura 7.15). Com as plantas pré-fabricadas e as listas de corte geradas a partir do modelo, não há necessidade de medir, cortar ou fabricar tubulações *in loco*, além de não haver sobras a serem transportadas como resíduos.

Aplicações de *software* capazes de gerar modelos detalhados e informações de fabricação para sistemas MEP foram disponibilizadas mais cedo do que para outros sistemas prediais. Isso ocorreu principalmente porque os dutos, tubos e similares costumam ser compostos por partes distintas, as quais possuem geometrias padrão que são independentes das condições locais nas interfaces entre as partes. A modelagem de sólidos e as operações booleanas não eram necessárias e as peças paramétricas autônomas poderiam ser adicionadas através de rotinas propositadamente construídas de programação. Dessa forma, foi possível fornecer modelagem ao nível de fabricação com base em um *software* de CAD genérico, que carece de capacidades de modelagem paramétrica e de restrição mais sofisticadas.

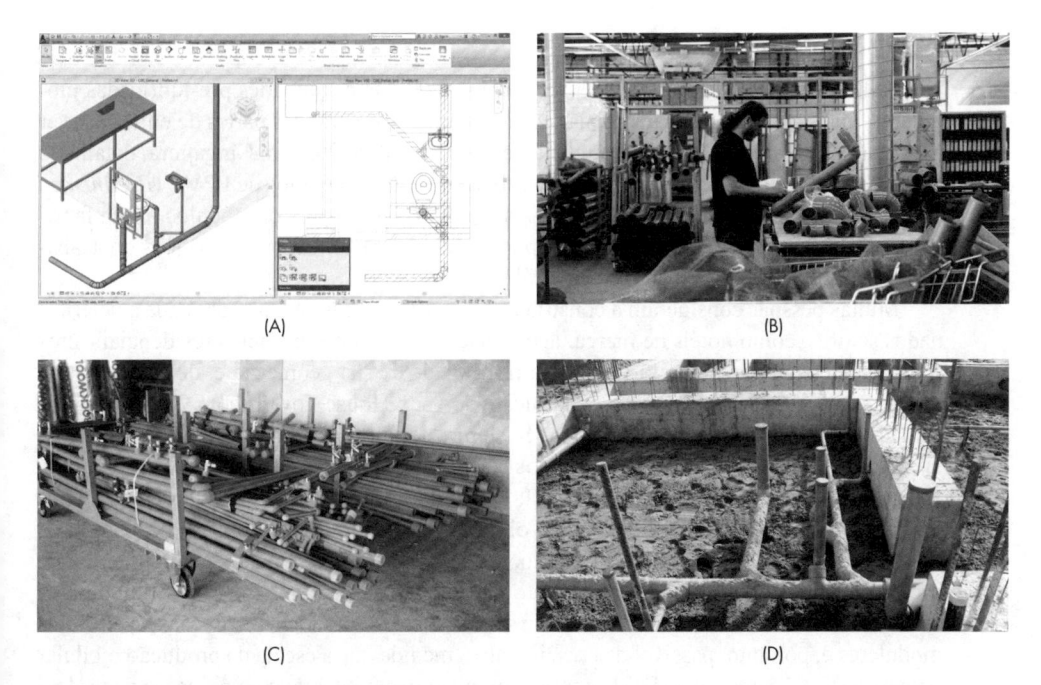

FIGURA 7.15 Componentes de instalações prediais projetados e pré-fabricados para a instalação em um projeto de conjunto habitacional: (A) Modelo do projeto; (B) Pré-fabricação; (C) Transporte até o canteiro de obras; (D) Sistema instalado.

Imagem fornecida por cortesia de Stabiplan.

Conforme discutido ao final da Seção 7.4.1, a desvantagem das aplicações baseadas em CAD, ao contrário das aplicações baseadas em BIM, é que as plataformas CAD não mantêm integridade lógica quando mudanças são introduzidas. Seções de dutos vizinhas devem ser ajustadas quando mudanças são feitas nas seções individuais ou em uma passagem de duto, como um todo. Quando um duto ou tubo, que penetra em uma laje ou parede, se move, o orifício correspondente na laje ou na parede também deve ser movido ou corrigido, se não for mais necessário. Além disso, algumas aplicações de MEP não dispõem de interfaces de importação e exportação, necessárias para que haja interoperabilidade em toda a indústria, como o suporte para os modelos IFC.

Em virtude de sua popularidade, subempreiteiros e fabricantes provavelmente ainda continuarão utilizando as ferramentas baseadas em CAD durante algum tempo. Dentre as ferramentas deste tipo disponíveis estão o *DuctDesigner* e o *PipeDesigner* (da *Trimble MEP*), o *SprinkCAD* (da *Tyco*) e o pacote *CADPIPE* (da *Orange Technologies*) (ver a Tabela 7.2). Por essa razão, é importante garantir que qualquer plataforma baseada em CAD seja capaz de suportar formatos de arquivo que podem ser carregados em *softwares* de integração de projeto (ver a Seção 2.3.1).

7.5.2 Construção modular

Os produtos PSE mais abrangentes para a construção são as unidades pré-fabricadas modulares, que são montadas para formar edifícios inteiros ou grandes partes de edifícios (ver a Figura 7.3). O projeto do NTU Student Residence Hall Project, em Cingapura, detalhado no Estudo de caso 10.3, é um exemplo excelente do uso de módulos de PPVC (*Prefinished Prefabricated Volumetric Construction*). As molduras de aço para os módulos foram fabricadas em Taiwan e enviadas para Cingapura, onde foram aplicados os serviços de acabamento e as instalações prediais em uma fábrica.

Muitas pessoas consideram a construção modular particularmente adequada a determinados setores, como hotéis de marca, acomodações estudantis, edifícios residenciais altos e edifícios hospitalares, em virtude da uniformidade de sua geometria e, de fato, existem muitos exemplos destes tipos de construção. A Apex House Tower, com 29 pavimentos da Tide Construction e Vision Modular Systems, no norte de Londres; a "True Glasgow West End", um complexo de 592 cômodos construído com módulos fabricados pela China International Marine Containers (CIMC); e as unidades de quartos modulares instalados no Saint Joseph Hospital, em Denver, Colorado, pela Mortenson (descrito no Estudo de caso 10.2), são todos exemplos. Contudo, o BIM e as ferramentas de detalhamento e de projeto paramétricas indicam que o custo de engenharia para as construções modulares com geometrias muito mais variadas pode ser reduzido. A variedade de formas de edifícios modulares é, portanto, passível de crescimento à medida que a escala da produção modular para a construção cresce e o BIM se torna completamente integrado ao processo de projeto para manufatura e montagem (DfMA).

Em um relatório publicado pelo Construction Leadership Council (CLC) do Reino Unido, que analisava o modelo de mão de obra da construção civil, intitulado "Modernize ou Morra", Mark Farmer apelou pelo aumento da utilização da construção modular (Farmer, 2016). O relatório defende a modernização da indústria da construção civil e confirma o papel essencial do BIM para o fornecimento das informações necessárias:

"**Pré-manufatura** – Muitos termos diferentes são empregados na esfera da inovação da construção civil, incluindo a "manufatura em oficina", os "métodos modernos de construção" ou a "pré-fabricação". Esta análise adota, de maneira uniforme, o termo pré-manufatura como um termo genérico que abarca todos os processos que reduzem o nível de intensidade da mão de obra *in loco* e os riscos de entrega. Isso inclui implicitamente uma abordagem de "projeto para manufatura e montagem" em todos os níveis, compreendidos desde a padronização no nível dos componentes e dos processos enxutos até as soluções volumétricas pré-finalizadas completamente. Isso também inclui quaisquer elementos de instalações no próprio canteiro de obras, ou adjacentes ao local provisório, ou em fábrica "móvel", ou em instalações de consolidação que diminuem o risco da construção *in loco*, melhorando a produtividade e a previsibilidade. A "indústria 4.0" é um termo frequentemente utilizado para referenciar a quarta revolução industrial, sustentado por técnicas de produção ciber-físicas e "inteligentes". No entanto, é evidente que, em muitos aspectos, a construção nem sequer fez a transição para o *status* de "indústria 3.0", baseada no uso em larga escala da eletrônica e da tecnologia da informação para automatizar a produção. É importante, portanto, ver isso como o objetivo imediato e utilizar a terminologia e as definições baseadas nos *benchmark*s estratégicos da indústria que refletem essa realidade corrente."

"... A Modelagem da Informação da Construção (BIM) ...[é] um agente de mudança crítico para a indústria, completamente entrelaçado com a mudança para abordagens lideradas pela manufatura discutidas anteriormente."

No momento da escrita desta obra, não havia ferramentas BIM disponíveis que fornecessem capacidades específicas para a construção modular. Devido ao conteúdo significativo de conhecimento da engenharia industrial, alguns fabricantes de unidades modulares consideram úteis os pacotes de CAD para engenharia mecânica, como o **Solidworks** ou o **Autodesk Inventor**. Eles podem ser adequados para a etapa de manufatura, mas não apresentam as capacidades de projeto de edificação que são essenciais às etapas esquemáticas e de desenvolvimento de projeto. A entrega de informações a partir de uma plataforma BIM para uma plataforma de fabricação não é trivial. Portanto, parece haver um "vazio" de oportunidade para ferramentas específicas de construção modular dentro de uma plataforma BIM.

7.5.3 Impressão 3D e construção robótica

A impressão 3D, ou manufatura aditiva (AM, *Additive Manufacturing*), é uma tecnologia de prototipagem rápida que gera um produto adicionando e vinculando várias camadas de materiais umas sobre as outras. Com a crescente disponibilidade de dados BIM, a impressão 3D tem feito progressos significativos na construção. Tornou-se popular no ensino de arquitetura a partir do desenvolvimento de impressoras 3D acessíveis no início dos anos 2000, mas somente a partir de 2008 foi proposta uma abordagem prática para edificações. Atualmente, três tipos de tecnologia de impressão 3D são empregados no setor de AEC: a construção por contornos, o jateamento de aglutinantes e a modelagem por fusão e depósito (FDM, *Fused Deposition Modeling*).

A **construção por contornos** é o método mais comum e mais avançado para impressão de edificações 3D. Um bocal impressor deposita sucessivas camadas de pasta de concreto, ou de um material cimentício de secagem rápida similar, para a geração de um edifício ou para a produção de elementos construtivos. O método foi proposto pela primeira vez em 2008 por Behrokh Khoshnevis, um professor de Engenharia Industrial e de Sistemas da University of Southern California (USC). A Winsun, um fabricante de concreto pré-moldado na China, tem desempenhado um importante papel na comercialização e popularização da tecnologia da construção por contornos. Em 2014, a empresa construiu 10 casas dentro de 24 horas a fim de demonstrar sua capacidade. Contudo, a Winsun não imprime os edifícios *in loco;* ao invés disso, imprime os componentes em uma fábrica e os monta *in loco*; em um modo similar ao utilizado pela construção de concreto pré-moldado. Uma empresa russa, a Apis Cor, desenvolveu um sistema de impressão de edifícios 3D com um braço extensor que repousa e rotaciona em torno de uma mesa giratória fixa. A Apis Cor imprimiu sua primeira edificação, uma casa de 38 m^2, em dezembro de 2016. Seu sistema consegue imprimir uma área de até 132 m^2 (com 4,0 a 8,5 m de diâmetro).

Os **bocais de jateamento de aglutinantes** pulverizam um aglutinante (cola) em uma camada fina de material de impressão, sobrepondo camada a camada até alcançar um produto impresso em 3D. O jateamento de aglutinante também é conhecido como método de camada de pó, pois espalha um material 3D na forma de pó sobre uma base de produção, antes da pulverização de um aglutinante sobre o material de impressão 3D. Depois, remove-se o excesso de material de impressão 3D. A D-shape era a mais conhecida empresa de impressão 3D da indústria de AEC a usar o jateamento de aglutinante. As superfícies dos produtos impressos pela D-shape lembravam a textura dos recifes de coral, em razão do uso da areia como a principal matéria-prima para impressão 3D.

A **modelagem por fusão e depósito** derrete e aglomera um material de impressão 3D para configurar uma forma. Como o concreto não pode ser fundido e aglomerado, outros tipos de materiais, como o aço ou os plásticos, são empregados na FDM. Um exemplo famoso é uma ponte de aço impressa em 3D que está sendo construída pela MX3D, uma empresa de impressão 3D robótica nos Países Baixos. A Branch Technology e a ETH Zurich usaram abordagens de FDM similares para imprimir estruturas reforçadas. A tecnologia da Fabricação Celular (C-Fab) da Branch Technology imprime em 3D uma estrutura reticulada, utilizando um plástico reforçado por fibras de carbono, e preenche os vazios com isolamento de espuma injetada. O SHoP, um escritório de arquitetura de Nova Iorque, usou a C-Fab para imprimir o maior pavilhão impresso em 3D do mundo em Miami, na Flórida, em 2017. Por outro lado, a tecnologia Mesh Mould (molde de malha) da ETH imprime em 3D uma estrutura reticulada em aço, que desempenha um papel duplo, como reforço e molde de concreto ao mesmo tempo, e preenche os vazios com concreto *zero-slump*.

Independentemente do método empregado, quatro etapas são necessárias para a impressão 3D de um edifício:

1. O primeiro passo é filtrar e selecionar os objetos que serão impressos a partir de um modelo BIM e exportar as informações geométricas 3D para um programa de manufatura assistida por computador (CAM, *computer-aided manufacturing*) que controle a impressora 3D. Cada tipo de impressora 3D tem sua própria aplicação CAM.
2. A seguir, são definidas as opções para a impressão 3D no *software* de CAM, como a qualidade da impressão e os caminhos de impressão.
3. As máquinas de impressão 3D *in loco* de larga escala exigem um processo de calibragem para determinar o ponto de base e a orientação.
4. Por fim, a impressora 3D é executada para construir o edifício ou os objetos da construção.

Apesar do rápido crescimento das pesquisas e do interesse pelas tecnologias de impressão 3D, ainda há muitas limitações e desafios a serem vencidos antes que elas se tornem competitivas em relação aos métodos de construção convencionais. Os problemas dizem respeito a escalabilidade e mobilidade das máquinas, fraca resistência às cargas laterais (eólica e sísmica), materiais de impressão mistos, qualidade dos acabamentos de superfícies, dificuldades de criação de elementos em balanço, e assim por diante. Não obstante, a ideia de ser capaz de modelar um edifício em uma plataforma BIM e, então, dispor de uma máquina simplesmente para fabricá-lo com precisão, rapidez e sem intervenção humana adicional é suficientemente atraente e apelativa para que as pessoas continuem explorando possibilidades.

A construção robótica, por outro lado, talvez tenha maior potencial no curto prazo. Os esforços de pesquisa e desenvolvimento para a construção robótica no final da década de 1980 (ver Warszawski, 1990, por exemplo) não se concretizaram no setor devido às despesas com robôs industriais, à falta de maturidade das ferramentas de navegação e de visão, bem como aos custos de preparação elevados (incluindo a necessidade da programação extensiva de cada tarefa em razão da falta de modelos de informação da construção). Tais condições mudaram – agora, especificamente, o BIM é comum. As ferramentas de construção robótica que usam informações de modelos, como o Hadrian X, da Fastbrick Robotics, estão chegando ao ponto de inflexão para aplicação comercial. A abordagem da Fastbrick é similar à impressão 3D que utiliza a construção por contornos, na qual são armazenadas camadas sucessivas de material para formar paredes; contudo, ela resolve uma série de problemas ao utilizar tijolos sólidos em vez de um material cimentício viscoso que precise fluir através de tubulações e fixar.

7.6 ADOÇÃO DO BIM EM OPERAÇÃO DE FABRICAÇÃO

Uma estratégia de gerenciamento sólida para a adoção do BIM deve incidir sobre aspectos além do *software*, *hardware* e do treinamento do pessoal de engenharia, devido ao tamanho de seu impacto nos fluxos de trabalho e nas pessoas.

Os sistemas BIM são uma tecnologia sofisticada que afeta todos os aspectos das operações de fabricação de uma subempreiteira, desde o *marketing* e estimativas até a engenharia, aquisição de matérias-primas, fabricação, transporte para instalação *in loco* e manutenção. O BIM não apenas automatiza as operações existentes que antes eram realizadas manualmente ou usando um *software* menos sofisticado, mas também permite diferentes padrões de fluxo de trabalho e processos de produção.

Os sistemas BIM aprimoram diretamente a produtividade dos processos de engenharia e de desenho. A menos que uma empresa experimente um crescimento sustentado no volume de vendas ao longo do período de adoção, o número de pessoas necessárias para essas atividades será reduzido. A diminuição pode ser uma ameaça aos trabalhadores, cuja energia e entusiasmo são fundamentais para a mudança dos procedimentos de trabalho. Um plano completo deve contar com este impacto, considerando e tomando providências para toda a equipe, tanto aqueles que foram selecionados para a formação quanto aqueles para quem outras tarefas podem ser encontradas. Deve visar à garantia de envolvimento e compromisso desde uma fase inicial.

7.6.1 Estabelecimento de metas apropriadas

As perguntas de orientação a seguir podem ajudar no estabelecimento de metas para um plano de adoção efetivo e na identificação dos atores, dentro e fora da empresa, que devem fazer parte do plano. Elas se aplicam igualmente às empresas de fabricação com capacidades de detalhamento internas e às empresas especializadas na prestação de serviços de detalhamento de engenharia.

- Como os clientes (proprietários de edifícios, arquitetos, consultores de engenharia e construtoras em geral) podem se beneficiar da maior proficiência dos fabricantes que passam a utilizar plataformas BIM? Quais novos serviços podem ser oferecidos, que atualmente não o são? Quais serviços podem ser mais produtivos, e como reduzir os prazos de entrega?
- Até que ponto os dados do modelo da construção podem ser importados a partir de fontes anteriores, como de modelos BIM de arquitetos ou outros projetistas?
- Em quanto tempo antes os modelos serão compilados, e quais são os níveis apropriados de detalhes para os modelos? Alguns fabricantes são convidados a propor soluções de projeto gerais ainda na fase de licitação, momento no qual um modelo com baixo nível de detalhe pode ser uma ferramenta excelente para a comunicação da abordagem única de uma empresa. Outras empresas são limitadas a licitar apenas

com base na solução do projetista, de modo que a modelagem começa com o detalhamento apenas se o contrato tiver sido ganho.
- Se um modelo foi elaborado para licitação, o quanto da informação compilada é útil para a fase de engenharia e detalhamento seguinte se o projeto for vencedor?
- Como e por quem será incorporado o detalhamento de engenharia padrão da companhia aos componentes da biblioteca personalizada no *software*? As bibliotecas devem ser compiladas no momento da adoção ou de maneira incremental, conforme necessário para os primeiros projetos modelados?
- O BIM pode oferecer modos alternativos de comunicar informações dentro da empresa? Isso requer um debate aberto com os diferentes departamentos para averiguar necessidades reais. Perguntar a um chefe de departamento de produção "Como você quer que seus desenhos executivos pareçam?" pode não fazer sentido na adoção do BIM, onde formas alternativas de apresentação da informação podem ser possíveis.
- Como as informações serão comunicadas aos projetistas e aos consultores no processo de apresentação? Arquitetos e consultores de engenharia com habilidades em BIM tendem a preferir receber o modelo em vez de desenhos. Como os comentários de revisão serão comunicados de volta para a empresa?
- Até que ponto os modelos de construção serão utilizados para gerar ou exibir informações de gerenciamento? O que é necessário (*software*, *hardware*, programação) para integrar os sistemas BIM aos sistemas de gerenciamento da informação existentes, ou novos sistemas de gerenciamento deverão ser adotados em paralelo? A maioria dos fornecedores de plataformas BIM oferece não apenas versões de autoria totalmente funcionais, mas também versões de modelo de integração e de vistas de modelos (ver a Seção 2.6), que são passíveis de adequação para os departamentos e as equipes de produção ou de logística.
- Qual é o ritmo adequado de mudança? Isso dependerá da liberação de tempo daqueles indivíduos comprometidos com as atividades de adoção do BIM pela empresa.
- Como e até que ponto os *softwares* de CAD existentes serão gradualmente eliminados? Quanto de efeito tampão deve ser mantido durante o processo de adoção? Existem clientes ou fornecedores que não mudarão para o BIM e, por isso, poderão exigir que seja mantida a capacidade limitada do CAD?
- Quais são as necessidades e capacidades de quaisquer fornecedores para os quais os serviços de engenharia são terceirizados? Será esperado que eles se adaptem? A empresa fornecerá algum apoio para que eles façam a transição para o BIM, ou eles serão substituídos por prestadores de serviços de engenharia com experiência em BIM?

7.6.2 Atividades para adoção

Uma vez selecionadas as configurações de *software* e *hardware*, o primeiro passo será elaborar um plano de adoção completo, começando com as definições das metas a serem alcançadas e a seleção do pessoal adequado para liderar a adoção, tanto como gerentes quanto como primeiros aprendizes. Idealmente, o plano de adoção será desenvolvido em conjunto com ou pelos líderes selecionados em estreita consultoria com as pessoas-chave dos departamentos de produção e logística da empresa.

O plano deve detalhar prazos e compromissos do pessoal em relação a todas as seguintes atividades:

- **Treinamento da equipe de engenharia para a utilização do software.** Uma palavra de precaução: a modelagem de objetos 3D é suficientemente diferente em conceito do desenho CAD que alguns operadores experientes em CAD consideram a necessidade de "desaprender" o comportamento CAD como uma barreira séria ao uso eficaz do *software* BIM. Assim como acontece com a maioria dos *softwares* sofisticados, a proficiência é construída com a prática ao longo do tempo. A equipe não deve ser treinada até que a organização possa garantir que eles podem dedicar-se ao uso contínuo do *software* no período imediatamente seguinte ao treinamento.
- **Preparação de bibliotecas de componentes personalizados, conexões padrão, regras de projeto, etc.** Para a maioria dos sistemas e das empresas, esta é uma tarefa importante, mas, por outro lado, é um fator determinante para o nível de produtividade que pode ser alcançado. Diferentes estratégias podem ser consideradas. Componentes personalizados podem ser definidos e armazenados de forma incremental, conforme o necessário nos primeiros projetos realizados; uma proporção significativa das bibliotecas pode ser construída antes do tempo; ou uma abordagem mista é possível. Grandes empresas podem optar por designar um membro da equipe treinado especialmente para compilar e manter as bibliotecas de peças, porque as bibliotecas de modelagem paramétrica são consideravelmente mais complexas e sofisticadas do que aquelas utilizadas com o CAD 2D.
- **Customização do software *para o fornecimento de modelos de desenhos e de relatórios adequados às necessidades da empresa.*** Imediatamente após o treinamento, os "primeiros aprendizes" podem ser encarregados de um empreendimento "fantasma". Isso envolve a tentativa de modelar um empreendimento que está sendo produzido em paralelo usando o *software* CAD padrão. "Empreendimentos-fantasma" proporcionam uma oportunidade para explorar a abrangência de um projeto real, embora não assumindo a responsabilidade de produzir resultados de acordo com prazos de produção. Também revelam as limitações do treinamento e o grau de customização que terá sido alcançado.
- **Seminários e/ou workshops *para aqueles que são afetados, mas não são usuários diretos*** – outros departamentos dentro da empresa, fornecedores de matérias-primas e de produtos processados, prestadores de serviços terceirizados e clientes – para informá-los sobre as capacidades, conseguir seu apoio e solicitar ideias para melhoria dos fluxos de informação possíveis. Em um desses seminários, em uma empresa de concreto pré-moldado, foi pedido ao gerente da oficina de montagem de armaduras que comentasse sobre as várias opções de formatos para dimensionamento de desenhos executivos. Em vez disso, ele perguntou se poderia dispor de um computador para a visualização 3D das armaduras usando codificação por cores dos diâmetros das barras, o que, segundo ele, permitiria à sua equipe compreender as armaduras que deveriam amarrar em uma fração do tempo que eles precisariam para interpretar os conjuntos de desenhos 2D.

7.6.3 Planejamento do ritmo de mudança

A introdução de novas estações de trabalho BIM deveria ocorrer por fases. É provável que o pessoal em formação permaneça improdutivo durante o seu treinamento e ainda menos produtivo do que com as plataformas CAD durante o período inicial, à medida que progridem ao longo da curva de aprendizado. As primeiras pessoas treinadas também são propensas à improdutividade por um período mais longo do que a maioria, pois terão que personalizar o *software* para adequação aos produtos e às práticas de produção específicas da empresa. Em outras palavras, poderá haver necessidade de pessoal *adicional* nas fases iniciais de adoção, seguida por uma queda bastante acentuada. Isso pode ser visto no número total de pessoal necessário, como mostrado na última linha de cada plano de adoção na Tabela 7.3.

A Tabela 7.3 mostra um plano viável para a substituição progressiva de 18 estações de trabalho CAD de uma empresa existente por 13 estações de trabalho BIM. É listado o número de postos de trabalho CAD e BIM que foram planejados para a operação em cada um dos quatro períodos após a introdução do *software* BIM. A tabela se baseia em estimativas para duas incógnitas: o grau de ganhos de produtividade esperados e a taxa de crescimento prevista em volume de negócios, se houver. A taxa de crescimento em volume pode ser convenientemente expressa em termos de um número equivalente de postos de trabalho CAD necessários para lidar com o volume (a tabela mostra duas opções, ignorando e considerando o crescimento no volume de trabalho). A taxa de ganho de produtividade usada para preparar essa tabela é de 40%, sendo baseada no número de horas necessárias para produzir o mesmo resultado utilizando BIM, em relação à produ-

Tabela 7.3 Um exemplo de adoção por estágios de estações de trabalho BIM para o departamento de engenharia de um fabricante

Períodos de adoção	Iniciar	P1	P2	P3	P4
Plano ignorando o crescimento no volume de trabalho					
Estações de trabalho CAD equivalentes necessárias	18	18	18	18	18
Estações de trabalho CAD em operação	18	18	13	3	
Estações de trabalho CAD salvas			5	15	18
Estações de trabalho BIM acrescentadas		3	6	2	
Estações de trabalho BIM em operação		3	9	11	11
Total de estações de trabalho	18	21	22	14	11
Plano considerando o crescimento no volume de trabalho					
Estações de trabalho CAD equivalentes necessárias	18	18	19	20	21
Estações de trabalho CAD em operação	18	18	14	5	
Estações de trabalho CAD salvas			5	15	21
Estações de trabalho BIM acrescentadas		3	6	3	1
Estações de trabalho BIM em operação		3	9	12	13
Total de estações de trabalho	18	21	23	17	13

ção usando CAD. Em termos de produção de desenhos, isso se traduz em 60% das horas atualmente gastas em CAD. Essa é uma estimativa conservadora, baseada em medições disponíveis a partir da pesquisa, como detalhado na Seção 7.3.4.

A Tabela 7.3 também demonstra como o tempo de inatividade para a formação e a redução da produtividade no início da curva de aprendizagem pode ser contabilizado. Uma hipótese simplista a esse respeito é que as estações de trabalho BIM introduzidas em cada período só serão plenamente produtivas no período que se segue. Assim, não há redução de postos de trabalho CAD no primeiro período de adoção, apesar da adição de três estações de trabalho BIM. No segundo período, a redução é de cinco estações de trabalho CAD, sendo igual ao número de estações de trabalho BIM que se tornam produtivas (três, o número acrescentado no período anterior), dividido pelo índice de produtividade (3 / 60% = 5).

O aumento de pessoal necessário durante o primeiro período de adoção pode ser amenizado pela terceirização ou por horas extras, mas é provável que isso se torne o principal item de custo do fluxo de caixa de um plano de adoção e, geralmente, será significantemente mais custoso que o investimento em *software*, *hardware* ou custos diretos de formação. As empresas podem decidir por escalonar a adoção gradualmente para reduzir o seu impacto; de fato, as durações de períodos de planejamento podem ser reduzidas ao longo do tempo (a integração de novos operadores costuma ser mais suave, uma vez que mais colegas tenham feito a conversão e à medida que o *software* BIM se torna mais profundamente integrado aos procedimentos do dia a dia). Em qualquer caso, a partir de uma perspectiva de gerenciamento, é importante assegurar que os recursos necessários para o período de mudança sejam reconhecidos e disponibilizados.

7.6.4 Considerações sobre recursos humanos

A longo prazo, a adoção do BIM em uma organização de um fabricante pode gerar efeitos de longo alcance em termos de processos de negócios e de pessoal. A conquista integral dos benefícios do BIM exige que os orçamentistas, que em geral estão entre os engenheiros mais experientes em uma indústria, sejam os primeiros a compilar um modelo para qualquer novo empreendimento, pois isso envolve a tomada de decisões sobre a concepção do projeto e os métodos de produção. Essa não é uma tarefa que pode ser delegada a um desenhista. Quando empreendimentos passam para os estágios de projeto detalhado e produção, novamente os engenheiros serão aqueles capazes de aplicar as análises corretas aos modelos e, no mínimo, os técnicos de engenharia que determinarão os detalhes. Para negócios envolvendo instalações elétricas, de HVAC e de tubulações, comunicações e assim por diante, o detalhamento deve ser feito em estreita colaboração com uma construtora e outros profissionais para garantir a construtibilidade e a sequência correta de trabalho, as quais novamente exigem conhecimento amplo e compreensão do domínio.

Como observado no Capítulo 5, no tópico sobre o BIM para profissões de projeto, aqui o conjunto de competências exigidas dos operadores BIM também pode resultar em um declínio do papel tradicional do desenho. As empresas deveriam ser sensíveis a isso em seu plano de adoção, não apenas em função das pessoas envolvidas, mas porque a adoção do BIM pode ser impedida caso se espere que as pessoas erradas o implementem.

Questões para discussão do Capítulo 7

1. De que modo o BIM permite novos métodos de construção e novos projetos de arquitetura? Use exemplos de edifícios contemporâneos construídos com o BIM para apoiar as suas respostas.
2. Selecione um tipo de edificação e um método de construção específicos e elabore uma lista com 10 a 12 tipos de subempreiteiros que poderiam trabalhar neste projeto. Classifique os subempreiteiros (especialidades, fornecedores ou fabricantes) em dois níveis: de acordo com a quantidade de serviços a serem executados *in loco* e o tipo de componentes utilizados. Existe alguma correlação entre as duas classificações?
3. Liste três exemplos de componentes projetados sob encomenda (PSE) para edifícios. Por que os fabricantes de componentes PSE tradicionalmente preparam desenhos executivos? Como o BIM pode reduzir o tempo de ciclo para *marketing*, projeto detalhado, fabricação e montagem de componentes PSE na construção? Use os três exemplos de componentes PSE que você forneceu para ilustrar suas respostas.
4. Quais são as maneiras pelas quais o BIM pode facilitar o trabalho dos subempreiteiros e fabricantes? Quais os desperdícios definidos pela construção enxuta que podem ser reduzidos? (Os desperdícios são retrabalho; etapas de processamento desnecessárias; movimento de pessoas, equipamentos e materiais, inventários e esperas desnecessários; e excesso de produção).
5. Quais são as características dos sistemas BIM que permitem mudanças do tipo "apertar um botão" a detalhes como os mostrados na Seção 7.6?
6. Imagine que seja atribuída a você a responsabilidade pela adoção do BIM em uma empresa que fabrica e instala dutos de HVAC em edifícios comerciais e públicos. A companhia emprega seis detalhistas que utilizam CAD 2D. Discuta suas considerações-chave para a adoção e esboce um plano de adoção coerente, citando as principais metas e entregas.
7. Quais os tipos de relacionamentos contratuais que melhor atendem às necessidades de um subempreiteiro realizando a pré-fabricação, com ênfase na capacidade de se beneficiar do uso do BIM?
8. Quais os tipos de tecnologias (de campo e de escritório) que estão disponíveis para alinhar as necessidades de informações dos subempreiteiros, fornecedores e construtores com respeito a fluxos de materiais, fabricação e entrega de componentes, bem como instalação de montagens?
9. De que modo o BIM influencia a viabilidade econômica da construção pré-montada, pré-fabricada e modular? Como ele contribuirá para a construção com impressão 3D e a construção robótica no futuro?

CAPÍTULO 8

Facilitadores da Adoção e da Implementação BIM

8.0 SUMÁRIO EXECUTIVO

Ainda que as "informações" sejam fundamentais no BIM, os aspectos não técnicos de "processos", "pessoas" e "políticas" também devem ser considerados. Este capítulo enfatiza os facilitadores do BIM, incluindo as questões referentes aos mandatos, requisitos, rotas estratégicas, modelos de maturidade, medidas, guias, educação e treinamento, aspectos legais, de segurança e melhores práticas em BIM.

Em muitos países, é obrigatório o uso do BIM em projetos públicos, para que os empreendimentos sejam projetados, construídos e gerenciados "de um modo melhor, mais rápido, mais barato, mais seguro e mais sustentável", e isso cada vez mais tem se tornado a regra. As experiências mostram que um plano estratégico de longo prazo é necessário para que a indústria da construção civil nacional seja levada a um nível no qual os inúmeros benefícios do BIM na sociedade possam ser alcançados. Por esse motivo, a maioria dos países publica rotas estratégicas para adoção do BIM em consonância com seus mandatos BIM. Os guias BIM também vêm sendo desenvolvidos e atualizados à medida que o setor atinge cada marco do processo de adoção. Quando esta obra estava sendo escrita, mais de 100 guias BIM estavam disponíveis ao público. Às vezes, como parte de um guia BIM e, outras vezes, como uma ferramenta independente, inúmeros modelos de maturidade em BIM foram desenvolvidos e publicados como um meio para monitorar e gerenciar o *status* da implementação do BIM em vários níveis.

As pessoas sempre estão no centro de qualquer inovação tecnológica. Muitos programas de treinamento e certificação em BIM têm sido desenvolvidos ao redor do mundo a fim de instruir e estimular as habilidades necessárias. No BIM, a colaboração entre os participantes de um projeto é tão importante que a maioria das rotas de estratégia para sua adoção foi desenvolvida usando o "nível de colaboração" como a principal estrutura. Os projetos que envolvem um alto nível de colaboração não conseguem ficar isentos de riscos jurídicos e de segurança, sendo que muitos guias BIM recomendam ações voltadas a questões legais e de segurança. De modo geral, os conhecimentos acumulados e a experiência se tornam as melhores práticas e, em determinado momento, são codificados nos guias BIM. Isso cria um processo cíclico de execução, avaliação e evolução do projeto.

8.1 INTRODUÇÃO

Os quatro elementos centrais da reengenharia de processos de negócios são tecnologia, pessoas, processos e políticas. Enquanto os Capítulos 2 e 3 focam nos aspectos tecnológicos do BIM e os Capítulos 4 a 7 discutem as mudanças nos processos, além das inovações tecnológicas em cada disciplina, este capítulo concentra-se nas questões sociais, estratégicas e organizacionais (entre outras), que facilitam a adoção e implementação BIM. Os tópicos listados a seguir são discutidos nas próximas seções:

- **Mandatos BIM.** Essa seção discute a significância das exigências do BIM e analisa o *status* dessas obrigatoriedades por parte dos governos ao redor do mundo. Ela apresenta as diferentes motivações, exigências, desafios e considerações na elaboração dos mandatos BIM pelos governos.
- **Rotas estratégicas (*roadmaps*) para BIM, modelos de maturidade BIM e medidas BIM.** Esses conceitos estão intimamente relacionados entre si. Essa seção introduz os diferentes tipos e oferece exemplos de cada um deles.
- **Guias BIM.** Essa seção introduz os guias BIM disponíveis ao público por região e organizações. Oferece uma análise detalhada dos níveis de desenvolvimento do BIM, dos requisitos de informação do BIM e do planejamento de execução do BIM.
- **Educação e treinamento BIM.** As pessoas são o elemento-chave do BIM. Essa seção descreve os programas de treinamento e de certificação no setor e os programas de ensino universitário ao redor do mundo.
- **Questões legais, de segurança e melhores práticas.** O BIM se baseia na intensa colaboração entre os participantes de um projeto. No entanto, os problemas legais e de segurança são inevitáveis em qualquer projeto extremamente colaborativo. Essa seção discute as responsabilidades e os direitos dos participantes de um projeto com BIM em relação aos dados do BIM. Descreve as diferentes abordagens às estruturas de cobrança de honorários de prestação de serviços de BIM, discute a importância dos aspectos sociais do BIM e explica as relações cíclicas entre os guias BIM, os projetos com BIM e as melhores práticas durante a execução de projetos com BIM, sua avaliação e evolução.

8.2 MANDATOS BIM

Os proprietários de obras públicas e privadas exigem cada vez mais o uso do BIM em seus projetos. Muitas vezes os 'mandatos' são anunciados pelos proprietários públicos ou privados em memorandos ou editais publicados para o setor da construção civil e de projeto. São implementados como exigências contratuais para os prestadores de serviço. Esta seção foca nas obrigatoriedades de adoção do BIM por parte de clientes do governo ou de outros órgãos públicos. Inicialmente é discutida a importância dos mandatos BIM pelos governos, e, então, são relatados a situação atual, as motivações e os requisitos destas imposições ao redor do mundo. A seção é concluída com uma discussão dos desafios e considerações acerca dos mandatos BIM governamentais.

8.2.1 Significância dos mandatos BIM por parte do governo

Tanto organizações dos setores público quanto privado exigem o BIM em seus projetos, mas a obrigatoriedade imposta pelo setor privado tem um impacto menor na indústria, se comparada à imposta pelo setor público. Então, por que os mandatos BIM do governo atraem mais atenção por parte do setor?

Em primeiro lugar, um mandato BIM do governo tem um grande impacto na conscientização da indústria sobre o BIM. Por exemplo, uma série de pesquisas de BIM feitas pelo National Building Specification for the UK mostraram que 43% dos respondentes não conheciam o BIM em 2011, quando a obrigatoriedade de adoção do BIM foi anunciada pela primeira vez. Contudo, em 2012, esse percentual havia caído para 21%, e, em 2013, para 6%. O relatório *SmartMarket Report* de 2012, "*The Business Value of BIM in South Korea*", mostrou que, dois anos após a adoção mandatória do BIM na Coreia do Sul, apenas 3% dos respondentes coreanos não conheciam o BIM.

Em segundo lugar, uma grande proporção de projetos de construção, em particular aqueles de infraestrutura, são projetos públicos, e inúmeras empresas dependem grandemente desses projetos.

Em terceiro lugar, ao contrário dos mandatos BIM das empresas privadas, os mandatos BIM governamentais estão intimamente relacionados com políticas governamentais, normas regulatórias e sistemas administrativos, como o sistema de submissão eletrônica de Cingapura. Quando os governos anunciam mandatos BIM, em geral, também publicam um guia estratégico de adoção para modificar ou melhorar seus regulamentos, padrões e sistemas que dão suporte às alterações impostas pela exigência de seu mandato BIM. Os guias BIM também são continuamente atualizados de acordo com os novos requisitos BIM.

Em quarto lugar, as empresas privadas mantêm seus planos e diretrizes detalhados para adoção mandatória do BIM internamente, dificultando o conhecimento destes detalhes por parte do público.

Estes são apenas alguns dos motivos – e podem existir mais. As seções subsequentes analisam mandatos BIM governamentais em detalhe.

8.2.2 O *status* de mandatos BIM governamentais ao redor do mundo

Organizações públicas na Europa, nos Estados Unidos e na Ásia começaram a exigir o uso do BIM pouco antes de 2010. Os primeiros mandatos BIM em projetos públicos foram publicados em 2007 pela Noruega, Dinamarca e Finlândia. Nos Estados Unidos, a General Services Administration (GSA) anunciou que exigiria o uso do BIM em todos os seus projetos a partir de 2008. Na Ásia, a Coreia do Sul passou a requisitar a adoção do BIM em projetos públicos a partir de 2010. Desde então, mais de 15 países ao redor do mundo requisitaram ou anunciaram um plano para adoção mandatória do BIM. Estes dados são resumidos na Tabela 8.1.

Tabela 8.1 Mandatos BIM ao redor do mundo (por ano-alvo)

País	Estado/Organização	Ano-alvo	Requisitos
Noruega	Statsbygg	2007-2010	"Um-cinco-quinze-todos": um projeto em 2007, cinco projetos em 2008, quinze projetos em 2009 e todos os projetos públicos a partir de 2010 foram obrigados a adotar o BIM.
Dinamarca	bips/MOLIO	2007-2013	A partir de janeiro de 2007, todos os projetos cujo orçamento superasse 3 milhões de euros foram obrigados a usar o formato IFC como um requisito para BIM. Em 2013, o governo dinamarquês expandiu o escopo da obrigatoriedade do BIM para os projetos de edificações públicas acima de 700 mil euros ou projetos acima de 2,7 milhões de euros que obtivessem empréstimos ou incentivos de autoridades governamentais para uso de ICT/BIM.
Finlândia	Senate Properties	2007	Todos os projetos públicos são obrigados a usar o IFC/BIM. Desde 2012, após publicados os *Common BIM Requirements* (COBIM), a Senate Properties e outras grandes empresas da construção exigem o BIM em seus projetos, usando o COBIM como um guia. A Finlândia começou um programa chamado KIRAdigi, que inclui um plano para tornar o BIM parte do processo de licenciamento da construção.
Estados Unidos	General Services Administration (GSA)	2008	A GSA exige a adoção do BIM em todos os seus grandes projetos públicos (com orçamento superior a cerca de 35 milhões de dólares) que envolvam apropriações do governo dos Estados Unidos baseadas na *GSA Guide Series*.
	Wisconsin	2010	O Estado de Wisconsin anunciou que todos os projetos públicos com orçamento superior a 5 milhões de dólares ou qualquer nova construção com um orçamento acima de 2,5 milhões de dólares deveriam usar o BIM a partir de 2010.
Coreia do Sul	Ministério do Território, Infraestrutura e Transporte (MoLIT)/Serviço de Contratação Pública (PPS)	2010-2016	Pelo menos dois projetos em 2010, pelo menos três projetos em 2011, todos os projetos "completos" com orçamento superior a 50 bilhões de *wons* sul-coreanos em 2012 e todos os projetos "completos" a partir de 2016 foram obrigados a usar o BIM. Um projeto "completo" é aquele em que toda a contratação e o processo de construção são planejados e administrados pelo PPS.
Cingapura	Building and Construction Authority (BCA)	2013-2015	Em 2013, todos os projetos de edificações com mais de 20 mil m² foram obrigados a usar a Submissão Eletrônica (*e-submission*) do BIM para Arquitetura. Em 2014, todos os projetos de edificações com mais de 20 mil m² foram obrigados a usar a Submissão Eletrônica (*e-submission*) do BIM para Engenharia. Em 2015, todos os projetos de edificações com mais de 20 mil m² foram obrigados a usar a Submissão Eletrônica (*e-submission*) do BIM para Arquitetura e Engenharia.
Reino Unido	UK BIM Task Group/The Cabinet Office	2016	Em 2011, o governo do Reino Unido anunciou que exigiria a adoção mandatória do BIM em todos os projetos públicos no Nível 2 de BIM para o Reino Unido a partir de 2016.
China	Autoridade Habitacional de Hong Kong	2014	Em 2014, a Autoridade Habitacional de Hong Kong passou a exigir a adoção do BIM em todos os seus projetos.
	Governo de Hong Kong	2017-2018	Em janeiro de 2017, o Hong Kong Policy Address determinou que os departamentos governamentais de Hong Kong deveriam ativamente exigir o uso do BIM dos consultores e construtores. A partir de 2018, o governo de Hong Kong exigiu o uso mandatório do BIM nos projetos governamentais com orçamento superior a 30 milhões de dólares de Hong Kong.
	Província de Hunan	2018-2020	A província de Hunan planejou exigir o uso do BIM em todos os projetos e construções públicos com orçamento superior a 30 milhões de *renmimbi* ou com área acima de 20 mil m² no fim de 2018 e em 90% de todas as novas edificações na Província de Hunan em 2020.

(*continua...*)

Tabela 8.1 Mandatos BIM ao redor do mundo (por ano-alvo) (*Continuação*)

País	Estado/Organização	Ano-alvo	Requisitos
China	Cidade de Fujian	2017	A cidade de Fujian passou a exigir de forma seletiva o uso mandatório do BIM em alguns dos projetos com orçamento superior a 100 milhões de *renmimbi* em 2017.
	Governo Nacional	2020	Com base no XII Plano Quinquenal do governo, exigiu-se que as moradias de classe A e 90% de todos os novos projetos de construção passem a adotar o BIM até o final de 2020.
Dubai	Município de Dubai	2014	Em 2014, o Município de Dubai passou a exigir o uso de ferramentas BIM em todas as edificações com 40 pavimentos ou mais, em instalações e edifícios com mais de 33 mil m², para hospitais, universidades e outros edifícios especiais ou aqueles entregues por uma entidade estrangeira.
Itália		2016	Em 27 de janeiro de 2016, o governo da Itália anunciou que os projetos públicos que superassem o orçamento de 5,2 milhões de euros deveriam atender ao Nível 2 de BIM do Guia de Adoção do BIM para o Reino Unido a partir de 18 de outubro de 2016.
França	The Centre Scientifique et Technique du Batiment (CSTB)	2017	Em 2014, a França anunciou que construiria 500 mil casas usando o BIM até 2017.
Espanha	Ministério do Desenvolvimento	2018-2019	Em 2015, o Ministério do Desenvolvimento da Espanha anunciou que estava planejando a exigência do uso do BIM para o setor público a partir de março de 2018, para os projetos de construção públicos a partir de dezembro de 2018 e para os projetos de infraestrutura a partir de julho de 2019.
	Governo Municipal da Catalunha	2020	Em fevereiro de 2015, o Governo Municipal da Catalunha formou um grupo denominado "Construim el Futur" ("Construímos o Futuro") para elaborar um plano que estabeleça a obrigatoriedade de uso do BIM até 2020.
Alemanha	Ministério Federal do Transporte e da Infraestrutura Digital	2020	O governo da Alemanha planejou tornar obrigatório o uso do BIM em todos os projetos de infraestrutura até 2020 e, possivelmente, também nos projetos de construção de edificações.
Israel	Ministério da Defesa	2016	Todos os projetos devem ser entregues com o BIM a partir de 2019.

8.2.3 Motivações

A obrigatoriedade de adoção do BIM por parte do governo (com mandatos BIM) é motivada por vários fatores:

- A indústria da construção civil é central em todas as economias, mas possui uma produtividade relativamente baixa, se comparada à de outros setores econômicos (Egan, 1998; Teicholz, 2004).
- A oportunidade de melhoria da qualidade e do gerenciamento dos projetos e das construções de infraestrutura ao longo de todo o ciclo de vida de um projeto.
- Os governos procuram melhorar o gerenciamento das instalações de edificações e dos ativos públicos ao readaptar os dados de BIM produzidos durante as fases de projeto e construção. Essa motivação naturalmente levou ao registro obrigatório de modelos *as-built* IFC ou COBie como parte dos requisitos BIM.
- O desejo de "tomar decisões embasadas" em dados do BIM. Essa foi uma das principais motivações da UK BIM Task Group.

- A crescente demanda por projetos e construções ambientalmente sustentáveis. O Protocolo de Kyoto em 1997 e o Acordo de Paris em 2015 são significativos para as motivações neste sentido. O BIM é reconhecido como uma ferramenta efetiva para que se alcancem os objetivos de sustentabilidade (Bernstein *et al.*, 2010; Krygiel e Nies, 2008).
- O desejo de manter ou expandir a liderança global no setor da construção civil.

É possível que haja outras razões para a adoção do BIM, mas tais motivações refletem uma abordagem estratégica para permitir aos participantes de projeto planejar, construir, operar e gerenciar seus edifícios e outras instalações "de um modo melhor, mais rápido, mais barato, mais seguro e mais sustentável".

8.2.4 Requisitos BIM

Os primeiros casos de obrigatoriedade de adoção do BIM (mandatos BIM) exigiam apenas a submissão de dados de projeto no formato IFC ou em outros formatos BIM. Contudo, à medida que mais conhecimento e experiência sobre o BIM eram adquiridos, as exigências se tornaram mais complexas e explícitas. Um exemplo disso é o projeto da sede da Korea Power Exchange, que iniciou em 2009. Embora o plano de adoção (*roadmap*) para o uso obrigatório do BIM (mandato BIM) na Coreia do Sul tenha sido implementado oficialmente em 2010, sete projetos públicos já haviam exigido o uso do BIM antes disso.

O estudo de caso da sede da Korea Power Exchange foi um desses projetos. Os requisitos BIM neste projeto foram muito específicos e cada um deles foi avaliado e recebeu uma pontuação durante o processo de avaliação do projeto. Além da entrega dos modelos de projeto BIM no formato IFC, três categorias adicionais de requisitos foram previstas: (1) conferência automática dos requisitos espaciais; (2) conferência automática da qualidade do projeto básico; e (3) avaliação do desempenho energético com base no BIM. Cada categoria dispunha de sub-requisitos. Por exemplo, a conferência de qualidade do projeto básico incluía a exigência de que o projeto fosse isento de conflitos graves (*hard clashes*) ou brandos (*soft clashes*), bem como deveria satisfazer as normas de acesso seguro e saídas de emergência, de acessibilidade universal e projeto de escadas. Cada uma das equipes usou mais de dez aplicações, incluindo Rhino, Revit, SketchUp, Robot, Midas, Ecotect, IES Virtual Environment e Solibri Model Checker. O formato IFC foi recomendado para o intercâmbio de dados. No entanto, uma reunião com os participantes do projeto após o processo de contratação revelou que o setor e as aplicações de *software* ainda não estavam suficientemente maduros para atender a todos os requisitos. Isso motivou o surgimento do plano de adoção do mandato BIM na Coreia do Sul para adoção de forma gradual, como descrito na Tabela 8.1.

Em 2013, ao ampliar o escopo de seu mandato BIM, o governo da Dinamarca exigiu sete itens: (1) o uso coordenado da tecnologia da informação e da comunicação; (2) o gerenciamento dos objetos de construção digitais; (3) o uso da comunicação digital e de um *website* do projeto; (4) o uso de modelos digitais de construção; (5) a extração de quantitativos e a orçamentação digitais; (6) a entrega digital dos documentos de projeto; e (7) a inspeção digital.

Em 31 de maio de 2011, o Escritório do Gabinete do Reino Unido anunciou que o governo britânico passaria a exigir o BIM de Nível 2 em seus projetos a partir de abril de 2016. Em seguida, publicou uma série de guias BIM, começando com a PAS 1192-2 (BSI, 2013), lançada em 2013. A PAS 1192-2 especifica "o gerenciamento de informação para a fase de capital/entrega dos projetos de construção que usam o BIM", a qual exige a submissão de três documentos: um Plano Diretor de Entrega de Informação (MIDP); um Plano de Execução BIM (BEP); e os Requisitos de Informação do Empregador (EIR). A PAS 1192-3 especifica o "gerenciamento de informação para a fase operacional de ativos usando o BIM" e recomenda a especificação explícita das exigências de informação sobre ativos e a entrega de informação sobre ativos de acordo com a COBie-UK-2012. A PAS 1192-4 especifica detalhes de produção colaborativa do COBie-UK. A PAS 1192-5 especifica exigências relacionadas à segurança. Existem mais especificações para os mandatos BIM, e o número tende a aumentar. Algumas se tornarão exigências contratuais e outras simplesmente permanecerão como diretrizes.

Os guias de uso de BIM nacionais especificam os requisitos mínimos. Cada projeto pode expandir a lista de exigências e adicionar requisitos novos ou detalhados para as necessidades específicas daquele projeto. Por exemplo, alguns projetos incluem métodos específicos de uso do BIM, o número mínimo de especialistas em BIM na equipe (gerentes e coordenadores) ou o uso de plataformas específicas de um servidor BIM.

8.2.5 Desafios e considerações

Como descrito anteriormente, a obrigatoriedade de adoção do BIM por parte do governo aumenta muito a consciência do BIM no setor da construção civil. Contudo, isso não significa que a exigência do BIM dirigida pelo governo produza imediatamente benefícios para o setor. Para que essa obrigatoriedade crie um impacto positivo nos projetos, os seguintes pontos devem ser considerados:

- Os proprietários de edificações, assim como os profissionais do setor, devem ser educados sobre o BIM. Quando os proprietários não conhecem o BIM ou são indiferentes, os retornos esperados são mínimos. Nos casos mais graves, o projeto inteiro pode ser mal gerenciado, com resultados prejudiciais.
- Cuidado com a oferta "enganosa" de BIM, ou seja, uma maneira superficial de conduzir e entregar os serviços BIM. Muitos dos primeiros projetos para os quais o BIM foi mandatório foram conduzidos por consultorias para satisfazer os requisitos mínimos, como a entrega de modelos no formato IFC. Para evitar essa adoção enganosa do BIM, é preciso uma estratégia bem planejada e incremental para que o setor se engaje.
- É necessária uma definição clara de quais serão os dados de entrega do BIM. Por exemplo, muitos proprietários simplesmente exigem a entrega dos arquivos IFC ou COBie sem analisar quais informações são de fato necessárias para o gerenciamento das instalações da edificação.
- Seja paciente. Leva tempo para que as pessoas aprendam a usar o BIM de modo eficiente e efetivo. Como explicado por Jan Karlshoj, vice-presidente da buildingSMART Nordic, em uma entrevista dada em 2016 (Karlshoj, 2016), "[A Dinamarca] levou de sete a oito anos desde que o BIM se tornou obrigatório para ver os benefícios a partir da nova maneira de trabalhar... Levou mais alguns anos após o mandato para que todos os construtores aderissem, e outros três ou quatro para que o BIM se tornasse parte das entregas. De modo geral, os clientes estão implementando o BIM apenas há poucos anos e, portanto, ainda temos muito o que aprender".

8.3 *ROADMAPS*, MODELOS DE MATURIDADE E MEDIDAS BIM

O modelo de maturidade BIM, a medida BIM, o mandato BIM e o plano de adoção (*roadmap*) para o BIM são conceitos inseparáveis (Figura 8.1). Um modelo de maturidade BIM é uma ferramenta de referência para avaliação do nível de implementação do BIM em um projeto, organização ou região. Uma medida BIM é um indicador-chave de desempenho (KPI), que pode ser empregado em um modelo de maturidade BIM. A implementação do BIM exige tempo e etapas incrementais. O plano de adoção BIM é um plano para alcançar os níveis de competência como mensurados usando um modelo de maturidade BIM. O mandato BIM define as metas de cada etapa de um plano de adoção (ou rota estratégica) para o BIM. Um guia BIM é um conjunto de instruções detalhadas para ajudar os usuários a cumprirem o mandato.

8.3.1 *Roadmaps* BIM

Desde o início da década de 2000, quando o BIM começou a ser percebido como uma direção futura dos setores de arquitetura, engenharia e construção civil, muitas empresas têm desenvolvido rotas estratégicas (*roadmaps*) para a adoção do BIM em suas organizações. Por exemplo, a Skanska Finland dispunha de um *roadmap* para iniciar o primeiro projeto com BIM em 2005 e para obter benefícios claros nos negócios em 2013, por meio da expansão do escopo da adoção do BIM em projetos residenciais em 2008, em projetos comerciais em 2009 e em projetos globais em 2009 (ver Sacks *et al.*, 2017, Capítulo 5).

Um dos primeiros *roadmaps* para a adoção do BIM desenvolvido por uma organização pública foi o do US Army Corps of Engineers (USACE). O *roadmap* inicial do USACE, publicado em 2006, tinha sete marcos baseados no número de projetos e no

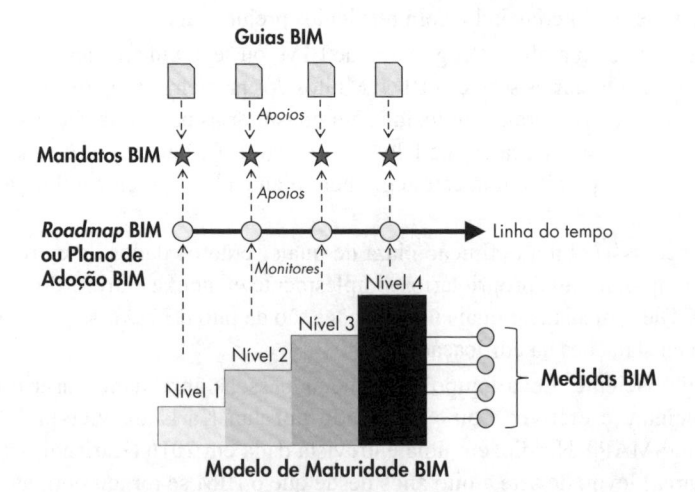

FIGURA 8.1 As relações entre planos de adoção BIM, modelos de maturidade BIM, mandatos BIM e as medidas BIM.

Capítulo 8 • Facilitadores da Adoção e da Implementação BIM

Educar
Completar o treinamento de BIM inicial em todos os Distritos
Manter a competência em BIM por meio da educação continuada

Inovar
Alavancar o BIM para a qualidade melhorada e a redução substancial de custos e tempo de construção das instalações das edificações

Integrar
Integrar o BIM nos processos de negócios
Estabelecer políticas e procedimentos para a melhoria do processo de medição

Automatizar
Fazer uso de produtos de BIM em sistemas automatizados transparentes e ininterruptos

Colaborar
Promover a transferência de dados efetiva (interoperabilidade) entre os sistemas automatizados e as linhas de negócio
Aumentar a automação no processo de entrega de instalações das edificações

	Capacidade operacional inicial		Capacidade operacional plena		
MILCON Ano fiscal	2010	2012	2014	2016	2020
CW	2014	2016	2018	2020	2024

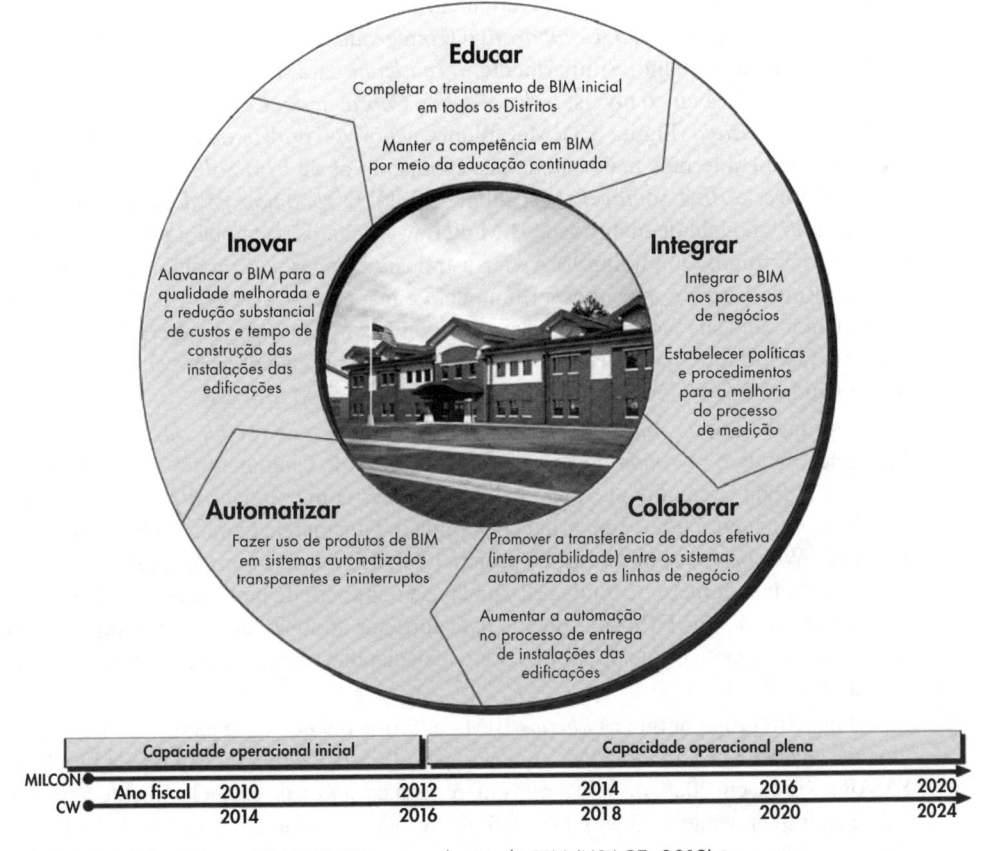

FIGURA 8.2 O *roadmap* USACE 2012 para adoção do BIM (USACE, 2012).

nível de conformidade (em termos de percentual) com a norma National BIM Standards (NBIMS). Tinha o objetivo ambicioso de implementar gradualmente o BIM em todos os projetos distritais do USACE com base na NBIMS até 2010, almejando alcançar a capacidade operacional plena definida pela NBIMS até 2012 e a automação das tarefas do ciclo de vida em 2020. Um *roadmap* revisado, que foi lançado em 2012, postergou a data limite para alcance da plena capacidade operacional para 2020 e redefiniu os níveis de maturidade do BIM como um processo cíclico de cinco etapas – Educar, Integrar, Colaborar, Automatizar e Inovar – em vez de um processo incremental linear (Figura 8.2).

Desde a elaboração do *roadmap* do USACE, muitos outros *roadmaps* foram desenvolvidos e publicados. Embora cada um deles reflita uma diferente filosofia e estratégia, podem ser divididos em cinco grupos.

O primeiro grupo é definido pelo *nível de colaboração*. Por exemplo, o *roadmap* BIM publicado pelo Australian Institute of Architects e pelo Cooperative Research

Center (CRC) for Construction Innovation em 2009 categorizou o *status* de maturidade BIM em três níveis: *Isolado, Colaborativo* e *Integrado*. O *roadmap* do USACE é similar ao modelo australiano. Similarmente, o *roadmap* para o BIM do Canadá, lançado em 2014, especifica cinco níveis: *Independente, Coordenado, Colaborativo, Integrado* e *Unificado/Otimizado* (Figura 8.3). McCallum categorizou os diferentes níveis de colaboração no BIM em termos mais coloquiais, chamando-os de *BIM Solitário, BIM Tímido, BIM Amigável* e *BIM Sociável* (McCallum, 2011). O *roadmap* BIM do Reino Unido baseia-se no "modelo de maturidade BIM de Bew-Richards" e também pode ser categorizado neste grupo. O buildingSMART Australasia comparou o modelo de maturidade BIM do Reino Unido com seu próprio modelo e mapeou os Níveis 0 e 1 do modelo do Reino Unido com sua fase de Isolamento, o Nível 2 com a fase de Colaboração e o Nível 3 com a fase de Integração (Figura 8.4). De maneira previsível, o Nível 1 do BIM do Reino Unido é frequentemente referido como a fase do BIM Solitário.

O segundo grupo categoriza *roadmaps* BIM com base no *escopo dos projetos BIM*. Exemplos incluem os *roadmaps* para o BIM do BCA de Cingapura, MOLIT da Coreia do Sul e PPS da Escandinávia, além de outros países com mandato BIM. Por exemplo, o BCA de Cingapura usa a área bruta construída; a Dinamarca, Coreia do Sul, China e o Estado de Wisconsin usam o valor do projeto total; a China usa o percentual de projetos; a França adota o número de unidades; Dubai usa o número de pavimentos e a área bruta construída; o *roadmap* BIM sul-coreano para edifícios arranha-céus utiliza a fase de projeto; a Espanha adota o tipo de projeto. Para mais detalhes e exemplos, consulte a Tabela 8.1 na Seção 8.2.2.

O terceiro grupo define *roadmaps* BIM conforme o *valor-base* para se cumprir cada uma das etapas. O *roadmap* BIM publicado pelo PPS da Coreia do Sul e pela buildingSMART Korea, em 2009, dividiu a rota em três etapas: a fase de estabelecimento (3 anos), a fase de implementação (3 anos) e a fase de avanço e consolidação (4 anos). Cada fase tinha um objetivo específico: a *melhoria da qualidade do projeto*, a *redução do orçamento* e a *inovação em negócios*, respectivamente. Cada um desses objetivos era suportado por estratégias de execução específicas e subobjetivos divididos em cinco categorias: (1) promoção de políticas; (2) desenvolvimento e adoção de padrões; (3) aquisição e difusão de tecnologia; (4) implementação de projeto; e (5) educação e disseminação.

O quarto grupo define *roadmaps* BIM com base nos *usos de BIM*. Por exemplo, o *Roadmap* BIM 2030, discutido no Capítulo 9 (Seção 9.6), define cinco níveis de uso do BIM, começando com aqueles que são menos desafiadores tecnicamente: Nível 0, BIM de *Marketing*; Nível 1, BIM de Coordenação Inicial; Nível 2, BIM de Abordagem Dual ou de duas trilhas (*Two-track BIM*); Nível 3, BIM Completo; Nível 4, BIM Enxuto (*Lean*); e Nível 5, BIM da Inteligência Artificial. Os *roadmaps* BIM das empresas frequentemente usam essa abordagem.

O último grupo inclui *roadmaps* BIM com uma abordagem única. Por exemplo, o *roadmap* BIM do projeto ferroviário UK High Speed Two (HS2) adota uma abordagem descritiva em contraste com a abordagem prescritiva dos *roadmaps* típicos. O HS2 utiliza uma ilustração (*cartoon*) para descrever o que deve ser alcançado em diferentes pontos (Figura 8.5). O National BIM Blueprint da Austrália usa um mapa de processos para ilustrar as relações entre oito categorias: (1) aquisição; (2) diretrizes BIM; (3) educação; (4) dados de produtos e bibliotecas; (5) processo e intercâmbio de dados; (6) estrutura regulatória; (7) iniciativa nacional de BIM; e (8) indústria (setor da construção civil).

Capítulo 8 • Facilitadores da Adoção e da Implementação BIM 333

Roadmaps para o Ciclo de Vida da Modelagem da Informação da Construção na Comunidade Canadense do Setor de Arquitetura, Engenharia, Construção e Operação pelo Proprietário (AECOO)

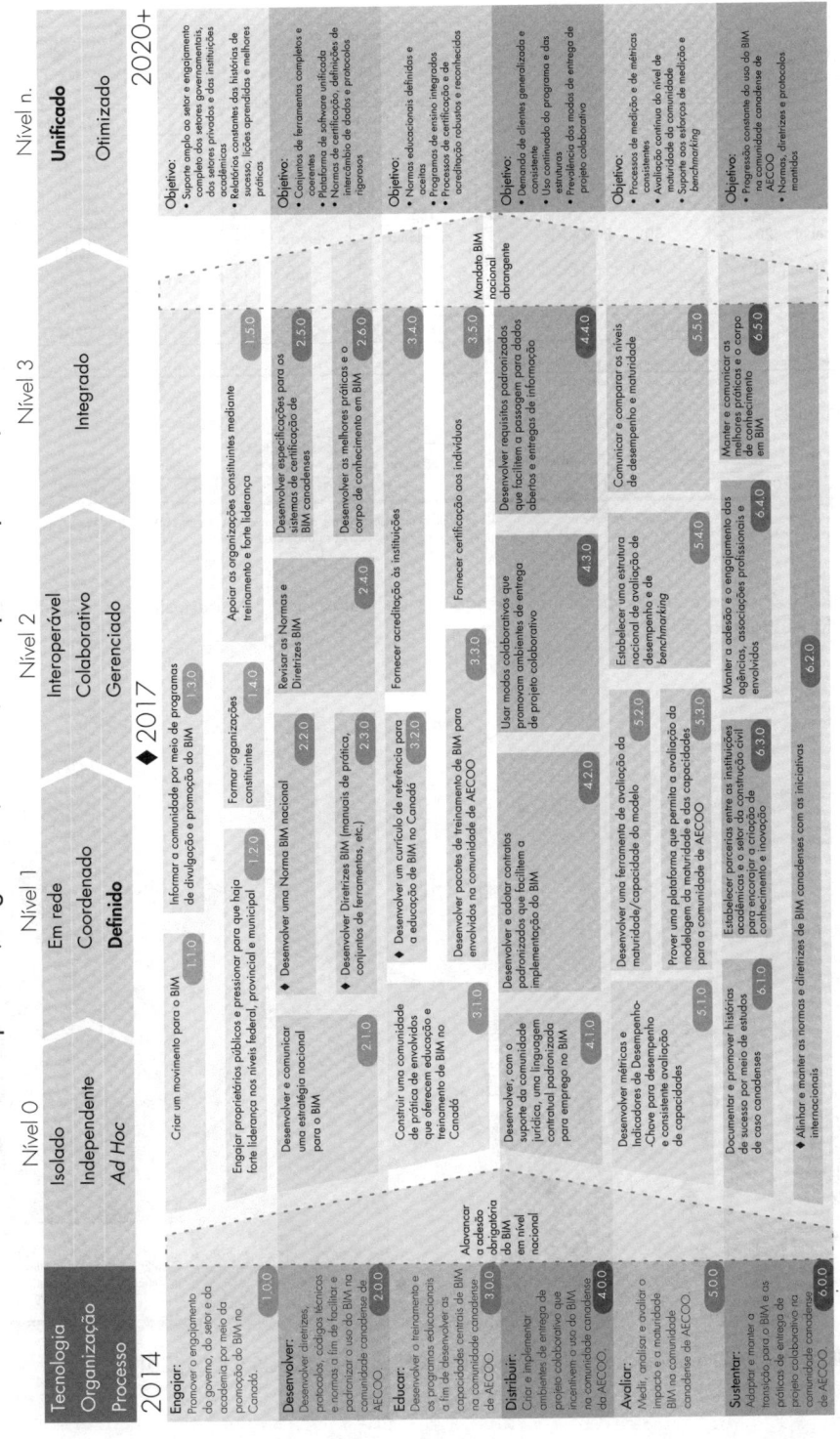

	Nível 0	Nível 1	Nível 2	Nível 3	Nível n.
Tecnologia	Isolado	Em rede	Interoperável	Integrado	Unificado
Organização	Independente	Coordenado	Colaborativo		
Processo	Ad Hoc	Definido	Gerenciado		Otimizado

2014 ♦ **2017** **2020+**

Engajar: Promover o engajamento do governo, do setor e da academia por meio da promoção do BIM no Canadá. **1.0.0**

- Criar um movimento para o BIM **1.1.0**
- Engajar proprietários públicos e pressionar para que haja forte liderança nos níveis federal, provincial e municipal **1.2.0**
- Informar a comunidade por meio de programas de divulgação e promoção do BIM **1.3.0**
- Formar organizações constituintes **1.4.0**
- Apoiar as organizações constituintes mediante treinamento e forte liderança **1.5.0**

Objetivo:
- Suporte amplo ao setor e engajamento completo dos setores governamentais, dos setores privados e das instituições acadêmicas
- Relatórios constantes das histórias de sucesso, lições aprendidas e melhores práticas

Desenvolver: Desenvolver diretrizes, protocolos, códigos técnicos e normas a fim de facilitar e padronizar o uso do BIM na comunidade canadense de AECOO. **2.0.0**

- Desenvolver e comunicar uma estratégia nacional para o BIM **2.1.0**
- Desenvolver uma Norma BIM nacional **2.2.0**
- Revisar as Normas e Diretrizes BIM **2.3.0**
- Desenvolver Diretrizes BIM (manuais de prática, conjuntos de ferramentas, etc.) **2.4.0**
- Desenvolver especificações para os sistemas de certificação de BIM canadenses **2.5.0**
- Desenvolver as melhores práticas e o corpo de conhecimento em BIM **2.6.0**

Objetivo:
- Conjuntos de ferramentas completos e coerentes
- Plataforma de software unificada
- Normas de certificação, definições de intercâmbio de dados e protocolos rigorosos

Educar: Desenvolver o treinamento e os programas educacionais a fim de desenvolver as capacidades centrais de BIM na comunidade canadense de AECOO. **3.0.0**

- Construir uma comunidade de prática de envolvidos que oferecem educação e treinamento de BIM no Canadá **3.1.0**
- Desenvolver um currículo de referência para a educação de BIM no Canadá **3.2.0**
- Fornecer acreditação às instituições **3.3.0**
- Fornecer certificação aos indivíduos **3.4.0**
- Mandato BIM nacional abrangente **3.5.0**

Objetivo:
- Normas educacionais definidas e aceitas
- Programas de ensino integrados
- Processos de certificação e acreditação robustos e reconhecidos

Distribuir: Criar e implementar ambientes de entrega de projeto colaborativo que incentivem o uso do BIM na comunidade canadense de AECOO. **4.0.0**

- Desenvolver, com o suporte da comunidade jurídica, uma linguagem contratual padronizada para emprego no BIM **4.1.0**
- Desenvolver e adotar contratos padronizados que facilitem a implementação do BIM **4.2.0**
- Usar modos colaborativos que promovam ambientes de entrega de projeto colaborativo **4.3.0**
- Desenvolver requisitos padronizados que facilitem a passagem para dados abertos e entregas de informação **4.4.0**

Objetivo:
- Demanda de clientes generalizada e consistente
- Uso continuado do programa e das estruturas
- Prevalência dos modos de entrega de projeto colaborativo

Avaliar: Medir, analisar e avaliar o impacto e a maturidade BIM na comunidade canadense de AECOO. **5.0.0**

- Desenvolver métricas e Indicadores de Desempenho-Chave para desempenho e consistente avaliação de capacidades **5.1.0**
- Desenvolver uma ferramenta de avaliação de maturidade/capacidade do modelo **5.2.0**
- Prover uma plataforma que permita a avaliação do modelagem da maturidade e das capacidades para a comunidade de AECOO **5.3.0**
- Estabelecer uma estrutura nacional de avaliação de desempenho e de *benchmarking* **5.4.0**
- Comunicar e comparar os níveis de desempenho e maturidade **5.5.0**

Objetivo:
- Processos de medição e de métricas consistentes
- Avaliação contínua do nível de maturidade da comunidade
- Suporte aos esforços de medição e de *benchmarking*

Sustentar: Adaptar e manter a transição para o BIM e as práticas de entrega de projeto colaborativo na comunidade canadense de AECOO. **6.0.0**

- Documentar e promover histórias de sucesso por meio de estudos de caso canadenses **6.1.0**
- Alinhar e manter as normas e diretrizes de BIM canadenses com as iniciativas internacionais **6.2.0**
- Estabelecer parcerias entre as instituições acadêmicas e o setor da construção civil para encorajar a criação de conhecimento e inovação **6.3.0**
- Manter a adesão e o engajamento das agências, associações profissionais e envolvidos **6.4.0**
- Manter e comunicar as melhores práticas e o corpo de conhecimento em BIM **6.5.0**

Objetivo:
- Progressão constante do uso do BIM na comunidade canadense de AECOO
- Normas, diretrizes e protocolos mantidos

FIGURA 8.3 *Roadmap* BIM do Canadá (bSC, 2014).

Austrália

0-2D	1 - Modelagem	2 - Colaboração	3 - Integração
Manual e baseado em CAD (2D ou 3D)	Uso unidisciplinar de software de modelagem 3D baseado em objetos	Compartilhamento de modelos baseados em objetos entre duas ou mais disciplinas	Integração entre vários modelos multidisciplinares usando servidores de modelo ou outras tecnologias baseadas em rede
Representação		Protótipo	Captura Total de Informações

		CAD 3D			Software de Modelagem		Plataforma Única/IFC		Interoperabilidade		BIM	
2D Manual	CAD 2D		3D	3D Inteligente		Uni-direcional		Bi-direcional		Servidor Local		Servidor Web
(0A)	(0B)		(1A)	(1B)		(2A)		(2B)		(3A)		(3B)

Modelo de negócio:

ISOLADO	COLABORATIVO	INTEGRADO

O diagrama acima foi adaptado do diagrama "Towards Integration: Taking the Australian Construction Industry Forward" do Australian Institute of Architects e CRC for Construction Innovation.
O diagrama abaixo foi adaptado do diagrama de Maturidade BIM do Bew/Richards de 2008.

Reino Unido

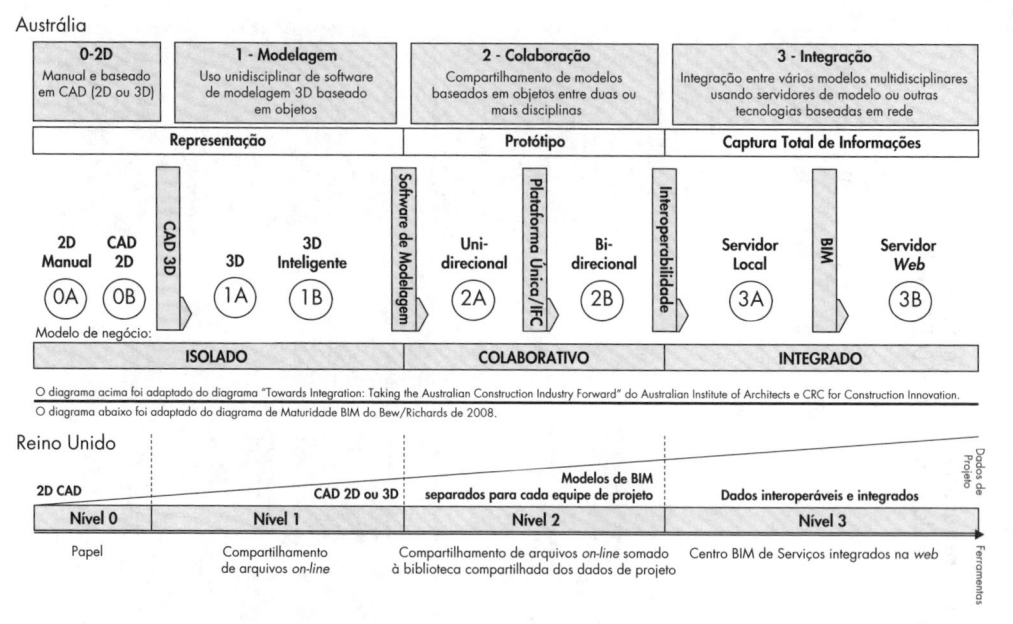

2D CAD	CAD 2D ou 3D	Modelos de BIM separados para cada equipe de projeto	Dados interoperáveis e integrados
Nível 0	Nível 1	Nível 2	Nível 3
Papel	Compartilhamento de arquivos on-line	Compartilhamento de arquivos on-line somado à biblioteca compartilhada dos dados de projeto	Centro BIM de Serviços integrados na web

FIGURA 8.4 Uma comparação entre os modelos de maturidade BIM australiano e britânico (building-SMART Australasia, 2012).

FIGURA 8.5 O guia de adoção BIM do projeto UK High Speed 2 (HS2) (HS2, 2013).

Esses *roadmaps* são utilizados como base para os mandatos BIM e geralmente são apoiados por um guia BIM, que é atualizado em cada fase. O *roadmap* de adoção e o mandato BIM do Reino Unido, por exemplo, são apoiados pelas descrições detalhadas dos requisitos do Nível 2 de BIM na série PAS 1192 e nos documentos das normas britânicas (*BS* ou *British Standards*). De modo similar, o guia MOLIT/PPS da Coreia do Sul foi atualizado em cada etapa do *roadmap* BIM do MOLIT/PPS.

Os *roadmaps* BIM costumam descrever os objetivos, planos de ação e requisitos BIM para o curto prazo (em geral de 4 a 5 anos) de modo relativamente específico, mas os que vão além do curto prazo permanecem vagos. Por exemplo, o *roadmap* BIM do Reino Unido estabelece diretrizes claras para o Nível 2 do BIM, mas aquelas para o Nível 3 não são tão claras. O Capítulo 9 discute as direções futuras do BIM com mais detalhes.

8.3.2 Modelos de maturidade BIM

Como diz o famoso ditado, "aquilo que não pode ser medido, não pode ser gerenciado". Um modelo de maturidade BIM é uma estrutura para quantificar e gerenciar o nível de proficiência em BIM em uma organização ou equipe de projeto. Em geral, os modelos de maturidade BIM têm dois eixos: as áreas de interesse (os critérios de avaliação) e os níveis de maturidade com os valores de pontuação. Ao combinar esses dois, podem ser calculados o nível de maturidade BIM para cada área de interesse e a pontuação de maturidade total. Alguns modelos de maturidade BIM são definidos em um nível elevado (macro), com um pequeno número de áreas de interesse, mas vários são definidos em um nível muito detalhado, com múltiplas intensidades de áreas de interesse e diversos níveis de maturidade. Diferentes modelos de maturidade BIM estão disponíveis para a avaliação de indivíduos, de equipes de projeto, de organizações ou de setores completos da indústria e/ou regiões. A Tabela 8.2 resume os modelos de maturidade BIM por objetivo principal de avaliação.

Os primeiros dois modelos apresentados na Tabela 8.2 possuem a forma mais simples. O modelo do "nível de especialização" faz uma pergunta muito simples: qual é o seu nível de *expertise* em BIM – iniciante, moderado ou especialista? Essa pergunta foi feita pela primeira vez na série *SmartMarket Report: The Value of BIM*, de 2007. Desde então, tem sido utilizada em muitas pesquisas sobre o BIM. O Índice de Competência Individual (ICI) não é muito diferente, ao classificar a *expertise* em BIM em cinco níveis: nenhum, básico, intermediário, avançado e especialista. Uma forma mais complexa do modelo de maturidade em BIM para a avaliação individual pode ser o critério de certificação em BIM para profissionais de BIM, discutido na Seção 8.5.

O segundo conjunto de modelos busca avaliar a maturidade em BIM em um nível de projeto. Por exemplo, a **Avaliação de Projeto do BIM Excellence (BIMe,** *BIM Excellence Project Assessment*) é composta de dois modelos: um para projetos completos e outro para projetos em andamento (ChangeAgents AEC Pty Ltd., 2017). Os projetos completos são avaliados com o uso de indicadores de desempenho passado, como *benchmarks*, e os projetos correntes são avaliados por meio de métricas de processo. O modelo usa o índice de certeza do custo (a diferença entre o custo estimado e os custos reais) como o indicador-chave. Os exemplos dos usos do modelo incluem detecção de conflitos, análise estrutural e estimativas de custos.

Outro exemplo, o **Modelo de Avaliação do Nível de Sucesso do BIM (SLAM,** *BIM Success Level Assessment Model*) não mede o nível de maturidade da capacidade, mas avalia o grau de sucesso. O BIM SLAM é composto de seis etapas. Inicia com o estabelecimento dos *objetivos do BIM* de um projeto pelos seus membros centrais, de

Tabela 8.2 Modelos de maturidade BIM por objetivo de avaliação

Objetivo de avaliação	Modelo	Ano	Organização
Individual	Nível de *Expertise*	2007	McGraw Hill Construction
	Índice de Competência Individual (ICI)	2013	ChangeAgents AEC, Pty. Ltd.
	Vários modelos de certificação BIM	Não definido	Várias organizações
Equipe de Projeto	BIM Excellence (BIMe)	2011	ChangeAgents AEC, Pty. Ltd.
	BIM Success Level Assessment Model (SLAM)	2014	Yonsei University
Equipe de Projeto, Organização ou Setor Econômico	NBIMS Capability Maturity Model (CMM)	2007	NIBS
	IU BIM Proficiency Matrix (BPM)	2009	Indiana University
	VDC Scorecard/bimSCORE	2009/2013	Stanford CIFE/ Strategic Building Innovation, Inc.
	BIM Maturity Matrix (BIm^3)	2010	ChangeAgents AEC, Pty. Ltd.
	BIM QuickScan	2012	TNO
	The Organizational BIM Assessment Profile (BIM Maturity Measure, BIMmm)	2012	Penn State CIC
	BIMCAT	2013	University of Florida
Avaliação no Nível Macro (Região/ Setor Econômico)	Diffusion of Innovations (DoI)	1962	University of New Mexico
	Modelo *Hype Cycle*	1995	Gartner Inc.
	Modelo *BIM slim*	2012	Yonsei University
	Índice de Engajamento em BIM	2013	McGraw Hill Construction
	Modelo Macro-BIM de Adoção	2014	ChangeAgents AEC

modo similar ao processo de desenvolvimento de um plano de execução BIM. Diferentes pesos ponderados podem ser atribuídos a cada objetivo. O segundo passo define os *usos do BIM* para que se atinjam os objetivos do projeto. O terceiro passo define os *indicadores-chave de desempenho (KPIs)* do projeto em relação aos objetivos e usos do BIM. O BIM SLAM fornece um conjunto de KPIs comumente usados para diferentes objetivos BIM e os utiliza como candidatos para os KPIs do BIM do projeto. O conjunto final de KPIs é selecionado, considerando o nível de *mensurabilidade, de coleta e de comparabilidade* de cada KPI. O quarto passo é definir as medidas de unidades – os itens de informação atômicos exigidos para coletar dados de KPI. O quinto passo é criar *modelos de trabalho* que permitam aos membros do projeto coletar dados de medidas de unidade durante um processo de trabalho diário, sem esforço adicional. O último passo é *avaliar* os dados coletados com relação aos dados históricos de projetos anteriores ou aos objetivos do projeto atual e *compartilhar* o *status* do projeto em um painel de construção a fim de promover a colaboração (Won e Lee, 2016).

O terceiro conjunto de modelos é mais versátil e complexo. Eles podem ser implantados para analisar o nível de maturidade BIM de uma equipe de projeto, de uma organização ou de um setor. O **Modelo de Maturidade da Capacidade BIM (BIM CMM**, *Capability Maturity Model*) é um dos primeiros. Foi desenvolvido pelo National Institute of Building Sciences em 2007, com base no conceito de *Capability Maturity Model* (CMM) utilizado no desenvolvimento de *software*. Ele é acompanhado pelo *Interactive CMM* (I-CMM), uma ferramenta CMM de BIM baseada no Excel. O BIM CMM avalia o nível de maturidade BIM em 11 áreas de interesse: (1) riqueza de dados; (2) vistas do ciclo de vida; (3) gerenciamento de mudanças; (4) papéis ou disciplinas; (5) processos de negócios; (6) oportunidade/resposta; (7) método de entrega; (8) informação gráfica; (9) capacidade espacial; (10) precisão das informações; e (11) interoperabilidade/suporte ao IFC. Diferentes pesos relativos podem ser atribuídos às áreas de interesse. Os especialistas em BIM avaliam cada área em 10 níveis, usando a *BIM CMM Chart* como diretriz. O nível de um projeto é categorizado em BIM Platinum (90 ou mais), Ouro (80 ou mais), Prata (70 ou mais), Certificado (50 ou mais) e BIM Mínimo (30 ou mais) (McCuen *et al.*, 2012).

A **Matriz de Proficiência BIM da IU (BPM,** *BIM Proficiency Matrix***)**, desenvolvida pela Indiana University em 2009, é similar ao BIM CMM, uma vez que também usa uma matriz das áreas de interesse e o nível de maturidade como sua estrutura básica (Indiana University Architect's Office, 2009). A BPM possui oito áreas de interesse e quatro níveis de maturidade em BIM. As oito áreas de interesse são: (1) precisão física do modelo; (2) metodologia IPD; (3) mentalidade de cálculo; (4) consciência de localização; (5) criação de conteúdo; (6) dados de construção; (7) modelagem *as-built*; e (8) riqueza de dados de gerenciamento das instalações prediais. Uma vez que cada área tem quatro níveis, a pontuação total máxima para o BIM é 32.

A **Matriz de Maturidade BIM (BIm^3,** *BIM Maturity Matrix***)**, desenvolvida em 2009 na Austrália, é outro modelo que utiliza uma estrutura de matriz similar ao BIM CMM (Succar, 2010). A fim de superar as desvantagens percebidas do CMM (sobreposição e áreas de interesse pouco claras, e falta de áreas relacionadas à colaboração e questões culturais), foi categorizada em cinco áreas de avaliação: tecnologia, processo, política, colaboração e organização. Essas áreas foram baseadas na estrutura de pessoas, processos, tecnologias e políticas (PPTP), que é a estrutura básica utilizada na reengenharia de processos de negócios. Cada área da Matriz de Maturidade BIM foi categorizada em cinco níveis – a saber, inicial (*ad hoc*), definido, gerenciado, integrado e otimizado – similares àqueles do CMM original da engenharia de *software*.

O Center for Integrated Facility Engineering (CIFE) da Stanford University desenvolveu o **VDC Scorecard**, que posteriormente se tornou a base para o **bimSCORE**, uma versão comercial do VDC Scorecard (Kam *et al.*, 2016). O nome foi inspirado pelo Balanced Scorecard, o qual foi desenvolvido na administração de empresas a fim de ampliar a avaliação de projetos ou organizações, que passaram a incluir informações não financeiras. O VDC Scorecard avalia o desempenho em BIM de um projeto ou organização em quatro áreas: planejamento, adoção, tecnologia e desempenho. A pontuação de cada área utiliza um sistema de percentil, ao contrário da norma do setor, empregando os seguintes níveis como diretrizes: (1) prática convencional (0-25%); (2) prática típica (25-50%); (3) prática avançada (50-75%); (4) melhor prática (75-90%); e (5) prática inovadora (90-100%). As quatro áreas de avaliação, por sua vez, se dividem em três níveis de profundidade. As quatro áreas de interesse são subcategorizadas em dez dimensões, e estas, em 56 medidas. Diferentes pesos podem ser atribuídos a cada área e dimensão. Este sistema de quatro níveis faz com que o VDC Scorecard/bimSCORE seja o mais completo dos modelos, mas, ao mesmo tempo, completar a avaliação exige bastante tempo. Ainda assim, tem sido aplicado na análise do *status* de inúmeros projetos de BIM nos Estados Unidos, em Cingapura, na China, em Hong Kong e na Coreia do Sul.

O **BIM QuickScan**, desenvolvido pela TNO nos Países Baixos em 2012, avalia os projetos de BIM em quatro capítulos: (1) organização e gerenciamento; (2) mentalidade e cultura; (3) estrutura e fluxo de informação; e (4) ferramentas e aplicações. Os quatro capítulos são subcategorizados em dez áreas: estratégia, organização, recursos, parceiros, mentalidade, cultura, educação, fluxo de informação, padrões abertos e ferramentas. Essas áreas são avaliadas usando, no máximo, 50 indicadores-chave de desempenho na forma de um questionário de múltipla escolha. Além do BIM QuickScan, vários modelos de maturidade BIM foram desenvolvidos por empresas de consultoria em BIM nos Países Baixos, como o **BIM Measure Indicator**, o **BIM Success Predictor** e o **BIM Success Forecasters** (Sebastian e van Berlo, 2010).

O **Perfil de Avaliação do BIM Organizacional** ou a **Medida/Medição de Maturidade em BIM (BIMmm,** *BIM Maturity Measure/Measurement*) é um modelo de maturidade desenvolvido pela Pennsylvania State University (*Penn State*) como parte do guia *BIM Planning Guide for Facility Owners* (CIC, 2013). Trata-se de uma matriz com seis áreas de interesse e seis níveis de maturidade. As seis áreas de interesse são: (1) estratégia; (2) usos do BIM; (3) processo; (4) informação; (5) infraestrutura; e (6) pessoal. A Medida/Medição de Maturidade do BIM (BIMmm) é o novo nome atribuído pela Arup, uma empresa global de arquitetura e engenharia, após adicionar aspectos interativos à ferramenta baseada no Excel da Penn State, "Perfil de Avaliação do BIM Organizacional". O modelo é o mesmo. Embora seu nome indique que foi inicialmente desenvolvido para avaliação do BIM em um nível organizacional, a Arup adotou o modelo e desenvolveu-o para analisar o nível de maturidade de centenas de seus projetos de BIM.

O último grupo de modelos são aqueles empregados para entender o nível de maturidade BIM (adoção/implementação do BIM, para ser mais específico) em um setor econômico ou escala regional. São frequentemente referidos como *modelos de maturidade em BIM no nível macro*. **A difusão do modelo de inovação (DOI)** e o **modelo** *hype cycle* são modelos de adoção de tecnologia genéricos, não específicos do BIM, que remontam à década de 1960 e a 1995, respectivamente. O modelo DOI usa o principal tipo de usuário como base para determinar o *status* da adoção da tecnologia. Os usuários são classificados em cinco grupos: inovadores, pioneiros, maioria pioneira, maioria tardia e retardatários. O modelo *hype cycle* classifica a adoção da tecnologia em cinco estágios: gatilho da tecnologia, pico das expectativas infladas, zona da desilusão, rampa de esclarecimento e platô de produtividade. Uma pesquisa global em 2015 mostrou que a maioria dos respondentes de regiões líderes no uso do BIM, como América do Norte, Europa, Oceania e Ásia, percebiam que haviam alcançado a rampa de esclarecimento e estavam indo em direção ao platô de produtividade (Jung e Lee, 2015b).

O **Índice de Engajamento em BIM** foi desenvolvido pelo McGraw Hill Construction Research and Analytics a fim de quantificar o nível de engajamento BIM em diferentes regiões (Bernstein *et al.*, 2014). Similar ao **slim BIM model** desenvolvido em 2012 (Jung e Lee, 2015a), ele avalia o nível de engajamento em BIM usando três índices: a profundidade da implementação BIM, o nível de proficiência BIM e os anos de uso do BIM. Cada área é categorizada em três a quatro níveis com diferentes sistemas de pontuação. A soma total representa o nível de engajamento em BIM de uma região. Ele tem sido utilizado pela série *SmartMarket Report* desde 2013.

Todavia, há muito mais modelos de maturidade BIM do que poderíamos apresentar aqui. Eles incluem os modelos de maturidade BIM utilizados em empresas, disciplinas ou regiões específicas. No entanto, aqueles que listamos anteriormente devem ser suficientes como um ponto de partida para os leitores que buscam um modelo de maturidade BIM adequado a sua organização ou que possa ser adaptado a um propósito específico.

8.3.3 Medidas BIM

Quando uma empresa se propõe a adotar o BIM, os gerentes sêniores geralmente se perguntam quanto isto custará, quanto tempo o BIM levará para dar retorno sobre o investimento e como o progresso pode ser monitorado. As medidas BIM são os indicadores-chave de desempenho que podem ser utilizados para responder a esses questionamentos. As medidas BIM são, em uma situação ideal, monitoradas a longo prazo, mas também podem ser utilizadas como medidas momentâneas para a quantificação dos benefícios em estudos de caso de projetos. Naturalmente, elas incluem medidas de projeto de construção padrão, como o cronograma, os custos e o desempenho da qualidade.

A Figura 8.6 lista 13 medidas utilizadas em 18 estudos relacionados aos benefícios do BIM. Incluem o impacto no *cronograma e orçamento*, o *retorno sobre o investimento (ROI)*, o *número de solicitações de informação (RFI)*, as *ordens de modificação (CO)*, a *quantidade de retrabalho* e os *defeitos*. A *produtividade* é outro índice tradicional. Embora sejam menos frequentes nos estudos, também são KPIs críticos o *consumo de energia*, os *riscos*, os *acidentes relacionados à segurança*, *reclamações* e *desperdício*. Além destes, podem ser citados a *pegada de carbono*, a *taxa de aprovação de inspeções*, o *tempo de resolução de problemas*, os inúmeros indicadores-chave de desempenho definidos nos variados modelos de maturidade BIM e muitos outros indicadores utilizados em projetos de construção, que também são medidas úteis do impacto do BIM.

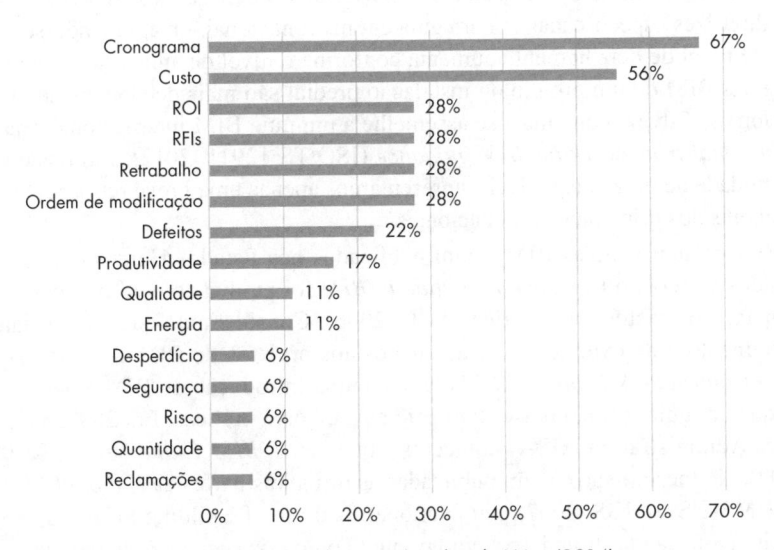

Medida	%
Cronograma	67%
Custo	56%
ROI	28%
RFIs	28%
Retrabalho	28%
Ordem de modificação	28%
Defeitos	22%
Produtividade	17%
Qualidade	11%
Energia	11%
Desperdício	6%
Segurança	6%
Risco	6%
Quantidade	6%
Reclamações	6%

FIGURA 8.6 Medidas BIM comumente utilizadas, atualizadas de Won (2014).

8.4 GUIAS BIM

Um guia BIM é uma *coletânea das melhores práticas para a implementação do BIM em um projeto*. Os guias evoluem continuamente à medida que as pessoas aprendem a usar o BIM de modo efetivo e eficiente. O número e o escopo dos guias BIM estão crescendo rapidamente. Em 2015, Cheng e Lu (2015) identificaram 123 guias BIM publicados em 14 países. Os guias BIM podem influenciar fortemente o comportamento dos participantes de um projeto quando lhes é dada autoridade legal mediante inclusão em cláusulas dos contratos de construção.

Esta seção apresenta os guias BIM por região e organização. A seguir, são analisados os guias de acordo com três tópicos especiais: o nível de detalhamento/nível de desenvolvimento (LOx), os requisitos de informação e o planejamento da execução BIM.

Na prática, vários termos – como manual, protocolo, diretrizes, requisitos, especificações de projeto, padrões – são empregados associados ao acrônimo BIM, e a maioria deles é intercambiável com o termo guia BIM. Neste livro, usamos o termo *guia BIM* para nos referirmos a um documento desenvolvido com o objetivo de auxiliar os usuários do BIM a implementá-lo de maneira efetiva e eficiente. O termo "*padrões BIM*" denota um guia, requisitos de informação ou um protocolo que é aprovado por uma organização internacional de normatização, como a ISO (Organização Internacional para Padronização). Os padrões BIM são analisados na Seção 3.3.2.

8.4.1 Guias BIM por região e organização

Os guias BIM costumam ser categorizados em níveis internacional, nacional, de projeto e instalações, conforme o escopo de sua aplicação, e em públicos, privados ou universitários, de acordo com quem os publica. Os guias BIM de nível internacional, nacional, de projeto ou instalações guardam uma relação de herança entre si. Em outras palavras, os guias BIM para projetos ou instalações individuais podem ser desenvolvidos elaborando-se diretrizes especificadas em um guia em nível nacional, ou agregando-se novos tópicos. O nível de detalhamento aumenta conforme o nível de aplicação diminui. Ou seja, os guias BIM de um projeto ou instalação predial são mais detalhados do que os guias nacionais. Talvez o que mais se assemelhe a um guia BIM internacional seja o *ISO international framework for BIM guidance* (ISO/TS 12911, 2012). Em razão da enorme quantidade de guias disponíveis, apresentamos apenas uma breve retrospectiva histórica de alguns dos principais guias nacionais.

Os primeiros guias BIM foram publicados nos Estados Unidos e na Europa. Nos Estados Unidos, o *Contractor's Guide to BIM* foi publicado em 2006 pela Associated General Contractors of America (AGC, 2006). Considerando que a intensidade de conhecimento e de experiência relacionados aos projetos de BIM era rasa naquela época, o *Contractor's Guide to BIM* era mais uma introdução ao BIM e a seus processos do que um guia técnico prescritivo para as melhores práticas. Em 2007, a General Services Administration (GSA) começou a publicar a *BIM Guide Series* (01-08) (GSA, 2007). No mesmo ano, foram publicadas as primeiras partes da *National BIM Standard* (NBIMS-US) (NIBS, 2007) pelo National Institute of Building Sciences, e o National Institute of Standards and Technology publicou o *General Buildings Information Handover Guide* (NIST, 2007). Enquanto esses guias focavam em questões de modelagem e de implementação, o American Institute of Architects (AIA) publicou diretrizes para contratos, como o AIA E201 *Digital Data Protocol Exhibit* (AIA, 2007b) e o AIA C106 *Digital Data Licensing Agreement* (AIA, 2007a).

Na Europa, a Dinamarca publicou uma série de guias BIM, como o *3D Working Method*, em 2006, e suas versões inglesas, em 2007 (bips, 2007). No início, a série de guias BIM dinamarqueses priorizou mais o CAD baseado em objetos 3D do que o BIM propriamente dito, carecendo de detalhes técnicos e procedimentais como os do *Contractor's Guide to BIM* dos Estados Unidos. Em 2007, a empresa Senate Properties da Finlândia publicou o *BIM Requirements for Architectural Design*, o qual, posteriormente, se tornou uma base para a série *Common BIM Requirements* (COBIM) (01-13) (buildingSMART Finland, 2012). Em 2017, a EU BIM Task Group publicou o *EU BIM Guide* para o setor público europeu.

Cingapura publicou um guia relacionado ao BIM em 2008, mas seu escopo estava limitado ao processo de registro *on-line* (BCA, 2008). Guias BIM que cobriam uma ampla variedade de questões relacionadas ao BIM foram publicados em Hong Kong em 2009 (HKHA, 2009), na Austrália em 2009 (CRC, 2009), na Coreia do Sul em 2010 (MLTM, 2010) e em Cingapura em 2012 (BCA, 2012). Japão, Taiwan e China também já publicaram seus guias nacionais BIM.

Desde então, o número e o escopo dos guias BIM vêm aumentando exponencialmente e influenciam uns aos outros. Além disso, os guias BIM mais antigos têm sido atualizados diversas vezes. Entre os muitos guias BIM, a série COBIM, a série GSA BIM Guide e o NBIMS-US são os mais completos e, consequentemente, influenciaram muitos outros. Uma análise histórica detalhada dos guias BIM pode ser encontrada na obra de Cheng e Lu (2015).

A equipe de projeto *BIM Guides* da buildingSMART International analisou 81 guias BIM a fim de desenvolver uma estrutura comum para esses manuais. A equipe identificou que a maioria dos guias BIM é composta de duas partes: uma apresentação ou introdução geral, que descreve o uso ao qual se destina, seu escopo e seu público; e o corpo do documento, que fornece detalhes técnicos em cinco subseções, conforme listado a seguir (bSI, 2014a; Keenliside, 2015):

Parte A: Visão geral do documento

Visão geral, incluindo as descrições dos usos pretendidos e do público-alvo

Parte B: Conteúdo do documento

- A seção sobre a **definição e o planejamento do projeto** inclui as definições das fases do projeto, os papéis do BIM, as definições dos elementos do modelo, os níveis de maturidade BIM, as funções BIM e seus casos de uso, bem como outras questões relacionadas à definição e ao planejamento do projeto.
- A seção sobre as **especificações técnicas** inclui os sistemas de classificação dos objetos BIM, os requisitos da modelagem, os formatos de arquivo, os níveis de desenvolvimento (LODs), os requisitos do intercâmbio de informação (IDM/MVD) e outras exigências técnicas.
- A seção sobre **processos de implementação** discute o escopo e a definição dos entregáveis e das entregas finais, o gerenciamento e o planejamento do BIM, os mapas de processo e os fluxos de trabalho como os procedimentos de colaboração, os protocolos de controle de qualidade e outras questões relacionadas à implementação.

- A seção sobre as **ferramentas de suporte** especifica os aspectos relacionados à seleção de *software* e *hardware*, incluindo os servidores BIM, questões de segurança, protocolos de intercâmbio de dados e tópicos relacionados às ferramentas.
- A seção sobre **aspectos legais** inclui a estrutura de honorários, questões contratuais, estratégias de contratação, provisões sobre propriedade intelectual, responsabilizações, riscos, seguros e outras questões jurídicas.

Hwang e Lee (2016) analisaram 40 guias BIM de nível nacional e relataram que as questões relacionadas à maturidade BIM, à seleção de *hardware*, aos mapas de processo, às estruturas de honorários, às estratégias de contratação (incluindo IPD), às responsabilizações, aos riscos e aos seguros eram relativamente pouco discutidas. Sacks *et al.* (2016) analisaram 15 guias BIM nacionais e chegaram a uma conclusão semelhante. A seleção do *hardware* talvez não seja uma questão tão crucial no futuro próximo, uma vez que a potência de computação dos equipamentos está aumentando exponencialmente. À medida que adquirirmos mais experiência e conhecimento sobre as demais questões, as lacunas serão preenchidas.

8.4.2 Guias BIM por tópico

Um bom guia BIM deve cobrir todas as questões críticas à implementação BIM. Muitas das questões são discutidas em guias BIM em geral, mas algumas delas são analisadas como tópicos especiais em guias BIM específicos. Esta seção analisa as questões de guias BIM relacionadas ao BIM LOx, aos requisitos de informação e ao plano de execução BIM.

BIM Lox. Um modelo é uma abstração do mundo real e não deve incluir todas as informações, apenas aquelas essenciais necessárias a um projeto. Caso contrário, os esforços e o tempo dedicados a gerar um novo modelo ou a atualizar um modelo para refletir novos requisitos e modificações não seriam razoáveis. O esforço e o tempo dedicados à modelagem aumentam conforme cresce a quantidade de informações, o número de projetos em um modelo e o número de ciclos de revisão.

Além do mais, devido à relativa facilidade com a qual se podem agregar informações detalhadas, a armadilha de fazer especificações exageradas e cedo demais é um risco real. Por exemplo, um modelo utilizado em uma fase preliminar de um projeto para estudos de massas não exige um alto nível de detalhe, embora um modelo empregado durante a fase de construção para a fabricação dos componentes de aço o exija.

Assim, é crucial para a implementação eficiente de um projeto que se determine o nível apropriado de detalhe dos modelos. Este problema foi reconhecido desde os primórdios da adoção do BIM, no início da década de 2000. As principais questões eram: "Quais são os níveis de detalhamento apropriados para a geração de modelos com diferentes propósitos?" e "Como podem ser especificadas as exigências contratuais para o nível de detalhamento dos modelos de BIM?". Inicialmente, tais questões eram chamadas de questões do *nível de detalhamento* (LOD), tomando emprestado o termo empregado na computação gráfica para representar o grau variado de complexidade de um modelo 3D, conforme a distância dos objetos em um modelo, ou seja, quanto mais perto um objeto está, mais alto é o seu nível de detalhe. Contudo, o termo *nível de detalhamento* logo foi substituído por *nível de desenvolvimento*, usando-se a mesma sigla (LOD), a fim de enfatizar que o nível de detalhamento talvez não aumente mesmo que um projeto tenha passado para a próxima fase projetual. Em outras palavras, um número de *nível de desenvolvimento* maior não necessariamente significa um *nível de detalhamento* mais alto. Um bom exemplo é que os modelos BIM exigidos pela fase de gerenciamento de instalações prediais, em geral, requerem níveis de detalhamento inferiores àqueles dos modelos BIM empregados durante a fase de construção.

Após vários anos de discussões, o *"3D Working Method"* – o primeiro documento oficial relacionado ao LOD – foi publicado em 2006 pela bips, um centro de estudos de edificações dinamarquês, traduzido para o inglês em 2007 (bips, 2007). Esse documento usa o termo "Nível de Informação" em vez de "Nível de Desenvolvimento" e categoriza os níveis de informação em seis, ainda que o conceito geral seja o mesmo do LOD.

Uma publicação importante que influenciou fortemente a indústria da construção civil e os guias LOD que a sucederam foi publicada em 2008: o *AIA Document E202: The Building Information Modeling Protocol Exhibit* (AIA, 2008). Na mesma época também foi publicada a *Model Progression Specification* (MPS) por Webcor Builders, Vico Software e AGC (Vico Software *et al.*, 2008). Os dois documentos são similares, pois ambos usam do LOD 100 ao LOD 500 e oferecem um modelo para a especificação dos LODs dos elementos de um modelo. Uma importante distinção é que a MPS usa o LOD como sigla de Nível de Detalhamento, enquanto o *AIA Document E202* usa o LOD como sigla de Nível de Desenvolvimento.

O *AIA Document E202* foi influente por ter sido elaborado como um guia genérico a ser utilizado junto com os contratos de projeto e vem sendo empregado como uma base para a especificação de LOD dos modelos BIM por muitos projetos ao redor do mundo. O *AIA Document E202* inclui definições de cada LOD e uma Tabela de Elementos do Modelo, que pode ser utilizada para a especificação de diferentes LODs para cada elemento em um modelo BIM. A Figura 8.7 mostra um exemplo de uma Tabela de Elementos do Modelo por LOD. O Documento E202 foi atualizado em 2013 (*AIA G202-2013 Project BIM Protocol Form*) para agregar mais um nível, o LOD 350, bem como descrições mais detalhadas e exemplos de cada LOD.

Desde que o *3D Working Method* e o *AIA Document E202* foram publicados, inúmeros guias de LOD foram baseados neles, com ou sem variações. Os guias de LOD, como o da Cidade de Nova York, do Estado da Pensilvânia, do USACE, de Taiwan, de Hong Kong e o BCA de Cingapura usam do LOD 100 ao LOD 500, como definido pelo *AIA Document E202*. O guia da Nova Zelândia (2014) também usa do LOD 100 ao LOD 500, mas os elabora em quatro subcategorias: Nível de detalhe (LOd), Nível de acuidade (LOa), Nível de informação (LOi) e Nível de coordenação (LOc). O Reino Unido adotou uma abordagem levemente distinta, definindo sete Níveis de Definição, conforme dita a classificação britânica de um ciclo de vida de projeto. Ele distingue o nível de dados

Elementos do modelo utilizando o CSI Uniformat™			LOD
A Subestrutura	A10 Fundações	A1010 Fundações-Padrão	
		A1020 Fundações Especiais	
		A1030 Laje sobre Grelha	
	A20 Construção do Subsolo	A2010 Escavação do Subsolo	
		A2020 Paredes Subterrâneas	

FIGURA 8.7 Exemplo de uma Tabela de Elementos do Modelo por Nível de Desenvolvimento (LOD) (AIA, 2008).

geométricos do nível de dados não geométricos, chamando-os de Nível de Detalhes do Modelo (LOD) e Nível de Informação do Modelo (LOI), respectivamente. A Coreia do Sul também desenvolveu o Nível de Informação de BIM (BIL 10-60) baseado no LOD do AIA, com pequenas diferenças no número de níveis de informação e nas informações requeridas por cada nível (bSK, 2016). O termo *LOx* é empregado como um termo generalizado para estes numerosos termos relacionados ao LOD.

Apesar da popularidade dos guias de LOD como uma ferramenta simples e prática para a especificação do escopo de trabalho dos geradores de informações BIM em um contrato, estes manuais não conseguem fornecer definições explícitas sobre os requisitos de informações e, portanto, sempre dão margem a discordâncias entre os participantes de um projeto. Por exemplo, suponhamos que foi especificado em um contrato que os modelos relacionados às obras de escavação (como A2020 Paredes Subterrâneas na Figura 8.7) deveriam ser modelados no LOD 300, mas partes de uma parede subterrânea precisassem ser em LOD 400. Este tipo de situação, a qual exige novas negociações entre os participantes de um projeto, é comum na prática. Portanto, é importante entender que os guias de LOD são *guias de modelagem gerais*, ou seja, não são destinados para definições explícitas ou rigorosas dos requisitos de informação, como são as MVDs. A próxima seção descreve os guias relacionados aos requisitos de informação mais específicos e explícitos, incluindo as MVDs.

Requisitos de informação BIM. É preciso uma especificação explícita das informações a fim de adquirir todas as informações necessárias de uma fase a outra ou de uma aplicação a outra. Um conjunto de itens de informações explícitas necessário a um processo específico é chamado de *Requisitos de Informação (IR, Information Requirements)* ou uma Definição de Vista de Modelo (MVD, *Model View Definition*) na ISO 29481 *Information Delivery Manual* (IDM) (ISO TC 59/SC 13, 2010), ou de *Requisitos de Informação do Empregador (EIR, Employer's Information Requirements)* no PAS 1192-2 (BSI, 2013). Exemplos bem conhecidos de tais requisitos de informação são o Construction Operations Building Information Exchange (COBie), inicialmente desenvolvido pelo Corpo de Engenheiros do Exército dos Estados Unidos (Nisbet e East, 2013), e o COBie-UK, uma versão do COBie adaptada ao setor da construção civil do Reino Unido (BSI, 2014b). O COBie especifica as informações necessárias para o gerenciamento de ativos. Tendo tal especificação explícita para os requisitos de informação, é possível conferir automaticamente se todas as informações necessárias foram fornecidas. Por esse motivo, muitos projetos exigem a apresentação de dados de entrega no formato COBie.

Uma vez que mais MVDs como COBie estiverem disponíveis, os requisitos contratuais para os entregáveis serão alterados para que sejam empregados no lugar das especificações de LOD. No entanto, a qualidade das informações (isto é, se os dados apresentados estão corretos ou não) ainda não pode ser verificada usando as MVDs. Para que a qualidade da entrega das informações seja conferida, podem ser adotadas abordagens baseadas em regras ou semânticas/ontológicas. Por exemplo, considere esta regra: "Se existir um cômodo, seu pé-direito deve ser de, no mínimo, 3,30m, deve ser fechado por paredes e deve ter ao menos uma porta". Um sistema poderá, então, conferir se um cômodo satisfaz tais condições. A conferência de regras mais complexas também é possível com base nas regras de inferências que usam as definições ontológicas de *cômodo, piso, teto, parede, porta* e suas classes associadas. Mais dados técnicos sobre IDM/MVD são apresentados na Seção 3.3.5.

Plano de execução BIM. Tendo em vista o número de projetos de BIM rapidamente aumentou no fim da primeira década do novo milênio, cada vez mais proprietários passaram a exigir a elaboração de um plano de execução BIM como parte dos pacotes de licitação. Naquela época, ainda não havia guias para elaboração de planos de execução BIM padrões. Muitas construtoras, como DPR, Mortenson e o Beck Group, prepararam seus próprios guias para o planejamento da execução BIM, mas era necessária uma abordagem mais estruturada e generalizada. A Pennsylvania State University (*Penn State*) desenvolveu e publicou a primeira versão de seu *BIM Project Execution Planning (BEP) Guide* em 2010 (CIC, 2010), documento que se tornou a referência mais amplamente utilizada para o desenvolvimento de planos de execução BIM e, inclusive, de outros guias BEP. O guia *Penn State BEP* exige quatro etapas:

1. Identificação dos objetivos e usos BIM.
2. Elaboração do processo de execução do projeto BIM.
3. Desenvolvimento do intercâmbio de informação.
4. Definição da infraestrutura de suporte para a implementação BIM.

Ao longo desses quatro passos, espera-se reunir os seguintes 14 grupos de informação:

- Introdução ao plano de execução do projeto com BIM
- Informações sobre o projeto
- Contatos do projeto principais
- Objetivos do projeto e usos BIM
- Papéis e membros da organização
- Elaboração dos processos BIM
- Intercâmbio de informação BIM
- O BIM e os requisitos de dados das instalações prediais
- Procedimentos de colaboração
- Controle de qualidade
- Necessidades de infraestrutura tecnológica
- Estrutura do modelo
- Entregáveis de projeto
- Estratégia de entrega e contrato

Guias BEP para usos específicos, além da construção, também têm surgido. Em 2012, a Penn State publicou o *BEP Guide for Facility Owners* e, em 2014, a University of Florida propôs um método de planejamento e execução BIM para projetos de edificações sustentáveis (Wu e Issa, 2014).

8.5 EDUCAÇÃO E TREINAMENTO BIM

Qual seria a questão mais desafiadora na adoção do BIM? As organizações frequentemente respondem a esta questão dizendo: "os problemas com pessoal". Um estudo feito por Won *et al.* (2013b) sobre os fatores críticos de sucesso para os projetos BIM confirma essa reclamação. Nove em cada dez dos fatores críticos de sucesso se relacionavam a pessoas e a questões procedimentais, mais do que questões técnicas. Esta seção se concentra nos problemas com pessoas. Discute a mudança de paradigma dos funcionários sêniores, os papéis e as responsabilidades no BIM e como o setor da construção civil e as universidades em todo o mundo estão ensinando e treinando as pessoas.

8.5.1 Transição dos funcionários sêniores

O maior desafio na implementação de novas tecnologias de projeto e construção é a transição intelectual que se exige dos líderes de equipes sêniores. O pessoal sênior, frequentemente parceiros, possui décadas de experiências com clientes, procedimentos para desenvolvimento de projetos, planejamento de projeto e da construção, e de gerenciamento de empreendimentos, e essa experiência representa parte da competência intelectual central de qualquer empresa de sucesso. O desafio é envolvê-los na transição de um modo que lhes permita realizar suas próprias *expertises* e também as novas capacidades que o BIM oferece. Entre as várias maneiras potencialmente eficazes de enfrentar este desafio estão:

- Formar parcerias de equipe com pessoal jovem, especializado em BIM, que pode integrar o conhecimento do parceiro com a nova tecnologia.
- Fornecer treinamento de pessoal um a um, um dia por semana ou em cronograma similar.
- Organizar um pequeno exercício para as equipes, que inclui treinamento para os parceiros em um local mais descontraído.
- Visitar empresas que fizeram a transição para o BIM e participar de *workshops* e *webinars on-line*.

Existem questões semelhantes de transição com outras equipes sêniores, como gestores de empreendimento, além de métodos similares que podem ser usados para facilitar sua transição. Por exemplo, a tecnologia BIM traz novos custos indiretos associados, além daqueles correspondentes ao investimento em *software*. Como já assimilado pelas empresas, o gerenciamento de sistemas (muitas vezes sob a gestão do CIO, *Chief Information Officer*) tornou-se uma função de suporte crucial da maioria das firmas. A dependência da tecnologia da informação cresce à medida que promove maior produtividade, da mesma forma que a eletricidade tornou-se uma necessidade para a maior parte dos trabalhos. O BIM inevitavelmente agrega a tal dependência.

Nenhum método é garantido. A transição de uma organização é largamente cultural. Por meio de suas ações, suporte e expressão de valores, associados sêniores comunicam suas atitudes em direção à nova tecnologia aos membros juniores da organização. Questões relacionadas às novas funções e responsabilidades BIM e a transição da equipe júnior são abordadas nas próximas seções.

8.5.2 Funções e responsabilidades BIM

O BIM também criou novas funções e responsabilidades. Barison e Santos (2010) identificaram vários novos papéis criados pelo BIM, como o de gerente BIM, modelador BIM, consultor BIM e desenvolvedor de *software* BIM. Em um estudo subsequente (Barison e Santos, 2011), eles avaliaram 22 anúncios de recrutamento para trabalhos com BIM a fim de compreender as habilidades (competências) exigidas de um gerente BIM. Uhm *et al.* (2017) ampliaram o estudo e analisaram 242 anúncios de emprego para cargos com o BIM no mundo, buscando analisar os diferentes tipos de empregos BIM e as habilidades exigidas. Uhm *et al.* identificaram 35 diferentes termos utilizados para cargos BIM e os agruparam em oito tipos, com base em seus papéis e relacionamentos, usando análises de redes sociais. Por exemplo, nos anúncios de emprego, os papéis de gerente CAD, gerente Revit e gerente de Projeto e Construção Virtuais (VDC) eram definidos como os mesmos do gerente BIM. Portanto, gerentes CAD, Revit, VDC e BIM são identificados e categorizados como tendo o mesmo papel. A Tabela 8.3, adaptada de Uhm *et al.* (2017), resume as competências de trabalho necessárias para os cargos de gerente de projeto BIM, coordenador BIM, gerente BIM e técnico BIM. As competências exigidas são

Tabela 8.3 As competências de trabalho exigidas para as principais funções BIM (Adaptada de Uhm *et al.*, 2017)

Competências de trabalho exigidas		Gerente de projetos BIM	Gerente BIM	Coordenador BIM	Técnico BIM
a) Competências de trabalho exigidas principalmente para funções BIM de nível mais alto					
Experiência	Mínimo de anos de experiência, em média	7,3 anos	5,8 anos	4,5 anos	2,4 anos
	Experiência de trabalho relacionada	73%	52%	52%	40%
Habilidades de liderança	Liderança	20%	17%	4%	4%
	Gerenciamento de recursos humanos	27%	15%	—	—
	Controle sobre unidade ou departamento	20%	17%	4%	—
Idiomas	Idioma inglês	33%	6%	7%	8%
	Língua estrangeira	27%	2%	7%	—
Licença profissional, Educação superior	Licença, certificado ou registro	33%	6%	4%	4%
	Graduação	33%	6%	4%	4%
b) Competências de trabalho exigidas principalmente para funções BIM de nível mais baixo					
Habilidades computacionais	Computadores/Eletrônica	7%	23%	26%	—
	Interação com computadores	67%	77%	81%	84%
	Desenho, elaboração de leiautes e especificação técnica de aparelhos, peças e equipamentos	20%	48%	63%	76%
Conhecimento em domínios específicos	Mecânica	—	8%	15%	16%
	Avaliação de informações para determinar conformidade com normas	20%	29%	37%	44%
Habilidades gerais	Cooperação	13%	38%	43%	60%
	Pensamento criativo	20%	21%	22%	52%
	Oferecimento de produtos de alta qualidade	7%	10%	19%	20%

O número percentual indica o número de postos de trabalho que incluem um certo elemento de competência dividido pelo número total de postos de trabalho para um emprego específico.

categorizadas conforme a classificação de competências da *Occupational Information Network* (O*NET), dos Estados Unidos.

Em geral, experiência de trabalho mais longa, maiores habilidades de liderança, melhores habilidades linguísticas e educação superior eram exigidos para gerente de projeto BIM, gerente BIM, coordenador BIM e técnico BIM. A média de anos de experiência exigida para gerente de projeto BIM era de 7,3 anos; para gerente BIM, 5,8 anos; para coordenador BIM, 4,5 anos; e para técnico BIM, 2,4 anos. Por outro lado, habilidades de computação e conhecimento de domínios específicos eram mais exigidos dos cargos BIM de nível mais baixo.

Estes são requisitos de alto nível para cargos BIM. Os requisitos detalhados para cada cargo BIM podem diferir conforme o projeto ou a organização. Aqui está um exemplo de habilidades exigidas de um coordenador BIM.

Quais são as Habilidades Necessárias para um Coordenador BIM/VDC em uma Empresa de Construção? Qual é a Escolaridade Necessária?

Oralia Cruz é uma coordenadora VDC na Lease Crutcher Lewis, uma construtora de mais de 130 anos com sedes em Seattle, Washington e em Portland, Oregon. Em 2017, ela trabalhou com, preparou e aplicou um modelo BIM em um projeto de reforma de cozinha de 12 milhões de dólares para uma das grandes empresas de tecnologia do centro de Seattle. Em reformas de cozinhas anteriores, ao menos 1% do orçamento havia sido gasto com retrabalho. Neste projeto, contudo, o custo do retrabalho foi zero. A modelagem feita por Oralia, que custou 25 mil dólares, auxiliou a empresa a evitar uma despesa em orçamento para contingências de 120 mil dólares.

Oralia define suas responsabilidades como coordenadora VDC da seguinte forma:

- Coordenação do projeto e de MEP
- Modelagem 3D por meio do *software* BIM de última tecnologia
- Sequenciamento 4D
- Integração e suporte à equipe de projeto

Ela adiciona a essa lista os deveres gerais de um detalhador BIM:

- Responsabilidade pela criação e manutenção de modelos federados para revisão pelo engenheiro de projeto, inspeções em campo, suporte para lista de tarefas, instruções de campo e muito mais
- Revisão e documentação dos documentos de projeto e conflitos de coordenação
- Fornecimento de suporte técnico geral de BIM para os engenheiros de projeto
- Fornecimento de suporte no controle de qualidade da construção no canteiro de obras, resolvendo desentendimentos em campo por meio da verificação do modelo
- Fornecimento das informações coordenadas mais atuais aos empreiteiros no canteiro de obras
- Fornecimento de modelos para a verificação de pedidos de modificação, para estimativas de ordem de grandeza (ROM, *rough order of magnitude*), para preencher aspectos de um modelo nos quais o escopo mudou, para oferecer suporte às equipes de projeto e similares

- Interpretação dos documentos da construção e construção de um modelo-base
- Divisão do modelo na maneira em que o trabalho será instalado
- Trabalho junto do canteiro de obras para entendimento sobre como trabalham e de quais informações precisam
- Fornecimento de um grande nível de detalhes e adição de objetos que possam impactar o escopo do trabalho
- Fornecimento de quantidades de material precisas
- Desenvolvimento de desenhos dos pacotes de trabalho
- Comunicação de conflitos no modelo, tanto reais quanto potenciais
- Fornecimento de informações e desenhos, além do desenvolvimento de pacotes de trabalho, que sejam úteis à equipe de projeto
- Transmissão de informações do modelo aos empreiteiros de serviços que não estejam envolvidos na modelagem
- Desenvolvimento do modelo *as-built* durante o projeto

Seu percurso educacional, que a levou para esta carreira, incluiu uma graduação de dois anos em Ciências Aplicadas (Projeto de Engenharia Civil Arquitetônica) pela North Seattle Community College, com certificados relacionados em "CAD para Projeto e Construção" e "Modelagem da Informação da Construção (BIM) para Projeto e Construção" e um certificado de oito meses em Gerenciamento da Construção pela University of Washington.

É importante identificar as responsabilidades e o conjunto de habilidades exigido para os diferentes papéis BIM, pois serão a base para o desenvolvimento de programas de educação e de treinamento para o BIM. As próximas seções descrevem os esforços de educação e treinamento em BIM ao redor do mundo.

8.5.3 Programas de treinamento e certificação pelo setor da construção

O *Contractor's Guide to BIM* (AGC, 2006), um dos primeiros guias, diz: "*Seja o projeto fornecido na forma de documentos 2D impressos, em uma mídia eletrônica 3D ou em uma combinação de ambos, as responsabilidades dos membros da equipe do empreendimento permanecem inalteradas. A questão importante é assegurar que os membros da equipe de projeto entendam totalmente a natureza e a exatidão da informação que está sendo transportada*".

Esta recomendação ainda é válida. Mesmo que o BIM se torne uma prática padrão, o trabalho das pessoas continuará sendo fundamental. Projetistas continuarão a projetar, construtores continuarão construindo e assim por diante. A questão pedagógica é como mudar a educação e o treinamento dos profissionais, pois, embora as responsabilidades permaneçam as mesmas, as ferramentas que eles devem utilizar são fundamentalmente diferentes. Praticantes atualmente não são o único alvo destes programas de educação e treinamento. Pessoas que podem assumir as novas funções do BIM, listadas na seção anterior, são outra questão. Alguns dos trabalhos, como desenhistas CAD, estão desaparecendo e estas pessoas precisam de treinamento para desenvolver novas habilidades.

Em resumo, o treinamento e os programas de certificação têm três metas: (1) ensinar aos profissionais como fazer o seu trabalho com as novas ferramentas; (2) desenvolver novas habilidades nas pessoas cujos trabalhos estão desaparecendo; e (3) promover novos especialistas BIM. A seguir estão alguns exemplos destes treinamentos e programas de certificação.

O AGC oferece o *AGC Certificate of Management – Building Information Modeling* (CM-BIM). Após completar as quatro unidades do curso *AGC BIM Education Program*, listadas a seguir, os candidatos podem prestar um exame para obtenção do Certificado AGC CM-BIM.

- Unidade 1: BIM 101: Uma Introdução à Modelagem da Informação da Construção
- Unidade 2: Tecnologia BIM
- Unidade 3: Negociação de Contrato e Alocação de Riscos BIM
- Unidade 4: Processo, Adoção e Integração BIM

A buildingSMART Korea (bSK) tem oferecido programas de certificação para técnicos e coordenadores BIM (CM), desde 2013, e planejou fornecer programas de certificação para modelador BIM e gerente BIM. O certificado bSK é endossado pela buildingSMART International, buildingSMART Singapore e Singapore BCA. O critério de elegibilidade mínimo para os certificados é preencher um dos requisitos de graduação acadêmica, cumprir o requisito de experiência relevante com BIM ou a certificação exigida listada na Tabela 8.4. Por exemplo, o candidato à certificação de coordenador BIM exige tanto o grau de bacharelado, ou cinco anos de experiência relevante com o BIM, ou, ainda, dois anos de experiência após adquirir o certificado de técnico BIM. O certificado de gerente BIM exige a mais longa experiência (10 anos); seguido pelo certificado de coordenador BIM, que exige 5 anos; pelo certificado de técnico BIM (3 anos); e o de modelador BIM, que não exige experiência.

O processo de certificação é composto por um teste escrito e um teste de habilidades práticas. A Tabela 8.5 lista os assuntos dos testes. O teste escrito inclui vários tópicos, como o Guia BIM-FM do PPS e o Guia BIM do MOLIT, bem como os conceitos e

Tabela 8.4 Critérios mínimos de elegibilidade para os certificados BIM bSK

Critérios de elegibilidade (qualquer um)	Modelador BIM	Técnico BIM	Coordenador BIM (CM)	Gerente BIM
Grau acadêmico	Nenhum requisito	Licenciatura	Bacharelado	Licenciatura e 8 anos de prática Ou Bacharelado e 8 anos de prática
Experiência relevante com BIM		3 anos	5 anos	10 anos
Certificado		Certificado de modelador BIM	2 anos após adquirir um certificado de técnico BIM	3 anos após a aquisição de um certificado de coordenador BIM

Tabela 8.5 Assuntos dos testes para os certificados BIM bSK

Assuntos do teste		Técnico BIM	Coordenador BIM	Coordenador de gerenciamento de construção no BIM
Teste escrito	Conceitos e teoria básicos	o	o	o
	Interoperabilidade e IFC	o	o	o
	Guia de BIM para Gerenciamento de Edificações do PPS	o	o	o
	Guia de BIM Arquitetônico do MOLIT		o	o
	BIM Arquitetônico	o	o	
	Projeto Paramétrico e BIM	o	o	
	Projeto de Forma Livre e BIM	o	o	
	BIM Sustentável (*Green BIM*)		o	
	Processos e Tarefas de BIM CM			o
	Planejamento da Execução BIM			o
	Colaboração BIM e 4D			o
Teste de habilidades práticas	BIM Arquitetônico	o	o	
	BIM Sustentável (*Green BIM*)	o	o	
	Garantia da Qualidade BIM	o	o	o
	BIM para Comunicação	o	o	
	BIM Integrado	o	o	
	BIM para Pré-Orçamentação	o	o	

métodos básicos do BIM. O teste de habilidades práticas avalia os conhecimentos e as habilidades de várias maneiras de usos do BIM, como a garantia da qualidade, o projeto arquitetônico, as estimativas provisórias e o BIM sustentável (*Green BIM*). Os assuntos do teste para o coordenador BIM e para o coordenador BIM CM são separados. Os testes para o coordenador BIM CM incluem mais tópicos sobre construção e gerenciamento de projeto do que aqueles para o coordenador BIM geral. A bSK planeja acrescentar as "Políticas de Governo e BIM" e os "Métodos de Contratação de Projeto com BIM" às listas de matérias cobradas dos gerentes BIM.

A BCA Academy de Cingapura oferece o *Certificate of Successful Completion* (CSC) para o planejamento BIM; modelagem BIM arquitetônica, de instalações e estrutural; coordenação de instalações de MEP; e gerenciamento BIM. Enquanto os programas de certificação de outros países concentram-se nos papéis, os programas de certificação da BCA focam nas tarefas. Ou seja, uma pessoa pode fazer vários cursos para obter certificados em diferentes áreas. O curso de planejamento BIM é projetado sobretudo para empreendedores e gerentes de instalações prediais; os cursos de modelagem BIM, para os modeladores BIM; o curso de coordenação em instalações MEP, para os coordenadores BIM; e o curso de gerenciamento BIM, para os gerentes BIM. A Tabela 8.6 lista as matérias dos testes para a obtenção do certificado *Singapore BCA BIM*.

Tabela 8.6 Assuntos do teste para a certificação de BIM do BCA de Cingapura

Assuntos do teste	Planejamento BIM	Modelagem BIM	BIM para a coordenação das instalações prediais MEP	Gerenciamento BIM
Fundamentos do BIM	o	o		o
Tecnologia BIM				o
Processo de Projeto BIM	o			o
Coordenação e Documentação de Projeto	o		o	o
Análise de Projeto				o
Planejamento e Coordenação da Construção (BIM 4D e BIM 5D)	o			o
Plano de Emprego do BIM na Companhia				o
Plano de Execução do Projeto BIM				o
BIM para o Canteiro de Obras			o	
Interface do Usuário de Ferramentas BIM		o		
Modelagem de um Projeto		o	o	
Documentação do Projeto		o		
Modelo de Projeto de Compartilhamento Eletrônico		o		
Conjuntos de Trabalho e Compartilhamento de Trabalho		o		
Criação de Biblioteca de Objetos de Projeto		o		
BIM para Gerenciamento de Instalações Prediais	o			
Adoção BIM (*Roadmap* e Guia BIM de Cingapura)	o			
Estratégia e Planejamento BIM	o			
Estudo de Caso BIM de uma Perspectiva do Empreendedor/Proprietário	o			

O Hong Kong Construction Industry Council (CIC) oferece o programa de Especialista Certificado em BIM. O programa *Certified BIM Expert* é estruturado em três níveis:

- Nível I: Básico
- Nível II: Arquitetura, Estrutura, Instalações MEP, Famílias do Revit
- Nível III: Arquitetura, Estrutura, Instalações MEP, Gerenciamento da Construção, Gerenciamento de Custos, Gerenciamento BIM

Na época em que este livro estava sendo redigido, o Hong Kong CIC fornecia apenas o Nível I: Treinamento e Certificação Básica de BIM, mas planejava expandir o programa a fim de cobrir um escopo mais amplo, incluindo os projetos de construção civil e o gerenciamento da construção e de custo. O programa de Gerenciamento da Construção, por exemplo, incluiria estas nove matérias:

- BIM focado em informações
- BIM focado na aplicação

- BIM focado na integração
- Nível de detalhe e nível de desenvolvimento
- Implicações contratuais do modelo de BIM
- BIM na pré-fabricação e na manufatura
- Entrega de material
- Extração de quantitativos e preparação de listas de materiais
- Papéis e responsabilidades

No Reino Unido, duas organizações públicas – o British Standards Institute (BSI) e o Building Research Establishment (BRE) – oferecem programas de certificação em BIM. O BSI oferece três tipos de certificados em BIM, chamados: *BSI Kitemark* para o Projeto e Construção com BIM; *BSI Kitemark* para o Gerenciamento de Ativos BIM; e *BSI Kitemark* para Objetos BIM. Enquanto os demais programas de certificação focam no nível de conhecimento dos indivíduos, o programa de certificação *Kitemark* do BSI se concentra no cumprimento dos processos e procedimentos padronizados de uma empresa para a implementação do BIM com o Nível 2 do BIM, especificado nos guias BIM de padrões britânicos, como o PAS 1192-2:2013, o BS 1192:2007, o BS 1192-4:2014, o PAS 1192-3:2014 e o BS 8541. Para detalhes, ver a Tabela 8.7.

O BRE fornece certificados BIM tanto no nível individual quanto no empresarial. A certificação BIM no nível da empresa é similar àquela do *Kitemark* do BSI. A Certificação *BIM Level 2 Business Systems* do BRE avalia a capacidade BIM de uma companhia nas seguintes áreas:

- Habilidades BIM da empresa e registros de treinamento
- Ferramentas de *software*
- Estratégia e infraestrutura de tecnologia da informação

Tabela 8.7 Guias BIM de avaliação para os certificados *BSI Kitemark BIM*

Tipo de certificado	Guias BIM de avaliação
BSI Kitemark para Projeto e Construção de BIM	PAS 1192-2:2013 – Especificação para gerenciamento de informação para a fase de capital/entrega dos projetos de construção, usando a Modelagem da Informação da Construção (BIM).
	BS 1192:2007 – Produção colaborativa das informações arquitetônicas, de engenharia e da construção. Código de prática.
	BS 1192-4:2014 – Produção colaborativa de informações. Satisfação dos requisitos de intercâmbio de informação do empregador utilizando o COBie. Código de prática.
BSI Kitemark para o Gerenciamento de Ativos BIM	PAS 1192-3:2014 – Especificação para gerenciamento de informação para a fase operacional dos ativos utilizando a Modelagem da Informação da Construção (BIM).
BSI Kitemark para Objetos BIM	BS 8541: Objetos de biblioteca para arquitetura, engenharia e construção: Parte 1: Identificação e classificação Parte 3: Formato e medição Parte 4: Atributos para especificação e avaliação

- Cumprimento dos métodos e processos com o PAS 1192:2 2013
- Documentação CAD/BIM, confirmando o descrito acima
- Cumprimento da norma PAS91-2013, Seção 4.2, Tabela 8
- Estudos de caso do projeto

Como requisitos mínimos para aplicação para a certificação, o BRE exige as três partes a seguir:

- Uma equipe de tarefas, que seja capaz de criar e executar um plano de execução BIM, um cronograma de treinamento de funcionários, um Cronograma de Entrega de Tarefas (CET, ou *Task Information Delivery Plan – TIDP*), os procedimentos do Ambiente Comum de Dados (*Common Data Environment – CDE*) e outros procedimentos e planos relacionados ao BIM
- Um fornecedor líder, que possa estabelecer e desempenhar procedimentos de avaliação da equipe de tarefas e um Planejamento de Entrega da Informação (PEI, ou *Master Information Delivery Plan – MIDP*)
- Um empregador, que forneça os Requisitos de Informação do Empregador (*Employers Information Requirements – EIR*), avaliações da cadeia de suprimentos e funcionários para as informações do projeto

O BRE oferece dois tipos de certificados de BIM para indivíduos:

- Profissional Avançado BIM: este certificado foi elaborado para formadores de políticas, consultores, educadores e profissionais da construção que estão implementando o processo BIM. Exige conhecimento detalhado do BIM e dos processos BIM.
- Praticante Certificado em BIM: este certificado foi elaborado para profissionais da construção envolvidos com projetos e gerentes de informação de projetos ou de tarefas. Exige conhecimentos de nível prático sobre BIM e os processos BIM.

Esses são apenas alguns poucos exemplos de programas de treinamento e certificação em BIM dentre os muitos certificados oferecidos por organizações privadas e públicas ao redor do mundo, incluindo aquelas no Sudeste Asiático e no Brasil. Os novos programas de certificação serão mais rigorosos que estes, pois se basearão nos programas existentes.

Além dos programas de treinamento e certificação oferecidos pelas organizações públicas, alguns sindicatos oferecem programas de treinamento em BIM para praticantes no mercado, especialmente nos Estados Unidos e nos países escandinavos. Não é raro encontrar ex-trabalhadores que, por meio destes esquemas, se tornaram detalhistas BIM sêniores ou gerentes de cronogramas baseados em 4D.

Até este momento, discutimos os programas de treinamento e de certificação em BIM fornecidos pelas organizações públicas. Muitas das grandes empresas de projeto, engenharia e construção também desenvolveram e puseram em prática programas internos de treinamento em BIM. Muitas delas fazem oficinas periódicas e oferecem recursos internos para o compartilhamento de conhecimento entre os funcionários (*websites*, *blogs*, etc.). Exemplos incluem a Turner University e o *website* da HOK BIM Solutions. Empresas de porte pequeno e médio dependem muito dos programas de treinamento em BIM oferecidos por pequenos prestadores de serviços e vendedores de plataformas de BIM. A maior parte destes focam em treinamento para operação das ferramentas BIM. Não obstante, espera-se que os cursos relacionados ao planejamento, à coordenação e ao gerenciamento de projetos, às informações de projeto e aos processos se tornem cada vez mais disponíveis.

8.5.4 Programas de ensino universitários

Esta seção introduz várias abordagens que estão sendo adotadas pelas universidades para incorporar o BIM em seus currículos. Antes de discutir as diferentes abordagens, consideraremos os diversos desafios de criar programas de graduação em BIM ou de transformar os programas existentes a fim de que reflitam as mudanças impostas pelo BIM.

- O primeiro desafio é reduzir a lacuna educacional-filosófica entre os membros da faculdade em relação ao impacto do BIM na educação tradicional de arquitetura e engenharia civil. Alguns não verão a necessidade de mudanças na educação devido ao BIM, assim como alguns membros das faculdades, nos anos 1980 e 1990, não perceberam o impacto do CAD no setor da construção civil e no ensino. Alguns, inclusive, proibiram os alunos de usarem o CAD na universidade.
- O segundo desafio é o equilíbrio entre vários campos de estudo. Um departamento universitário normalmente é composto de diversas áreas de pesquisa. Embora o BIM esteja oferecendo recursos tecnológicos para vários campos de estudo, cada um destes está rapidamente mudando e tem novas demandas. Portanto, é um desafio colocar tanto peso em apenas um campo de estudo (como o BIM) e mudar a estrutura inteira dos cursos para incluí-lo.
- Ainda que a estrutura de um departamento permita uma transformação relativamente fácil de um programa existente em um novo, a transformação requer tempo, especialmente quando o departamento já oferece um programa de ensino reconhecido. Será necessária uma estratégia de transição para os estudantes que já estão cursando a faculdade.
- Os membros do corpo docente precisam aprender BIM antes de incorporá-lo em suas disciplinas e ensiná-lo aos alunos. Isso pode gerar resistência e levar algum tempo para ser solucionado.

Estas últimas três questões talvez sejam mais fáceis de solucionar do que pensamos, pois muitas disciplinas já usam ferramentas do BIM ou se baseiam em conceitos adotados pelo BIM. Por exemplo, as aulas de engenharia estrutural são ministradas usando-se ferramentas de análise 3D. As disciplinas que trabalham com cronogramas ensinam a criar um cronograma de projeto e a usar ferramentas de simulação 4D baseadas em conceitos enxutos. As disciplinas de luminotécnica usam simulações de iluminação baseadas em BIM. Além do mais, muitos alunos já estão utilizando ferramentas de projeto de BIM dentro e fora dos ateliês de projeto.

Os esforços para incorporar o BIM em um currículo de graduação existente podem ser classificados em três modelos. O primeiro pressupõe que o BIM já esteja sendo lecionado ou que isso venha a ser feito como parte de disciplinas existentes, como discutido previamente. Tal abordagem impõe mudanças mínimas ou nenhuma alteração em um currículo existente no nível da graduação. Em vez disso, as universidades nesta categoria oferecem um ateliê integrado de projeto de arquitetura e engenharia aos alunos no final do curso, como uma disciplina de encerramento da formação universitária, bem como disciplinas de BIM avançadas aos alunos da pós-graduação. Muitas universidades seguem esse modelo. Entre os exemplos podemos citar o Departamento de Gerenciamento da Construção da University of Washington, em Seattle; o Departamento de Arquitetura e Engenharia da Yonsei University, na Coreia do Sul; e o Departamento de Engenharia Civil da Hong Kong University of Science and Technology.

O segundo modelo adota uma abordagem intermediária e agrega um par de disciplinas introdutórias sobre o BIM a seu programa de graduação já existente. Neste caso, as aulas de BIM focam principalmente nas ferramentas BIM e conceitos de BIM básicos. A educação de pós-graduação é similar àquela do primeiro modelo. Dentre os exemplos estão o Instituto de Tecnologia Technion–Israel e a Escola Politécnica da USP, no Brasil.

O terceiro modelo adota uma abordagem mais agressiva e transforma um programa de ensino existente em um programa especializado em BIM ou agrega um programa de graduação específico para o BIM inteiramente novo. Muitos programas de graduação universitária têm adotado essa estratégia a fim de atender à demanda do setor da construção civil. No caso da Coreia do Sul, o governo financiou várias universidades a fim de desenvolver programas especializados em BIM.

Muitas universidades que têm membros do corpo docente competentes em BIM ou que desenvolvem pesquisas relacionadas ao BIM oferecem programas de pós-graduação em BIM. Estes cursos não somente incluem as disciplinas diretamente relevantes às teorias, métodos, normas e ferramentas do BIM, como também têm disciplinas relacionadas a tecnologias que viabilizam o BIM, como mineração e gerenciamento de dados, modelagem paramétrica, interoperabilidade, engenharia de requisitos, dinâmica de fluxos computacionais, design algorítmico e automação da construção.

Além disso, algumas universidades oferecem programas de treinamento e/ou de certificação em BIM como parte de seu programa de educação continuado ou programa de mestrado. Alguns exemplos são programas de BIM para o Gerenciamento da Construção (CM, *Construction Management*) do Georgia Institute of Technology (Georgia Tech), da Stanford University, da University of Washington (UW), da Tallinn University of Technology e da Tallinn University of Applied Sciences na Estônia (Tabela 8.8).

Esses são apenas alguns dos exemplos. Vários modelos educacionais como o ensino a distância, os cursos *on-line* abertos e em massa (MOOC) e a "aprendizagem invertida" (*flipped learning*) sobre o BIM crescerão no futuro.

8.5.5 Considerações para o treinamento e desenvolvimento

O BIM é um novo ambiente da tecnologia da informação que requer treinamento, configuração de sistema, configuração de modelo para documentos e bibliotecas, além de adaptação para revisão de projeto e procedimentos de aprovação, frequentemente combinados com novas práticas de negócios. Tudo isso precisa ser desenvolvido de forma incremental, em conjunto com métodos existentes, de maneira que os problemas de aprendizado não coloquem em risco a finalização dos empreendimentos em curso.

Incentivamos a preparação de um plano de desenvolvimento detalhado para qualquer empresa considerando a mudança para o BIM; a adoção não deveria ser ad hoc. Quanto mais embasado o plano estiver em relação aos objetivos estratégicos de uma companhia, mais bem-sucedida a adoção tende a ser. As seções seguintes mostram uma gama de questões a serem consideradas.

O treinamento normalmente começa com um pequeno número de especialistas em TI que conseguem desenvolver um plano para configurações de sistema e introduzir um programa de treinamento para o restante da empresa. Configurações de sistema incluem seleção de *hardware* (ferramentas BIM demandam *hardware* de estações de trabalho poderoso), configurações de servidor, configurações de impressoras e plotadoras, acesso à rede, integração com relatórios e contabilidade do empreendimento, configuração de bibliotecas (descrita na Seção 5.4.2), e outras questões relativas aos sistemas específicos da companhia.

Tabela 8.8 Cursos BIM oferecidos por programas de certificação em BIM nas universidades

Tópico	Georgia Tech	Stanford	University of Washington
Introdução	Introdução ao BIM	Visão Geral sobre o Projeto e Construção Virtuais (VDC)	• Introdução ao BIM • Fundamentos de tecnologia BIM
BIM para Projeto		Modelagem orientada a objetos 3D dos projetos de instalações prediais	
BIM para Engenharia		Análise baseada em modelos de modelos 3D	
BIM para Gerenciamento da Construção	• BIM e Gerenciamento da Construção • BIM e Tecnologias Relacionadas ao Canteiro de Obras	• Modelagem 4D, animação e análise • Modelagem da organização e análise	• Planejamento para o sucesso • Elaboração de cronogramas com BIM • Quantificação e acompanhamento de componentes • BIM no canteiro de obras
BIM para Fabricação		• Planejamento, controle e otimização da produção para os processos de construção e projeto • Configurações da cadeia de suprimentos no suporte ao VDC	
BIM para Gerenciamento das Instalações Prediais	BIM para Gerenciamento das Instalações Prediais		Gerenciamento de instalações prediais e de ativos
BIM para Colaboração		• Modelagem e análise de processos • Processo colaborativo interativo • Modelagem de projeto integrado da intenção funcional, do projeto e do desempenho da produção, organização e processo de projeto	• Coordenação e prevenção de conflitos • BIM para revisões de projeto • *Workshop* de encerramento da graduação
Normas BIM e o Futuro	Normas BIM e o Futuro	Os estudantes podem se qualificar para a certificação em VDC, completando cursos específicos e tendo experiência	

Empreendimentos anteriores devem focar nas habilidades básicas necessárias para a modelagem de edifícios e produção de desenhos, incluindo a definição crescente de bibliotecas de objetos e deixando o que é básico para trás antes de assumir esforços de integração mais avançados. Depois de realizadas as etapas básicas do gerenciamento do projeto, abre-se caminho para uma variedade de extensões para tirar vantagem dos múltiplos benefícios de integração e interoperabilidade que o BIM oferece.

Uma advertência importante durante a fase inicial de adoção do BIM é evitar o fornecimento precoce de muitos detalhes do modelo. Como os métodos de definição e de detalhamento do empreendimento estão parcialmente automatizados no BIM, é possível (se os detalhes são definidos cedo demais) que a concepção de um projeto seja interpretada de maneira equivocada. Modelos detalhados são realizados facilmente durante a fase de concepção do projeto, mas podem levar a erros e equívocos de interpretação por parte do cliente por inadvertidamente tomar decisões equivocadas, que podem se tornar difíceis de reverter. Os usuários do BIM devem tomar conhecimento desta questão e gerenciar o nível de detalhamento de modo explícito. Também tem mostrado valer a pena o preparo cuidadoso do guia LOD no nível de projeto, fornecido aos consultores e colaboradores. O envolvimento de todos os parceiros-chave desde o início do trabalho também é recomendado, mas o ponto em que cada um deles começa a contribuir com a modelagem dependerá de seus papéis específicos. Por exemplo, um leiaute de MEP 3D detalhado não deveria ser feito até mais tarde no processo para evitar múltiplas revisões. Por outro lado, consultores e fabricantes de paredes-cortina podem ser trazidos mais cedo para ajudar no planejamento e na coordenação de conexões estruturais e detalhamento.

Em projetos maiores, os arquitetos representam apenas um parceiro de toda a equipe de projeto. Colaboração exige consultores de engenharia, mecânica e outros especialistas. Os procedimentos para a coordenação por meio de revisões de modelos e apoiados por métodos de intercâmbio de dados devem ser trabalhados, e isto é mais bem alcançado com a preparação de um Plano de Execução BIM (BEP; ver as Seções 1.9.1, 4.5.1 e 8.4.2). Em função dos benefícios e da necessidade da estreita colaboração entre os projetistas, é preferível que se adote o arranjo da "Big Room" ou sala de reunião central (Obeya), inclusive para empresas sem experiência prévia com o BIM (ver a Seção 4.5.4 e os estudos de caso do Capítulo 10).

8.6 QUESTÕES LEGAIS, DE SEGURANÇA E MELHORES PRÁTICAS

O BIM requer e incentiva a estreita colaboração entre os membros de um projeto. Em um mundo ideal, a harmonia prevaleceria entre os membros da equipe de projeto em um ambiente colaborativo e integrado, e não haveria brechas de segurança nem disputas legais. Infelizmente, a realidade é diferente. Esta seção, portanto, aborda as questões legais, de segurança e as melhores práticas relacionadas para BIM.

8.6.1 Questões legais e de propriedade intelectual

Questões legais e de propriedade intelectual não são novas aos projetos, à engenharia e aos projetos de construção. Entretanto, em projetos de BIM, a propriedade e os direitos à informação são aspectos-chave devido à natureza digital e colaborativa do material. Perguntas frequentes em projetos de BIM incluem:

- Quem é o proprietário da informação?
- Quem é o proprietário dos direitos autorais de um modelo BIM?
- Quem tem o direito de usar um modelo?
- Quem tem o direito de alterar um modelo?
- Quem é o responsável pelos problemas causados por erros na informação digital?

As primeiras quatro perguntas soam parecidas com as relacionadas aos direitos dos dados BIM, mas são diferentes em termos legais. Pode-se possuir um modelo digital, mas isso não significa que se possa alterar livremente o modelo (projeto) devido a questões de direitos autorais. No entanto, seria desastroso se fosse negado, aos membros da equipe, o direito de usar ou mudar um modelo em um projeto BIM. Então, quem tem o direito de usar e alterar um modelo?

Os guias BIM dos Estados Unidos, da Finlândia, da Coreia do Sul e de Cingapura são unânimes em afirmar que o cliente é o proprietário dos modelos digitais e da informação, bem como de outros entregáveis. Por exemplo, a Seção 6.12, "Responsabilidades e Direitos", no guia do serviço público de contratações (*PPS BIM Guide*) da Coreia do Sul (PPS, 2016), estabelece que o PPS tem o direito de utilizar os dados BIM e os empreiteiros são responsáveis pelos erros nos modelos IFC e nos desenhos gerados a partir dos modelos BIM.

A Seção 2.4.2 na *GSA BIM Guide Series 01* insiste que o Serviço de Obras Públicas (PBS, *Public Building Service*) tem a propriedade e os direitos sobre os dados digitais e outros entregáveis.

"*Em todos os projetos da GSA, o PBS é o proprietário de todos os direitos e todos os dados, bem como de outros entregáveis desenvolvidos e fornecidos pelo arquiteto e/ou engenheiro, de acordo com as cláusulas aplicáveis aos contratos do arquiteto e/ou engenheiro. Estas regras se estendem aos modelos de Modelagem da Informação da Construção e aos dados desenvolvidos para os projetos GSA.*"

A Seção 4.3, "Direitos ao uso dos modelos de informação da construção" na COBIM Série 11 "Gerenciamento de um projeto BIM" da Finlândia (buildingSMART Finland, 2012), afirma que o cliente tem a propriedade e o direito de uso sobre dados digitais. Continua, explicando que qualquer projetista que não queira transferir os direitos autorais ao cliente deveria propor uma forma de trabalhar junto aos membros da equipe, como parte do documento de formalização do contrato.

"*O cliente tem o direito de usar os modelos [...]. Se o projetista considerar que a renúncia das bibliotecas e dos objetos usados nos modelos, seja às outras partes durante o projeto ou ao cliente no final do projeto, está relacionada a problemas de direitos autorais, problemas baseados no privilégio de concorrência do projetista ou a outras questões legais similares, o projetista deve mencionar isso em sua proposta. Como um apêndice à proposta, deve haver uma sugestão de como os problemas relacionados podem ser resolvidos a fim de que o projetista possa renunciar os modelos requisitados pela cooperação baseada no BIM às outras partes durante o projeto, bem como, no que tange ao uso da edificação, sua manutenção e reparos, os modelos utilizáveis pelo cliente ao final do projeto [...] Com respeito a possíveis vendas da propriedade, a transferência dos direitos operacionais ao cessionário deve ser registrada separadamente.*"

O Guia BIM de Cingapura (BCA, 2013) distingue o proprietário do modelo do autor do modelo e de seus usuários. Em geral, o cliente é o proprietário dos modelos. O modelador ou projetista é o autor dos modelos. Os usuários dos modelos são os participantes do projeto que têm permissão ao uso ou à conferência dos modelos, mas não possuem o direito de modificá-los. A Seção 3.3, "Objetivos e Matriz de Responsabilidades BIM", no Guia BIM de Cingapura, oferece uma tabela para especificar os autores e os usuários dos modelos para os diferentes modelos utilizados em um projeto.

"*O autor do modelo é uma parte responsável pela criação e manutenção de um modelo específico ao nível de detalhamento prescrito nos Objetivos e Matriz de Responsabilidade do Projeto BIM. Ao criar e manter o modelo, seu autor não transmite nenhum direito de propriedade sobre o modelo [...] O Empregador [proprietário] pode estabelecer a propriedade do modelo no Contrato Principal [...] Os usuários do modelo são partes autorizadas a utilizar o modelo no projeto [...] Quando forem encontradas inconsistências no modelo, seu usuário deverá imediatamente notificar o autor para esclarecimentos. Os usuários do modelo não devem fazer nenhuma reivindicação contra o autor relativa ao uso do modelo. Os usuários do modelo também devem indenizar e defender o autor do modelo contra todas as reivindicações decorrentes do uso ou de modificações subsequentes que eles tenham feito no modelo."*

Na verdade, os litígios judiciais atribuídos às questões de responsabilidades e de direitos relacionadas ao BIM são mais raros do que se imaginava. Ainda assim, os advogados recomendam que as responsabilidades e os direitos dos participantes do projeto estejam claramente indicados nos contratos a fim de evitar qualquer disputa judicial desnecessária ou conflito entre os participantes durante um projeto ou depois dele.

8.6.2 Segurança cibernética para o BIM

Infelizmente, alguns dos benefícios significativos do BIM podem ser explorados por pessoas com intenções maliciosas. O BIM concentra todas as informações sobre uma edificação em um modelo acessível facilmente e fornece uma plataforma para automação da operação predial. Isso expõe três vulnerabilidades possíveis:

- Ataques cibernéticos nos modelos BIM durante o projeto e a construção, seja para fins de extorsão ou sabotagem
- Acesso não autorizado aos modelos de edifícios durante o projeto e a construção para espionagem militar, criminosa ou comercial
- Ataques cibernéticos em um edifício durante a fase operacional por meio de sistemas de automação de edificações e sistemas de manutenção de instalação predial apoiados pelo BIM

A primeira e a segunda vulnerabilidades não são, a princípio, distintas da vulnerabilidade do projeto e construção baseado em CAD, pois a ameaça é aos bancos de dados *on-line*. As estratégias de defesa não são, portanto, exclusivas do uso do BIM. Os *sites* de colaboração de projeto, como o *structshare.com*, oferecem serviços de colaboração da construção com segurança cibernética em multicamadas, que foi elaborada para aplicações militares e governamentais.

Contudo, uma vez comprometidos, os modelos BIM são muito mais fáceis de entender e usar do que conjuntos de desenhos 2D. Isso é particularmente relevante quando a ameaça advém de organizações menos sofisticadas. Prisões, foros, delegacias de polícia, edifícios militares, bancos, pontes e muitas outras edificações públicas e privadas, e suas infraestruturas, são todas mais vulneráveis quando seus modelos BIM estão prontamente acessíveis àqueles que representam uma ameaça.

Em resposta à segunda ameaça, a Força-Tarefa BIM do Reino Unido (*UK BIM Task Group*) desenvolveu o PAS 1192-5:2015: "Especificação para modelagem da informação da construção, ambiente de construção digital e gerenciamento inteligente de ativos focados em segurança". Esse documento introduz as preocupações e os vários procedimentos que podem ser incorporados aos Guias BIM de uma organização e/ou em um projeto de Plano de Execução BIM.

Talvez a abordagem mais efetiva à primeira e à segunda vulnerabilidades seja aplicar o conceito da sala de reunião central ("Big Room"), na qual todos os projetistas e outros usuários do modelo dividem o espaço presencialmente. Além dos benefícios descritos nos Capítulos 5 e 6, isso tem a grande vantagem de que os sistemas computadorizados podem ser inteiramente isolados do mundo externo, minimizando, assim, a ameaça de ataques cibernéticos ou o roubo de informações digitais.

A vulnerabilidade de um edifício a ataques cibernéticos durante sua fase de operação é diferente. Em tese, um atacante pode obter o controle da operação de um edifício por meio do controle dos seus sistemas *on-line* baseados em modelos BIM. Uma opção é o isolamento dos sistemas, mas, quando os sistemas de instalações prediais MEP estão conectados a centros de controle de fornecedores ou aplicativos móveis são utilizados para interfacear os sistemas de operações da edificação, não é prático isolá-los, e medidas de proteção cibernética adequadas devem ser adotadas.

8.6.3 As melhores práticas e outras questões sociais

Utilizando a terminologia das ciências sociais, um modelo BIM é um "objeto de fronteira", o que facilita as discussões e as colaborações entre os participantes de um projeto (Forgues *et al.*, 2009; Neff *et al.*, 2010). Os resultados variam muito, a depender da maneira com a qual os participantes de um projeto interagem entre si, utilizando o "objeto de limite". Park e Lee (2017) apresentaram um exemplo do modo como as estratégias de coordenação de projeto podem afetar a dinâmica social entre os membros de uma equipe em termos de controle de informações e, em determinado momento, a produtividade de um projeto. Embora o BIM tenha sido empregado no projeto descrito, somente desenhos eram aceitos como forma legal de entrega de documentos. Ao mudar a sequência de coordenação dos projetos complementares MEP, um coordenador BIM poderia obter maior acesso e maior controle sobre as informações. Como resultado, o tempo de coordenação médio por desenho foi reduzido de 59,2 horas para 26,4. A frequência de modificações de projeto por desenho caiu de 2,13 para 0,42. O primeiro edifício, construído antes de o coordenador BIM deter acesso aos dados, atrasou em 9,3 meses, enquanto o segundo edifício, no mesmo terreno, foi completado sem qualquer atraso. O interesse das pesquisas de estudos de caso BIM sobre melhores práticas e interações sociais, como a citada acima, está aumentando, enquanto os estudos de caso anteriores focavam nos benefícios do BIM. O surgimento, em 2013, na Europa, da série de *workshops* anuais intitulados "Quando as Ciências Sociais Encontram o *Lean* e o BIM" reflete este interesse.

As melhores práticas, os guias, os planos de execução e os projetos têm um relacionamento de *feedback* positivo por meio da execução, avaliação e evolução do uso do BIM nos projetos (Figura 8.8). Os planos de execução BIM são desenvolvidos com base nos guias BIM. Os projetos são desenvolvidos de acordo com os planos de execução BIM. As melhores práticas são documentadas nos estudos de caso e deles derivadas. E elas, por sua vez, embasam os autores dos guias BIM. À medida que ganharmos mais conhecimento sobre como usar o BIM, os benefícios tenderão a aumentar.

Agradecimentos

Agradecemos a Arto Kiviniemi, da University of Liverpool; Jan Karlshoj, da Universidade Técnica da Dinamarca; Carrie Dossick, da University of Washington; Jennifer Whyte, do Imperial College London; Jack Cheng, da Hong Kong University of Science and Technology; Zhiliang Ma, da Tsinghua University, China; Ergo Pikas, da Tallinn University of Technology, Estônia; Timo Hartmann, da Universidade Técnica de Berlim, Alemanha; Eduardo Toledo Santos, da Universidade de São Paulo, Brasil; Xiangyu Wang, da Curtin University, Austrália; e Jeong Han Woo, da Milwaukee School of Engineering, Estados Unidos, por compartilharem seus conhecimentos BIM e suas experiências sobre os mandatos, os guias, a educação e os programas de treinamento em suas escolas e regiões.

FIGURA 8.8 A relação de *feedback* positivo dos planos de execução, melhores práticas e guias BIM por meio da execução, avaliação e evolução do projeto de BIM.

Questões para discussão do Capítulo 8

1. Os mandatos BIM governamentais para projetos públicos são benéficos? Quais impactos eles têm? Quais são as vantagens e as desvantagens de um mandato BIM governamental?
2. Imagine uma indústria ou região que ainda não tenha adotado o BIM ou que esteja atrasada em sua adoção. Compile um *roadmap* BIM para o setor da construção civil ou para aquela região. Explique por que você elaborou seu *roadmap* BIM da maneira que o fez.
3. Se você tivesse de monitorar e gerenciar um projeto BIM utilizando apenas um índice, qual usaria? E por que considera que este índice é importante? O que você espera conseguir monitorar com seu uso?
4. Especifique um projeto ou uma organização e escolha ou desenvolva um modelo de maturidade BIM que seja mais apropriado para seu projeto ou organização. Explique por que seu modelo de maturidade BIM funciona melhor para seu projeto ou organização.
5. Revise três guias BIM existentes. Se lhe pedissem para desenvolver um guia BIM, o que agregaria àqueles existentes e por que você acha que o conteúdo é importante?

6. O que você acha que deveria ser lecionado a estudantes de graduação e pós-graduação em arquitetura ou engenharia civil em cursos BIM e por quê?
7. Se lhe pedissem para desenvolver um programa de certificado para diferentes tipos de profissionais BIM, como você estruturaria o programa de certificação? Quais seriam seus critérios mínimos e como você validaria que os profissionais atingiram os requisitos?
8. De quais maneiras o uso do BIM compromete a segurança do ambiente construído? O que pode ser feito para tornar os projetos seguros?

CAPÍTULO 9

O Futuro: Construindo com o BIM

9.0 SUMÁRIO EXECUTIVO

O BIM não é uma coisa ou um tipo de *software*, mas um processo de informações de negócios que, em última análise, envolve amplas mudanças na indústria da construção civil. O BIM representa uma nova maneira de compilar informações tanto sobre processos quanto sobre produtos. Se a invenção dos desenhos técnicos de plantas, projeções, cortes e detalhes foi a primeira revolução nas informações da construção, o BIM é a segunda. A troca do desenho no papel pelo desenho no computador não foi uma mudança de paradigmas – o BIM, sim.

Uma grande variedade de proprietários exige o uso do BIM, e a obrigatoriedade de uso do BIM em todas as obras públicas, por parte dos governos nacionais, tem sido adotada no mundo inteiro. A obrigatoriedade é reforçada por cláusulas contratuais padrão de BIM e guias e normas detalhadas de BIM, todas tendo um efeito amplamente transformador nos setores nacionais da construção civil. Novas habilidades e papéis estão em desenvolvimento. Valores de retorno sobre o investimento quase universalmente positivos foram relatados tanto por empresas de projeto quanto por construtoras, sendo que aquelas que mediram ativamente o retorno sobre o investimento relataram que este excedeu suas estimativas iniciais. Uma pesquisa conduzida pela McGraw Hill Construction, no início de 2007, descobriu que 28% do setor de AEC dos Estados Unidos estava usando BIM; esse percentual cresceu para 49% em 2009 e para 71% em 2012. Em 2007, somente 14% dos usuários se consideravam usuários especialistas ou avançados. Em 2009, eram 42% e, em 2012, 54%. Outras pesquisas de BIM mostram igualmente que o percentual de usuários BIM em outras regiões também está crescendo rapidamente.

As informações dos modelos BIM não se limitam mais aos escritórios de projeto ou aos canteiros de obras – elas estão prontamente disponíveis no campo em dispositivos móveis. A falta de profissionais adequadamente treinados, e não a tecnologia em si, é o atual gargalo para a maioria das empresas. A maior demanda é por pessoas com experiência tanto na modelagem quanto na construção. Embora as universidades e faculdades pioneiras estejam substituindo suas aulas de desenho por disciplinas que eduquem arquitetos e engenheiros em BIM, os graduados que dominam o BIM, em geral, não têm experiência na prática da construção.

As tendências da tecnologia incluem o desenvolvimento da conferência automatizada de conformidade de código e de construtibilidade utilizando modelos de informação da construção. Alguns fornecedores têm ampliado o escopo de suas ferramentas BIM, enquanto outros oferecem funcionalidades mais específicas para determinadas disciplinas, como as funções de gerenciamento de obras. O fornecimento de catálogos em 3D está se tornando mais comum entre os fabricantes de produtos, e o BIM está ajudando a viabilizar a globalização da fabricação para subconjuntos de construção cada vez mais complexos e economicamente viáveis.

No entanto, a "revolução do BIM" ainda é um trabalho em andamento. Seus princípios foram esboçados em 1975; o BIM começou a se difundir em práticas comerciais amplas na virada do século XXI e hoje está bem consolidado como a melhor prática para o projeto e a construção. À medida que se desenvolve e seu uso se torna cada vez mais difundido, a extensão de seu impacto na maneira como os edifícios são construídos ficará mais evidente. Com o benefício do retrospecto dos últimos 40 e poucos anos, tentamos, neste capítulo, extrapolar o progresso que pode ser esperado dentro da próxima década. Os próximos anos provavelmente verão a adoção muito mais ampla das ferramentas básicas de BIM. O BIM contribuirá para um nível mais elevado de pré-fabricação, maior flexibilidade e variedade de métodos e tipos de construção, redução de documentos, ainda maior redução de erros, menor desperdício e aumento da produtividade. Os projetos de edificação continuarão melhorando seu desempenho, graças a melhores análises e à exploração de mais alternativas, menos reclamações e menores estouros de orçamento e cronograma. A pressão para a alavancagem dos modelos BIM a fim de que forneçam bancos de dados para a operação e a manutenção de edificações está crescendo. Todas estas são melhorias nos processos de construção existentes.

Os inúmeros incentivos sociais, técnicos e econômicos determinarão o desenvolvimento do BIM no futuro de médio prazo (até 2025). A última parte deste capítulo identifica os impulsionadores e os obstáculos no período até 2025. Refletiremos sobre quais serão os prováveis impactos dos impulsionadores da tecnologia BIM nas profissões de projeto, na natureza dos contratos de construção e na sinergia entre o BIM e a construção enxuta, na educação e no emprego, bem como nos processos legais e regulatórios.

Entre os principais progressos do BIM esperados até 2025, estão projeto e construção completamente digitais; crescimento de uma nova cultura de inovação na construção; pré-fabricação diversa e extensiva fora do canteiro de obras; forte progresso na conferência automatizada do cumprimento das disposições dos códigos de edificações; aumento da aplicação da inteligência artificial; globalização da fabricação, além do projeto; e suporte forte e continuado à construção sustentável. Para além de 2025, o BIM será caracterizado primeiramente por seu forte apoio às melhorias dos fluxos de trabalho enxutos e, posteriormente, por seu serviço como uma plataforma para uma variedade de aplicações de inteligência artificial.

O panorama geral é que o BIM facilita a integração antecipada das equipes de projeto e de construção, tornando possível uma colaboração mais estreita e facilitando a fabricação fora do canteiro. Isso ajudará a tornar o processo de entrega da construção como um todo mais rápido, menos custoso, mais confiável e menos propenso a erros e riscos. Este é um momento emocionante para ser arquiteto, engenheiro ou qualquer outro profissional do setor de AEC.

9.1 INTRODUÇÃO

O BIM está mudando a aparência das edificações, o modo como funcionam e como são construídas. Ao longo deste livro temos utilizado, intencional e consistentemente, o termo BIM para descrever uma sequência de atividades (*a **modelagem** da informação da construção*), em vez de um objeto (como em ***modelo** da informação da construção*). Isso reflete nossa crença de que o BIM não é uma coisa ou um tipo de *software*, mas uma atividade humana que, em última análise, envolve mudanças amplas de processos na construção civil. Neste capítulo, nosso objetivo é fornecer duas perspectivas do futuro da edificação com o uso de BIM: *para onde o BIM está levando o setor de AEC* e *para onde o setor de AEC está levando o BIM*.

Começamos com uma breve introdução, descrevendo a concepção e a maturação do BIM até o presente (ano de 2017). Em seguida, mostramos nossas perspectivas daquilo que o futuro nos reserva. Essa previsão se divide em dois marcos temporais: uma previsão bastante confiante do futuro a médio prazo que olha para 2025, e uma previsão mais especulativa, para além de 2025. A previsão de médio prazo reflete sobre as tendências de mercado atuais – muitas das quais são discutidas nos capítulos anteriores deste livro – e depois analisa as pesquisas atuais. A previsão para além de 2025 se baseia nas análises dos prováveis impulsionadores e em um bom grau de intuição. A longo prazo, além de 2030, os avanços potenciais em tecnologias de *hardware* e *software*, bem como as práticas de negócios, nos impedem de fazer qualquer previsão confiável e, por isso, nos abstemos de especulações.

Após 2025, os analistas da indústria da construção civil refletirão, com o benefício da retrospectiva, sobre as mudanças de processo que terão ocorrido até então. Eles provavelmente terão dificuldade para fazer uma distinção clara entre as influências como o BIM, a construção enxuta e o projeto orientado pelo desempenho. Na ausência de alguma delas, essas técnicas poderiam, teoricamente, florescer individualmente. Os pesquisadores já catalogaram cerca de 55 interações positivas entre o BIM e a construção enxuta (Sacks *et al.*, 2010). Abordaremos algumas dessas sinergias nas Seções 9.3 e 9.4. Seus impactos, no entanto, são complementares de maneiras distintas e estão sendo adotados simultaneamente. Exemplos práticos de suas sinergias são evidenciados nos estudos de caso dos projetos Mapletree Business Park II e Saint Joseph Hospital (ver o capítulo 10).

A tecnologia do BIM continua se desenvolvendo rapidamente. Da mesma forma que os conceitos de como as ferramentas BIM deveriam funcionar conduziram ao seu desenvolvimento tecnológico, agora é necessária uma visão renovada do futuro da edificação com o uso de BIM – enfatizando os fluxos de trabalho e as práticas de construção. Os leitores que estão considerando a adoção das ferramentas BIM para suas práticas e os educadores que estão ensinando futuros arquitetos, engenheiros civis, construtores, proprietários de edificações e profissionais deveriam entender não apenas as capacidades atuais, mas também as tendências futuras e seus possíveis impactos na indústria da construção civil.

9.2 O BIM ANTES DE 2000: PREVISÃO DE TENDÊNCIAS

O conceito da modelagem computadorizada para edifícios foi proposto pela primeira vez quando os primeiros produtos de *software* para projeto de edificações estavam sendo desenvolvidos (Bijl e Shawcross, 1975; Eastman, 1975; Yaski, 1981). O progresso em direção ao BIM foi inicialmente restrito pelo custo da potência de computação e, depois, pela adoção generalizada e bem-sucedida do desenho assistido por computador (CAD). Porém, alguns idealistas na academia e na indústria de *software* da construção persistiram, e as pesquisas necessárias para tornar o BIM prático continuaram avançando. As bases para a modelagem de produtos de edificação orientados por objetos foram lançadas ao longo dos anos 1990 (Gielingh, 1988; Kalay, 1989; Eastman, 1992). A modelagem paramétrica 3D foi desenvolvida tanto nas pesquisas quanto nas empresas de *software* para setores de mercado específicos, como o de aço estrutural. As ferramentas BIM atuais são a realização de uma visão que foi prevista, por muitos, há pelo menos três décadas.

Em 1975, Chuck Eastman publicou um artigo no *AIA Journal* descrevendo um "Sistema de Descrição de Edificações" (BDS, *Building Description System*). Nesse artigo, ele descreveu como o sistema suportaria a geração e o uso de informações de edificações: "O projeto consistiria em elementos definidos interativamente [...]. Deveria ser possível, então, derivar cortes, plantas, isométricas ou perspectivas a partir da mesma descrição de elementos [...]. Qualquer mudança de arranjo teria de ser feita somente uma vez para que todos os desenhos futuros fossem adaptados. Todos os desenhos derivados do mesmo arranjo de elementos seriam automaticamente consistentes [...] qualquer tipo de análise quantitativa poderia ser diretamente acoplada à descrição. Toda a preparação de dados para análises poderia ser automatizada. Os relatórios para estimativa de custos ou quantificação de materiais poderiam ser gerados com facilidade [...]. Dessa maneira, o BDS agirá como um coordenador e analisador de projeto, oferecendo um único banco de dados integrado para análises visuais e quantitativas para testagem de conflitos espaciais e para desenho [...]. Mais tarde, pode-se conceber um BDS que suporte uma verificação do código do edifício automatizada na prefeitura ou no escritório do arquiteto. As construtoras de grandes projetos podem achar essa representação vantajosa para a programação e os pedidos de materiais" (Eastman, 1975). O artigo era especialmente visionário em seu título: ele não limitou sua visão ao "uso de computadores para desenho" (o que chamaríamos de CAD), mas propôs "O Uso de Computadores em Vez de Desenhos".

Em outro exemplo de escrita prescriente, em 1989, Paul Teicholz fez cerca de 92 previsões sobre as tendências da tecnologia e seu impacto na indústria de AEC (Teicholz, 1989). Quase todas as afirmações genéricas sobre desenvolvimento de computadores de uso pessoal, redes locais de computadores, natureza e função dos bancos de dados, gráficos e comunicação de computadores, que já vinham sendo trabalhadas na época, foram concretizadas. As poucas previsões sobre os sistemas operacionais estavam todas incorretas. A Tabela 9.1 lista 32 previsões específicas para a indústria de AEC. Como se

Tabela 9.1 Previsões feitas em 1989 e uma avaliação de sua concretização em 2017

Previsão (de Teicholz, 1989)	Análise do *status* de concretização
Projeto Conceitual	
A geração do projeto conceitual a partir dos requisitos do usuário continuará sendo um grande desafio.	Sim
No caso do projeto de plantas industriais, onde as regras sejam talvez mais bem definidas do que para outras áreas (digamos a prática de arquitetura), o uso de sistemas especializados pode permitir a geração rápida de desenhos de protótipos.	Não. Sistemas especializados para a automação de projetos ainda não são comuns.
O leiaute espacial (diagramação de blocos) será facilitado por sistemas especialistas que podem raciocinar sobre o espaço 3D.	Disponível como ferramentas de otimização, mas não são sistemas especialistas em si.
A fim de reduzir o custo de construção, o projeto refletirá as ferramentas e os métodos (automatizados) empregados no canteiro de obras.	Implementada
Todas as áreas de projeto usarão o computador para simulação de projetos conceituais (preliminares), ou seja, a simulação de como o projeto "funcionará" e de qual impacto terá em seu ambiente.	Prática convencional
O impacto ambiental de uma estrutura será estudado e, talvez, apresentado usando-se modelos de simulação. Isso facilitará a interação com o proprietário e as agências externas (licenças, análises de impactos ambientais, empréstimos, etc.).	Prática convencional
Os dados gerados durante a fase de projeto conceitual serão utilizados para iniciar funções posteriores.	Prática convencional
Projeto de Detalhamento	
O processo de projeto de detalhamento será feito por menos engenheiros usando sistemas CAD/CAB que automatizarão muitas das funções de projeto de nível inferior.	Prática convencional
As análises de engenharia serão completamente integradas com as aplicações de projeto, de modo que as análises e o projeto poderão ser feitos interativamente.	Disponível
Os sistemas especialistas que são integrados na aplicação de projeto conferirão as normas (regras, diretrizes, etc.) em áreas como os códigos de edificações, prática da empresa, construtibilidade, operabilidade e manutenção.	Disponível e em desenvolvimento
Os produtos finais do projeto de detalhamento serão um banco de dados gráficos em 3D, os dados dos objetos sobre a estrutura (códigos de materiais, tamanhos, pesos, etc.) e a base de conhecimento (especificações) para o projeto.	Implementada – isso é o BIM
A partir dessas informações, deve ser possível desenvolver um cronograma e orçamento razoáveis usando sistemas especialistas que são adaptados a tipos particulares de estruturas (p. ex., edifícios arranha-céus de escritórios, fábricas de amoníaco).	A funcionalidade está disponível, mas não usando sistemas especialistas por si só.
Processo de Concorrência	
Os bancos de dados criados durante o processo de projeto de detalhamento serão utilizados para preparar as estimativas de custos.	Disponível
As quantidades de materiais podem ser extraídas e combinadas com o conhecimento de produtividade da construção do construtor.	Disponível
Este conhecimento pode ser obtido em um banco de dados da empresa e utilizado com um sistema especialista que aplicará esses dados a um projeto específico.	Disponível
Os estimadores analisarão uma estimativa, em vez de começar do zero. Isso deve acelerar a geração de uma concorrência, havendo mais tempo para pensar sobre métodos de trabalho alternativos.	Disponível
Compras	
O banco de dados do projeto será empregado para extrair a lista de materiais (quantidades, descrições, tamanhos, etc.).	Prática convencional

(continua...)

Tabela 9.1 Previsões feitas em 1989 e uma avaliação de sua concretização em 2017 (*Continuação*)

Previsão (de Teicholz, 1989)	Análise do *status* de concretização
A data em que cada material é necessário será definida relacionando-se pacotes de serviço às atividades de programação (também definidas no banco de dados). Assim, à medida que são feitas as modificações no projeto, as mudanças correspondentes podem ser feitas nas listas de materiais e nas datas de entrega necessárias.	Disponível
O processo de emissão de requisições e de ordens de compra se tornará eletrônico. Construtores, proprietários e fornecedores usarão um "mercado eletrônico" para emitir e responder a requisições, emitir ordens de compra, organizar transporte e, talvez, até fazer financiamentos.	Disponível, mas não em uso generalizado
Códigos de materiais padronizados serão utilizados no banco de dados de projeto a fim de permitir fácil especificação dos materiais e acompanhamento (via códigos de barra) após sua chegada no canteiro de obras.	Disponível
Os construtores expedirão materiais usando mensagens eletrônicas geradas pelo sistema de materiais (além das mensagens geradas manualmente).	Disponível
Os fornecedores cada vez mais usarão seus computadores para se conectar com os requisitos de materiais do projeto, permitindo entregas "*just in time*" e reduzindo assim as áreas de depósito e os investimentos em estoque.	Disponível
Controle de Projeto	
O banco de dados do projeto e a base de conhecimento se tornam o ponto de partida para os sistemas de orçamentação, programação, controle de material, mudança de pedidos e outros sistemas de controle. Todos esses sistemas têm um ponto de partida em comum e todos exigem uma estrutura de divisão de trabalho (WBS, *work breakdown structure*) que está amarrada ao projeto (mesmo que não usem a mesma estrutura). Assim, as modificações no modelo 3D e nos dados associados terão seu impacto correspondente nesses sistemas de controle.	Disponível
A visualização será utilizada para relacionar o *feedback* de um sistema de controle (p. ex., para mostrar as atividades do caminho crítico, mostrar quais pacotes de trabalho têm o material necessário a mão, mostrar o trabalho executado por empreiteiro determinado que extrapolou o orçamento, etc.).	Disponível
A visualização tenderá a substituir as impressões como o modo de comunicação preferido.	Em progresso
Sistemas especialistas serão utilizados para desenvolver e criticar a programação do projeto (redes).	Não
Prática no canteiro de obras (métodos de trabalho)	
O uso de um modelo 3D para uma análise de passeio virtual se tornará uma prática padronizada para projetos complexos e/ou de ritmo acelerado.	Prática convencional
O mesmo banco de dados será utilizado para controlar o movimento de máquinas e robôs que são utilizados para a movimentação de materiais, dobragem de tubulações, fabricação, pintura, etc. Essas ferramentas terão controles digitais que são alimentados a partir de dados específicos do projeto.	Disponível para alguns tipos (dobragem de tubulações, fabricação de armaduras), em desenvolvimento para outros
Os trabalhadores serão treinados para controlar e reparar essas ferramentas automatizadas. Haverá menos necessidade de trabalhadores não qualificados e mais necessidade daqueles com competências em robótica e computação.	Ainda não
Gerenciamento de facilidades (FM, *Facility Management*)	
O banco de dados "*as-built*" se tornará o ponto de partida para o gerenciamento e a reparação predial.	Disponível, mas seu uso ainda não é generalizado
As modificações nas edificações ao longo de sua vida útil serão registradas nesse banco de dados, de modo que os sistemas de gerenciamento continuarão a ser úteis.	Disponível, mas seu uso ainda não é generalizado
Os sistemas administrativos utilizados para manutenção normal, reparo e cobrança (faturamento e aluguéis) estarão todos ligados a esse banco de dados predial.	Disponível, mas seu uso ainda não é generalizado

pode verificar, a maioria foi efetivamente concretizada. A penúltima afirmação acerca do detalhamento de projeto é a mais significativa sobre o BIM: "*Os produtos finais do detalhamento de projeto serão um banco de dados gráfico em 3D, os dados dos objetos sobre a estrutura (códigos de materiais, tamanhos, pesos, etc.) e a base de conhecimento (especificações) para o projeto*". Ela claramente descreve os três aspectos das informações da edificação que o BIM abarca: forma, função e comportamento.

A tecnologia do BIM cruzou a fronteira entre o conceito de pesquisa e a solução comercial viável aproximadamente por volta do ano 2000, como ficou evidenciado pelos *white papers* sobre BIM publicados pelas maiores empresas de *software* (incluindo Autodesk, Bentley e Graphisoft) no início dos anos 2000. Tudo indica que se tornará tão indispensável ao projeto e construção de edificações quanto foram, outrora, a notória régua T ou o martelo e o prego. A transição para o BIM, contudo, não é uma progressão natural a partir do CAD. Ela envolve uma mudança de paradigma do desenho à modelagem. A modelagem oferece diferentes abstrações e processos de desenvolvimento de modelos, levando a novas maneiras de projetar e construir. Estas ainda estão sendo trabalhadas. O BIM também facilita uma mudança simultânea dos tradicionais modelos de entrega de projetos competitivos para práticas mais colaborativas no projeto, na construção e no *Facility Management* –, e é facilitado por ela.

É evidente, portanto, que o conceito de BIM em si já estava claramente formulado e entendido cerca de 15 anos antes de os vários *hardwares* e *softwares* de computação necessários para sua implementação se tornarem disponíveis (em torno de 1990), e cerca de 25 anos antes de se tornar uma prática comercial comum (por volta de 2000). Quando a tecnologia amadureceu, o BIM era uma profecia autorrealizável, uma vez que as ideias existentes foram implementadas. A questão, contudo, é que onde se pode imaginar modos de uso que são claramente mais eficientes do que a prática corrente, e os avanços tecnológicos atuais estão em andamento, é possível fazer suposições bastante inteligentes sobre a prática futura por meio da extrapolação.

9.3 DESENVOLVIMENTO E IMPACTO DO BIM: 2000 A 2017

Desde que o BIM foi reconhecido no início dos anos 2000 pela indústria de AEC como uma maneira de revolucionar as práticas ineficientes e intensivas de trabalho (Laiserin, 2008), ele tem tido impactos significativos sobre as partes envolvidas no setor, dos proprietários aos empreiteiros, dos projetistas aos fornecedores de componentes. Esta seção analisa o desenvolvimento e o impacto do BIM até 2017, nos vários agentes envolvidos em AEC, incluindo proprietários, construtores, fornecedores, educadores e autoridades, bem como na prática de documentação de projeto e nas aplicações de *software*.

Dada a relativa inércia da indústria da construção civil e de sua estrutura altamente fragmentada (Capítulo 1), a adoção do BIM não é de forma alguma completa em todo o setor. Os desenhos no papel – ou, pelo menos, os formatos de desenho 2D que podem ser transmitidos eletronicamente – permanecem sendo formas comuns de documentação. De fato, a adoção total do BIM em qualquer empresa exige de dois a três anos para se efetivar. Dessa maneira, embora os ganhos de produtividade em toda a indústria ainda tenham de ser mensurados, já foram registradas reduções de custo e de cronograma em um grande número de projetos. Os efeitos locais são às vezes dramáticos; as formas de edificação outrora consideradas impraticáveis – seja devido a limitações técnicas ou orçamentárias – são hoje consideradas viáveis.

9.3.1 Impactos sobre os proprietários: opções melhores, confiabilidade melhor

Os proprietários têm experimentado melhorias na qualidade e na natureza dos serviços disponíveis e um aumento geral na confiabilidade no orçamento do projeto, cumprimento do programa e cronograma de entrega. Os proprietários avançados estão liderando suas equipes de projeto a fim de adaptar e expandir seus serviços relacionados com o BIM. O Capítulo 4 e vários dos estudos de caso descrevem os proprietários que foram apresentados a ou que exigiram novos processos e entregáveis, e o Capítulo 8 discute as maneiras pelas quais eles têm comunicado suas necessidades. Projetistas e construtores rotineiramente entregam modelos de informação da construção e fornecem serviços relacionados à análise, visualização e gerenciamento do desenvolvimento do modelo.

Nas fases preliminares de projeto, os proprietários esperam por visualizações 3D e modelos de informação da construção conceituais com análise programática (ver o Capítulo 5 para uma discussão dessas ferramentas). Com o aumento da disponibilidade dos visualizadores 3D, os proprietários contam com muitas opções para visualizar os modelos de projeto e usá-los para *marketing*, vendas e avaliação dos projetos no contexto de inserção local. Os modelos de edificação são muito mais flexíveis, imediatos e informativos do que as renderizações de computador de edificações produzidas pelas tecnologias CAD. Eles também permitem que os proprietários e projetistas gerem e comparem mais opções de um projeto desde o início, quando as decisões têm o maior impacto nos custos do projeto e do ciclo de vida da edificação.

Esses avanços técnicos tiveram diferentes impactos para diferentes proprietários, dependendo de seus incentivos comerciais. Os proprietários que constroem imóveis para vendê-los descobrem que podem exigir e alcançar um prazo de projeto muito menor para o projeto conceitual e a documentação do edifício. Por outro lado, os proprietários que têm um interesse econômico nos custos do ciclo de vida e na eficiência energética de suas edificações podem explorar a fase do projeto conceitual para um estudo aprofundado do comportamento de cada projeto da edificação alternativo. Proprietários experientes – com a percepção de que os modelos no nível conceitual podem ser desenvolvidos e avaliados rapidamente – podem exigir maior qualidade de projeto. No esforço para otimizar o projeto da edificação, eles podem exigir uma exploração completa de mais alternativas, em termos dos custos de construção, sustentabilidade, consumo de energia, iluminação, acústica, manutenção e operação, entre outros critérios. A Figura 9.1 ilustra um exemplo de otimização nos estágios preliminares do projeto para uma sala de cirurgia de hospital.

Observamos que, no entanto, assim como qualquer tecnologia poderosa, o BIM também é vulnerável a abusos. Os clientes de construção de primeira vez (muitas vezes de única vez) podem não estar familiarizados com o BIM e seus usos potenciais e, como resultado, podem não envolver adequadamente a equipe de projeto no assessoramento dos objetivos mais sutis do projeto, relacionados à função, ao custo e ao tempo para entrega. Se os projetistas não forem disciplinados, podem desenvolver projetos bastante detalhados de maneira rápida e criar modelos da construção que parecem ser convincentes e atraentes. Se a etapa vital do projeto conceitual for interrompida, a

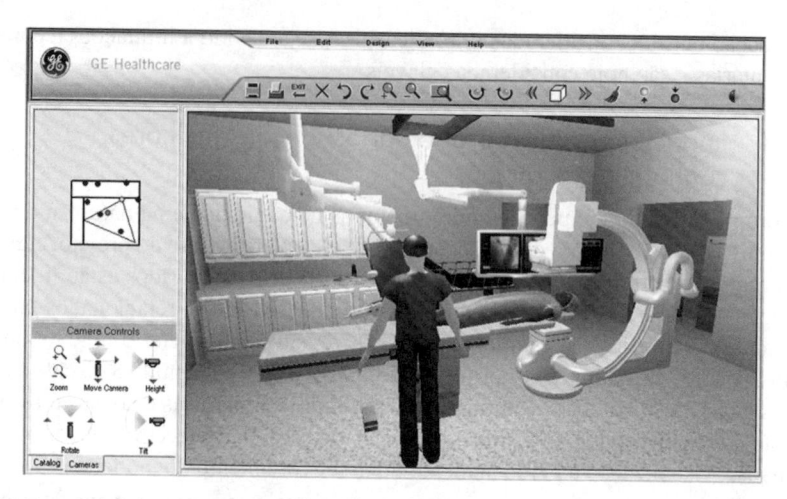

FIGURA 9.1 Exemplo de uma simulação baseada em componentes de uma sala de operação, permitindo que os proprietários e projetistas comparem diferentes equipamentos. Os componentes dos equipamentos incluem parâmetros e comportamentos, garantindo que distâncias e alturas apropriadas sejam mantidas.

Imagem fornecida por cortesia de View22 e GE Healthcare.

modelagem no nível da produção prematura pode levar a muito retrabalho posterior no processo. Nos piores casos, podem ser construídos edifícios que foram projetados inadequadamente, os quais não atendem às necessidades do cliente. Recomenda-se aos clientes não familiarizados com as capacidades oferecidas pela tecnologia BIM que se preparem e selecionem consultores de projeto capacitados a fim de obterem serviços de projeto profissionais que explorem as capacidades do BIM para atingir os objetivos desejados do projeto.

À medida que o uso da coordenação 4D e BIM pelos empreiteiros se torna mais comum, os proprietários apreciam cada vez mais o poder dessas ferramentas para melhorar a confiabilidade do orçamento e do cronograma, assim como a qualidade geral do projeto. Cada vez mais proprietários exigem o uso do BIM na fase da construção. Os proprietários com experiência adequada podem aproveitar os contratos com entrega de projeto integrado (IPD), que permitem participação integral e desde cedo dos projetistas e empreiteiros, com arranjos de "ganhos e perdas compartilhados", que contribuem para um alinhamento superior da equipe, projeto melhorado, oportunidades de redução de custos em cada etapa do ciclo de vida e menores prazos de projeto e de construção. Sem as ferramentas e os processos do BIM, isso não seria possível.

Após a construção, os proprietários estão cada vez mais cientes do valor do modelo para o gerenciamento das facilidades prediais, como discutido no Capítulo 4. A tendência estabelecida pela entrega eficiente das informações *as-built* diretamente a partir do processo de comissionamento na obra aos bancos de dados do BIM, como exemplificam os estudos de caso do Howard Hughes Medical Center e do Medina Airport, no Capítulo 10, encorajam os proprietários a adotar sistemas de gerenciamento de facilidades prediais baseados no BIM. Todos esses são exemplos do aumento do uso e do amadurecimento dos produtos de gerenciamento de edificações baseados no BIM.

9.3.2 Impacto do BIM nas profissões de projeto

Os projetistas têm alcançado ganhos de produtividade na etapa da construção e conseguido prestar serviços de projeto de qualidade superior. Os três principais impulsionadores da ampla adoção do BIM são: (1) a demanda do cliente por um serviço de qualidade superior; (2) os ganhos de produtividade obtidos no preparo da documentação; e (3) a demanda do construtor para suporte da construção virtual.

As empresas de arquitetura e engenharia já estão enfrentando um mercado de trabalho com papéis e atividades em transformação. Espera-se que os arquitetos juniores demonstrem proficiência no BIM como uma condição de empregabilidade, da mesma forma que o domínio em CAD era exigido desde os anos 1990. Algumas reduções já ocorreram nas vagas de funcionários dedicados a atividades de produção de documentos. Novos papéis surgiram com títulos como o de modelador de edificações ou de gerente de modelagem, exigindo conhecimentos técnicos e de projeto. A introdução de salas de projeto centrais ("Big Rooms") para o projeto colaborativo e o gerenciamento da construção (algumas, mas não todas, no contexto dos contratos de IPD) representa uma grande mudança para muitos ambientes de trabalho de projetistas. Trabalhar junto com projetistas de todas as disciplinas em um único espaço de escritório específico para o projeto, com reuniões de coordenação frequentes e centralizadas em uma representação de modelo de edificação integrada, significa uma maneira profundamente distinta de trabalhar, se comparada com a forma com que os projetistas trabalhavam em seus próprios escritórios.

A lei de Little (Hopp e Spearman, 1996; Little e Graves, 2008), que relaciona tempos de ciclo e níveis de trabalho em progresso ao rendimento, explica que, para qualquer carga de trabalho determinada, a redução dos tempos de ciclo significa que o nível de trabalhos em andamento é reduzido. A implicação é que as empresas devem ser capazes de reduzir o número de projetos que estão sendo ativamente desenvolvidos a qualquer momento em suas práticas. Assim, pode ser reduzida parte das perdas inerentes ao desvio da atenção dos empregados de um projeto a outro, em intervalos frequentes. À medida que as etapas de detalhamento e de produção da documentação do projeto se tornam cada vez mais automatizadas, em várias áreas da engenharia, os tempos de ciclo de processamento estão se tornando significativamente reduzidos.

9.3.3 O impacto nas construtoras

As construtoras buscam desenvolver as capacidades de BIM para terem vantagem competitiva, tanto no canteiro de obras quanto no escritório. Elas usam o BIM para o CAD 4D e para a colaboração, detecção de conflitos, análises de clientes, gerenciamento da produção e aquisições. De várias maneiras, estão em uma situação melhor do que a da maioria dos demais participantes da cadeia de suprimentos da construção civil, para alavancar os benefícios econômicos a curto prazo de informações onipresentes e precisas.

Os Capítulos 6 e 7 explicaram como o BIM contribui para a redução dos orçamentos e cronogramas de construção, como resultado de projetos de qualidade superior (p. ex., com menos erros) e permitindo graus mais elevados de pré-fabricação. Um efeito positivo da capacidade de elaborar detalhes de projeto em um momento bastante prematuro do processo é que o retrabalho, que comumente resulta de detalhes não resolvidos e de documentação inconsistente, é praticamente eliminado. Esses efeitos já foram amplamente relatados pelo setor e são evidentes na maioria dos estudos de caso do Capítulo 10.

A riqueza e a disponibilidade imediata de informações em um modelo de edificação permitem aplicações inovadoras para o planejamento da execução do projeto, incluindo outros aspectos além dos custos e cronograma. A segurança da construção é uma preocupação-chave e o BIM é utilizado para planejar o trabalho a fim de identificar riscos, como penetrações de pisos expostas, bordas desprotegidas, materiais perigosos e exposição a equipamentos, como o exemplo mostrado na Figura 9.2. O conceito da *construção virtual* não mais é familiar somente à comunidade de pesquisa. Papéis como o de *coordenador de Projeto e Construção Virtuais (VDC)* e de *detalhador BIM* já são comuns em empresas contratantes da construção civil.

9.3.4 O impacto nos fornecedores de materiais e componentes de construção

Os fabricantes de produtos da construção agora fornecem catálogos em 3D. Produtos tão diversos como emendas mecânicas de vergalhão JVI, janelas Andersen e muitos outros podem ser baixados como objetos 3D com dados relevantes e inseridos parametricamente em modelos de vários *sites on-line*. Bibliotecas de conteúdo como a BIMObject.com, SmartBIM, MEPCOntent e outras ferramentas similares fornecem amplos repositórios de conteúdos de produtos da construção para o BIM. O conteúdo é cada vez mais acessível por meio dos mecanismos de busca. As bibliotecas de produtos são desenvolvidas principalmente para as ferramentas BIM mais comuns, como as famílias de tipo de arquivo RVT, mas todas são suportadas em graus variáveis.

9.3.5 O impacto no ensino da construção: educação integrada

Desde 2006, as escolas de vanguarda de arquitetura e de engenharia civil têm ensinado o BIM para os alunos da graduação desde seu primeiro ano, e essa tendência tem se difundido paralelamente à adoção do BIM nas profissões de projeto (Sacks e Barak, 2010). Aparentemente, os alunos são capazes de compreender os conceitos e se tornam produtivos com o uso das ferramentas BIM mais rapidamente do que o faziam com as

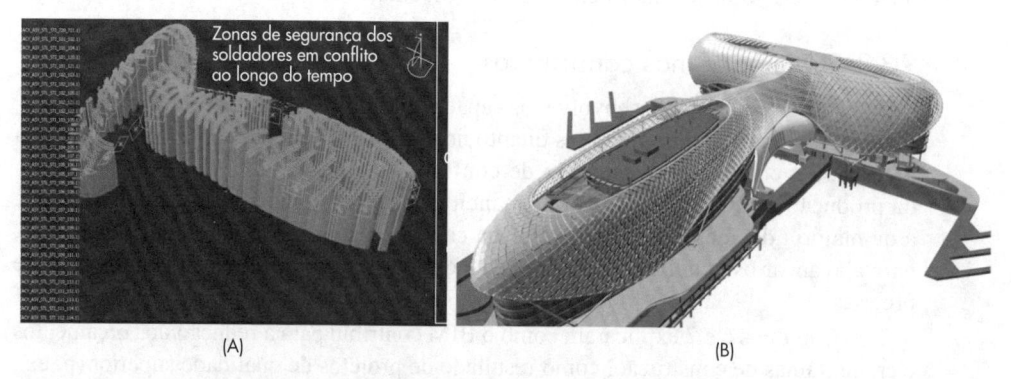

FIGURA 9.2 O edifício Yas Island Formula One. (A) Os espaços físicos que modelam as áreas de trabalho das equipes de soldagem para identificar interferências inseguras. (B) O quadro geral da estrutura.

Arquiteto: Asymptote Architecture. Imagem fornecida por cortesia de Gehry Technologies.

ferramentas CAD. O Capítulo 8 descreveu uma variedade de cursos de nível universitário que exigem que os alunos usem o BIM e tratou dos esforços formais de desenvolvimento curricular. Entre os exemplos, está o esforço da buildingSMART International (Pikas *et al.*, 2013; Uhm *et al.*, 2017).

9.3.6 O impacto nas autoridades legais: acesso e análise do modelo

Apesar das previsões de adoção dos processos estatutários nos quais os modelos BIM seriam empregados para os processos de licenciamento de edificações conduzidos pelas autoridades, poucas delas têm adotado a tecnologia ao ponto de que possam aceitar entregas de modelos BIM. A Autoridade de Construção Civil (BCA, *Building Construction Authority*) de Cingapura permite submissões voluntárias de modelos BIM de arquitetura (desde outubro de 2016) e de modelos de instalações MEP e de estruturas (desde outubro de 2017), usando formatos nativos (ArchiCAD, Revit, Tekla Structures ou Bentley AECOsim), os quais são avaliados manualmente pelos funcionários da BCA. O New York City Department of Buildings encoraja as empresas de construção a submeterem planos de segurança local em 3D, oferecendo identificação precoce dos riscos, aprovação mais rápida e melhor prestação do serviço. Dado o progresso feito na tecnologia BIM, o potencial de maior impacto desta área ainda permanece, mas é claramente necessário mais tempo para que as autoridades legais desenvolvam seus processos de negócio. Mais detalhes sobre os mandatos e requisitos do BIM são fornecidos no Capítulo 8.

9.3.7 O impacto na documentação do projeto: desenhos sob demanda

É improvável que os desenhos desapareçam até que as tecnologias de visualização digital sejam flexíveis e confiáveis o suficiente para utilização cotidiana no canteiro, mas perspectivas isométricas, outras vistas em 3D com vistas de montagem sequencial e listas de materiais já estão sendo utilizadas para facilitar as operações das equipes. Os estudos de caso dos projetos Mapletree Business Park II e Saint Joseph Hospital, no Capítulo 10, mostram exemplos destes usos. A utilização de *tablets* em campo para a visualização de modelos com vistas definidas sob demanda também é uma prática corriqueira nos projetos de vanguarda.

Uma função dos desenhos no setor da construção civil atualmente é para a documentação de transações comerciais na forma de apêndices aos contratos de construção. Contudo, já há evidências de que os modelos de informação da construção podem servir melhor a esse propósito, em parte devido à sua melhor acessibilidade aos não profissionais. Um obstáculo técnico e legal que ainda não foi solucionado é a noção de *assinatura* de um modelo digital, ou mesmo de seus componentes individuais. Outro é a questão de saber se o acesso aos modelos no futuro permanecerá confiável, à medida que as aplicações se desenvolvem e as versões antigas deixam de ser suportadas. Ambas as questões já foram resolvidas em outras áreas de negócios e os impulsionadores econômicos são fortes o suficiente para garantir que elas também serão resolvidas para os modelos de edificação. As soluções podem tirar proveito das tecnologias avançadas de criptografia, do arquivamento por terceiros de arquivos de modelos originais, de formatos neutros apenas para visualização, do *blockchain* e de outras técnicas. Na prática, um número crescente de participantes do projeto já prefere optar por construir de acordo com os modelos, ao invés dos desenhos. A prática legal também terá de acompanhar a prática comercial.

9.3.8 O impacto nas ferramentas BIM: mais integração, mais especialização, mais informações

A disponibilidade imediata de plataformas BIM tem encorajado uma nova onda de aplicações *plug-in* para uma ampla variedade de aplicações de projeto e de construção. Incluem ferramentas para o projeto conceitual arquitetônico, ferramentas de leiaute e de fabricação para novos materiais e superfícies de edificação, projeto e avaliação de projetos de edificações sustentáveis, projeto de interiores e uma série de outras áreas.

Quase todos os principais fornecedores de BIM têm **interfaces de *software* para análise integrada** dentro de seus *softwares* de modelagem de projeto, seja por meio da aquisição das empresas de *software* de análise ou mediante alianças estreitas com elas. Isso é grandemente o resultado da competição entre os fornecedores em seus esforços para fornecer conjuntos abrangentes de *software*, impulsionados em parte devido à questão da interoperabilidade que se mantém insuficientemente resolvida. A tendência começou com os *softwares* de análise estrutural embutidos, continuou com a análise energética e é provável que avançará com as análises acústicas, as estimativas, o cumprimento dos códigos de edificações e a conformidade do planejamento.

A demanda por servidores BIM no nível do objeto (em vez dos servidores de arquivo) não tem crescido tão rapidamente quanto o previsto. Em razão do tamanho grande e crescente dos arquivos de projeto BIM e das dificuldades inerentes ao gerenciamento das modificações de modelos, era esperada a **demanda por servidores BIM** com o potencial de gerenciar projetos no nível do *objeto*, e não no nível do arquivo. Sistemas como Aconex, PlanGrid, FinalCAD e BIM 360 Field são inúmeros e amplamente utilizados, mas as soluções de servidores de objetos, como o BIM 360 Glue, ainda são raras. As questões são discutidas em detalhes no Capítulo 3, que também lista e detalha alguns dos servidores BIM que já estão disponíveis. A tecnologia para intercâmbios no nível do objeto existe dentro daqueles sistemas BIM que permitem que usuários múltiplos acessem o modelo simultaneamente, incluindo mecanismos de travamento para objetos individuais e o gerenciamento do processo de atualização. Em função de as transações serem principalmente incrementais nos objetos e seus parâmetros (ao contrário dos intercâmbios de modelo completos), a quantidade real de dados que precisa ser transferida é pequena, certamente muito menor do que a de conjuntos equivalentes de arquivos. Contudo, espera-se que o uso de servidores na nuvem no nível do objeto continuará a evoluir lentamente.

Os ***softwares* de visualização de modelos**, como os visualizadores DWF, visualizadores da *web* da Tekla e da Bentley, 3D PDF e outros que foram resumidos no Capítulo 2, têm se tornado ferramentas importantes graças à sua simplicidade. Uma grande variedade de aplicações – inclusive de extração de quantitativos, verificação de conflitos básica e mesmo de planejamento de aquisições – pode ser utilizada somente como informações ao consumidor; elas não exigem atualização de informações nos modelos BIM. Isso tem aumentado enormemente o número de usuários de modelos BIM em toda a indústria de AEC.

9.4 AS TENDÊNCIAS ATUAIS

Tendências de mercado e de tecnologia são bons indicadores do futuro próximo em qualquer campo, e o BIM não é exceção. As tendências observadas revelam a possível direção e influência que o BIM terá na indústria da construção civil. Todos esses processos e tendências tecnológicas embasaram nossa tentativa de olhar para o futuro da construção com o BIM, nas seções seguintes. O BIM, contudo, não está se desenvolvendo em um vácuo. É uma mudança de paradigma permitida pelos computadores, e assim seu futuro também será influenciado pelos avanços na cultura da Internet e por outros impulsionadores similares, menos previsíveis.

9.4.1 Tendências do processo

Ao redor do mundo, proprietários públicos e privados exigem cada vez mais o uso do BIM. O valor intrínseco que a qualidade das informações que o BIM fornece aos clientes da construção civil talvez seja o mais importante impulsionador econômico para os sistemas BIM e sua adoção. A melhoria da qualidade da informação, produtos da construção, ferramentas de visualização, estimativas de custos e análises levam à melhor tomada de decisões durante o projeto e à redução nas perdas durante a construção, diminuindo tanto os custos para a construção em si quanto os custos do ciclo de vida. Junto com o valor dos modelos de construção para manutenção e operações, esses são poderosos motivadores para que os clientes demandem o uso do BIM em seus projetos.

Embora o UK Government BIM Mandate tenha recebido muita publicidade, muitos outros governos e grandes clientes públicos e privados da construção emitiram mandatos para o uso do BIM em seus projetos. A Seção 8.2 os descreveu e abordou seus efeitos poderosos. Essas obrigatoriedades fazem com que a discussão do ROI do BIM torne-se essencialmente supérflua, uma vez que refletem uma convicção geral de que o BIM fornece benefícios amplos para a sociedade. Essa parece ser uma "força irresistível" que certamente acarretará na eventual substituição do CAD pelo BIM na indústria de AEC. Muitos dos estudos de caso do Capítulo 10 já refletem o papel-chave de liderança desempenhado pelos proprietários de construções, todos os quais são motivados pelos benefícios econômicos que percebem serem inerentes à construção com o BIM.

Demanda por pessoas com novas competências. O ganho de produtividade para a documentação de projeto implica a redução dos profissionais envolvidos com o desenho nas práticas de projeto de edificações de todos os tipos. Por outro lado, muitos arquitetos, engenheiros e profissionais da construção estão agora sendo requisitados para desempenhar papéis na modelagem da informação da construção. Buscam-se arquitetos projetistas que consigam efetivamente desenvolver modelos bem-definidos e que podem suportar diferentes avaliações, energéticas e de custo/benefício. Também estão sob demanda engenheiros que consigam extrair modelos de análise necessários para realizar análises estruturais e energéticas e propor melhorias ao projeto do modelo de construção. São extremamente necessários engenheiros de obras que saibam levantar as informações de um modelo para extração de quantitativos, estimar custos, planejar a construção usando simulações, e gerenciar e controlar a produção *in loco*.

Novos papéis de gerenciamento têm se desenvolvido. Nas empresas de projeto, os gestores de modelos desempenham duas funções básicas. No nível da empresa, eles fornecem serviços de suporte de sistemas e de *software*. No nível do projeto, trabalham com equipes de projeto a fim de atualizar o modelo da construção; garantir a origem, a orientação, a denominação e a consistência dos formatos; e coordenar o intercâmbio de componentes do modelo com grupos de projeto interno e arquitetos e engenheiros externos. Os novos papéis e as responsabilidades são discutidos na Seção 8.4.2.

Tendências do Processo e da Tecnologia BIM

Tendências do Processo

- Proprietários estão demandando o BIM e modificando os termos contratuais para viabilizar seu uso.
- Novas habilidades e papéis estão se desenvolvendo.
- Implementações bem-sucedidas na construção levaram a uma ampla aceitação corporativa por construtoras.
- Os benefícios da prática integrada estão recebendo ampla revisão e sendo intensivamente testados na prática.
- Normas estão hoje disponíveis em muitos países e esforços de desenvolvimento estão em andamento em muitos outros.
- Edificações sustentáveis (*Green Buildings*) estão sendo cada vez mais exigidas pelos clientes.
- As ferramentas BIM e CAD 4D se tornaram comuns em grandes escritórios de construção civil.

Tendências da Tecnologia

- A conferência automatizada do cumprimento de códigos e da construtibilidade usando modelos de informação da construção está sendo intensamente pesquisada, com desdobramentos na aplicação de técnicas de inteligência artificial.
- Os principais fornecedores de plataformas BIM estão agregando funcionalidades e integrando capacidades de análise de projeto, disponibilizado plataformas ainda mais ricas para uso.
- Fabricantes de produtos da construção estão começando a fornecer catálogos em 3D paramétricos.
- Ferramentas BIM com funções de gerenciamento da construção estão cada vez mais disponíveis.
- O BIM está encorajando a pré-fabricação para subconjuntos de construção cada vez mais complexos, os quais podem ser adquiridos globalmente.

O uso do BIM entre arquitetos, engenheiros e construtores tornou-se convencional. Em 2007, apenas 28% do setor de AEC dos Estados Unidos estava utilizando o BIM, mas esse número aumentou para 49% em 2009 e 71% em 2012. Em 2007, somente 14% dos usuários do BIM se consideravam usuários especialistas ou avançados, mas, também nesse caso, o crescimento foi rápido: 42% em 2009 e 54% em 2012 (Figura 9.3) (Young *et al.*, 2007; Young *et al.*, 2009; Bernstein *et al.*, 2012). Esses números relativos à adoção do BIM são difíceis de interpretar em detalhes, pois as perguntas da pesquisa foram ligeiramente modificadas de ano para ano e porque termos como "usuário especialista" são abertos à interpretação dos respondentes. Não obstante, a tendência geral do uso do BIM é bastante evidente. Essa tendência não se limita aos Estados Unidos, e muitas pesquisas mostram que o aumento rápido do uso do BIM é global.

As implementações bem-sucedidas na construção levaram construtores a reengenheirar seus processos para tirar vantagem corporativa dos benefícios por eles identificados.

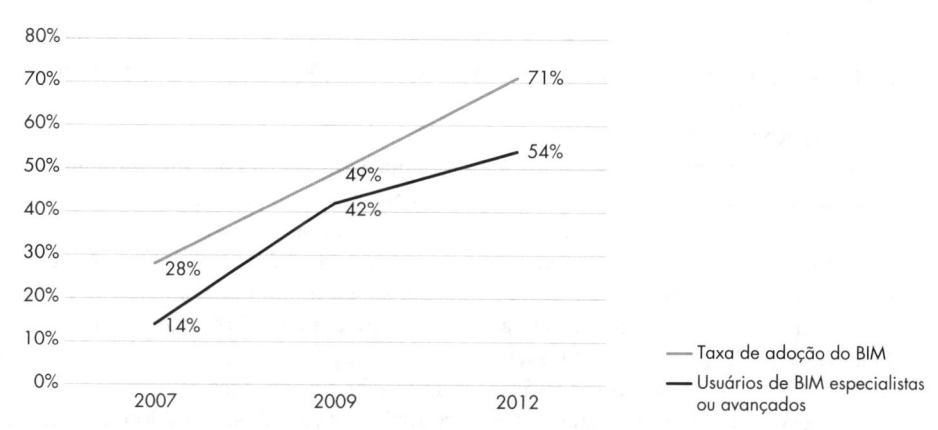

FIGURA 9.3 A tendência ao uso do BIM nos Estados Unidos de 2007 a 2012.

Fonte dos dados: Série SmartMarket Report.

Nas primeiras duas edições do *Manual de BIM*, a maioria dos estudos de caso relataram aplicações de projeto do BIM. Na presente edição, o Mapletree Business Park II, o Saint Joseph Hospital, os dormitórios para estudantes da NTU e o Hyundai Automobile Complex, no Capítulo 10, concentram-se todos no uso do BIM por empreiteiros de construção. Entre outros estudos de caso, o projeto do Sutter Medical Center mostrou como o BIM é essencial ao permitir a estreita colaboração necessária na entrega de projeto integrado (IPD), incluindo o controle enxuto de fluxo puxado para detalhamento de sistemas de MEP, resultando em um alto grau de pré-montagem fora do canteiro.

Proprietários estão cada vez mais cientes do valor do BIM para operação e manutenção de instalações. Três dos estudos de caso do Capítulo 10 (Medina Airport, Stanford Medical Center e Howard Hughes Medical Center) destacam a maneira pela qual os proprietários estão se beneficiando diretamente dos sistemas de gerenciamento de facilidades dos sistemas de FM (*Facility Management*) que aplicam dados de modelo BIM para operações e manutenção. O padrão de intercâmbio COBie (Construction Operations Building Information Exchange) (BSI, 2014a) tem sido amplamente adotado para entrega de listas de equipamentos, planilhas de dados de produtos, garantias e outras informações *as-built*.

O valor da colaboração nos projetos de construção é reconhecido de modo mais amplo. As empresas líderes do setor de AEC e os proprietários reconhecem cada vez mais que os futuros processos de edificações exigirão a prática integrada de toda a equipe de construção e serão facilitados pelo BIM. Todos os membros da equipe de construção, não somente os consultores de engenharia, mas também os empreiteiros e fabricantes, são reconhecidos por deterem valiosas contribuições para o projeto. Isso está levando a novas formas de parcerias, com mais contratos projeto e construção, mais construtoras incorporando seus próprios escritórios de projeto e a formação de equipes mais inovadoras e intensivas. Embora a contratação de IPD por si só não tenha se desenvolvido no ritmo esperado, a formação de parcerias, alianças e IPD são mais amplamente conhecidos e entendidos do que no passado. A formação de alianças é atualmente o método preferido para a aquisição de grandes projetos de infraestrutura na Austrália, por exemplo (Morwood *et al.*, 2008). Um aspecto da crescente colaboração é que, com ela, os projetos preparam definições explícitas dos fluxos de trabalho para dar suporte ao desenvolvimento e à finalização do projeto. O planejamento dos fluxos de trabalho, na forma de

Planos de Execução do BIM (BEP, *BIM Execution Plans*), é uma característica de muitos projetos de grande porte; suas entregas, com especificações de conteúdo e níveis de detalhe, são os novos "marcos" de entregas.

"Big Rooms". O uso crescente de espaços dedicados a projetos específicos para alocação conjunta de projetistas e construtores é uma expressão prática do aprofundamento da colaboração entre as empresas. Com o aumento da quantidade de informações disponíveis eletronicamente e conforme os modelos de informação da construção incorporam mais anotações de processos, a visualização das informações está se tornando central para o processo de trabalho em geral. Ambientes com múltiplos monitores de exibição permitem às equipes de projeto interagir com o modelo da informação da construção e todo o espaço de informações. Os membros da equipe podem simultaneamente visualizar o modelo, o cronograma, as especificações, as tarefas e as relações entre essas vistas.

Os esforços de padronização têm produzido resultados. Em 2006, o American Institute of Steel Construction complementou seu código de práticas padrão para exigir que um modelo 3D, onde quer que exista, seja a representação do registro das informações do projeto. Nos Estados Unidos, o National Institute for Building Sciences (NIBS) continua a facilitar a definição de um conjunto de Normas Nacionais de BIM, que objetiva especificar com precisão os intercâmbios de dados dentro de fluxos de trabalho de construção específicos. Numerosos grupos de interesse do setor prepararam as "Definições de Vista de Modelo" como parte deste esforço, [1] e todos os principais fornecedores de ferramentas BIM agora apoiam, em maior ou menor grau, alguma forma de intercâmbio das normas IFC. No Reino Unido, a British Standards Institution realizou o desenvolvimento de uma série dos documentos do *British Standard and Publicly Available Specification* (*PAS*) para suportar a adoção ampla do BIM no setor de AEC, principalmente em resposta ao *BIM Mandate* do governo do Reino Unido, que exigiu a adoção completa do BIM em construções públicas a partir de abril de 2016. Tudo isso é comentado em detalhes no Capítulo 8, Seção 8.3.1.

O BIM está ajudando a viabilizar, econômica e globalmente, a fabricação de subconjuntos de construção cada vez mais complexos. Grandes módulos de sistemas de parede-cortina e unidades de construção pré-fabricados e pré-acabados (PPVC) (ver o estudo de caso NTU North Hills no Capítulo 10) são apenas alguns dos muitos exemplos de construção modular que o BIM está tornando economicamente viável (para mais informações, ver a Seção 7.5.2). A necessidade para concessões de tempo de transporte significa que os prazos de entrega para o projeto são curtos e os módulos devem ser fabricados corretamente na primeira vez. O BIM produz informações confiáveis e livres de erro, além de encurtar os prazos de entrega. Permite que uma grande porção de um projeto possa ser pré-fabricada fora do canteiro, o que reduz custos, aumenta a qualidade e simplifica o processo construtivo.

A construção sustentável é exigida por um público consciente das ameaças impostas pelas mudanças climáticas. O BIM ajuda os projetistas de edificações a alcançar a construção ambientalmente sustentável ao fornecer ferramentas para a análise das necessidades energéticas e para obtenção e especificação de produtos de construção e materiais com baixo impacto ambiental. As ferramentas BIM também podem auxiliar na avaliação dos projetos para conformidade à certificação LEED. Em resposta à demanda, vendedores têm incluído ferramentas de análise energética dentro das plataformas BIM, embo-

---

[1] Algumas MVDs são coordenadas no *website* "*IFC Solutions Factory*" (ver www.blis-project.org/IAI-MVD/).

ra dúvidas relativas à acurácia das análises de consumo energético ainda permaneçam. O Federal Department of Energy, dos Estados Unidos, está patrocinando novas pesquisas para melhoria das ferramentas de simulação energética das edificações.

9.4.2 Tendências da tecnologia

As ferramentas de verificação de modelo automatizadas para conferência do cumprimento dos requisitos do programa de necessidades ou daqueles impostos pelos códigos de edificações são tema de pesquisas e avanços continuados. Empresas inovadoras, como a Solibri, a EPM e a SmartReview, desenvolveram *softwares* de conferência de modelos usando arquivos IFC e têm a intenção de ampliar suas capacidades. A coordenação entre sistemas de edificação complexos usando modelos em 3D sobrepostos está se tornando comum, e as conferências vão além da identificação de conflitos físicos.

> "O software de conferência de conformidade de códigos pode potencialmente reestruturar o processo de licenciamento de construção. Em vez de esperar semanas até que um órgão de construção decida se as plantas estão de acordo e se a licença pode ser emitida, o arquiteto poderia apresentar um relatório de análise de plantas certificado junto com o BIM. Caso os servidores do departamento de construção aceitem o relatório certificado de análise de plantas, a licença poderia ser emitida 'diretamente no balcão', eliminando dias, semanas ou meses de atraso."
>
> Mark Clayton, SmartReview

Hardwares periféricos estão conectando o mundo do BIM virtual ao mundo da construção física. O desenvolvimento contínuo do escaneamento a laser, da fotogrametria, dos *drones*, da tecnologia de identificação por radiofrequência (RFID), os sistemas de realidade aumentada, mista e virtual e os computadores portáteis estão permitindo a transferência de dados entre o BIM e o canteiro de obras, em ambas as direções.

O esforço para desenvolver uma variedade de ferramentas vestíveis (*wearables*) de comunicação, conduzido pela construtora francesa *Bouygues,* é um exemplo excelente de inovação nesta área. A Figura 9.4 ilustra o conceito, que inclui um visor de cabeça, com câmera embutida, colete com sinais e sensores de alerta, botas de construção com sensores nas solas e uma manga que fornece um visor e botões.

Melhorias rápidas nas áreas da realidade virtual, aumentada ou mista, são ferramentas periféricas particularmente significativas para o BIM. A Seção 6.12.1 discutiu o papel crescente da realidade aumentada em trazer informações do BIM ao canteiro durante a construção e diretamente aos trabalhadores operacionais e de manutenção em edificações em funcionamento. A difusão da computação móvel tem tornado as ferramentas de realidade virtual e aumentada cada vez mais acessíveis, e os projetistas e construtores continuam a inventar novas maneiras de explorá-las para entregar informações de projeto.

Impressão 3D e construção robótica. A Seção 7.6.3 descreveu uma variedade de iniciativas nessa área. O que é impressionante é que a maioria destas são agora esforços na forma de *start-ups* comerciais, não mais a reserva de iniciativas de pesquisa financiadas a longo prazo. Embora a maior parte dos esforços para impressão em 3D ainda tenha de superar uma gama de obstáculos relacionados principalmente a tecnologia e entrega de materiais, as máquinas de construção robótica como a Hadrian, da FastBrick Robotics, parecem estar prontas para ingressar na construção convencional. Elas dependem universalmente do BIM para sua operação.

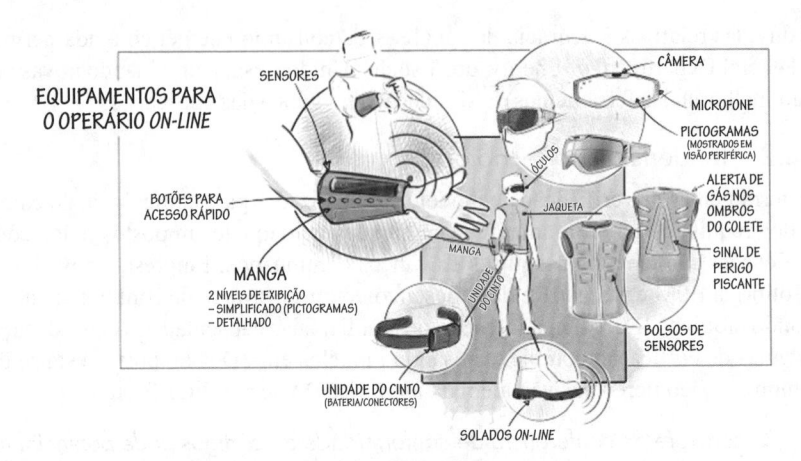

FIGURA 9.4 Uma coleção de equipamentos *on-line* projetados para melhorar a segurança dos operadores de campo e a ergonomia de seu ambiente de trabalho. O sistema foi desenvolvido pelo Ideas Laboratory, um laboratório de inovação compartilhado sediado em Grenoble, França.

Imagem fornecida por cortesia de Bouygues Construction, uma parceira da Ideas Laboratory (projeto desenvolvido com Suez, Air Liquide & CEA).

9.4.3 Tendências do processo integrativo e da tecnologia

A construção enxuta e o BIM estão se desenvolvendo em conjunto. A construção *lean* (enxuta) (Koskela, 1992; Ballard, 2000) e o BIM estão progredindo de mãos dadas, com muitas das sinergias previstas entre ambos se tornando realidade. O BIM e a *lean* são complementares de várias maneiras importantes.

Quando aplicado ao projeto de edificações, o pensamento enxuto implica a redução do desperdício por meio da eliminação de etapas de processos desnecessárias que não fornecem qualquer valor direto ao cliente, como a produção de desenhos; o projeto concorrente a fim de eliminar erros e retrabalhos, na medida do possível; e a duração de ciclos reduzida. O BIM permite que se alcancem todos esses objetivos. A necessidade de produzir de modo eficiente produtos altamente customizados para clientes exigentes é um propulsor-chave da produção enxuta (Womack e Jones, 2003). Um componente essencial é a redução dos tempos de ciclo para produtos individuais, porque ajuda os projetistas e fornecedores a responder melhor às necessidades dos clientes (muitas vezes em mudança). A tecnologia BIM pode desempenhar um papel crucial na redução tanto do projeto como da construção, mas seu impacto principal é sentido quando a duração da fase de projeto é efetivamente reduzida. O desenvolvimento rápido de projetos conceituais, a forte comunicação com clientes por meio de visualizações e estimativas de custos, o desenvolvimento de projetos simultâneos e a coordenação com consultores de engenharia, a redução de erros e a automação na produção de documentação, assim como a pré-fabricação facilitada – todos contribuem para este efeito. Portanto, o BIM está se tornando uma ferramenta indispensável para a construção, não somente em função de seus benefícios diretos, mas por permitir o projeto e a construção enxutos.

Os procedimentos de gerenciamento e de trabalho claramente definidos são outro aspecto da construção enxuta, uma vez que permitem a experimentação estruturada para melhorias sistemáticas. Construtoras líderes como a Lease Crutcher Lewis, a DPR e a

Mortenson, nos Estados Unidos, a Fira Oy e a Skanska, na Finlândia, a Tidhar Construction, em Israel, e muitas outras criaram suas próprias especificações para as práticas de BIM e *lean*, definindo assim sua "Maneira da Empresa" de fazer as coisas,[2] descrita em livros como o *Integrating Project Delivery* (Fischer *et al.*, 2017) e o *Building Lean, Building BIM: Changing Construction the Tidhar Way* (Sacks *et al.*, 2017).

As ferramentas de *software* de gerenciamento da produção enxuta para construção estão amadurecendo. Sistemas de informação de gerenciamento da produção para construção inteiramente novos foram introduzidos e estão se desenvolvendo rapidamente. A maioria desses sistemas são soluções de "*software* como um serviço" (SAAS) baseadas na nuvem que suportam os quatro níveis de planejamento do Last Planner System.[3] Alguns, como o vPlanner e o touchplan.io, não usam o modelo BIM, enquanto outros, como o VisiLean, trabalham diretamente com o modelo. O VisiLean e outros sistemas como ele são baseados no protótipo de pesquisa "KanBIM" (Sacks *et al.*, 2010), o qual demonstrou como os modelos BIM podem ser alavancados para prover líderes de equipe na interface de trabalho, não somente com informações de produtos, mas também com informações de processos. As informações de processos lhes permitem "ver" o *status* dos equipamentos compartilhados, o que as outras equipes estão fazendo, onde os materiais estão ao longo da cadeia de suprimentos, quais espaços estão disponíveis para trabalho e assim por diante. Todos lhes permitem fazer escolhas inteligentes a respeito de seus próprios progressos de trabalho. A Figura 9.5 mostra uma interface típica.

9.4.4 Tendências nas pesquisas sobre BIM

O BIM se tornou um dos principais tópicos de interesse para pesquisadores nos campos da Arquitetura, Engenharia e Gerenciamento da Construção. O 7º Quadro da União Europeia e seus esquemas Horizon 2020, a National Science Foundation, nos Estados Unidos, e muitas outras fundações de pesquisa nacionais patrocinam pesquisas sobre o

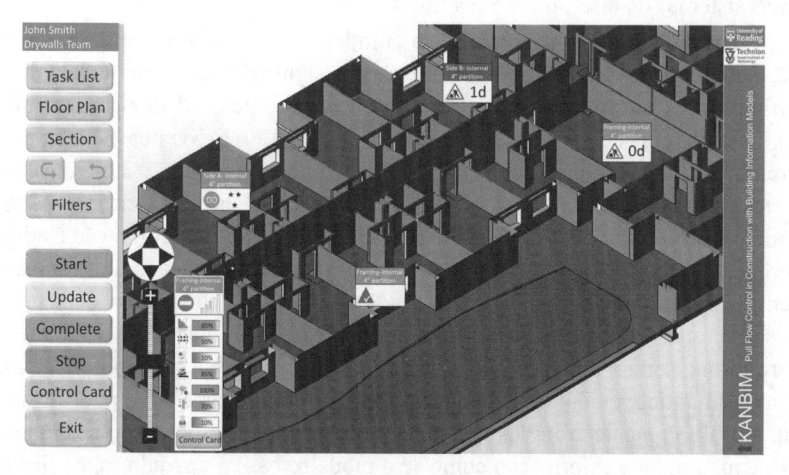

FIGURA 9.5 Um exemplo de uma interface de usuário KanBIM, mostrada em uma tela sensível ao toque de grande formato para uso no canteiro de obras (Sacks *et al.*, 2010).

---

[2] O termo "maneira da empresa" ("*company way*") é inspirado em "maneira da Toyota" (Liker, 2003).
[3] Plano de trabalho e sistema de controle para construção enxuta (ver Ballard, 2000).

BIM. Um artigo de análise recente (Zhao, 2017) identificou nada menos do que 614 artigos de pesquisa sobre vários tópicos de BIM publicados entre 2005 e 2016 em periódicos listados no banco de dados da coleção central da *Web of Science*. Um artigo similar que analisou um conjunto mais amplo de 1.874 publicações descobriu que as áreas de pesquisa-chave incluíam o projeto automatizado e paramétrico, a interoperabilidade (incluindo IFC), a implementação e a adoção, a edificação sustentável, a inspeção de qualidade e a modelagem 4D/5D (Li *et al.*, 2017).

Alguns dos avanços mais promissores nas pesquisas sobre o BIM são sobre dois tópicos intimamente relacionados: o **enriquecimento semântico** e os **serviços da *web* semântica**. As pesquisas nessas áreas têm o potencial de fornecer soluções inovadoras ao BIM que exploram avanços em inteligência artificial, para superação dos problemas de interoperabilidade que ainda retardam o desenvolvimento do BIM, para habilitação de servidores BIM de nível de objeto genérico e para aplicação de novas ferramentas a fim de automatizar aspectos de projeto e de análise.

A preservação da integridade entre diferentes modelos de projeto (p. ex., arquitetônico *versus* estrutural *versus* construção) é imperativa, conforme as mudanças são feitas nos diferentes modelos por suas respectivas disciplinas. Infelizmente, as ferramentas de interoperabilidade, como o padrão IFC, ainda não suportam a coordenação além da inspeção visual e da identificação de conflitos físicos na geometria. O gerenciamento de alterações entre diferentes sistemas – envolvendo cargas (estruturais ou térmicas) ou outras relações de desempenho – é cada vez mais reconhecido como uma condição importante e limitadora. Transações automatizadas inteligentes, implementadas nos servidores BIM, precisarão ser aumentadas e cada vez mais substituirão as atualizações manuais de vistas de modelos com propósitos específicos, que são necessárias para a sincronização. Elas podem ser automáticas ou resolvidas por um analista. As pesquisas precisarão determinar a natureza das relações entre os objetos da construção que são implementados em diferentes sistemas de disciplinas específicas.

O **enriquecimento semântico** dos modelos de edificação se refere ao acréscimo automático ou semiautomático de informações significativas a um modelo digital de um edifício ou de outra estrutura, por um *software* que possa deduzir novas informações por meio de regras de processamento (Belsky *et al.*, 2016), ou por meio da aplicação do aprendizado de máquina (Bloch *et al.*, 2018) (ver também a Seção 3.6.2). O conhecimento especializado do domínio é utilizado para reconhecer ou inferir a semântica de um modelo de informação da construção determinado, e a nova informação é adicionada ao modelo. Como mostra a Figura 9.6, um mecanismo de enriquecimento semântico pode identificar e adicionar relações de agregação (ou seja, objetos pertencem a grupos), relações funcionais (tais como "o objeto 1 está conectado ao objeto 2") e parâmetros que de outra forma, seriam uma geometria "vazia". A ideia-chave é que, ao utilizar o enriquecimento semântico, qualquer ferramenta BIM de domínio específico pudesse ser capaz de importar diretamente arquivos IFC genéricos, reconhecer a intenção dos objetos do modelo e manipular a informação como se o modelo fosse preparado especificamente para aquela ferramenta. As abordagens de inteligência artificial, como a inferência de regras ou o aprendizado de máquina usando redes neurais artificiais, foram testadas em pesquisas e têm mostrado resultados promissores em domínios que incluem concreto pré-moldado, pontes rodoviárias de concreto armado e edifícios de apartamentos arranha-céus.

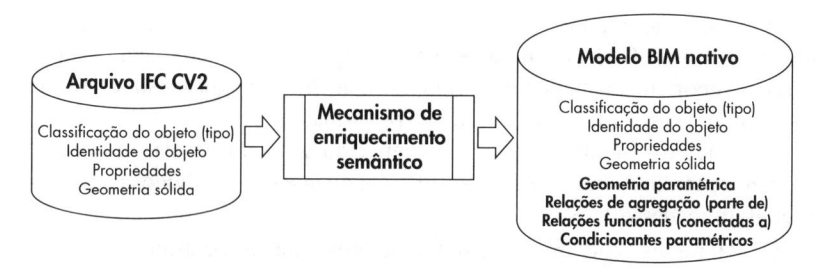

```
┌─────────────────────┐                      ┌─────────────────────────────────────┐
│    Arquivo IFC CV2  │                      │        Modelo BIM nativo            │
│                     │    ┌────────────┐    │                                     │
│ Classificação do    │    │ Mecanismo  │    │  Classificação do objeto (tipo)    │
│ objeto (tipo)       │ ⇒  │    de      │ ⇒  │  Identidade do objeto              │
│ Identidade do objeto│    │enriquecim. │    │  Propriedades                      │
│ Propriedades        │    │ semântico  │    │  Geometria sólida                  │
│ Geometria sólida    │    └────────────┘    │  Geometria paramétrica             │
└─────────────────────┘                      │  Relações de agregação (parte de)  │
                                             │  Relações funcionais (conectadas a)│
                                             │  Condicionantes paramétricos       │
                                             └─────────────────────────────────────┘
```

FIGURA 9.6 O mecanismo de enriquecimento semântico do protótipo SEEBIM usa a inferência de regras por encadeamento direto (*forward-chaining*) para agregar informações semânticas aos modelos de construção definidos na *IFC coordination view 2.0* (Sacks *et al.*, 2017).

Serviços da *web* semântica. Nos últimos 10 anos, um número crescente de avanços no setor e de iniciativas de pesquisa tem focado no uso de dados conectados e tecnologias da *web* semântica para o gerenciamento de dados de construção. A *web* semântica foi apresentada como um conceito em 2001 por Tim Berners-Lee e buscava transformar a *World Wide Web* de documentos em uma *World Wide Web* de dados (Berners-Lee *et al.*, 2001). De maneira similar, as pesquisas neste tópico da indústria da construção civil objetivam expressar modelos BIM como grafos *on-line* de dados da construção, usando Linguagem de Ontologia da Web (OWL, *Web Ontology Language*) e a Estrutura de Descrição de Recursos (RDF, *Resource Description Framework*). Um panorama de iniciativas recentes no setor da construção civil pode ser encontrado em Pauwels *et al.* (2017).

As principais vantagens de expressar dados da construção usando estas tecnologias incluem fazer uso de uma ampla gama de ferramentas para: (1) a conexão integrada com dados de fora da indústria da construção civil (geografia, materiais, produtos, infraestrutura, regulações); (2) a consulta de dados; e (3) o raciocínio com dados. Cada um destes três – conexão, consulta e raciocínio – pode ser feito usando mecanismos de consulta prontos para uso e linguagens de consulta que também são amplamente utilizadas fora do setor da construção civil. Isso permite o uso rápido e ágil dos dados: a conexão veloz com outros dados, a consulta dos dados para subconjuntos e a realização de pequenas conferências usando mecanismos de raciocínio.

As principais linhas de pesquisa e desenvolvimento giram em torno de uma ontologia ifcOWL, que é uma versão da *web* semântica do esquema IFC. Usando essa ontologia, pode-se expressar qualquer modelo BIM em um gráfico da *web* semântica e implantar prontamente as tecnologias disponíveis. Uma vez que a maioria das empresas continua trabalhando com modelos BIM como arquivos, a exploração na indústria até o momento é principalmente para processos posteriores: a exportação dos dados em um formato RDF e as consultas e raciocínios posteriores.

9.4.5 Os obstáculos à mudança

Como um contraponto às tendências positivas discutidas na seção anterior, o BIM enfrenta numerosos obstáculos ao seu progresso. Estes incluem barreiras técnicas, questões legais e de responsabilização, regulamentação, modelos de negócios inapropriados, resistência às mudanças nos padrões de emprego e a necessidade de educar um grande número de profissionais.

A construção é um esforço colaborativo, e o BIM permite uma colaboração mais próxima do que o CAD; contudo, isso exigirá que os fluxos de trabalho e as relações comerciais suportem um aumento no compartilhamento tanto das responsabilidades quanto das recompensas. As ferramentas BIM e os formatos de arquivo IFC ainda não abordam adequadamente o suporte ao gerenciamento e ao rastreamento das mudanças nos modelos, nem os termos contratuais estão suficientemente desenvolvidos para lidar com essas responsabilidades coletivas.

Os interesses econômicos distintos de projetistas e construtores são outra barreira possível. Nos modelos de negócios da construção, apenas uma pequena parte dos benefícios econômicos do BIM são contabilizados para os projetistas. Os principais retornos vão para construtores e proprietários. Alguns guias de BIM apelam à redistribuição dos marcos de pagamentos para os projetistas (ver a Seção 8.6.1), antecipando pagamentos para etapas de projeto preliminares, em reconhecimento ao fato de que mais informações são geradas mais cedo no processo (como reflete a curva de MacLeamy, mostrada na Figura 5.1). Contudo, estes são a exceção, não a regra, e nenhum dos guias exige o aumento dos honorários de projeto. De maneira similar, os arranjos comerciais e contratuais necessários para o projeto baseado em desempenho, provavelmente associados ao comissionamento formal, ainda não foram resolvidos.

No contexto econômico, a mão de obra barata na construção civil foi, e continua sendo, um fator retardante para que sejam adotadas inovações e tecnologias na construção. Todavia, a mão de obra barata não consegue construir os edifícios mais sofisticados, os quais estão cada vez mais em demanda, de modo que essa indústria não é homogênea. Alguns projetos são tanto impulsionados quanto beneficiados por inovações tecnológicas, como o BIM, enquanto outros não podem explorá-las de modo efetivo.

Os desenvolvedores de BIM atendem principalmente às profissões de projeto, em função de seu grande número. Entretanto, o desafio para o BIM é o aumento dos *softwares* especializados necessários para funções especializadas, que variam da análise de viabilidade do projeto (como o DESTINI Profiler) ao projeto conceitual, mas, especialmente, para os sistemas diferentes de contratação e de fabricação. O desenvolvimento de *softwares* BIM é de capital intensivo e os vendedores de *software* terão que assumir o risco comercial de desenvolver ferramentas sofisticadas para os construtores.

A maior barreira técnica é a necessidade de ferramentas de interoperabilidade maduras. Na prática, a lei de Moore sugere que o *hardware* não será um empecilho, e isso parece ser o caso. O desenvolvimento de normas tem sido mais lento do que o esperado, em grande parte devido à falta de um modelo de negócios que permita que seu financiamento seja abordado em uma economia capitalista. Enquanto isso, a falta de interoperabilidade efetiva continua sendo um impedimento sério ao projeto colaborativo.

9.5 VISÃO PARA 2025

Os últimos anos testemunharam a transição do BIM para a prática convencional e a concretização de muitas das ideias de seus visionários. Nos próximos anos, haverá um número crescente de implementações bem-sucedidas, mudanças na indústria da construção civil e novos usos experimentais e extensões do que pode ser alcançado com o BIM, para além de seu uso atual. Com o conhecimento do arco de desenvolvimento até o presente, considerando as tendências atuais, os impulsionadores e os obstáculos à mudança, nos voltamos agora para extrapolar para o futuro. Avaliamos os avanços nas áreas de processos e tecnologias da construção, as maneiras pelas quais as informações da construção são entregues, os serviços de projeto, as especificações dos produtos da construção, a conferência de códigos, as práticas de gerenciamento da construção, o emprego, os papéis profissionais e a integração das informações da construção aos sistemas de negócios.

9.5.1 O projeto e a construção totalmente digitais

O projeto e a construção se tornarão totalmente digitais, com o BIM fornecendo a espinha dorsal das informações para os projetos de construção. A Internet das Coisas (IoT, *Internet of Things*) fornecerá novos fluxos de dados de entrada, desde gruas de torre, bombas de concreto, sistemas de monitoramento de edificações, câmeras e sensores transportados por trabalhadores e *drones*, até materiais de construção na cadeia de suprimentos, entre muitos outros. Todos esses fluxos precisarão ser interpretados, e os resultados serão integrados com o modelo de construção. As informações serão utilizadas de maneiras muito diferentes, as quais ainda não estão disponíveis atualmente. Por exemplo, com o monitoramento da localização, uma furadeira poderia identificar os materiais que se espera furar (a partir do modelo BIM) e recomendar a seu operador tanto o modo de ação como a broca apropriada. Um trabalhador poderia ser alertado sobre o risco de queda perto de uma abertura desprotegida. Informações abrangentes fornecerão uma consciência situacional às equipes de construção, permitindo-lhes tomar melhores decisões que priorizem pacotes de trabalho maduros em condições seguras, em relação a trabalhos que ainda não estão prontos para elas.

As informações coletadas *in loco* durante a construção e durante a vida útil de um edifício também serão incorporadas ao projeto. Será possível calibrar as simulações de desempenho com dados de desempenho reais e, pela primeira vez, serão disponibilizados conjuntos de dados suficientes para o aprendizado de máquina. O BIM e a Internet nivelam o campo de atuação em termos de acessos às informações da construção, tanto no nível de projeto quanto no nível de toda a indústria. O fluxo de informações torna-se praticamente instantâneo, e a colaboração entre todos os envolvidos em um projeto pode se tornar síncrona, o que é uma mudança de paradigma dos fluxos de trabalho assíncronos tradicionais. Os fluxos de trabalho tradicionais com geração sequencial, entrega e revisão de desenhos – que podem ser iterativos e perdulários devido ao retrabalho – não são mais apropriados. Os construtos profissionais e legais que evoluíram em relação a esses fluxos de trabalho são igualmente inadequados para os processos de projeto colaborativo e de construção, com tempos de ciclo reduzidos e fluxos de informações intimamente integrados.

Embora a pesquisa acadêmica tenha um papel a desempenhar na definição de novos conceitos e na mensuração de fluxos de informação que promovam integridade e valor, é provável que os esforços de tentativa e erro feitos pelos pioneiros do setor – propulsionados por imperativos práticos – sejam a fonte primária de novos fluxos de trabalho do BIM. Novas formas contratuais, descrições de cargos, alinhamentos comerciais e acordos de aquisições precisarão ser sintetizados, testados e refinados. Estes precisarão ser adaptados e, às vezes, redefinidos para se adequarem aos códigos locais, às práticas sindicais e a outras questões contextuais de controle. Tais esforços suportarão e estimularão o desenvolvimento de novas ferramentas, tanto no meio acadêmico quanto na indústria.

A construção digital se estenderá para além dos limites dos locais de projeto, conectando modelos BIM com sistemas de Precinct Information Modeling (PIM), City Information Modeling (CIM) ou de "Cidades Inteligentes". As interfaces entre os modelos BIM e os sistemas GIS serão mediadas por padrões de intercâmbio de dados mapeados. Os mapeamentos entre o esquema IFC e o CityGML já estão bem desenvolvidos (Isikdag, 2014). Os dados de modelos BIM fornecem sistemas de informações urbanos com dados sobre o leiaute espacial interno e ativos das edificações, enquanto os sistemas GIS fornecem aos projetistas e construtores de projetos individuais informações detalhadas sobre seu terreno e suas infraestruturas existentes.

O ensino de arquitetura, engenharia e construção continuará evoluindo, às vezes liderando, mas, sobretudo, ficando atrás dos avanços da indústria. A mudança para um processo digital completo exigirá graduados não somente competentes em um ambiente de trabalho digital, mas que também sejam capazes de se adaptar e de aprender novos processos de trabalho ao longo de suas carreiras.

9.5.2 Uma nova cultura de inovação na construção

Tradicionalmente, a construção tem tido níveis muito baixos de investimento em pesquisa e desenvolvimento e poucas inovações. A estrutura fragmentada e modular da indústria tem reprimido inovações integrais (ou seja, aquelas que atravessam fronteiras organizacionais em sua implementação; Sheffer, 2011). Ainda assim, a disponibilidade de modelos BIM abre a porta para uma grande gama de inovações tecnológicas que exigem informações de produtos e de processos detalhadas. Como mostra a Figura 9.7, o número de empresas *start-ups* tecnológicas da construção civil fundadas a cada ano aumentou radicalmente de 2010 a 2015.

Desde o início dos anos 1990 e durante todo o período de evolução do BIM, a comunidade de pesquisas acadêmicas criou muitas aplicações conceituais para modelos de construção que não teriam como ser implementadas na prática, pois não havia dados de modelo de construção orientados a objetos disponíveis. As ferramentas do BIM não estavam suficientemente maduras, nem seu uso era generalizado. Exemplos incluem o controle automatizado dos equipamentos de construção, como gruas, pavimentadoras robotizadas e finalizadoras de superfícies de concreto; a coleta de dados automatizada para monitoramento de desempenho; o planejamento da segurança da construção; as aquisições e logística eletrônicas; entre muitos outros. Embora ainda existam empecilhos a serem superados, o progresso técnico na potência da computação, as tecnologias de sensoriamento remoto, as máquinas de produção controladas por computadores, a computação distribuída, as tecnologias de intercâmbio de informações, e outras tecnologias, têm aberto novas possibilidades, as quais os fornecedores de *software* estão explorando. A crescente potência das tecnologias de computação móvel, de locação, de identificação e de sensoriamento remoto (GPS, RFID, escaneamento a laser e assim por diante) permitem maior utilização de modelos de informação da construção no canteiro, o que possibilita construções mais rápidas e mais acuradas.

A disponibilidade imediata das informações da construção digitais e os meios de armazenar e manipular grandes quantidades de dados não são as únicas possibilidades de inovação na construção. Um setor de projeto e de construção digital fomenta a inovação, pois as pessoas têm uma atitude positiva em relação à tecnologia, além de vontade e capacidade de colocar novas ferramentas em uso. O BIM trouxe o crescimento de uma

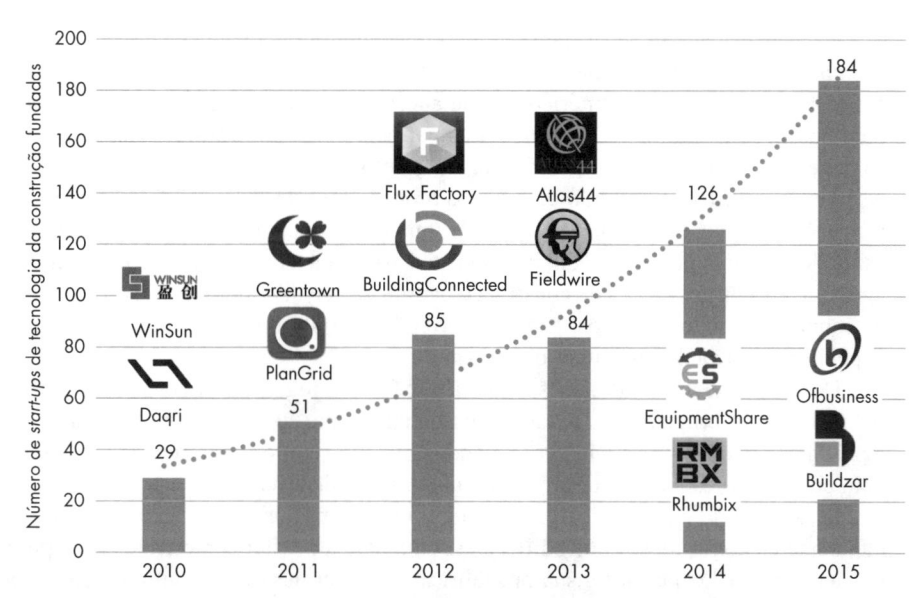

FIGURA 9.7 Número de empresas *start-ups* de tecnologia da construção fundadas entre 2010 e 2015.
Fonte dos dados: Tracxn Technologies Private Limited.

cultura de construção que acolhe inovações. Esperamos, portanto, que realmente haja um crescimento exponencial no número de *start-ups* tecnológicas da construção, incubadoras, laboratórios de inovação e assim por diante. Estes permitirão monitoramento e controle em tempo real, escaneamento a laser e análises fotogramétricas com o uso de *drones* e/ou câmeras fixas e mudanças na maneira como as equipes de obra são gerenciadas. O controle da produção se tornará possível em um nível de detalhe muito superior àquele que é disponível atualmente.

9.5.3 Construção *offsite* (fora do canteiro ou industrializada)

Como discutido no Capítulo 7, o BIM facilita a pré-fabricação e a pré-montagem, tornando sua coordenação de engenharia essencialmente livre de erros e, consequentemente, mais econômica do que foi possível previamente. Com as pressões para edificações melhores, mais rápidas e menos caras, o projeto e a manufatura modular de peças da edificação maiores e mais complexas, feitas sob encomenda, se tornarão generalizados. Haverá mais módulos de múltiplos segmentos, unidades de sanitários, quartos de hotel, unidades de escadas e outros produtos modulares. O BIM permite a customização em massa, de modo que os benefícios da produção fabril com bom controle de qualidade e mecanização automatizada possam ser obtidos sem comprometer a variação dos projetos. Os setores da construção onde o BIM e as tecnologias da construção associadas são aplicados se tornarão mais parecidos com o setor manufatureiro, com grande parte do trabalho feito por fornecedores externos que criam módulos que são enviados à obra e são instalados em edifícios finalizados.

Da mesma maneira que as fábricas de semicondutores realizam a fabricação de *chips* sob encomenda, as plantas de pré-fabricação para a construção civil podem suportar a fabricação com controle numérico computadorizado (CNC, *custom numerical control*) com pouca ou nenhuma interferência manual para concreto pré-moldado, sistemas de soldagem de aço e poucos tipos de plásticos reforçados de fibra de carbono exterior. As plantas industriais contarão com dados provenientes dos projetistas para geração de instruções de CNC, precisando apenas de uma conferência mínima por parte do fabricante do componente. Isso reduzirá os custos associados à fabricação sob encomenda, aproximando-os dos custos da construção padronizada e distribuindo seus investimentos de capital em muitos projetos. A impressão 3D, como descrito na Seção 7.6.3, terá um papel importante a desempenhar nesse sentido.

Duas advertências são necessárias. Em primeiro lugar, a integração possibilitada pelo BIM de informações projetuais e comerciais altamente desenvolvidas – facilitando a pré-fabricação e a pré-montagem – conduzirá a um setor da construção mais alinhado com outros setores manufatureiros, com um mínimo de atividades performadas *in loco*. Ainda assim, isso não implica produção em massa, mas produção enxuta de produtos altamente customizados. Cada edificação continuará a possuir características de projeto únicas, mas o BIM permitirá sua pré-fabricação de formas que garantirão compatibilidade quando todas as partes forem entregues. Em segundo lugar, isso não se aplicará igualmente a todo o setor da construção civil. Conforme discutimos nos parágrafos sobre o período pós-2025 na Seção 9.6, é provável que haja uma divergência crescente entre dois ramos do setor da construção civil: um que é extremamente dependente do BIM e de outras tecnologias, e outro que continua aplicando métodos de construção *in loco* com mão de obra barata e baixa produtividade.

9.5.4 Regulação da construção: conferência de códigos automatizada

A conferência dos modelos de projeto de edificações, quanto à conformidade com as disposições de códigos de edificações e restrições de planejamento, é o foco de pesquisas intensivas. No mundo inteiro, proprietários, projetistas e construtores pressionam as autoridades para acelerar a concessão de licenças de construção, com a expectativa de que os modelos BIM possam ser analisados de modo eficiente e rápido para este propósito. Similarmente, clientes da construção mais sofisticados propulsionarão o desenvolvimento de *software* de análise de projeto automatizada para diferentes tipos de edificações.

Essa funcionalidade poderia ser fornecida de uma das seguintes duas maneiras:

- Os fornecedores de serviços de aplicação vendem/licenciam *plug-ins* de *software* de conferência de códigos incorporados nas ferramentas de *software* BIM. O *plug-in* extrai os dados de requisitos locais de bancos de dados *on-line* mantidos pelo prestador do serviço, como um serviço às jurisdições locais. Os projetistas conferem seus projetos continuamente, à medida que eles evoluem.
- Um *software* externo confere diretamente um arquivo de modelo neutro, como um arquivo IFC, para averiguar o cumprimento dos códigos. O projetista exporta o modelo e a conferência é feita no modelo IFC, em um servidor da *web*.

Ambos os desenvolvimentos são possíveis, embora o primeiro tenha uma vantagem para os usuários: o fornecimento de *feedback* diretamente ao modelo tornará a correção de problemas mais fácil do que o recebimento de um relatório externo que precise ser interpretado antes que as edições possam ser feitas. Como o projeto é um processo iterativo – e os projetistas desejarão obter *feedback*, fazer alterações e conferir novamente –, talvez este seja o preferido.

Uma série de ferramentas para conferência de modelos já estão disponíveis no mercado (algumas são analisadas na Seção 2.5.3), mas ainda permanecem obstáculos-chave à ampla utilização:

- A conferência de modelo, para qualquer aspecto em particular, exige que os objetos do modelo sejam adaptados precisamente ao significado pretendido dos objetos, definidos conforme o código, norma, regulamento ou especificação em consideração. Por exemplo, considere um espaço de ático com forro inclinado. Se uma jurisdição determina que os espaços com pé-direito maiores que 2,20m são espaços principais, enquanto as áreas com pé-direito abaixo de 2,20m são espaços de apoio, então os objetos espaciais no modelo deverão ser divididos pelo contorno do pé-direito de 2,20m para facilitar a verificação do cumprimento das restrições da área. Ferramentas de conferência de modelo existentes exigem extensivos pré-processamentos por parte dos usuários, cada vez que se faz alguma conferência, algo que é oneroso e propenso a erros.
- A diversidade e amplitude de verificadores de códigos de edificações necessários leva ao reconhecimento de que as regras de codificação rígidas não são a melhor maneira de defini-las e implementá-las. Assim como em outras aplicações de *software*, a codificação rígida gera ferramentas que são muito caras para escrita e depuração, além de serem inflexíveis para fazer alterações. Em vez disso, são necessárias linguagens de definição de regras de alto nível e com propósito específico, facilitando o desenvolvimento geral da conferência de regras nas edificações (Eastman *et al.*, 2009).

A boa notícia é que os pesquisadores na indústria e na academia estão avançando na resolução desses problemas. As técnicas de inteligência artificial, em particular aquelas que aplicam o aprendizado de máquina, estão sendo utilizadas a fim de permitir o enriquecimento semântico dos modelos, automatizando o pré-processamento de código específico. Novas maneiras de expressar as regras e as condições sem inseri-las em um código de computador também estão sendo desenvolvidas, o que permitirá aos não programadores escrever e editar regras de conferência. Dados o clima e a cultura cada vez mais positivos para inovação na tecnologia da construção, esta é uma área que provavelmente verá desenvolvimento rápido.

9.5.5 Inteligência artificial na construção civil

Outra área técnica que poderá introduzir novos avanços que influenciarão os sistemas BIM é aquela eufemisticamente chamada de *inteligência artificial*. O progresso nas interfaces de linguagem natural, nas tecnologias da *web* semântica (incluindo ferramentas de inferência genéricas) e na aprendizagem profunda será aplicado dentro das plataformas BIM para uma série de propósitos, como a conferência do cumprimento de códigos, as análises de qualidade, as ferramentas inteligentes para comparação de versões, os guias de projeto e os assistentes de projeto.

Em particular, as ferramentas de inteligência artificial (IA) que aplicam o aprendizado de máquina provavelmente se tornarão cada vez mais relevantes, à medida que cresce a população de modelos BIM disponível para rotinas de aprendizado. Considere, por exemplo, o caso da conferência de modelos – sem uma ampla base de casos de modelos com seus resultados de conferência, não há recursos para o treinamento dos sistemas de conferência de modelos. À medida que as jurisdições começarem a aceitar modelos BIM para a concessão de licenças – como, por exemplo, já é o caso de Cingapura (ver a Seção 9.3.6) – os bancos de dados necessários crescerão.

Outra aplicação significativa para IA em geral e para o aprendizado de máquina, em particular, é o suporte à aquisição das informações *as-built*. A tendência ao uso do escaneamento a laser e/ou da fotogrametria para obtenção da geometria em campo para utilização em projeto ou gerenciamento da construção ainda é prejudicada pelo alto custo de interpretação das nuvens de pontos e geração de objetos de construção significativos que possam ser utilizados em um modelo da informação da construção. Este é um esforço que consome tempo e que limita o uso da tecnologia, mas os avanços recentes sugerem que as soluções podem estar próximas. No projeto *Infravation SeeBridge*, da União Europeia, os pesquisadores treinaram *software* para identificação de formatos em nuvens de pontos e, assim, reconstruíram a geometria 3D de pontes rodoviárias de concreto armado. O resultado foi um modelo BIM que pode ser utilizado para a manutenção da ponte.

Esse período também deverá testemunhar transições cada vez mais suaves dos modelos de projeto para os modelos de construção. Os *assistentes* de *software* – que usam modelos paramétricos de pacotes de trabalho com métodos de construção embutidos – serão aplicados para compilação rápida de um modelo da construção a partir de um modelo de projeto. Ideias como as *receitas* na suíte *Vico Office* são um indicador prévio do que pode ser esperado. Por exemplo, um modelo paramétrico para uma laje plana pós-tensionada estabelecerá o projeto de cofragem e determinará as entradas de trabalho e de equipamentos, as quantidades de material e os cronogramas de entrega, baseados em um objeto de laje genérico em um modelo de projeto. Um modelo de construção resultante poderá ser analisado em termos de custos, equipamentos, restrições de logística e requisitos de programação, e as alternativas poderão ser comparadas de modo similar. Assim, o planejamento da construção melhorará muito. Os modelos paramétricos também servirão como repositório de conhecimento corporativo, uma vez que incorporarão a forma de trabalho individual da empresa nestas aplicações de *software*.

> *ALICE (ArtificiaL Intelligence Construction Engineering)*, uma ferramenta desenvolvida por uma *start-up* baseada em pesquisa acadêmica, é um precursor inicial do que está por vir. O *software* começa com um modelo BIM, aplica receitas que incluem métodos de construção para geração de atividades candidatas, gera grande quantidade de plantas de construção candidatas, com diferentes tamanhos de equipes e de opções de métodos e, então, identifica o plano ideal.

À medida que o BIM se tornar onipresente, os projetistas preferirão especificar produtos de construção que ofereçam informações a serem inseridas diretamente em um modelo de forma eletrônica, incluindo referências por *hyperlinks* aos catálogos de fornecedores, listas de preço e assim por diante. Os rudimentares catálogos de produtos da construção eletrônicos, atualmente disponíveis, evoluirão para especificações de produtos sofisticadas e inteligentes, incluindo informações que possibilitem análises estruturais, térmicas e de iluminação, de conformidade à certificação LEED, dentre outras análises, além dos dados que hoje são utilizados para a especificação e compra de produtos. A capacidade de alguns produtos de apoiar seu uso direto em ferramentas de simulação, especialmente análises de desempenho energético e de iluminação, se tornará uma extensão importante frente a seu desafio atual de integração geométrica. Os desafios básicos para a realização de altos níveis de pesquisa semântica já terão sido enfrentados e estarão disponíveis novas capacidades que permitirão buscas baseadas em cor, textura e formato.

9.5.6 Globalização

A globalização resultou da eliminação das barreiras ao comércio internacional (Friedman, 2007). Na construção, empresas de arquitetura e engenharia têm trabalhado em todo o mundo há muitos anos, mas a fabricação dos edifícios permaneceu quase inteiramente local. Agora, porém, tanto a Internet quanto as ferramentas BIM estão facilitando os crescentes graus de globalização na construção, não somente no projeto e no fornecimento de peças, mas também na fabricação de componentes projetados sob encomenda, cada vez mais complexos. As informações de projeto bastante precisas e confiáveis criam a possibilidade de transferir a produção das peças de uma edificação para locais mais rentáveis, pois as peças podem ser enviadas de longas distâncias com um grau elevado de confiança de que se encaixarão corretamente quando instaladas.

A fabricação de painéis de vidro e aço para a parede-cortina do projeto 100 11th Avenue, em Nova Iorque, é um exemplo precoce, e a tendência contínua é evidente no projeto NTU North Hills, estudo de caso do Capítulo 10, no qual módulos PPVC produzidos em Taiwan foram finalizados e instalados em Cingapura. A acuidade e a confiabilidade dos dados de produção preparados com o uso do BIM permitem que produtos e conjuntos da edificação, que tradicionalmente eram adquiridos localmente, sejam feitos em qualquer lugar do mundo. A concorrência na área da fabricação da construção está se difundindo globalmente.

9.5.7 Suporte para a construção sustentável

A sustentabilidade introduz novas dimensões aos custos e valores da edificação e da construção. Os verdadeiros custos da edificação e do uso das instalações, quando analisados sob o ponto de vista das questões de sustentabilidade mundial, ainda não chegaram ao mercado. A pressão para fazer com que todas as residências tenham consumo de energia zero e para fazer com que as edificações sejam os maiores produtores de energia, ao invés de consumidores, está aumentando. Isso afeta o preço dos materiais e do transporte, bem como as maneiras pelas quais os edifícios são operados. Arquitetos e engenheiros receberão a incumbência de fornecer edificações muito mais eficientes energeticamente e que usem materiais recicláveis, o que significa que serão necessárias análises mais acuradas e amplas. Os sistemas BIM precisarão suportar tais capacidades.

Serão necessárias pesquisas para abordar os vários tipos de geometria de modelo requeridos para diferentes tipos de análises. Embora a maioria das pessoas esteja familiarizada com a necessidade de modelos de elementos de barras e nós para análises estruturais, poucos estão cientes da necessidade de estruturas de "tesselagem" (*tesselation structures*) feitas de superfícies com limite único para representar zonas de energia a serem gerenciadas separadamente dentro de um edifício. Métodos automáticos de "tesselagem" são necessários para o pré-processamento de modelos para análise energética e para a criação de painéis de fachadas de edifícios com formatos irregulares. Outro tipo de abstração geométrica será necessário para o encerramento de volumes espaciais para a dinâmica de fluidos computacional. Tais modelos usam a heurística para determinar quais características geométricas são requisitadas para a captura dos fluxos de ar essenciais. O desenvolvimento das abstrações geométricas automatizadas é necessário para que estas análises possam ser utilizadas no dia a dia. Novas técnicas de enriquecimento semântico poderiam ser aplicadas para agilizar o pré-processamento dos dados de modelo que são necessários.

As práticas de construção sustentável ou verde provavelmente ganharão um ímpeto com o BIM, pois os modelos de informação da construção podem ser analisados para conferência do cumprimento das normas de consumo energético, seu uso dos materiais de construção sustentáveis e outros fatores incluídos em sistemas de certificação como o LEED. A habilidade de avaliar automaticamente os modelos da construção tornará mais prática a aplicação dos novos regulamentos. Tais capacidades já estão disponíveis por meio do gbXML. Alguns códigos de edificações já exigem que análises de desempenho energético sejam conduzidas em todos os edifícios a fim de cumprir as normas de consumo de energia. É provável que o uso de normas baseadas no desempenho, em vez de normas prescritivas, aumente. Todas essas tendências farão uma grande pressão em direção ao desenvolvimento de melhores métricas para abordar a precisão dos modelos de energia e de sustentabilidade. As primeiras ferramentas de cálculo energético integradas às ferramentas BIM já estão disponíveis, o que significa que o BIM facilitará o impulso às edificações sustentáveis.

As pesquisas sobre a integração de múltiplos tipos de análise, bem como o desenvolvimento de novos tipos de sistemas energéticos e a necessidade de analisá-los, levarão a uma nova geração de ferramentas de simulação energética. Por exemplo, para mostrar a interação dos fluxos térmicos com a convecção natural, as saídas de uma simulação de radiação energética para os materiais internos dentro de um espaço serão utilizadas como entrada para um modelo de dinâmica de fluidos computacional (CFD, *computational fluid dynamics*). Do lado dos equipamentos, a necessidade de integrar capacidades da rede pública de eletricidade inteligente, nas quais as empresas de serviços públicos gerenciam o nível de energia fornecido aos edifícios com sistemas de energia renovável locais, como os fotovoltaicos, exigirá uma nova geração de ferramentas para modelar seu comportamento. As novas ferramentas serão modulares, de modo que misturas de diferentes tipos de sistemas de geração e de consumo de energia possam ser modelados. Estão disponíveis métodos de otimização de critérios múltiplos, como os algoritmos genéticos de vários tipos, mas as funções de utilidade que podem expressar o desempenho integrado dos edifícios, em relação a diferentes funções, serão necessárias. O desenvolvimento dessas relações permitiria que modelos paramétricos variassem automaticamente a fim de buscar objetivos de desempenho relacionados a peso, ganho solar, consumo energético, entre outros. Isso permitiria novos níveis de projeto baseado em desempenho abrangente, por exemplo, no nível dos equipamentos mecânicos e no nível do envoltório do edifício, que hoje não são possíveis.

9.6 ALÉM DE 2025

Olhando para além do médio prazo, podemos apenas pintar o quadro do BIM e o seu papel em um indústria da construção em transformação em pinceladas largas.

Talvez a mudança-chave seja que, graças à função do BIM como uma plataforma de informações digitais, a indústria da construção em si esteja se tornando cada vez mais uma indústria digital. Contudo, a adoção do BIM não é uniforme em toda a indústria e isso se deve não somente às atitudes conservadoras ou à falta de capacitação – existem forças econômicas em jogo que obstruem a adoção do BIM em certos setores. Uma delas é a mão de obra barata; outra é a fragmentação do setor ao lidar com riscos. Torna-se cada vez mais provável que emergirão dois setores bastante distintos, cada um realizando diferentes projetos: de um lado, as empresas de construção grandes, sofisticadas e orientadas à informação, explorando totalmente o BIM e a crescente automação; de outro lado, as construtoras baseadas na mão de obra, principalmente aquela barata. Os projetos dos estudos de caso no próximo capítulo representam o primeiro setor. Tais projetos são construídos por projetistas e construtores com elevados níveis de *expertise* técnica, que usam as mais recentes plataformas e ferramentas de BIM e as aproveitam ao máximo. Como resultado, eles usam menos mão de obra e têm maior produtividade do que os projetos sem BIM. Devido à natureza local de muitos projetos de construção e ao pequeno tamanho da maioria deles, é muito provável que a divisão entre esses dois setores persista por algum tempo. No restante desta seção, analisaremos o setor da construção que está aplicando o BIM e outras tecnologias da informação.

O quadro na Figura 9.8, preparada pelo Grupo de Informática da Edificação da Yonsei University, em Seul, na Coreia do Sul, descreve de modo sucinto o BIM ao longo de uma trajetória que culmina na década de 2030, em um período chamado BIM da Inteligência Artificial. O término da década de 2010 é chamado de BIM Completo (ou BIM de Nível 3, uma vez que é definido em termos gerais pela série BS PAS 1192 e outros documentos de padrão BS, *British Standards*). O "BIM Enxuto" é um termo coletivo apropriado para as práticas esperadas na década de 2020, uma vez que as sinergias de adoção do *lean* e do BIM influenciam as formas nas quais o BIM suporta melhores fluxos de informações, materiais, equipamentos, espaços e equipes no projeto e na construção baseados nos conceitos de manufatura e de construção enxutas (*lean*). A próxima década é chamada de período de BIM da Inteligência Artificial (BIM da IA), pois as mudanças mais significativas nas maneiras pelas quais o BIM é aplicado provavelmente resultarão no uso crescente da IA na sociedade em geral e em sua aplicação na construção civil em particular.

Outra possibilidade intrigante é que a tecnologia da informação mudará inteiramente o papel das construtoras em geral, ao permitir que clientes, projetistas, fornecedores e equipes de operários coordenem suas transações por meio de novos serviços de plataforma. Plataformas *on-line* como Amazon, Uber e muitas outras têm transformado radicalmente a maneira com que seus respectivos setores funcionam. Os serviços fornecidos por uma construtora não são apenas transacionais, mas incluem assumir riscos, coordenar, controlar a qualidade, financiar e mais. No entanto, se pudessem ser encontradas soluções distribuídas para que essas funções fossem fornecidas independentemente, com ênfase na identificação de um mecanismo de justa distribuição do risco, então os agregadores da plataforma poderiam contratar e programar o projeto e a construção com muito mais flexibilidade do que as empresas de contratação em geral podem fazer hoje. O BIM desempenharia um papel crucial em tal plataforma de construção digital, fornecendo o modelo de produto e processo definitivo em torno do qual todos os participantes de um projeto poderiam trabalhar.

O BIM, não menos do que tem sido realizado desde o seu advento, continua fazendo com que este seja um momento emocionante para ser projetista, construtor ou qualquer outro tipo de profissional da indústria de AEC.

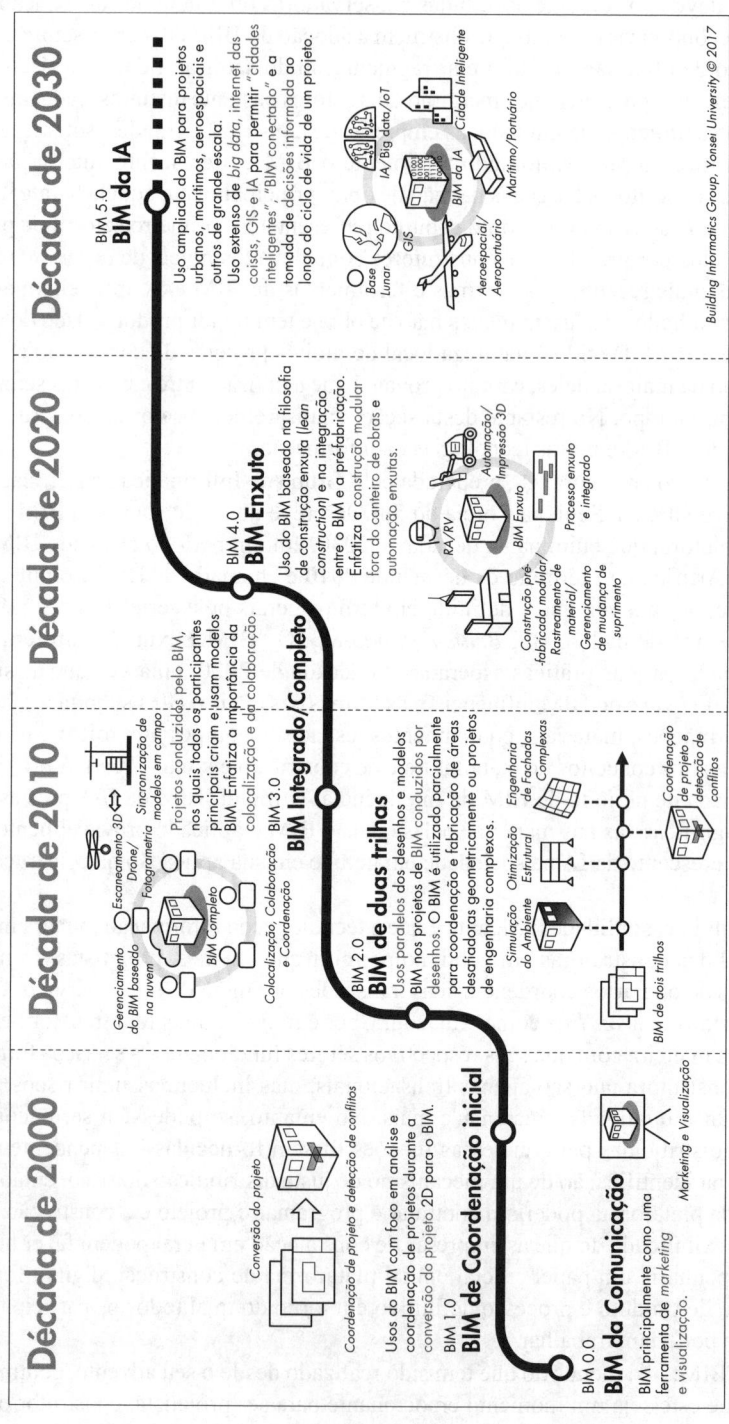

FIGURA 9.8 Desenvolvimento do BIM ao longo das décadas.
Imagem fornecida por cortesia da Building Informatics Group, Yonsei University.

Características do BIM Enxuto, década de 2020	Características do BIM da IA, década de 2030
• Integração com o gerenciamento e as ferramentas de construção enxuta, como o Last Planner System e outros métodos de planejamento puxados • Aumento do uso de componentes pré-fabricados ou projetados sob encomenda, produzidos fora do canteiro (pré-fabricados ou industrializados) • Automação da construção • Impressão 3D • Rastreamento de materiais e gerenciamento da cadeia de suprimentos • Construção industrializada modular • Uso de IDM/MVD para o intercâmbio de dados automatizado • Aplicações de Realidade Virtual (VR) e Aumentada (AR)	• Processos de tomada de decisões dirigidos por dados para projeto, construção e FM/AM • Processamento e intercâmbio de dados automatizados • Produção automatizada para construção *in loco* e pré-fabricação • Tecnologias de interface de informações semânticas e inteligentes • Ciência dos dados BIM (*Big Data*) • Manufatura baseada na Internet das coisas (IoT) • Gerenciamento de projetos e de facilidades (FM) baseado na Internet das coisas (IoT) • Projeto, engenharia e conferência de qualidade de modelo baseados na Inteligência Artificial (IA) • IDM/MVD para intercâmbio de dados automatizado e conferência dos requisitos de informações, IDMs/MVDs em cada nível de desenvolvimento (LOD) • Integração de Cidades Inteligentes, GIS e BIM

Agradecimentos

Os autores agradecem ao Dr. Pieter Pauwels pelos parágrafos sobre os serviços da *web* semântica.

Questões para discussão do Capítulo 9

1. Até que ponto as tendências do desenvolvimento do BIM que são relatadas na Seção 9.4 estão evidentes na região onde você trabalha ou estuda? Faça uma breve sondagem entre os profissionais e discuta quaisquer diferenças possíveis que você encontrar entre as tendências locais e as melhores práticas. Quais são as razões para essas diferenças?

2. Quais são as questões mais importantes na tecnologia do BIM que exigem pesquisas para o seu desenvolvimento?

3. Com base em uma pesquisa das mudanças no setor, no mercado e na demografia, discuta o futuro do BIM no contexto das mudanças potenciais na indústria da arquitetura, engenharia e construção.

4. Identifique algumas das principais barreiras à implementação do BIM em seu ambiente e discuta como elas podem ser superadas.

5. A inteligência artificial está sendo aplicada de modo incremental a muitas tecnologias. Liste três maneiras possíveis pelas quais a IA poderia ser aplicada no contexto do BIM e, para cada caso, descreva como você visualiza seu funcionamento e quais benefícios ela traria.

6. Quais as mudanças que as tecnologias BIM *in loco* podem trazer ao canteiro de obras?

CAPÍTULO 10

Estudos de Caso do BIM

10.0 INTRODUÇÃO

Neste capítulo, apresentamos seis estudos de caso de projetos nos quais o BIM desempenhou um papel significativo. Esses estudos representam as experiências de proprietários, arquitetos, engenheiros, construtoras, fabricantes e até equipes de obra e uma equipe de manutenção de instalações – todos pioneiros na aplicação do BIM. Todos os estudos de caso nesta edição são inéditos. Os estudos de caso listados na Tabela 10.0.1 representam uma ampla gama de projetos de infraestrutura e edificações públicas e privadas de diferentes regiões, incluindo Ásia, América do Norte e Oriente Médio. Os estudos também cobrem vários tipos de projetos em termos de função, incluindo projetos médicos, residenciais, de escritórios, museus, salões de exibição, complexos multiculturais e aeroportos.

Vistos como um todo, os estudos de caso abrangem o uso do BIM em todas as fases do processo de entrega do empreendimento (como apresentado na Tabela 10.0.2) por uma ampla variedade de participantes de projeto. Três dos estudos de caso focam no uso do BIM durante a fase de operação, manutenção e gerenciamento das instalações prediais (*facility management*, FM). Cada estudo de caso demonstra um conjunto diverso de benefícios proporcionados a várias organizações, resultantes da implementação das ferramentas e dos processos de BIM. A Tabela 10.0.3 indica os estudos de caso conforme uma lista de benefícios de BIM frequentemente identificados. A grande variedade de

Tabela 10.0.1 Breve descrição dos projetos dos estudos de caso

Projeto	Tipo de cliente	Uso principal	Região	*Status**
10.1 Hyundai Motorstudio, Goyang	Privado	Salão de exposições	Ásia	Finalizado
10.2 Hospital Saint Joseph	Privado	Estabelecimento de saúde	América do Norte	Finalizado
10.3 Residência Estudantil da Nanyang Technological University	Público	Alojamento estudantil	Ásia	Finalizado
10.4 Mapletree Business City II	Privado	Parque de escritórios empresarial	Ásia	Finalizado
10.5 Aeroporto Internacional Príncipe Mohammad Bin Abdulaziz	Parceria público-privada	Aeroporto	Oriente Médio	Finalizado
10.6 Instituto Médico Howard Hughes	Privado	Estabelecimento de saúde	América do Norte	Sistema de gerenciamento de instalações implementado

*Status dos projetos no momento da redação deste livro.

softwares e tecnologias utilizados em cada fase está compilada na Tabela 10.0.4. Essas tabelas são guias para que os leitores comparem os estudos de caso e identifiquem rapidamente aqueles que correspondem a seus interesses específicos.

Nenhum dos projetos aproveitou todos ou mesmo a maioria dos benefícios potenciais do BIM, e é incerto que todas as vantagens permitidas por esta tecnologia já tenham sido descobertas ou até mesmo identificadas. Cada estudo de caso apresenta aspectos notáveis do processo do BIM e se concentra nas formas com que cada equipe utilizou as ferramentas disponíveis com o máximo proveito. Também destacamos as diversas lições aprendidas por essas equipes à medida que se depararam com desafios na implementação das novas tecnologias e de seus processos associados.

A maioria dos projetos estava finalizada na época da publicação original deste livro, mas alguns ainda estavam em progresso, o que impediu uma análise total ou uma avaliação completa dos benefícios. Naturalmente, as pesquisas foram limitadas pelas informações disponíveis. Arquitetura, engenharia, construção, manufatura e empreendimentos do mercado imobiliário são áreas competitivas, e as organizações costumam ser relutantes em revelar suas *expertises* empresariais. No entanto, a maioria das organizações e dos indivíduos consultada foi extremamente solícita e fez esforços significativos para compartilhar suas histórias e oferecer imagens, informações e percepções importantes. Tentamos identificar as questões-chave de cada projeto, não apenas histórias de sucesso, mas também os problemas que precisaram ser resolvidos e as lições aprendidas ao lidar com eles.

Tabela 10.0.2 Estudos de caso por fase do ciclo de vida

Estudo de caso	Viabilidade	Projeto básico	Projeto executivo	Documentação de projeto	Construção	Operação e manutenção
Estudos de caso da primeira e segunda edições do *Manual de BIM*						
Empreendimento Comercial Hillwood, Dallas, Texas, Estados Unidos (1e, 2e)	o	o				
Centro Médico Sutter, Castro Valley, Califórnia, Estados Unidos (2e)	o	o	o	o	o	
Guarda Costeira dos Estados Unidos (1e, 2e)		o	o			
Centro Aquático Nacional, Pequim, China (1e)		o	o	o		
Estádio Aviva, Dublin, Irlanda (2e)		o	o	o	o	
Edifício 100 11th Avenue, Cidade de Nova York, Estados Unidos (1e, 2e)		o	o	o	o	
Centro de Música, Helsinque, Finlândia (2e)		o	o	o	o	
Projeto One Island East, Hong Kong (1e, 2e)			o	o	o	
Fábrica da General Motors, Flint, Michigan, Estados Unidos (1e)			o	o	o	
Penn National Parking Structure, Grantville, Pensilvânia, Estados Unidos (1e)				o	o	
Edifício de Escritórios do Governo Federal, San Francisco, Estados Unidos (1e)			o	o		
Tribunal Federal, Jackson, Mississippi (1e)			o	o		
Edifício Médico do Camino Group, Mountain View, Califórnia, Estados Unidos (1e)					o	o
Renovação do Marriott Hotel, Portland, Oregon, Estados Unidos (2e)					o	o
Hospital Geral de Maryland, Baltimore, Maryland, Estados Unidos (2e)					o	o
Ponte Crusell, Helsinque, Finlândia (2e)				o	o	o
Estudos de caso do Capítulo 10						
10.1 Hyundai Motorstudio, Goyang, Coreia do Sul	o	o	o	o	o	
10.2 Hospital Saint Joseph, Denver, Estados Unidos		o	o	o	o	
10.3 Residência Estudantil da Nanyang Technological University, Cingapura		o	o	o	o	
10.4 Mapletree Business City II, Cingapura			o	o	o	o
10.5 Aeroporto Internacional Príncipe Mohammad Bin Abdulaziz, Medina, Arábia Saudita						o
10.6 Instituto Médico Howard Hughes, Chevy Chase, Maryland, Estados Unidos						o

1e: Primeira Edição do *Manual de BIM*.
2e: Segunda Edição do *Manual de BIM*.

Tabela 10.0.3 Benefícios do BIM descritos nos estudos de caso

Benefícios	Hyundai Motorstudio	Hospital Saint Joseph	Residência Estudantil da Nanyang Technological University	Mapletree Business City II	Aeroporto Internacional Príncipe Mohammad Bin Abdulaziz	Instituto Médico Howard Hughes
Redução de custos	o	o			o	
Economia de tempo	o	o	o	o	o	
Aprimoramento da qualidade do projeto	o	o	o	o		
Melhor captura dos requisitos do usuário final	o	o	o			
Redução de Solicitações de Informações (RFIs)				o		
Redução de retrabalho	o		o	o	o	
Redução de resíduos					o	
Melhoria da segurança	o	o			o	
Melhoria de comunicação/tomada de decisão	o			o		
Redução do consumo de energia			o		o	
Melhoria do gerenciamento de ativos e de instalações				o	o	o
Melhoria do gerenciamento de recursos					o	
Maior precisão da análise de impactos						o
Facilitação da pré-fabricação fora do canteiro ou modular	o	o	o			
Outros	o					o

Agradecimentos

Os autores gostariam de reconhecer os esforços feitos e agradecer a Kyungha Lee, Jehyun Cho, Namcheol Jung, Yongshin An, Wonjun Kim, Taesuk Song, Kahyun Jeon e Daeyoung Gil, do Grupo de Informática da Edificação da Universidade de Yonsei, por sua revisão sobre os estudos de caso e aplicações de *software*.

Tabela 10.0.4 Usos, *softwares* e tecnologias BIM empregadas nos estudos de caso

Fase	Usos do BIM	Softwares	Tecnologias
10.1 Hyundai Motorstudio			
Documentação de construção	Revisão do projeto	Navisworks	IFC
	Revisão do projeto	Fuzor	Realidade virtual
Construção	Projeto de autoria	CATIA, Tekla Structures, Digital Project, Revit Architecture, Revit MEP, AutoCAD MEP	IFC
	Condições existentes	Trimble Realworks	Escaneamento a laser
	Coordenação 3D	Autodesk Recap	Escaneamento a laser
	Fabricação digital	Digital Project	Pré-fabricação
	Planejamento de fase	Navisworks	IFC
10.2 Hospital Saint Joseph			
Documentação de construção	Coordenação 3D	Revit, BlueBeam	IFC
	Planejamento de fase	Primavera P6, Synchro	Outros
	Análise estrutural		Outros
Construção	Fabricação digital	Revit, BlueBeam	Pré-fabricação
	Controle e planejamento 3D	Navisworks	Realidade virtual
	Coordenação 3D	Revit, BlueBeam	COBie
10.3 Residência Estudantil da Nanyang Technological University			
Projeto	Projeto	Revit	Modelagem
	Análise estrutural	ETABS	FEM
	Outras análises de engenharia	PHOENICS	Dinâmica de fluidos computacional (CFD)
Construção	Compartilhamento de dados	Google Drive	Compartilhamento de arquivos na nuvem
	Planejamento e sequenciamento da construção	Autodesk Navisworks	Simulação 4D
	Detecção de conflitos e Coordenação 3D	Autodesk Navisworks	Detecção de conflitos
	Fabricação digital	AutoCAD	CAD

(continua...)

Tabela 10.0.4 Usos, *softwares* e tecnologias BIM empregadas nos estudos de caso (*Continuação*)

Fase	Usos do BIM	Softwares	Tecnologias
10.4 Mapletree Business City II			
Projeto	Projeto	Revit	Modelagem
	Revisão de projeto	Unity	Realidade virtual
	Colaboração	Autodesk A360	Compartilhamento de modelos
Construção	Condições existentes		Escaneamento a laser
	Planejamento e sequenciamento da construção	Navisworks, Revit	Identificação de conflitos, Simulação 4D
	Leiaute	Autodesk Point Layout Add-in	Levantamento de estação total
	As-built	Autodesk A360	Realidade aumentada
10.5 Aeroporto Internacional Príncipe Mohammad Bin Abdulaziz			
Operação e manutenção	Cronograma de manutenção	EcoDomus-FM	
	Gerenciamento de espaço/Rastreamento	Navisworks	Escaneamento a laser
	Gerenciamento de ativos	IFS, EcoDomus-FM	
	Modelo de registro	Aconex, Revit, Navisworks, EcoDomus PM	
10.6 Instituto Médico Howard Hughes			
Operação e manutenção	Gerenciamento de instalações	EcoDomus	
	Condições existentes	Revit	
	Banco de dados	EcoDomus	
	Análise de sistemas prediais	Revit	
	Análise de impactos	EcoDomus, Database	

10.1 HYUNDAI MOTORSTUDIO, GOYANG, COREIA DO SUL
Cinco desafios e soluções

10.1.1 Visão geral do projeto

A Hyundai Engineering & Construction (Hyundai E&C) é uma das cinco maiores construtoras da Coreia do Sul. A Hyundai E&C desenvolveu sua aplicação de processos de construção inteligente usando o BIM enquanto gerenciava projetos como o Museu Nacional do Catar (orçado em 550 milhões de dólares, 2011–2017).

De 2013 até a sua finalização em 2016, a Hyundai E&C teve como enfoque o projeto Hyundai Motorstudio Goyang (Figuras 10.1.1 e 10.1.2). O orçamento total final do projeto de construção foi de 170 milhões de dólares. Esse projeto tem várias características interessantes. Trata-se de um edifício multifuncional utilizado principalmente para salões de exposição de produtos automobilísticos. Possui uma estrutura de aço com uma megaestrutura de treliça e painéis externos de forma livre. O formato geométrico irregular do edifício foi desafiador para a equipe de projeto em termos de aproveitamento dos espaços, bem como para os projetos de exteriores e interiores durante as fases de projeto e de construção. Muitos pedidos de alteração foram feitos durante a fase de construção, e o BIM desempenhou um papel-chave na resolução dos problemas causados pelas frequentes mudanças feitas neste projeto.

O cronograma de construção planejado era de 39 meses a partir das fundações. Devido às várias alterações de projeto e das instalações adicionais solicitadas pelo proprietário, este prazo foi ampliado em cinco meses, totalizando 44 meses. Associado a estas mudanças, o orçamento também foi aumentado, de 120 para 170 milhões de dólares. A construção iniciou em março de 2013 e terminou em novembro de 2016.

O cliente era o Hyundai Motor Group. A Delugan Meissl Associated Architects (DMAA), empresa de arquitetura internacional, proveu os serviços de projeto, incluindo o projeto conceitual, enquanto a Hyundai Architects & Engineers Associate (HDA), a empresa de arquitetura local, assumiu o projeto para produção. Como a HDA era uma

FIGURA 10.1.1   Imagem do modelo BIM do Hyundai Motorstudio Goyang.
Imagem fornecida por cortesia de Hyundai E&C.

FIGURA 10.1.2 Hyundai Motorstudio Goyang finalizado.
Fotografia de Sejun Jang.

empresa associada à Hyundai E&C, o contrato tornou-se, na prática, um projeto do tipo projeto e construção (DB, *Design-build*).

A construtora, Hyundai E&C, participou na fase de projeto de detalhamento a fim de auxiliar no projeto do ponto de vista da construtibilidade. Os principais empreiteiros (p. ex., de aço, concreto e instalações mecânicas, elétricas e hidrossanitárias) participaram na coordenação do projeto durante a fase da elaboração do projeto para produção. Eles trabalharam com a construtora para refinar o projeto para que este se adequasse às condições do terreno e aos materiais.

Os objetivos mais críticos para o proprietário eram:

- A qualidade final da construção
- O alcance de um projeto que definisse tendências

O proprietário deste projeto, a Hyundai Motor Company, tinha um objetivo ambicioso: construir o mais atrativo empreendimento de exibição de automóveis do mundo. Como consequência, almejava analisar o desenvolvimento dos detalhes do edifício e os programas espaciais mais frequentemente e em maior detalhe do que em processos tradicionais de revisão de projeto com desenhos 2D. Um processo de coordenação de projeto baseado no BIM foi adotado para atender a estas necessidades por meio da melhoria da coordenação e do gerenciamento das modificações entre cliente, projetista, construtora e empreiteiros.

A Hyundai E&C estava se preparando para se tornar uma empresa de gerenciamento de projeto e de construção baseados no BIM, capaz de gerenciar todo o ciclo de vida de um projeto, desde a viabilidade inicial até a operação e gerenciamento utilizando o BIM. Também buscava mudar seu mercado-alvo de edifícios comuns, como complexos de apartamentos, fábricas e edifícios de escritórios, para voltar-se para edificações orientadas pela alta tecnologia, como edifícios complexos, hospitais e centros de dados (*data centers*). O Hyundai Motorstudio Goyang foi um dos grandes projetos selecionados pela Hyundai E&C como um projeto-piloto para essa transição, e as inovações de processo foram implementadas junto dos funcionários, tanto no canteiro de obras quanto na sede da empresa.

O projeto Hyundai Motorstudio Goyang tinha cinco desafios:

1. Um complexo arranjo espacial
2. Painéis externos com padrões de forma livre
3. Uma megaestrutura de treliça
4. Uma lacuna de percepção entre os participantes do projeto
5. Redução de cronograma

A fim de solucionar esses cinco desafios, várias técnicas relacionadas com o BIM foram empregadas:

- A complexidade do projeto espacial foi gerenciada utilizando um processo de coordenação baseado no BIM entre cliente, projetista, construtora e empreiteiros.
- A modelagem paramétrica foi utilizada por meio do BIM para a geração dos painéis (painelização) das fachadas e para o detalhamento dos painéis externos padronizados em forma livre.
- O escaneamento a laser 3D foi usado para o controle da qualidade da megaestrutura de treliça.
- Dispositivos de realidade virtual (VR, *Virtual Reality*) e de simulação 4D foram usados para facilitar a comunicação entre os vários participantes do projeto.
- A pré-fabricação de múltiplas especialidades foi aplicada para reduzir o cronograma e aumentar a produtividade.

São apresentados, a seguir, explicações detalhadas e exemplos de cada um dos desafios e de suas soluções.

10.1.2 Arranjo espacial complexo: a coordenação do projeto baseada no BIM

O Hyundai Motorstudio consiste em várias instalações (*showrooms* de automóveis, teatros, uma sala de experiência 3D, instalações de reparo de automóveis, uma cafeteria, instalações para cuidado de crianças, instalações esportivas, entre outras). Para a engenharia e construção dessas instalações, estavam envolvidos empreiteiros especializados (p. ex., de máquina de reparo de motores ou de inalação de poeira), além daqueles empreiteiros mais convencionais (p. ex., de aço, concreto, envidraçamento e instalações elétricas, mecânicas e hidrossanitárias – MEP). Em virtude das características do projeto, era esperado que sua coordenação fosse a parte mais desafiadora do processo, a qual exigiu a coordenação de uma maior quantidade de atores interessados do que seria necessário para um projeto típico. Métodos foram necessários para a melhoria da eficiência da coordenação do projeto.

Reuniões de coordenação repetidas com muitos participantes levam a tomadas de decisão ineficientes. Um processo de coordenação em dois níveis (Figura 10.1.3) foi utilizado neste projeto, o que racionalizou o processo de tomada de decisão, permitindo que tais decisões fossem tomadas no nível certo pelos participantes indicados. Assim, uma reunião de Nível 1 era realizada pelo cliente, projetista, construtora e pelos principais em-

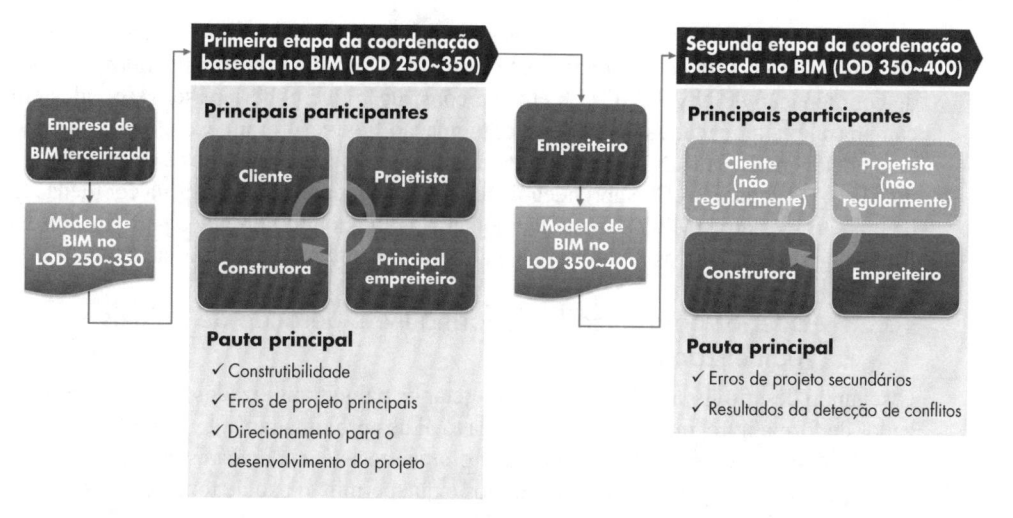

FIGURA 10.1.3 Processo de coordenação em dois níveis.
Imagem fornecida por cortesia de Hyundai E&C.

preiteiros, (p. ex., de aço, de concreto e das instalações MEP), ao passo que uma reunião de Nível 2 envolvia a construtora e os demais empreiteiros (p. ex., de envidraçamento, fachada, portas e andaimes). Descrições detalhadas são dadas a seguir.

As reuniões de Nível 1 focavam principalmente na construtibilidade, nos principais erros de projeto e no rumo do desenvolvimento do projeto, não na eliminação de conflitos e em erros de projeto secundários. As questões de construtibilidade não podiam ser resolvidas consultando somente os empreiteiros. Exigiam entradas do construtor e do projetista, com subsequentes alterações do projeto. Os erros de projeto que exigiam modificações no projeto arquitetônico e/ou tinham efeito significativo no custo eram classificados como erros de projeto principais. Além disso, as reuniões de Nível 1 levavam a um consenso entre o cliente e o projetista com relação ao direcionamento do desenvolvimento dos desenhos executivos detalhados. Um modelo BIM no nível de desenvolvimento (LOD) 250~350, elaborado por uma empresa de BIM terceirizada (ArchiMac), foi empregado para as reuniões de coordenação. Materiais diversos (p. ex., ramais de tubulação, conduítes rígidos elétricos) foram excluídos do escopo do modelo BIM (LOD 250-350). Isso foi realizado para tornar o modelo BIM mais rápido e devido à irrelevância destes elementos para o cliente ou projetista nas reuniões de Nível 1. A detecção de conflitos menos relevantes era de responsabilidade da construtora e, assim, foi eliminada da pauta das reuniões de Nível 1. Foi realizada uma otimização abrangente para os principais ofícios. Em um caso, como resultado da otimização do projeto do andaime, a quantidade de aço foi reduzida em 35,7%, o que resultou na redução de custos.

As reuniões de Nível 2 focavam nos erros de projeto menores e nas inconsistências da construção. O cliente e o projetista não costumavam participar dessas reuniões de coordenação de Nível 2. Eles participavam de reuniões de resolução crítica apenas quando os problemas poderiam resultar em alterações significativas. Conforme o contrato, a resolução dos erros de projeto de detalhes era de responsabilidade dos vários empreiteiros. É ineficiente resolver essas questões em reuniões de coordenação se os problemas podem ser solucionados diretamente entre os empreiteiros relevantes e não têm um impacto significativo nos custos. Os modelos BIM no LOD 350-400, desenvolvidos por empreiteiros para os desenhos executivos em 3D, foram utilizados para as reuniões de coordenação de Nível 2. Os objetos de construção que poderiam ser resolvidos em campo (p. ex., braçadeiras de suspensão, tubulação flexível) foram excluídos do escopo da modelagem do BIM. Não seria eficiente solucionar todos os conflitos e erros por meio do BIM. A Hyundai E&C já aprendeu lições ao despender tempo demais na coordenação de tudo através do BIM. O sistema em dois níveis funcionou porque os participantes só foram convidados para as reuniões que eram estritamente pertinentes às suas funções.

10.1.3 Exterior padronizado de forma livre: geração de painéis (painelização)

O segundo desafio foi a dificuldade em projetar os painéis anodizados externos padronizados de forma livre, que cobriam uma área total de aproximadamente 13.940 m^2. A anodização é um processo eletroquímico que oferece resistência à corrosão aos painéis de alumínio usados em revestimentos externos e que permite o uso de tons de cores delicados nos painéis exteriores.

A etapa-chave nesta tarefa era o projeto detalhado dos painéis padronizados de forma livre para sua subsequente manufatura e construção. O projeto conceitual não incluía os detalhes de cada painel. Portanto, foi necessário projetar cada painel. A outra questão principal na fase de construção foi a de como instalar os painéis, mantendo espaços abertos entre os painéis de forma irregular, e de como dividir e conectar os minúsculos painéis de borda da fachada exterior (Figura 10.1.4). A construtora, Hyundai E&C, conduziu a geração dos painéis por meio do modelo BIM da fachada. O processo foi executado com a SteelLife, uma empreiteira de fachadas.

A fim de resolver estes problemas de projeto e construção, na fase de desenho foi empregado um método de criação de painéis com o uso do BIM. O *software* Digital Pro-

FIGURA 10.1.4 Painéis da fachada.
Fotografia de Sejun Jang.

ject foi utilizado para a modelagem paramétrica. O método de geração dos painéis pode ser dividido em três etapas.

O primeiro passo foi revisar o projeto da fachada inicial com base nos documentos da fase de construção (Figura 10.1.5). Ao longo deste processo, foi desenvolvido um plano de zoneamento dos painéis. Nesta etapa, o número e o tipo dos painéis correspondentes a cada zona foram determinados. Este passo foi considerado como o processo mais crítico para a criação de painéis com o BIM, uma vez que os processos subsequentes seriam afetados pelo plano de zoneamento da fachada inicial.

O segundo passo foi estabelecer o projeto paramétrico e os algoritmos para as interações entre os painéis (Figura 10.1.6). Os parâmetros de projeto de posicionamento dos painéis foram conectados de modo que todos esses parâmetros de projeto pudessem ser revisados caso qualquer um deles fosse alterado.

O terceiro passo foi acrescentar o projeto detalhado para a instalação (Figura 10.1.7). Após o detalhamento dos painéis, com base no plano de zoneamento da fachada, era

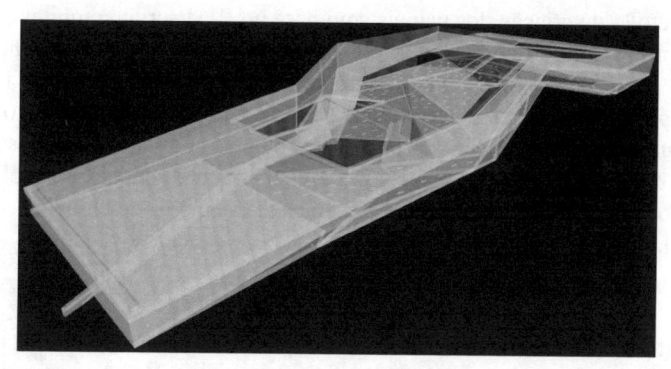

FIGURA 10.1.5 O modelo de projeto da fachada antes da geração dos painéis.
Imagem fornecida por cortesia de Hyundai E&C.

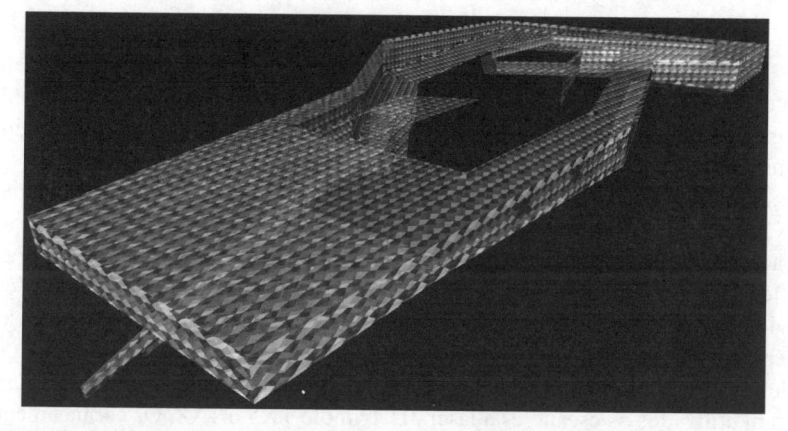

FIGURA 10.1.6 O modelo de projeto da fachada após a geração dos painéis.
Imagem fornecida por cortesia de Hyundai E&C.

FIGURA 10.1.7 O modelo de construção da fachada, mostrando a subestrutura.
Imagem fornecida por cortesia de Hyundai E&C.

preciso projetar a estrutura de aço secundária, bem como seus conectores metálicos, como suportes e chapas. Esses projetos eram necessários para a instalação dos painéis externos.

O método de criação dos painéis com base no BIM serviu a muitos propósitos. Permitiu a otimização do número de tipos de painéis ao modificar as formas da fachada. Também possibilitou o projeto dos painéis detalhados sem modificar as fachadas (como feito no projeto do Museu Nacional do Catar). A prioridade, tanto para o cliente quanto para os arquitetos, era conectar os padrões de painéis com facilidade, e isso era mais importante do que a redução de custos. Dessa maneira, a Hyundai E&C aplicou diferentes tipos de projeto em cada extremidade das fachadas, em vez de reduzir o número de tipos de painel.

10.1.4 Estrutura de megatreliça: escaneamento a laser

O terceiro desafio era manter o controle de qualidade para a estrutura da megatreliça, a qual pesava 3.644 toneladas (Figura 10.1.8). A estrutura da treliça possuía duas características-chave que deveriam ser abordadas:

1. A construção consiste em uma estrutura suspensa a cerca de 12,3 m acima do nível do solo.
2. O comprimento mais longo da estrutura da treliça mede 32,2 m.

Tais características exigem um rígido gerenciamento do controle de qualidade durante a fase de construção. O longo balanço pode defletir continuamente à medida que a carga é adicionada durante a construção, gerando problemas de tolerância dimensional significativos.

A deflexão da treliça foi prevista durante a fase de projeto. Era esperada uma deflexão entre 50 e 100 mm e foi planejado seu pré-escoramento, de modo que a estrutura se acomodaria na posição de projeto correta, após a instalação. O monitoramento da deflexão real contra aquela projetada foi crucial, pois os serviços seguintes (ou seja, de envidraçamento, painéis externos) teriam de ser reprojetados caso a deflexão excedesse a tolerância esperada. A equipe implementou um escaneamento a laser 3D para monitorar a deflexão da treliça durante a construção de modo eficiente e preciso (Figura 10.1.9). Foram utilizados os escâneres a laser 3D Trimble TX5 e TX8. Os escaneamentos foram realizados em quase 40 estações diferentes no canteiro de obras. Cada uma das estações exigiu 20 minutos de escaneamento a laser, totalizando dois dias para o serviço total.

FIGURA 10.1.8 Uma estrutura de aço de megatreliça do Hyundai Motorstudio Goyang.
Imagem fornecida por cortesia de Hyundai E&C.

Os dados de escaneamento originais foram adquiridos e transferidos para dados da nuvem de pontos usando o Trimble RealWorks, um *software* especializado para o pós--processamento de dados digitalizados. Os dados da nuvem de pontos foram mesclados com o modelo BIM. A etapa seguinte foi analisar a diferença entre a posição projetada e

FIGURA 10.1.9 Escaneamento a laser 3D para o controle da qualidade da estrutura de aço.
Imagem fornecida por cortesia de Hyundai E&C.

a posição real construída da treliça (Figura 10.1.10). Dessa forma, a deflexão da estrutura de aço poderia ser medida e revisada facilmente usando os dados do escaneamento a laser 3D. A análise dos dados mesclados da nuvem de pontos e do modelo BIM identificou problemas de projeto e de construção para os serviços de paredes-cortina e painéis externos. Estas questões foram repassadas aos gerentes de cada empreiteira para que resolvessem-nas de acordo com os projetos de seu ofício de projeto e planos de construção.

O gerente da empreiteira encarregado pela instalação dos painéis externos confiou nos documentos da construção originais e tentou instalá-los com base neles. Contudo, a análise dos dados escaneados em 3D teria identificado os críticos problemas de instalação dos painéis. O projeto e o plano de construção poderiam ter sido revisados para resolver as inconsistências (p. ex., redesenho da estrutura secundária que suporta os painéis e seus apoios para diferentes tipos, tamanhos e posições). O escaneamento a laser 3D apresenta o benefício potencial para o trabalho de gerenciamento da qualidade da construção e poderia reduzir o risco de tempo e custo de construção provocados pelo retrabalho (Figuras 10.1.11 e 10.1.12).

Apesar dessas vantagens, o uso do escaneamento a laser 3D ainda estava na fase experimental, pois as regras básicas legais para a medição da qualidade não haviam sido estabelecidas. O escaneamento a laser 3D ainda é um pouco menos preciso do que uma ferramenta de mensuração existente comparável: a estação total. Estações totais e escâneres a laser têm um erro de equipamento observacional similar (de ±2 mm por 100 m), mas

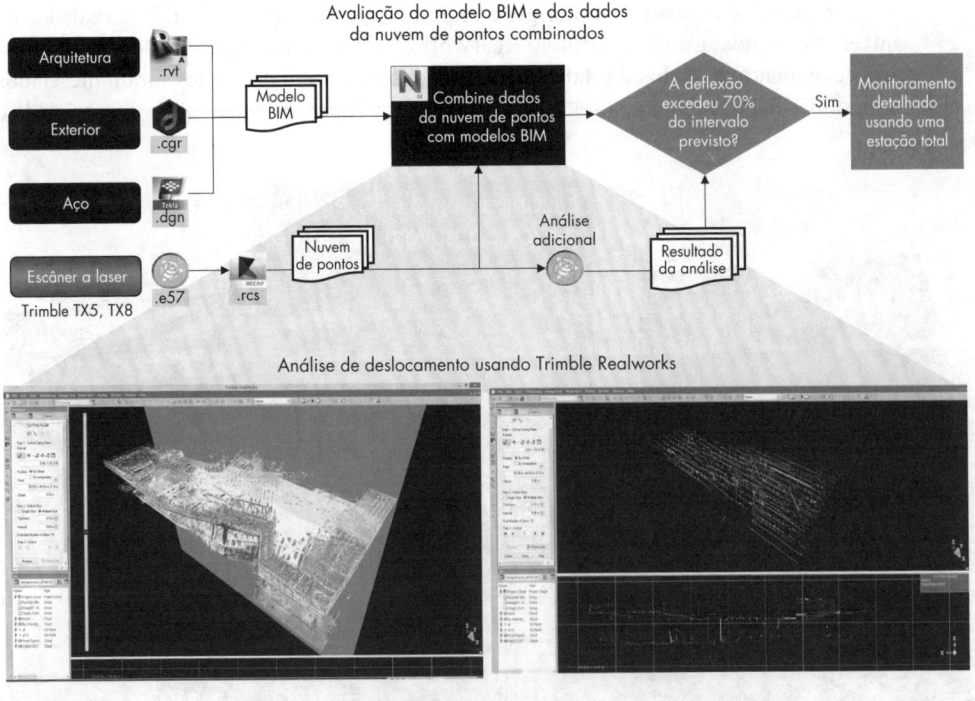

FIGURA 10.1.10 Um processo de trabalho para escaneamento a laser 3D.
Imagem fornecida por cortesia de Hyundai E&C.

Capítulo 10 • Estudos de Caso do BIM 413

FIGURA 10.1.11 Um processo de escaneamento para análise de projeto.
Imagem fornecida por cortesia de Hyundai E&C.

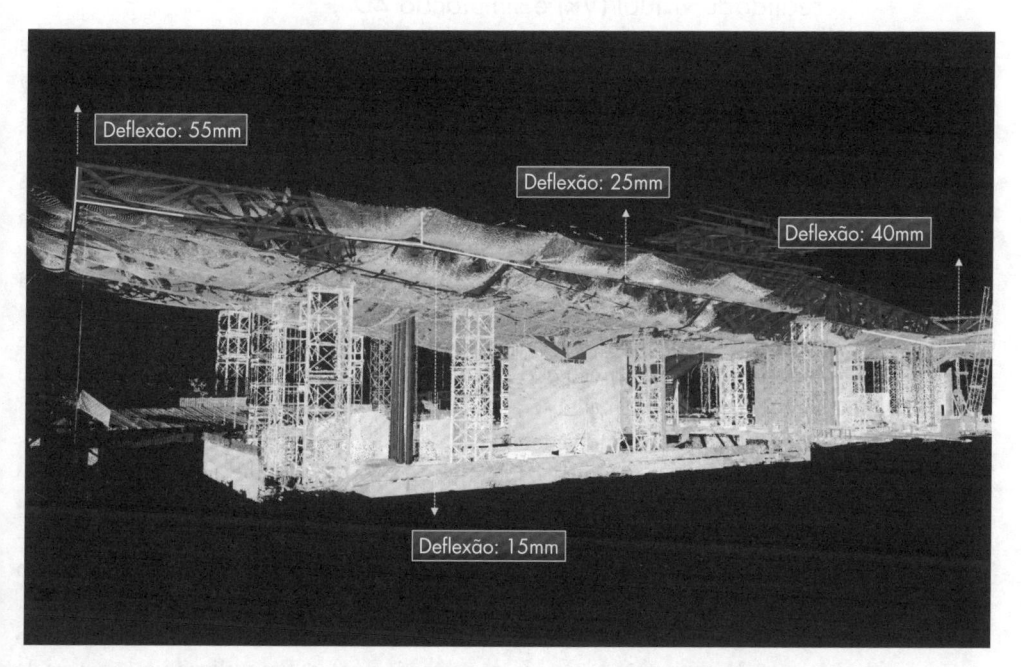

FIGURA 10.1.12 Um resultado de análise de projeto baseado no escaneamento a laser 3D.
Imagem fornecida por cortesia de Hyundai E&C.

um escâner a laser 3D gera mais erros cumulativos do que uma estação total. O primeiro erro cumulativo ocorre no processo de medição do ponto de referência na nuvem de pontos, pois o alvo (o ponto de referência) se move levemente com o vento ou vibrações. Isso, todavia, não explica a diferença entre os escâneres a laser e as estações totais, pois estas também sofrem com o mesmo problema. O segundo erro cumulativo é gerado na combinação de nuvens de pontos adquiridos de diferentes estações em um único ponto da nuvem durante o processo de registro. A terceira questão está relacionada à resolução de escaneamento. Por exemplo, se a resolução de escaneamento estiver definida para alcançar o espaçamento entre pontos de 5 mm, a distância mínima entre os dois pontos medidos será de 5 mm. Portanto, caso o ponto-alvo de medição esteja localizado entre dois pontos efetivamente mensurados, a localização medida do ponto-alvo estará a alguns milímetros fora da localização real do ponto-alvo. Devido a tais questões de erros cumulativos, a estação total foi utilizada como o principal instrumento de medição, em vez do escâner a laser. Além disso, ainda não havia uma norma para as checagens de qualidade no uso do escaneamento a laser na Coreia do Sul.

Apesar das desvantagens, o escaneamento a laser foi empregado neste projeto, pois ele poderia medir a deflexão da estrutura da treliça em qualquer ponto que a construtora quisesse examinar com apenas um escaneamento. Além disso, onde quer que a deflexão tivesse excedido 70% do previsto, era feita uma medição mais precisa com o uso de uma estação total.

10.1.5 Lacuna de percepção entre participantes: realidade virtual (VR) e simulação 4D

O BIM é utilizado para a visualização de vários problemas durante as reuniões de coordenação. Entretanto, mesmo que todos os presentes na reunião olhem para um mesmo modelo BIM, a realidade por eles percebida será distinta. Chamamos este problema de "lacuna de percepção".

O primeiro aspecto da lacuna de percepção advém do modo como são percebidas as texturas ou cores dos materiais de acabamento em um modelo. Uma vez que construtores e empreiteiros experientes usam materiais similares repetidamente, eles conseguem imaginar como será o aspecto dos acabamentos finais, mesmo que o modelo BIM não seja renderizado de forma foto-realista. Isso é, contudo, uma tarefa desafiadora para clientes e outros envolvidos inexperientes. Um dos clientes deste projeto comentou: "Quando se olha para um modelo BIM, parece que é necessário ter bastante prática para entender e imaginar como o edifício realmente será".

O segundo aspecto advém dos detalhes da construção. Construtores e empreiteiros bem treinados conseguem imaginar os detalhes da construção mesmo que um modelo BIM seja criado em um baixo nível de desenvolvimento (LOD) e não os inclua. No entanto, construtores ou clientes que têm relativamente pouca experiência com um determinado tipo de obra talvez não sejam capazes de identificar potenciais problemas com o mesmo modelo BIM.

Havia o risco de atraso nas tomadas de decisão durante a coordenação do projeto devido à lacuna de percepção entre os vários participantes. Foi utilizado o *software* de renderização Fuzor para evitar atrasos de coordenação. O realismo aprimorado do modelo BIM renderizado, para áreas específicas de preocupação do cliente, permitiu mapeamentos de textura detalhados e simulações de visita ao projeto com um avatar.

A mudança na posição das aberturas de ventilação nos painéis externos foi uma grande alteração na qual a aplicação de técnicas de realidade virtual possibilitou os meios para a resolução de problemas. O desenho inicial dos painéis externos para saídas de ar planejava usar aproximadamente 30 painéis perfurados em uma fachada lateral da estrutura. O cliente e o projetista estavam preocupados com este desenho em função do risco deste afetar a estética da edificação. Assim, para uma análise intuitiva do projeto, foi empregada a realidade virtual (VR). O modelo BIM renderizado foi inserido em um *headset* Oculus Rift VR, fornecendo serviços visuais mais realistas para o cliente, aparentemente proporcionando uma melhor compreensão do projeto vigente. O uso de dispositivos de VR foi uma estratégia ganha-ganha, pois o cliente pôde escolher opções para o projeto com um entendimento mais claro e a construtora pôde encorajar os clientes a tomar decisões mais cedo do que o usual. Por meio de análises baseadas em VR, o cliente e o projetista decidiram transferir a maior parte dos painéis perfurados da face lateral do edifício para a frontal. O número de painéis perfurados para saídas de ar na face lateral foi reduzido de 30 para 10, enquanto 20 painéis foram realocados para a frente do edifício para minimizar o impacto na estética da edificação (Figura 10.1.13).

O problema causado pela lacuna de percepção não estava limitado a questões de acabamentos e detalhes, ocorrendo também durante o exame da sequência da construção. A sequência de construção de um serviço específico era óbvia para o empreiteiro que estava no

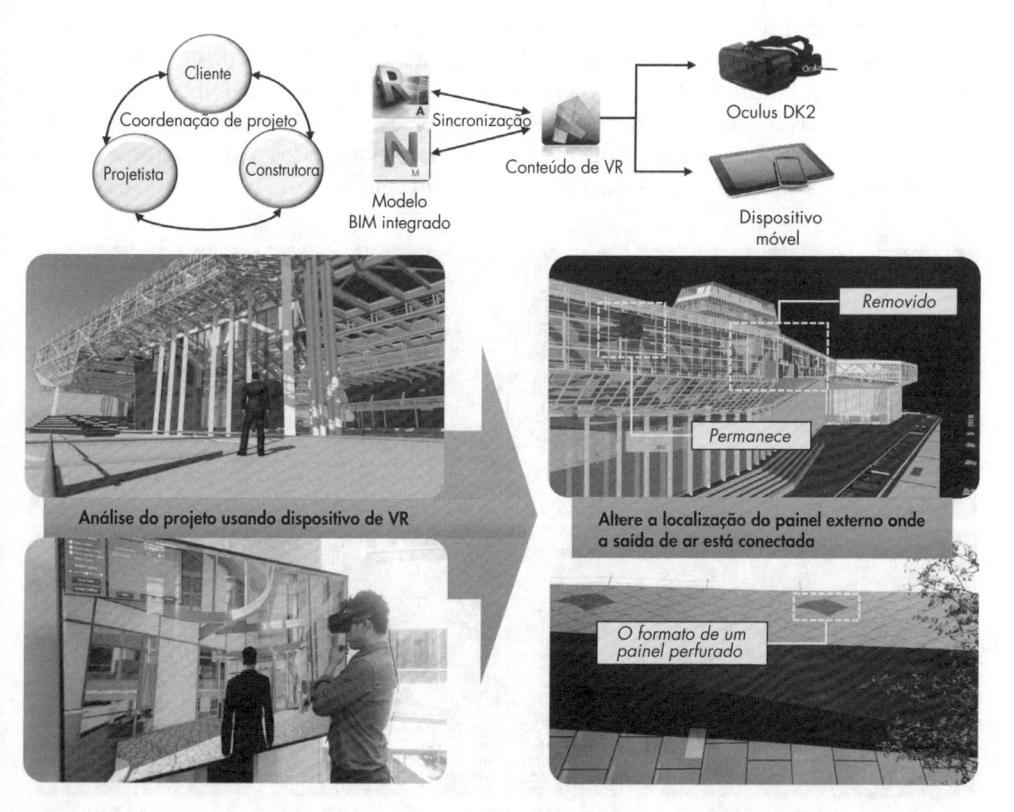

FIGURA 10.1.13 Processo de utilização de realidade virtual (VR) e um exemplo de uso.

Imagem fornecida por cortesia de Hyundai E&C.

comando. Contudo, era difícil para os demais empreiteiros vislumbrar a sequência de execução simplesmente olhando para um modelo BIM do serviço. Dessa maneira, a simulação 4D foi aplicada para estreitar a lacuna de percepção neste problema de sequência de construção.

A maior parte da área do edifício foi coberta pela megaestrutura de treliça. Como mencionado anteriormente, gerir a deflexão da treliça era um grande risco para este projeto, mas também havia outro risco de construção. Durante a construção da treliça, as obras e as movimentações de materiais e de trabalhadores no nível mais baixo foram proibidas por questões de segurança. Por esse motivo, os planos de movimentação de materiais e de sequência da construção no projeto tiveram que ser ajustados ao cronograma da estrutura de treliça. Uma reunião de coordenação foi realizada a fim de determinar a sequência de construção. No início dessa reunião, fez-se uma tentativa para coordenar o cronograma de execução por meio da codificação por cores no modelo BIM. Entretanto, aqueles engenheiros que não possuíam experiência com a construção em aço tiveram dificuldade para compreender a sequência de execução exata e os planos dos equipamentos de construção. O modelo BIM codificado por cores foi aprimorado para uma simulação 4D. A sequência de construção visualizada possibilitou aos participantes compreender claramente e otimizar o cronograma de construção e os planos de movimentação ao longo das reuniões de coordenação. A sequência construtiva da estrutura de treliça refletiu as posições de trabalho e as rotas de movimentação de materiais de outros empreiteiros (Figura 10.1.14).

No início da década de 2000, quando o BIM foi introduzido na Coreia do Sul, esperava-se que a simulação 4D fosse empregada para descrever efetivamente cada etapa do processo construtivo. Ao contrário da expectativa, a efetividade do 4D tem sido questionada em função do tempo necessário para criar uma simulação 4D. Este estudo de caso demonstra que uma simulação 4D é mais efetiva quando utilizada para as áreas de construção de alto risco que exigem a comunicação entre vários participantes, e não para as áreas construídas essencialmente por um único empreiteiro.

FIGURA 10.1.14 Uso da simulação 4D.

Imagem fornecida por cortesia de Hyundai E&C.

10.1.6 Necessidades de redução de cronograma: pré-fabricação de múltiplas especialidades

Durante o projeto, a exigência do cliente de incorporar novas tendências de projeto foi atendida, mas ao custo de ampliar o período de construção por mais de cinco meses. Apesar dessa situação, o cliente desejava encurtar o período de construção para permitir a abertura antecipada das instalações ao público.

A fim de alcançar o cronograma atrasado do projeto, causado pelas frequentes modificações no projeto, e para cumprir o novo prazo final, a construtora decidiu adotar a pré-fabricação de componentes de múltiplos setores. A pré-fabricação de especialidade única é comum atualmente. Entretanto, a maior limitação deste tipo de pré-fabricação é que impacta apenas uma especialidade e não contribui para a redução do cronograma para o projeto como um todo. A pré-fabricação de múltiplas especialidades foi utilizada nos quatro pavimentos da torre de escritórios. Os forros de corredores, em particular, eram os espaços mais complexos para as instalações prediais MEP (mecânicas, elétricas e hidrossanitárias). Assim, a equipe planejou a manufatura dos sistemas de instalações MEP do corredor como suportes pré-fabricados em uma fábrica e sua subsequente instalação *in loco*.

O projeto dos módulos pré-fabricados de instalações MEP iniciou dois meses antes da data de instalação (Figura 10.1.15). A fabricação dos módulos começou um mês antes da data prevista para a instalação e levou uma semana por pavimento (quatro módulos). A instalação dos módulos pré-fabricados de MEP para todos os quatro pavimentos levou apenas um dia (ver a Figura 6.14 no Capítulo 6, Seção 6.10).

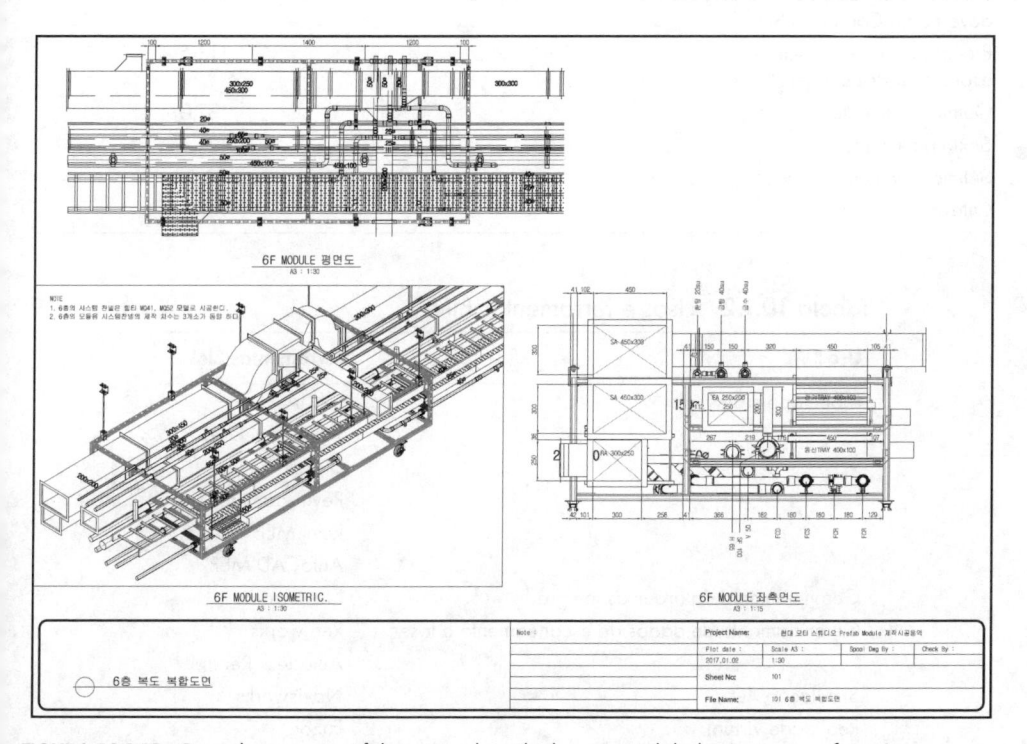

FIGURA 10.1.15 Desenhos para pré-fabricação de múltiplas especialidades (para manufatura).

Imagem fornecida por cortesia de Hyundai E&C.

A pré-fabricação de múltiplos setores de componentes de MEP foi usada para reduzir o cronograma de construção e para aumentar a produtividade. Esta aplicação foi efetiva para o primeiro objetivo – a redução do cronograma. No entanto, falhou em alcançar o segundo propósito de melhoria da produtividade. No geral, a pré-fabricação envolvendo múltiplos setores aumentou a entrada de mão de obra em 13,5%, mas a produtividade aumentou de pavimento a pavimento, à medida que a curva de aprendizado dos trabalhadores aumentou (Tabela 10.1.1).

O plano original tinha alocado um mês para a instalação sequencial dos componentes de MEP em um pavimento. Portanto, a pré-fabricação dos módulos de instalações MEP pôde reduzir o cronograma no canteiro em um mês. A produtividade foi medida usando a entrada de mão de obra (pessoas/dia) como métrica. Este valor foi comparado à entrada-padrão de mão de obra do governo da Coreia do Sul, como uma base de referência. A entrada de pré-fabricação de múltiplos setores inclui as horas necessárias em fábrica para a manufatura e as horas para instalação no canteiro de obras.

A Tabela 10.1.2 lista as aplicações BIM utilizadas durante o projeto.

Tabela 10.1.1 Comparação entre a entrada-padrão de pessoas/dia do governo da Coreia do Sul e a entrada de pessoas/dia da pré-fabricação de múltiplos setores

Base	Pessoas/dia	Razão com o padrão do governo da Coreia do Sul
Padrão de entrada de mão de obra do governo da Coreia do Sul	114,3	100
Pré-fabricação de múltiplas especialidades em geral	129,7	113,5
Quinto pavimento		137,0
Sexto pavimento		121,6
Sétimo pavimento		98,6
Oitavo pavimento		95,6

Tabela 10.1.2 Usos e ferramentas BIM

Uso BIM	Ferramentas BIM
Modelagem BIM	CATIA
	Tekla Structures
	Digital Project
	Revit Architect
	Revit MEP
	AutoCAD MEP
Gerenciamento de arquivos integrado	Navisworks
Gerenciamento de dados de escaneamento a laser	Realworks
	Autodesk Recap
Simulação 4D	Navisworks
Realidade virtual	Fuzor

10.1.7 Lições aprendidas e conclusão

O projeto Hyundai Motorstudio Goyang empregou uma ampla variedade de técnicas na construção, visualização, produção de painéis, medição e coordenação, bem como na habilidade de gerenciamento na implementação de uma estratégia BIM no geral. Contudo, estas abordagens nem sempre resultam em efetivos gerenciamento de projeto, controle de modificações, desenvolvimento de projeto e construção. O sucesso de um projeto usando o BIM como uma ferramenta gerencial abrangente depende do envolvimento de todos os participantes – do cliente aos fornecedores –, os quais devem ter a capacidade de acessar, compreender e implementar os dados de entrada que necessitam no BIM, bem como de fornecer os dados que os demais usuários precisam. O BIM ainda é uma técnica de trabalho relativamente nova, e todos os participantes têm se esforçado para adaptar suas práticas profissionais às novas exigências impostas. As técnicas empregadas no projeto tiveram diferentes graus de sucesso, e espera-se que esta gama de sucessos varie de projeto para projeto. As principais lições aprendidas incluem as seguintes:

- "Demasiados cozinheiros estragam o caldo". É ineficiente que todos os participantes do projeto frequentem todas as reuniões de coordenação BIM. A fim de tornar as reuniões de coordenação eficientes, os encontros podem ser categorizados pela pauta de coordenação e pela fase de projeto, sendo que apenas os participantes diretamente envolvidos devem ser convidados.
- O método de produção de painéis foi empregado para tornar o projeto e os detalhes de construção das fachadas irregulares. Foi possível gerar rapidamente os detalhes de numerosos painéis externos com o uso das técnicas de modelagem paramétrica, embora a eficiência não esteja correlacionada com o custo da construção da fachada. O custo dependia das preferências de projeto do cliente e das modificações no projeto.
- O escaneamento a laser pode determinar o formato e a geometria da área do entorno mais rapidamente do que uma estação total. No entanto, o erro cumulativo de um escâner a laser foi maior do que aquele de uma estação total. Além disso, ainda não há uma norma de inspeção legal para o escaneamento a laser. Assim, é desejável o uso conjunto do escâner a laser e da estação total – um escâner a laser servirá como ferramenta de medição para encontrar rapidamente pontos de risco em potencial, enquanto uma estação total servirá para verificá-los mais detalhadamente. Por exemplo, a deflexão total da estrutura de treliça foi monitorada regularmente com o uso de um escâner a laser e, depois, conferida com o uso de uma estação total apenas quando era necessária uma medição precisa.
- Os participantes do projeto interpretaram o modelo BIM de diferentes maneiras, conforme seus papéis e experiências. Esta lacuna de percepção resultou em um atraso nas reuniões de coordenação e nas tomadas de decisão. A renderização foto-realista, a realidade virtual e a simulação 4D foram úteis na redução da diferença de percepção e na facilitação dos processos de tomada de decisão.
- A pré-fabricação de múltiplas especialidades pode encurtar um cronograma ao reduzir os serviços no canteiro de obras. Todavia, a fim de obter um efeito positivo na produtividade, o edifício-alvo deve ser grande o suficiente para gerar o efeito do aprendizado.

Agradecimentos

Este estudo de caso foi preparado com a íntima colaboração de Sejun Jang, Dongmin Lee e Jinwoo Kim da Hyundai E&C. Somos profundamente agradecidos a eles e a todas as pessoas excepcionais da Hyundai E&C que contribuíram para este projeto e para a redação deste estudo de caso.

10.2 HOSPITAL SAINT JOSEPH, DENVER, ESTADOS UNIDOS
O BIM permite rapidez e qualidade através de soluções de pré-fabricação

Aberto para receber seu primeiro paciente em 13 de dezembro de 2014, o novo Hospital Saint Joseph é um modelo para o futuro da saúde, com maior enfoque ambulatorial e eficiência para ajudar a reduzir custos operacionais crescentes. O novo hospital de 77.233 m^2 de área bruta inclui 365 quartos de pacientes, 42 leitos de emergência, cinco leitos de atendimento rápido de emergência, 21 salas de cirurgia (incluindo duas salas de cirurgia híbridas), duas salas de cirurgia robótica, duas garagens de estacionamento, áreas de apoio e serviços de alimentação, laboratórios, lavanderia, um heliponto e uma capela. Ver a Figura 10.2.1.

O projeto de 623 milhões de dólares (custo de projeto total) incluiu a construção do novo hospital por 389 milhões de dólares, junto com a demolição associada do hospital existente, que elevou o contrato de construção total da Mortenson para 405 milhões de dólares. A construção de um grande hospital em um denso contexto urbano apresentou inúmeros desafios por si só, mas o desafio final do novo Hospital Saint Joseph – construir este grande e complexo projeto em 30 meses – impôs pressões extras para a equipe de projeto e construção. O projeto, um hospital substituto para uma instalação existente adjacente ao novo local – tinha de ser "mais do que ultrarrápido", deveria ser "alucinadamente rápido", de acordo com Rob Davidson, sócio-diretor da H+L Architecture, um dos três escritórios de arquitetura que lideraram a equipe de projeto.

O cronograma do projeto foi determinado por prazos regulatórios, que exigiram que o novo hospital estivesse aberto e operacional no dia 1º de janeiro de 2015. O primeiro

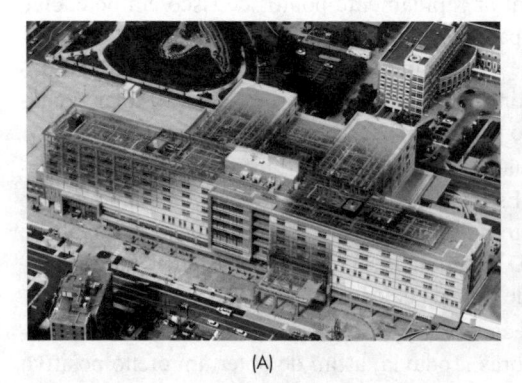

(A) (B)

FIGURA 10.2.1 (A e B) Vista geral do modelo BIM do projeto do hospital.
Imagem fornecida por cortesia de Mortenson.

hospital privado de Denver, o Hospital Saint Joseph original, havia sido fundado pela congregação Sisters of Charity – Irmãs da Caridade –, de Leavenworth, que havia chegado do Kansas com o desafio de prestar assistência aos necessitados. A instituição havia passado por diversas modernizações e ampliações ao longo dos anos, mas o hospital estava envelhecendo e já não conseguia atender aos regulamentos dos códigos vigentes, muito menos dos novos. "Quando cheguei aqui, em janeiro de 2010, o tempo estava passando", diz Bain Ferris, o diretor executivo (até sua aposentadoria, em 2015) do Hospital Saint Joseph, propriedade do SCL Health Systems (SCL).

10.2.1 Estrutura organizacional e acordo de colaboração

Um projeto desta escala e importância exigia uma equipe de projeto verdadeiramente colaborativa e integrada. A Mortenson Construction e a equipe de projeto arquitetônico (compreendida por H+L Architecture, Davis Partnership e ZGF, junto das empresas de engenharia de instalações MEP, Cator Ruma & Associates, e de engenharia civil/estrutural, Martin/Martin) reuniram-se para estabelecer os parâmetros e as expectativas de como as equipes trabalhariam juntas. Embora os contratos de projeto e construção fossem separados (construção por administração com risco para a gerenciadora), toda a equipe redigiu e assinou um acordo de colaboração para garantir que todas as partes aderissem aos princípios orientadores do projeto e aos fatores de sucesso estabelecidos pelo cliente e aderissem a uma abordagem de entrega de projeto integrada. O acordo estabelece de modo inequívoco suas intenções: "Este Acordo tem como objetivo suplementar os Contratos Independentes, alinhando as Partes e seus interesses, a fim de alcançar um Projeto bem-sucedido por meio da entrega de projeto integrada". Ver a Figura 10.2.2.

O acordo de colaboração de 18 páginas definiu os critérios de sucesso estabelecidos pelo proprietário, os papéis de projeto individuais, o propósito da equipe principal de projeto e das equipes do construtor e os processos de tomada de decisão, incluindo o aconselhamento de empreiteiros parceiros. O acordo de colaboração escrito também descrevia as responsabilidades específicas para o gerenciamento e comunicação do cronograma, suas fases, subfases e entregas rápidas, bem como os modelos de projeto e

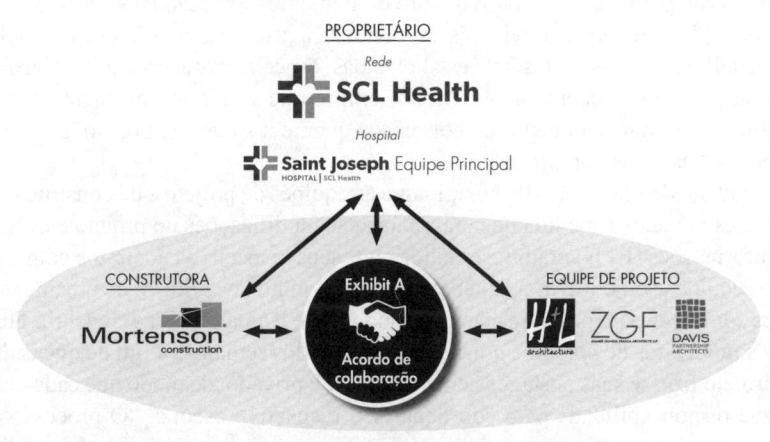

FIGURA 10.2.2 A estrutura organizacional vinculada pelo acordo de colaboração.
Imagem fornecida por cortesia de Mortenson.

> ## Objetivos do acordo de colaboração
>
> Envolver as partes desde o início do projeto.
> Alinhar as partes em direção aos objetivos comuns.
> Criar uma cultura de cooperação entre as partes.
> Criar um ambiente aberto para o compartilhamento de informações.
> Integrar a liderança desde o início do processo de tomada de decisão.
> Integrar conhecimentos de operação, projeto e construção.
>
> Facilitar a construção do projeto virtualmente, antes de sua construção física, por meio do uso das ferramentas de Modelagem da Informação da Construção (BIM) e de outras tecnologias disponíveis para o planejamento do projeto e da construção, com foco em:
>
> - Garantir a completude da documentação.
> - Reduzir redundâncias e conflitos.
> - Melhorar eficiência, coordenação, meios e métodos.
> - Incrementar oportunidades para o uso de pré-fabricação e construção fora do canteiro.
> - Criar relações fortes que permaneçam até o término do projeto, o início de sua operação e o período de garantia legal.

construção. Este acordo de colaboração ajudou a estabelecer os fundamentos do Plano de Execução BIM e deu suporte às capacidades de produção concorrentes, que exigiram que as decisões de projeto fossem tomadas muito antes do que teriam ocorrido em um processo linear típico.

10.2.2 O Plano de Execução BIM

Um Plano de Execução BIM detalhado foi desenvolvido com base nos objetivos estabelecidos no Acordo de Colaboração. O projeto era do "tipo IPD", uma vez que todas as partes participaram do desenvolvimento do Plano de Execução BIM. Tendo em vista que cada uma das entidades individuais envolvidas contribuiu com o Acordo de Colaboração, houve adesão total às regras nele estabelecidas, especialmente no início do projeto, quando o acordo era frequentemente citado sempre que surgia um problema em potencial, facilitando o estabelecimento de consensos quanto a soluções, pois toda a equipe podia dizer que "havia se comprometido".

O Plano de Execução BIM exigiu que as equipes de projeto e de construção atualizassem seus modelos à medida que eram lançadas modificações no projeto e as Solicitações de Informações (RFIs) eram respondidas por seus respectivos contratos com o proprietário. A equipe usou o Revit, o Bluebeam e o Box, junto do *software* de orçamentação MC2 e dos *softwares* para programação de cronograma, Primavera P6 e Synchro. Foram agendados momentos de *upload* e *download* estruturados semanais a fim de que cada entidade de projeto fizesse suas postagens em um *site* FTP privado, de modo que cada um soubesse de sua responsabilidade para coordenar seu respectivo escopo. "O processo de análise estava em andamento, cada equipe verificando o trabalho uns dos outros à medida que era liberado. A colaboração foi extensiva e nos mantivemos uns aos outros sob controle", disse Chris Boal, o Gerente de Construção Integrada do escritório da Mortenson em Denver.

Capítulo 10 • Estudos de Caso do BIM   423

O Plano de Execução BIM forneceu um LOD (*Level of Development*) detalhado, com Autor do Elemento do Modelo (MEA, *Model Element Author*) para cada escopo de trabalho. Isso foi posteriormente subdividido em pacotes de trabalho de desenho múltiplo que eram exigidos como entregas, para que a Mortenson pudesse acompanhar o cronograma (as Figuras 10.2.3, 10.2.4 e 10.2.5 apresentam exemplos). O LOD utilizado neste projeto foi baseado nas tabelas de LOD da AGC (Associated General Contractors) e do AIA (American Institute of Architects), que seguem o formato CSI.

Plataformas múltiplas foram empregadas para a troca de informações.

- *Site* FTP:
    - A equipe de projeto postava semanalmente atualizações do modelo em um *site* FTP privado fornecido pela Core & Shell Architect.
- Box.com (informações hospedadas na nuvem):
    - Hospedava o "conjunto de construção" (*field set*) dos desenhos (desenhos mais atuais, com as solicitações de informações postadas) para toda a equipe de projeto.

Pacote de projeto (DP)		Título	Entrega de BIM	Comentários
Nº	Data			
DP #1		Demolição/Direito de Passagem/Utilidades	2D e 3D	Arquivos em PDF e CAD 2D (leiaute de prancha)
DP #2		Escoramento e Escavação	2D	Arquivos em PDF e CAD 2D (leiaute de prancha)
DP #3		Estrutura do Estacionamento	3D**	Arquivos em PDF e 3D (Civil 3D e/ou Revit)
DP #4		Estacionamento Externo	2D	Arquivos em PDF e CAD 2D (leiaute de prancha)
DP #5a		Fundações do Hospital	3D**	Arquivos em PDF e 3D (Civil 3D e/ou Revit)
DP #5b		Superestrutura do Hospital	3D**	Arquivos em PDF e 3D (Civil 3D e/ou Revit)
DP #6		Licença de Uso Condicional	3D**	Arquivos em PDF e 3D (Civil 3D e/ou Revit)
DP #7		Núcleo e Envoltório do Hospital	3D**	Arquivos em PDF e 3D (Civil 3D e/ou Revit)
DP #8		Interiores/Acabamentos do Hospital	2D	Arquivos em PDF e CAD 2D (leiaute de prancha)
DP #9		Demolição do Hospital Existente	2D	Arquivos em PDF e CAD 2D (leiaute de prancha)

**Fornecer leiaute de prancha com o arquivo 3D.

FIGURA 10.2.3   Cronograma de entregas do BIM: construção.
Imagem fornecida por cortesia de Mortenson.

Fase do projeto		Título	Entrega de BIM	Comentários
Fase	Data			
Plano de Desenvolvimento Geral		Aprovação da Construtora	2D	Arquivos em PDF
Zoneamento		Aprovação do Zoneamento	2D	Arquivos em PDF
Projeto Hidrossanitário		Revisão do Plano Final Hidrossanitário	2D	Arquivos em PDF
Projeto Conceitual		Aprovação do Projeto Conceitual	2D e 3D	Arquivos PDF, CAD 2D (leiaute de prancha) e 3D (modelo SketchUp)
Projeto Básico		Aprovação Final do Projeto Básico	2D e 3D	Arquivos em PDF, CAD 2D (leiaute de prancha) e 3D (SketchUp, Revit e/ou Civil 3D)
Projeto Executivo do Núcleo/Envoltório		Aprovação do Projeto Executivo do Núcleo/Envoltório	2D e 3D	PDF, CAD 2D (leiaute de prancha) e 3D (SketchUp, Revit e/ou Civil 3D)
Projeto Executivo de Interiores		100% dos documentos do Projeto Executivo	2D e 3D	Arquivos em PDF, CAD 2D (leiaute de prancha e 3D (SketchUp, Revit e/ou Civil 3D)
Projeto para Produção		Projeto para Produção para Sumário	3D**	Arquivos em PDF e 3D (Civil 3D e/ou Revit) a cada pacote de sumário

**Fornecer leiaute de prancha com o arquivo 3D.

FIGURA 10.2.4 Cronograma de entregas do BIM: projeto.

Imagem fornecida por cortesia de Mortenson.

> Todos os envolvidos, do proprietário, equipe de projeto, equipe de construção e empreiteiros parceiros, aos colaboradores *in loco* e a distância, usavam diariamente este conjunto.
> — Coordenação de sistemas 3D de instalações mecânicas, elétricas, hidrossanitárias e de proteção contra incêndio, com todos os empreiteiros parceiros afetados.
> — Postagem do modelo de coordenação para a equipe de projeto, especialmente para uso em campo de dispositivos portáteis.
> — Troca de informações da oficina de pré-fabricação com as equipes do canteiro. Postagem do *status* dos componentes pré-fabricados, bem como da data provável de entrega para a instalação no canteiro de obras.

Devido ao extenso processo de Planejamento de Execução do BIM, não houve problemas de interoperabilidade. O Plano de Execução BIM permitiu à equipe acordar quanto a uma ferramenta de Projeto e Construção Virtual (VDC, *Virtual Design and Construction*) para cada escopo de trabalho.

Os únicos grandes obstáculos à comunicação foram as questões que costumam ocorrer quando se tenta construir um hospital em um curto período de tempo. "Nós precisávamos

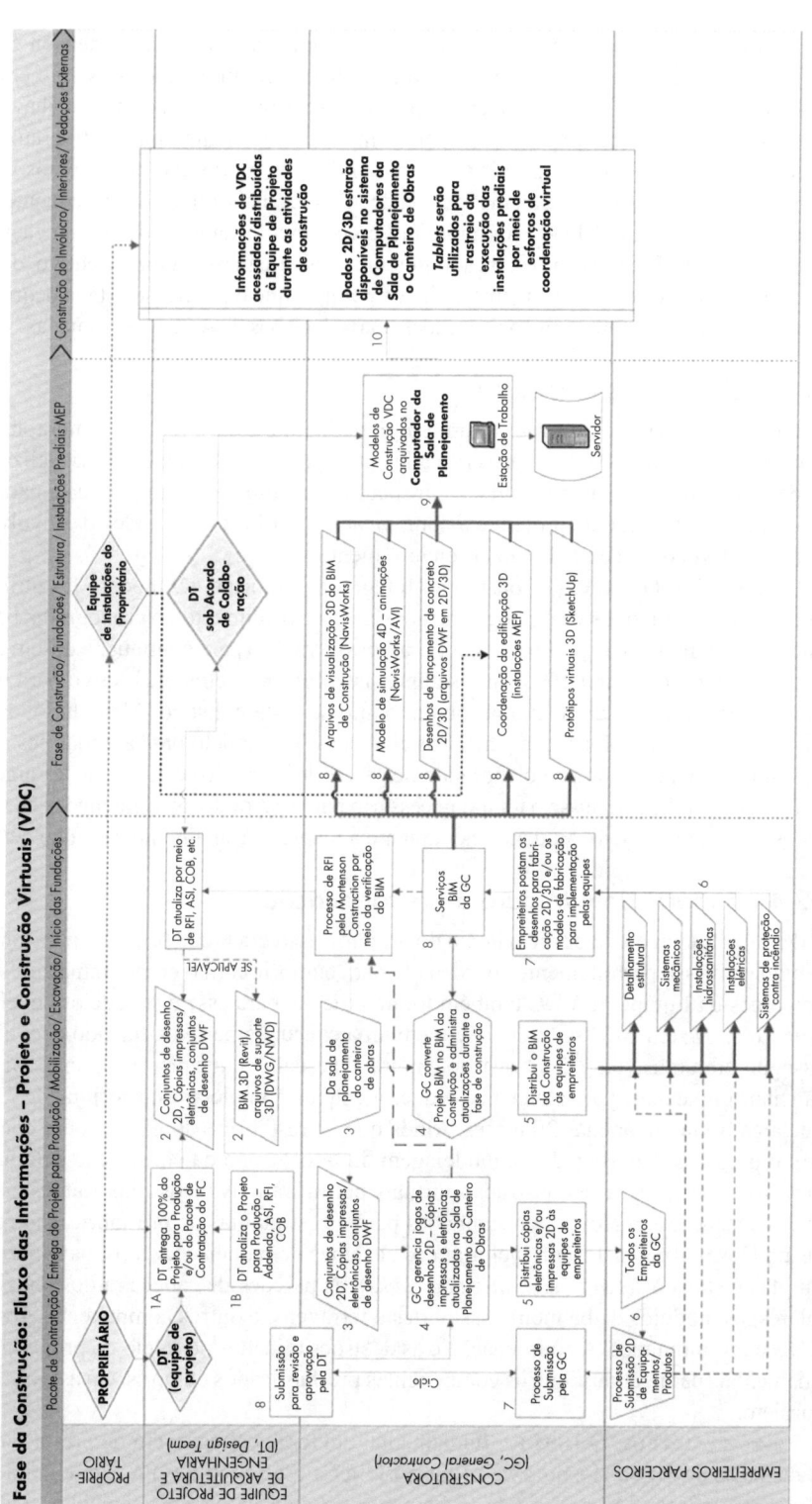

FIGURA 10.2.5 Diagramas de fluxo de trabalho BIM das fases de projeto e de construção. Imagem fornecida por cortesia de Mortenson.

que a equipe de projeto enviasse informações em ritmo acelerado e a Mortenson estava construindo a obra no mesmo ritmo acelerado, então a comunicação constante era um fator-chave", disse Boal. "O modelo era a linha de base para todas as decisões. Olhávamos para ele e buscávamos as informações para tomar decisões mais rápidas. Isso auxiliou as pessoas a compreender os problemas rapidamente de modo que pudéssemos tomar decisões rápidas. O resultado era uma tomada de decisões mais ágil e um subsequente progresso no projeto. O modelo 4D foi muito útil como uma ferramenta de comunicação ao proprietário, inclusive para o nível da administração estratégica (diretor executivo, diretor de operações, diretor de enfermagem), a fim de garantir que o progresso estava ocorrendo conforme o planejado e fossem comunicadas quais decisões deveriam ser tomadas."

10.2.3 Simulações e análises

Os processos de BIM e de VDC foram empregados desde o início para que todos os conceitos de projeto pudessem ser verificados pelo proprietário, incluindo visualizações para os servidores do código da cidade e inspetores da administração pública e para que houvesse a coordenação de projeto e a comunicação contínua entre todos os envolvidos ao longo de todo o processo de seu desenvolvimento.

Chris Boal, o Gerente de Construção Integrada, lembrou: "O modelo foi utilizado para conduzir estimativas de cronograma após o desenvolvimento do cronograma básico ter sido gerado no Primavera P6 e, então, usamos o Synchro para continuar a desenvolver e visualizar o cronograma 4D. Como sempre, isso foi incrivelmente efetivo para que a equipe toda revisasse o cronograma sob um ponto de vista holístico. Além disso, os cálculos de carga foram iniciados a partir dos elementos do modelo para auxiliar nas análises estruturais. Com a equipe colaborando por meio dos modelos e de outras ferramentas de VDC, em geral, reduziu-se o tempo necessário para responder às solicitações de informações (RFIs) do projeto, ajudando novamente a manter o trabalho no caminho certo".

10.2.4 Suporte do BIM para a pré-fabricação

O BIM foi implementado desde o início do projeto – isso era uma obrigação para garantir que tudo estivesse perfeitamente coordenado para cumprir com o cronograma agressivo. Os esforços da Equipe de VDC também foram cruciais para assegurar que os benefícios de sua *expertise* em BIM se traduzissem em uma execução perfeita, quando decidiu por prosseguir com o uso da pré-fabricação em grande escala, o que provavelmente foi a solução mais impactante para atender ao requerimento de completar este hospital de 77.233 m^2 de área bruta em apenas 30 meses. Ainda que a pré-fabricação não seja um conceito novo, o progresso continuado da modelagem da informação da construção detalhada e a *expertise* com projeto e construção virtuais permitiram avanços importantes em sua implementação. As maiores oportunidades para as estratégias de pré-fabricação repetitivas no Hospital Saint Joseph incluíram os sistemas de painéis externos, os suportes de múltiplas instalações (MTRs, *multitrade racks*), as paredes de cabeceira dos leitos hospitalares, os módulos de banheiros, as portas e ferragens, e outros componentes diversos em *kits* e pré-montados. A coordenação e as decisões tomadas no início do projeto foram fundamentais para garantir que os componentes pré-fabricados cumprissem as exigências de projeto.

Painéis externos: O BIM foi fundamental em toda a abordagem de pré-fabricação das fachadas do Novo Hospital Saint Joseph. (Ver a Figura 10.2.6.) A estratégia de pré-fabricação incluiu 346 painéis de fechamento pré-fabricados com tamanho médio de

Capítulo 10 • Estudos de Caso do BIM   427

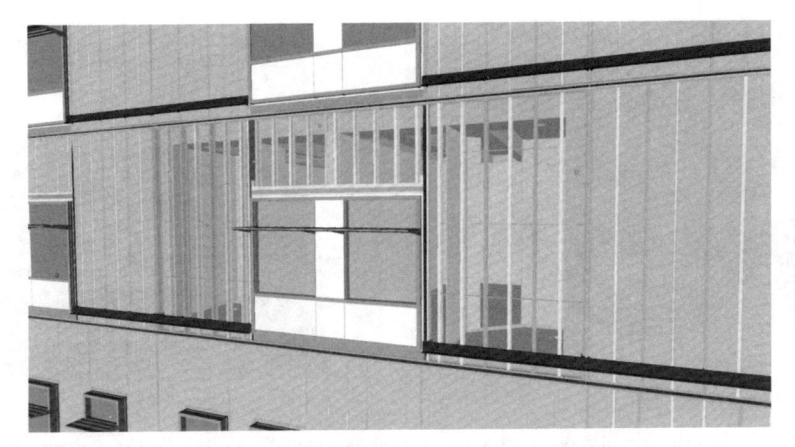

FIGURA 10.2.6 Modelo de coordenação dos painéis externos do Hospital Saint Joseph.
Imagem fornecida por cortesia de Mortenson.

76,2 cm × 38,1 cm. A produção de painéis experimentais começou em uma etapa bastante inicial, a fim de permitir testes de composição e de processo. A equipe recebeu *feedbacks* valiosos para informar o equilíbrio entre a fabricação e o processo de instalação, garantindo o sucesso durante a instalação final. Estes ajustes incluíram:

- Integração de um aparato para içamento nos painéis
- Transporte de mais painéis por vez
- Detalhes de conexão na laje/estrutura
- Pontos de inspeção *as-built*, registrados após cada lançamento de laje de concreto, para garantir dimensões corretas e adequadas a cada painel

Suportes de múltiplas instalações: Antes que o edifício alcançasse seu quarto pavimento, foi iniciada a produção da montagem de 166 suportes de múltiplas instalações (MTRs) de 7,6 metros em um depósito alugado a cerca de 8 km do canteiro de obras. Estas unidades incluíam uma estrutura Unistrut com tubulações mecânicas, sistemas de climatização isolados e etiquetados, sistemas de tubos pneumáticos e cabeamentos elétricos, permitindo uma instalação *plug-and-play*, conectando os suportes ao longo dos corredores da torre de pacientes do hospital. Um protótipo de suporte MTR foi produzido logo no início para que todos pudessem realizar avaliações dos pontos de vistas de projeto, da montagem e da instalação – e este modelo comprovou ser muito valioso para o fornecimento de informações ao projeto e construção finais de todos os MTRs. (Ver a Figura 10.2.7.)

O protótipo de MTR também foi utilizado para praticar a logística de entrega, içamento e instalação no canteiro de obras, antes da produção. A partir deste processo, a equipe aprendeu a incorporar pontos de retirada e como amarrar os sistemas de tubulações de modo adequado, porém simples, permitindo seu transporte seguro.

Paredes de cabeceira dos leitos hospitalares: Um total de 376 paredes de cabeceira dos leitos foram também montadas no galpão fora do canteiro de obras. Novamente, os protótipos virtuais e físicos e as ferramentas de colaboração do BIM e de VDC ajudaram a garantir que estes críticos elementos de segurança dos pacientes pudessem

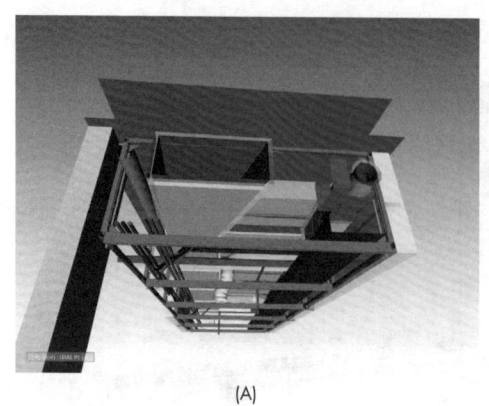

FIGURA 10.2.7 (A) Modelo BIM de um suporte de múltiplas especialidades. (B) Uma fotografia do mesmo suporte instalado no edifício.

Imagem fornecida por cortesia de Mortenson.

ser perfeitamente harmonizados à construção. A testagem prévia da estratégia de uso da parede de cabeceira resultou em reduções significativas no cronograma ao resolver questões de coordenação – um bom exemplo disso foi que as válvulas de gases médicos foram instaladas em uma posição precisamente correta nas paredes de cabeceiras pré-fabricadas. As paredes de cabeceira finalizadas chegaram ao canteiro de obras pré-testadas e prontas para a operação assim que estivessem instaladas nos leitos hospitalares. Em virtude da maneira como a equipe montou e instalou essas paredes, o projeto alcançou níveis altíssimos de redução sonora nas paredes que separam um quarto do outro; na maioria dos casos, os testes comprovaram como sendo da Classe de Transferência Sonora 55 ou superior, o que costuma ser muito difícil de se obter em uma parede de hospital repleta de tubulações, conduítes e caixas pretas.

Módulos de banheiro: Protótipos virtuais e físicos também forneceram soluções para os 440 módulos de banheiro pré-fabricados, possibilitando produção e entrega muito eficientes. Por exemplo, após inspeção e avaliação do protótipo do módulo de banheiro, a equipe percebeu que o pé-direito no banheiro encapsulado poderia ser reduzido de 275 cm para 241 cm, permitindo que mais módulos pudessem ser carregados em um caminhão padrão que entregaria o produto acabado da Eggrock, o fabricante do módulo, resultando em uma economia de 111 mil dólares apenas com o transporte desses módulos. Esta decisão não comprometeu o projeto, pois o proprietário preferia banheiros com pé-direito menor. Outra modificação de projeto efetuada foi a remoção da janela externa junto ao chuveiro, em razão de preocupações com o acúmulo de umidade e a manutenção. Uma equipe mais típica, tradicional, talvez tivesse tentado comunicar as dificuldades de se construir sistemas de banheiro, junto dos desafios de manutenção e segurança, por meio de desenhos impressos, mas o protótipo físico mostrou seu valor. Oferecer ao proprietário a oportunidade de visualizar um exemplo real permitiu que alterações de projeto cruciais pudessem ser feitas no início do processo, antes que a estrutura do edifício tivesse começado a ser construída.

Assim, a pré-fabricação é mais um exemplo dos benefícios obtidos com a adesão prévia ao Acordo de Colaboração por parte da equipe. O processo possibilitou decisões de projeto mais cedo e a produção subsequente de itens que normalmente viriam a ser considerados muito mais tarde em um processo linear.

10.2.5 Garantir as métricas ajuda a informar esforços futuros

As expectativas sobre o valor e o impacto da pré-fabricação continuam a crescer à medida que ela se torna cada vez mais prevalente e conforme uma maior gama de opções de produtos padronizados fica disponível. A equipe percebeu o impacto que a pré-fabricação teria e queria basear-se em mais do que evidências informais para a avaliação desse impacto. Tendo em mente este objetivo, a Mortenson estabeleceu um processo e ofereceu recursos para que um professor e um aluno da Universidade do Colorado conduzissem um estudo do impacto dos elementos pré-fabricados. Como um todo, o estudo concluiu que, para cada dólar gasto na pré-fabricação, aproximadamente 1,13 dólar retornou ao projeto na forma de benefício mensurável. (Ver a Figura 10.2.8.)

Relação de custo-benefício

= [custo *in loco* direto total + custo de economias de cronograma indireto total

+ custo por incidente evitado total/[custo da pré-fabricação total]

= 1,13

Somado aos resultados mensuráveis e significativos mostrados na Tabela 10.2.1, o uso da pré-fabricação reduziu significativamente o congestionamento no canteiro de obras. Embora isso seja difícil de quantificar, tornou-se imediatamente evidente que os corredores estavam menos obstruídos, o número de elevadores no exterior e interior do edifício era menor e havia muito menos materiais, ruídos e poeira. O uso da pré-fabricação tornou o projeto mais seguro e previsível. Por esses motivos, os empreiteiros entusiasmavam-se ao trabalhar tanto no canteiro de obras quanto no galpão onde eram produzidos os componentes pré-fabricados.

O BIM também ofereceu suporte para a aquisição de materiais, pois foi empregado para conferir quantidades de muitos escopos de serviços, incluindo aqueles envolvendo aço estrutural, concreto, equipamentos mecânicos, portas, paredes de cabeceira de leitos e módulos de banheiros pré-fabricados.

RELAÇÃO DE CUSTO-BENEFÍCIO

Com base em valores das análises de custo-benefício realizadas nos indicadores de desempenho mais significativos para a pré-fabricação (cronograma, custo e segurança), a relação de custo-benefício (RCB) do projeto foi de 1,13. Era esperado que aproximadamente 13% de cada dólar gasto na pré-fabricação tenha retornado como um benefício quantificável de projeto.

MÓDULOS DE BANHEIRO	PAINÉIS DE PAREDE EXTERNOS	SUPORTES DE MÚLTIPLAS INSTALAÇÕES	PAREDES DE CABECEIRAS DE LEITOS HOSPITALARES
1,29 RCB	1,74 RCB	1,22 RCB	0,93 RCB

= 1,13 RCB

FIGURA 10.2.8 Relações de custo-benefício para os quatro tipos de módulos pré-fabricados. Imagem fornecida por cortesia de Mortenson.

Tabela 10.2.1 Resultados da pré-fabricação dos diferentes elementos

Elemento pré--fabricado	Redução de cronograma	Economia no custo indireto (em milhões de dólares)	Custo direto	Mão de obra necessária para fabricação fora do canteiro	Mão de obra transferida para fora do canteiro	Incidentes de segurança de pré--fabricação fora do canteiro*	Prevenção de perdas na produção no canteiro (em milhões de dólares)
Painéis de parede externos	41 dias	2,4	3,7% de economia	5.000 horas	33.000 horas	2 incidentes	0,5
Módulos de banheiro	52 dias	3,1	4,6% de aumento	27.700 horas	78.000 horas	4 incidentes	1,4
Suportes para múltiplas instalações	20 dias	1,2	21,7% de aumento	Não disponível	24.000 horas	1 incidente	0,4
Paredes de cabeceira de leitos hospitalares	0 dias	0	7,6% de aumento	1.300 horas	16.000 horas	1 incidente	0,3
Total	72 dias	4,3	6,0% de aumento	29.500 horas	150.500 horas	7 incidentes	2,6

*Estimativas baseadas na taxa de incidentes de segurança definidos pela OSHA (Occupational Safety and Health Administration), por hora de mão de obra trabalhada no projeto no canteiro de obras e número de horas transferidas para fora do canteiro.

10.2.6 Riscos e benefícios à segurança decorrentes do uso do BIM e da pré-fabricação

O BIM e a pré-fabricação permitiram muitos cenários favoráveis que auxiliaram na redução de riscos. Para as vedações, a pré-fabricação possibilitou que o fechamento do edifício avançasse com muita rapidez, permitindo que as obras no interior fossem iniciadas em um ambiente protegido, o que não teria ocorrido com os métodos tradicionais de construção. No caso dos MTRs, a montagem foi realizada em um ambiente controlado no nível do solo e resultou em produtos mais seguros e de maior qualidade, com redução dos trabalhos executados em altura. Tanto para o proprietário quanto para as autoridades fiscalizadoras da construção, houve um grande benefício de ter sido possível ver e inspecionar o trabalho "do nível da bancada" no galpão, antes que os módulos fossem içados e instalados acima da altura do forro. Isso permitiu inspeções mais rápidas, além de melhorar a visibilidade e, consequentemente, a compreensão de como seria o acesso aos sistemas prediais.

Para os empreiteiros, a pré-fabricação dos MTRs tornou-se um bônus do projeto, pois eles prefeririam trabalhar no ambiente controlado do galpão (afinal, a maior parte dos serviços de montagem ocorreu durante os meses de inverno). O projeto foi amplamente beneficiado com a segurança adicional da possibilidade de executar grande parte dos serviços na altura de uma bancada, em vez do trabalho em escadas e elevadores. Os benefícios à segurança quantificados no estudo sobre a pré-fabricação mostraram que foram estimados um total de sete acidentes de trabalho evitados.

10.2.7 BIM no canteiro de obras

Os modelos foram amplamente utilizados no canteiro de obras para ajudar na coordenação dos serviços *in loco*. (Ver a Figura 10.2.9.) Foi solicitado aos empreiteiros das empreiteiras das instalações prediais mecânicas, de eletricidade, hidrossanitárias e de proteção contra incêndio (MEP/FP) que marcassem em vermelho seus desenhos para produção para que refletissem quaisquer desvios em relação aos desenhos para produção aprovados. Estas informações foram então reenviadas aos responsáveis pelo detalhamento do modelo, para que fizessem suas revisões e as postassem para o restante da equipe. Se quaisquer modificações exigissem uma coordenação 3D adicional para confirmar se o sistema estava correto, a equipe a coordenaria imediatamente e postaria as informações de volta no modelo.

10.2.8 BIM para gerenciamento das instalações

O pessoal de gerenciamento das instalações do proprietário estava envolvido e, à medida que o projeto avançava, a equipe realizava múltiplas reuniões de "grupos de usuários" e utilizava os modelos para receber *feedback* das equipes que estariam trabalhando em cada departamento. O proprietário desejava informações detalhadas sobre os sistemas de instalações de MEP/FP, incluindo válvulas de desligamento de zona para sistemas hidrônicos, zonas do sistema de Unidade de Tratamento de Ar (AHU, *Air Handling Unit*) e os locais de desligamento de gás médico.

No momento do projeto, o SCL investigou se contava com os funcionários para utilizar os dados de parâmetros do modelo e se estes se adequavam ao sistema de ordens de serviço herdado, de forma que eles não precisariam especificar a entrega de informações de ativos para o gerenciamento da manutenção ao final do projeto. Quando os contratos estavam sendo negociados, o proprietário solicitou que fossem fornecidos os documentos do edifício construído (*as-built*), os modelos (do Projeto e da Construção), informações de operação e manutenção (O&Ms) e as informações de garantias. Durante o projeto, a construtora Mortenson pôde discutir diferentes opções de entregas de informações de gerenciamento das instalações dentro do mercado, com a esperança de orientar o SCL sobre as opções disponíveis para utilização em seu novo hospital. A Mortenson demonstrou os benefícios de ter informações móveis nas mãos dos gerentes das instalações da edificação

(A) (B)

FIGURA 10.2.9 (A e B). Usando o modelo BIM no canteiro de obras.

Fotografias fornecidas por cortesia de Mortenson e da Universidade do Estado do Colorado.

e de como isso aumentaria sua produtividade. Isso incluía o treinamento sobre o uso do modelo, a coleta de dados do modelo, a geolocalização dos elementos do modelo e o modo como esses gerentes poderiam responder a emergências rapidamente.

10.2.9 Lições aprendidas: melhores práticas

O BIM foi utilizado constante e consistentemente para explicar os resultados esperados: das renderizações do projeto e protótipos virtuais das vedações aos modelos 4D sequenciais e planos de fases 3D; e da identificação de conflitos de coordenação das instalações de MEP/FP em 3D à coordenação de sistemas de laboratório embutidos nas paredes e salas de operação (OR, *operating room*), incluindo a coordenação das paredes de cabeceira dos leitos hospitalares. O modelo foi empregado para explicar os resultados ao longo do projeto.

Entre as principais lições a serem aprendidas com o projeto, destacam-se:

- Permita/capacite a equipe a contribuir com e criar seus próprios acordos, de modo que haja um comprometimento total e completo. Esta é a chave para tudo que ocorrerá adiante.
- Use as ferramentas certas e empodere os usuários. As inovações se retroalimentam, então empodere cada indivíduo para que eles possam tornar seus próprios processos melhores, sempre de acordo com as diretrizes estabelecidas pela equipe. Esta abordagem de "respeito pelas pessoas" é uma estratégia enxuta (*lean*). Para reduzir a duração do projeto de 42 para 29,5 meses, os recursos visuais aprimorados foram essenciais.
- Comunique-se, comunique-se, comunique-se: é uma mensagem que ainda hoje é relevante. Se não conseguirmos transmitir tudo o que nossas ferramentas de *software* estão nos oferecendo, estes recursos perdem sua utilidade. Comunique-se com o pessoal do canteiro de obras, os executivos, os clientes e os vizinhos.
- Esteja preparado para olhar para além da tradição. O cliente e a equipe de projeto devem ajustar sua abordagem convencional ao progresso do projeto. As decisões, que muitas vezes são tomadas tardiamente no processo de projeto, devem ser consideradas e fixadas significativamente mais cedo. Um exemplo apresentado neste estudo de caso é de que a solução proposta exigia que o projetista tomasse decisões muito mais cedo no projeto do que ele estava acostumado a fazer. Isso pode ser mais desconfortável para alguns, uma vez que não estão acostumados a lidar com este tipo de questão até uma etapa mais avançada do projeto, mas o Acordo de Colaboração serviu como um marco para lembrar à equipe que deveriam ser tomadas decisões mais cedo do que o usual. Isso reflete a acumulação prévia de informações de projeto com o BIM, como ilustrou a curva de MacLeamy (ver a Figura 5.1 na Seção 5.2).
- Algumas das lições aprendidas neste projeto relacionam-se diretamente com a pré-fabricação.
- A decisão de prosseguir com a pré-fabricação deve ser tomada extremamente cedo e ser de comum acordo entre todos os principais envolvidos. Orçamentos, cronogramas, questões de segurança e expectativas de qualidade devem ser realistas e estabelecidos antecipadamente. O construtor e os empreiteiros devem ser envolvidos o mais cedo possível nas fases de projeto a fim de orientar a tomada de decisões, assumir responsabilidades de projeto, quando apropriado, oferecer conselhos sobre a construtibilidade e ditar o conteúdo e ritmo de entrega dos pacotes de projeto. Os vários benefícios da pré-fabricação são significativamente reduzidos à medida que um projeto avança sem que tenha sido considerada a possibilidade de seu uso.

- A construção repetitiva deve ser um forte motivo para consideração da pré-fabricação, pois melhora muito a eficiência em uma configuração de armazenamento. Contudo, a repetição não necessariamente determina que a pré-fabricação seja a escolha correta. No mínimo, devem ser feitas análises detalhadas de custos e de cronograma para que se entenda o verdadeiro impacto de cada componente pré-fabricado.
- O planejamento da construção deve ser visto sob uma nova ótica. A instalação rápida de componentes pré-fabricados exigirá que as múltiplas atividades sucessivas sejam aceleradas e executadas muito mais cedo do que o usual, a fim de evitar áreas de trabalho inoperantes.
- Antes de qualquer pré-fabricação passar à produção em massa, um protótipo completo, intensivo em atividades no canteiro, deve ser revisado e 100% testado funcionalmente. Inspeções minuciosas devem ser realizadas o mais cedo possível. Caso surja qualquer problema relacionado à qualidade, seu impacto é multiplicado muitas vezes neste tipo de construção em razão da produção acelerada destes componentes pré-fabricados. Quaisquer deficiências repetitivas resultam em reparos dispendiosos e têm um impacto significativo no cronograma e no ânimo dos trabalhadores no canteiro de obras. Além disso, os efeitos negativos nos custos e a dificuldade de se coordenar qualquer erro se tornam um desafio do ponto de vista contratual e orçamentário.

Bain Ferris, o diretor executivo do cliente, disse o seguinte a respeito do projeto e do papel do BIM: "Uma das coisas que questionei foi, 'vocês conseguem entregar este projeto realizado dentro deste cronograma?'. A resposta deles (da Mortenson) foi, 'Conseguimos, se vocês puderem tomar as decisões'. Então, eu costumava perguntar se havia alguma decisão que precisava ser tomada, que nós poderíamos tomá-la com uma semana de antecedência, e se a pergunta estava sendo corretamente formulada e, então, decidíamos. E essa é uma verdadeira parceria. A Mortenson era disciplinada quanto ao seu modelo 4D, ao seu processo e gerenciar esse processo".

Agradecimentos

Este estudo de caso foi elaborado com a estreita colaboração de Nancy Kristof e Chris Boal, da Mortenson. Agradecemos profundamente a eles e a todos os profissionais excepcionais da Mortenson que contribuíram para este projeto e estudo de caso, bem como a Matt Morris e seus colegas da Universidade do Estado do Colorado.

Recursos *on-line*

Links para os vídeos (em inglês) dos trabalhos de pré-fabricação do projeto:

- www.youtube.com/watch?v=cbKIOHrYSWM
- www.youtube.com/watch?v=EER_Qkr1qTU
- www.youtube.com/watch?v=yiT8oGR4YSc
- www.strxur.com/owner-and-gc-talk-transparency-and-tools/
- www.bluebeam.com/us/solutions/case-studies/mortenson-video.asp/
- www.usengineering.com/portfolio-item/exempla-saint-joseph-hospitalheritage-project-denver-co/

10.3 RESIDÊNCIA ESTUDANTIL DA NANYANG TECHNOLOGICAL UNIVERSITY, CINGAPURA

Modelagem da Informação da Construção (BIM) para arranha-céus
Componentes de construção em módulos pré-fabricados pré-acabados (PPVC) em Cingapura

10.3.1 Introdução

A nova Residência Estudantil na Universidade Tecnológica de Nanyang (NTU, Nanyang Technological University), Cingapura, foi construída através da integração de tecnologias de BIM e de componentes de construção em módulos pré-fabricados pré-acabados (PPVC, *Prefinished Prefabricated Volumetric Construction*). Este estudo de caso descreve a filosofia, os princípios, as técnicas e as aplicações práticas de se utilizar o BIM para módulos de PPVC.

A produtividade do setor da construção civil em Cingapura aumentou a fim de atingir a meta de melhoria de produtividade, de 2 a 3% ao ano, e a Agência de Edificação e Construção (BCA, *Building and Construction Authority*) de Cingapura trabalha continuamente em busca de maneiras para alcançar ganhos de produtividade maiores. Para este fim, a BCA promove a pré-fabricação, além de dar apoio e encorajar o setor privado mediante a concessão de subsídios oferecidos por meio de diferentes esquemas de incentivos. Como resultado, o setor da construção de Cingapura está experimentando uma evolução dos métodos de edificação que usam novas tecnologias de produção, como o Projeto para Manufatura e Montagem (DfMA, *Design for Manufacture and Assembly*). O DfMA é uma abordagem de projeto que foca na facilidade de manufatura (em fábrica) e na eficiência da montagem (*in loco*, no canteiro de obras), coincidindo com o plano da BCA de aumentar a produtividade da construção, reduzir a dependência da mão de obra estrangeira e oferecer um ambiente de trabalho mais seguro nos canteiros de obras.

Uma solução de DfMA começa pelo entendimento do produto final, dos condicionantes do terreno e dos fatores-chave. A técnica de PPVC representa uma solução de DfMA muito atraente e é considerada como uma tecnologia da construção produtiva e revolucionária. No caso da construção PPVC, módulos completos com todos os seus acabamentos internos, acessórios e fixadores são produzidos em fábricas e transportados aos canteiros de obras para serem instalados como se fossem peças de Lego. A BCA também estabeleceu políticas e estratégias para a adoção do BIM, considerando-o como uma tecnologia da informação avançada e uma ferramenta-chave para o projeto e construção virtuais (VDC), que deve ser empregado ao longo de todo o processo construtivo.

10.3.2 Visão geral do projeto

A Universidade Tecnológica de Nanyang (NTU), representada pelo Office of Development & Facilities Management (ODFM), decidiu utilizar construção de PPVC para seu novo empreendimento: um conjunto de apartamentos e acomodações estudantis com 1.673 unidades, situado ao longo da Nanyang Crescent-North Hill, em Cingapura. As obras começaram em junho de 2014, com um cronograma previsto em 26 meses, dos quais aproximadamente 19 meses seriam para a construção, a um custo total de cerca de 196 milhões de dólares.

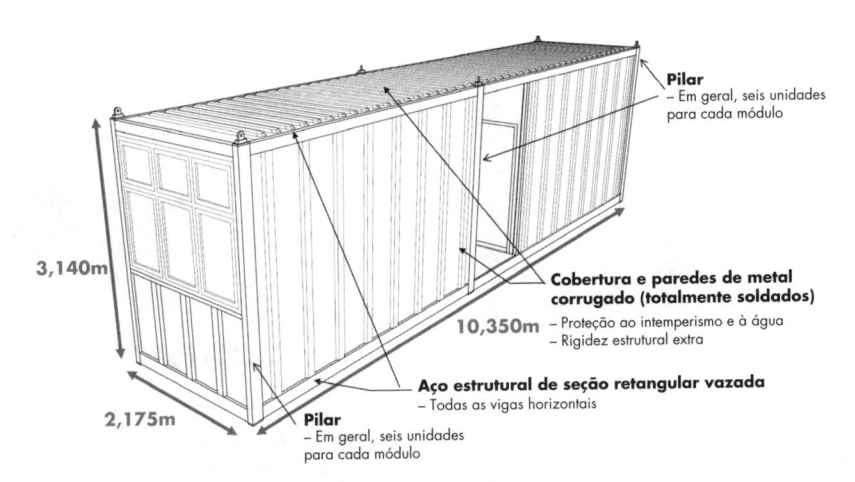

FIGURA 10.3.1 Um típico módulo de construção de PPVC de aço.
Imagem fornecida por cortesia de Moderna Homes Pte Ltd.

O leiaute do projeto consiste em seis blocos de unidades de alojamento de estudantes, um salão multifuncional e um estacionamento. Cada um dos blocos tem 13 pavimentos com instalações comunitárias. A área de piso bruta total de todo o projeto tem aproximadamente 54.000 m², dos quais 29.400 m² foram construídos com módulos PPVC (cerca de 60%). Há 1.213 módulos de aço, 11 módulos estruturais e 40 módulos arquitetônicos (de ocupação simples ou dupla), com dimensões típicas de 2,175 m de largura, 10,35 m de comprimento e 3,14 m de altura. A altura entre pisos é 3,15 m, e o pé-direito interno é de 2,75 m. O peso total é estimado em 4.442 toneladas. Os módulos foram pré-fabricados fora do canteiro, com um certo nível de acabamento, e foram transportados até o canteiro de obras para a instalação. A Figura 10.3.1 mostra os componentes de um típico PPVC de aço.

Três gruas de torre de alta capacidade foram empregadas neste projeto. Cada uma delas tinha uma capacidade de carregamento de 24 toneladas na ponta, com raio de 24 m; e cada módulo PPVC arquitetônico costumava pesar entre 8 e 21 toneladas, embora os módulos menores pesassem entre 6 e 8 toneladas, aproximadamente. Os pavimentos foram construídos usando uma estrutura de concreto armado convencional, que incluía os níveis do pódio (a base), o refeitório, lojas, salas de reunião e salas de danças culturais. Os módulos de construção em PPVC foram instalados acima destes níveis (a partir do quinto ou sexto pavimento), mas as paredes do núcleo também foram construídas com concreto armado. A Figura 10.3.2 mostra a integração da construção convencional para o pódio e da construção em PPVC para a torre, determinando a tipologia típica dos edifícios do projeto. A figura ilustra os seguintes detalhes:

- A construção convencional dos níveis térreos para lidar com o terreno inclinado do local.
- A laje de transferência entre a construção convencional e os módulos PPVC em aço.
- Os serviços de construção convencional centralizados e os núcleos de circulação que conferem estabilidade lateral para os módulos PPVC.

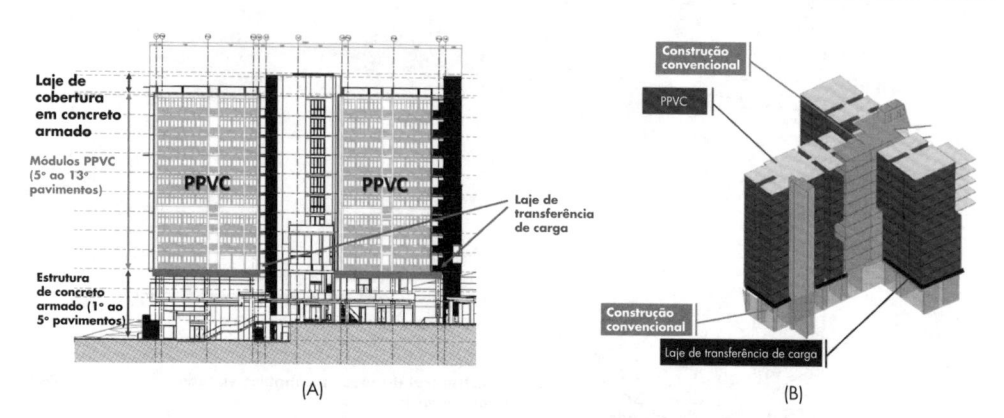

FIGURA 10.3.2 A integração entre a construção de PPVC e a construção convencional (abordagem híbrida entre obras de PPVC e do trabalho de moldagem *in loco*). (A) Vista da elevação. (B) Vista 3D.

(A) Imagem fornecida por cortesia de Moderna Homes Pte Ltd. (B) Imagem fornecida por cortesia de P & T Consultants Pte Ltd.

Inicialmente, no lançamento da Fase de Projeto, foi planejada a construção com o uso de métodos de construção convencionais com concreto moldado *in loco*. No entanto, passados alguns meses de desenvolvimento do projeto, adotou-se a tecnologia da construção em PPVC, com o apoio da NTU e após terem sido feitas avaliações e planejamentos posteriores. A motivação para mudar da construção convencional para a construção em PPVC foi o entendimento, por parte do cliente NTU-ODFM, do incentivo dado pela BCA para a adoção de tecnologias de construção inovadoras que aumentem a produtividade, bem como o interesse da universidade de apoiar o governo em sua agenda de produtividade nacional. Como a principal universidade tecnológica, a NTU decidiu abraçar o desafio e ser a primeira dos precursores na adoção da construção em PPVC no projeto e na construção das moradias em North Hill. O planejamento do projeto foi feito com uma clara demarcação das áreas que seriam construídas de modo convencional e de PPVC, a fim de facilitar a separação dos pacotes de contrato.

De acordo com os regulamentos da BCA para 2013–2014, exigia-se que todos os novos empreendimentos imobiliários com área bruta superior a 20.000 m² adotassem o BIM para a apresentação arquitetônica, enquanto seu uso nas instalações prediais mecânicas e elétricas (M&E) e nas civis e estruturais (C&S) foi voluntário. Com base nisso, o BIM foi utilizado desde o início do projeto, principalmente para cumprir com os regulamentos.

Embora os benefícios de se usar o BIM e a pré-fabricação separadamente sejam impressionantes, mais vantagens foram obtidas com o uso de BIM para PPVC. Levando-se em consideração fatores cruciais como os condicionantes do terreno, a entrega dos módulos PPVC, o programa de necessidades do cliente, o orçamento do projeto e a linha do tempo, a equipe decidiu adotar o BIM desde o início, do projeto à fabricação até a montagem dos módulos PPVC. O projeto e a construção dos módulos PPVC por meio do BIM permitiram um processo de coordenação do projeto abrangente e tornaram o geren-

FIGURA 10.3.3 Representação BIM do projeto de construção em PPVC das residências estudantis da Universidade Tecnológica de Nanyang. (A) Vista da perspectiva Norte. (B) Vista aérea.

Imagem fornecida por cortesia de P & T Consultants Pte Ltd.

ciamento da construção mais efetivo. A Figura 10.3.3 mostra duas representações BIM renderizadas do projeto das acomodações da NTU.

O BIM facilitou a integração de diferentes papéis e disciplinas para a melhoria da coordenação e da comunicação. Consequentemente, houve menos erros, maior consistência e mais clareza. As aplicações do BIM durante as quatro etapas principais da PPVC para o projeto estão resumidas na Figura 10.3.4.

Projeto
- Visualização 3D, planejamento da implantação no terreno, extração de quantitativos, planejamento do cronograma e de custos
- Identificação de conflitos, interferências e colisões
- Padronização das famílias BIM (biblioteca BIM)
- Coordenação das instalações prediais (MEP) e processo de fabricação

Manufatura e Montagem
- Geração de desenhos para produção detalhados baseados no modelo do BIM completo
- Fabricação e montagem dos módulos sem erros

Logística e Transporte
- Coordenação do cronograma dos módulos
- Acompanhamento do *status* dos módulos
- Entrega *just in time*

Instalação
- Coordenação *in loco* para o planejamento da instalação dos módulos e gerenciamento da construção
- Disposição da localização dos módulos por meio de sistema de posicionamento e equipamento de levantamento através de referências ao modelo BIM
- Gerenciamento e acompanhamento do processo e progresso da construção, Conferência de Inventário, Controle de Qualidade
- Provisão de um cronograma de construção completo para pedidos de materiais, fabricação, entrega e instalação *in loco* de cada sistema predial

FIGURA 10.3.4 Aplicações e benefícios do BIM nas etapas da construção em módulos pré-fabricados e pré-acabados (PPVC).

10.3.3 Organização e gerenciamento do projeto

A Tabela 10.3.1 lista os membros da equipe de projeto e suas funções.

10.3.4 Fluxo de trabalho de PPVC

Etapa de projeto. A construção modular feita em fábrica exige mais coordenação durante o projeto e a construção do que os métodos tradicionais. O planejamento antecipado era primordial. Um dos motivos para isso era que as dimensões dos módulos ditaram a necessidade de suportes estruturais. Detalhes como os acabamentos externos, as especificações de materiais e as elevações também tiveram que ser decididos antes que os módulos pudessem ser fabricados. Portanto, a adoção da pré-fabricação forçou os envolvidos no projeto a tomarem decisões o mais cedo possível, a fim de se obter o máximo de benefícios. A etapa de projeto incluiu os seguintes estudos:

1. ***Estudo de viabilidade da construção de módulos pré-fabricados e pré-acabados (PPVC)***, que incluiu o planejamento do leiaute, a análise dos custos, o cronograma do projeto, as considerações técnicas e os condicionantes do terreno. As considera-

Tabela 10.3.1 Equipe de projeto

Função	Nome da empresa
Empreendedor/Proprietário	Nanyang Technological University (NTU), Office of Development and Facilities Management (ODFM)
Arquitetura	P & T Consultant Pte Ltd. com Guida Moseley Brown Architects
Construtora	Singapore Piling and Civil Engineering Pte Ltd., BBR
Especialista em Construção em PPVC	Moderna Homes Pte Ltd.
Engenharia de Projeto em PPVC	Ronnie & Koh Consultants Pte Ltd.
Engenharia de Instalações Prediais C&S e de M&E	BECA Carter Hollings & Ferner (S.E. Asia) Pte Ltd.
Orçamentista	Franklin+Andrews Pte Ltd.
Fabricação (produção de chassis de aço)	• Hsinchu, Taiwan (Chu Rong Steel Industry Co Ltd.), 367 caixas • Zhangjiagang, China (Maristar Container Manufacturing Co Ltd.), 230 caixas • Senai, JB, Malásia (Kong Hwee Iron Works & Construction (M) SdnBhd), 475 caixas • Loyang Way, Cingapura (Technics Steel Pte Ltd.), 132 caixas
Fabricação (processos de acabamento)	• Estaleiro Jln Terusan, Cingapura • Estaleiro Jurong Port Road, Cingapura

ções-chave foram: (1) a avaliação do atendimento da pré-fabricação às exigências do projeto; (2) a consideração dos condicionantes inerentes ao terreno; (3) a análise de custos com os subsídios do governo; e (4) as considerações sobre o cronograma do projeto, com processos de avaliação das propostas provavelmente mais deliberados.

2. ***Planejamento do projeto da construção de módulos pré-fabricados e pré-acabados (PPVC)***, que incluiu a demarcação de componentes de construção pré-fabricados e não pré-fabricados, o planejamento de cronograma e a reunião de contratos de construção em pacotes. As considerações-chave foram: (1) o envolvimento, desde o início, de um especialista aprovado em PPVC; (2) a integração de elementos pré-fabricados e não pré-fabricados; (3) o sequenciamento da construção na instalação *in loco* dos componentes PPVC; e (4) a formação de pacotes de contratos e o planejamento para se considerar quais seriam os componentes de arquitetura e das instalações mecânicas e elétricas necessárias para as fases iniciais da obra, em virtude do sistema de montagem em fábrica.

3. ***Projeto conceitual da construção de módulos pré-fabricados e pré-acabados (PPVC)***, que incluiu o estudo do leiaute dos módulos, o projeto modular, as dimensões padronizadas, as limitações de altura dos edifícios e a integração com o projeto em geral. As considerações-chave foram: (1) otimizar/minimizar as variações dos tamanhos e das configurações dos módulos; (2) fazer os leiautes considerando o limite técnico da altura dos elementos PPVC; (3) fazer os leiautes com os núcleos de construção convencional não PPVC, projetados para conferir estabilidade lateral aos edifícios, o que levou à minimização do escoramento lateral adicional necessário para os módulos PPVC; e (4) projetar módulos típicos que incluíssem escoramento para a rigidez necessária ao içamento das caixas individuais.

4. **Projeto executivo da construção de módulos pré-fabricados e pré-acabados (PPVC)**, o qual incluiu o estudo de serviços de coordenação, de integração estrutural, de fachada arquitetônica e estimativas de custos. As considerações-chave a serem destacadas foram: (1) a consulta preliminar às autoridades, em razão da atipicidade do projeto e de seus detalhes construtivos; (2) a efetiva coordenação do projeto dos módulos pré-fabricados com a modelagem BIM; (3) o projeto de módulos PPVC para maximizar a montagem automatizada em fábrica e minimizar os serviços secundários de montagem *in loco*; e (4) a incorporação de variações, escalonamentos, subconjuntos para uma perspectiva única da fachada.

Etapas de manufatura, pré-fabricação e montagem dos módulos. Uma vez finalizado o projeto, os desenhos de fabricação e detalhes foram enviados para indústrias no exterior (como em Taiwan), para a produção dos módulos de construção de PPVC, que incluíam considerações sobre os sistemas mecânico e elétrico. As caixas estruturais foram feitas de metal galvanizado (estrutura de aço galvanizado por imersão). A Figura 10.3.5 (A a D) mostra o processo de soldagem da caixa e das chapas de escoramento para formar um módulo completo. A Figura 10.3.5 (E) mostra o interior de uma estrutura de módulo semicompleto. Os módulos posteriormente receberam seus acessórios no pátio de acabamentos em Cingapura, localizado perto do canteiro de obras. Uma vez neste pátio de acabamentos, as estruturas foram equipadas com janelas e serviços de instalações M&E e revestidas com chapas corta-fogo necessárias para a segurança contra incêndio de acordo com o regulamento e código de Cingapura, como mostrado na Figura 10.3.5 (F); depois disso, o revestimento de alumínio foi aplicado. O último passo no pátio de acabamentos incluiu a colocação de azulejos e a pintura dos módulos.

Etapas de transporte e entrega dos módulos no canteiro de obras. Os módulos foram transportados em carretas ao canteiro de obras à medida que eram necessários, ou seja, as entregas eram *just in time* (JIT). Aqueles módulos cuja largura excedia o limite estabelecido pelas normas da Autoridade de Transporte Terrestre de Cingapura eram transportados à noite. O tempo máximo de armazenamento dos módulos era de uma noite, na qual três a seis unidades podiam ser mantidas em uma área de depósito perto das gruas de torre, no canteiro de obras. No entanto, esses módulos eram imediatamente instalados na manhã seguinte. A Figura 10.3.6 (A e B) ilustra o transporte do pátio de acabamentos ao canteiro de obras. Os módulos eram temporariamente selados com um material impermeabilizante, para resguardá-los das condições climáticas durante o transporte.

Etapa de instalação. Assim que os módulos chegavam ao canteiro de obras, eram conectados verticalmente ou de forma adjacente uns aos outros, usando parafusos e porcas. Um pequeno percentual dos trabalhos de acabamento era executado no próprio canteiro de obras para vedar as juntas entre os módulos PPVC. A Figura 10.3.6 (C e D) ilustra o processo de içamento dos módulos para instalação, ao passo que a Figura 10.3.6 (D) mostra o edifício finalizado após a instalação dos módulos. Havia, no canteiro de obras, três gruas de torre de alta capacidade que foram utilizadas para a instalação dos PPVC.

Capítulo 10 • Estudos de Caso do BIM 441

(A) (B) (C) (D) (E) (F)

FIGURA 10.3.5 Produção dos módulos em fábrica. (A a D) Soldagem das chapas de caixaria e chapas de contraventamento em um módulo montado. (E) Módulo semicompleto. (F) Instalação das chapas corta-fogo no pátio de acabamentos.

Fotografias fornecidas por cortesia de Moderna Homes Pte Ltd.

FIGURA 10.3.6 (A e B) Transporte de um módulo do pátio de acabamentos até o canteiro de obras. (C e D) Içamento e instalação dos módulos de PPVC no canteiro de obras, e módulos PPVC instalados.

Fotografias fornecidas por cortesia de Singapore Piling & Civil Engineering Pte Ltd., BBR.

Cada uma das gruas foi estrategicamente posicionada, de modo que dois módulos pudessem ser erguidos simultaneamente, evitando a colisão de gruas. Depois, eram realocadas entre os blocos em construção.

O número de módulos recebidos pela transportadora variava de 10 a 24 unidades por dia. O pátio de acabamentos produzia de três a seis módulos por dia. No canteiro de obras, sete trabalhadores precisavam de apenas 40 minutos para instalar um módulo e facilmente conseguiam içar e instalar de seis a oito módulos em um dia de trabalho. O processo de instalação começou após o posicionamento da primeira camada de módulos de PPVC, seguida do aperto de parafusos, placas de conexão, impermeabilização das juntas e inspeção pelo cliente e pela construtora. Depois disso, as camadas seguintes de módulos poderiam ser instaladas.

10.3.5 Implementação do BIM

A modulação e os elementos repetitivos dos módulos de PPVC permitiram que o projeto e a coordenação técnica pudessem ser realizados paralelamente através do BIM, o que possibilitou maior produtividade e eficiência da construção. A natureza repetitiva dos elementos não impediu que os consultores projetassem leiautes variados e funcionais com os módulos PPVC. A Figura 10.3.7 ilustra a estrutura de utilização do BIM para a colaboração entre as diferentes disciplinas neste projeto.

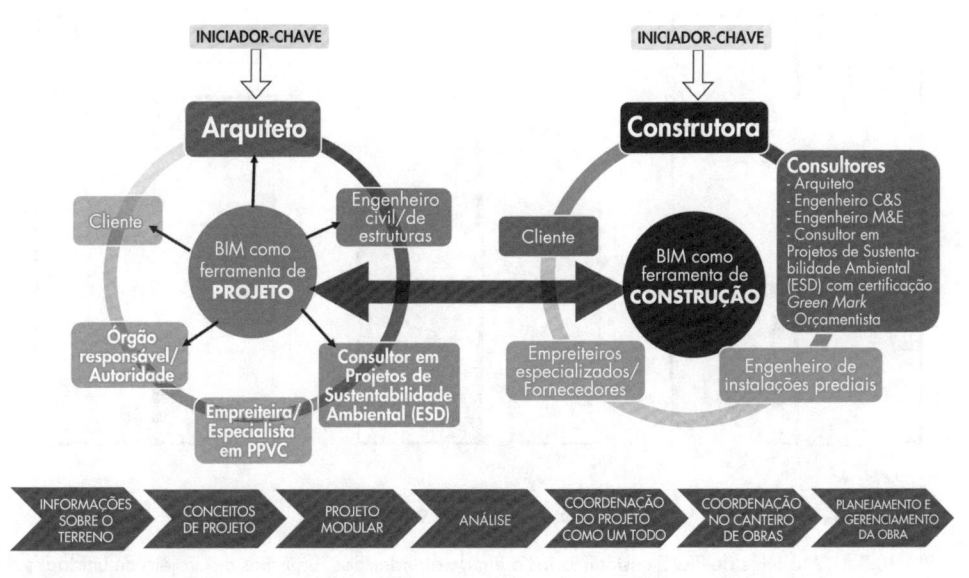

FIGURA 10.3.7 O BIM como uma ferramenta para colaboração entre diferentes disciplinas.

Imagem fornecida por cortesia de P & T Consultants Pte Ltd.

10.3.6 Biblioteca PPVC paramétrica

Projetos de módulos PPVC típicos de diferentes tipologias são mostrados na Figura 10.3.8.

Esses módulos correspondiam a cerca de 60% de todo o escopo da obra. Os consultores do projeto desenvolveram uma biblioteca de famílias BIM paramétricas para os módulos de PPVC, o que facilitou seu projeto. Isso também simplificou a quantificação dos

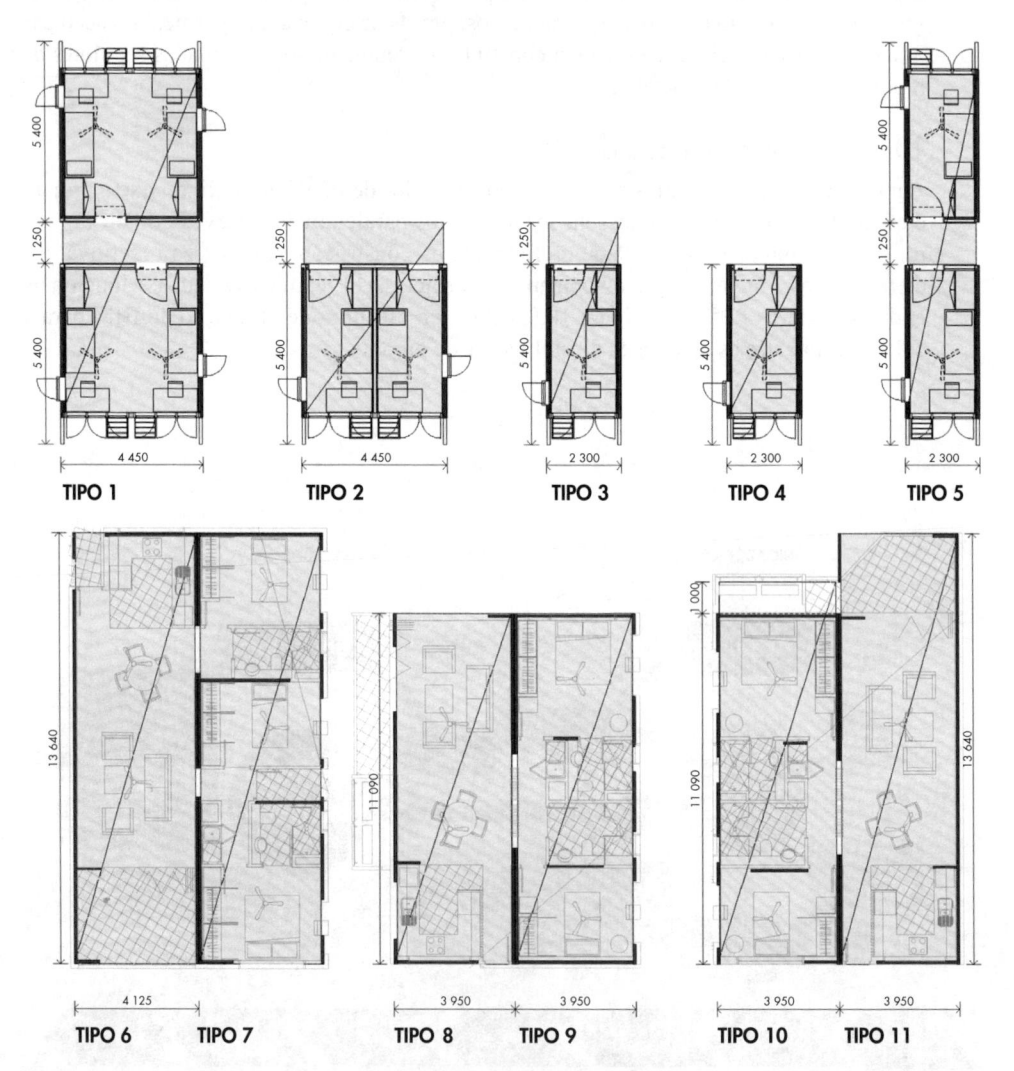

FIGURA 10.3.8 Módulos de PPVC customizados a fim de atender aos requisitos de projeto de unidades de habitação de estudantes com dimensões variadas (quartos simples e duplos) e dos apartamentos universitários. Os tipos 1 e 2 são compostos de dois módulos em construção real.

Imagem fornecida por cortesia de P & T Consultants Pte Ltd.

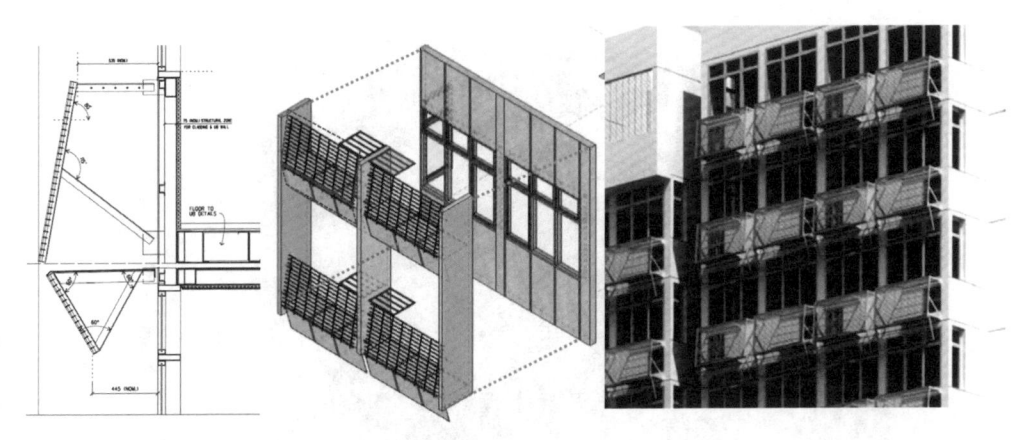

FIGURA 10.3.9 Desenvolvimento detalhado e abrangente das características de projeto feitas pelos usuários com modelagem no BIM, incluindo os elementos da fachada e estendedores de roupas.
Imagem e fotografias fornecidas por cortesia de P & T Consultants Pte Ltd.

materiais e componentes dos edifícios e, consequentemente, a análise de custos, em virtude da modularização e repetição. As bibliotecas BIM para os módulos pré-fabricados e pré-acabados permitiram aos consultores estudar, entender e visualizar a montagem dos componentes e das interfaces entre os módulos, as fachadas externas e os trabalhos de concreto moldado *in loco* dentro de um ambiente 3D.

Os componentes secundários da fachada foram personalizados de acordo com as exigências do projeto, para o qual foi criado um projeto único e não monótono. A montagem dos componentes da fachada em uma fábrica de PPVC automatizada com controles de qualidade (QA/QC) garantiu boa mão de obra e reduziu a necessidade de serviços com andaimes em altura. A identidade única do desenho da fachada como um componente secundário pode ser vista na Figura 10.3.9. Foram utilizados protetores solares verticais e telas de alumínio, os quais faziam parte dos componentes secundários como acessórios leves.

Aplicações de BIM na etapa de projeto. Neste projeto, por coincidência, todos os colaboradores utilizaram o Autodesk Revit. O BIM foi empregado para planejamento e projeto para selecionar a área do terreno mais adequada e planejar a implantação para o empreendimento. A Figura 10.3.10 mostra o uso do modelo BIM para o planejamento da implantação no terreno e oferece uma visualização 3D da topografia/terreno ondulados em relação ao pódio e à configuração dos blocos das torres. O BIM também foi utilizado para a análise dos cortes e aterros de terraplenagem, como mostra a Figura 10.3.11.

O BIM foi empregado para analisar a integridade dos edifícios, avaliando sua segurança e durabilidade. Como o nível de tolerância da construção em PPVC é muito baixo (2–3 mm), a fim de atender às normas de projeto, o BIM reduziu os conflitos que

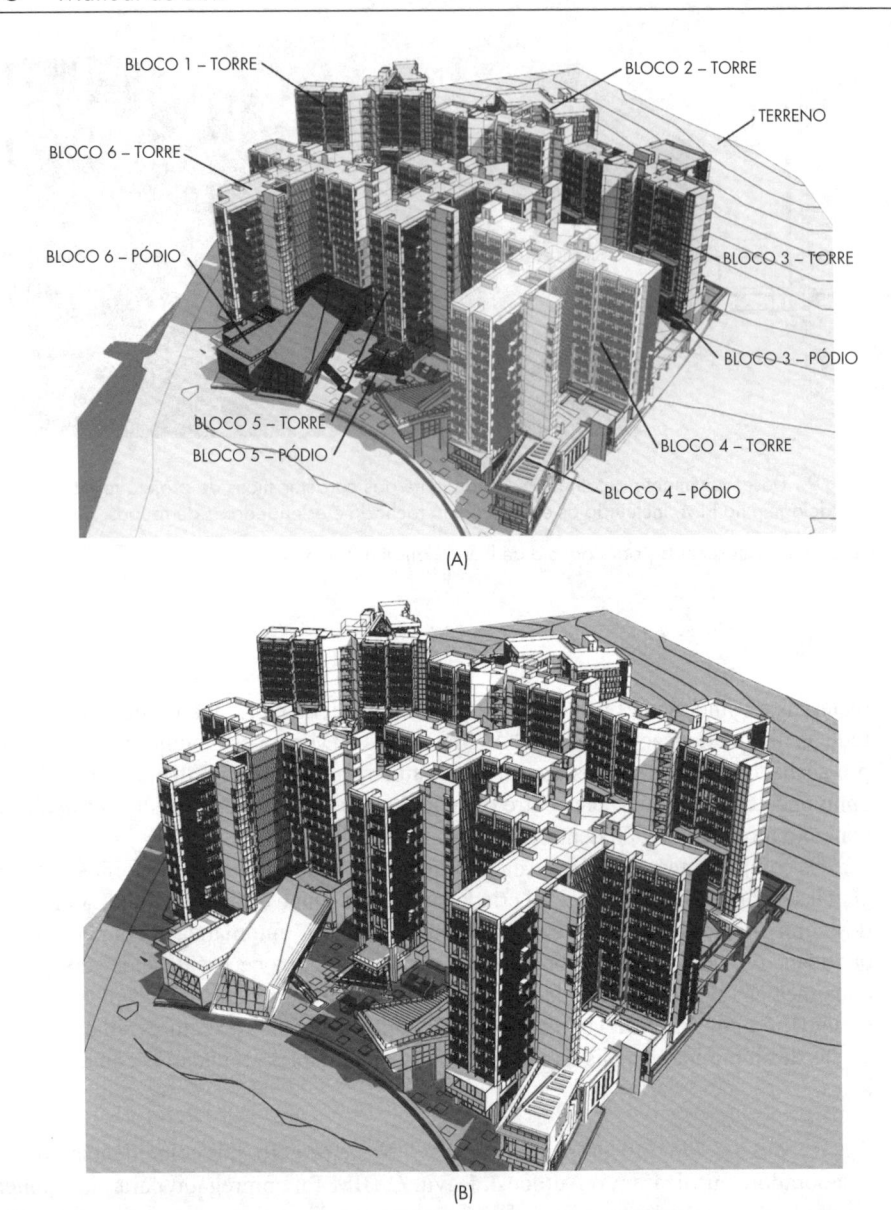

FIGURA 10.3.10 (A e B) Modelo BIM 3D do planejamento da implantação em terreno do projeto. Imagem fornecida por cortesia de P & T Consultants Pte Ltd.

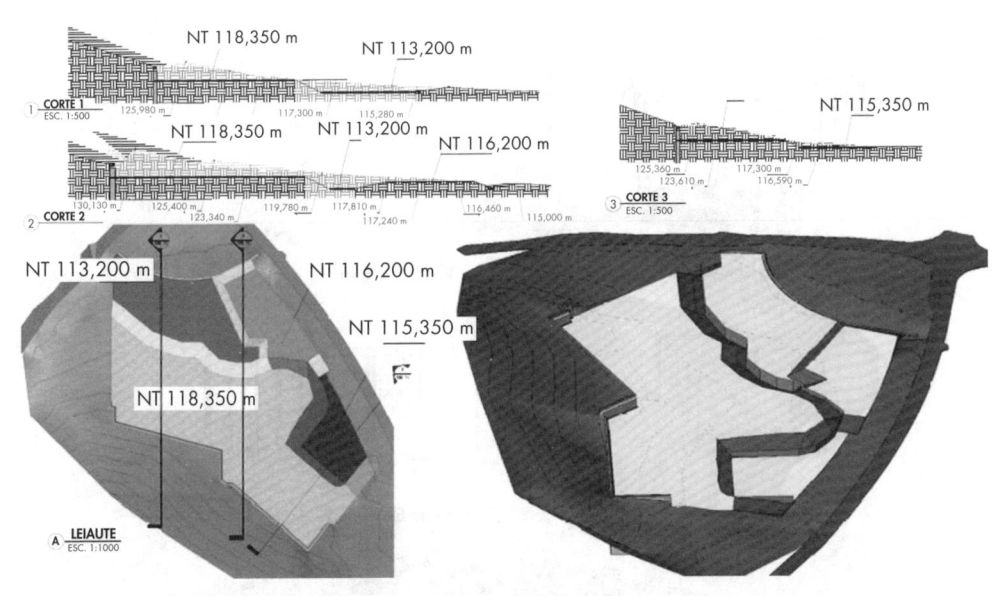

FIGURA 10.3.11 Cortes e aterros de volumes de terra no BIM (NT = nível do terreno).
Imagem fornecida por cortesia de P & T Consultants Pte Ltd.

não eram evidentes aos olhos, minimizando riscos futuros. A Figura 10.3.12 e a Figura 10.3.13 ilustram a alta consistência e acurácia obtidas com o uso do BIM nos estudos estruturais e de instalações prediais de MEP, respectivamente, e que minimizou erros e discrepâncias.

O BIM foi empregado para a análise ambiental e para o cálculo do índice de uso do concreto ótimo (CUI, *optimal concrete usage index*). Também foi usado para estudar os espaços 3D como um ambiente de vivência ecologicamente sustentável ao garantir adequada velocidade de fluxo de ventilação através de cada unidade residencial, alcançando o pré-requisito necessário para a certificação Green Mark Platinum (Figura 10.3.14 e Figura 10.3.15). O BCA Green Mark é um sistema de certificação de edificações sustentáveis utilizado para avaliar um edifício em termos de seu impacto e desempenho ambiental. O BIM também foi utilizado para realizar um estudo 3D da volumetria e da orientação dos edifícios, a fim de ajudar a alcançar o resultado ideal da dinâmica de fluidos computacional ótima para obter a certificação Green Mark Platinum (Figura 10.3.16).

Com o auxílio das visualizações por meio do BIM, o cliente teve uma ideia clara do produto acabado e os envolvidos no projeto puderam discutir aspectos práticos da construção. Isso facilitou a coordenação de projeto dos módulos de PPVC e reduziu o número de erros e ajustes no canteiro de obras. Foi necessária uma coordenação inicial e precisa para a integração dos elementos que atravessavam vertical e horizontalmente diversos

ANÁLISE DO RFEM

Vista Isométrica

Vista da Planta

Vista da Elevação 1

Vista da Elevação 2

(A)

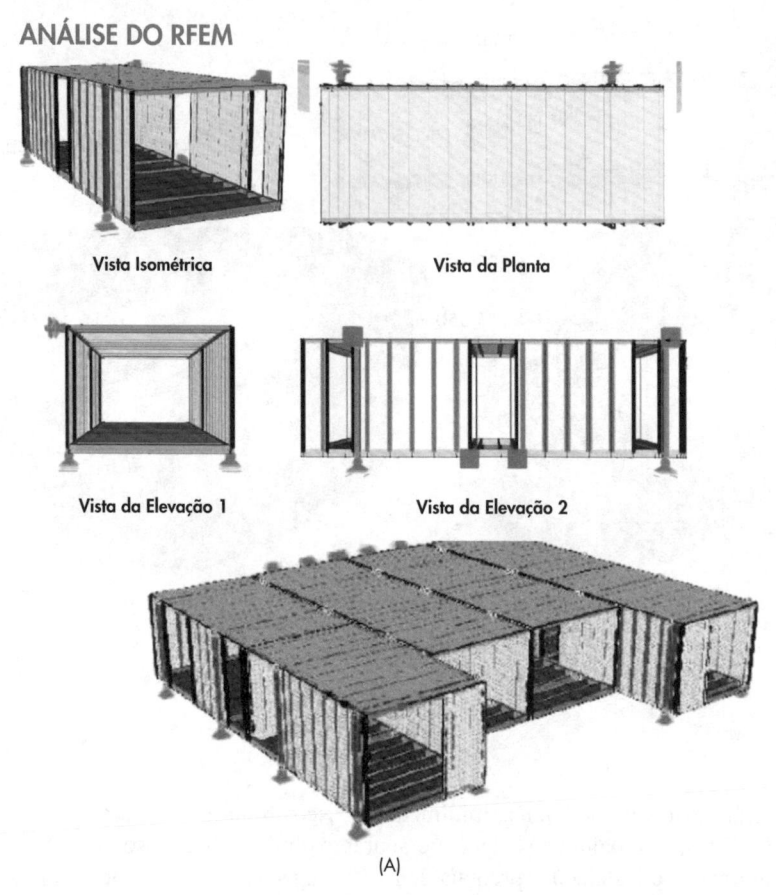

FIGURA 10.3.12 (A, B e C) A alta consistência e acurácia obtidas com o BIM para os estudos estruturais. (*Continua...*)

Imagem fornecida por cortesia de Singapore Piling & Civil Engineering Pte Ltd., BBR.

módulos/pavimentos de PPVC, como *shafts/risers*/dutos de serviços, dentre outros, a fim de garantir a integração exata dos módulos de PPVC durante a instalação na obra sem a necessidade de alterações *in loco*. Foi feita uma coordenação pormenorizada das conexões e dos detalhes das interfaces entre os módulos pré-fabricados, bem como entre os componentes principais e os componentes secundários dos módulos.

A sequência e o método de construção em PPVC foram particularmente coordenados durante o projeto a fim de:

- Oferecer acesso adequado para a entrega dos módulos de PPVC.
- Garantir zoneamento e demarcação inequívocos para facilitar as atividades de içamento.
- Integrar a construção convencional e a construção PPVC.

ANÁLISE DE CARGAS LATERAIS

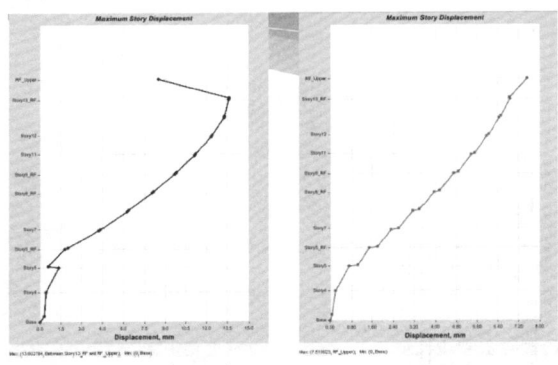

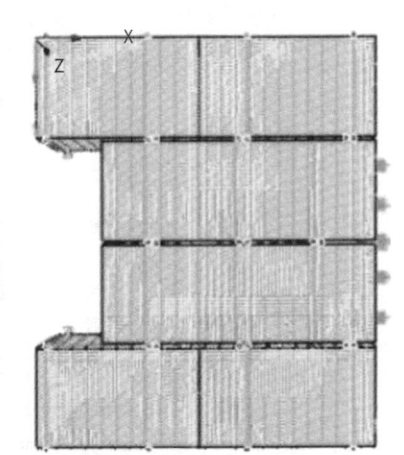

- **Deslocamento lateral máximo**
  - Eixo X: 13,6 mm (1/3150) < *1/500*, OK
  - Eixo Y: 7,5 mm (1/5710) < *1/500*, OK

(B)

ANÁLISE DE DEFLEXÃO

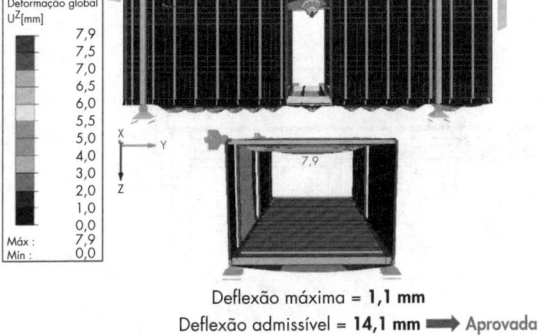

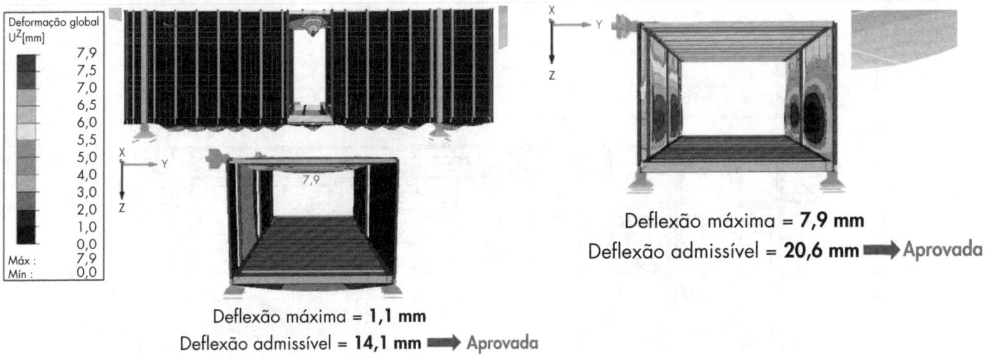

Deflexão máxima = **1,1 mm**
Deflexão admissível = **14,1 mm** ➡ Aprovada

Deflexão máxima = **7,9 mm**
Deflexão admissível = **20,6 mm** ➡ Aprovada

(C)

FIGURA 10.3.12 (A, B e C) A alta consistência e acurácia obtidas com o BIM para os estudos estruturais. (*Continuação*)

Imagem fornecida por cortesia de Singapore Piling & Civil Engineering Pte Ltd., BBR.

ESTUDO DE INTEGRAÇÃO DAS INSTALAÇÕES MEP

(A)

RESÍDUO DO PISO/LAVATÓRIO – DIÂMETRO 50 mm
- CAIMENTO MÍNIMO: 1,66 %
RESÍDUO DA BACIA SANITÁRIA – DIÂMETRO 100 mm
- CAIMENTO MÍNIMO: 1,25 %

COLUNA DE VENTILAÇÃO DA ALTURA TOTAL DO EDIFÍCIO
OU
ATENUADOR DE PRESSÃO DE AR POSITIVA

LINHA TRACEJADA INDICA REVESTIMENTO ANTI-INCÊNDIO

VENTILAÇÃO CRUZADA A CADA 10 PAVIMENTOS

ANEL CORTA-FOGO DA PAREDE

SHAFT DE INSTALAÇÕES/SERVIÇOS

SIFÃO DA BACIA SANITÁRIA

ANEL CORTA-FOGO DE PISO

SIFÃO SOB O PISO
RESPIRADOURO DO SIFÃO DE PISO
PROTEÇÃO CONTRA INCÊNDIO ENTRE MÓDULOS

CONECTAR *IN LOCO*

MÓDULO ACIMA / MÓDULO ABAIXO

(B)

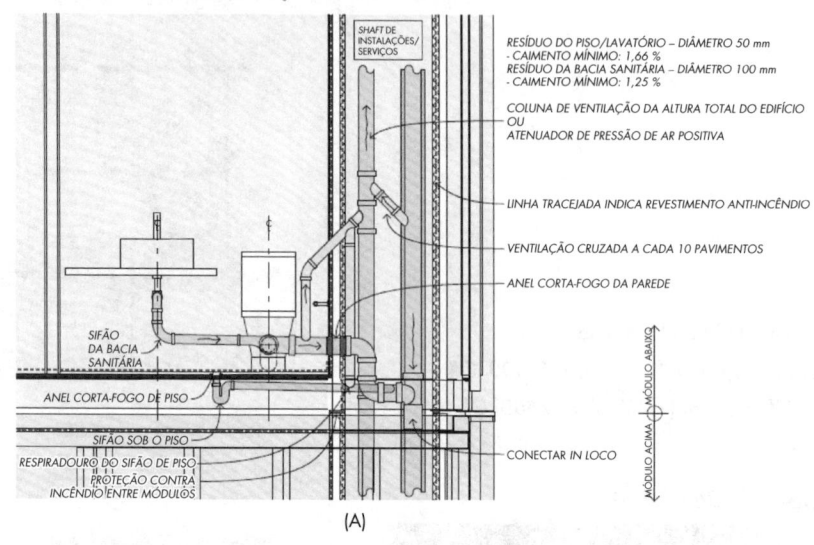

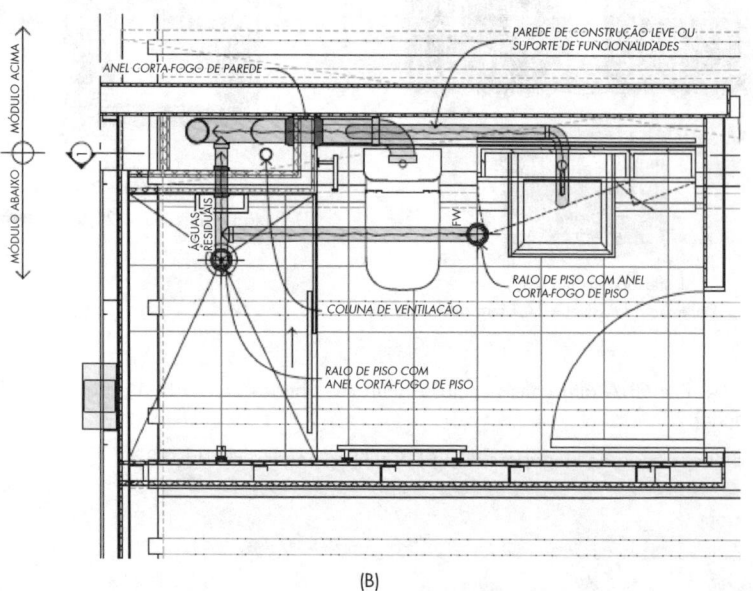

PAREDE DE CONSTRUÇÃO LEVE OU SUPORTE DE FUNCIONALIDADES
ANEL CORTA-FOGO DE PAREDE
MÓDULO ABAIXO / MÓDULO ACIMA
ÁGUAS RESIDUAIS
RALO DE PISO COM ANEL CORTA-FOGO DE PISO
COLUNA DE VENTILAÇÃO
RALO DE PISO COM ANEL CORTA-FOGO DE PISO

FIGURA 10.3.13 (A, B e C) A alta consistência e a acurácia obtidas com o BIM nos estudos das instalações prediais de MEP. (*Continua...*)

Imagem fornecida por cortesia de Singapore Piling & Civil Engineering Pte Ltd., BBR.

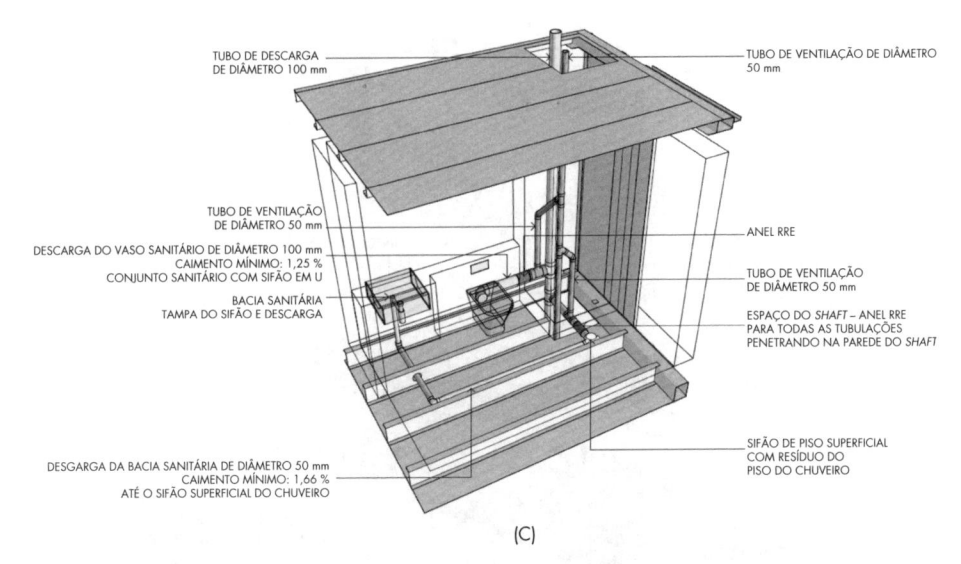

FIGURA 10.3.13 (A, B e C) A alta consistência e a acurácia obtidas com o BIM nos estudos das instalações prediais de MEP. (*Continuação*)
Imagem fornecida por cortesia de Singapore Piling & Civil Engineering Pte Ltd., BBR.

Os desenhos em CAD 2D foram exportados do modelo BIM e utilizados para a fabricação fora do canteiro. Eles facilitaram a compreensão do processo de fabricação e foram usados para conseguir as contribuições dos empreiteiros. Isso foi realizado no início da fase de projeto, ajudando os consultores a incorporar melhor as considerações e restrições de fabricação em seus projetos.

Aplicações BIM durante a construção. Durante a fase de construção, o modelo BIM foi utilizado como uma referência pela construtora ao invés dos desenhos 2D tradicionais. O modelo foi passado pelo consultor à construtora, por meio de uma conta em comum de compartilhamento de dados, criada pela NTU no Google Drive. Ela foi usada para planejamento da construção, estimativas, sequenciamentos e estabelecimento do cronograma, simulações de segurança, cumprimento das exigências da licença de ocupação temporária (TOP, *temporary occupation permit*), acompanhamento do progresso do projeto, identificação de conflitos entre elementos e instalações e coordenação do projeto. A Figura 10.3.17 mostra como o BIM foi utilizado pela construtora para a resolução de conflitos a fim de reduzir os erros e as ineficiências da construção.

O BIM foi útil na identificação das partes descoordenadas dos edifícios que talvez pudessem comprometer a segurança dos usuários e a sua funcionalidade. Foi especificamente útil para a identificação de pés-direitos baixos, espaços residuais, desníveis com risco de tropeços, altura de barreiras pouco seguras, entre outros.

O BIM melhorou o planejamento e a operação das gruas de torre empregadas na instalação dos módulos de PPVC e foi utilizado para planejar a localização destes componentes no canteiro de obras a fim de otimizar o alcance dos içamentos e a instalação dos módulos pré-fabricados.

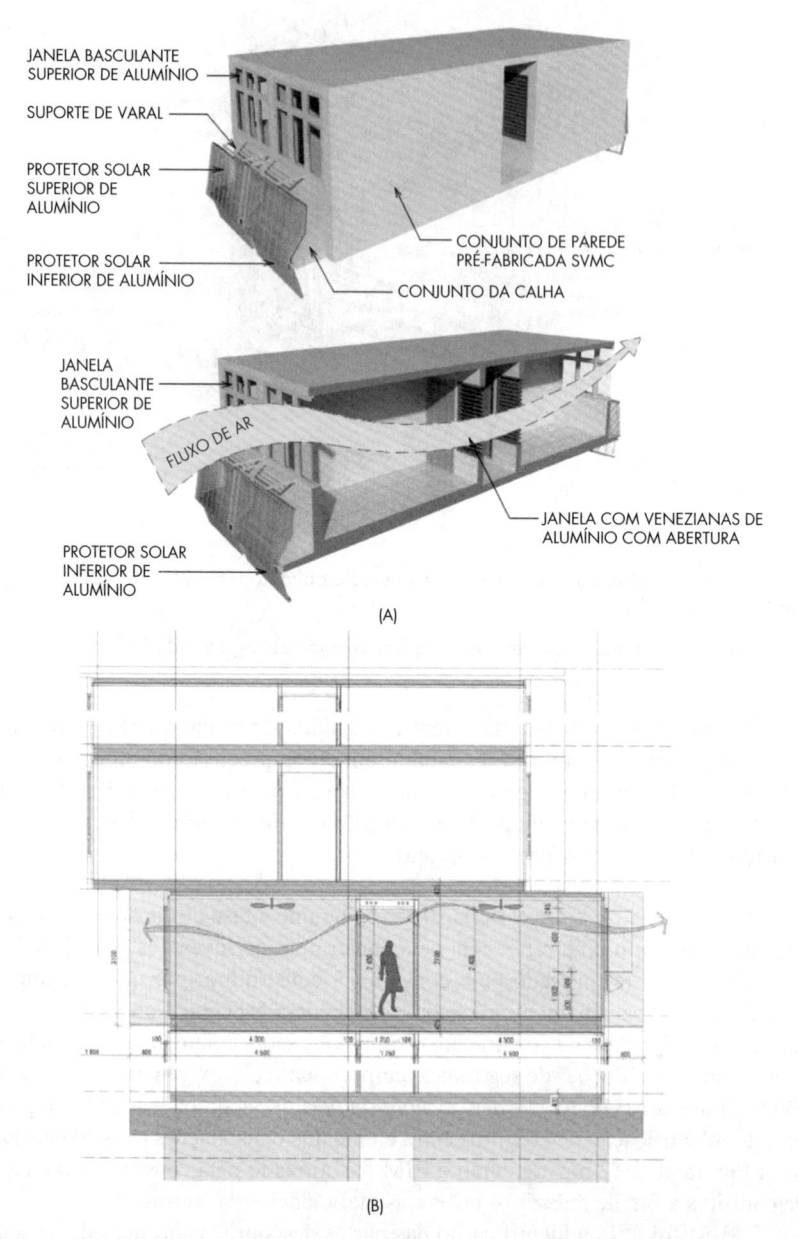

FIGURA 10.3.14 (A e B) Estudos de projeto passivo quanto ao desempenho da ventilação para a certificação Green Mark Platinum.

Imagem fornecida por cortesia de P & T Consultants Pte Ltd.

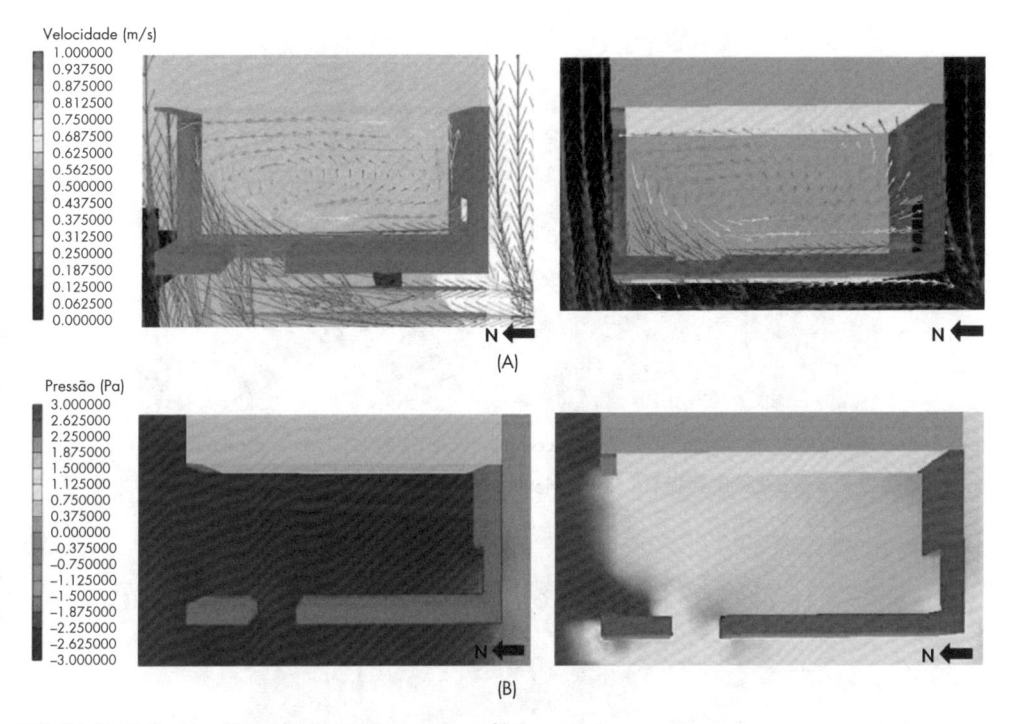

FIGURA 10.3.15 (A e B) Velocidade do vento e perfil de pressão.
Imagem fornecida por cortesia de BECA Carter Hollings & Ferner (S.E Asia) Pte Ltd.

Posteriormente, a construtora utilizou o Autodesk Navisworks para realizar simulações 4D, incluindo a simulação para o planejamento e sequenciamento da construção em PPVC (conforme mostrado na Figura 6.9, no Capítulo 6).

10.3.7 Percepção de benefícios

Quando comparado ao processo de construção convencional, o processo de Projeto para Manufatura e Montagem (DfMA) permite a fabricação de módulos simultaneamente com os serviços de construção *in loco* (ou até mesmo antes deles). Essa flexibilidade permitiu um cronograma de execução mais acelerado. Idealmente, os módulos de PPVC para um bloco poderiam ser instalados em um mês caso tudo ocorresse conforme o planejado e pressupondo-se que não haveria lajes de concreto para serem moldadas *in loco* entre os módulos. A maior economia de tempo foi na duração dos serviços no canteiro de obras, que puderam ser reduzidos em um terço, quando comparados aos métodos de construção convencionais. A duração dos trabalhos *in loco* dos PPVC levou apenas quatro meses, enquanto, em geral, levaria 12 meses com o método convencional.

FIGURA 10.3.16 Estudo da dinâmica de fluidos computacional (CFD) do canteiro de obras.
Imagem fornecida por cortesia de BECA Carter Hollings & Ferner (S.E Asia) Pte Ltd.

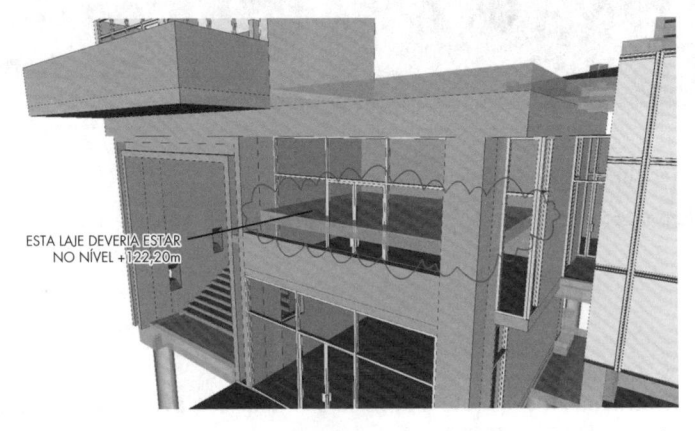

FIGURA 10.3.17 Uso do BIM para identificação de conflitos a fim de minimizar erros durante a coordenação da construção.
Imagem fornecida por cortesia de P & T Consultants Pte Ltd.

Os principais benefícios observados neste projeto foram os seguintes:

- Permitir o planejamento efetivo do içamento e das operações da grua de torre para os módulos de PPVC por meio do BIM.
- Reduzir o tempo de execução da obra quando comparado ao da construção convencional.
- Possibilitar, concomitantemente, as construções dentro e fora do canteiro de obras; a pré-fabricação e montagem dos módulos de PPVC em um ambiente fabril controlado permitiu a redução da necessidade de mão de obra no local.
- Encurtar o tempo de ciclo para a construção do piso, de 14 a 21 dias da construção convencional para aproximadamente quatro dias para a instalação dos módulos pré--moldados e pré-acabados (produzindo-se três unidades de PPVC por dia).

- Manter a consistência na qualidade em função de um ambiente fabril controlado; maior controle e garantia da qualidade por meio da automação nos processos de manufatura e montagem.
- Minimizar os trabalhos intensivos *in loco*; economia estimada de aproximadamente 20% de horas de mão de obra.

No entanto, a desvantagem da adoção de PPVC foi o custo entre 10 e 15% maior do que os métodos de construção convencionais. Como pioneiros na adoção desta tecnologia e sem informações de referências locais, a orientação recebida dos construtores e de um especialista em PPVC indicava economias de tempo entre 15 e 20% e que os custos totais poderiam ser comparáveis aos da construção convencional, na melhor das hipóteses. Contudo, o proprietário (NTU-ODFM) advertiu que o PPVC não foi testado localmente com os muitos fatores variáveis que poderiam afetar os benefícios estimados. Especificamente, as incertezas técnicas e de receptividade do mercado são consideradas como as principais questões que afetam a aceitação por parte do setor da construção civil acerca das modificações no fluxo de trabalho e nas exigências regulatórias. Estes fatores podem ter contribuído para o aumento dos custos, uma vez que esse foi o primeiro projeto a usar PPVC na região. O ministro do Desenvolvimento Nacional de Cingapura, Mr. Lawrence Wong, afirma: "Com uma maior adoção da pré-fabricação e das novas tecnologias, o diferencial de custo baixará". O custo extra deve-se aos protótipos, porém, com a adoção mais frequente e maiores economias de escala, os custos baixarão e estima-se que a construção em PPVC se tornará altamente econômica, mesmo sem subsídios governamentais. Esses subsídios não são os únicos incentivos para o avanço com a pré-fabricação – um empreendedor imobiliário deve olhar para a tecnologia da construção de modo holístico.

10.3.8 Conclusão e lições aprendidas

O projeto das Residências Estudantis da NTU foi uma das primeiras histórias de sucesso de Cingapura do uso do Projeto para Manufatura e Montagem (DfMA) integrado à jornada do BIM. Também foi o primeiro projeto público de arranha-céu de PPVC que foi projetado e executado usando BIM em Cingapura. Este estudo de caso mostrou a aplicação prática e a utilidade do BIM na construção em PPVC, garantindo o sucesso do projeto e da entrega dos módulos pré-fabricados. O principal objetivo da adoção desta tecnologia foi o crescimento em produtividade com menor dependência da mão de obra estrangeira no canteiro de obras. A sustentabilidade, as melhorias ambientais, a segurança da construção e o conforto dos usuários foram outros benefícios de uma visão holística e completa de como uma mudança de mentalidade e da adoção de tecnologias inovadoras podem contribuir para reavivar o setor da construção civil, para ser tão atraente quanto outros setores mais "vistosos".

Por meio do uso de tecnologias produtivas, o projeto desfrutou de muitos benefícios, como economia de tempo, consistência na qualidade, processos automatizados mais seguros e controlados, além de melhor coordenação do projeto. O BIM agiu como um catalisador na facilitação da integração de diferentes tecnologias da construção em um único empreendimento de edificação, bem como foi efetivo no projeto e na integração de partes da construção pré-fabricadas com rapidez e precisão. O BIM contribuiu especialmente para superar os desafios do interfaceamento entre duas formas distintas de construção (a abordagem híbrida da construção em PPVC e dos trabalhos de moldagem *in loco*). O monitoramento e o rastreamento da fabricação, montagem, entrega e instalação usando o sequenciamento e a programação de cronograma do BIM ajudaram a construtora a gerenciar o inventário de modo mais eficiente, tanto *in loco* quanto fora do canteiro de obras.

O uso do BIM na construção em PPVC trouxe os seguintes benefícios principais:

Uso do BIM	Benefícios
Visualização 3D	• Possibilitou uma melhor coordenação com os fabricantes, construtores e especialista em construção em PPVC • Facilitou a coordenação do projeto dos módulos de PPVC e reduziu erros e ajustes feitos no canteiro de obras • Facilitou a demarcação dos módulos de PPVC com a construção convencional e a integração dos vários pacotes/partes do projeto
Padronização das famílias BIM	• Facilitou o projeto dos módulos de PPVC e aprimorou a produção do projeto • Simplificou a quantificação de materiais/componentes da construção e, consequentemente, a análise dos custos em virtude da modularização e da repetição
Coordenação no canteiro de obras	• Facilitou a coordenação técnica e a integração da montagem das partes fora do canteiro de obras e a instalação no canteiro de obras dos módulos de PPVC
Planejamento e gerenciamento da construção	• Facilitou o planejamento, o sequenciamento e o gerenciamento da construção *in loco*, em particular na integração e coordenação dos serviços para PPVC e construção convencional • Melhorou a logística e o gerenciamento do inventário de componentes de montagem de PPVC ao longo de todo o processo, desde a fabricação nas plantas industriais fora do país até as oficinas de montagem locais e a instalação no canteiro de obras • Melhorou a efetividade da documentação de obra durante a construção • Permitiu o monitoramento dos progressos, em particular da taxa de produção na manufatura de módulos de PPVC e na taxa de serviço da instalação desses módulos no canteiro de obras

Fonte: BCA (2015).

Os principais pontos do aprendizado do uso de BIM e de PPVC para o projeto da NTU são resumidos a seguir:

- A criação de uma biblioteca de objetos de "Famílias BIM" padronizadas para os módulos de PPVC, incluindo os detalhes de conexão necessários para a instalação.
- A otimização de permutações variáveis por meio da minimização das variações dos módulos de PPVC com interfaces padronizadas. A maior padronização dos componentes (projeto modular e dimensões padronizadas) ajudará a garantir benefícios ainda maiores nos projetos futuros.
- A utilização de capacidades BIM para a coordenação da construção em PPVC e de elementos de construção convencional.
- O projeto para "pronta-construção", particularmente para a fabricação, montagem, entrega e instalação no canteiro de obras.
- O envolvimento precoce do subcontratado especialista foi crucial para o desenvolvimento das estratégias de BIM e de PPVC.

É esperado que os futuros projetos de construção em PPVC consigam alcançar o máximo das economias em potencial e que atinjam o verdadeiro nível de produtividade e economia que pode ser obtido com o uso do BIM para a tecnologia de PPVC. Além disso, à medida que a capacidade do BIM aumentar ao longo de toda a cadeia de suprimentos da construção civil e for completamente implementado para todo o processo, desde o projeto até a construção e o gerenciamento das instalações prediais, o setor em Cingapura estará em uma posição ainda melhor para entregar projetos de PPVC bem-sucedidos usando o BIM. A integração do BIM com a robótica para facilitar a fabricação automatizada é uma área interessante, que precisa de mais investimento em pesquisa e desenvolvimento para que possa ser implementada em futuros projetos de pré-fabricação. O BIM pode ser utilizado como uma ferramenta de projeto para integrar as várias modalidades de tecnologia da construção, como a construção em PPVC, abrigos antibomba pré-fabricados e unidades sanitárias pré-fabricadas (PBUs).

Agradecimentos

Este estudo de caso foi escrito por Meghdad Attarzadeh, Tushar Nath, Angela Lee e pelo professor Robert Tiong.

10.4 MAPLETREE BUSINESS CITY II, CINGAPURA

10.4.1 Introdução

O Mapletree Business City II (MBC II) é a segunda fase do conjunto Mapletree Business City, o novo coração do Alexandra Business Corridor. Localizado na periferia da cidade, em um terreno com 43.727 m², este parque empresarial tem 124.884 m² de área bruta integrada em uma confluência de espaços de trabalho e lazer. O proprietário do projeto é a Mapletree Business City Pte Ltd., que encomendou o projeto por meio de um contrato do tipo REDAS *Design and Build Conditions of Contract* (3ª Edição). Seu custo total foi de 338,8 milhões de dólares.

A Tabela 10.4.1 descreve as diferentes fases do projeto, e as Figuras 10.4.1 e 10.4.2 mostram algumas de suas vistas renderizadas.

Como pode ser observado na Figura 10.4.3, o projeto é o desenvolvimento de um parque empresarial, que consiste em quatro blocos de edifícios de escritórios, um pódio de estacionamento de dois pavimentos, um bloco de um pavimento com diversas amenidades e um *e-deck* com tratamento paisagístico na cobertura do estacionamento de veículos. Os quatro blocos compreendem:

- Bloco 80: 30 pavimentos
- Bloco 70: 8 pavimentos
- Bloco 60: 6 pavimentos
- Bloco 50: 5 pavimentos

O contrato de construção para o Mapletree Business City II foi baseado no Contrato de Projeto e Construção REDAS, com um módulo de opção para o Projeto Arquitetônico do Empregador. O contrato principal foi concedido em janeiro de 2014. Após o prêmio, a Shimizu Corporation recebeu o modelo BIM do projeto arquitetônico disponibilizado pela DCA, a fim de que fosse utilizado para propósitos de planejamento da construção.

A forma do conjunto de edifícios é uma massa curva única que conecta os quatro blocos de grandes áreas térreas, o que exigiu uma coordenação extensa das disciplinas

Tabela 10.4.1 Detalhes do projeto e resumo das fases

Nome do projeto	Mapletree Business City II		
Nome do proprietário	Mapletree Business City Pte Ltd.		
Tipo de contrato			
Custo do projeto	U$ 338,8 milhões de dólares		
Cronograma do projeto	Fase	Data de início	Data de conclusão
	Fase 1: Blocos 50 e 60, área de desembarque, ponte de acesso ao Alexandra Terrace, parte do primeiro pavimento da garagem	21 de fevereiro de 2014	20 de outubro de 2015 (20 meses a partir da data de início do contrato)
	Fase 2: Blocos 70 e 80, segundo pavimento do *e-deck* paisagístico, restante do primeiro pavimento e do mezanino da garagem	21 de fevereiro de 2014	20 de abril de 2016 (26 meses a partir da data de início do contrato)
	Fase 3: Área de alimentação e bebidas do segundo pavimento do *e-deck*	1º de fevereiro de 2016	31 de julho de 2016 (seis meses a partir da data de início do contrato)

FIGURA 10.4.1 Mapletree Business City II.
Imagem fornecida por cortesia de DCA Architects Pte Ltd.

FIGURA 10.4.2 Mapletree Business City II.
Imagem fornecida por cortesia de DCA Architects Pte Ltd.

de instalações de MEP, estruturais e arquitetônicas para o alcance desta forma integrada. A altura entre pisos é de 4,55 m e os pés-direitos livres têm 3,2 m. O conceito paisagístico exuberante, com mais de mil árvores no nível do *e-deck* (Figura 10.4.4), exigiu uma complexa coordenação entre as instalações que se desenvolvem nos níveis da garagem com a limitação de altura livre requerida em razão dos canteiros rebaixados.

Equipe de colaboração do projeto. A equipe de BIM de colaboração central era composto por uma equipe de projeto e outra de construção. A equipe de projeto era liderada pela empresa DCA Architects Pte Ltd. e incluiu a SHMA Co Ltd. (arquiteto paisagista), a Mott MacDonald Singapore Pte Ltd. (projetos de instalações mecânicas e elétricas) e a P&T Consultants Pte Ltd. (projetos de engenharias civil e estrutural). A equipe de construção incluiu a Shimizu Corporation (construtora responsável) e os principais empreiteiros, Bintai Kindenko Pte Ltd. e APP Engineering Pte Ltd.

O projeto do Mapletree Business City II foi regido pela forma de contrato de Projeto e Construção do tipo REDAS. O contrato principal foi assinado em janeiro de 2014. Os consultores de engenharia civil e de estruturas (C&S) e de instalações mecânicas, elétricas e hidrossanitárias (MEP) foram escolhidos pelo cliente já no início do projeto, antes da licitação ter sido ganha para este empreendimento de Projeto e Construção. Os consultores de C&S e MEP não adotaram o BIM na fase preliminar do projeto, mas forneceram aos arquitetos as informações para que fossem incorporadas ao modelo que seria apresentado para a aprovação pelas autoridades regulatórias. Consultores de C&S e MEP separados foram contratados pela construtora após a adjudicação do contrato.

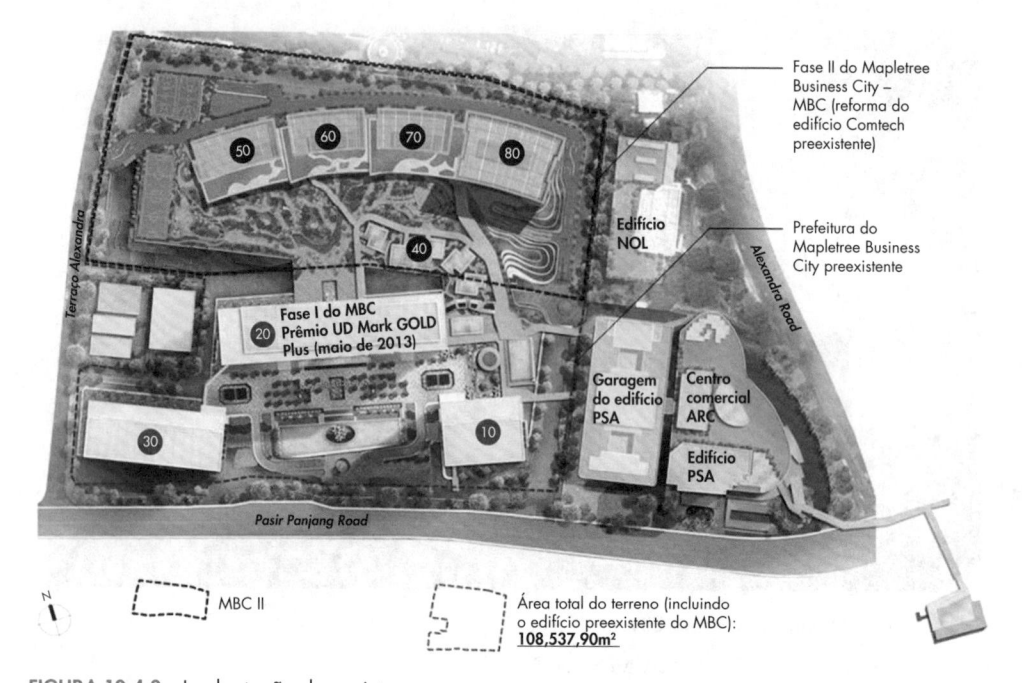

FIGURA 10.4.3 Implantação do projeto.

Imagem fornecida por cortesia de DCA Architects Pte Ltd.

Desde 2009, quando os arquitetos da DCA utilizaram pela primeira vez o BIM no projeto *Reflections at Keppel Bay*, a empresa visualizou o potencial de uso desta ferramenta para alcançar um nível de coordenação mais alto entre as diferentes disciplinas envolvidas em um projeto. Ao longo dos anos, a empresa definiu suas metas e objetivos para o aperfeiçoamento do BIM. Com sua ampla experiência e *expertise* técnica em BIM, a DCA conseguiu transmitir e demonstrar a efetividade do BIM aos seus clientes, descrevendo as vantagens para as quais a ferramenta pode contribuir para o aumento da qualidade de um projeto.

Durante a etapa anterior à licitação, a DCA exportou o formato DWG para os demais consultores a fim de que o revisassem e comentassem. Nesta fase, havia apenas um modelo de BIM de arquitetura disponível, o qual foi dividido em alguns arquivos RVT (Revit), como pode ser observado na Figura 10.4.5.

As autoridades reguladoras de Cingapura aceitam o RVT e o DWF tanto no formato 2D quanto no 3D. Elas visualizaram e conferiram-no com relação ao cumprimento das exigências, mas não avaliaram os projetos. As autoridades podem conferir somente se foram atendidas algumas das condições para a obtenção da licença para a construção, como a conferência da área total construída e do controle do envelope da construção (recuos, zonas de amortecimento, dentre outros), no modelo do Revit nativo.

FIGURA 10.4.4 O *e-deck* do Mapletree Business City II e seu exuberante tratamento paisagístico.
Imagem fornecida por cortesia de DCA Architects Pte Ltd.

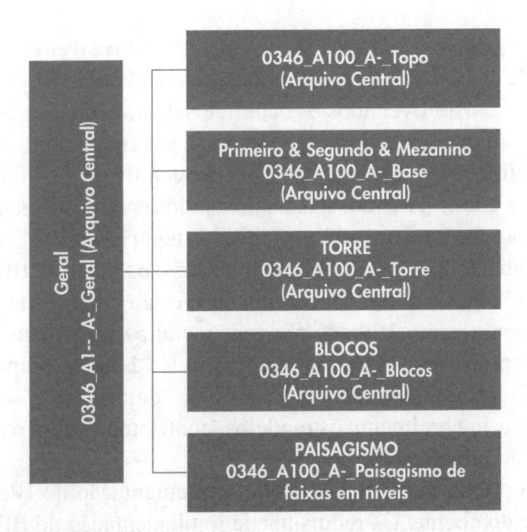

FIGURA 10.4.5 Gerenciamento do modelo com os arquivos vinculados.
Imagem fornecida por cortesia de DCA Architects Pte Ltd.

A DCA Architects Pte Ltd. iniciou a modelagem no BIM para o projeto Mapletree Business City II na etapa dos estudos preliminares, em 2013. O cliente teve uma postura vanguardista e respondeu positivamente a essa iniciativa da DCA Architects Pte Ltd. A licitação, portanto, exigiu que a construtora, Shimizu Corporation, usasse o BIM no projeto durante toda a fase de construção, colaborando com a DCA e o contratante, efetivamente aproveitando ao máximo as vantagens do BIM no Mapletree Business City II.

As condições foram explicadas no documento de exigências para a implantação do BIM, que foi incluído no contrato principal da licitação. A Shimizu, por sua parte, também exigiu que seus empreiteiros utilizassem o BIM. Como construtora principal, conduziu reuniões para coordenação da modelagem em seus departamentos e com os empreiteiros terceirizados, designando um gerente de BIM experiente e habilidoso para trabalhar no canteiro de obras.

Objetivos do projeto e preparação da equipe. Os objetivos-chave de BIM foram estabelecidos pela equipe e descritos no plano de execução BIM da seguinte maneira:

Descrição do objetivo	Usos do BIM potenciais
Identificar e resolver a maioria dos conflitos antes que a obra comece e reduzir o número de erros de construção e a quantidade de retrabalho no canteiro de obras.	Coordenação 3D *in loco*
Aumentar a qualidade do processo de desenho e documentação dos desenhos de oficina.	Produção dos desenhos executivos
Entregar um acurado modelo *as-built* de BIM.	Gerenciamento das instalações prediais

A equipe do projeto Mapletree Business City II envolveu-se com a colaboração em BIM no início de 2014, respondendo ao incentivo dado pela BCA ao setor da construção civil para que fossem aproveitados os benefícios da implantação do BIM. Tanto a Shimizu como a DCA solicitaram e obtiveram recursos governamentais do Fundo BIM da BCA para fazer a atualização de sua infraestrutura de tecnologia da informação (TI) relacionada ao BIM e para cobrir parte dos gastos investidos com treinamento.

O treinamento foi fundamental para levar as equipes de BIM ao nível de proficiência necessário ao trabalho no projeto. As capacidades e os recursos BIM de cada membro da equipe do projeto antes e durante a coordenação estão descritos na Tabela 10.4.2.

O envolvimento compartilhado por toda a equipe do projeto – cliente, consultores, construtora e empreiteiros – para implementar o BIM para o Mapletree Business City II significou que todos os colaboradores tiveram de adquirir as capacidades de BIM necessárias para utilizar integralmente os modelos, contribuindo com o processo de coordenação e execução do projeto.

O arquiteto preparou os requisitos de implementação do BIM para o empreiteiro, para e em nome do cliente. Os requisitos de implementação do BIM feitos à construtora foram os seguintes:

- Fornecer uma infraestrutura padrão, como uma sala de coordenação do BIM com o *hardware* e *software* necessários.

Tabela 10.4.2 Treinamento e recursos

Programa de treinamento da DCA	Tipo de pessoal	Internamente	Cronograma	Provedor do treinamento
Diploma de especialista em BIM	Coordenador de BIM	1	Nov 2014	BCA Academy
Gerenciamento de BIM	Gerente Técnico	1	Jan 2013	BCA Academy
Autodesk Revit	Projetista/Arquiteto	1	Dez 2011	IMAGINIT
	Arquiteto Associado	1	Abr 2012	
	Arquiteto Associado	1	Mar 2013	
	Arquiteto Associado	1	Set 2013	
	Modelador/Desenhista	1	Dez 2011	
	Modelador/Desenhista	1	Mar 2012	
Programa de treinamento da Shimizu	Nº de aprendizes		Cronograma	Provedor do treinamento
Gerenciamento de BIM	Coordenador de Arquitetura	1	Mai 2014	BCA Academy
Navisworks	Gerente de Planejamento	1	Ago 2014	Internamente
	Engenheiro Estrutural	4		
	Coordenador de Arquitetura	4	Jun 2015	
	Modelador/Desenhista	8		
Autodesk Revit	Modelador/Desenhista	4	Jun 2014	OJT

- Desenvolver e atualizar a intenção de projeto recebido do modelo de BIM/desenhos 2D de todos os principais empreiteiros e resolver os conflitos com todas as partes aplicáveis antes da construção.
- Contratar um gerente em BIM habilidoso e desenvolver o plano de execução BIM de forma conjunta com o proprietário e o arquiteto.
- Seguir os procedimentos de colaboração padronizados.
- Seguir os procedimentos de controle de qualidade da modelagem BIM padronizada e o nível de desenvolvimento de especificações.
- Preparar e seguir um cronograma de apresentação/coordenação com entregas itemizadas.
- Consultar a última versão do guia BIM de Cingapura e suas condições particulares.
- Transmitir os modelos BIM *as-built*/registrados ao proprietário e obter sua aprovação.

10.4.2 Questões de comunicação e colaboração

Como se tratava de um contrato de projeto e construção parcial, após a concessão do contrato, a construtora principal, Shimizu, tornou-se responsável pela consolidação dos respectivos modelos e informações BIM fornecidos pelos vários consultores a fim de que fosse preparado um modelo geral para coordenação técnica e identificação de conflitos. A equipe de projeto continuou participando em duas reuniões semanais: reuniões técnicas, onde o modelo BIM era utilizado para fins de coordenação, e reuniões semanais

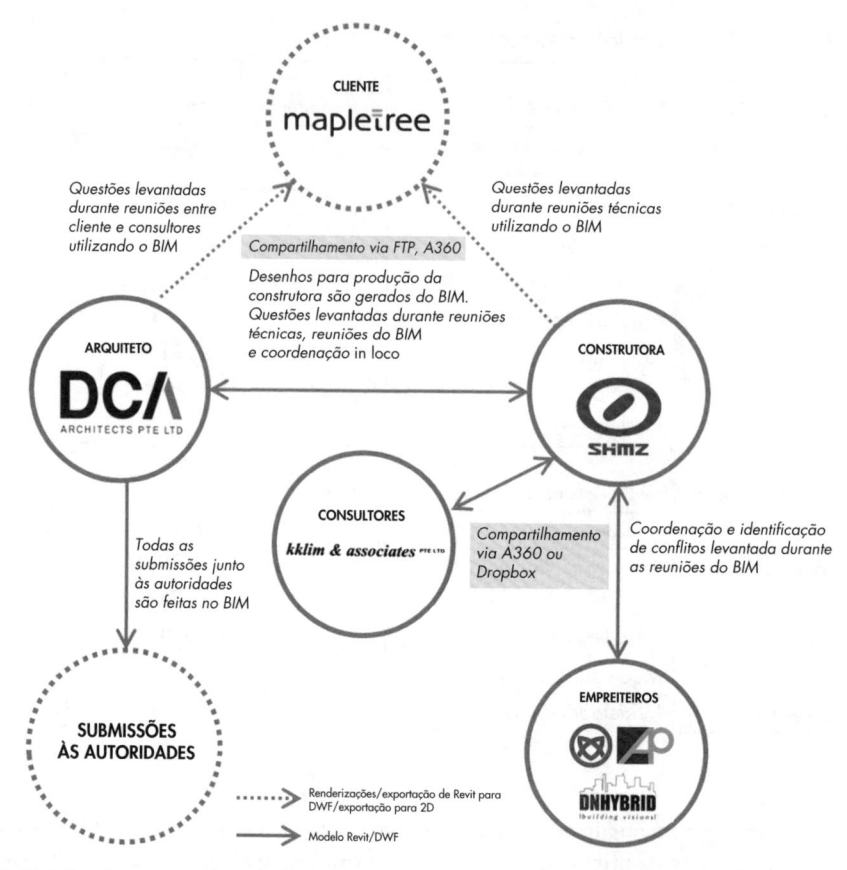

FIGURA 10.4.6 O processo de trabalho colaborativo.

Imagem fornecida por cortesia de DCA Architects Pte Ltd.

de coordenação do BIM, onde era realizada a identificação de conflitos e os erros eram apresentados e resolvidos.

O diagrama do processo de trabalho colaborativo entre os vários envolvidos é mostrado na Figura 10.4.6.

10.4.3 Reuniões de coordenação do BIM

Nas reuniões de coordenação do BIM, o Autodesk Navisworks Manage era utilizado para as revisões e os modelos Revit nativos eram atualizados imediatamente, caso necessário. Duas telas foram empregadas na condução das reuniões. A primeira mostrava a imagem ou figura que evidenciava o problema, enquanto a segunda mostrava o modelo BIM. A Figura 10.4.7 ilustra a configuração dessas reuniões e uma vista de seção 3D do modelo BIM federado, enquanto a Figura 10.4.8 é um exemplo de registro de um problema levantado e de sua solução.

Capítulo 10 • Estudos de Caso do BIM 465

(A)

(B)

FIGURA 10.4.7 (A e B) Reunião técnica e de coordenação do BIM com o modelo BIM federado. Imagem fornecida por cortesia de DCA Architects Pte Ltd. & Shimizu Corporation.

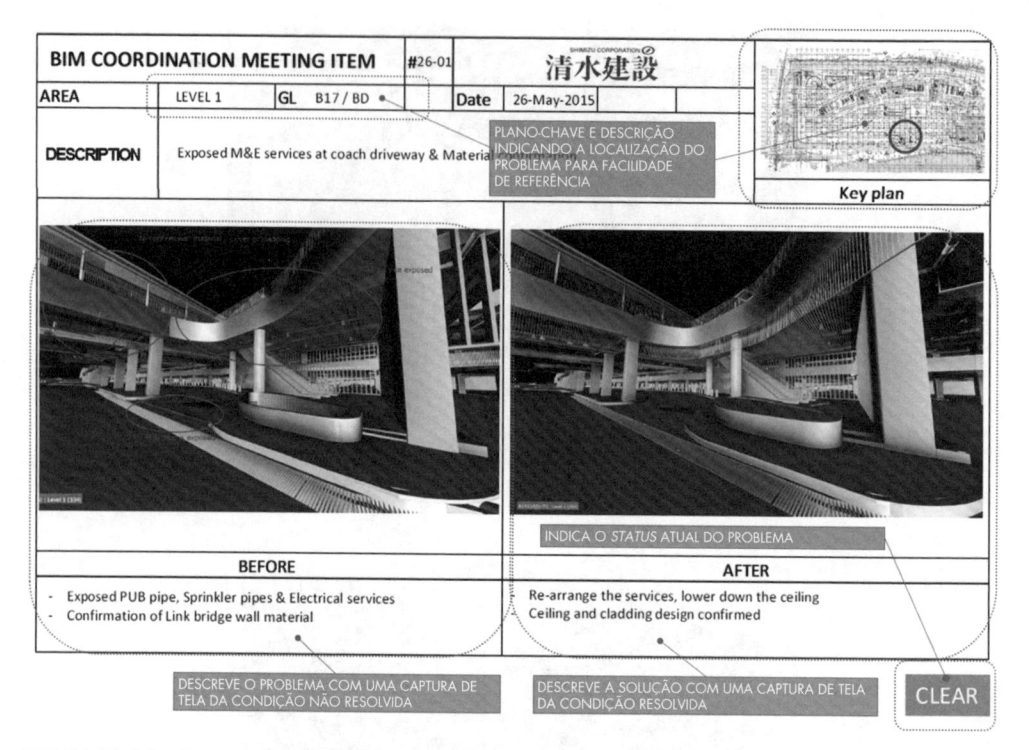

FIGURA 10.4.8 Amostra de relatório de reunião de coordenação do BIM.
Imagem fornecida por cortesia de DCA Architects Pte Ltd. & Shimizu Corporation.

As mudanças no projeto e na construção eram tabuladas para serem discutidas nas reuniões de coordenação do BIM. A construtora incluía as revisões (p. ex., na estrutura, nas instalações prediais de MEP, nos acabamentos de arquitetura, e assim por diante) no modelo e o compartilhava com a equipe para a coordenação, as entradas de integração e o *feedback* do arquiteto, dos engenheiros dos diferentes projetos complementares e do cliente.

As reuniões de coordenação do BIM eram agendadas semanalmente para acompanhar o ritmo da sequência de construção. Com base no cronograma de moldagem da estrutura, a construtora planejava as reuniões normalmente com quatro semanas de antecedência. Isso permitia a todos os envolvidos resolver os principais problemas de coordenação no modelo dentro de uma semana antes da emissão dos desenhos para produção. A coordenação dos detalhes dos serviços de arquitetura e das instalações prediais de M&E era subsequentemente discutida e coordenada nas reuniões técnicas do BIM.

10.4.4 Planejando a execução do BIM

O plano de execução BIM levava em consideração os papéis e as responsabilidades de cada projetista colaborador. A Shimizu contratou um gerente de BIM de construção, conforme previsto nas exigências contratuais, para trabalhar intimamente com o gerente de BIM de arquitetura. Havia, no total, sete pessoas diretamente responsáveis pela manutenção do modelo, como descrito na Tabela 10.4.3. Seus papéis e suas responsabilidades foram definidos no Plano de Execução BIM, como mostra a Tabela 10.4.4.

10.4.5 Intercâmbio de dados

Os dados do modelo eram trocados através do FTP e do A360. O A360, um sistema de colaboração baseado na nuvem, foi apresentado e utilizado para o compartilhamento do modelo BIM no formato Navisworks. Após cada reunião técnica semanal, os modelos BIM eram carregados no A360 para o compartilhamento de informações entre os membros da equipe de projeto. As imagens de marcações no modelo eram então compartilhadas (Figura 10.4.9). Sempre que necessário, os modelos BIM nativos eram carregados em um *site* do FTP para compartilhamento entre os membros da equipe. A equipe de projeto não enfrentou grandes problemas com a coordenação e a comunicação. A definição da propriedade intelectual do modelo BIM foi resolvida por meio da adoção das diretrizes da BCA para o BIM, que especificam que os modelos ou os aspectos do modelo preparados pelas respectivas partes permanecem como sendo sua propriedade intelectual.

Com o uso do *plug-in* CSIxRevit, a equipe de projeto pôde exportar o modelo estrutural proposto do Revit e enviá-lo aos engenheiros de estruturas para que realizassem análises estruturais no SAP 2000. Como resultado, os engenheiros de estruturas economizaram um tempo considerável.

Tabela 10.4.3 Pessoal da modelagem BIM

Papel	Organização	Localização
Gerente de BIM Arquitetônico	DCA Architects Pte Ltd	Escritório da DCA
Modeladores de BIM Arquitetônico		
Gerente de BIM da Construtora	Shimizu Corporation	Escritório no canteiro de obras
Coordenador de BIM da Construtora (Arquitetura)		
Coordenador de BIM da Construtora (C&E)		
Coordenador de BIM da Construtora (MEP)		
Modeladores de BIM da Construtora		
Coordenador de BIM do Empreiteiro (Elétrica)	Bintai Kindenko Pte Ltd.	Escritório no canteiro de obras
Coordenador de BIM do Empreiteiro (ACMV)		
Coordenador de BIM do Empreiteiro (Prevenção de Incêndio)		
Coordenador de BIM do Empreiteiro (Tubulações, Instalações Hidrossanitárias e Gás)	APP Engineering Pte Ltd.	Escritório da APP

Tabela 10.4.4 Papéis de BIM e responsabilidades definidas no Plano de Execução BIM

Papel	Responsabilidades no gerenciamento do modelo	Responsabilidades de BIM
Gerente de BIM (Consultor)	• Conferir os modelos de BIM para seguir as intenções de projeto e as exigências contratuais • Desenvolver a estratégia de BIM com a construtora e o gerente de BIM	• Revisões do projeto • Intercâmbio do modelo
Gerente de BIM (Construtora)	• Determinar os usos do BIM no projeto • Desenvolver e executar o plano de execução BIM do projeto • Controlar a qualidade do modelo de BIM • Coordenar o cronograma do BIM antes da construção efetiva • Gerenciar/solucionar a identificação de conflitos, tanto mínimos quanto graves, e apresentá-los durante as reuniões do BIM • Compartilhar as atividades do BIM	• Supervisão • Gerenciamento da execução do BIM • Gerenciamento da coordenação 3D • Gerenciamento do intercâmbio do modelo • Gerenciamento do planejamento das fases • Suporte à estimativa de custos
Coordenadores de BIM (Construtora)	• Receber/criar o BIM para o estudo de construtibilidade e uso em campo • Determinar as responsabilidades de verificação de interferência	• Coordenação com a equipe de projeto e empreiteiros • Identificação de conflitos • Intercâmbio do modelo
Modeladores de BIM (Construtora)	• Desenvolver/atualizar os modelos do BIM de acordo com o cronograma do BIM • Gerar os desenhos da construção, incluindo os desenhos para produção dos componentes pré-moldados estruturais com base no modelo BIM para fábrica	• Autoria do projeto • Modelagem dos registros (*as-built*)
Coordenadores de BIM (Empreiteiro)	• Desenvolver os modelos BIM e os documentos desde a fase de desenvolvimento do projeto até a fase de construção	• Coordenação com a construtora • Usuário do modelo e revisão • Intercâmbio do modelo

10.4.6 Ganhos de produtividade

O uso do BIM ajudou na redução do número de Solicitações de Informações (RFIs) no projeto – apenas 48 pedidos foram feitos ao longo do período de construção de 18 meses. A DCA estimou que, sem o BIM, teriam sido feitas aproximadamente **22 vezes mais** solicitações de informações. Tal estimativa é baseada em dados de projetos de tipos e complexidades similares, previamente executados usando métodos convencionais. Em uma obra anterior projetada pela DCA Architects que tinha 180.000 m² de área total de escritórios, 9.000 m² de área de lojas e uma praça de alimentação, 1.555 solicitações de informações foram feitas. Usando a área total como indicador do tamanho do projeto, o número de solicitações de informações previsto para o projeto MBC II era de 1.028.

A equipe estimou que, para a coordenação de uma área de escritórios típica, a equipe economizou cerca de 358 horas com o uso do processo do BIM em comparação com um processo convencional, como mostrado na Tabela 10.4.5.

Capítulo 10 • Estudos de Caso do BIM 469

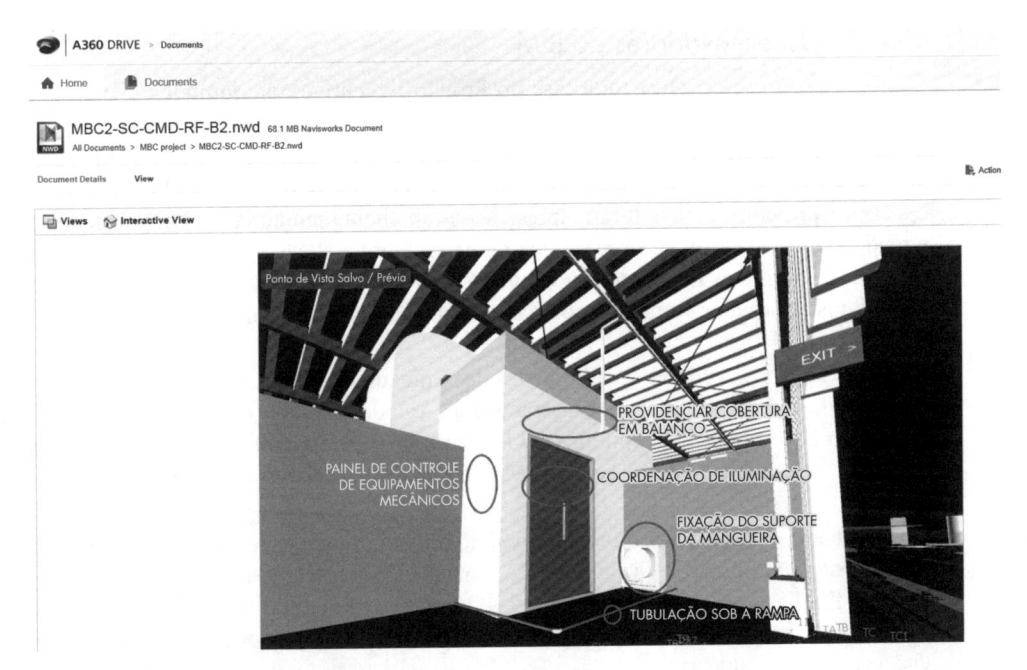

FIGURA 10.4.9 Revisão e anotações dos modelos no A360.
Imagem fornecida por cortesia de DCA Architects Pte Ltd. & Shimizu Corporation.

Tabela 10.4.5 Ganho de produtividade para a coordenação da área de escritório

Escopo do trabalho	Processo convenvional (horas)	Processo BIM (horas)	Diferença de tempo (horas)
Coordenação interna (M&E)	32	16	−16
Coordenação interna (M&E + STR + ARCH)	16	8	−8
Reunião de coordenação do BIM	0	6	+6
Preparação de Solicitação de Informações (RFI)	5	1*	−4
Processo de aprovação de Solicitação de Informações (RFI)	336**	0	−336
Total	389	31	−358

*Parte da reunião do BIM.
**Baseado em um período de análise e aprovação de duas semanas.

10.4.7 Usos inovadores do BIM

Opções de projeto. Durante a fase do Projeto Executivo, os arquitetos exploraram várias opções de projeto no Revit a fim de obter um equilíbrio entre os custos e as exigências estéticas feitas pelo cliente. Em particular, eles buscaram definir um módulo de parede-cortina ideal para a fachada curva (Figura 10.4.10). Foram preparadas várias opções de projeto, as quais foram apresentadas ao cliente juntamente com perspectivas e renderizações, para uma representação precisa. Com o BIM, a extensão das paredes-cortina de vidro e os montantes puderam ser facilmente resumidos em um cronograma, que foi posteriormente fornecido ao orçamentista para cálculo de custos.

Realidade virtual. Foram geradas vistas de realidade virtual para a análise do projeto, por meio do uso da renderização panorâmica do Autodesk A360 e do Google Cardboard. O modelo BIM renderizado podia ser visto com o Google Cardboard através do escaneamento dos códigos QR (Figura 10.4.11) fornecidos pelo *software* A360, baseado na nuvem.

Também foi conduzido um *tour* virtual do projeto usando a tecnologia 3D do Centro para Construção Enxuta e Virtual da BCA, antes que a construção real estivesse completamente finalizada (ver a Figura 10.4.12). O objetivo era explorar o potencial da nova tecnologia para que esta fosse compartilhada com o desenvolvedor em processos de revisão de projetos futuros.

Verificação de regras (Code Checking). As famílias Revit customizadas com elementos de verificação de códigos paramétricos foram preparadas e usadas para conferir o atendimento aos requisitos regulatórios. Por exemplo, a fim de cumprir com o Código de Acessibilidade da Building Construction Authority (BCA) de Cingapura, famílias de portas especiais foram criadas com volumes sólidos para representar o espaço de manobra para abertura das portas em ambas as direções (ver a Figura 10.4.13). Dessa maneira, a ferramenta de checagem de interferências no Revit destacaria qualquer conflito no espaço de manobra, como indica a parte inferior da figura.

Impressão 3D para visualização. O BIM ajudou a equipe de projeto a estudar as interfaces entre as várias disciplinas, a topografia existente, as estruturas inclinadas (como rampas) e os elementos mais complexos do tratamento paisagístico (como faixas de gramado), a cobertura ondulada da área de alimentação e bebidas e as passarelas. A intenção do projeto da cobertura ondulada foi idealizada usando o BIM. A complexidade desta estrutura de cobertura ondulada não poderia ser registrada somente em 2D. Consequentemente, o arquiteto compilou um modelo BIM separado para o estudo da cobertura, incluindo os detalhes e outras exigências durante a coordenação. Assim que o modelo para estudo foi considerado viável e fechado, ele foi fundido ao modelo principal e tornou-se uma referência para o desenvolvimento posterior por parte da construtora.

Durante a etapa de coordenação de detalhes, foi realizada uma coordenação BIM adicional entre o arquiteto e os engenheiros nomeados pela Shimizu, para incorporar todos os requisitos estruturais e as instalações de MEP, a fim de garantir que a estética não fosse comprometida. Modelos físicos de áreas complexas foram impressos, usando uma impressora 3D para melhor visualização, a fim de facilitar a comunicação e resolver problemas de interface (ver a Figura 10.4.14).

Capítulo 10 • Estudos de Caso do BIM 471

(A)

(B)

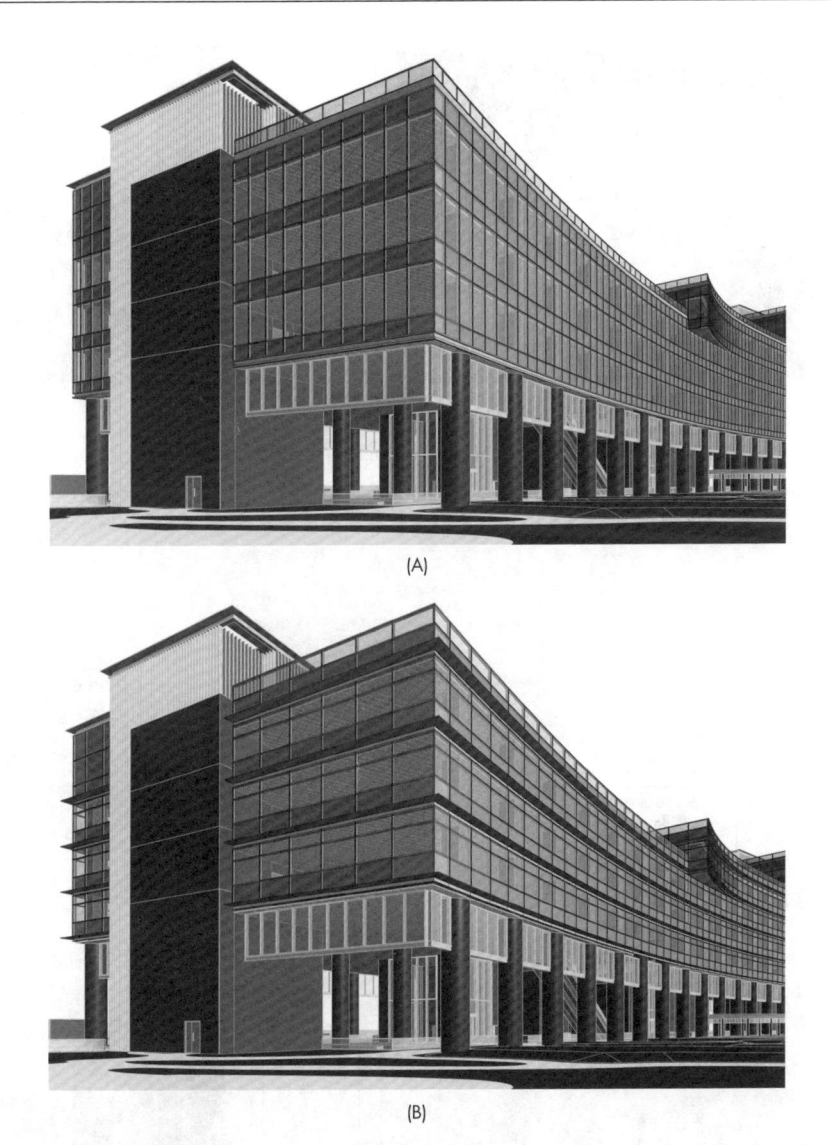

FIGURA 10.4.10 (A e B) Duas opções de modulação da fachada consideradas durante a fase de desenvolvimento do projeto executivo.

Imagem fornecida por cortesia de DCA Architects Pte Ltd.

FIGURA 10.4.11 Um código QR para a visualização de uma renderização panorâmica com o uso do Google Cardboard.

Imagem fornecida por cortesia de DCA Architects Pte Ltd.

FIGURA 10.4.12 (A e B) Visualização da realidade virtual imersiva do modelo BIM.
Imagem fornecida por cortesia de DCA Architects Pte Ltd.

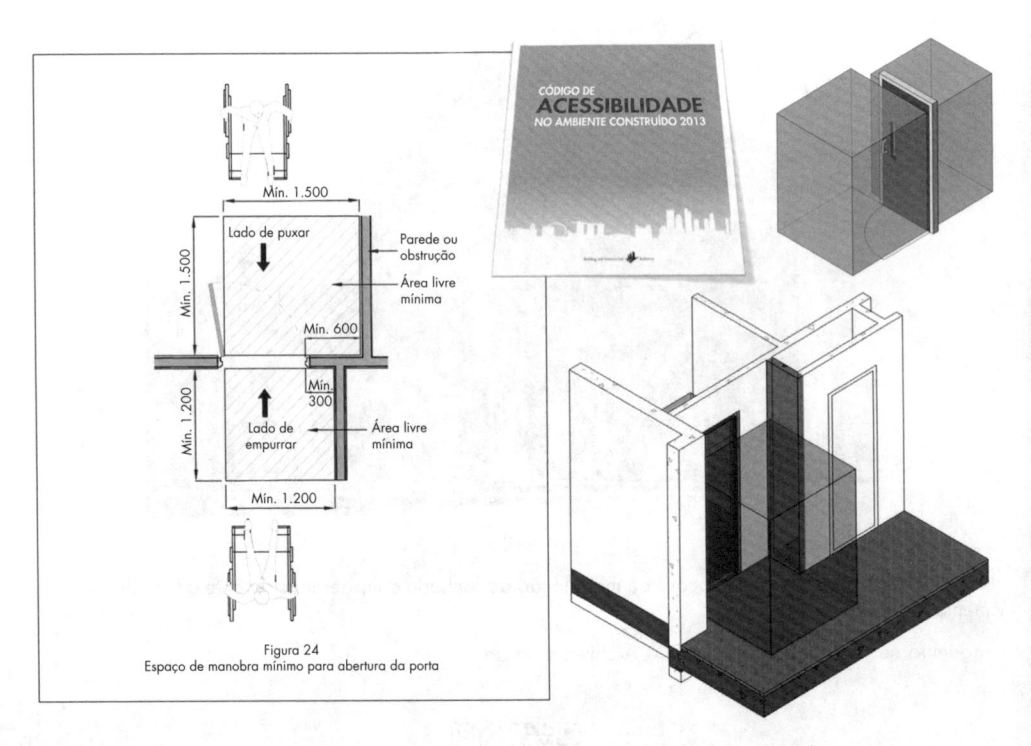

FIGURA 10.4.13 Uma família Revit customizada que inclui os volumes de espaço livre para portas que abrem para ambos os lados, permitindo a verificação automática dos códigos de acessibilidade com o uso da conferência de conflitos.

Imagem fornecida por cortesia de DCA Architects Pte Ltd.

Capítulo 10 • Estudos de Caso do BIM 473

(A)

(B)

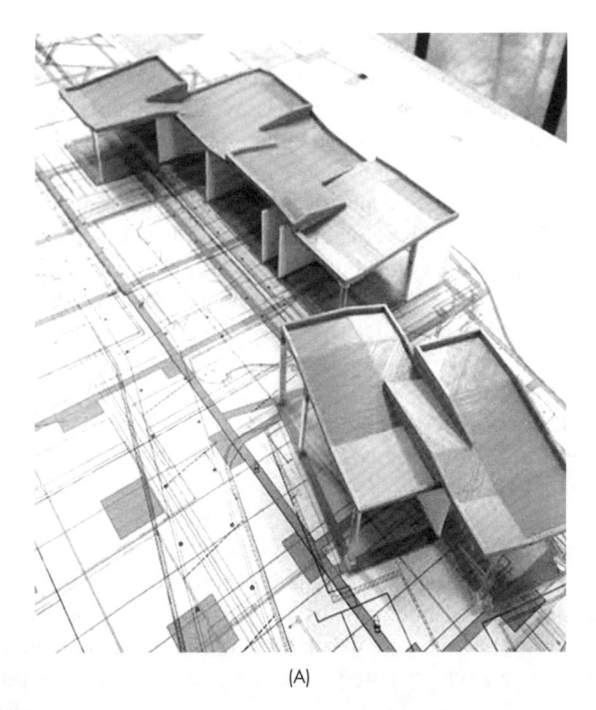

FIGURA 10.4.14 (A e B) Produtos de uma impressora 3D e de uma renderização do modelo de BIM de intenção de projeto.

Imagem fornecida por cortesia de DCA Architects Pte Ltd. & Shimizu Corporation.

Maquete virtual. Durante a fase de construção, uma maquete detalhada de uma coluna de reforço foi modelada no Revit para o projeto dos complexos reforços de armadura. No local de transição em que uma coluna passava de retangular para um arranjo circular, foi necessária uma armadura de reforço circular pré-fabricada para o aumento da produtividade no canteiro de obras. Para evitar o retrabalho, o complexo reforço foi modelado no Revit a fim de determinar as especificações precisas da armadura, conforme mostrado na Figura 10.4.15. Este processo evitou problemas de coordenação e custos adicionais, minimizou o cronograma e conectou o BIM à realidade física. Também permitiu que a armadura de vergalhões de reforço fosse pré-fabricada de modo acurado e instalada e posicionada sem problemas no local.

Geração dos desenhos para a fabricação dos elementos estruturais pré-moldados. As informações coordenadas obtidas do modelo BIM foram utilizadas como base para a preparação dos desenhos para fabricação dos elementos pré-moldados estruturais (ver a Figura 10.4.16).

Entrega do modelo as-built para o gerenciamento de instalações (FM). O modelo do BIM *as-built* foi entregue ao cliente ao término do projeto. Como uma função opcional para a operação e manutenção, os modelos do BIM *as-built* podem ser carregados em um iPad, permitindo aos gerentes das instalações prediais facilmente identificar ou detectar o percurso dos serviços prediais, como pode ser visto na Figura 10.4.17.

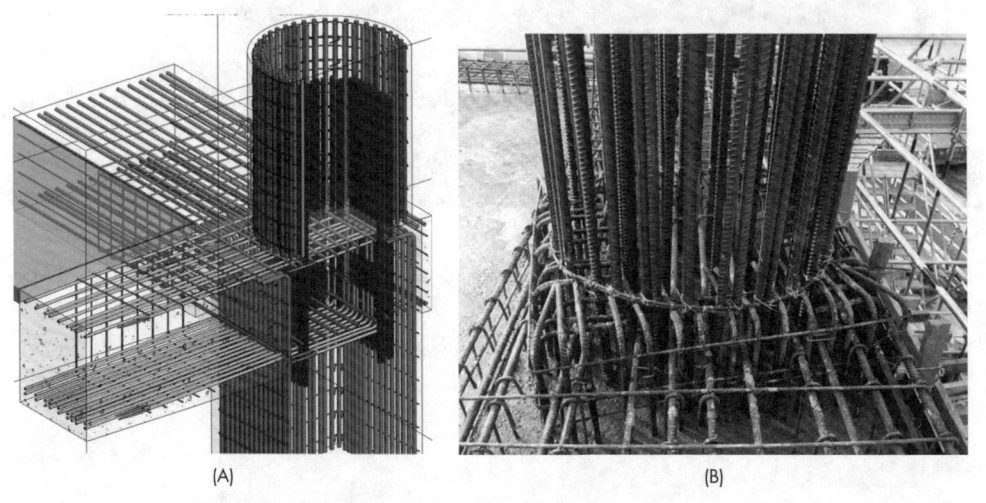

FIGURA 10.4.15 (A e B) Detalhamento dos reforços no BIM.
Imagem fornecida por cortesia de Shimizu Corporation.

Capítulo 10 • Estudos de Caso do BIM 475

(A)

(B)

(C)

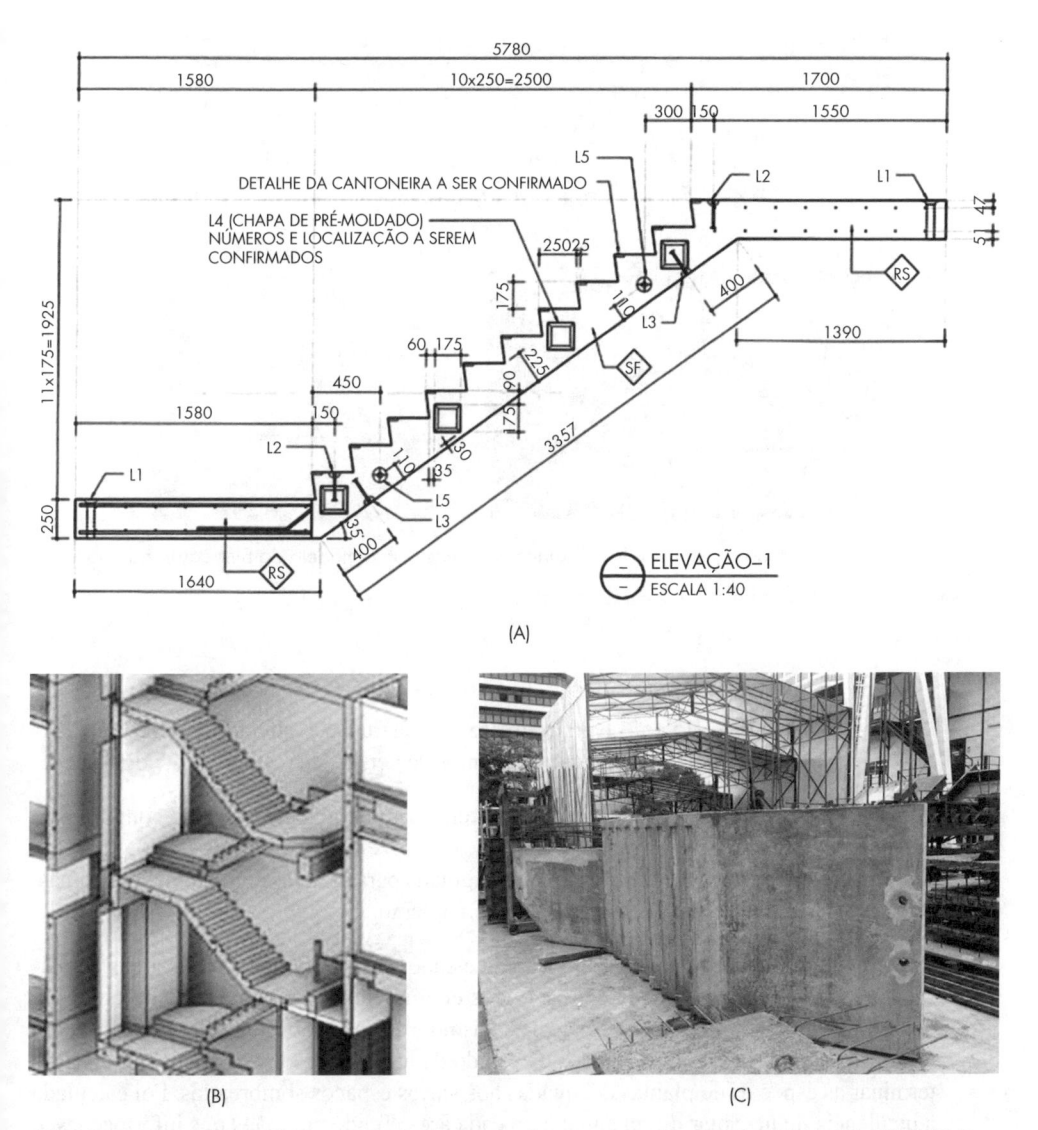

FIGURA 10.4.16 (A, B e C) Uma unidade de escada de concreto pré-moldado. (A) Modelo BIM. (B) Desenho para fabricação. (C) Componente pré-moldado.

Imagem fornecida por cortesia de Shimizu Corporation.

FIGURA 10.4.17 Detectando o percurso das instalações ocultas com o modelo do BIM carregado no iPad. Imagem fornecida por cortesia de Shimizu Corporation.

10.4.8 Simulações e análises

Análise da trajetória do sol. Durante a fase de construção, o cliente solicitou uma revisão do projeto de paisagismo próximo dos pontos de vendas de restaurantes, como segue:

- Área adicional com gramado para proporcionar um ambiente parecido com um parque, ao invés de uma paisagem árida.
- Uma nova estrutura de sombreamento pergolada para as áreas com gramado externas.
- Providenciar árvores que ofereçam sombreamento.

O BIM foi utilizado para a condução de estudos da trajetória solar nas áreas de paisagismo adjacentes aos blocos com serviços de alimentação e bebidas. O objetivo era determinar a viabilidade do projeto de paisagismo e a exposição à luz solar das áreas com vegetação sob os espaços pergolados. O estudo da incidência solar também ajudou a determinar as espécies de plantas adequadas aos vários espaços sombreados. Foi calculada a incidência de luz solar direta anual para cada área. Tendo em mãos tais informações, o consultor paisagista pôde recomendar a extensão e o perfil de uma nova solução de paisagismo que pudesse estabelecer um ambiente sombreado, para o qual foram propostas espécies de plantas adequadas que requerem uma exposição solar mínima. A Figura 10.4.18 ilustra este processo. As seções para revisão do projeto entre o cliente e o consultor foram abreviadas, uma vez que a análise resolveu de maneira eficaz as áreas críticas.

Simulação 4D. A simulação 4D é um método útil e poderoso para a comunicação e a visualização dos marcos de um projeto. A modelagem 4D foi implementada a fim de oferecer suporte ao planejamento da construção e aos impactos nas instalações e no projeto. Usando uma combinação do Revit e do Navisworks, um fluxo de trabalho foi estabelecido, o qual permitiu à equipe de projeto efetivamente planejar e programar as diferentes

Capítulo 10 • Estudos de Caso do BIM   477

ESQUEMA PAISAGÍSTICO REVISADO

Grama *Zoysia* e grama *Axonopus* selecionadas com base na exposição à luz solar direta diária, obtida dos estudos da trajetória solar do BIM.

Novas estruturas de pérgolas

(A)

[19 de 41]
[21 de março de 2015 – 12h30min]

[19 de 41]
[21 de junho de 2015 – 12h30min]

[19 de 41]
[21 de dezembro de 2015 – 12h30min]

ESTUDOS DA TRAJETÓRIA DO SOL

PAISAGISMO JUNTO AOS BLOCOS DE ÁREAS DE ALIMENTAÇÃO E BEBIDAS DESENVOLVIDO APÓS AS ANÁLISES DE SOMBREAMENTO

(B)

FIGURA 10.4.18 (A e B) O projeto de paisagismo final após os estudos da trajetória do sol feitos no modelo BIM.

Imagem fornecida por cortesia de DCA Architects Pte Ltd.

Projeto (novembro de 2014 – junho de 2015)

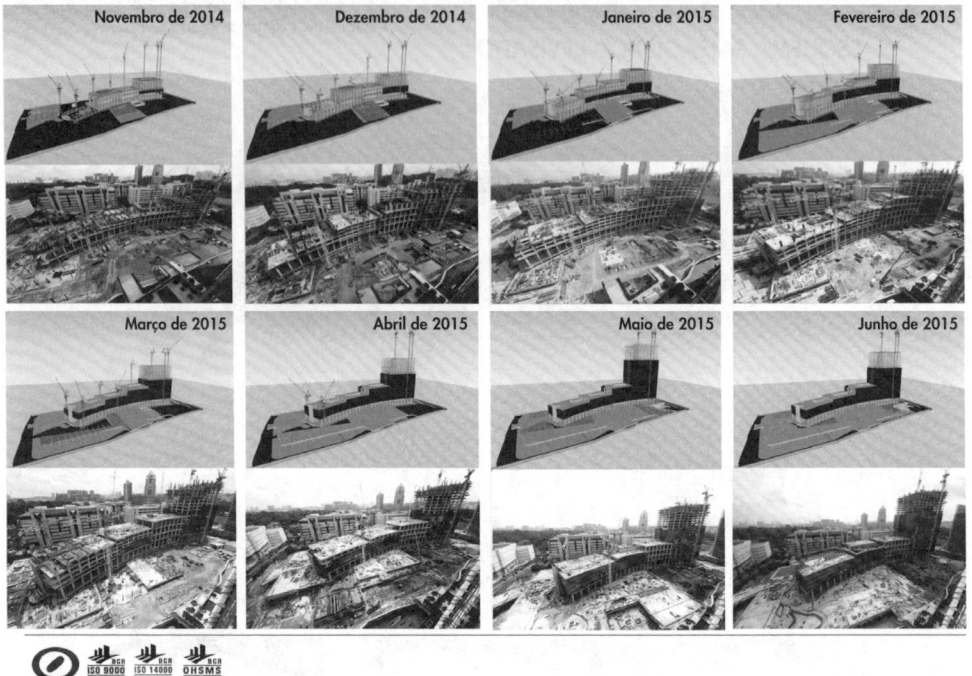

FIGURA 10.4.19 Cronograma do BIM comparado às fotografias de progresso no canteiro de obras. Imagem fornecida por cortesia de Shimizu Corporation.

fases da execução, identificando possíveis problemas e avaliando as soluções alternativas. Uma visualização do progresso mensal – como aquela mostrada na Figura 10.4.19 –, que justapôs as fases de construção do BIM às fotografias tiradas em tempo real, permitiu à equipe de projeto rastrear o cronograma *versus* os trabalhos realizados no canteiro de obras e informar o cliente a respeito.

O BIM foi aproveitado não somente para determinar os marcos críticos do projeto, mas também para planejar e implementar um cronograma de ciclo de construção por pavimentos-tipo, como ilustrado pela sequência de imagens na Figura 10.4.20. Dessa maneira, a sequência de construção poderia ser apresentada e facilmente explicada aos demais envolvidos, incluindo os ciclos diários nos pavimentos organizados em trabalhos dos turnos da manhã e da tarde.

Da simulação 4D à estimativa de custo 5D para a complexa paisagem de faixas em níveis. Os níveis com paisagismo estão localizados adjacentes ao Bloco 80 e à principal rampa de embarque e desembarque. Este elemento complexo foi introduzido ao projeto a meio caminho da fase de construção. O BIM permitiu à equipe

(A)

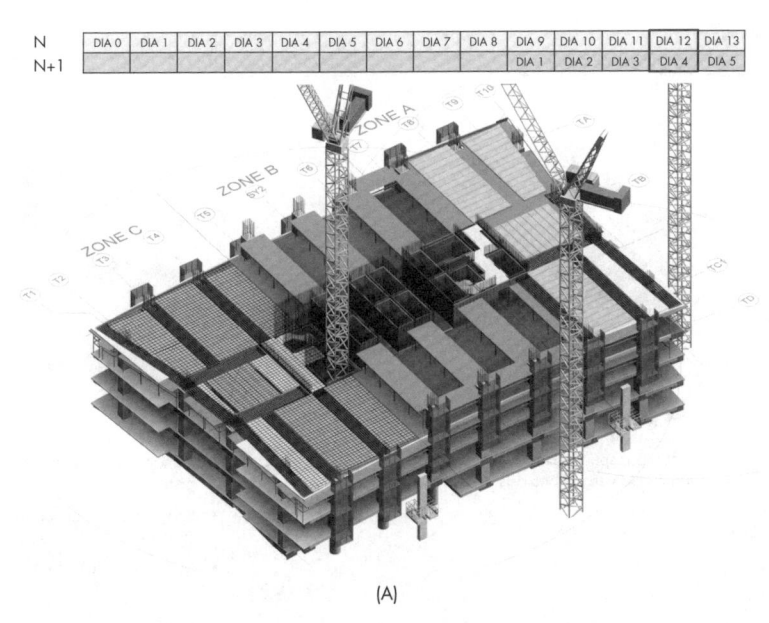

FIGURA 10.4.20 (A e B) Sequência de construção em 4D e simulação do ciclo construtivo dos pavimentos. (*Continua...*)

Imagem fornecida por cortesia de Shimizu Corporation.

estudar alternativas e calcular as quantidades de materiais para o alcance da solução mais eficiente em termos de custos e do método de construção. Este componente do paisagismo exigiu o estudo de sua altura em relação à estrutura, às exigências de autoridades e à estética. O modelo de intenção de projeto foi elaborado pelos consultores de arquitetura e foi por fim fornecido à construtora para ser posteriormente desenvolvido e refinado. Um modelo 4D foi utilizado para planejar e entender a logística e a sequência construtiva desta estrutura complexa, conforme mostrado nas Figuras 10.4.21 e 10.4.22.

A proposta de projeto continha áreas complexas com formas livres tridimensionais. Como seria difícil fazer a extração de quantitativos de materiais utilizando métodos convencionais, o modelo BIM se tornou uma ferramenta útil para a visualização e a extração de quantitativos no Revit. Os elementos puderam ser extraídos do modelo Revit, que continha parâmetros de informações, como o volume de concreto, a área de fôrmas, e assim por diante.

10.4.9 O BIM no canteiro de obras

Point layout da Autodesk. As equipes de obra utilizaram o *add-in* "Point layout" da Autodesk para identificar os pontos de coordenada e exportar informações aos topógrafos, que as utilizaram na estação total robótica. Os topógrafos puderam selecionar os pontos do modelo BIM através de um iPad (Figura 10.4.23).

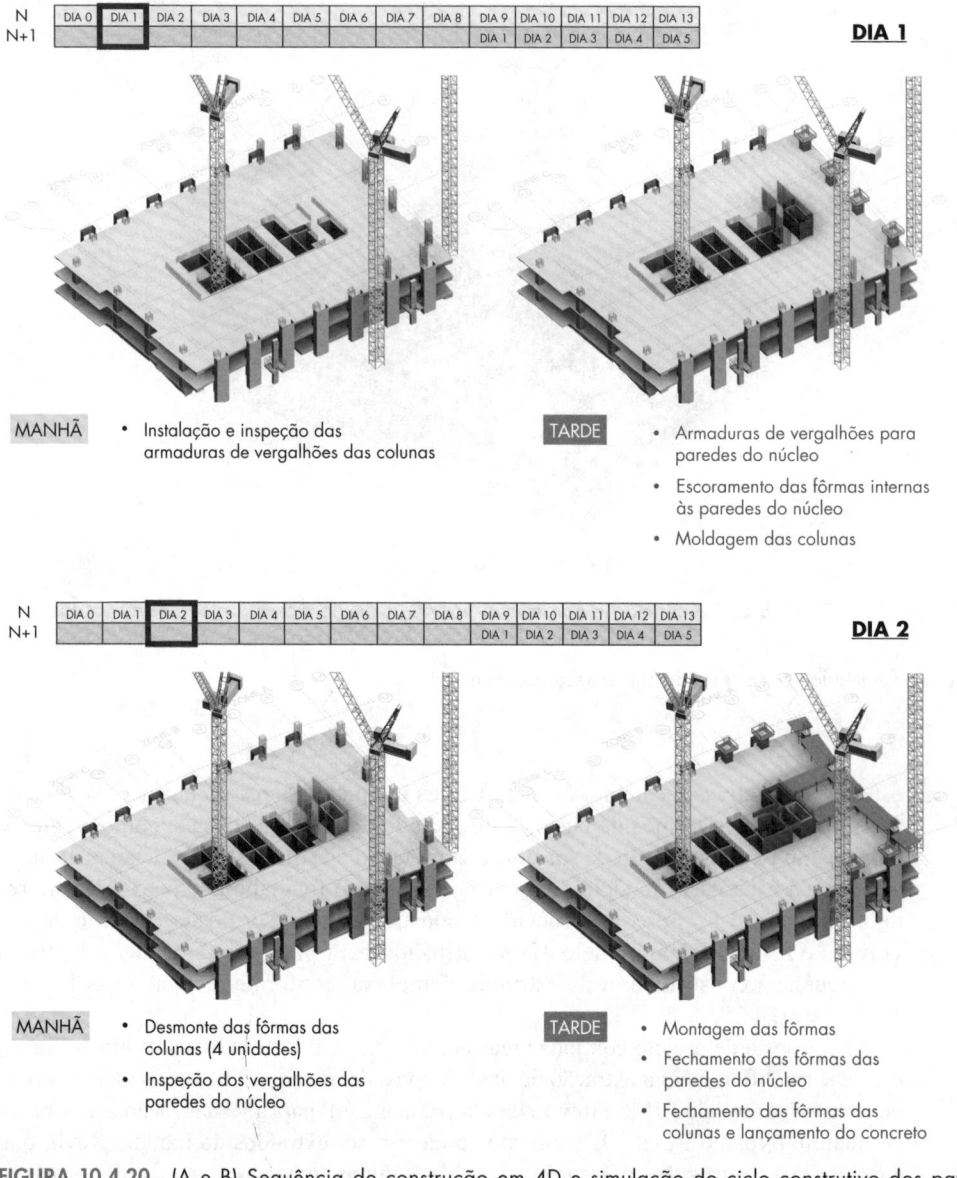

DIA 1

MANHÃ
- Instalação e inspeção das armaduras de vergalhões das colunas

TARDE
- Armaduras de vergalhões para paredes do núcleo
- Escoramento das fôrmas internas às paredes do núcleo
- Moldagem das colunas

DIA 2

MANHÃ
- Desmonte das fôrmas das colunas (4 unidades)
- Inspeção dos vergalhões das paredes do núcleo

TARDE
- Montagem das fôrmas
- Fechamento das fôrmas das paredes do núcleo
- Fechamento das fôrmas das colunas e lançamento do concreto

FIGURA 10.4.20 (A e B) Sequência de construção em 4D e simulação do ciclo construtivo dos pavimentos. (*Continua...*)

Imagem fornecida por cortesia de Shimizu Corporation.

Capítulo 10 • Estudos de Caso do BIM 481

DIA 3

| N | DIA 0 | DIA 1 | DIA 2 | **DIA 3** | DIA 4 | DIA 5 | DIA 6 | DIA 7 | DIA 8 | DIA 9 | DIA 10 | DIA 11 | DIA 12 | DIA 13 |
| N+1 | | | | | | | | | | DIA 1 | DIA 2 | DIA 3 | DIA 4 | DIA 5 |

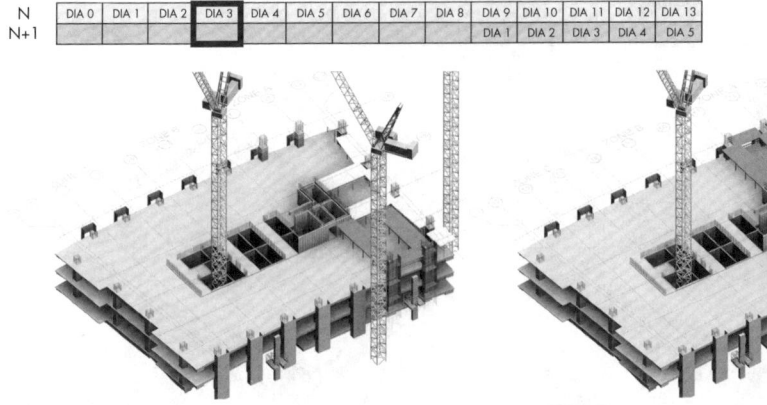

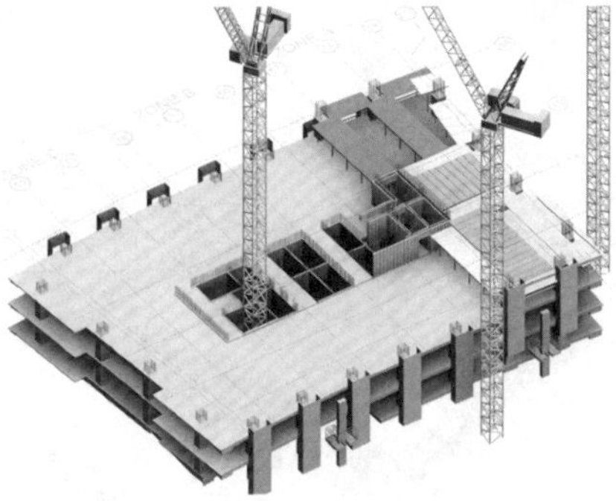

MANHÃ
- Desmonte das fôrmas das colunas (4 unidades)
- Montagem das fôrmas
- Fechamento das fôrmas das paredes do núcleo
- Montagem dos andaimes para as meias-lajes pré-moldadas no saguão dos elevadores

TARDE
- Fechamento das fôrmas das paredes do núcleo
- Montagem das fôrmas
- Instalação da laje alveolar e da meia-laje pré-moldada
- Fechamento das fôrmas das paredes do núcleo
- Instalação das vigas pré-moldadas

DIA 4

| N | DIA 0 | DIA 1 | DIA 2 | DIA 3 | **DIA 4** | DIA 5 | DIA 6 | DIA 7 | DIA 8 | DIA 9 | DIA 10 | DIA 11 | DIA 12 | DIA 13 |
| N+1 | | | | | | | | | | DIA 1 | DIA 2 | DIA 3 | DIA 4 | DIA 5 |

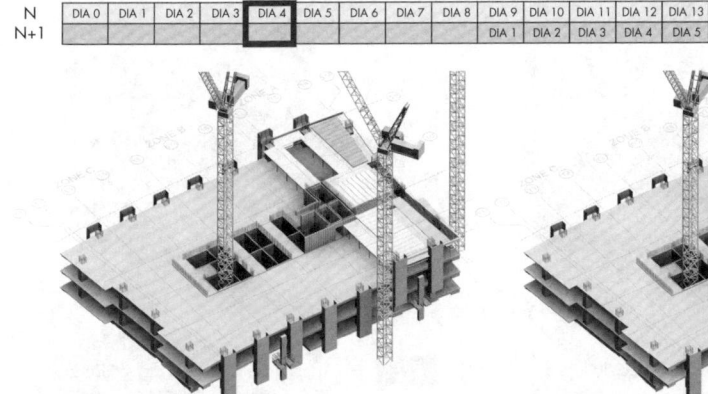

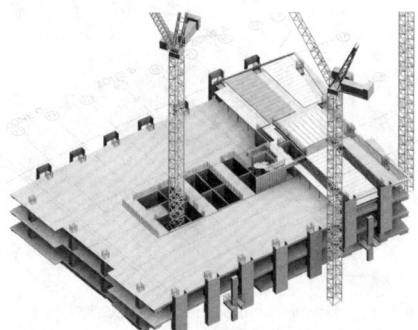

MANHÃ
- Instalação da laje alveolar
- Instalação das lajes e vigas pré-moldadas
- Vergalhões para as vigas spandrel e de concreto armado
- Fechamento das fôrmas para as paredes do núcleo

TARDE
- Instalação da laje alveolar
- Instalação da meia-laje no saguão dos elevadores
- Vergalhões para as vigas pós-tracionadas
- Colocação da cordoalha das vigas pós-tracionadas
- Fechamento das fôrmas para as paredes do núcleo

FIGURA 10.4.20 (A e B) Sequência de construção em 4D e simulação do ciclo construtivo dos pavimentos. *(Continua...)*

Imagem fornecida por cortesia de Shimizu Corporation.

DIA 5

MANHÃ
- Vergalhões para as vigas spandrel e de concreto armado
- Vergalhões para as meias-lajes nas paredes do núcleo
- Pós-tracionamento para as vigas pós-tracionadas

TARDE
- Vergalhões para as vigas pós-tracionadas e assentamento das telas de aço da laje da marca BRC
- Pós-tracionamento das vigas pós-tracionadas

DIA 6

MANHÃ
- Assentamento das telas de aço da laje da marca BRC no lado sul
- Fechamento lateral das fôrmas para as vigas

TARDE
- Assentamento da tela de aço da laje da marca BRC no lado norte
- Fechamento lateral das fôrmas para as vigas

FIGURA 10.4.20 (A e B) Sequência de construção em 4D e simulação do ciclo construtivo dos pavimentos. (*Continua...*)

Imagem fornecida por cortesia de Shimizu Corporation.

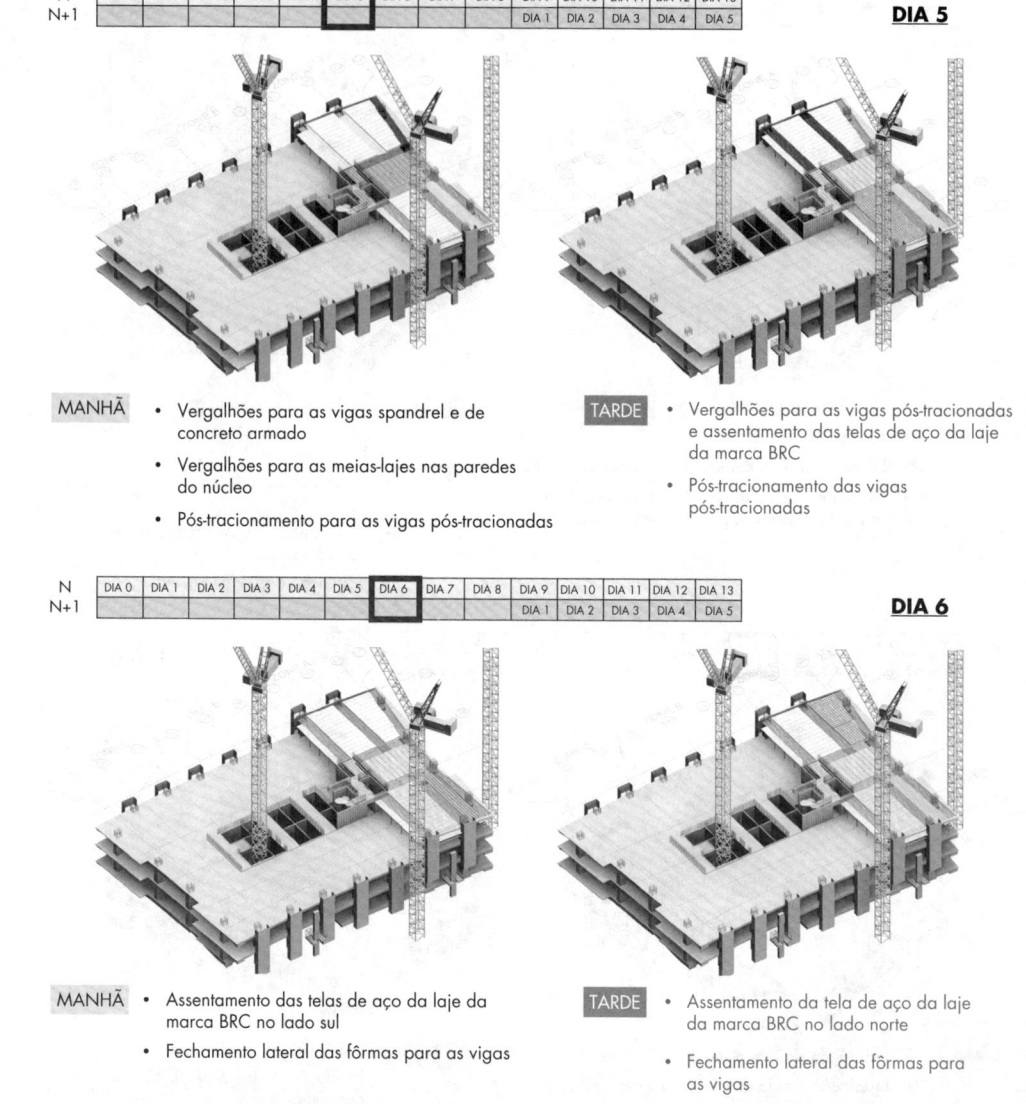

Capítulo 10 • Estudos de Caso do BIM **483**

DIA 7

| MANHÃ | • Assentamento da tela de aço da laje da marca BRC no lado norte
• Ajustes finais e término dos trabalhos de pós-tensionamento
• Cofragem lateral de vigas | TARDE | • Cofragem lateral de vigas
• Limpeza e conferência final do alinhamento da cofragem, dos vergalhões e trabalhos de pós-tensionamento
• Inspeção das armaduras e do pós-tensionamento |
|---|---|---|---|

DIA 8

| MANHÃ | • Inspeção das fôrmas das vigas e alinhamentos
• Colocação dos marcadores de nível e marcação do nível de moldagem
• Limpeza final e inspeção | TARDE | • Moldagem de paredes, vigas e lajes |
|---|---|---|---|

(B)

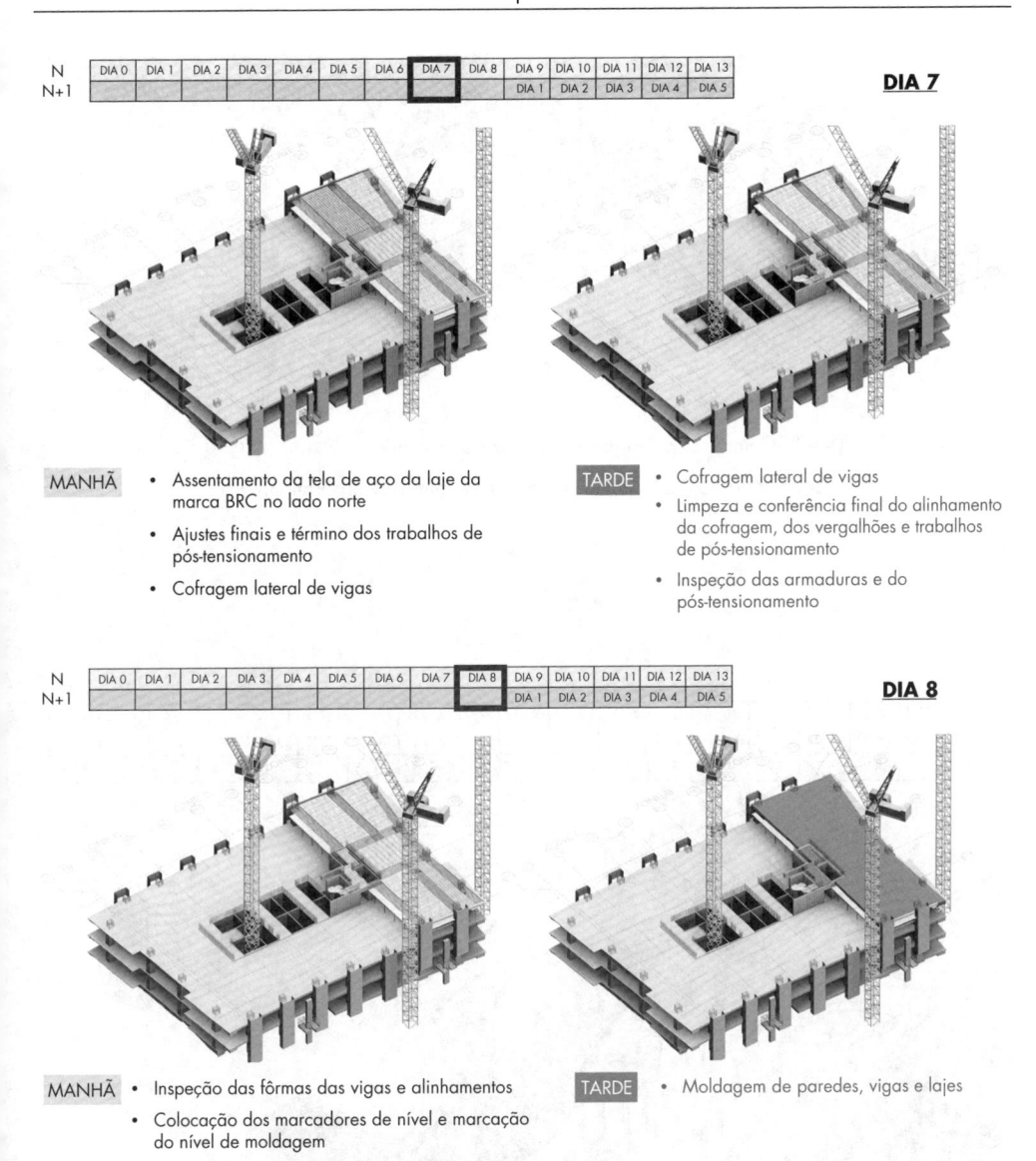

FIGURA 10.4.20 (A e B) Sequência de construção em 4D e simulação do ciclo construtivo dos pavimentos. (*Continuação*)

Imagem fornecida por cortesia de Shimizu Corporation.

(A) (B)

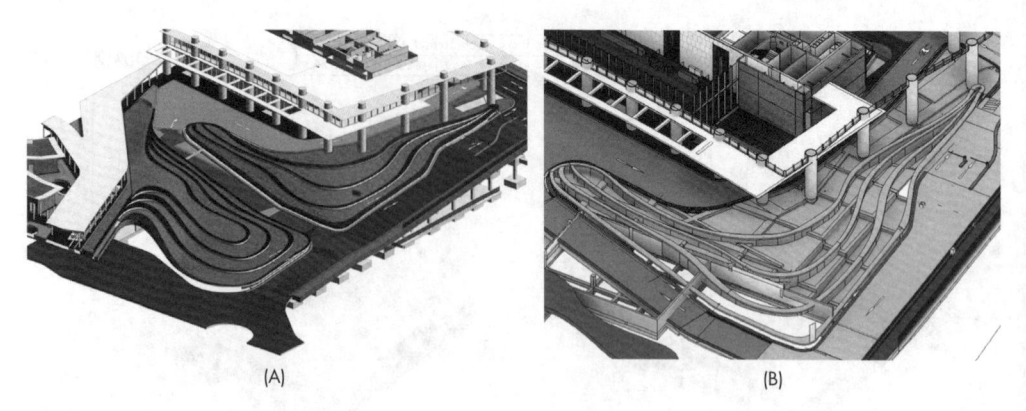

FIGURA 10.4.21 (A e B) Complexo paisagístico de faixas em níveis.
Imagem fornecida por cortesia de DCA Architects Pte Ltd. & Shimizu Corporation.

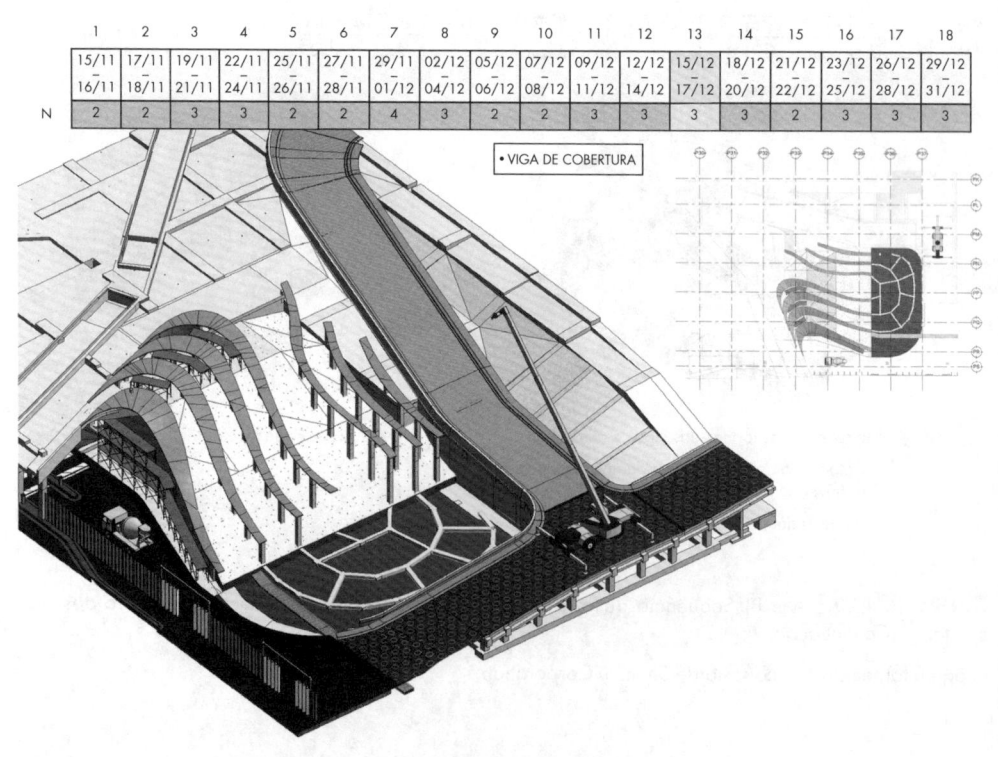

	1	2	3	4	5	6	7	8	9	10	11	12	13	14	15	16	17	18
N	15/11 - 16/11	17/11 - 18/11	19/11 - 21/11	22/11 - 24/11	25/11 - 26/11	27/11 - 28/11	29/11 - 01/12	02/12 - 04/12	05/12 - 06/12	07/12 - 08/12	09/12 - 11/12	12/12 - 14/12	15/12 - 17/12	18/12 - 20/12	21/12 - 22/12	23/12 - 25/12	26/12 - 28/12	29/12 - 31/12
	2	2	3	3	2	2	4	3	2	2	3	3	3	3	2	3	3	3

• VIGA DE COBERTURA

FIGURA 10.4.22 Simulação 4D do complexo paisagístico de faixas em níveis.
Imagem fornecida por cortesia de Shimizu Corporation.

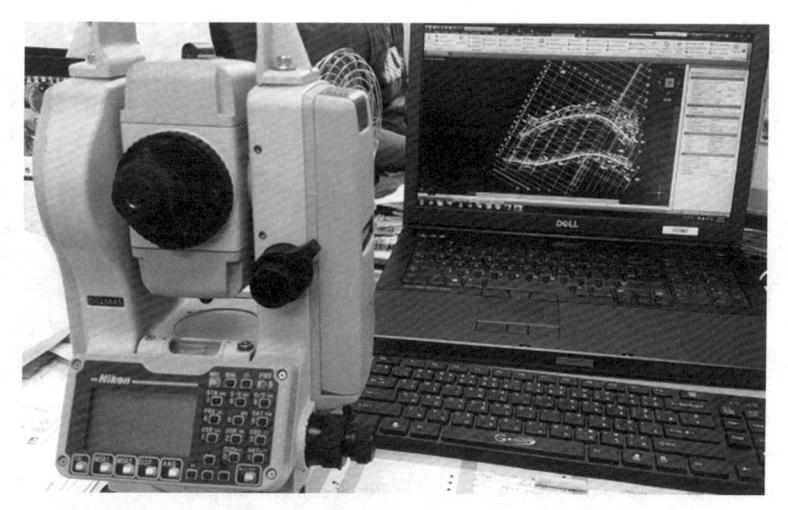

FIGURA 10.4.23 Selecionando os pontos a partir do modelo BIM com o uso de um iPad.
Imagem fornecida por cortesia de Shimizu Corporation.

Como descrito anteriormente, a estrutura de faixas em níveis foi uma alteração incorporada ao projeto durante a fase de construção. Foi também a última estrutura de construção do projeto e, portanto, teve de ser completada dentro de um cronograma muito apertado. Naturalmente, as expectativas eram elevadas, tendo em vista que o desenho complexo era um elemento-chave do projeto. Com a colaboração próxima entre os arquitetos, engenheiros e construtora, o modelo foi ajustado de forma acurada, com todos os detalhes de interface para a obtenção do efeito desejado. O modelo 3D mostrado na Figura 10.4.24 foi impresso a fim de facilitar a visualização, em especial para que os

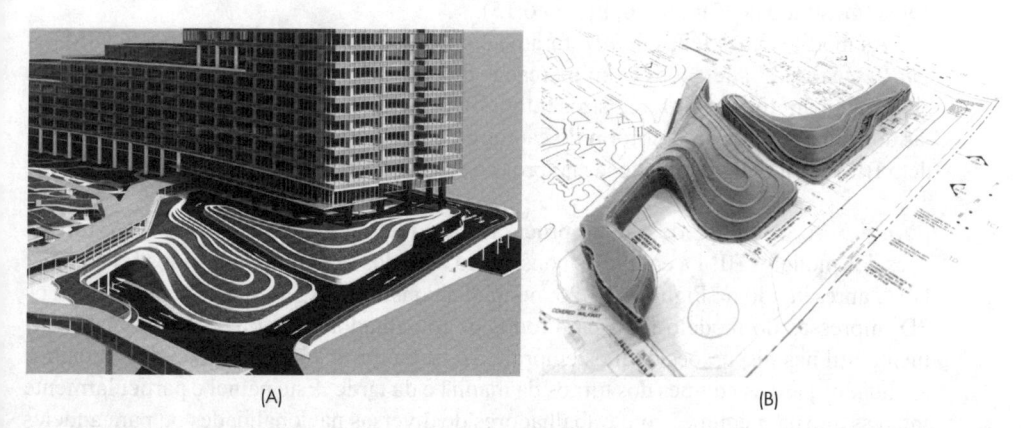

(A) (B)

FIGURA 10.4.24 A intenção de projeto das características das faixas em nível. (A) Modelo BIM. (B) Impressão 3D.

Imagem fornecida por cortesia de DCA Architects Pte Ltd. & Shimizu Corporation.

FIGURA 10.4.25 (A e B) Faixas em níveis em obras e após sua finalização.
Imagem fornecida por cortesia de DCA Architects Pte Ltd. & Shimizu Corporation.

trabalhadores no canteiro de obras conseguissem entender sua forma. Os pontos coordenados foram precisamente determinados com o "point layout", facilitando a marcação *in loco*. A fundação inteira, a estrutura, os acabamentos e as plantações foram finalizadas em apenas oito semanas (ver a Figura 10.4.25).

BIM 360 Glue e iPad no canteiro de obras. A fim de dar suporte à equipe de projeto para verificação dos trabalhos sendo executados na obra, o modelo BIM foi entregue em aparelhos portáteis, como iPads, por meio de seu carregamento no BIM 360 Glue, permitindo à equipe de construção acessar os modelos BIM e revisá-los no próprio canteiro de obras (mostrado no Capítulo 6, Figura 6.15).

As modificações feitas *in loco* foram acompanhadas e incluídas no modelo BIM *as--built*. Quaisquer alterações eram marcadas diretamente no iPad durante as inspeções à obra e também foram feitos registros fotográficos. A equipe de construção então relatava--as aos modeladores do escritório do canteiro de obras para que eles atualizassem o modelo BIM, refletindo as alterações no projeto feitas em campo.

Painel BIM. A equipe de projeto procurava um método para transmissão de informações dos modelos BIM à equipe de construção. Um dos métodos idealizados foi o painel BIM, apresentado na Figura 10.4.26, no qual a construtora (Shimizu) expunha imagens 3D impressas do modelo BIM para todos os trabalhadores. Isso se mostrou especialmente útil nas discussões com os empreiteiros e facilitou a compreensão dos trabalhos agendados para as equipes dos turnos da manhã e da tarde. Este painel é particularmente interessante para equipes com trabalhadores de diversas nacionalidades ou para aqueles que tenham começado a trabalhar recentemente na obra, pois conseguem rapidamente ver quais serviços estão planejados para aquele dia com a exibição das imagens 3D e tarefas detalhadas.

FIGURA 10.4.26 Fotografia do painel BIM no canteiro de obras.
Imagem fornecida por cortesia de Shimizu Corporation.

10.4.10 Conclusão

Redução de riscos. O uso do BIM possibilitou uma melhor compreensão das questões envolvidas, facilitou a comunicação entre a equipe de projeto e as autoridades e, portanto, contribuiu tanto para evitar quanto para reduzir os riscos e para aumentar a produtividade. Os riscos impostos ao orçamento e ao cronograma da construção podem ser minimizados com um modelo BIM preciso, oferecendo clareza a todos os envolvidos e uma medição acurada das quantidades de materiais. A seguir, alguns exemplos:

- Para o término da Fase 1, o modelo BIM foi utilizado para apresentar o *status* do projeto ao proprietário (BCA) de modo a atender a suas preocupações com relação à segurança e proteção do público afetado pelas obras em execução. As zonas de risco para as operações de içamento das gruas de torre e o leiaute dos anteparos de proteção próximos às áreas públicas foram todos modelados com precisão a fim de responder a esses riscos (ver a Figura 10.4.27).
- Vistas 3D foram incorporadas aos desenhos da construção e aos desenhos para produção, e foram expostas de forma proeminente no canteiro de obras. Isso permitiu que os trabalhadores *in loco* visualizassem melhor as complexas interfaces, reduzindo erros indesejáveis na obra e, consequentemente, reduzindo os riscos ao cronograma da construção.

Os principais marcos da linha do tempo do projeto permaneceram inalterados. O nível detalhado da coordenação alcançado usando o **BIM** validou sua **efetividade na tomada de decisões imediatas** durante toda a fase de desenvolvimento e execução do projeto, permitindo a **finalização oportuna dentro do cronograma** para o recebimento da Licença para Ocupação Temporária (TOP, *Temporary Occupation Permit*) 1 dentro de 20 meses e a Licença para TOP 2 em 26 meses.

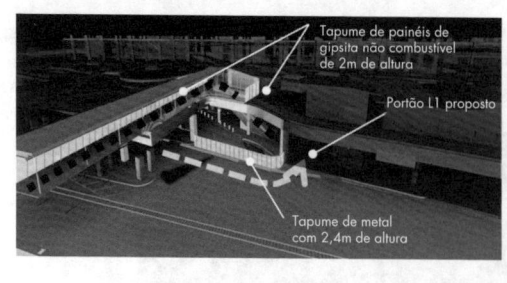

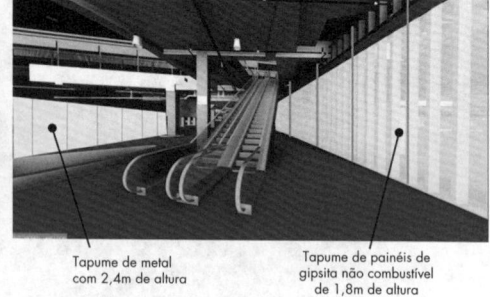

FIGURA 10.4.27 Tapume de metal temporário no BIM.
Imagem fornecida por cortesia de DCA Architects Pte Ltd. & Shimizu Corporation.

Sem o BIM, certamente haveria situações nas quais a coordenação tradicional resultaria em circunstâncias imprevistas na coordenação, como conflitos não detectados ou má interface, que exigiriam reprojeto e retrabalho, provocando atrasos. O BIM permitiu à equipe de projeto visualizar cada canto, além de abordar os problemas em 3D de modo efetivo. Com o BIM, as oportunidades para discrepâncias entre desenhos 2D foram radicalmente reduzidas e todas as áreas foram visualizadas e revisadas no modelo – ambas reduzem o risco de erro humano, tanto no projeto quanto em sua comunicação.

Desafios e soluções. Este empreendimento adotou com sucesso processos BIM ao longo de todo o projeto, e a construção foi completada dentro do cronograma previsto. Entretanto, existem alguns aspectos para os quais o BIM poderia ter sido alavancado para aprimorar ainda mais o processo:

- O ideal seria que toda a equipe de consultores tivesse se envolvido desde o início junto com o cliente. Neste projeto, os arquitetos precisaram modelar as informações fornecidas pelos engenheiros civis e de estruturas, engenheiros das instalações prediais e arquitetos paisagistas.
- Um método de contrato comercial que permita o envolvimento da construtora desde o início seria preferível. Isso permitiria à equipe um começo mais efetivo para a seleção dos melhores métodos construtivos e, provavelmente, teria tornado as equipes de construção mais produtivas e econômicas.
- Do ponto de vista da tecnologia, ferramentas de maior suporte poderiam ter sido adotadas, como o uso de dados na nuvem para capturar as informações existentes para parte dos trabalhos de ampliação ou alteração realizados dentro do desenvolvimento de projeto.
- A equipe de manutenção das instalações prediais do cliente deveria ter sido envolvida no projeto e na construção, para que pudesse entender a edificação e o modelo BIM que foi entregue para propósitos operacionais e de manutenção.

Agradecimentos

Este estudo de caso foi preparado por Vincent Koo e Min Thu, da DCA Architects, Pty. Ltd., Cingapura, com o suporte de muitos participantes da equipe de projeto do Mapletree e de Tai Fatt Cheng, além de outros membros da Singapore Building Construction Authority. Somos profundamente gratos a todos eles por compartilharem conosco a sua grande experiência de trabalho com o BIM.

10.5 AEROPORTO INTERNACIONAL PRÍNCIPE MOHAMMAD BIN ABDULAZIZ, MEDINA, ÁRABIA SAUDITA
Integração entre BIM e FM (gerenciamento de instalações)

10.5.1 Informações sobre o projeto

Criado por meio do modelo de parceria público-privada (PPP), o Aeroporto Internacional Príncipe Mohammad Bin Abdulaziz, em Medina, é o primeiro caso de privatização aeroportuária da Arábia Saudita. Ele é o principal porto de entrada para visitantes do Kaaba e aqueles que chegam para fazer a peregrinação às duas Cidades Sagradas do mundo islâmico (ver a Figura 10.5.1).

O aeroporto é administrado pelo consórcio que o projetou e construiu, Tibah Airports Development Company Limited, formado pela seguinte *joint venture*: TAV Airports (Turquia), Saudi Oger Limited (Arábia Saudita) e Al Rajhi Holding Group (Arábia Saudita). Em outubro de 2011, a *joint venture* firmou contrato com a Agência da Aviação Civil da Arábia Saudita (GACA, *General Authority of Civil Aviation*) para construir e operar o

FIGURA 10.5.1 O aeroporto de Medina.
Imagem fornecida por cortesia de TAV Construction.

aeroporto durante uma concessão de 25 anos, obtendo um pacote de financiamento de 1,2 bilhão de dólares junto a um grupo de bancos sauditas.

A concessão de 25 anos foi feita na forma de um projeto do tipo Construção-Transferência-Operação, de modo que a GACA se tornou a proprietária da infraestrutura do aeroporto durante a fase operacional do contrato. O consórcio, por meio de uma empresa específica incorporada ao projeto, a Tibah Airports Development Company Limited, será responsável pela administração do aeroporto, inclusive suas pistas e terminais. Contudo, a GACA continuará exercendo suas atividades regulatórias e será responsável pelas operações de controle de tráfego aéreo. O consórcio e seus financiadores assumiram o risco da demanda de passageiros e compartilharão com a GACA as receitas geradas pela concessão.

A ampliação aumentará a capacidade do aeroporto para oito milhões de passageiros por ano com a construção de um novo terminal, um pátio de manobra de aeronaves e acessos para táxis com saídas expressas. Estima-se que, ao final do período de concessão, a capacidade chegará a 16 milhões de passageiros por ano.

Os princípios organizadores do projeto de arquitetura do aeroporto eram a integração com as facilidades existentes; um leiaute simples e coerente com rotas bem definidas para a circulação de passageiros e a segurança física e patrimonial dos usuários; bem como a eficiência operacional, flexibilidade, adaptabilidade e possibilidade de ampliação. O projeto e a construção do novo terminal e da infraestrutura do pátio de aeronaves foram feitos entre julho de 2012 e fevereiro de 2015 por uma vasta equipe de projeto localizada em diferentes países (ver a Tabela 10.5.1).

O aeroporto de Medina é o primeiro a receber a certificação Ouro do LEED conferida pelo USGBC (Conselho da Edificação Sustentável dos Estados Unidos) na região do Oriente Médio e África do Norte. Em 2015, o aeroporto também recebeu a premiação Global Best Projects Award do ENR por ser o melhor projeto na categoria aeroportos e portos.

Algumas informações do projeto:

- 156.940 m^2 de área no prédio do terminal e saguões
- 8 milhões de passageiros por ano: capacidade projetada para o terminal
- 14.320 toneladas de aço estrutural
- 89.161 m^3 de concreto
- 10 milhões de m^3 de escavações
- 2.800.000 m^3 de aterro
- 1.500.000 m^2 de pistas de pouso e decolagem, pistas para táxi e pátios de manobra de aeronaves
- 32 pontes de embarque para passageiros
- 93 unidades de elevadores, escadas rolantes e esteiras rolantes
- 2.200 unidades por hora: capacidade do sistema de manuseio de bagagem

10.5.2 Uso inovador do BIM

O uso do BIM no Oriente Médio tem evoluído. Acompanhando a tendência de vários países ao redor do mundo, o uso do BIM está se tornando obrigatório no Oriente Médio, como exemplifica a exigência estabelecida em 1º de janeiro de 2014 pela Prefeitura do Emirado de Dubai, a qual estabelece que o uso do BIM se tornou obrigatório para edifícios "com mais de 40 pavimentos", "com mais de 300 mil pés quadrados" (cerca de 27 mil m^2) e "prédios especializados, como hospitais, universidades e todos os similares

Tabela 10.5.1 Principais envolvidos e seus papéis no projeto

Cliente/Concessor	Agência da Aviação Civil da Arábia Saudita (GACA)
Concessionária	Tibah Airports Development Company Limited
	Joint Venture formada pela TAV Airports Holding (Turquia), Al Rajhi Holding Group CJSC (Arábia Saudita) e Saudi Oger Limited (Arábia Saudita)
Engenheiros terceirizados	Halcrow Group Limited (Reino Unido)
Financiadores	Consórcio formado por National Commercial Bank (NCB), Arab National Bank (ANB) e Saudi British Bank (SABB)
Conselheiros técnicos dos financiadores	Intervistas Consulting Inc.
Construtora	Madinah Airport Joint Venture, composta de TAV Tepe Akfen Investment Construction and Operations (Turquia) e Al Arrab Contracting Company CJSC (Arábia Saudita)
Arquitetos responsáveis	Scott Brownrigg (ex GMW Architects UK)
Conceito de projeto das obras de infraestrutura da área de pistas, estrutura e instalações prediais	URS/Scott Wilson (Reino Unido)
Projeto da estrutura de aço	Çakıt Engineering (Turquia)
Projeto da estrutura de concreto armado	OSM Engineering (Turquia)
Projeto das instalações mecânicas	Moskay Engineering (Turquia)
Projeto das instalações elétricas	HB Teknik (Turquia)

a esses". Embora o BIM possa beneficiar projetos de quaisquer tamanhos, esse imperativo aplicável apenas a projetos de grande porte ou especiais reflete a compreensão dos custos de adaptação associados a essa nova tecnologia e a dificuldade de usá-la em projetos pequenos em um mercado no qual as empresas e os profissionais que dominam o BIM ainda estão surgindo.

Em outras palavras, a tendência é clara: os projetos cada vez mais exigem a implementação do BIM. Prevendo a crescente necessidade de implementar o BIM nos projetos, a subsidiária TAV Integrated Solutions (TAV-IS) foi estabelecida dentro da TAV Tepe Akfen Investment Construction and Operations a fim de formalizar e comercializar os conhecimentos de projeto, construção e operação conjuntos dos departamentos de construção e aviação da empresa-mãe, com base nas ferramentas e tecnologias criadas para o setor do ambiente construído.

O uso do BIM não foi especificado pelo cliente, e, por ser um projeto urgente dentro de uma *joint venture* com parceiros que não possuíam recursos de BIM, sua implementação não foi prevista para a construção do aeroporto de Medina. Atualmente, os principais promotores do uso do BIM são as exigências de projeto especificadas nas Solicitações de Informação do Empregador. Os recursos para a execução do BIM são orçamentados durante a fase de elaboração da proposta, caso contrário o custo da ferramenta e de seus profissionais associados hoje é visto como um ônus adicional. A dificuldade de preencher as vagas de especialista em BIM ou de treinar os funcionários existentes e encontrar empreiteiros que dominem o BIM são outros fatores limitadores da adoção dessa tecnologia.

O uso de um sistema BIM como repositório para todos os tipos de projeto, construção e ativos de operação predial já vinha sendo discutido, dentro dos círculos dos setores de aeroportos e construção da TAV, como uma necessidade dos aeroportos operados pela empresa turca. Portanto, o momento, escopo e tamanho do projeto de Medina eram ideais para o desenvolvimento de uma infraestrutura BIM específica para a administração de edificações, que serviria de *benchmark* interno para a empresa. Esse projeto de construção e gerenciamento pelo BIM foi financiado pela Tibah e posto em prática pela TAV-IS. Com esse esforço, a TAV formulará e implementará toda uma gama de recursos para portabilidade de informações, criando uma ampla fonte de referências e um modelo para futuros projetos e outros aeroportos.

O diretor executivo da TAV Airports Holding apoia com entusiasmo a TAV-IS e sua iniciativa para desenvolver o uso do BIM e da tecnologia por meio das operações da empresa. O escopo e o orçamento da integração BIM-administração de edificações no aeroporto de Medina foram apresentados ao conselho diretor da Tibah, que os aprovou. Alinhado com as iniciativas da TAV-IS, o principal objetivo era reunir todas as informações de projeto e construção com o uso do BIM, integrando os processos de trabalho e sistemas de gerenciamento de edificações que serão utilizados ativamente durante a vida útil do aeroporto. Com essa integração, todas as informações sobre a construção, manutenção e propriedade se tornam acessíveis aos funcionários que operam o terminal por meio de uma interface gráfica de navegação simples. A Figura 10.5.2 mostra uma fotografia aérea do terminal e o modelo BIM indicando as rotas gerais do sistema.

O valor agregado do uso do BIM como ferramenta de gerenciamento de edificações é oferecer:

- Uma interface visual para completar as informações sobre a edificação.
- Um banco de dados dos ativos desenvolvido com o BIM e a população direta dos Sistemas Computadorizados de Manutenção e Gerenciamento.
- O acesso à documentação dos equipamentos por meio do modelo BIM.
- A habilidade de visualizar e acompanhar a conectividade dos sistemas e subsistemas de ponta a ponta.
- Uma ferramenta visual portátil que permita o acesso e acréscimo ou atualização do banco de dados dos Sistemas Computadorizados de Manutenção e Gerenciamento do *site*.
- Uma base para análises energéticas a fim de fazer melhorias e simular cenários de renovação, avaliando impactos e retorno de investimentos.

Os dois principais objetivos podem ser resumidos da seguinte maneira:

- Desenvolver um modelo BIM federado para o terminal, incluindo todos os seus sistemas acessórios:
    - Fazer a modelagem BIM LOD 500 (nível de desenvolvimento 500): reunião de especificações, documentos e desenhos da construção; modelagem do terminal e seus sistemas.
- Organizar e integrar o BIM com os objetivos de gestão e operação da edificação; integrar os equipamentos físicos e as informações do sistema do terminal:
    - Desenvolver, treinar e integrar a biblioteca de gerenciamento de edificações do BIM: oficinas e treinamento com consultores e envolvidos para determinar os requisitos e as diretrizes da biblioteca do BIM.
    - Validar os dados do BIM-gerenciamento de edificações e da integração do Sistema Computadorizado de Administração da Manutenção: implementação e integração dos sistemas BIM-gerenciamento de edificações e validação do projeto *as-built*.

FIGURA 10.5.2 (Imagem superior) Vista aérea do aeroporto de Medina. (Imagem inferior) Os sistemas mecânicos no modelo BIM.

Imagem fornecida por cortesia de TAV Construction.

10.5.3 Comunicação e colaboração

A modelagem do terminal iniciou durante as fases finais da construção. Todos os pacotes de desenhos e informações sobre a construção foram obtidos diretamente dos funcionários da TAV Construction *in loco* e por meio do Aconex, um *software* de gestão de documentos de projeto e informação baseado na nuvem.

Também foram organizadas oficinas com vários trabalhadores da Tibah e da equipe de operações aeroportuárias da TAV a fim de determinar as necessidades e expectativas do usuário final. Foram identificados os ativos e sistemas com manutenção crítica, junto com seus atributos relevantes que seriam úteis para os trabalhadores no canteiro de obras. Essas informações eram necessárias para lidar com a quantidade de dados que seria incluída no modelo BIM.

Antes da execução das instalações prediais, os funcionários da TAV-IS e ProCS, o consultor do BIM para esses sistemas, tiveram de determinar todos os espaços, famílias de elementos, informações do sistema, conectividade das rotas dos sistemas e informações sobre os atributos. Os principais sistemas que exigem manutenção estão relacionados às instalações mecânicas, elétricas e hidrossanitárias, assim os conhecimentos sobre sua construção e operação são cruciais para que se identifiquem e modelem adequadamente esses sistemas.

A maior parte da modelagem dos desenhos *as-built* do terminal foi feita em um esforço conjunto pelos funcionários da TAV-IS e o consultor do BIM para as instalações prediais (ProCS) com o suporte de uma empresa de modelagem BIM (Invicta). A conferência e controle da qualidade contínuos do modelo com *feedback* dos trabalhadores do canteiro de obras foi fundamental para que se obtivessem as informações corretas. A plataforma de BIM-FM e gestão Ecodomus-FM (http://ecodomus.com/products/masonry--style/) e o *software* IFS de sistemas computadorizados de manutenção e gerenciamento (www.ifsworld.com/us/solutions/) foram escolhidos para este projeto. Os modelos BIM foram criados com o uso do Autodesk Revit e compilados com Autodesk Navisworks e Ecodomus PM (http://ecodomus.com/products/ecodomus-pm/).

Foi planejado o prazo de 12 meses para todas as oficinas, modelagens, integrações e treinamentos. A modelagem propriamente dita foi planejada para durar entre quatro e cinco meses. Para um terminal aeroportuário deste tamanho, em circunstâncias normais, esse seria um prazo razoável para gerar um modelo BIM federado. A Tibah atualizou o esquema de etiquetagem dos elementos e numeração dos recintos, o que exigiu a atualização do modelo. Isso estendeu os esforços de modelagem em vários meses, mas a modelagem e a integração foram completadas em 18 meses. Muitas lições foram aprendidas com esse projeto e serão úteis para projetos futuros, como discutiremos a seguir.

Os envolvidos no esforço de integração do BIM e gerenciamento de edificações eram de sete países (Turquia, Estados Unidos, Rússia, Emirados Árabes Unidos, Arábia Saudita, Egito e Índia) em quatro continentes. Reuniões virtuais com todos os envolvidos foram feitas regularmente a fim de comunicar as atualizações, tomar decisões ou esclarecer quaisquer preocupações importantes.

Uma plataforma de gestão de projetos baseada na *web*, a Basecamp (https://basecamp.com/), foi utilizada, em vez do envio de *e-mails*, a fim de criar uma linha de comunicação coerente entre todas as partes envolvidas. Todos os arquivos do projeto, inclusive os modelos BIM, foram distribuídos usando-se o TAVcloud, uma plataforma híbrida de compartilhamento de arquivos baseada na nuvem (ver a Figura 10.5.3). Uma plataforma de comunicação e compartilhamento de arquivos de uso comum é essencial para que todos os envolvidos tenham informações atualizadas, evitando a dispersão que é típica de *e-mails* e anexos individuais.

As principais preocupações eram gerar os modelos BIM com informações precisas que refletissem as condições *as-built* e garantissem que todos os elementos ativos modelados fossem rotulados de modo consistente com o banco de dados dos sistemas computadorizados de manutenção e gerenciamento e os requisitos de registro de ativos. Ter acesso tanto aos trabalhadores no canteiro de obras envolvidos com a construção quanto àqueles envolvidos com as operações foi uma vantagem para o esclarecimento de dúvidas quando os desenhos ou as informações não eram claros.

Um desafio à colaboração e comunicação encontrado em um grupo como este (distribuído ao redor do mundo) foi o agendamento de reuniões na *web* em razão dos diferentes fusos horários e feriados. Essas reuniões nem sempre eram eficientes devido à baixa qualidade das conexões, mas esse problema foi solucionado com o uso da plataforma de gestão de projeto baseada na *web* e com a gravação de vídeos *screencast* para o compartilhamento de problemas específicos relativos ao uso de *software* e à modelagem.

10.5.4 Participação dos envolvidos

A atuação dos envolvidos ao longo de toda a modelagem do BIM e integração com os sistemas de gerenciamento de edificações é mostrada na Figura 10.5.4. Cada papel representa a área de responsabilidade de cada ator. A TAV-IS, junto com a Tibah, liderou as atividades de geração e integração com o suporte de um consultor de BIM para instalações prediais, a

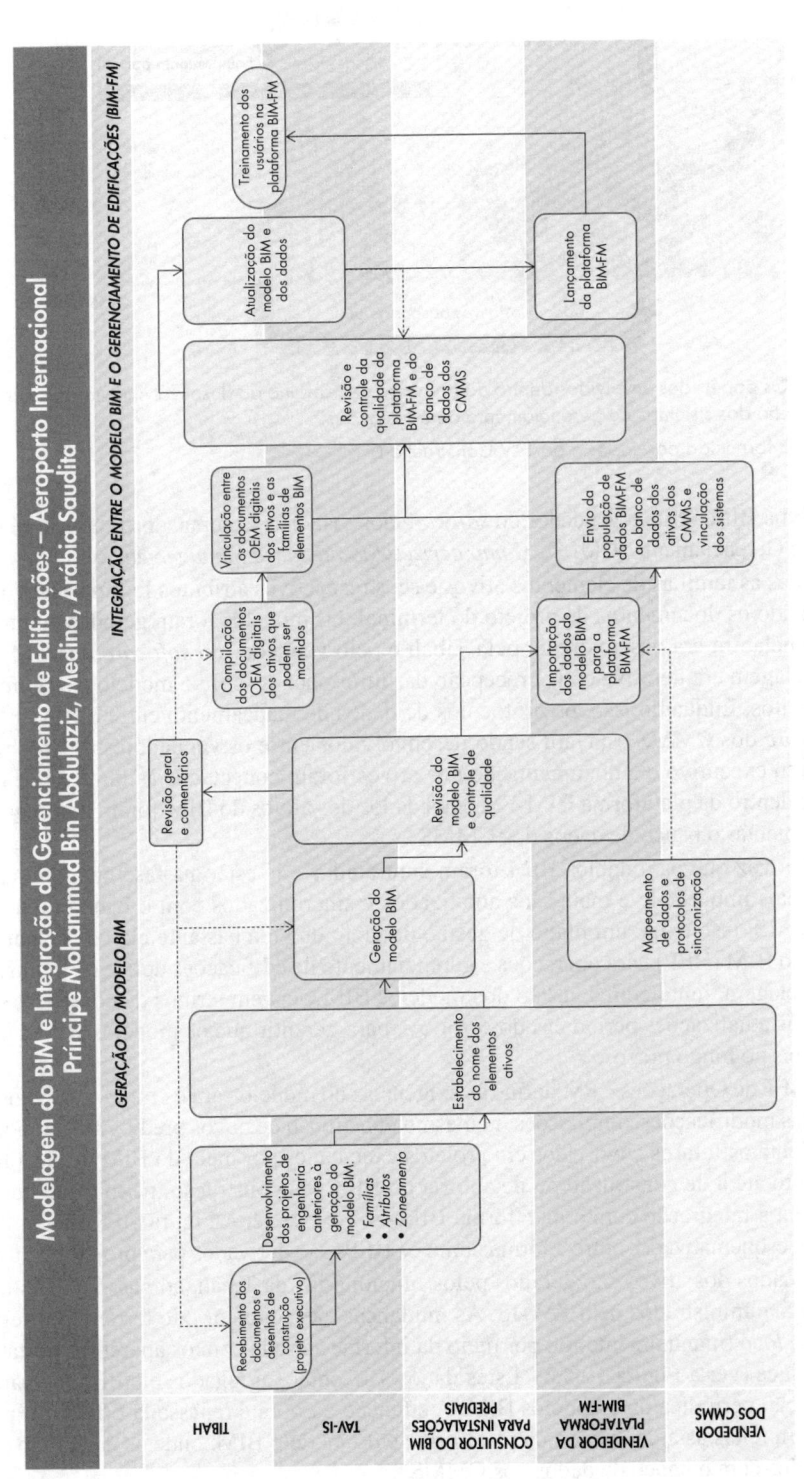

FIGURA 10.5.3 Os arquivos compartilhados na *web* e as ferramentas de gestão de projeto são essenciais para que haja comunicação coerente e intercâmbio de dados em um grupo numeroso.

Imagem fornecida por cortesia de TAV Construction.

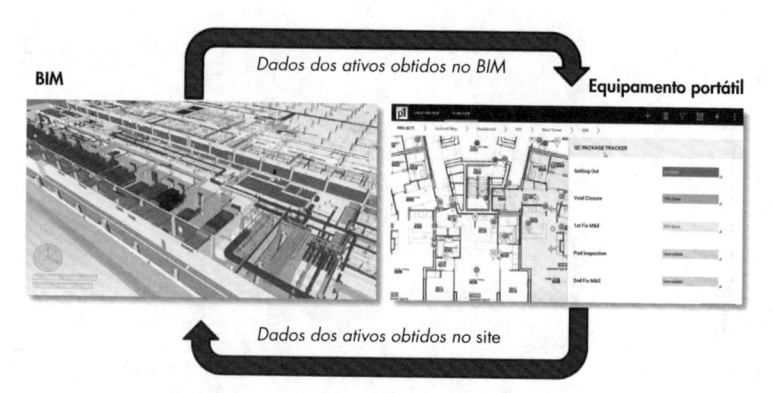

FIGURA 10.5.4 Os papéis dos envolvidos dentro do processo de trabalho do desenvolvimento dos modelos BIM e da integração dos sistemas de gerenciamento de edificações.
Imagem fornecida fornecida por cortesia de TAV Construction.

plataforma BIM-FM e o vendedor do *software* dos Sistemas Computadorizados de Manutenção e Gerenciamento (CMMS, *Computerized Maintenance Management System*).

Todas as famílias de elementos ativos e seus respectivos atributos foram desenvolvidos usando os documentos de projeto do terminal. Os modelos foram gerados enquanto a nomenclatura era desenvolvida pela Tibah e pelo vendedor do *software* dos CMMS. A modelagem era iterativa com a recepção das informações sobre o modelo e os comentários feitos. Enquanto isso, os protocolos de dados de mapeamento entre o BIM-FM e o *software* dos CMMS estavam sendo desenvolvidos entre os vendedores do *software*. O projeto executivo e a documentação dos ativos foram conectados às famílias de elementos dentro da plataforma BIM-FM, e os dados dos ativos do BIM foram empregados para alimentar o banco de dados dos CMMS.

Uma vez que os modelos BIM foram contratados e já estão na fase operacional, a tarefa mais importante é mantê-los atualizados e sincronizados com o banco de dados dos CMMS. Isso exige um plano de gestão do ciclo de vida bastante claro. O plano de execução BIM (BEP) para operações e gerenciamento de edificações define os requisitos de modelagem, junto com a gestão dos modelos BIM, seja em termos de conteúdo, seja quanto às atualizações periódicas do *software*, para garantir que os modelos BIM sejam acessíveis no longo prazo.

O BEP de Operações e FM define as exigências do modelo para os futuros projetos de pequenas modificações, ampliações ou mesmo construção de novos prédios no aeroporto. Isso orienta os futuros envolvidos em projetos executados por meio do BIM desde a fase de projeto até a de construção ou de autoria do BIM pós-construção, permitindo que se mantenha a integração com a plataforma BIM-FM existente. A Figura 10.5.5 mostra as relações esquematizadas entre a forma como os BEPs são derivados para projetos futuros.

Os dados dos ativos são gerados pelos funcionários da Tibah, ao passo que os modelos são administrados pela TAV-IS. As mudanças nas condições do terreno são registradas *in loco* (manualmente) ou por meio da interface criada com os aparelhos portáteis da interface (ver a Figura 10.5.6). Estes dados são, então, agregados e utilizados para a atualização periódica dos modelos BIM. A situação da obra é repassada à TAV-IS, para que sejam feitas as atualizações da plataforma e do modelo BIM, onde os dados são sincronizados com o banco de dados dos CMMS.

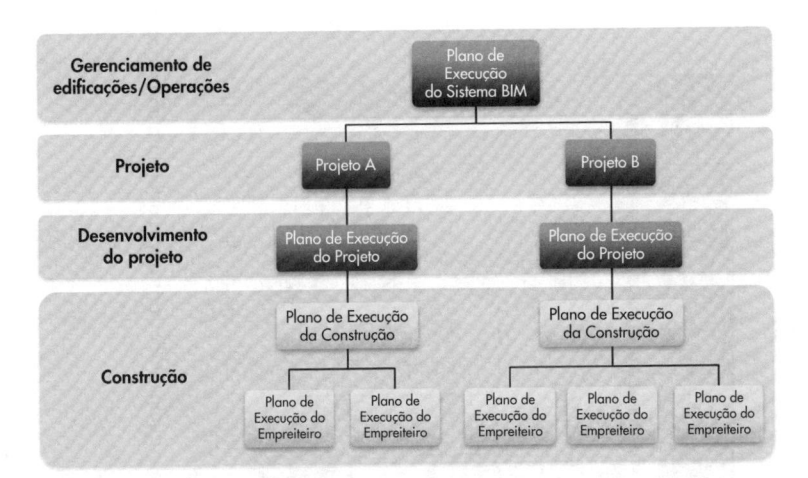

FIGURA 10.5.5 O plano de execução BIM para toda a plataforma BIM-FM e sua relação com o desenvolvimento dos modelos BIM nos futuros projetos. Isso é essencial para garantir que as informações de projetos futuros no aeroporto sejam integradas à plataforma BIM-FM.

Imagem fornecida por cortesia de TAV Construction.

10.5.5 Riscos

É difícil quantificar o retorno do investimento feito com a implementação do BIM em determinado projeto. Contudo, a experiência da equipe no projeto do aeroporto de Medina indica que os custos associados à implantação do BIM são compensados pelos ganhos de eficiência e pela redução do número de pessoas envolvidas nas funções suportadas pelo BIM.

As informações combinadas dentro da plataforma BIM-FM contribuirão para a melhoria das respostas das equipes e do nível de serviços das operações de gerenciamento das edificações, tornando o terminal mais eficiente. Os técnicos responsáveis terão acesso às informações relevantes sobre uma tarefa em questão, como mostra a Figura 10.5.7, incluindo informações sobre os atributos dos elementos, sua localização, seu histórico de manutenção, seus projetos complementares, suas peças sobressalentes em estoque e seus acessos e percursos.

Em uma situação de emergência, como no caso de um sistema de *sprinklers* acidentalmente acionado em razão de algum dano ou alarme falso, a localização de cada *sprinkler* e o percurso de sua tubulação até a válvula de fechamento será definida como um sistema dentro do modelo BIM. Será possível rapidamente localizar a válvula de fechamento da rede e evitar a inundação do prédio. Isso é ilustrado na Figura 10.5.8.

O uso de uma plataforma BIM-FM oferece um nível de detalhamento das informações muito superior àquele disponibilizado por um banco de dados dos CMMS alimentado com dados obtidos manualmente de fontes materiais ou inspeções feitas *in loco*. Um total de 11 modelos BIM foi gerado para o aeroporto de Medina, por disciplinas de projeto e por níveis de pavimento, os quais, quando reunidos, provêm informações sobre mais de 580 mil componentes individuais. As tabelas a seguir resumem elementos marcados especificamente para conteúdos que exigem manutenção e estão dentro dos modelos BIM. Os elementos listados definem as categorias que formam a árvore de ativos do banco de dados dos CMMS (ver a Tabela 10.5.2).

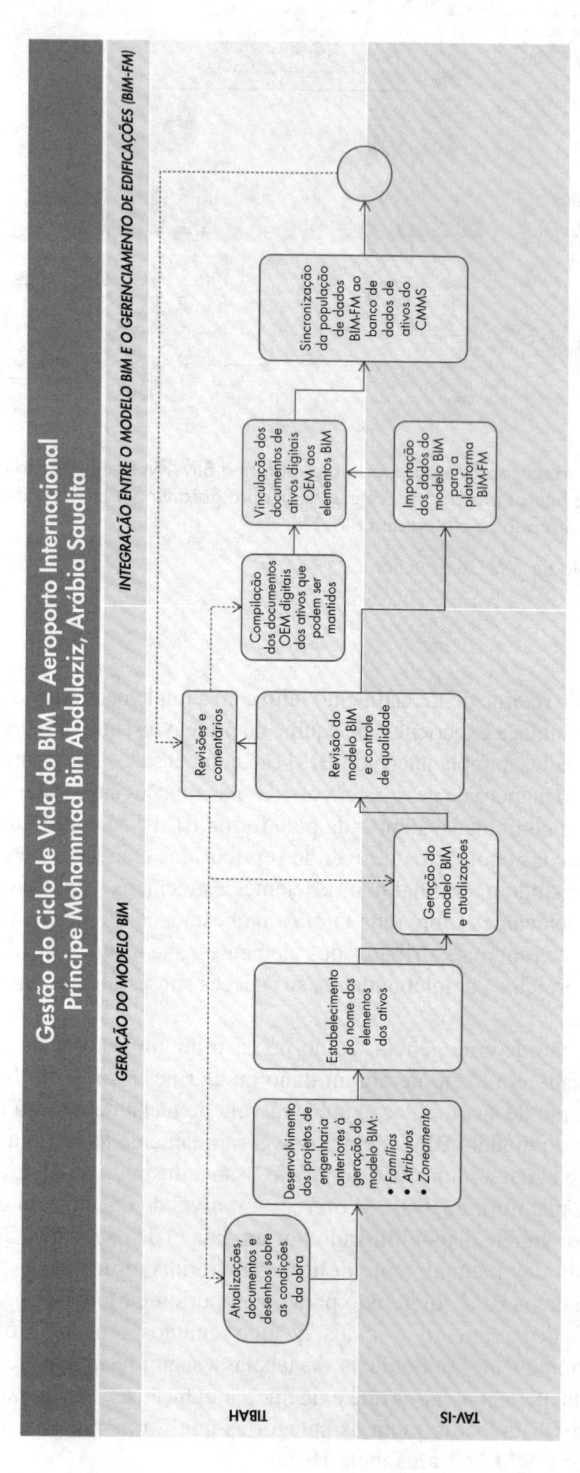

FIGURA 10.5.6 As condições do canteiro de obras são registradas e refletidas nos modelos BIM a fim de garantir que os dados dos ativos estejam atualizados e precisos. Os modelos são carregados periodicamente com base nas informações obtidas na obra.

Imagem fornecida por cortesia de TAV Construction.

Capítulo 10 • Estudos de Caso do BIM 499

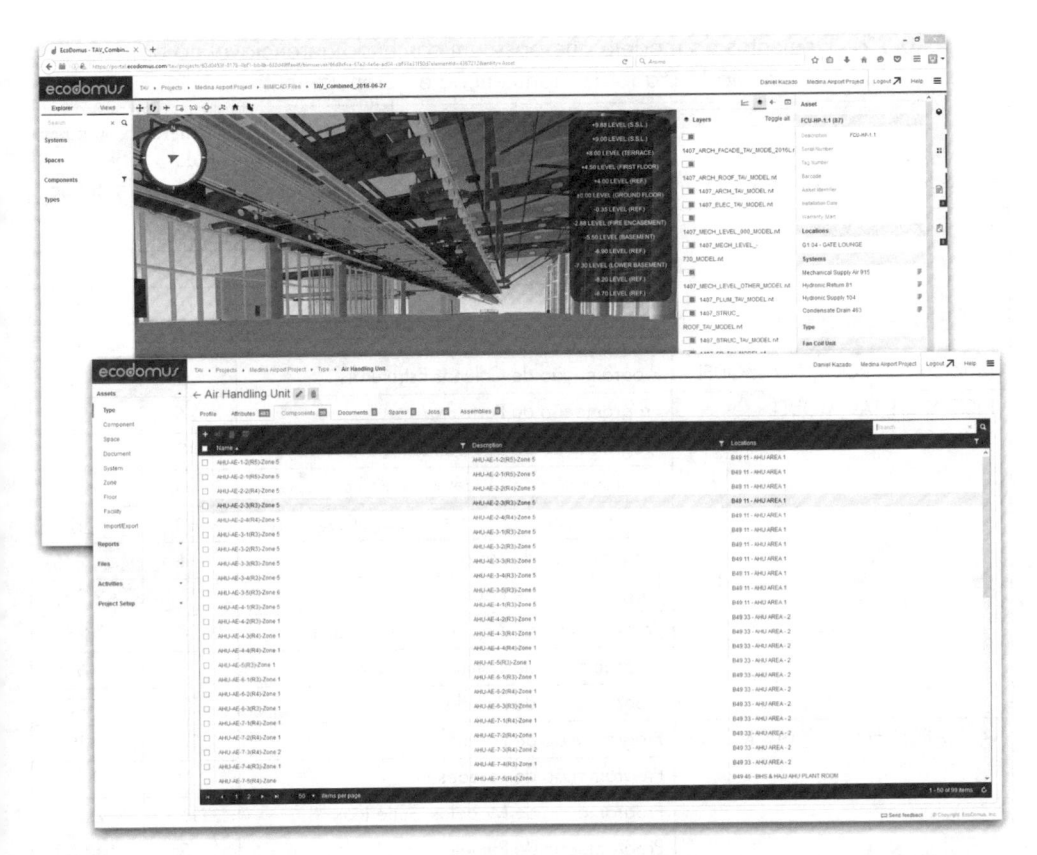

FIGURA 10.5.7 Interface da plataforma BIM-FM onde as informações visuais e dos elementos detalhadas estão disponíveis para o usuário.

Imagem fornecida por cortesia de TAV Construction.

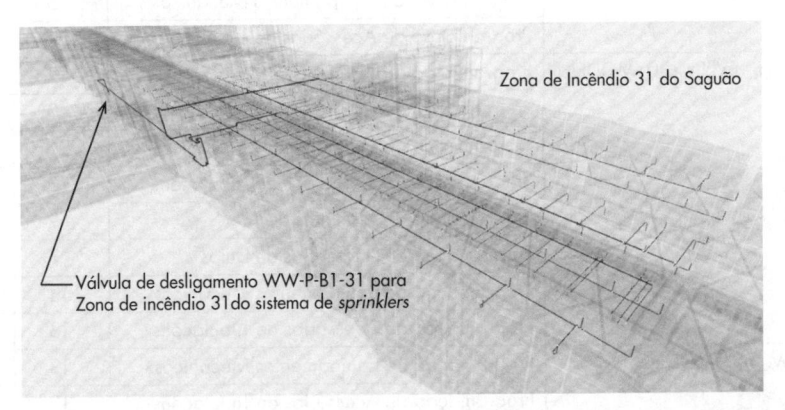

FIGURA 10.5.8 O relacionamento entre cada componente de um sistema é definido no modelo BIM. Isso possibilita o isolamento e acompanhamento de componentes conectados de acordo com o sistema e/ou a zona. A figura mostra a válvula de desligamento do sistema de *sprinklers* em um dos portões de partida do terminal.

Imagem fornecida por cortesia de TAV Construction.

Tabela 10.5.2 Elementos do modelo que possuem conteúdo gerenciável no banco de dados do sistema computadorizado de manutenção e gerenciamento

Nome do arquivo do modelo BIM	Nome da programação	Número de famílias	Contagem de instâncias
1407_STRUC_TAV_MODEL	Programação de Colunas Estruturais	86	2.248
	Programação das Estruturas Independentes	5	12.874
	Programação de Pisos	18	226
	Programação de Paredes	16	340
1407_STRUC_ ROOF_TAV_MODEL	Programação de Colunas Estruturais	3	28
1407_ARCH_TAV_MODEL	Programação de Portas	26	1.950
	Programação de Equipamentos Especiais	12	1.242
	Programação de Modelos Genéricos	5	1.342
	Programação de Móveis e Acessórios	10	120
	Programação de Forros	1	776
	Programação de Pisos	1	2.861
	Programação de Aparelhos Hidrossanitários	18	3.237
	Programação de Colunas Estruturais	1	675
	Programação de Paredes	52	7.781
1407_ARCH_FACADE_TAV_MODEL	Programação de Portas	14	195
	Programação de Paredes	2	1.110
	Programação de Modelos Genéricos	216	2.895
	Programação de Painéis	3	13.582
	Programação de Mainéis	1	18.635
1407_MECH_LEVEL_000_MODEL	Programação de Terminais de Ar	8	4.682
	Programação de Acessórios de Dutos	7	1.860
	Programação de Equipamentos Mecânicos	5	1.231
	Programação de Acessórios de Tubulações	9	6.934
1407_MECH_LEVEL_-730_MODEL	Programação de Terminais de Ar	12	1.448
	Programação de Acessórios de Dutos	10	2.840
	Programação de Equipamentos Mecânicos	31	1.598
	Programação de Acessórios de Tubulações	20	5.873
1407_MECH_LEVEL_OTHER_MODEL	Programação de Terminais de Ar	9	1.446
	Programação de Acessórios de Dutos	7	1.329
	Programação de Equipamentos Mecânicos	13	711
	Programação de Acessórios de Tubulações	13	3.768
1407_PLUM_TAV_MODEL	Programação de Equipamentos Mecânicos	13	62
	Programação de Acessórios de Tubulações	12	1.425
	Programação de Aparelhos Hidrossanitários	24	3.068

(*continua...*)

Tabela 10.5.2 Elementos do Modelo que possuem conteúdo gerenciável no banco de dados do sistema computadorizado de manutenção e gerenciamento *(Continuação)*

Nome do arquivo do modelo BIM	Nome da programação	Número de famílias	Contagem de instâncias
1407_FP_TAV_MODEL	Programação de Equipamentos Mecânicos	3	227
	Programação de Acessórios de Tubulações	19	953
	Programação de *Sprinklers*	3	18.176
1407_ELEC_TAV_MODEL	Programação de Aparelhos de Comunicação	2	2.256
	Programação de Equipamentos Elétricos	47	531
	Programação de Luminárias Elétricas	7	8.036
	Programação de Equipamentos do Sistema de Proteção e Combate a Incêndio	19	8.629
	Programação de Equipamentos de Iluminação	19	690
	Programação de Luminárias Elétricas	36	18.361
	Programação de Equipamentos de Segurança	23	76
	Total	**840**	**168.627**

Parte da entrega de um grande aeroporto inclui o gerenciamento técnico das edificações durante o período de garantia da construção, que pode se estender ao longo de vários anos. Ter o CMMS operacional é essencial para que as autoridades aeroportuárias acompanhem os indicadores-chave de desempenho contratuais da operação do aeroporto. Atrasar o uso do CMMS acarreta riscos de relato impróprio de indicadores-chave de desempenho, o que pode potencialmente acarretar a imposição de multas e penalidades.

As especificações do projeto definem a entrega dos desenhos e documentos relevantes para as operações e seus formatos específicos na fase de entrega. Em geral, exige-se a entrega de várias cópias impressas dos documentos junto com cópias digitais desses documentos gravadas em DVDs. Os pacotes de documentos que são impressos em geral não são convenientes para o processamento digital. Às vezes os documentos impressos entregues são cópias digitalizadas e díspares, exigindo muitas correções manuais. Alimentar um banco de dados para o sistema computadorizado de manutenção e gerenciamento geralmente significa a extração de informações sobre ativos de dezenas de milhares de documentos. Acessar e organizar dados relevantes para serem incluídos em um banco de dados de operações manuais pode ser extremamente trabalhoso.

Em muitos projetos grandes, a quantidade de tempo durante a qual os funcionários do gerenciamento de edificações estão disponíveis na obra antes de uma parte substancial da construção estar pronta não é suficiente para que se façam as revisões e extrações de todos os dados e se consiga alimentar os CMMS antes do início das operações. A autoria dos modelos BIM com o FM em mente acelera a entrada de informações no banco de dados dos CMMS se todas as informações necessárias já tiverem sido compiladas em paralelo dentro dos modelos BIM durante a fase de construção. A promessa do BIM permite a mobilidade de dados e alivia a divisão entre as atividades de projeto, construção e operação de uma instalação predial. Isso reduz significativamente as horas de trabalho associadas à extração de informações de documentos e de desenhos impressos que são necessárias para alimentar o banco de dados dos CMMS.

10.5.6 O BIM no canteiro de obras

O objetivo da integração do BIM com os sistemas de gerenciamento de edificações foi tornar todos os dados acessíveis aos funcionários da Tibah que estavam trabalhando em todos os locais do terminal aeroportuário. A plataforma BIM-FM oferece tanto uma interface baseada na *web* quanto uma aplicação para aparelhos portáteis.

A Figura 10.5.9 descreve a infraestrutura de tecnologia da informação. Todas as informações e os documentos dos ativos se baseiam na plataforma BIM-FM. O banco de dados dos sistemas computadorizados de manutenção e gerenciamento é alimentado pela plataforma BIM-FM e está sincronizado a ela. As ordens de serviço eram armazenadas no banco de dados dos CMMS e no servidor onde os dados eram mapeados na plataforma do BIM-FM. Esses documentos podiam ser abertos e pesquisados em qualquer um dos dois sistemas, bem como por meio de suas aplicações móveis. Além disso, ambos os sistemas eram acessíveis em qualquer espaço do terminal com a rede sem fio do aeroporto.

A aplicação móvel da plataforma BIM-FM ofereceu uma maneira de registrar as modificações de projeto feitas *in loco* por meio da vinculação de fotografias e documentos aos elementos ou recintos do aeroporto, tudo dentro da plataforma BIM-FM. As atualizações periódicas dos modelos BIM foram feitas com base nesses dados.

10.5.7 Aprendizados: problemas, desafios, soluções

Requisitos das especificações. Como mencionado anteriormente, as exigências impostas pelas especificações de projeto são a principal razão para que se implemente o BIM na maioria dos grandes projetos. Entretanto, os detalhes das exigências do BIM para

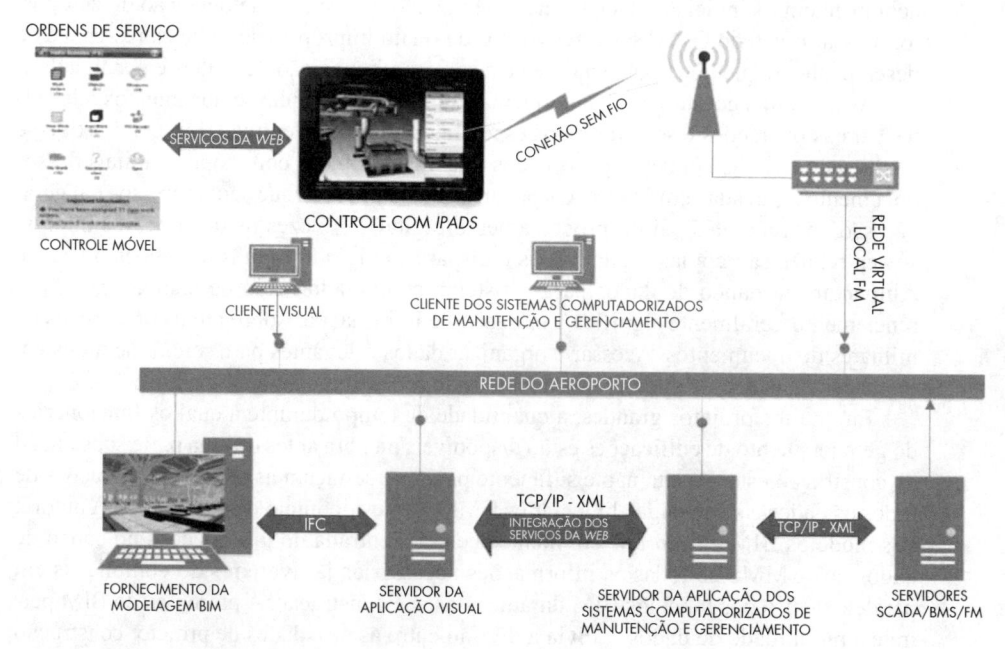

FIGURA 10.5.9 A infraestrutura de tecnologia da informação da plataforma BIM-FM e sua relação com os sistemas computadorizados de manutenção e gerenciamento.

Imagem fornecida por cortesia de TAV Construction.

uso em projetos de grande porte variam bastante. Além disso, os requisitos do uso do BIM para fins de gerenciamento de edificações costumam ser muito vagamente sugeridos.

Os seguintes extratos foram retirados de especificações para alguns grandes projetos de aeroportos feitos recentemente:

"Além das exigências do CAD, o Construtor deverá manter um modelo Revit do projeto da obra totalmente coordenado e no Nível de Desenvolvimento (LOD) 400. Este modelo deverá ser entregue, por meio de um Sistema de Gestão de Documentos Eletrônico (EDMS), para a análise semanal dos engenheiros, na conclusão dos trabalhos de cada semana."

"Além das entregas do CAD, o Construtor deverá entregar o projeto as-built por meio de um modelo Revit do projeto da obra, totalmente coordenado, no LOD 400."

"O Construtor deverá coordenar, documentar e fazer entregas da construção deste projeto usando um sistema de modelagem da informação da construção (BIM) de acordo com as melhores práticas do setor e as exigências da Prefeitura de Dubai – Circular no. 196."

"Finalização do Projeto: Antes da entrega final, o Construtor deverá fornecer ao contratante um modelo BIM totalmente conforme as exigências feitas e incluindo o seguinte: [...] Todas as informações do projeto as-built deverão incluir o seguinte [...] Entrega para a equipe de gerenciamento das instalações prediais para análise do custo do ciclo de vida e coleta de dados, operação de ativos e manutenção."

Os primeiros três extratos foram as únicas exigências feitas nas especificações para o BIM do projeto, enquanto o último foi a única informação sobre as expectativas do uso do BIM para o gerenciamento de edificações.

Com o desenvolvimento e a adoção de normas como a muito divulgada Norma Pública (PAS) 1192 do British Standards Institute (BSI) e a Norma do BIM nacional dos Estados Unidos (NBIMS-US) publicada pela buildingSMART – ambas incluindo a estrutura COBie (Construction Operations Building Information Exchange) –, a geração de modelos BIM com a compilação de documentos para o gerenciamento de edificações após a entrega da obra se tornará padronizada e clara para todos os envolvidos.

A expectativa do BIM para uso no gerenciamento de edificações ou um modelo LOD 500 como parte da entrega do projeto está se tornando cada vez mais comum. A estrutura de um Plano de Execução BIM (BEP) baseada nas Solicitações de Informação do Empregador dentro das especificações do projeto é fundamental para garantir que a entrega de modelos BIM seja útil para o gerenciamento de edificações, especialmente no contexto atual, em que as definições de LOD (Nível de Desenvolvimento) ou de LOI (Nível de Informação) podem ser controversas.

Sem um Plano de Execução claro, um equívoco comum é que a atualização dos modelos BIM durante a construção resultará em um modelo LOD 500 pronto para integração com os sistemas de gerenciamento de edificações. A falta de clareza de escopo do BIM nos projetos tem acarretado pedidos de variação quando o cliente inicialmente especificou um escopo limitado para o BIM. Os clientes, ao reconhecerem as deficiências do escopo do BIM, emitem um pedido de variação a fim de garantir que recebam um modelo BIM com nível de desenvolvimento (LOD) 500 atualizado conforme as condições *as-built* e alimentado com as informações necessárias para uso no gerenciamento de edificações. Isso tem levado a retrabalhos de modelagem e a edições onerosas que poderiam ter sido evitados com especificações adequadas.

O engajamento dos envolvidos com o gerenciamento da edificação e a coleta de dados concorrente. O impacto de ter modelos BIM para o gerenciamento de edificações melhora tanto esses serviços administrativos quanto o banco de dados de ativos e, ao mesmo tempo, reduz o tempo e os esforços necessários para alimentar os sistemas computadorizados de manutenção e gerenciamento. É essencial que todos os engajados no gerenciamento de edificações estejam envolvidos o mais cedo possível, tanto revisando as especificações de projeto como as redigindo.

A revisão dos modelos BIM e de seus conteúdos durante a construção e enquanto os modelos estão sendo gerados e informações sobre os elementos são obtidas de várias fontes evitaria retrabalhos pós-construção que consomem muito tempo.

No aeroporto de Medina, o registro de ativos e a etiquetagem *in loco* começaram após o término da construção e não se beneficiaram dos processos de comissionamento e entrega da obra. O projeto de Medina poderia ter se beneficiado do envolvimento desde cedo dos funcionários do gerenciamento das edificações na definição das exigências de etiquetagem e atributos durante a construção. As mudanças subsequentes na nomenclatura dos recintos e na etiquetagem exigiram várias iterações de modelagem e consumiram tempo e recursos extras consideráveis.

A coleta de dados concorrente à modelagem BIM durante a construção teria tornado a compilação de dados muito mais simples. A maior parte dos esforços dedicados à modelagem foi para a extração de informações dos documentos de construção. Se os empreiteiros tivessem sido exigidos contratualmente a entregar informações por meio do uso de COBie, o esforço total de geração dos modelos BIM para uso no gerenciamento de edificações teria sido muito menor.

Contudo, o uso do *software* de gerenciamento de documentos Aconex reduziu enormemente o esforço despendido para o acesso de documentos e desenhos em si. Durante a construção, todos os documentos foram agregados ao Aconex de modo consistente, com metadados abundantes. Isso facilitou a filtragem através de todos os documentos para vincular diretamente as famílias de elementos ou os elementos individuais. A Aconex desenvolveu sua própria interface BIM, chamada "Connected BIM", dentro da qual os modelos BIM no formato IFC são importados e visualizados. Dessa maneira, os *links* entre os elementos e os documentos do BIM podem ser estabelecidos dentro de uma plataforma.

Etiquetagem dos elementos. Um desafio frequente é o desenvolvimento de um esquema de etiquetagem comum que identifique de modo inequívoco todos os equipamentos que exigem manutenção e seja consistente para os ativos dentro do banco de dados dos CMMS e dos modelos BIM. Há várias maneiras de identificar de modo único os equipamentos, que podem variar conforme o *software* escolhido e as preferências da equipe de operações.

Pode haver vários identificadores de equipamento únicos utilizados paralelamente que são necessários para capturar as informações dos atributos, ainda que não sejam particularmente úteis para fazer a etiquetagem dos elementos dentro dos modelos BIM:

- Números de etiqueta com código de barras
- Números de série dos equipamentos
- Etiquetas dos desenhos de oficina *as-built*
- IDs dos objetos compilados de vários níveis de denominação

Alguns operadores preferem simplesmente usar as etiquetas dos equipamentos que já estão nos desenhos *as-built*. Contudo, isso nem sempre é possível em projetos grandes, nos quais pode haver vários empreiteiros trabalhando simultaneamente nos mesmos sistemas, mas em diferentes zonas do prédio, os quais, inclusive, nem sempre seguem o mesmo sistema de etiquetagem, ou – o que é ainda pior – usam etiquetagens inconsistentes, levando à duplicação da renderização de etiquetas, o que torna as etiquetas de desenhos *as-built* inúteis para a identificação única.

A Tibah e o vendedor do *software* dos sistemas computadorizados de manutenção e gerenciamento desenvolveram um esquema de ID de objetos para o banco de dados de ativos do aeroporto de Medina. O ID dos objetos foi compilado conforme descrito na Tabela 10.5.3 e na Figura 10.5.10 e atribuído a cada equipamento dentro dos modelos BIM como um parâmetro de instância. Isso permite que os equipamentos sejam filtrados por sistema e localização.

Eis um exemplo de ID de objeto para os três aparelhos de condicionamento de ar do Recinto M281:

1. 0401M2811
2. 0401M2812
3. 0401M2813

Um esquema de etiquetagem que inclui informações do sistema e da localização que sejam legíveis pelas pessoas (prédio, nível, recinto, código do sistema, etc.) é desejável por motivos práticos, como foi feito no aeroporto de Medina. A localização dos equipamentos dentro da etiqueta é extraída automaticamente dos recintos definidos nos modelos BIM. No entanto, os equipamentos que passam por vários cômodos são um problema, pois as ferramentas de autoria BIM podem não ser capazes de registrar tais equipamentos automaticamente. Assim, esses elementos precisam ser manualmente atribuídos a um espaço físico determinado e etiquetados de acordo.

Outra dificuldade surgiu com o número de ID único para equipamentos múltiplos dentro do mesmo recinto. A etiquetagem manual dos equipamentos foi feita após a modelagem

Tabela 10.5.3 Um esquema de IDs de objetos

Níveis de denominação de identificação de objetos	Descrição
Nível 1: Código do sistema	AA: Código de dois dígitos do sistema conforme definido pela Tibah, ou seja, 04 para o sistema de climatização
Nível 2: Código do subsistema	BB: Código do subsistema conforme definido pela Tibah, ou seja, 01 para aparelhos de condicionamento de ar do sistema de climatização
Nível 3: Número do recinto	CCCC: Número do recinto do terminal aeroportuário conforme definido pela Tibah, ou seja, M281
Nível 4: ID único	DDD: Numeração que reinicia em cada recinto, ou seja, 1,2,3, etc.

Nível 1	Nível 2	Nível 3	Nível 4
Código do sistema	Código do subsistema	Código do recinto	ID único

FIGURA 10.5.10 Um esquema de IDs de objetos.
Imagem fornecida por cortesia de TAV Construction.

do BIM, quando a numeração dos equipamentos aumentou aos poucos, progredindo de um recinto a outro. Contudo, nos modelos BIM, o ID único foi restabelecido para cada recinto.

A consequência dessa diferença em numeração ID única de espaço para espaço é que um elemento particular no modelo BIM talvez não mapeie a localização física real. Isso não é proibitivo para a gestão de ativos, mas essa diferença foi corrigida manualmente com base nos levantamentos feitos em campo.

Definição dos espaços de salas. Os volumes dos recintos devem ser definidos para todos os espaços no modelo para que se ofereçam informações como parte da etiquetagem de todos os elementos. Para garantir que as etiquetas dos equipamentos sejam únicas, cada volume único no qual haja equipamento precisa ser um espaço definido de modo inequívoco. É um importante desafio definir cada recinto em um terminal aeroportuário em que há diferenças de pés-direitos, entreforros, *shafts* e salas técnicas distribuídas em diferentes locais ou em salas interconectadas.

Um desafio na denominação dos recintos é que sua designação na etapa de projeto e aquela utilizada durante a construção podem ser diferentes, ou os espaços podem ser redefinidos quando as operações começarem. Esse foi o caso no aeroporto de Medina, o que exigiu uma grande quantidade de retrabalho manual nos modelos BIM. Áreas que não haviam sido definidas nos documentos do projeto, como os *shafts*, também tiveram de ser redefinidas.

Os recintos foram definidos como volumes nos modelos, com base nas áreas de plantas bidimensionais nos desenhos e no pé-direito de cada cômodo ou espaço. Esses volumes espaciais precisaram ser definidos de modo que incluíssem todos os elementos dentro da área do recinto específico. Esses volumes, em geral, iam até a face inferior da laje superior, normalmente acima do forro. Os volumes precisaram ser únicos e não se sobreporem, de modo a garantir que a etiquetagem associada também fosse única. Foram feitas várias verificações, tanto nas informações visuais quanto nas planilhas, a fim de garantir que todos os equipamentos estivessem incluídos dentro do volume de um recinto.

A definição da altura de um recinto ou espaço pode ser complexa em um terminal com pés-direitos altos, e ilhas de lajes irregulares elevadas atendidas por forros são comuns. Um exemplo pode ser visto na Figura 10.5.11, na qual espaços grandes são dissecados para a identificação de elementos de maneira racional para propósitos de gerenciamento de edificações.

Definição do sistema. Um dos principais requisitos e desafios é possuir todos os sistemas de instalações prediais dentro dos modelos BIM conectados entre si, de modo que se ofereçam as informações visuais de tubos individuais conectados e/ou redes de dutos por equipamento.

Um equipamento em particular pode ser parte de vários sistemas. Por exemplo, uma unidade de distribuição de ar (AHU) está conectada a três diferentes sistemas com rotas múltiplas, como mostra a Figura 10.5.12.

1. Sistemas hídricos: tubulação de abastecimento e de retorno de água.
2. Sistemas de dutos de ar: dutos de ar fresco, de insuflamento, de retorno e exaustão de ar.
3. Sistema elétrico.

As definições dos sistemas são necessárias para acompanhar as conexões entre um equipamento de distribuição de ar e a bomba que leva água fria a ele, por exemplo. Ter um elemento como parte de sistemas separados e múltiplos pode causar dificuldades tan-

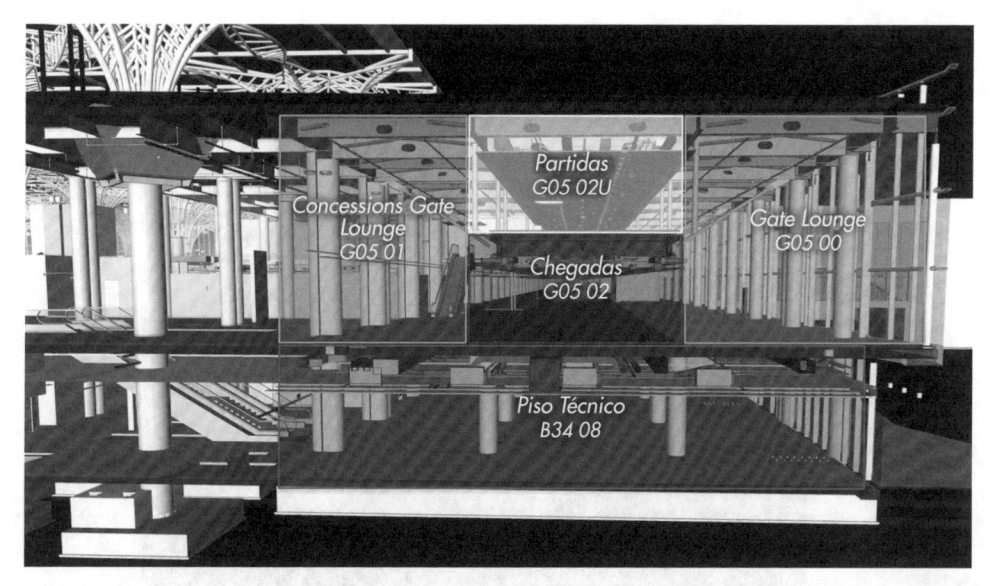

FIGURA 10.5.11 Corte em perspectiva do saguão do terminal aeroportuário, mostrando a definição de volume do recinto utilizada como parte da atribuição de nomes dos ativos.

Imagem fornecida por cortesia de TAV Construction.

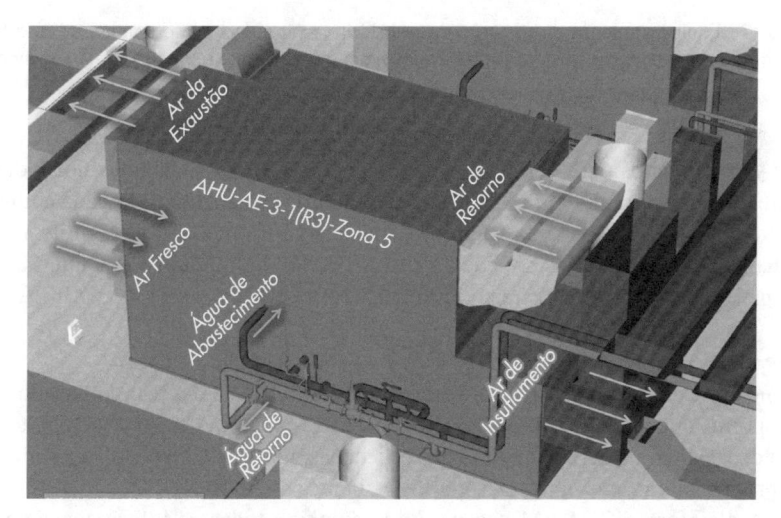

FIGURA 10.5.12 Equipamento de distribuição de ar (AHU) típico, com seus vários sistemas conectados.

Imagem fornecida por cortesia de TAV Construction.

to em razão das limitações do *software* de geração do BIM como em função da filtragem, quando um equipamento está conectado a mais de um sistema.

Projetos grandes, como o aeroporto de Medina, resultam em grandes arquivos de modelo BIM. Quando esses modelos são divididos de maneira típica, ou seja, por disciplina e nível ou zona, é impossível manter a integridade das definições do sistema. Os parâmetros compartilhados TAV_System e TAV_Subsystem são agregados aos modelos,

FIGURA 10.5.13 Equipamento de distribuição de ar (AHU), mostrando tanto o sistema de abastecimento e retorno de água quanto as rotas dos dutos de ar que levam às áreas que a unidade está servindo.

Imagem fornecida por cortesia de TAV Construction.

que são utilizados para conectar os equipamentos a vários sistemas por todos os diferentes arquivos do modelo BIM. Esses parâmetros são atribuídos a cada equipamento a fim de identificar os sistemas múltiplos aos quais pertencem. Isso permite a filtragem e visualização dos circuitos da rede do sistema dentro do modelo ou da interface de plataforma BIM-FM, como mostra a Figura 10.5.13.

10.5.8 Conclusão e perspectivas

Como parte de uma iniciativa para ampliar o uso do BIM e das tecnologias dos projetos e aeroportos operados pela TAV, no aeroporto de Medina foi desenvolvida uma infraestrutura de BIM para o gerenciamento de edificações que serviu de *benchmark* interno para a empresa usar em seus outros aeroportos e clientes do setor.

A plataforma BIM-FM desenvolvida combina todas as informações de projeto e construção e as integra com os sistemas e o processo de trabalho do gerenciamento de edificações (FM) que são utilizados durante a vida útil do prédio. Os dados compilados com o BIM forneceram o banco de dados de ativos para o *software* de manutenção e gerenciamento com todas as informações relevantes dos atributos dos elementos, bem como a documentação pertinente. Com essa integração, todas as informações sobre construção, manutenção e ativos tornaram-se acessíveis aos funcionários que operam o terminal por meio de uma interface gráfica de navegação facilitada.

O desenvolvimento dos modelos BIM e a integração com os sistemas de gerenciamento de edificações exigiram um esforço colaborativo com vários envolvidos trabalhando ao redor do mundo. Um elemento essencial para o sucesso desse esforço foi o uso de uma plataforma de gestão de projetos baseada na rede, garantindo uma comunicação coerente, e o compartilhamento de arquivos na rede, para manter todos os envolvidos a par das informações atualizadas.

A implementação do BIM para o uso no gerenciamento de edificações exige, acima de tudo, especificações claras que garantam que os conteúdos e a organização dos dados sejam suficientes para a integração e os fins almejados. Um plano de execução completo para operações BIM e o gerenciamento das edificações é necessário para garantir que os modelos BIM sejam mantidos e que os modelos BIM desenvolvidos para projetos futuros – seja para pequenas reformas internas ou para a ampliação do aeroporto com novos prédios – estejam consistentes com a plataforma BIM-FM.

Entre os desafios impostos pelo desenvolvimento de uma estrutura BIM para o gerenciamento de edificações, uma questão-chave é o engajamento dos envolvidos desde o início do projeto a fim de determinar que a organização, o conteúdo e a etiquetagem dos ativos sejam apropriados. A definição dos recintos e espaços, que faz parte da identificação dos ativos, é complexa no caso de ambientes irregulares, típicos de aeroportos. A definição da conectividade – especialmente para os elementos que fazem parte de sistemas múltiplos de modelos BIM também múltiplos – exige a definição de parâmetros para superar as limitações do *software* de autoria.

Com o BIM, os dados hoje têm os meios para se encaixarem e se tornarem informações que serão analisadas de modo inédito. A granularidade dos dados e seu volume que pode ser alcançado em torno do BIM abre as portas para a criação de um conjunto de dados pesquisável para o ambiente construído. O uso do BIM como plataforma de integração para os sistemas de gerenciamento de edificações existentes, como o Sistema Computadorizado de Manutenção e Gerenciamento (CMMS) e o Sistema de Gerenciamento/Automação de Edificações (BMS/BAS), significa a melhoria das análises e do desempenho nas operações prediais, na gestão do consumo de energia, nos próprios negócios, etc.

Agradecimentos

Este estudo de caso foi preparado com a grande colaboração de Ahmet Citipitioglu, Ph.D., P.E., Diretor de Engenharia e Projeto da TAV Construction, e Daniel Kazado, Sócio-Diretor da ProCS Engineering. Agradecemos também aos funcionários da TAV Integrated Solutions por suas contribuições. Por fim, somos especialmente gratos a Tibah Airports e ao Dr. Sani Sener, Diretor Executivo da TAV Airports e TAV Construction, por sua visão e seu apoio.

10.6 INSTITUTO MÉDICO HOWARD HUGHES, CHEVY CHASE, MARYLAND
Preparação e utilização de um BIM com capacidade para FM

10.6.1 Introdução

O uso da tecnologia BIM para melhorar as práticas e os recursos de gerenciamento de edificações é um campo relativamente novo e que cresce/evolui rapidamente, exigindo que levemos em conta uma série de questões-chave:

- Os administradores de instalações prediais tendem a ter um ponto de vista orientado pelos sistemas, em vez da perspectiva orientada pelo espaço ou pela construção, que costuma ser encontrada nas entregas de BIM que atualmente são feitas aos proprietários das edificações.

- Com o passar do tempo, os administradores de edificações têm investido muito em bancos de dados bem estruturados, mas independentes, para sistemas computadorizados de manutenção e gerenciamento (CMMS), automação predial (BAS), administração de espaços e outros, que contêm dados vitais para a operação adequada dos espaços prediais.
- Os entregáveis BIM que focam principalmente na transferência de dados de ativos centrados na manutenção aos CMMS da edificação potencialmente correm o risco de perder a oportunidade de integrar outros dados valiosos dentro do BIM com os dados das instalações prediais disponíveis nos bancos de dados listados acima.
- De modo similar, o uso de CMMS focado na manutenção para prover os principais meios de visualizar um BIM e para levantar informações existentes no BIM potencialmente perde a mesma oportunidade.

Com o advento do BIM como banco de dados de sistemas prediais (entre outras coisas) e a crescente disponibilidade de *middleware* capazes de extrair e integrar informações tanto do BIM como dos bancos de dados independentes, hoje há um ambiente propício para que a gestão predial alavanque a disponibilidade dessas informações de maneiras novas, criativas e efetivas, indo além do simples foco em manutenção.

Este estudo de caso analisa o trabalho e o fluxo de informações do projeto do *Campus* de Pesquisa Janelia feitos para gerar modelos BIM orientados por sistemas que rastreiem conexões nos sistemas e então as usem, junto com os dados disponíveis em bancos de dados complementares, para melhorar materialmente uma habilidade-chave necessária e avaliar, de modo imediato e preciso, os impactos de um grande evento ou problema, além de responder a ele.

10.6.2 Antecedentes

O Instituto Médico Howard Hughes (HHMI), o maior financiador privado de pesquisas biomédicas nos Estados Unidos, opera, como parte de seu portfólio, o *Campus* de Pesquisa Janelia, um *campus* com 279 hectares de área total com 102 mil m^2 de área construída.

O principal edifício de pesquisas, construído em 2006, cobre 56 mil m^2 e contém cerca de 260 laboratórios, além de escritórios, espaços para conferências e espaços mecânicos. Todos os dias, cerca de 800 pessoas trabalham no Edifício Landscape.

O laboratório e seus espaços periféricos acomodam 51 grupos de pesquisa e 14 grupos de recursos científicos compartilhados. O *campus* reforma cerca de quatro novos espaços de laboratórios por ano, a maioria deles com necessidades de comunicação/compartilhamento de dados e instalações prediais de MEP complexas.

O *campus* é administrado, mantido, protegido e ampliado por uma equipe gerencial de 75 pessoas. No momento em que este estudo de caso estava sendo redigido, essa equipe já vinha utilizando o BIM como uma plataforma-chave há cerca de 3,5 anos e, com o passar do tempo, havia desenvolvido quatro objetivos principais para essa plataforma BIM em particular:

- Atuar como o repositório do *campus* para informações *as-built* e históricas de engenharia e da construção.
- Fornecer uma plataforma para o gerenciamento e a apresentação de informações operacionais necessárias/críticas.

- Oferecer uma rigorosa plataforma *as-built* para futuros projetos de reformas dos edifícios.
- Fornecer uma plataforma para análises de engenharia do desempenho de sistemas críticos e do desempenho das edificações.

Ao examinar as práticas prevalentes de geração e de entrega do BIM, a equipe viu um foco na geração dos modelos e sua subsequente transferência aos CMMS do proprietário, especialmente em termos de dados relacionados aos espaços e aos ativos para facilitar o gerenciamento e a manutenção dos espaços. Ainda que isso seja certamente necessário para uma plataforma BIM viável, eles não a consideraram como suficiente para alcançar os objetivos definidos:

- Tais dados de espaços e de ativos constituem apenas uma pequena parcela das informações valiosas em potencial contidas em um BIM.
- Uma quantidade significativa de atividades típicas de gerenciamento de instalações lida com elementos de instalações "inativos", tais como ferragens de portas, acabamentos de pintura, carpetes, luminárias e similares, para os quais não há dados no BIM.
- Embora esses dados de espaços e de ativos possam ser associados a um contexto maior, como uma zona ou sistema, a compreensão total dos sistemas críticos exige que todos os elementos de um sistema sejam associados, incluindo os dutos, as tubulações, conexões, etc. Além disso, um ativo pode funcionar bem como um elemento de sistemas múltiplos (p. ex., uma válvula de controle de entrada de água quente para uma serpentina de aquecimento da AHU) e deve ser capaz de mudar a identidade do sistema, dependendo de qual sistema está sendo estudado.
- Este entendimento completo é necessário para analisar a propagação dos impactos de um evento ou problema dentro de um determinado sistema e, inclusive, para outros sistemas. Isso será discutido a seguir.

Em virtude do foco inerente de um sistema CMMS, esses problemas não são efetivamente solucionados com o uso deste sistema como o meio principal para visualização e questionamento das informações do BIM.

Em suma, existe a necessidade de se conseguir extrair dados adicionais do BIM e de usar os valiosos dados que existem em outros bancos de dados do *campus*, usando-se uma plataforma diferente desta, mas complementar – plataformas como a de instalações de CMMS.

Esta avaliação levou ao conceito de um BIM com capacidade de FM, como será discutido com mais detalhes na Seção 10.6.4.

10.6.3 Os desafios

A Missão da Equipe de Gerenciamento Predial do Janelia é mantê-lo 100% apto a seus trabalhos científicos de maneira permanente, independentemente do tipo de pesquisa a ser conduzida. Isso pode significar manter uma sala de microscópios com pé-direito de 4,3 m à temperatura constante de 0,14°C durante quatro meses (sejam quais forem as condições climáticas externas), ou, quanto ao projeto, pode significar projetar, demolir, construir e comissionar um conjunto de laboratórios ópticos de última geração em três a quatro meses.

Essa missão e seus desafios significam que as interações entre os numerosos sistemas prediais e a comunidade científica são sempre complexas e dinâmicas, mas também precisam ser bem gerenciadas com bastante antecedência. Por isso, é fundamental uma compreensão rápida e detalhada do impacto de qualquer questão ou evento em todos os aspectos do trabalho científico da instituição. Esta necessidade premente nos levou a uma busca por um BIM com capacidade para FM que:

- Entenda que, no caso de instalações extremamente técnicas, os gerentes da edificação tendem a ter um ponto de vista motivado pelos sistemas de suas instalações, o qual quase sempre é diferente da perspectiva motivada pelos espaços e pelo pacote da construção, ponto de vista típico dos arquitetos, engenheiros e construtores, que costumam ficar encarregados da geração e entrega dos produtos BIM ao final de um projeto.
- Foque na geometria com a mesma (ou maior) intensidade do que no conteúdo dos dados de um BIM que possa ser entregue.
- Alavanque e adapte-se aos bancos de dados bem estruturados, mas muitas vezes autônomos, dos Sistemas Computadorizados de Manutenção e Gerenciamento (CMMS), bancos de dados de Sistemas de Automação Predial (BAS), bancos de dados de gerenciamento de espaços e similares desenvolvidos ao longo do tempo pelos gerentes de instalações (que precisam estar em conformidade com os padrões de nomenclatura existentes).
- Facilite, acima de tudo, o gerenciamento dos custos operacionais e de manutenção, que compreendem cerca de 85% do custo total de uma instalação, em vez dos aproximadamente 15% incorridos durante o projeto e a construção.
- Ofereça uma plataforma eficiente para que arquitetos, engenheiros e construtores executem projetos de reforma rápidos e precisos.

10.6.4 Um BIM com capacidade para FM

Um BIM com capacidade para FM deve permitir à equipe de gerenciamento predial entender, analisar e então tomar decisões bem embasadas quanto às instalações. Para que seja efetiva, a equipe de FM precisa ter tanto uma visão holística quanto detalhista, além de poder contar com uma grande quantidade de dados bem integrados. Embora parte do nível de detalhamento fino demandado possa ser determinada pela geometria, uma quantia significativa será dirigida pelos dados, vindo não somente do modelo, como também dos vários bancos de dados mencionados acima.

Uma falha elétrica, por exemplo, poderia impactar um painel de controle de distribuição do banco de dados de automação predial (BAS) e prejudicar o controle de alguns dos sistemas críticos das instalações prediais. Embora a alimentação elétrica do painel de controle do BAS possa ter sido bem modelada, os controles gerenciados por aquele painel provavelmente estão registrados no banco de dados do ponto de controle do BAS – no caso do banco de dados do Janelia, há quase 37 mil pontos de controle. Qualquer avaliação dos impactos deste problema elétrico exigirá informações tanto do modelo como da base de dados externa.

Chamamos essas bases de dados externas de "*Last Mile*" ("última milha"), pois vinculam a lacuna entre as informações melhor alojadas no modelo e as informações melhor alojadas no banco de dados externo, ou já disponíveis a partir daquela base de dados. Estas considerações, junto com a realidade de que já não é viável nem desejável que todos os membros da equipe de gerenciamento de edificações sejam capazes de usar o Revit, levou a equipe de projeto a explorar o uso de *middleware* de visualização/análise para questionar, coletar e apresentar as informações de engenharia disponíveis a partir do BIM, assim como aquelas informações detalhadas sobre engenharia, operação e manutenção disponíveis nas bases de dados *Last Mile*. Também decidiu-se capacitar a equipe de gerenciamento de edificações para o uso das bases de dados.

Um sistema BIM com capacidade para FM compreende três elementos-chave: o modelo Revit (ou de outra autoria); as bases de dados do tipo *Last Mile*, como as bases de dados dos CMMS, de automação predial (BAS), e assim por diante; e o *middleware* para visualização/análise. Ver a Figura 10.6.1.

O fluxo de trabalho da equipe de gerenciamento predial do Janelia para a preparação de um modelo centrado em sistemas baseia-se na primazia dos sistemas prediais na operação, manutenção e reforma de uma instalação técnica e na subsequente necessidade de inserir sistematicamente atributos do sistema em um BIM. Ver a Figura 10.6.2.

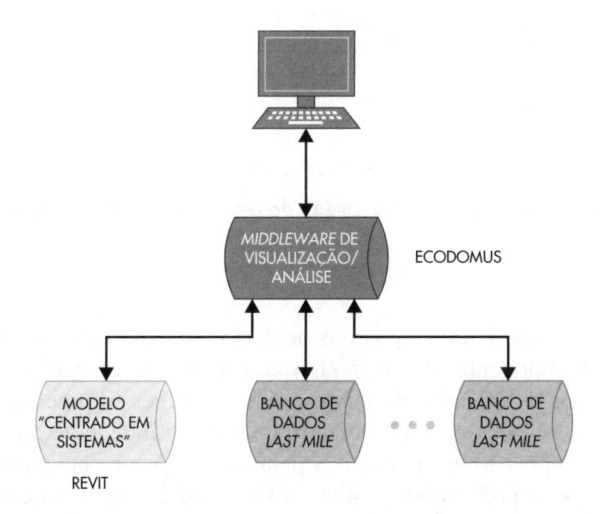

FIGURA 10.6.1 Os elementos-chave de BIM com capacidade para FM.
Imagem fornecida por cortesia de Mark Philip, Diretor de Gerenciamento de Instalações.

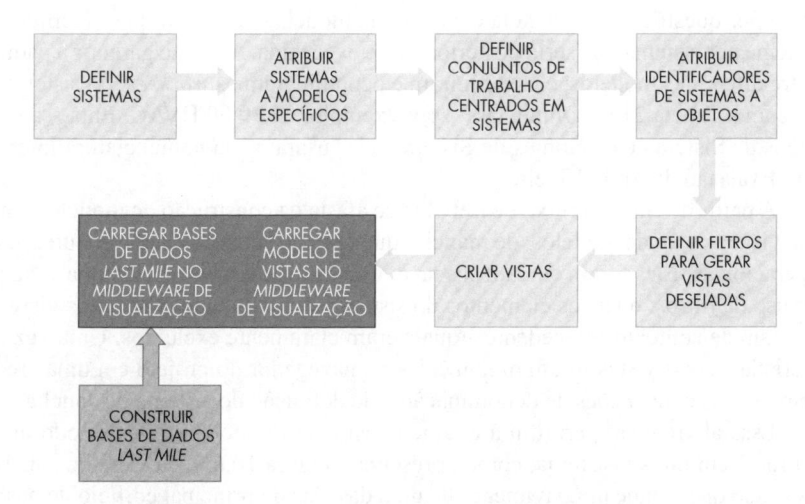

FIGURA 10.6.2 Fluxo de trabalho para a preparação de um modelo centrado em sistemas.
Imagem fornecida por cortesia de Mark Philip, Diretor de Gerenciamento de Instalações.

	A	B	C	D	E	F	G	H	I	J
1	Sistema predial	Modelo BIM	EDIFÍCIO LANDSCAPE	CASA DE HÓSPEDES	EDIFÍCIO DE APARTAMENTOS	CASAS	CASA DO DIRETOR	APARTAMENTO B	APARTAMENTO A	EDIFÍCIOS COMERCIAIS
85	531 SISTEMA DE RETORNO DE AR DO EDIFÍCIO	Ventilação	X							
86	541 SISTEMA GERAL DE EXAUSTÃO DE AR	Ventilação	X							
87	542 SISTEMA DE EXAUSTÃO DE AR DO LABORATÓRIO	Ventilação	X							
88	543 SISTEMA DE EXAUSTÃO DE AR DO VIVEIRO	Ventilação	X							
89	545 SISTEMA DE EXAUSTÃO DE AR – RADIOISÓTOPOS	Ventilação	X							
90	546 SISTEMA DE EXAUSTÃO DE AR DA COZINHA PRINCIPAL	Ventilação	X							
91	547 SISTEMA DE EXAUSTÃO DE AR DA LAVAGEM DE LOUÇA	Ventilação	X							
92	548 SISTEMA DE EXAUSTÃO DE AR DA COZINHA DO BOB'S	Ventilação	X							
93	549 SISTEMA DE EXAUSTÃO DE AR DA GARAGEM	Ventilação	X							
94	551 TUBOS VENTILADORES DAS COZINHAS	Ventilação							X	X
95	552 TUBOS VENTILADORES DOS BANHEIROS	Ventilação							X	X
96	553 TUBOS VENTILADORES DOS SECADORES	Ventilação							X	X
97	554 TRASH SYSTEM EXHAUST	Ventilação							X	X

FIGURA 10.6.3 Identificação, nomenclatura e atribuição dos sistemas.
Imagem fornecida por cortesia de Mark Philip, Diretor de Gerenciamento de Instalações.

A equipe dedicou um tempo considerável para identificar os sistemas e seus subsistemas de componentes de tal modo que fossem operacionalmente úteis e consistentes em todos os edifícios do *campus*. Isso pode ser surpreendentemente complexo, pois essas definições afetam materialmente a utilidade de quaisquer análises de impacto que depois forem realizadas pela equipe de gerenciamento predial. Como um exemplo, eles preferiram dividir o sistema de exaustão do edifício principal de pesquisa em cinco sistemas primários e oito subsistemas secundários, cada um com seus subsistemas múltiplos. Depois, atribuíram cada sistema a um modelo específico (ver a Figura 10.6.3).

No modelo, eles usaram conjuntos de trabalho (*worksets*) baseados em sistemas, tanto por questões de eficiência e clareza da modelagem quanto para facilitar a análise sistema por sistema que seria posteriormente executada. A fim de garantir a padronização entre diferentes modelos, eles definiram e denominaram os *worksets* do sistema de acordo com a Tabela 21 do OmniClass – por exemplo, 04 30 00 HVAC. Então, ao definir os Tipos de Sistema e os Nomes de Sistema, eles usaram sua nomenclatura interna, como 543 Exaustão de Ar do Viveiro.

A partir de então, o fluxo de trabalho se afasta da construção de modelos, passando à sua visualização de modelos, de maneira que possam ser significativos e úteis em termos operacionais. Eles foram cuidadosos na definição de três aspectos de uma vista por meio do uso de filtros: quais os elementos do sistema são explicitamente feitos visíveis, quais serviam de contexto antecedente e quais eram claramente excluídos. Uma vez definidas e criadas, essas vistas foram organizadas no navegador do projeto em uma área de FM, seguindo as convenções de denominação e de definição do sistema do Janelia.

Essa abordagem permitiu à equipe considerar de modo eficiente todo um sistema ou focar em um subsistema, como apresenta a Figura 10.6.4, da vista do subsistema de exaustão que atende um pavimento de uma das alas do principal edifício de pesquisa.

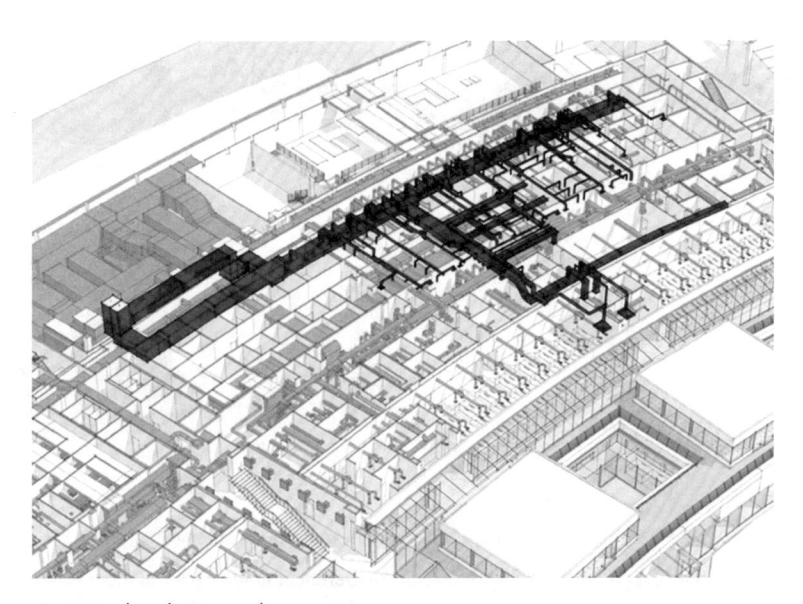

FIGURA 10.6.4 Vista do subsistema de exaustão.
Imagem fornecida por cortesia de Mark Philip, Diretor de Gerenciamento de Instalações.

Neste caso, o subsistema 543.200 Exaustão de Ar do Viveiro do Segundo Pavimento foi destacado, enquanto incluía certos elementos de arquitetura e outros do sistema de HVAC, mostrados em meio tom para contextualizar, explicitamente excluindo outros elementos dos sistemas de MEP.

10.6.5 Análise de impactos usando um BIM com capacidade para FM

Um dos desafios-chave enfrentados por qualquer equipe de FM é determinar o impacto de um evento ou problema nos sistemas, espaços, funções e pessoas de uma instalação predial, de modo que a equipe de FM consiga desenvolver um plano de ação sólido para responder de maneira rápida e efetiva. Isso frequentemente se torna difícil e consome tempo devido à falta de informações à mão, bem como à falta de clareza (ou compreensão) a respeito da maneira pela qual os sistemas de instalações prediais interagem entre si e com os espaços e as suas funções.

Um dos mais básicos benefícios de qualquer BIM é a disponibilidade de informações de maneira estruturada e acessível. Contudo, um dos benefícios-chave de um sistema BIM efetivo para FM é a capacidade de determinação mais rápida e precisa dos impactos em todo o edifício e a organização que ele acomoda, com a possibilidade de redução concreta dos impactos nessa instituição, não somente nos custos resultantes das perdas operacionais, mas também nos custos de desenvolvimento da resposta. O fluxo de trabalho do Janelia para a execução destas análises de impacto é resumido na Figura 10.6.5.

O trabalho inicial focou nos impactos dentro dos sistemas elétricos – em um ambiente BIM, os sistemas elétricos são particularmente passíveis à análise de impactos; a modelagem adequada desses sistemas cria naturalmente uma hierarquia de impactos de

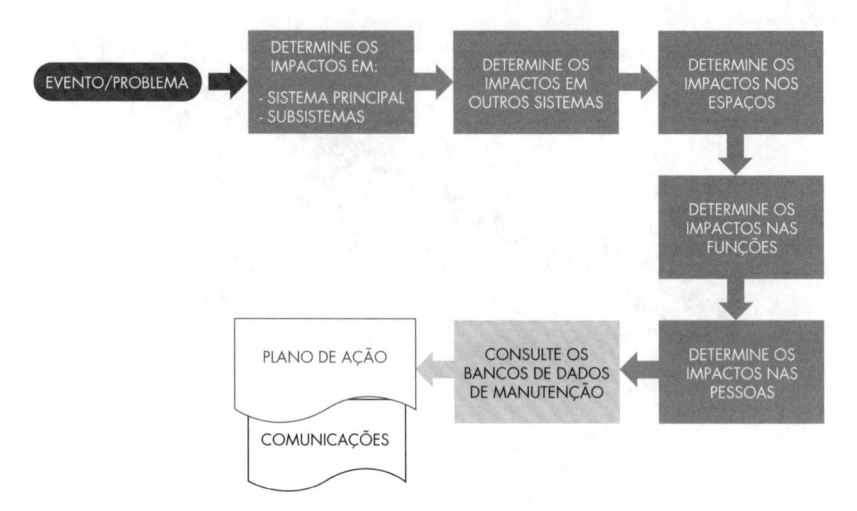

FIGURA 10.6.5 O fluxo de trabalho para responder a um evento ou problema.

Imagem fornecida por cortesia de Mark Philip, Diretor de Gerenciamento de Instalações.

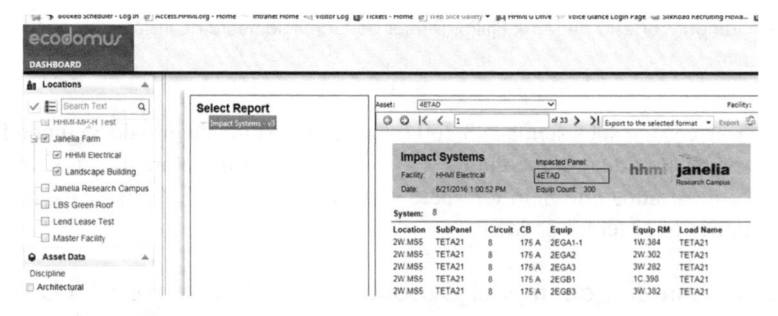

FIGURA 10.6.6 Um relatório dos sistemas impactados derivados do BIM.

Imagem fornecida por cortesia de Mark Philip, Diretor de Gerenciamento de Instalações.

propagação linear dentro do modelo e é relativamente simples extrair estas informações na forma de um relatório automatizado.

Eles usaram esse recurso para auxiliar no gerenciamento de dois importantes projetos elétricos: a substituição de quatro fontes de alimentação ininterruptas em um edifício com aterramento e a instalação paralela de um quarto gerador de emergência de 2 MW. A equipe inicialmente gerou relatórios de impacto diretamente a partir do modelo do sistema elétrico, por meio do *middleware*, a fim de determinar os painéis e as cargas seguintes que seriam afetadas a cada passo do projeto (ver a Figura 10.6.6). Eles complementaram esse trabalho com informações derivadas do banco de dados que conectavam as cargas afetadas aos sistemas prediais atingidos e, por fim, os espaços, as funções e as pessoas também afetados (ver as Figuras 10.6.7 e 10.6.8).

10.6.6 Lições aprendidas até o momento

À época em que esta obra estava sendo escrita, uma quantidade significativa do trabalho da equipe do BIM focava em um modelo *as-built* do principal edifício de pesquisa do

Sistema:	543 EXAUSTÃO DE AR DO VIVEIRO				
Recinto	Painel	Circuito	CB	Equipamento	Descrição do circuito
	2EMA21	9	75 A/3	VENTILADOR DE EXAUSTÃO	EF-1
	2ETA2V-1	23	75 A/3	VENTILADOR DE EXAUSTÃO	EF-2

FIGURA 10.6.7 Relatório dos sistemas impactados por um evento derivado do banco de dados.
Imagem fornecida por cortesia de Mark Philip, Diretor de Gerenciamento de Instalações.

Coordenador do Laboratório:		Cynthia Sherman		
Nome:	Branson	Kristin		Número do Telefone:
Recinto:	2W.316			
Painel:	Circuito	CB	Carga	
2ETA2	29	/2P	WIREMOLD 2W.316	
2ETA2	99	/P	WIREMOLD 2W.316	

FIGURA 10.6.8 Relatório de espaços, funções e pessoas impactadas, com informações derivadas do banco de dados.
Imagem fornecida por cortesia de Mark Philip, Diretor de Gerenciamento de Instalações.

campus Janelia. Esses profissionais usavam a experiência adquirida neste exercício para direcionar a modelagem de projetos de novos edifícios e reformas e estavam completamente conscientes da necessidade de gerenciar o impacto das exigências para um sistema BIM com capacidade para FM nos esforços e gastos do construtor e no tamanho do modelo. A fim de atender a seus objetivos definidos para a plataforma BIM, os sistemas devem ser modelados como sistemas contínuos. Em outras palavras, todos os objetos relevantes (inclusive os acessórios) em um sistema devem ser explicitamente identificados como pertencentes àquele sistema. Além disso, a "continuidade do sistema" deve ser validada antes que se possa começar a agregar dados de projeto de forma rentável ao sistema e fazer uso dos cálculos de engenharia disponíveis nos modelos das instalações de MEP.

Os desenvolvedores do BIM aprenderam a ser, desde o início, explícitos com os construtores e empreiteiros quanto ao fornecimento de sistemas contínuos dentro de seus modelos. Como parte dessa estratégia, eles desenvolveram normas com base nos "detalhes dos sistemas" exigidos, incluindo tanto a geometria contínua validada quanto a inserção das informações de projeto de um sistema que estavam disponíveis, por exemplo, dos fluxogramas de processo do sistema. Isso, por sua vez, os levou a iniciar a revisão das normas de fornecimento dos fluxogramas de processo.

Ao administrar o tamanho do modelo BIM e os bancos de dados *Last Mile*, eles perceberam que havia a necessidade de decidir quais os dados seriam inseridos no BIM e quais seriam acessados paralelamente aos dados do BIM. Eles trabalharam para definir essas decisões sobre o que seria "inserido" e o que seria "acessado". Algumas das respostas pareciam claras: operacionalmente, as informações úteis contidas nos bancos de dados rotineiramente fornecidos pelos empreiteiros (como o banco de dados de pontos de controle dos sistemas de BAS, o banco de dados do sistema de controle de acessos e o banco de dados do sistema de alarme de incêndio) seriam provavelmente melhor acessadas por meio do *middleware* do que se estivessem inseridas no BIM. Eles reconheceram a necessidade de revisar as normas de BIM para especificar quais informações exigiriam que o construtor fornecesse no formato do banco de dados e quais informações seriam submetidas no BIM.

10.6.7 O caminho futuro

A equipe de gerenciamento predial do *campus* Janelia mal tinha arranhado a superfície do que é possível, para além das atividades padrões de manutenção e de gerenciamento do espaço. Eles ainda não tinham boas métricas para mensurar os benefícios de sua abordagem, além de observar que, qualitativamente, o planejamento deste trabalho consumiu menos horas do que aquelas que haviam sido gastas em interrupções elétricas de complexidade similar. Isso inclui o tempo dedicado a garantir que os gerentes de laboratório e pesquisadores entendessem perfeitamente (e conseguissem planejar) a natureza e dimensão dos impactos que os projetos teriam em seus trabalhos científicos. Uma expectativa-chave do *campus* Janelia é que as instalações deveriam distraí-los de seus trabalhos apenas quando isso fosse absolutamente necessário e a interferência precisava ser a mínima possível.

A equipe reconheceu que sua abordagem pode ser perfeitamente substituída à medida que as capacidades das plataformas focadas no FM evoluírem e melhorarem e que, em algum momento futuro, essas plataformas podem migrar as capacidades que estavam sendo desenvolvidas para outras plataformas.

As próximas áreas de foco planejadas foram:

- Aumentar as análises de impacto a outros sistemas prediais relativamente lineares, como os sistemas de insuflamento e exaustão de ar.
- Inserir informações de projeto em sistemas-chave dos modelos de instalações prediais de MEP e correlacionar essas informações àquelas derivadas dos bancos de dados de automação predial (BAS), para facilitar a análise do desempenho real destes sistemas em campo. Neste sentido, a equipe pôde acessar em tempo real os dados de operação em um contexto BIM por meio da plataforma EcoDomus e planejou ampliar constantemente essa capacidade, fornecendo um ambiente integrado que facilitasse o gerenciamento das instalações prediais em tempo real. Eles consideraram isso como um trabalho preparatório para que pudessem utilizar a crescente rede de objetos inteligentes interconectados em seu mundo (a Internet das Coisas), a fim de conduzir as eficiências operacionais melhoradas – por meio, por exemplo, de informações de manutenção previsíveis e em tempo real.
- Encontrar maneiras de vincular de forma inteligente os modelos de instalações prediais de MEP a seus fluxogramas de processos associados, como o fluxograma do sistema de circulação de ar discutido anteriormente (ver a Figura 10.6.9).

Agradecimentos

O material utilizado neste estudo de caso foi originalmente redigido por Mark Philip e Mark McKinley do *Campus* de Pesquisa Janelia, para uma apresentação da Conferência de Tecnologia Revit – América do Norte em julho de 2016 e adaptado para uso neste livro. Os autores agradecem a Igor Starkov, da EcoDomus Inc., e a Artem Ryzhkov, da Synergy Systems, por sua valiosa orientação, geração de modelos e construção de recursos da plataforma ao longo de um extenso período.

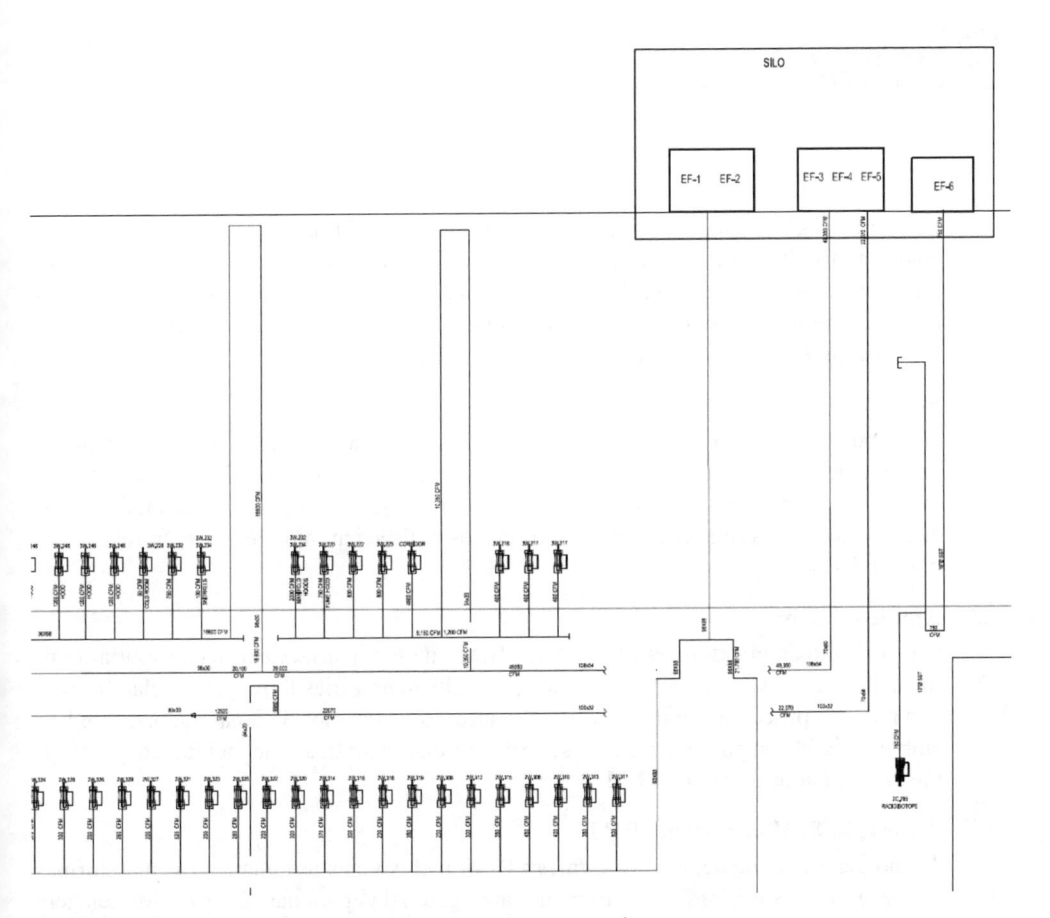

FIGURA 10.6.9 Extrato do fluxograma do sistema de exaustão de ar.
Imagem fornecida por cortesia de Mark Philip, Diretor de Gerenciamento de Instalações.

Glossário

4D

Um modelo 4D é uma vista temporal de um modelo BIM no qual os objetos são associados a atividades em um cronograma de construção. Os modelos 4D podem ser visualizados como animações gráficas, e verificações de interferências podem ser feitas a qualquer momento para identificar os conflitos espaço-temporais entre estruturas permanentes e/ou temporárias (como gruas ou andaimes).

5D

Um modelo 5D é uma vista de um modelo BIM relacionada a custos, na qual os itens de um orçamento são associados a características mensuráveis e específicas dos objetos do modelo. O propósito é vincular itens do orçamento a objetos do modelo, de modo que os custos futuros possam ser previstos e os custos reais sejam monitorados em relação ao modelo BIM.

Ambiente BIM

Um conjunto de plataformas e bibliotecas BIM que são interfaceadas para suportar múltiplas informações e fluxos de processo que incluem as várias ferramentas, plataformas, servidores e processos de trabalho BIM dentro dos processos de uma organização. Um ambiente BIM é suportado por uma série de políticas e práticas que facilitam o gerenciamento dos dados de projeto BIM.

Aplicação BIM ou sistema BIM

Termo genérico que denota um *software* BIM, inclusive as ferramentas, as plataformas ou os servidores utilizados dentro de um ambiente BIM para dar suporte à Modelagem da Informação da Construção (BIM). Dessa maneira, as aplicações tradicionais, como as ferramentas de desenho, renderização, redação de especificações e análise de engenharia, são possíveis aplicações BIM, se os processos de trabalho e/ou as trocas de dados integrarem-nas no BIM.

O termo pode ser qualificado para denotar áreas específicas de aplicações. Por exemplo, costuma-se usar "Aplicação BIM de Projeto Arquitetônico" para se referir a aplicações empregadas primariamente em projetos arquitetônicos, como Autodesk Revit, Bentley AECoSIM, Digital Project e ArchiCAD.

BIM Collaboration Format (BCF)

O BCF é um formato de arquivo XML que tem como objetivo o intercâmbio e a resolução colaborativa de conflitos e outros problemas. Quando os arquivos BCF são abertos na plataforma BIM, a lista de conflitos se torna disponível. A visualização que o usuário tem do modelo pode ser ajustada para focar e mostrar cada um desses conflitos, junto com informações adicionais sobre o problema.

B-rep (representação por fronteira, *Boundary representation*)

A geometria 3D de uma forma sólida definida por suas superfícies limítrofes. Ela é utilizada na maioria das ferramentas CAD 3D para apresentação, detecção de conflitos e medição por meio de pontos nas superfícies.

B-spline racional não uniforme (*Non-uniform rational B-spline*, NURBS)

Uma *spline* de base racional e não uniforme é um modelo matemático muito utilizado em computação gráfica para a geração e representação de curvas e superfícies. Ela oferece muita flexibilidade e precisão para lidar tanto com formas analíticas (superfícies definidas por fórmulas matemáticas comuns) quanto com formas modeladas.

buildingSMART International (bSI), antes denominada International Alliance for Interoperability (IAI)

Organização de padronização internacional que busca melhorar o intercâmbio de dados e os processos de trabalho no setor da construção. Ela desenvolveu as Industry Foundation Classes (IFC) como uma especificação neutra e aberta do BIM, bem como outras normas para dicionários de dados, metodologias e tecnologias de modelagem de dados e ferramentas. Não confundir com a British Standards Institution (BSI).

CIS/2 (CIMsteel Integration Standard/version 2)

Esquema de intercâmbio de dados especificamente utilizado para a representação do aço em prédios e estruturas. Essa norma é endossada e apoiada pelo American Institute of Steel Construction. Ela se baseia em tecnologia do padrão ISO-STEP.

Classe de objeto ou família de objeto

Na modelagem paramétrica, as classes de objeto são as estruturas de informação para a definição de instâncias de objeto. As ferramentas BIM de projeto arquitetônico têm classes de objeto para Paredes, Portas, Lajes, Janelas, Coberturas, etc., enquanto as ferramentas BIM para estruturas têm classes de objeto para conexões, armaduras, cabos de protensão, etc. A classe de objeto define como as instâncias de uma classe são estruturadas, como são editadas e como se comportam quando seus contextos mudam.

Construção por Administração com Risco para a Gerenciadora (CM@R, *Construction Manager at Risk*)

Forma de contrato de execução de um projeto no qual o proprietário contrata um projetista para prestar os serviços de projeto e também um gerente de obra para prestar todos os serviços de gerenciamento durante as fases de pré-construção e construção. Esses serviços podem incluir o preparo e a coordenação de pacotes para licitação, cronogramas, controle de custos, engenharia de valor e administração da obra. O gerente de obra costuma ser um construtor licenciado e garante o custo do empreendimento (preço máximo garantido, PMG). O proprietário, por sua vez, é responsável pelo projeto antes que um preço máximo garantido possa ser estipulado.

Construction Operations Building information exchange (COBie)

Conforme definido pela Norma Nacional de BIM, Estados Unidos (NBIMS-US), Versão 3, é o formato para a troca de informações sobre os ativos de uma edificação, como equipamentos, produtos, materiais e espaços (ver https://www.nationalbimstandard.org/files/NBIMS-US_V3_4.2_COBie.pdf).

Definições de Vistas do Modelo (MVD, *Model View Definitions*)

As MVDs definem um subconjunto do esquema IFC que é necessário para atender a um ou mais requisitos de troca de dados da indústria da construção. O método utilizado pela buildingSMART é definido no Manual de Entrega de Informações (Information Delivery Manual, IDM) (a norma ISO 29481).

Desenvolvimento Integrado de Empreendimentos (IPD, *Integrated Project Delivery*)
Essa forma de contratação de empreendimentos consiste em uma aliança colaborativa de pessoas, sistemas, estruturas de negócios e práticas em um processo que aproveita os talentos e as ideias de todos os participantes a fim de otimizar os resultados do projeto, aumentar seu valor para o proprietário, reduzir desperdícios e maximizar a eficiência ao longo de todas as fases de projeto, fabricação e construção.

Detalhe (ou *feature*)
No projeto, parte de uma forma com propósito específico. Em um sistema CAD, os detalhes (*features*) são importantes porque têm propósitos funcionais; uma conexão é um *feature* de uma viga de aço, e uma abertura de janela, um *feature* de uma parede. Os detalhes podem ou não ser acessíveis, ter propriedades ou ser editáveis. O projeto baseado em *features* suporta essas capacidades.

Enriquecimento semântico
Enriquecimento semântico dos modelos BIM é a aplicação de técnicas de inteligência artificial aos modelos a fim de complementar as informações, interpretando seus conteúdos de modo bastante similar ao de um especialista humano. O enriquecimento semântico identifica informações implícitas e as adiciona explicitamente a um modelo. As informações agregadas incluem a classificação de objetos, bem como sua agregação, identificação e numeração, grades e eixos e zoneamento.

Escalabilidade
A questão de como um sistema se comporta à medida que os dados que ele usa aumentam. Algumas aplicações funcionam bem somente com conjuntos de dados pequenos. Os sistemas baseados em arquivo tendem a ter limitações no tamanho do arquivo, ao passo que os sistemas que usam um banco de dados tendem a ser muito mais independentes do tamanho dos arquivos. Os modelos grandes e complexos às vezes precisam ser subdivididos, a fim de permitir tempos de resposta razoáveis para atualização.

Esquema
Nos bancos de dados, um esquema é a representação abstrata ou o modelo de dados para algum uso.

Esquema de intercâmbio
Método para definir abstratamente a estrutura de dados para intercâmbios, para o possível mapeamento de diferentes formatos, como um arquivo de texto, XML ou um banco de dados. IFC, CIS/2 e ISO15926 são exemplos de esquemas de intercâmbio.

Ferramenta BIM
Aplicação de *software* específica para uma tarefa que manipula um modelo de construção para um propósito determinado e produz um resultado específico. Entre os exemplos de ferramentas BIM, podemos citar aquelas utilizadas para a geração de desenhos, especificações, orçamentação, detecção de conflitos e erros, análise energética, renderização e visualização.

Ferramentas de integração de modelos BIM
As ferramentas de integração oferecem aos usuários não somente a possibilidade de fundir múltiplos modelos para formar um modelo federado e verificar conflitos, como já

fazem alguns dos visualizadores de modelo mais sofisticados, mas também disponibilizam funções de gerenciamento da construção que podem operar nos modelos integrados, como a detecção de conflitos e o planejamento de uma obra.

Forma de Contrato Integrada para Desenvolvimento Enxuto de Empreendimentos (IFOA, *Integrated Form of Agreement for Lean Project Delivery*)
Forma padronizada de contrato para empreendimentos IPD publicada como AIA ConsensusDocs 300.

Formato para intercâmbio
Um formato para organização de dados que pode ser empregado para a permuta de informações. Dois exemplos de formato para intercâmbio são o IGES e o DXF.

Geometria Sólida Construtiva (CSG)
Método de modelagem de sólidos que constrói formas complexas por meio da combinação de formas simples, usando operações booleanas. Ela armazena formas por meio da árvore de operações utilizadas para construí-las. Essa é uma capacidade essencial da modelagem paramétrica.

Guia BIM
Um guia BIM é uma coletânea das melhores práticas para implementação do BIM em um empreendimento. Ele também pode ser definido como um documento que é desenvolvido para auxiliar os usuários de BIM a tomar decisões efetivas e eficientes sobre a implementação de BIM em seus projetos, de modo que possam alcançar as metas em cada etapa de um *roadmap* de implantação de BIM ou de um plano de execução BIM. Alguns de seus sinônimos são manual de BIM, protocolo BIM, diretrizes BIM, requisitos BIM e especificações de projeto BIM. Nós fazemos a distinção entre guia BIM e norma BIM. (*Ver* Norma BIM.)

IFC (Industry Foundation Classes)
Um esquema padrão, internacional e público, para a representação de informações da construção. Ele usa a tecnologia e as bibliotecas ISO-STEP.

Interoperabilidade
Habilidade de aplicativos BIM de diferentes desenvolvedores de trocar dados BIM e operar sobre esses dados. Interoperabilidade é um requisito importante para a colaboração de equipes e movimentação de dados entre diferentes aplicações BIM.

ISO-STEP
Norma para o Intercâmbio Técnico de Dados do Modelo do Produto da Organização Internacional para Normalização (International Standards Organization, Standard for the Technical Exchange of Product Model Data). Sua denominação oficial é ISO 10303, e é desenvolvida e gerenciada pelo Comitê Técnico ISO 184, Subcomitê 4. A ISO-STEP oferece as tecnologias, ferramentas e métodos básicos para o desenvolvimento de ferramentas e padrões de interoperabilidade nos setores manufatureiro, aeroespacial, naval e de plantas industriais e de processamento. Ela é a base tecnológica do IFC, CIS/2 e de muitos outros esquemas e formatos de intercâmbio de informações.

Mandato BIM
Um requisito e uma meta em cada etapa de um *roadmap* de implementação de BIM.

Medida BIM ou métrica BIM
Um indicador-chave de desempenho (KPI, *Key Performance Indicator*) que pode ser utilizado em um modelo de maturidade BIM.

Modelagem da Informação da Construção (BIM)
BIM é usado como verbo ou adjetivo para descrever ferramentas, processos e tecnologias que são facilitadas pela documentação digital e legível pelo computador de uma edificação, seu desempenho, seu planejamento, sua construção e, posteriormente, sua operação. Portanto, o termo BIM descreve uma atividade, e não um objeto. Para descrever o resultado da atividade de modelagem, é usado o termo "modelo de informação da construção", por extenso, "modelo da construção" ou, de modo mais simples, "modelo BIM".

Modelagem de sólidos
O tipo geral de modelagem geométrica no qual os elementos sendo modelados e operados são fechados e delimitados, encerrando um volume. A modelagem de sólidos pode representar formas sólidas; essa não é uma denominação acurada, contudo, pois a modelagem de sólidos também pode representar a forma de vazios, como uma sala. A modelagem de sólidos inclui múltiplos tipos de modelagem, inclusive a representação por fronteira (B-rep), a geometria sólida construtiva (CSG) e a modelagem baseada em *features* (detalhes).

Modelagem paramétrica baseada em objetos
A tecnologia na qual se baseia a maioria das aplicações de projeto BIM. Ela inclui a capacidade de definir objetos individuais cuja forma e outras propriedades podem ser controladas parametricamente. Ela também se aplica a montagens de objetos, às vezes até à escala da edificação, permitindo que elas sejam controladas por parâmetros. E é tipicamente usada para alguma forma de otimização do projeto.

Modelo BIM *as-built*
Modelo(s) BIM preparado(s) durante o processo de construção que reflete(m) todas as modificações feitas no projeto durante o processo de construção. Normalmente, elaborado em um modelo com LOD (nível de detalhamento) 400 ou 500, que reflete como o prédio foi efetivamente construído.

Modelo BIM de Informações de Ativos (AIM, *Asset Information Model*) ou Modelo BIM de Manutenção de Edificações (FM, *Facility Maintenance*)
O modelo BIM empregado pelo proprietário para registrar os espaços e ativos do prédio ou outra construção. Esse modelo é utilizado para localização, apropriação e acesso a informações de produtos, como garantias e valores de depreciação, a fim de dar suporte aos processos de manutenção e transferências de pessoal. Em uma situação típica, o Modelo de Intenção de Projeto é empregado como base, e então atualizado para incluir todas as alterações feitas ao longo da execução da obra. Esse modelo busca ser leve, com o mínimo de dados dos equipamentos e sistemas (conectividade) para possibilitar as operações de gerenciamento de edificação (incluindo a gestão de espaços, a manutenção de equipamentos e a gestão de ativos).

Modelo BIM de Projeto ou Modelo de Intenção de Projeto
Um ou mais modelos BIM desenvolvidos pelo arquiteto ou pelos consultores/especialistas em projetos complementares a fim de expressar a forma da edificação, o leiaute dos

espaços e as características funcionais, permitindo a análise do aspecto e do desempenho do edifício (em termos de consumo energético, ideia de projeto, custo aproximado, etc.).

Modelo BIM para Construção

Os modelos BIM desenvolvidos pelo construtor e empreiteiros que definem uma edificação com detalhes suficientes para permitir as operações de construção (suprimento, planejamento, locação precisa, etc.), normalmente em LODs de 300 a 400.

Modelo da Construção ou Modelo de Objetos da Construção

Consiste em um banco de dados digital de uma edificação em particular que contém informações sobre seus objetos. Isso pode incluir sua geometria (geralmente definida por regras paramétricas), desempenho, planejamento, construção e posterior operação. Um modelo Revit e um modelo Digital Project são exemplos de modelos da construção. Os "modelos da construção" podem ser considerados a próxima geração dos "desenhos de construção" ou dos "desenhos de arquitetura". Na continuação do processo, o termo "modelo de fabricação" já é de uso corrente em lugar de "desenhos executivos".

Modelo de Dados da Construção ou Modelo de Dados de Produto para Construção

Um esquema de objetos apropriado para a representação de uma construção e seus dados de suporte tais como informação sobre seus componentes, usuários, cargas energéticas ou processos. Um modelo de dados da construção pode ser usado para representar esquemas para intercâmbio de arquivos, trocas via *web* baseadas em XML, ou para definir um esquema de banco de dados para um repositório. Os principais exemplos de modelos de dados para a construção são o IFC e o CIS/2.

Modelo de maturidade BIM

Ferramenta de *benchmark* para avaliação do nível de implementação de BIM em um projeto, organização ou região.

Nível de Detalhamento, Nível de Definição ou Nível de Desenvolvimento (LOD)

O nível de modelagem 3D requerido (quais objetos estão incluídos no modelo e qual o grau de detalhamento em que cada objeto é modelado) tem de ser cuidadosamente determinado conforme os objetivos do BIM e os usos do modelo durante as diferentes fases do projeto. Muitas organizações e planos de execução BIM ao nível de projeto especificam as exigências de nível de detalhamento (LOD) para os projetos dos subsistemas em diferentes fases. Em geral, LODs mais baixos são empregados para o projeto (entre 100 e 300), e níveis mais elevados são utilizados para a construção (entre 300 e 400) e entrega (500).

Norma BIM

Um guia BIM, requisitos de informações BIM ou um protocolo relacionado ao BIM que foi aprovado por um organismo de normas internacional, como a ISO.

Objeto paramétrico

Um objeto único que é criado ou editado por meio de seus parâmetros e vínculos paramétricos.

Objetos da construção
Os objetos da construção são as coisas ou partes que compõem uma edificação. Os objetos podem ser agregados em elementos de níveis mais altos, como as "montagens", que também são considerados objetos. De modo mais geral, um objeto é qualquer unidade de uma construção que possui propriedades associadas a ele. Portanto, os espaços de uma edificação também são objetos. Os objetos da construção são um subconjunto dos objetos que compõem um modelo da construção. Em certos trechos do texto desta obra, "elemento" ou "componente" são empregados como sinônimos de objetos.

Operações booleanas
A classe de operações que permite a edição de formas por meio da fusão de duas formas, subtração de uma da outra ou definição da interseção entre duas ou mais formas. Essa abordagem foi nomeada em homenagem a George Boole, que inventou as operações de união, interseção e diferença em conjuntos matemáticos.

Plano de Execução BIM (BEP, *BIM Execution Plan*) ou
Plano BIM de Execução do Projeto (PxP)
Um contrato firmado entre os membros da equipe do empreendimento que define como um projeto BIM será executado, como os modelos serão atualizados ao longo da duração do empreendimento e quais informações serão entregues nas várias trocas. Ele cobre as responsabilidades de cada membro da equipe, as tecnologias utilizadas pela equipe, o nível de detalhes a ser empregado, as normas de atribuição de nomes para cada tipo de objeto, o processo de intercâmbio de dados e quando cada tipo de dado será inserido no modelo. O Plano de Execução BIM também define como esses dados serão transmitidos aos sistemas de *facilities management* (FM) ou integrados a eles, caso isso faça parte das responsabilidades da equipe. Esse plano pode ser definido pelo proprietário ou delegado por ele a um membro da equipe do empreendimento.

Plataforma BIM
Uma aplicação para projeto BIM que gera informações para usos múltiplos e inclui diversas ferramentas diretamente ou por meio de interfaces com diferentes níveis de integração. A maioria das aplicações de projeto BIM não só tem a função de ferramenta, como a modelagem paramétrica de objetos 3D, mas também apresenta outras funções, como a geração de desenhos e de uma interface de aplicação, o que as torna plataformas.

Processo BIM
Um processo que gera e administra informações por meio de aplicativos BIM para projeto, análise, detalhamento para fabricação, estimativa de custos, geração de cronogramas ou outro uso.

Processo de trabalho
A sequência de comunicações relacionadas a tarefas entre pessoas (normalmente a equipe de projeto) a fim de executar as sequências de tarefas e os fluxos de dados necessários para dar suporte a essas sequências.

Projeto e Construção (DB, *Design-Build*)
Uma forma de contratação de projeto na qual o proprietário contrata diretamente a equipe de projeto e construção (normalmente um empreiteiro capaz de projetar edificações ou que esteja colaborando com um arquiteto) a fim de desenvolver um programa de necessi-

dades bem definido e um projeto preliminar que atenda às necessidades do cliente. Então, o construtor que obteve o contrato estima o custo total e o tempo que será necessário para projetar e construir o prédio. Após a implementação de todas as modificações exigidas pelo proprietário, o plano é aprovado e o orçamento final do projeto é estabelecido.

Projeto e Construção Virtuais (VDC, *Virtual Design and Construction*)
VDC é a prática de usar a modelagem da informação da construção (BIM) especificamente como um protótipo de um processo de construção. Com o VDC, os projetistas e construtores testam tanto o produto como o processo construtivo de modo virtual e completo antes de executar as obras *in loco* que são necessárias para a construção do prédio. Eles examinam modelos de desempenho multidisciplinares integrados de projeto e construção, incluindo as instalações, os processos de trabalho, as redes de fornecimento e as equipes de projeto para identificar e eliminar as restrições e, consequentemente, melhorar o desempenho de projeto e as edificações resultantes.

Projeto-Concorrência-Construção (DBB, *Design-Bid-Build*)
Uma forma de contratação de projeto na qual o cliente (proprietário) contrata um arquiteto que, então, desenvolve um projeto junto com outros projetistas. O projeto é registrado em desenhos que se tornam a base para a licitação. A proposta responsável com preço mais baixo é selecionada pelo proprietário, e o construtor vencedor executa o projeto com a ajuda de empreiteiros, fabricantes e fornecedores de materiais, os quais também costumam ser selecionados com base no orçamento que ofereça o melhor preço responsável.

***Roadmap* BIM**
Plano de adoção nacional ou organizacional que busca alcançar níveis definidos de capacitação estabelecidos conforme um modelo de maturidade BIM, dentro de um cronograma planejado.

Servidor BIM (BIM *server*), servidor de modelo, Ambiente Comum de Dados (CDE, *Common Data Environment*) ou repositório BIM
Um servidor BIM é um sistema de gerenciamento de banco de dados cujo esquema é baseado em objetos. Difere dos sistemas existentes de gerenciamento de dados de projeto (PDM, *Project Data Management*) e sistemas de gerenciamento de projeto baseados na *web* porque sistemas PDM são baseados em arquivos e armazenam arquivos CAD e pacotes de análise de projeto. Servidores BIM são baseados em objetos e permitem consulta, transferência, atualização e gerenciamento de objetos individuais do projeto originados de um conjunto potencialmente heterogêneo de aplicações.

Sincronização de modelos
A questão de se manter a consistência de versões em todas as informações em um ambiente BIM. Isso inclui os métodos para abordagem desse problema e lida com as questões do gerenciamento de modificações por ferramentas e plataformas múltiplas.

Transação
Nos bancos de dados, uma operação que atualiza os dados em uma operação com apenas um passo, similar ao "salvar" em um sistema de arquivamento. As transações podem ser controladas pelo usuário ou geradas pelo sistema, e têm como uma função importante a manutenção da consistência dos dados sendo salvos.

Verificação de conflitos

Verificação de que os objetos em um ou mais modelos BIM não estão sobrepostos (conflito grave – *hard clash*) ou próximos demais entre si (conflito brando – *soft clash*), a fim de permitir espaço adequado para manutenção, requisitos de segurança, isolantes, etc.

Verificação de modelo BIM ou verificação de qualidade do modelo

A fim de que as informações BIM sejam úteis para as aplicações a jusante – tais como simulações funcionais, verificação de códigos de obras, automação de licenciamento, etc. –, elas devem se adequar aos requisitos de conteúdo semântico e de sintaxe definidos pelas aplicações que o recebem. Consequentemente, a mudança para verificações automatizadas é fundamental caso se deseje que os pressupostos de qualidade do BIM sejam efetivados. Há uma grande variedade de revisões disponíveis, desde as conferências quanto à presença de objetos e sua correta nomenclatura em cada etapa de um projeto (conforme definido no BEP) até a verificação de conformidade do modelo em relação aos códigos de obra e outros requisitos complexos.

Referências

Adachi, Y. (2002). "Overview of IFC model server framework." European Conference for Process and Product Modeling (ECPPM): eWork and eBusiness in Architecture, Engineering and Construction, Portorož, Slovenia, September 9–11, 367–372.

AGC (2010). *The Contractors' Guide to Building Information Modeling*, 2nd edition. Associated General Contractors of America. Arlington, VA. www.agc.org/news/2010/04/28/contractors-guide-bim-2nd-edition.

AGC (2006). *The Contractors' Guide to BIM*. Associated General Contractors (AGC) of America, Arlington, VA.

AIA (1994). *The Architect's Handbook of Professional Practice*, Washington, D.C., AIA Document B162, American Institute of Architects.

AIA (2007a). "AIA Document C106-2007: Digital Data Licensing Agreement." American Institute of Architects, Washington D.C.

AIA (2007b). "AIA Document E201-2007: Digital Data Protocol Exhibit." American Institute of Architects, Washington D.C.

AIA (2008). "AIA Document E202-2008: Building Information Modeling Protocol Exhibit." American Institute of Architects.

AIA (2013). "AIA Document E203-2013: Building Information Modeling and Digital Data Exhibit." American Institute of Architects.

AIA (2017). *AIA Contract Documents: Integrated Project Delivery (IPD) Family*, www.aiacontracts.org/contract-doc-pages/27166-integrated-project-delivery-ipd-family.

AISC (2017). *AISC Design Guide*, 30 vols. AISC Chicago, IL. www.aisc.org/publications/design-guides/.

Akinci, B., Boukamp, F., Gordon, C., Huber, D., Lyons, C., and Park, K. (2006). "A Formalism for Utilization of Sensor Systems and Integrated Project Models for Active Construction Quality Control." *Automation in Construction*, 15(2): 124–138.

Akintoye, A., and Fitzgerald, E. (2000). "A Survey of Current Cost Estimating Practices in the UK." *Construction Management & Economics*, 18(2): 161–172.

Alberti, L. B. (1988). On the art of building in ten books. MIT Press, Cambridge, MA.

ANSI/X3/SPARC (1975). "Interim Report: Study Group on Database Management Systems 75-02-08." *FDT: Bulletin of ACM SIGMOD*, 7(2), 1–140.

Ashcraft, H. W. J. (2006). "Building Information Modeling: A Great Idea in Conflict with Traditional Concepts of Insurance, Liability, and Professional Responsibility." Schinnerer's 45th Annual Meeting of Invited Attorneys.

Autodesk (2004). "Return on Investment with Autodesk Revit," June 25, 2007. Autodesk website. Autodesk, Inc. http://images.autodesk.com/adsk/files/4301694_Revit_ROI_Calculator.zip.

BACnet. (n.d.). "BACnet Official Website." www.bacnet.org/ (accessed Sept. 14, 2017).

Ballard, G. (2000). "The Last Planner™ System of Production Control." Ph.D. Dissertation, University of Birmingham, Birmingham, UK.

Barak, R., Jeong, Y. S., Sacks, R., and Eastman, C. M. (2009). "Unique Requirements of Building Information Modeling for Cast-in-Place Reinforced Concrete." *Journal of Computing in Civil Engineering*, 23(2): 64–74.

Barison, M. B., and Santos, E. T. (2010) "An Overview of BIM Specialists." *International Conference on Computing in Civil and Building Engineering (ICCCBE)*, Nottingham, UK, June 30–July 2, 141–147.

Barison, M. B., and Santos, E. T. (2011) "The Competencies of BIM Specialists: A Comparative Analysis of the Literature Review and Job Ad Descriptions." *International Workshop on Computing in Civil Engineering 2011*, Miami, Florida, 594–602.

Barré, Christian, and Karine Leempoels (2009), *"Louis Vuitton Foundation for Creation on a Cloud", cstb webzine*, February 2009. Accessed September 25, 2017, www.cstb.fr/archives/english-webzine/anglais/february-2009/louis-vuitton-foundation-for-creation-on-a-cloud.html.

Batiwork (n.d.) The Batiwork Official Website. Accessed September 26, 2017, www.batiwork.fr/.

BCA (2008). "BIM e-Submission Guideline for Architectural Discipline." Building and Construction Authority, Singapore.

BCA (2012). "Singapore BIM Guide Version 1.0." Building and Construction Authority (BCA), Singapore.

BCA (2013). "Singapore BIM Guide Version 2.0." Building and Construction Authority (BCA), Singapore.

Beard, J., Loulakis, M., and Wundram, E. (2005). *Design-Build: Planning Through Development*, McGraw-Hill Professional.

Bedrick (2008). "Organizing the Development of a Building Information Model," *AECbytes Feature*, Sept. 18, 2008. www.aecbytes.com/feature/2008/MPSforBIM.html.

Belsky, M., Sacks, R., and Brilakis, I. (2016). "Semantic Enrichment for Building Information Modeling." *Computer-Aided Civil and Infrastructure Engineering*, 31(4), 261–274.

Berners-Lee, T., Hendler, J., and Lassila, O. (2001). "The Semantic Web." *Scientific American*, 284(5): 35–43.

Bernstein, H. M., Jones, S. A., Russo, M. A., and Laquidara-Carr, D. (2012). *2012 Business Value of BIM in North America*. McGraw Hill Construction, Bedford, MA.

Bernstein, H. M., Jones, S. A., Russo, M. A., and Laquidara-Carr, D. (2014). *The Business Value of BIM in Australia and New Zealand: How Building Information Modeling Is Transforming the Design and Construction Industry*. McGraw Hill Construction, Bedford, MA.

Bernstein, H. M., Jones, S. A., Russo, M. A., Laquidara, D., Messina, F., Partyka, D., Lorenz, A., Buckley, B., Fitch, E., and Gilmore, D. (2010). *Green BIM: How Building Information Modeling is Contributing to Green Design and Construction*. McGraw Hill Construction, Bedford, MA.

Bijl, A., and Shawcross, G. (1975). "Housing Site Layout System," *Computer-Aided Design*, 7(1): 2–10.

BIMserver.org. (2012). "Open Source Building Information Modelserver." www.bimserver.org (accessed May 19, 2012).

bips (2007). "3D Working Method 2006." bips, Ballerup, Denmark.

Bloch, T., and Sacks, R. (2018). "Comparing Machine Learning and Rule-based Inferencing for Semantic Enrichment of BIM Models," *Automation in Construction*, 91: 256–272.

Booch, G. (1993). *Object-Oriented Analysis and Design with Applications* (2nd Edition), Addison-Wesley, New York, NY.

Borrmann, A., and Rank, E. (2009). "Specification and Implementation of Directional Operators in a 3D Spatial Query Language for Building Information Models." *Advanced Engineering Informatics*, 23(1): 32–44.

Boryslawski, M. (2006). "Building Owners Driving BIM: The Letterman Digital Arts Center Story." AECBytes. Sept. 30 2006. 27 June 07. www.aecbytes.com/ buildingthefuture/2006/LDAC_story.html.

Braid, I. C. (1973). *Designing with Volumes*. Cambridge UK, Cantab Press, Cambridge University.

bSC (2014). "Roadmap to Lifecycle Building Information Modeling in the Canadian AECOO Community Ver. 1.0." buildingSMART Canada, Toronto, Canada.

BSI (2013). PAS 1192-2:2013 Specification for information management for the capital/delivery phase of construction projects using building information modelling, British Standards Institution, https://shop.bsigroup.com/en/ProductDetail/?pid=000000000030281435.

BSI (2014a). BS 1192-4:2014 Collaborative production of information Part 4: Fulfilling Employers information exchange requirements using COBie. Code of practice, British Standards Institution, http://shop.bsigroup.com/ProductDetail?pid=000000000030294672.

BSI (2014b). PAS 1192-4:2014 Collaborative production of information Part 4: Fulfilling employer's information exchange requirements using COBie. Code of practice, The British Standards Institution, London, UK.

BSI (2015). PAS 1192-5:2015 Specification for security-minded building information modelling, digital built environments and smart asset management, British Standards Institution, https://shop.bsigroup.com/ProductDetail/?pid=000000000030314119.

bSI (2014a). "buildingSMART International BIM Guides Project." www.bimguides.org (accessed Feb. 8, 2016.).

bSI (2017). "IFC Overview Summary." www.buildingsmart-tech.org/specifications/ifcoverview (accessed May 20, 2017).

bSK (2016). "Module 15. BIM Information Level (BIL)." *Korea BIM Standards Version 1.0*, buildingSMART Korea, Seoul, Korea.

buildingSMART Australasia. (2012). "National Building Information Modelling Initiative, Volume 1: Strategy." buildingSMART Australasia, Randwick NSW, Australia.

buildingSMART Finland. (2012). "Common BIM Requirements (COBIM) 2012 v1.0." buildingSMART Finland, Helsinki, Finland.

buildingSMART International (2017). http://buildingsmart.org/.

BuildLACCD (2016). *LACCD Building Information Modeling Standards*, Los Angeles Community College District, LA, 36 pp. http://az776130.vo.msecnd.net/media/docs/default-source/contractors-and-bidders-library/standards-guidelines/bim/ bim-design-build-standards-v4-1.pdf?sfvrsn=4.

Cassidy, R. (2017). "BIM for O+M: Less about the Model, More about the Data," *Building Design and Construction* 2/2017, https://www.bdcnetwork.com/bim-om-less-about-model-more-about-data.

Cavieres, A., Gentry, R., and Al-Haddad, T. (2009). "Rich Knowledge Parametric Tools for Concrete Masonry Design: Automation of Preliminary Structural Analysis, Detailing and Specification." *Proceedings of the 2009 26th International Symposium on Automation and Robotics in Construction (ISARC)*, Austin, TX, June 24–27, 2009, pp. 544–552.

Chan, P. S., Chan, H. Y., and Yuen, P. H. (2016). "BIM-Enabled Streamlined Fault Localization with System Topology, RFID Technology and Real-Time Data Acquisition Interfaces." *International Conference on Automation Sciences and Engineering (CASE)*, August 21–24, 2016.

ChangeAgents AEC Pty Ltd. (2017). "About BIM Excellence." http://bimexcellence.com/about/ (accessed August 13, 2017).

Cheng, J. C. P., and Lu, Q. (2015). "A Review of the Efforts and Roles of the Public Sector for BIM Adoption Worldwide." *Journal of Information Technology in Construction*, 20, 442–478.

CIC (2010). *BIM Project Execution Planning Guide, Version 1.0*. Pennsylvania State University, University Park, PA.

CIC (2013). *BIM Planning Guide for Facility Owners, Version 2*. Pennsylvania State University, State College, PA.

CII (2002). Preliminary Research on Prefabrication, Pre-Assembly, Modularization and Off-Site Fabrication in Construction. University of Texas at Austin, July 2002.

CityGML (n.d.). "CityGML Official Website." www.citygml.org/ (accessed Sept. 14, 2017).

Cook, S. (2013). "A Field Study Investigation of the Time-Value Component of Stick-Built vs. Prefabricated Hospital Bathrooms." *Capstone Project Report in Construction Management*, Wentworth Institute of Technology, Boston.

Court, P., Pasquire, C., Gibb, A., and Bower, D. (2006). "Design of a Lean and Agile Construction System for a Large and Complex Mechanical and Electrical Project." *Understanding and Managing the Construction Process: Theory and Practice, Proceedings of the 14th Conference of the International Group for Lean Construction*, R. Sacks and S. Bertelsen, eds., Catholic University of Chile, School of Engineering, Santiago, Chile, 243–254.

CRC (2009). "National Guidelines for Digital Modelling." Cooperative Research Centre for Construction Innovation, Brisbane, Australia.

Crowley, A. (2003a). "CIMSteel Integration Standards Release 2 (CIS/2)." www.cis2.org/ (accessed Jan. 4, 2005).

Crowley, A. (2003b). "CIS/2 Interactive at NASCC," *New Steel Construction*, 11:10.

CURT (2004). Collaboration, Integrated Information, and the Project Lifecycle in Building Design, Construction and Operation, WP-1202 Architectural/Engineering Productivity Committee of the Construction Users Roundtable (CURT), http://mail.curt.org/14_0_curt_publications.html.

Dakan, M. (2006). "BIM Pilot Program Shows Success." *Cadalyst*. July 19, 2006. www.cadalyst.com/aec/gsa039s-bim-pilot-program-shows-success-3338.

Daum, S., Borrmann, A., Kolbe, T. H. (2017). "A Spatio-Semantic Query Language for the Integrated Analysis of City Models and Building Information Models." In Abdul-Rahman, A. (ed.), *Advances in 3D Geoinformation. Lecture Notes in Geoinformation and Cartography*. Springer, Cham.

Day, M. (2002). "Intelligent Architectural Modeling." *AEC Magazine*, September 2002. June 27, 2007. www.caddigest.com/subjects/aec/select/Intelligent_modeling_day.htm.

Do, D., Ballard, G., and Tillmann, P. (2015). *Part 1 of 5: The Application of Target Value Design in the Design and Construction of the UHS Temecula Valley Hospital*. Project Production Systems Laboratory, University of California, Berkeley.

Duggan, T., and Patel, D. (2013). *Design-Build Project Delivery Market Share and Market Size Report*, Reed Construction Data/RS Means Market Intelligence, Norwell, MA. www.dbia.org/resource-center/Documents/rsmeansreport_2013rev.pdf.

East, E. W. (2007). Construction Operations Building Information Exchange (Cobie): Requirements Definition and Pilot Implementation Standard. Engineering Research and Development Center, Champaign IL Construction Engineering Research Lab, ERDC/CERL TR-07-30, 195.

East, E. W. (2012). "Construction Operations Building Information Exchange (COBie)." www.wbdg.org/resources/cobie.php (accessed May 7, 2012).

Eastman, C. M. (1975). "The Use of Computers Instead of Drawings in Building Design." *Journal of the American Institute of Architects*, March: 46–50.

Eastman, C. M. (1992). "Modeling of Buildings: Evolution and Concepts." *Automation in Construction*, 1: 99–109.

Eastman, C. M. (1999). *Building Product Models: Computer Environments Supporting Design and Construction*. Boca Raton, FL, CRC Press.

Eastman, C. M., and Sacks, R. (2008). "Relative Productivity in the AEC Industries in the United States for On-Site and Off-Site Activities." *Journal of Construction Engineering and Management*, 134: 517–526.

Eastman, C. M., His, I., and Potts, C. (1998). *Coordination in Multi-Organization Creative Design Projects*. Design Computing Research Report. Atlanta, College of Architecture, Georgia Institute of Technology.

Eastman, C. M., Teicholz, P., Sacks, R., and Liston, K. (2008). *BIM Handbook: A Guide to Building Information Modeling for Owners, Managers, Architects, Engineers, Contractors and Fabricators*. John Wiley and Sons, Hoboken, NJ.

Eastman, C. M., Parker, D. S., and Jeng, T. S. (1997). "Managing the Integrity of Design Data Generated by Multiple Applications: The Principle of Patching." *Research in Engineering Design*, 9: 125–145.

Eckblad, S., Ashcraft, H., Audsley, P., Blieman, D., Bedrick, J., Brewis, C., Hartung, R. J., Onuma, K., Rubel, Z., and Stephens, N. D. (2007). *Integrated Project Delivery: A Working Definition*. http://ipd-ca.net/images/Integrated%20Project%20Delivery%20Definition.pdf.

Egan, J. (1998). "Rethinking Construction." Dept. of Trade and Industry, London.

Ergen, E., Akinci, B., and Sacks, R. (2007). "Tracking and Locating Components in a Precast Storage Yard Utilizing Radio Frequency Identification Technology and GPS." *Automation in Construction*, 16: 354–367.

Farmer, M. (2016). *The Farmer Review of the UK Construction Labour Model: Modernise or Die*. Construction Leadership Council (CLC), London, UK, 80.

FIATECH (2010). *Capital Projects Technology Roadmap*. http://fiatech.org/capital-projects-technology-roadmap.html.

FIATECH (n.d.). "FIATECH Official Website." www.fiatech.org/ (accessed Sept. 14, 2017).

Fischer, M., Khanzode, A., Reed, D., and Ashcraft, H. W. (2017). *Integrating Project Delivery*. John Wiley & Sons, Hoboken, NJ.

Fondation (2014). "Press Kit: Opening, October 27th, 2014." Fondation pour la Création Louis Vuitton (2014). Accessed September 26, 2017 https://r.lvmh-static.com/uploads/2015/01/oct-2014flv-press-kit.pdf.

Forgues, D., Koskela, L., and Lejeune, A. (2009). "Information Technology as Boundary Object for Transformational Learning." *ITcon*, 14 (Special Issue on Technology Strategies for Collaborative Working), 48–58.

Francis, R. L., McGinnis, L. F., & White, J. A. (1992). *Facility Layout and Location: An Analytical Approach*. Pearson College Division.

Friedman, M., Gehry, F., and Sorkin, M. (2002). *Gehry Talks: Architecture + Process*, Universe Architecture, New York.

Friedman, T. L. (2007). *The World Is Flat 3.0: A Brief History of the Twenty-first Century*. Picador, New York, NY.

Gallaher, M. P., O'Connor, A. C., John, J., Dettbarn, L., and Gilday, L. T. (2004). *Cost Analysis of Inadequate Interoperability in the U.S. Capital Facilities Industry*. Gaithersburg, MD, National Institute of Standards and Technology, U.S. Department of Commerce Technology Administration.

Gehry Technologies. (2012). "Building Information Evolved: Fondation Louis Vuitton." AIA TAP BIM Awards 2012 Submission, Accessed September 25, 2017, https:// network.aia.org/technologyinarchitecturalpractice/viewdocument/foundation-louis-vuitton?CommunityKey=79d8bdfe-0ff1-430c-b5c9-7aef1aa8fd0a&tab=librarydocuments.

Gerber, D. J., and Lin, S.-H. E. (2014). "Designing in Complexity: Simulation, Integration, and Multidisciplinary Design Optimization for Architecture." *Simulation*, 90(8), 936–959.

Gero, J. (2012). *Design Optimization*. Elsevier Science, Amsterdam, The Netherlands.

Gielingh, W. (1988). "General AEC Reference Model (GARM)," *Conceptual Modeling of Buildings*, CIB W74–W78 Seminar, Lund, Sweden, CIB Publication 126.

Glymph, J., Shelden, D., Ceccato, C., Mussel, J., and Schober, H. (2004). "A Parametric Strategy for Free-form Glass Structures Using Quadrilateral Planar Facets." *Automation in Construction* 13(2): 187–202.

Gray, J., and Reuter, A. (1992). *Transaction Processing: Concepts and Techniques*, Morgan Kaufmann, Burlington, MA.

Grose, M. (2016). "BIM Adoption in the MEP World." *Engineering New Record*, 2/2016. https://www.enr.com/articles/40243-bim-adoption-in-the-mep-world.

GSA (2007). "GSA BIM Guide Series." www.gsa.gov/portal/category/101070 (accessed 2017, July 22).

Gurevich, U., and Sacks, R. (2013). "Examination of the Effects of a KanBIM Production Control System on Subcontractors' Task Selections in Interior Works." *Automation in Construction*, 37: 81–87.

Hendrickson, C. (2003). *Project Management for Construction: Fundamental Concepts for Owners, Engineers, Architects and Builders* Version 2.1. June 27, 2007, www.ce.cmu.edu/pmbook.

HKHA. (2009). "Building Information Modelling (BIM) Standards Manual for Development and Construction Division of Hong Kong Housing Authority." Hong Kong Housing Authority, Hong Kong.

Hopp, W. J., and Spearman, M. L. (1996). *Factory Physics*. IRWIN, Chicago.

Howell, G. A. (1999). "What Is Lean Construction—1999?" *Seventh Annual Conference of the International Group for Lean Construction*, IGLC-7, Berkeley, CA.

HS2 (2013). "HS2 Supply Chain BIM Upskilling Study." High Speed Two (HS2) Limited London, UK.

Hwang, K., and Lee, G. (2016) "A Comparative Analysis of the Building Information Modeling Guides of Korea and Other Countries." *ICCCBE 2016*, Osaka, Japan, July 6–8, 879–886.

Indiana University Architect's Office. (2009). "IU BIM Proficiency Matrix." Indiana University Architect's Office, Bloomington, IN.

Isikdag, U. (2014). Innovations in 3D Geo-Information Sciences. *Lecture Notes in Geoinformation and Cartography*, Springer International Publishing, Zurich, Switzerland.

ISO (2013). ISO/IEC 27001:2013 Information Technology, Security Techniques, Information Security Management Systems: Requirements, International Organization for Standardization. International Organization for Standardization, pp. 23, www.iso.org/standard/54534.html.

ISO TC 59/SC 13. (2010). "ISO 29481-1:2010 Building Information Models: Information Delivery Manual, Part 1: Methodology and Format." ISO, Geneva, Switzerland.

ISO/TS 12911. (2012). "PD ISO/TS 12911:2012 Framework for Building Information Modelling (BIM) Guidance." ISO, Geneva, Switzerland.

Jackson, S. (2002). "Project Cost Overruns and Risk Management." *Proceedings of the 18th Annual ARCOM Conference*, Glasgow.

Johnston, G. B. (2006). "Drafting Culture: A social history of architectural graphic standards." Ph.D. Thesis, Emory University, Atlanta.

Jones, S. A., and Bernstein, H. M. (2012). *SmartMarket Report on Building Information Modeling (BIM): The Business Value of BIM.* McGraw-Hill Construction, Washington DC, 72.

Jones, S. A., and Laquidara-Carr, D. (2015). "Measuring the Impact of BIM on Complex Buildings." Dodge Data & Analytics, Bedford, MA.

Jørgensen, K. A., Skauge, J., Christiansson, P., Svidt, K., Sørensen, K. B., and Mitchell, J. (2008). "Use of IFC Model Servers: Modelling Collaboration Possibilities in Practice." Aalborg University & Aarhus School of Architecture, Aalborg, Denmark.

Jotne EPM Technology. (2013). "EDMServer Official Website." www.jotne.com/index.php?id=562520 (accessed February 10, 2013).

Jung, W., and Lee, G. (2015a). "Slim BIM Charts for Rapidly Visualizing and Quantifying Levels of BIM Adoption and Implementation." *Journal of Computing in Civil Engineering*, 04015072.

Jung, W., and Lee, G. (2015b). "The Status of BIM Adoption on Six Continents." *International Conference on Civil and Building Engineering (ICCBE)*, Montreal, Canada, May 11–12, 433–437.

Kalay, Y. (1989). *Modeling Objects and Environments.* New York, John Wiley & Sons.

Kam, C., Song, M. H., and Senaratna, D. (2016). "VDC Scorecard: Formulation, Application, and Validation." *Journal of Construction Engineering and Management*, 0(0), 04016100.

Karlshoj, J. (2016). "A BIM Mandate Lesson from Denmark." BIM+, www.bimplus.co.uk/people/bim-ma4ndate-lesso4n-den7mark/ (accessed July 27, 2017).

Keenliside, S. (2015). "Comparative Analysis of Existing Building Information Modelling (BIM) Guides." *International Construction Specialty Conference of the Canadian Society for Civil Engineering (ICSC)*, Vancouver, British Columbia, Canada, June 8–10, 2015, 293: 1–9.

Kenley, R., and Seppänen, O. (2010). *Location-Based Management for Construction: Planning, Scheduling and Control.* Spon Press, Abington, Oxon, UK.

Khemlani, L. (2004). "The IFC Building Model: A Look Under the Hood." March 30, 2004, *AECbytes*. June 15, 2007, www.aecbytes.com/feature/2004/IFC.html.

Koerckel, A., and Ballard, G. (2005). "Return on Investment in Construction Innovation: A Lean Construction Case Study." *Proceedings of the 14th Conference of the International Group for Lean Construction*, Sydney, Australia.

Koskela, L. (1992). *Application of the New Production Philosophy to Construction*, Technical Report #72, Center for Integrated Facility Engineering, Department of Civil Engineering, Stanford University.

Kreider, R., Messner, J., and Dubler, C. (2010). "Determining the Frequency and Impact of Applying BIM for Different Purposes on Building Projects." *6th International Conference on Innovation in Architecture, Engineering and Construction (AEC)*, Penn State University, University Park, PA, USA.

Krichels, Jennifer (2011). "Gehry's Louis Vuitton Fondation Façade" Fabrikator (Blog), October 2011. Accessed June 13, 2014 http://blog.archpaper.com/wordpress/archives/24715.

Krygiel, E., and Nies, B. (2008). *Green BIM: Successful Sustainable Design with Building Information Modeling*. Wiley, Indianapolis, IN.

Kunz, J. (2012), "Metrics for Management and VDC and Methods to Predict and Manage Them." CIFE, Stanford University.

Kunz, J., and Fischer, M. (2009), "Virtual Design and Construction: Themes, Case Studies and Implementation Suggestions." CIFE Working Paper #097, Version 10, October 2009, Stanford University.

Lafarge (2014), "Louis Vuitton Foundation: Innovation from Head to Toe." May 2011, Accessed June 13, 2014, www.ductal-lafarge.com/wps/portal/ductal/1_1_B_1-News?WCM_GLOBAL_CONTEXT=/wps/wcm/connectlib_ductal/Site_ductal/AllPR/PressRelease_1329390075063/PR_EN.

Laiserin, J. (2008). "Foreword." *BIM Handbook: A Guide to Building Information Modeling for Owners, Managers, Architects, Engineers, Contractors and Fabricators*. John Wiley and Sons, Hoboken, NJ.

Laurenzo, R. (2005). "Leaning on Lean Solutions," *Aerospace America*, June 2005: 32–36.

Lee, G. (2011). "What Information Can or Cannot Be Exchanged?" *Journal of Computing in Civil Engineering*, 25(1): 1–9.

Lee, G., and Kim, S. (2012). "Case Study of Mass Customization of Double-Curved Metal Façade Panels Using a New Hybrid Sheet Metal Processing Technique." *Journal of Construction Engineering and Management*, 138(11): 1322–1330.

Lee, G., Eastman, C. M., and Zimring, C. (2003). "Avoiding Design Errors: A Case Study of Redesigning an Architectural Studio." *Design Studies*, 24: 411–435.

Lee, G., Jeong, J., Won, J., Cho, C., You, S., Ham, S., and Kang, H. (2014). "Query Performance of the IFC Model Server Using an Object-Relational Database (ORDB) Approach and a Tradition-Relational Database (RDB) Approach." *Journal of Computing in Civil Engineering*, 28(2): 210–222.

Lee, G., Park, J., Won, J., Park, H. K., Uhm, M., and Lee, Y. (2016) "Can Experience Overcome the Cognitive Challenges in Drawing-Based Design Review? Design Review Experiments." *ConVR 2016*, Hong Kong, Dec 12–13.

Lee, G., Sacks, R., and Eastman, C. M. (2006). "Specifying Parametric Building Object Behavior (BOB) for a Building Information Modeling System." *Automation in Construction* 15(6): 758–776.

Lee, G., Won, J., Ham, S., and Shin, Y. (2011). "Metrics for Quantifying the Similarities and Differences between IFC files." *Journal of Computing in Civil Engineering*, 25(2): 172–181.

Lee, J.-K., Lee, J., Jeong, Y.-S., Sheward, H., Sanguinetti, P., Abdelmohsen, S., and Eastman, C. M. (2010). "Development of Space Object Semantics for Automated Building Design Review Systems," Design computation working paper, Digital Building Lab, July 2010.

Lee, Y.-C., Eastman, C. M., Solihin, W., and See, R. (2016) "Modularized Rule-Based Validation of a BIM Model Pertaining to Model Views." *Automation in Construction.* 63: 1–11.

Li, X., Wu, P., Shen G. P, Wang, X., and Teng, Y. (2017). "Mapping the Knowledge Domains of Building Information Modelling (BIM): A Bibliometric Approach." *Automation in Construction*, under review.

Liker, J. E. (2003). *The Toyota Way.* McGraw-Hill, New York.

Little, J. C., and Graves, S. (2008). "Little's Law." *Building Intuition, International Series in Operations Research & Management Science*, D. Chhajed and T. Lowe, eds., Springer US, 81–100.

Liu, X., Wang, X., Wright, G., Cheng, J. C. P., Li, X., and Liu, R. (2017). "A State-of--the-Art Review on the Integration of Building Information Modeling (BIM) and Geographic Information System (GIS)." *ISPRS International Journal of Geo-Information*, 6(2).

Love, P. E. D., Zhou, J., Matthews, J., and Luo, H. (2016). "Systems Information Modelling: Enabling Digital Asset Management." *Advances in Engineering Software*, 102: 155–165.

Mauck, R., Lichtig, W., Christian, D., and Darrington, J. "Integrated Project Delivery: Different Outcomes, Different Rules. *48th Annual Meeting of Invited Attorneys*. May 20–22, 2009, St. Petersburg, FL.

MBIE. (2014). "New Zealand BIM Handbook, Appendix C: Levels of Development Definitions." Ministry of Business, Innovation, and Employment, New Zealand.

McCallum, B. (2011). "The Four Approaches to BIM." http://bim4scottc.blogspot.kr/2012/10/the-four-approaches-to-bim.html (accessed Oct. 22, 2015).

McCuen, T. L., Suermann, P. C., and Krogulecki, M. J. (2012). "Evaluating AwardWinning BIM Projects Using the National Building Information Model Standard Capability Maturity Model." *Journal of Management in Engineering*, 28(2): 224–230.

McGraw Hill Construction (2011). "Prefabrication and Modularization: Increasing Productivity in the Construction Industry." *SmartMarket Report*, McGraw Hill Construction.

MLTM. (2010). "Architectural BIM Implementation Guide v1.0." Ministry of Land, Transport, and Maritime Affairs, Daejeon, South Korea.

Morwood, R., Scott, D., and Pitcher, I. (2008). "Alliancing: A Participant's Guide. Real Life Experiences for Constructors, Designers, Facilitators and Clients." Maunsell AECOM, Brisbane, Queensland.

Munroe, C. (2007). "Construction Cost Estimating." American Society of Professional Estimators, June 27, 2007, www.aspenational.com/construction%20cost%20estimating.pdf.

Neff, G., Fiore-Silfvast, B., and Dossick, C. S. (2010). "A Case Study of the Failure of Digital Communication of Cross Knowledge Boundaries in Virtual Construction." *Information, Communication & Society*, 13(4): 556–573.

NIBS (2007). *National Building Information Modeling Standard*, National Institute of Building Sciences, Washington, D.C.

NIBS (2008). *United States National Building Information Modeling Standard, Version 1, Part 1: Overview, Principles, and Methodologies.* http://nbimsdoc.opengeospatial.org/ Oct. 30, 2009.

NIBS (2012). "National BIM Standard – United States Version 2: Chapter 5.2 Minimum BIM," National Institute of Building Sciences (NIBS) buildingSMART Alliance.

Nisbet, N., and East, E. W. (2013). "Construction Operations Building Information Exchange (COBie), Version 2.4." www.nibs.org/?page=bsa_cobiev24 (accessed Jan 31, 2017).

NIST (2007). "General Buildings Information Handover Guide: Principles, Methodology and Case Studies." National Institute of Science and Technology, Washington DC.

NYC (2013). "Building Information Modeling (BIM) Site Safety Submission Guidelines and Standards for Applicants." New York City Department of Buildings. www1.nyc.gov/assets/buildings/pdf/bim_manual.pdf.

Oberlender, G., and Trost, S. (2001). "Predicting Accuracy of Early Cost Estimates Based On Estimate Quality." *Journal of Construction Engineering and Management* 127(3): 173–182.

OmniClass (2017). *OmniClass: A Strategy for Classifying the Built Environment*, OmniClass, www.omniclass.org/.

P2SL (2017). *Target Value Design*, Project Production Systems Laboratory, UC Berkeley, CA. http://p2sl.berkeley.edu/research/initiatives/target-value-design/.

Park, J. H., and Lee, G. (2017). "Design Coordination Strategies in a 2D and BIM Mixed-Project Environment: Social Dynamics and Productivity." *Building Research & Information*, 45(6): 631–648.

Pärn, E. A., Edwards, D. J., and Sing, M. C. P. (2017). "The Building Information Modelling Trajectory in Facilities Management: A Review." *Automation in Construction*, 75: 45–55.

Pasquire, C., and Gibb, A. (2002). "Considerations for Assessing the Benefits of Standardization and Pre-assembly in Construction." *Journal of Financial Management of Property and Construction*, 7(3): 151–161.

Pasquire, C., Soar, R., and Gibb, A. (2006). "Beyond Pre-Fabrication: The Potential of Next Generation Technologies to Make a Step Change in Construction Manufacturing." *Understanding and Managing the Construction Process: Theory and Practice, Proceedings of the 14th Conference of the International Group for Lean Construction*. R. Sacks and S. Bertelsen, eds., Catholic University of Chile, School of Engineering, Santiago, Chile, 243–254.

Pauwels, P., Zhang, S., Lee. Y.-C. (2017). "Semantic Web Technologies in AEC Industry: A Literature Overview." *Automation in Construction* 73 (January) 2017, 145–165. https://doi.org/10.1016/j.autcon.2016.10.003.

PCI (2014). *PCI Design Handbook: Precast and Prestressed Concrete*, 7th edition, Precast/Prestressed Concrete Institute, Skokie, IL.

Pikas, E., Sacks, R., and Hazzan, O. (2013). "Building Information Modeling Education for Construction Engineering and Management. II: Procedures and Implementation Case Study." *Journal of Construction Engineering and Management*, 39(11), 05013002 1–13.

Post, N. M. (2002). "Movie of Job That Defies Description Is Worth More Than a Million Words." *Engineering News Record*, April 8, 2002.

Pouma/Iemants (2012). "Tekla, Icebergs: Louis Vuitton Fondation." Tekla Global BIM Awards, 2012, Accessed September 25, 2017 www.tekla.com/global-bim-awards-2012/concrete-icebergs.html.

PPS (2016). "A Basic Guide to Implementing BIM in Facility Projects v1.31." Public Procurement Service, Daejeon, South Korea.

Proctor, C. (2012). "Construction Firms: It's Prefab-ulous for Some of the Work to be Done Off-site." *Denver Business Journal*, November 9–15, 2012.

Ramsey, G., and Sleeper, H. (2000). *Architectural Graphic Standards*. New York, John Wiley & Sons.

Requicha, A. (1980). Representations of Rigid Solids: Theory, Methods and Systems. *ACM Computer Surv.* 12(4): 437–466.

Robbins, E. (1994). *Why Architects Draw*. Cambridge, MA, MIT Press.

Roe, A. (2002). "Building Digitally Provides Schedule, Cost Efficiencies: 4D CAD Is Expensive but Becomes More Widely Available." *Engineering News Record*, February 25, 2002.

Roe, A. (2006). "The Fourth Dimension Is Time" *Steel*, Australia, 15.

Romm, J. R. (1994). *Lean and Clean Management: How to Boost Profits and Productivity by Reducing Pollution*, Kodansha International.

Roodman, D. M., and Lenssen, N. (1995). "A Building Revolution: How Ecology and Health Concerns Are Transforming Construction," Worldwatch Institute.

Sacks, R. (2004). "Evaluation of the Economic Impact of Computer-Integration in Precast Concrete Construction." *Journal of Computing in Civil Engineering* 18(4): 301–312.

Sacks, R., and Barak, R. (2007). "Impact of Three-Dimensional Parametric Modeling of Buildings on Productivity in Structural Engineering Practice." *Automation in Construction* (2007), doi:10.1016/j.autcon.2007.08.003.

Sacks, R., and Barak, R. (2010). "Teaching Building Information Modeling as an Integral Part of Freshman Year Civil Engineering Education," *Journal of Professional Issues in Engineering Education and Practice*, 136(1): 30–38.

Sacks, R., Barak, R., Belaciano, B., Gurevich, U., and Pikas, E. (2013). "KanBIM Lean Construction Workflow Management System: Prototype Implementation and Field Testing." *Lean Construction Journal*, 9: 19–34.

Sacks, R., Eastman, C. M., and Lee, G. (2003). "Process Improvements in Precast Concrete Construction Using Top-Down Parametric 3-D Computer-Modeling." *Journal of the Precast/Prestressed Concrete Institute* 48(3): 46–55.

Sacks, R., Eastman, C. M., and Lee, G., (2004), "Parametric 3D Modeling in Building Construction with Examples from Precast Concrete," *Automation in Construction*, 13(3): 291–312.

Sacks, R., Gurevich, U., and Shrestha, P. (2016). "A Review of Building Information Modeling Protocols, Guides and Standards for Large Construction Clients." *ITcon*, 21: 479–503.

Sacks, R., Korb, S., and Barak, R. (2017). *Building Lean, Building BIM: Improving Construction the Tidhar Way*. Routledge, Oxford, UK.

Sacks, R., Koskela, L., Dave, B., and Owen, R. L. (2010). "The Interaction of Lean and Building Information Modeling in Construction." *Journal of Construction Engineering and Management*, 136(9): 968–980.

Sacks, R., Ma, L., Yosef, R., Borrmann, A., Daum, S., and Kattel, U. (2017). "Semantic Enrichment for Building Information Modeling: Procedure for Compiling Inference Rules and Operators for Complex Geometry." *Journal of Computing in Civil Engineering*, 31(6), 4017062.

Sanvido, V., and Konchar, M. (1999). *Selecting Project Delivery Systems, Comparing Design-Build, Design-Bid-Build, and Construction Management at Risk*, Project Delivery Institute, State College, PA.

Sawyer, T. (2008). "$1-Billion Jigsaw Puzzle Has Builder Modeling Supply Chains," *Engineering News Record*, April 2008.

Sawyer, T., and Grogan, T. (2002). "Finding the Bottom Line Gets a Gradual Lift from Technology." *Engineering News Record*, August 12, 2002.

Scheer, D. R. (2014). *The Death of Drawing: Architecture in the Age of Simulation*. Taylor & Francis.

Schenk, D. A., and Wilson, P. R. (1994). *Information Modeling the EXPRESS Way*, Oxford U. Press, N.Y.

Schley, M., Haines, B., Roper, K., and Williams, B. (2016). *BIM for Facility Management Version 2.1*, The BIM-FM Consortium, Raleigh, N.C.

Sebastian, R., and van Berlo, L. (2010). "Tool for Benchmarking BIM Performance of Design, Engineering and Construction Firms in Netherlands." *Architectural Engineering and Design Management*, 6(4): 254–263.

Shafiq, M. T., Matthews, J., and Lockley, S. R. (2013). "A Study of BIM Collaboration Requirements and Available Features in Existing Model Collaboration Systems." *ITcon*, 18: 148–161.

Shah, J. J., and Mantyla, M. (1995). *Parametric and Feature-Based CAD/CAM: Concepts, Techniques, and Applications*. New York: John Wiley& Sons.

Sheffer, D. (2011). "Innovation in Modular Industries: Implementing Energy-Efficient Innovations in US Buildings." Dissertation, Department of Civil and Environmental Engineering, Stanford University.

Smoot, B. (2007). Building Acquisition and Ownership Costs. CIB Workshop, CIB.

Solihin, W., and Eastman, C. M. (2015), "Classification of Rules for Automated BIM Rule Checking Development." *Automation in Construction*, 53: 69–82.

Succar, B. (2010). "Building Information Modeling Maturity Matrix." *Handbook of Research on Building Information Modeling and Construction Informatics: Concepts and Technologies*, J. Underwood and U. Isikdag, eds., IGI Global Snippet, Hershey, PA, 65–102.

Teicholz, P, et al. (IFMA), (2013). *BIM for Facility Managers*. Wiley. (ISBN: 978-1-118-38281-3).

Teicholz, P. (2001). "Discussion: U.S. Construction Labor Productivity Trends, 1970–1998." *Journal of Construction Engineering and Management*, 127: 427–429.

Teicholz, P. (2004). "Labor Productivity Declines in the Construction Industry: Causes and Remedies." AECbytes, www.aecbytes.com/viewpoint/2004/issue_4.html (accessed May 3, 2013).

Teicholz, P. "Technology Trends and Their Impact in the A/E/C Industry." Working Paper No. 2, Center for Integrated Facility Engineering, Stanford University, January 1989.

Thomas, H. R., Korte, C., Sanvido, V. E., and Parfitt, M. K. (1999). "Conceptual Model for Measuring Productivity of Design and Engineering." *Journal of Architectural Engineering* 5(1): 1–7.

Thomson, D. B., and Miner, R. G. (2007). "Building Information Modeling-BIM: Contractual Risks are Changing with Technology." June 27, 2007, https://aepronet.org/documents/building-information-modeling-bim-contractual-risks-are-changing-with-technology/.

Touran, A. (2003). "Calculation of Contingency in Construction Projects." *IEEE Transactions on Engineering Management* 50(2): 135–140.

Uhm, M., Lee, G., and Jeon, B. (2017). "An Analysis of BIM Jobs and Competencies Based on the Use of Terms in the Industry." *Automation in Construction*, 81: 67–98.

U.S. Census Bureau (2016a). "Construction: Summary Series: General Summary: Value of Construction Work for Type of Construction by Subsectors and Industries for U.S., Regions, and States: 2012," EC1223SG09. www.census.gov/data/tables/ 2012/econ/census/construction.html.

U.S. Census Bureau (2016b). "Construction: Summary Series: General Summary: Employment Size Class by Subsectors and Industries for U.S. and States: 2012." EC1223SG02. www.census.gov/data/tables/2012/econ/census/construction.html.

USACE (2012). "ERDC SR-12-2: The U.S. Army Corps of Engineers Roadmap for Life-Cycle Building Information Modeling (BIM)." U.S. Army Corpos of Engineers, Washinton, DC.

Vico Software, Webcor Builders, and AGC. (2008). "Model Progression Specification." Salem, MA.

Warne, T., and Beard, J. (2005). *Project Delivery Systems: Owner's Manual*. American Council of Engineering Companies, Washington, D.C.

Warszawski, A. (1990). *Industrialization and Robotics in Building: A Managerial Approach*. Harper Collins College Div., New York.

Whitworth, Brian; Whitworth, Alex P. (2010). "The Social Environment Model: Small Heroes and the Evolution of Human Society." *First Monday*, [S.l.], ISSN 13960466. Available at: http://firstmonday.org/ojs/index.php/fm/article/view/3173/2647. Date accessed: August 3, 2017. doi: http://dx.doi.org/10.5210/fm.v15i11.3173.

Whyte, J., and Nikolic, D. (2018). *Virtual Reality and the Built Environment*. Second Edition, Routledge, Abington, Oxon, UK.

Womack, J. P., and Jones, D. T. (2003). *Lean Thinking: Banish Waste and Create Wealth in Your Corporation*. New York, Simon & Schuster.

Won, J. (2014). "A Goal-Use-KPI Approach for Measuring the Success Levels of BIM--Assisted Projects," Yonsei University, Seoul, Korea.

Won, J., and Lee, G. (2016). "How to Tell if a BIM Project Is Successful: A Goal-Driven Approach." *Automation in Construction*, 69: 34–43.

Won, J., Lee, G., and Cho, C.-Y. (2013a). "No-Schema Algorithm for Extracting a Partial Model from an IFC Instance Model." *Journal of Computing in Civil Engineering*, 27(6): 585–592.

Won, J., Lee, G., Dossick, C. S., and Messner, J. (2013b). "Where to Focus for Successful Adoption of Building Information Modeling within Organization." *Journal of Construction Engineering and Management*, 139(11), 04013014.

Wu, W., and Issa, R. (2014). "BIM Execution Planning in Green Building Projects: LEED as a Use Case." *Journal of Management in Engineering*, 31(1), A4014007.

Yaski, Y. (1981). "A Consistent Database for an Integrated CAAD System". PhD Thesis, Carnegie Mellon University, Pittsburgh, PA.

Yeh, I. C. (2006). "Architectural Layout Optimization Using Annealed Neural Network." *Automation in Construction* 15(4): 531–539.

Young, N. W., Jr., Jones, S. A., and Bernstein, H. M. (2007). *Interoperability in the Construction Industry*. McGraw Hill Construction, Bedford, MA.

You, S.-J., Yang, D., and Eastman, C. M. (2004). "Relational DB Implementation of STEP-Based Product Model." *CIB World Building Congress 2004*, Toronto, Ontario, Canada, May 2–7, 2004.

Young, N. W., Jr., Jones, S. A., and Bernstein, H. M. (2007). *Interoperability in the Construction Industry*. McGraw Hill Construction, Bedford, MA.

Young, N. W., Jr., Jones, S. A., Bernstein, H. M., and Gudgel, J. E. (2009). *The Business Value of BIM, 2009*. McGraw Hill Construction, Bedford, MA.

Zhao, X. (2017). "A Scientometric Review of Global BIM Research: Analysis and Visualization." *Automation in Construction*, 80: 37–47.

Índice

Obs.: Números de página seguidos por *f* e *t* se referem a figuras e tabelas, respectivamente.

A

A360, sistema de colaboração, 467, 469*f*
Aditazz, 136, 137*f*, 203
administração de parâmetros externos, 54-55
  baseados em arquivos, 53
  baseados em memória, 53
  esboços com, 192-194, 193*f*, 194*t*
  escalabilidade, 52-53
  ferramentas, 57-59
  gerenciamento de objetos, 53-54
  links para arquivos externos, 55
  manipulação de propriedades e atributos, 48-49
  para o estudo de caso da Hyundai Motorstudio, 418*t*
  para PPVC, 438*f*
  plataformas para (*Ver* plataformas BIM)
  verificação do modelo e de qualidade, 62-64, 80-82, 470
  visão geral, 32-33
Adobe Acrobat 3D, 77
adoção e implementação, 323-363
  desafios, 29-30
  diretrizes para processo de projeto, 223-226
  diretrizes para proprietários e gerentes de *facilities*, 131-133, 132*f*, 134*t*, 140-142, 142-143*f*, 162-164, 162*f*, 166-167, 171-173
  educação e treinamento, 345-358 (*Ver também* educação e treinamento)
  guias para, 330*f*, 340-345, 343*f*
  jurídicas e de propriedade intelectual, questões de, 140-142
  linha do tempo, 169-170
  mandatos, 324-329, 326-327*t*, 358-360
  medidas, 339, 339*f*
  melhores práticas para, 361, 362*f*
  modelos de maturidade, 335-339, 336*t*
  papéis e responsabilidades, 347*t*, 467, 467*t*
  para estudo de caso do projeto do Aeroporto de Medina, 496-497, 501, 499*f*
  para projeto da Residência Estudantil da NTU, 443, 443*f*
  rotas estratégicas, 330-331*f*, 330-335, 333-334*f*
  segurança cibernética, 360-361
  subcontratação e fabricação, diretrizes de, 317-321, 320*t*
  tendências, 370-371
  visão geral, 323-324
aecXML, 96, 110
Aeroporto de Medina, estudo de caso do projeto, 489-508-510
  BIM no canteiro de obras, 501-503, 502-503*f*
  comunicação e colaboração, 493-494, 496, 495*f*
  engajamento dos envolvidos, 494, 496-497, 496-498*f*, 504-505
  etiquetagem dos elementos, 504-508, 506-507*f*
  gerenciamento de instalações e de ativos, 150, 153, 153*f*, 372
  lições aprendidas, 502-508, 505-508*f*, 505-506*t*
  objetivos de, 172
  perspectivas, 507-510
  risco, 496-502, 499*f*, 500-502*t*
  uso inovador do BIM, 489-492
  visão geral do projeto, 489-490, 489*f*, 490-491*t*
Aeroporto Internacional Príncipe Mohammad Bin Abdulaziz. *Ver* Aeroporto de Medina, estudo de caso do projeto
AEX (Automating Equipment Information Exchange), 96
AGC. *Ver* Association of General Contractors (AGC)

agcXML, 111
agregação, de níveis de objetos, 17, 74, 103, 254-255, 384
Alberti, Leon Battista, 177
ALICE (ArtificiaL Intelligence Construction Engineering), 392
Allplan, 65-66
Allplan BIM+, 77
ambientais, análises, 194*t*, 195
ambiente de dados comum (CDE – *Common Data Environment*). *Ver* servidores BIM
American Institute of Architects (AIA), 7, 27, 29, 179-180, 340
American Institute of Steel Construction (AISC), 97-98
American Society of Testing and Materials (ASTM), 48
análise acústica, 200-201
análise de elementos finitos (FEA – *Finite Element Analysis*), programas de, 200
análise energética e eficiência energética, 23, 200
análise integrada, interfaces de *software* para, 376
ANSI/SPARC, arquitetura (para banco de dados), 90-91, 90*f*
aplicações. *Ver* BIM, aplicações (sistemas); *aplicações específicas*
aplicativos de revisão de projeto
 ferramentas de verificação de modelo, 80-82
 ferramentas para integração de modelos, 79-80
 visão geral, 76-77
 visualizadores de modelo, 77-79, 304, 376
APP Engineering Pte Ltd., 459
aprendizado de máquina, 203, 384, 387, 391-392
aquisição e contratação. *Ver* materiais e fornecedores
ArchiCAD, 66-67, 123, 192, 194, 214, 214*f*, 260
Architectural Graphic Standards (Ramsey & Sleeper), 45
arquitetos. *Ver* processo de projeto e profissionais de projeto
arquivos de catálogos externos, *links* para, 55

árvores de detalhes, 44
as-built, estado, 195, 279
Ashcraft, Howard, 161
Association of General Contractors (AGC), 7, 29, 111, 161
 AGC Certificate of Management-Building Information Modeling (CM-BIM), 350
 AGC, diretrizes BIM para construtores, 240
 Contractor's Guide to BIM, 349
Australian Institute of Architects, 331-332
AutoCAD, aplicações baseadas em, 38, 58, 75-76, 300-301
Autocase for Buildings, 224
Autodesk, 72, 75, 79, 100, 124
Autodesk BIM 360 Glue, 77, 486
Autodesk Design Review, 77
Autodesk Inventor, 310, 315
Autodesk Navisworks Freedom, 77-78
Autodesk Navisworks Jetstream, 77-78
Autodesk Navisworks Manage, 79, 213, 244, 253, 259, 289, 464
Autodesk Point layout, 478-479, 485-486, 485*f*
Autodesk QTO (extração de quantitativos – *quantity takeoff*), 202
Autodesk Revit Model Review, 82
Autodesk Revit. *Ver* Revit (Autodesk)
AutoDesSys, 192
automática, sincronização, 116
Automating Equipment Information Exchange (AEX), 96
autoria, ferramentas de, 17
Autoridade de Construção Civil (BCA) de Cingapura, 80, 282, 326, 332, 343, 351-352, 375, 470, 489
Avaliação de Projeto do BIM Excellence (BIMe – *BIM Excellence Project Assessment*), 335

B

BACnet (Building Automation and Control networks), 96
banco de dados baseado em objetos (OODB – *Object-Oriented Database*), 121-122
banco de dados relacional (RDB), servidores baseados em, 121-122

Índice 547

banco de dados relacional baseado em objetos (ORDB – *Object-Relational Database*), 122
baseados em arquivos, sistemas BIM, 53
baseados em memória, sistemas BIM, 53
Baumgart, Bruce, 34
BCA Academy de Cingapura, certificados da, 351, 352*t*
BCA, Autoridade de Construção Civil. *Ver* Autoridade de Construção Civil (BCA) de Cingapura
Beck Technologies, 69, 70, 146, 150
benefícios pós-construção do BIM, 25, 372
Bentley Generative Components, 40
Bentley i-Model, 123
Bentley Systems, plataforma, 54-55, 68-69
Bentley Systems ProjectWise, 253
Berners-Lee, Tim, 385
Bew-Richards, modelo de maturidade BIM de, 332
Bezier, superfícies, 66
bibliotecas
  biblioteca PPVC paramétrica da Universidade Tecnológica de Nanyang, 444-453, 444-453*f*
  bibliotecas de objetos, 217-220
  como considerações sobre os aplicativos de projeto BIM, 61
  computador/rede local, bibliotecas no, 221-223
  conjuntos de propriedades para, 48
  definição (parede), 41-44, 42-43*f*
  modelos de objetos da construção (BOMs – *building objects models*), bibliotecas, 49
  para componentes MTS e MTO, 280-281
  para reutilização de modelo BIM, 125
  PPVC, biblioteca, 443-453*f*, 444-453
  predefinidos *versus* definidos pelo usuário, 45-47, 47*f*
  sistemas de gerenciamento para, 220, 221-223, 222*f*
  SMARTbim, biblioteca, 79
  SmartBIM Library (SBL), 222, 222*f*
  tendências, 373
  topologia, bibliotecas baseadas em, 125
  utilização em fases para, 226

Big Room (sala de reunião central), colaboração na
  no canteiro de obras, 240-241
  para processo de projeto, 167, 182, 213, 289
  para segurança cibernética, 360-361
  tendências, 380
BIM (*Building Information Modeling*, Modelagem da Informação da Construção), 175-227
  benefícios, 20-25
  colaboração e interoperabilidade, 85-129 (*Ver também* colaboração e interoperabilidade)
  contratação de construção e, 9
  desafios, 28-30
  estudos de caso, 30-31 (*Ver também* estudos de caso)
  como plataforma de ciclo de vida, 18-20
  conversão para (*Ver* conversão para BIM)
  correntes, tendências, 300-302, 376-386 (*Ver também* tendências)
  definição, 14-15
  futuro de, 364-397 (*Ver também* tendências)
  modelagem paramétrica baseada em objetos e, 33-47 (*Ver também* modelagem paramétrica baseada em objetos)
  modelos, definição de, 14
  para arquitetos e engenheiros, 175-227 (*Ver também* processo de projeto e profissionais de projeto)
  para empreiteiros, 228-274 (*Ver também* práticas de construção)
  para facilitadores da adoção e da implementação BIM, 323-363 (*Ver também* adoção e implementação)
  para proprietários e gerentes de edificações, 130-174 (*Ver também* proprietários e gerentes de edificações)
  para subempreiteiros e fabricantes, 275-322 (*Ver também* subcontratação e fabricação)
  visão geral, 1-2, 14-17
  visão para 2025, 386-394 (*Ver também* visão para 2025)
BIM 360, equipe, 124
BIM 360 Plan, 261

BIM, ambientes, 58-59, 59f, 194t, 195
BIM, aplicações (sistemas), 32-84
  aplicativos de revisão de projeto para, 76-82 (*Ver também* aplicativos de revisão de projeto)
  considerações para, 62
  diferenças entre, 56-57
BIM Assure, 80-81
BIM, bibliotecas de objetos. *Ver* bibliotecas
bimobject, BIM supply service da, 271-272
BIM Collaboration Format (BCF), 100, 111, 213-214, 245
BIM Enxuto, 395-397
BIM FM Consortium, 155, 158t, 160
BIM, guias, 330f, 340-345, 343f
BIM LOx, 342-343, 343f
BIM Manager, 222
BIM Measure Indicator, 338
BIM, medidas, 330f, 339, 339f
BIM object (portal), 220-221
BIM para construção, aplicativos de projeto, 56-57
BIM QuickScan, 338
BIM Success Forecasters, 338
BIM Success Predictor, 338
BIM-FM, modelos
  classificação dos dados do modelo e padrões, 157, 160
  conteúdo das informações, 154-155, 154f
  criação de, 155-157, 157f
  diretrizes para, 155, 158t
  Instituto Médico Howard Hughes, estudo de caso, 511-515, 512-518f
  proprietários e gerentes de edificações, 139, 154-160, 157f, 158t
  Ver também Instituto Médico Howard Hughes, estudo de caso; Aeroporto de Medina, estudo de caso do projeto
bimSCORE, 337-338
BIMStorm, 135
BIMsupply service, 271-272
BIMx, 78
Bintai Kindenko Pte Ltd, 459
Boeing, 88
BOM, portais, 220-223
booleanas, operações, 35, 35f, 37
Bouygues, 381, 382f

Braid, Ian, 34
British Standards Institute (BSI) BIM, certificados do, 353
BS (British Standards Institute), normas, 15-16, 15f
BSI Kitemark, certificados BIM, 353, 353t
B-spline racional não uniforme (NURBS – non-uniform rational B-spline), 66, 188, 190-192
BuilderHub, 126
Building Commissioning Association, 148
Building Model Explorer, 78
Building Research Establishment (BRE), certificados em BIM do, 353-354
buildingSMART Australasia, 332
buildingSMART Data Dictionary (bSDD), 99, 107
buildingSMART e buildingSMART International, 14, 86, 100, 107, 127, 186, 341-342, 503
buildingSMART Finland, 359
buildingSMART Korea, 98, 350-351, 350-351t
buildingSMART Norway, 220

C

CAD Enhancement Inc., 222
CADPIPE, 302
capacidades para extensão, 61
cartesianas, sistema de coordenadas, 186
CATIA, 125
Cator Ruma & Associates, 420-421
Center for Integrated Facility Engineering (CIFE), 9-12
Certificate of Management-Building Information Modeling (CM-BIM, AGC), 350
ciclos de vida
  fases do estudo de caso, 400t
  manutenção, 296-298, 297f
  plataformas, 18-20
5D, modelos e modelagem
  para empreiteiros, 255-260
  para projeto da Mapletree Business City II, 476, 478-479, 484f
CIS/2, servidor modelo, 121, 122

CIS/2-CIM (Computer-Integrated Manufacturing) Steel Integration Standard, Versão 2, 97-99, 214
cityGML, 96, 111, 112, 186
classes de objeto, 32-33, 39, 45-47, 47*f*
clientes. *Ver* proprietários e gerentes de edificações
COBie, 16, 86, 108-110, 109*t*, 156, 160, 233, 273, 344
COBie2, 109-110, 109*t*
colaboração e interoperabilidade, 85-129
  Aeroporto de Medina, estudo de caso do projeto, 493-494, 496, 495*f*
  benefícios pós-construção do BIM para, 25, 372
  buildingSMART Data Dictionary, 107
  COBie, 108-110, 109*t*
  com processo de IPD, 7-9, 8*f*
  com processos de CM@R, 7
  como benefício do BIM, 21, 22, 24
  como benefício para proprietários, 132
  como considerações sobre os aplicativos de projeto BIM, 61
  construção e, 239-240, 276-277
  contratação e, 4-7, 232
  definição, 85, 86-87
  desafios, 28-29, 88-91, 90*f*
  esforços de padronização, 87-88, 100-104, 101-102*f*, 104*f*, 107-112
  evolução do intercâmbio baseado em arquivo para servidores BIM, 112-124
  funcionalidade dos servidores BIM, 118-120, 121*f*
  Hospital Saint Joseph, estudo de caso, 420-424, 421-422*f*, 426, 432-433
  lacuna de percepção entre os participantes, 413-418, 415-417*f*
  Mapletree Business City II, projeto, 462, 463-464*f*
  métodos de troca de dados para (*Ver* troca de dados, métodos de)
  modelos de dados de produtos, 95-106 (*Ver também* modelos de dados de produtos)
  no modelo de negócios da indústria da construção, 3, 3*f*, 12-13, 13*t*
  no processo de projeto, 180-184, 212-215, 276-277, 287-291

OmniClass, 107-108
  para o estudo de caso da Hyundai Motorstudio, 406-408
  para subcontratação e fabricação, 303
  princípios *lean* para, 27*t*, 236
  reuniões de coordenação, 464-466, 465-466*f*
  seleção da plataforma para, 223-224
  servidor BIM, sobre, 121-124
  suporte para, 17-18
  tecnologias de interface, 124-128, 125*f*
  tendências, 382-383
  transações de projeto e sincronização, 53-54, 115-118
  visão geral, 85-88
  XML, esquemas baseados em, 110-112
  Ver também Big Room (sala de reunião central), colaboração na
comissionamento, 6, 148-149, 229, 272-273
Common Object Schema (COS), 110
compartilhado, modelo, 238-239
compartilhamento de modelos, 235-236
comportamento de objeto, 33, 45, 56
comportamento de projeto, 33, 45, 56
compostos, sistemas, de fachadas-cortina, 310
computador/rede local, bibliotecas no, 221-223
concreto, pré-moldado 306-308
conferência de códigos automatizada, 390-391, 470
conformidade, classe de, 86, 90-91
conjuntos de propriedades, 48
construção em módulos pré-fabricados pré-acabados (PPVC – *Prefinished Prefabricated Volumetric Construction*), 281-282, 281*f*, 434. *Ver também* Residência Estudantil na Universidade Tecnológica de Nanyang, estudo de caso do projeto da
construção enxuta (*lean*)
  com modelagem 4D, 246
  como benefício do BIM, 24
  construção por administração para, 9, 25-27, 27*t*, 234-236, 260
  lições aprendidas, 432-433
  tendências, 382-383, 383*f*, 393-394, 397

VDC e, 16-17
visão geral, 234-236
construção modular. *Ver* pré-fabricação e construção modular
construção por administração com risco para a gerenciadora (CM@R – *Construction Management at Risk*), 4*f*, 7, 9
construção por contornos, 315
construção robótica, 316-317, 381-382
construção sustentável, 380-381, 393-394
Construction Operations Building information exchange (COBie), 16, 86, 108-110, 109*t*, 156, 160, 233, 273, 344
Construction Specifications Canada, 107, 220
Construction Specifications Institute (CSI), 48, 49, 107, 210
Construction Steel Institute (Reino Unido), 98
Construction Users Roundtable (CURT), 172
consultores e consultas
  para implementação do BIM, 29-30
    proprietários e gerentes de edificações, 165-166
ContextCapture, 270
Contractor's Guide to BIM (AGC), 349
contratação e contratos, 4-7, 4*f*, 9, 232, 432-433, 459. *Ver também* projeto-concorrência-construção (DBB), contratação; projeto e construção (DB), contratação; subcontratação e fabricação
controle de qualidade, 296-298
conversão para BIM, 13-31
  benefícios, 20-25
  colaboração para, 17-18, 28-29 (*Ver também* colaboração e interoperabilidade)
  construção enxuta (*lean*) e, 9, 25-27
  desafios, 28-30
  estudos de caso, 30-31 (*Ver também* estudos de caso)
  evolução de, 30
  ferramentas e processos para, 13-18 (*Ver também* plataformas BIM; ferramentas BIM)
  gestão do ciclo de vida e, 18-20
  impacto futuro das, 30
  visão geral, 1-2

Cooperative Research Center (CRC) for Construction Innovation, 332
coordenação espacial, 279
coordenadores especialistas, 282-283
Corcoran Gallery of Art, 163-164
Corpo de Engenheiros do Exército dos Estados Unidos (USACE – *United States Army Corps of Engineers*), 330-331, 331*f*
CostX, 150
cronograma. *Ver* planejamento e cronograma
Crusell, Ponte, estudo de caso, 185*f*, 205, 261
CSI MasterFormat, 219-220
CSIxRevit, *plug-in*, 467
curvilíneas, sistema de coordenadas cartesianas, 186

D

dados da nuvem de pontos (PCD – *Point Cloud Data*), 195-196, 196*f*
Dassault 3D Experience, 123-124
Davis Partnership, 420-421
DCA Architects Pte Ltd, 457, 459, 460
definição de vista, 86, 90-91
definições de objeto, 219
Definições de Tipo de Documento (DTDs), 112
definições de vistas do modelo (MVD – *model view definitions*), 86, 90-91, 105, 122
deflexão, 410-411
Departamento de Edificações (Cidade de Nova Iorque), 272, 375
desenhos 2D. *Ver* geração de desenhos
desenhos sob demanda, 375, 474, 475*f*
desenvolvimento da informação, 226
Desenvolvimento Integrado de Empreendimentos (IPD – *Integrated Project Delivery*)
  benefícios do BIM para, 9, 27
  colaboração com, 232
  empreiteiros e, 9, 27
  modelo de negócios da indústria da construção, 7-9
  papel do proprietário em, 161
  para contratação de serviços de projeto e construção, 21
  processo de projeto para, 182

propriedade intelectual, questões de, 358-360, 467
tecnologias de interface, 124-128, 125*f*
DESTINI Profiler, sistema, 69-70, 136-137, 146-148, 150, 202, 256
Detailing for Steel Construction (AISC), 45
detalhamento da produção, 239-240, 240*f*, 279, 280*f*, 291-292, 292*t*, 293*f*
detecção de conflitos, 243-245, 247, 406-408
Dez Livros de Arquitetura (Alberti), 177
Dez Livros de Arquitetura (Vitrúvio), 177
Diehl Graphsoft, 74
difusão da inovação (DOI – *diffusion of innovation*), modelo de, 338
Digital Project (DP), 70-72, 79, 253, 408-409
Digital Project BIM, 79
Digitalização para o BIM (*Scan to BIM*), processo de, 195-196
dinâmica de fluidos computacional (CFD), 200-201
Diretrizes BIM para construtores (AGC), 240
DIRTT, estudo de caso, 296
dispositivos com sensores conectados à internet, 19
divulgação, habilidade de, 17
documentação do projeto, 208-209, 375
2D, ferramentas de conversão de, 126
DP Manager, 79, 253, 259
DPR Construction, 260, 345, 383
DuctDesigner, 302
Dynamo, 203

E

Eastman, Chuck, 367
EcoDomus, *software*, 273
EcoDomus-FM, *middleware*, 153
Edifício Porter (Universidade de Tel Aviv), 189*f*
educação e treinamento, 345-358
  considerações para o treinamento e desenvolvimento, 356-358, 357*t*
  para papéis e responsabilidades, 346-349
  para projeto da Mapletree Business City II, 462
  programas de educação universitária, 355-356, 357*t*, 374-375

programas de treinamento e certificação, 349-355, 350-353*t*
tendências futuras, 374-375
transição dos funcionários sêniores, 346
engenharia concorrente, 115
engenheiros. *Ver* processo de projeto e profissionais de projeto
enriquecimento semântico, 126-128, 384, 385*f*
esboços
  com aplicações BIM, 192-194, 193*f*, 194*t*
  com aplicações de função específica, 194-195
escalabilidade, 52-53
esforços de padronização
  com automação, 260
  gerenciamento de informações de ativos e de *facilities* para, 148
  gerenciamento de instalações, tendências no, 372
  lideradas pelos proprietários, iniciativas BIM, em, 164
  prática padrão, definição, 45
  tendências, 380
espaços, análises dos, 135
especialização de tipologia de edificação, 176
e-Specs, 210
esquemas físicos, 91
estações totais, 412-414
estimativas de custo e gestão
  através da coordenação BIM, 245
  com DESTINI Profiler, 69-70, 136-137, 146-148, 150, 202, 256
  com modelos 5D, 255-260, 476, 478-479, 484*f*
  com técnica PPVC, 455
  como benefício do BIM, 22-23
  como benefício para proprietários, 142-143*f*, 142-144, 146-148
  modelos BIM para construção para, 270-272
  para engenharia e detalhamento, 291-292, 292*t*, 293*f*
  para estudo de caso do Hospital Saint Joseph, 428-430, 428-430*f*
  para projeto da Mapletree Business City II, 476, 478-479

para subempreiteiros e fabricantes, 279
processo de projeto e, 195, 202
utilização em fases para, 225
estrutura de megatreliça, 410-414, 410-414f
estudos de caso
  Hospital Saint Joseph, 420-433 (*Ver também* Hospital Saint Joseph, estudo de caso)
  Hyundai Motorstudio, estudo de caso do projeto da, 404-420 (*Ver também* Hyundai Motorstudio, estudo de caso do projeto da)
  Instituto Médico Howard Hughes, 508-518 (*Ver também* Instituto Médico Howard Hughes, estudo de caso)
  Mapletree Business City II, projeto, 457, 459-489 (*Ver também* Mapletree Business City II, estudo de caso do projeto da)
  Medina, Aeroporto de, projeto do, 489-510 (*Ver também* Aeroporto de Medina, estudo de caso do projeto)
  Residência Estudantil na Universidade Tecnológica de Nanyang, 434-457, 459 (*Ver também* Residência Estudantil na Universidade Tecnológica de Nanyang, estudo de caso do projeto da)
  visão geral, 30-31, 398-401, 399-404*t*
etiquetagem dos elementos, 504-507, 506-507f
etiquetas personalizadas, 112
EU Infravation, projeto de pesquisa, 196
EuroSTEP Share-A-Space Model Server, 122
Exactal, 150
Exactal CostX, 258
exportar conjuntos de atributos, 17
Express Data Manager (EDM), 122
EXPRESS, linguagem, 95, 99, 100-103, 122
EXPRESS-X, 122
exterior padronizado de forma livre, 407-410, 408-411f, 411-414
extração de quantitativos, 72, 143-145, 202, 232, 238-239, 254-260

F

fabricação fora do canteiro de obras e construção modular. *Ver* pré-fabricação e construção modular

fabricação. *Ver* pré-fabricação e construção modular
fachada, modelo BIM da, 408-409
fachadas-cortina e esquadrias, 40, 309-310, 470
famílias de objetos paramétricos, 39
famílias. *Ver* bibliotecas
FAR Manager, 222
Farmer, Mark, 314
Fastbrick Robotics, Hadrian X, 316-317
federado, modelo BIM de construção, 239
ferramentas BIM
  benefícios pós-construção do BIM para, 25, 372
  custo de, 224
  definição, 58, 59f
  entrega dos dados para, 272-273
  esboços em 3D, ferramentas de, 188-192
  extração de quantitativos, ferramentas de, 143-144
  geração de desenhos por, 50-52, 51f
  Hospital Saint Joseph, estudo de caso, 431-432
  inteligência artificial e, 392
  para conversões, 125-126
  para detecção de conflitos, 243-245, 247, 406-408
  para estimativas de custo, 150, 257-258
  para gerenciamento de construção, 259
  para gerenciamento de instalações e de ativos, 150-154, 151-153*t*
  para manipulação de propriedades e atributos, 48-49
  para modelagem do terreno, 185-186
  para objetos paramétricos, 17
  para processo de projeto, 199
  para projeto conceitual, 188-192
  para projetos de construção civil e infraestrutura, 185-186
  proprietários e gerentes de edificações, 149-154, 151-153*t*
  4D, ferramentas, 246-248, 248f, 250-254, 251f
  tendências, 376
  versus plataformas BIM, 20
  visão geral, 13-14, 33, 57-59

ferramentas de esboço 3D do projeto conceitual, 189-192. *Ver também ferramentas específicas*
ferramentas vestíveis (*wearables*) de comunicação, 381, 382*f*
ferramentas. *Ver ferramentas BIM*
FIATECH, 110
Fischer, Martin, 241
fixos, objetos, 56
flux.io, 200
fluxo de ar, simulações de, 200-201
fluxo, processo de, 27*t*
fluxo puxado, controle de, 235, 285, 286
Força Aérea dos Estados Unidos (USAF), 86
Força-Tarefa do BIM (Reino Unido) (UK BIM Task Group), 28-29, 360
Form Fonts EdgeServer, produto, 221
forma avaliada, 37. *Ver também* representação por fronteira (*boundary representation*, B-rep), abordagem de
forma não avaliada, 34, 35-37, 36*f*
formatos de troca. *Ver troca de dados, métodos de*
FormZ Pro, 188, 192
fotogrametria, 268-270
Fulton, Robert, 88
funcional, projeto, 223-224
fusão e depósito, modelagem por, 315-316
Fuzor, 78, 414-416

G

gabaritos de desenho, 51
Gantt, gráfico de, 246, 247*f*, 287, 288*f*
gbXML, 110, 195
Gehry, Frank, 183
Gehry Technologies, 70, 216, 374*f*
General Electric, 88
General Motors, fábrica da, estudo de caso, 287
GenerativeComponents, 68, 125, 203, 216
Generic Model for Life Cycle Support of AEC Facilities, 98
Geometria Sólida Construtiva (CSG), 34, 35-37, 36*f*
Geometric Description Language (GDL), 67
George Washington University (GWU), 163-164

geração de desenhos
    aplicações e ferramentas BIM, 33, 50-52, 51*f*, 60
    desenhos sob demanda, 375, 474, 475*f*
    para modelos de edificação no nível da construção, 208-210, 209*f*
    redução de erros de projeto, 289-291, 290*f*
geração de desenhos, 33, 50-52, 51*f*, 60
    evolução de, 33-57, 82-83 (*Ver também* modelagem paramétrica baseada em objetos)
gerenciamento de instalações (*facility management*)
    benefícios pós-construção do BIM para, 25, 372
    ferramentas BIM para, 150-154, 151-153*t*
    integração do BIM com, 19
    Ver também BIM-FM, modelos; proprietários e gerentes de edificações
gerenciamento de modificações, 115
gerenciamento de objetos, 53-55
gerente de construção, 7, 171
gestão do ciclo de vida da construção (BLM – *Building Lifecycle Management*), 19
gestão do ciclo de vida do produto (PLM – *Product Lifecycle Management*), 18-19
globalização, 393
Glodon, 126
Google Cardboard, 470, 471*f*
grafos orientados, 39, 39*f*
grafos paramétricos, 39, 39*f*
Graphisoft, 54, 66, 123
Grasshopper, 125, 190-191, 203, 216
Grupo de Informática da Edificação (Yonsei University), 395, 396*f*

H

H+L Architecture, 420-421
High Speed Two (HS2), projeto ferroviário (Reino Unido), 332, 334*f*
Hong Kong Construction Industry Council (CIC), certificado do, 352-353
Hong Kong, Região Administrativa Especial de, 149
Hospital Saint Joseph, estudo de caso, 420-433
    BIM no canteiro de obras, 431-432, 431-432*f*

colaboração e interoperabilidade, 420-423, 421-422*f*
como exemplo de construção modular, 314
documentação do projeto, 375
estimativas de custo e gestão, 144
gerenciamento de instalações, 431-432
lições aprendidas, 432-433
plano de execução BIM (BEP – *BIM execution plan*), 422-424, 426, 423-425*f*
pré-fabricação e construção modular, 262, 294, 424, 426-430, 426-430*f*
simulações e análises, 424, 426
visão geral, 420-421, 420-421*f*
hype cycle, modelo, 338
Hyundai Motorstudio, estudo de caso do projeto da, 404-420
   aplicações BIM utilizadas, 418*t*
   arranjo espacial complexo, 406-408, 407-408*f*
   estabelecimento do cronograma, 416-418, 417-418*f*, 418*t*
   estrutura de megatreliça para, 410-414, 410-414*f*
   exterior padronizado de forma livre, 407-410, 408-411*f*
   fabricação fora do canteiro de obras e construção modular para, 262-263, 262*f*
   lacuna de percepção entre os participantes, 413-418
   lições aprendidas, 419-420
   pré-fabricação e construção modular, 294
   visão geral, 404-407, 404-405*f*

I

I&E Systems, *software* DAD da, 273
IA, BIM, 395-397
identidade universalmente única (UUID – *universally unique ID*), 116-118, 116*f*, 214
identificação de conflitos dinâmicos, 247
identificação por radiofrequência (RFID), etiquetas de, 296, 381
identificadores únicos no nível global (GUID – *globally unique identifiers*), 116-118, 116*f*, 214
IES VE, *plug-in*, 190
IFC Alignment (IFC Road), 186
IFC Bridge, 186
IFC, esquema, exemplo do, 214
IFC, servidor de modelo (IMSvr), 121, 122
ifcXML, 110, 112
IGES (Initial Graphics Exchange Specification), 88
iluminação, simulação de, 200-201
impressão 3D, 215, 315-316, 381-382, 470, 473*f*
Índice de Competência Individual (ICI – *Individual Competency Index*), 335
Índice de Engajamento em BIM, 338-339
Indoor Reality, 270
indústria da construção, modelo de negócios da. *Ver* modelo de negócios da indústria da construção
Industry Alliance for Interoperability, 100
Industry Foundation Classes (IFC)
   Allplan e, 66
   ArchiCAD e, 67
   buildingSMART International e, 100
   ifcXML, como subconjunto de, 110, 112
   ISO-STEP e, 99
   na construção de edificações, 96-97
   para colaboração da equipe do empreendimento, 18
   para estimativas de custo, 242*f*, 258
   requisitos sobre tarefas e fluxos de trabalho para, 105
   visão geral, 100-104, 101-102*f*, 104*f*
   xBIM Xplorer e, 79
informação no nível da construção, 211-212
Initial Graphics Exchange Specification (IGES), formato de arquivo, 86
Instituto Médico Howard Hughes, estudo de caso, 508-518
   análise de impactos, 515-516
   BIM-FM, modelo de construção, 511-515, 512-518*f*
   desafios, 511-512
   gerenciamento de instalações, 148, 149*f*, 372
   lições aprendidas, 516-518-
   lideradas pelos proprietários, iniciativas BIM, 164-165
   perspectivas, 518, 519*f*
   visão geral do projeto, 508-511
integração de projeto, 211-212

inteligência artificial, 391-393, 397
intercâmbio de dados baseado em arquivos, 92
intercâmbio de dados baseado em um servidor modelo, 92
intercâmbio proprietário, formato de, 92
Interface de Programação de Aplicações (API – *Application Programming Interface*), 18-19, 75, 85, 91-92, 156-157
interfaces com o usuário, 60
Intergraph, 88
International Alliance for Interoperability (IAI), 100, 110. *Ver também* buildingSMART e buildingSMART International
International Building Code (IBC), 82
International Framework for Dictionaries (IFD), projeto, 220
Invicara, 80-81
ISO 10303, 95, 96, 98, 122
ISO 12006-3, 99
ISO 15926, 98, 99
ISO 27001, certificação, 29
ISO 29481, 91, 98-99
ISO/DIS 19650, 99
ISO/TC 59/SC 13, Comitê Técnico, 97*t*
ISO-STEP (STandard for the Exchange of Product, dados do modelo), 95, 96-100, 103
iTWO, 79-80, 259

J

Janelia, Equipe de Gerenciamento Predial do. *Ver* Instituto Médico Howard Hughes, estudo de caso
jateamento de aglutinantes, 315
John Portman e Associados, 183
Jotne IT, 122
jurídicas e de propriedade intelectual, questões de, para a adoção e implementação do BIM, 29, 170-171, 358-360, 467
   documentação do projeto, 375
   para contratos IPD, 161

K

KanBIM, protótipo experimental, 260
Katerra, 283

Konstru, 124, 200
Korea Power Exchange, projeto da sede da, 328
Kubity, 78

L

lacunas de percepção, 413-418
laser 3D, varredura a, 268-270, 269*f*, 296, 410-414, 410-414*f*
Last Planner, Sistema (LPS), 246, 260-261
LeanSight, 261
Lease Crutcher Lewis, 245
Legion Studio, 201
leiaute de sistemas prediais, 206-207, 207*t*, 279, 280*f*
Leo A Daly, 163-164
linguagens de modelagem, 95-96
linha de balanço, método da, de planejamento (planejamento linear), 246-248, 248*f*
Little, lei de, 373
localização, cronogramas baseados em, 246-248, 248*f*
lógico, esquema, 91
London Survey Grid (LSG), 186

M

mandatos, de governos, 324-329, 326-327*t*
manual de entrega de informações (IDM – *information delivery manual*), 105, 106*f*
manual, sincronização, 116
ManufactOn, 303
Manufatura Assistida por Computadores Integrados (ICAM – *Integrated Computer Aided Manufacturing*), projeto, 86
mapas de processos (PM), 105, 106*f*. *Ver também* Roadmaps BIM
Mapletree Business City II, estudo de caso do projeto da, 457, 459-489
   BIM no canteiro de obras, 478-479, 485-486, 485-487*f*
   comunicação e colaboração, 463-464, 464*f*
   desafios e soluções, 488
   documentação do projeto, 375
   ganhos de produtividade, 469, 469*t*
   Plano de Execução BIM (BEP – *BIM Execution Plan*), 467, 469-469*f*

redução de riscos, 487-488, 487-488*f*
reuniões de coordenação BIM, 464-466, 465-466*f*
simulações e análises, 476-479, 477-484*f*
troca de dados, métodos de, 467, 469*f*
uso do BIM, 470-474, 471-476*f*
visão geral do projeto, 457, 459-464, 458-461*f*, 463-464*f*
marketing e licitações, 285-286
Martin/Martin, 420-421
Maryland General Hospital, projeto do, 298
Masterformat, 107
materiais e fornecedores
  fornecedores de componentes padrão e produzidos sob encomenda, 280-281
  gerenciamento da cadeia de suprimentos, 271-272, 278, 296-298
  logística, 279
  tendências, 374
Matriz de Maturidade BIM, 337
maturidade BIM, modelos de, 15*f*, 330*f*, 335-339, 336*t*
McGraw Hill SmartMarket Report, 165
McGraw-Hill, pesquisas da, 89, 364-365
Meadowlands Stadium, projeto, 261, 297*f*, 304
mecânicos, elétricos e de tubulações (MEP), sistemas, 206-207, 207*t*, 310-313, 311*f*, 416-418, 417-418*f*, 418*t*
Medida/Medição de Maturidade em BIM (BIMmm – *BIM Maturity Measure/Measurement*), 338
memória, tamanho da, 53
Merck Research Laboratories, auditório no, 209*f*
Método do Caminho Crítico (CPM – *Critical Path Method*), 246
Microsoft Excel, 150
Microsoft Project, 246
MiniCAD, 74
modelagem de sólidos, 34-35, 34*f*
modelagem de superfícies complexas, 60-61
modelagem digital do terreno (DTM – *Digital Terrain Modeling*), 185-186
modelagem do terreno, 185-186
modelagem paramétrica baseada em objetos, 33-57
  adaptações para sistemas BIM, 57
  CAD, evolução dos sistemas, 32, 38
  capacidades paramétricas, conjuntos de, 40
  escalabilidade e, 53
  Geometria Sólida Construtiva (CSG), abordagem, 34, 35-37, 36*f*
  intercambiar modelos, 56
  montagem paramétrica personalizada, 40-43, 41-43*f*
  níveis de, 44-45
  objetos paramétricos e bibliotecas predefinidos *versus* definidos pelo usuário, 45-47, 47*f*
  para exterior padronizado de forma livre, 408-409, 409-410*f*
  pontos fortes e limitações da, 55-56
  primeiras modelagens 3D, 33-44
  representação por fronteira (*boundary representation*, B-rep), abordagem de (*Ver* representação por fronteira (*boundary representation*, B-rep), abordagem de)
  restrições paramétricas, desenvolvimento de, 38-39
  versus aplicações BIM, 57
  visão geral, 82-83
modelagem paramétrica de montagem, 44
modelagem paramétrica de sólidos, 44
modelagem paramétrica. *Ver* modelagem paramétrica baseada em objetos
modelagem por restrições, 39. *Ver* modelagem paramétrica baseada em objetos
Modelo de Avaliação do Nível de Sucesso do BIM (SLAM – *BIM Success Level Assessment Model*), 335-336
modelo de dados (esquemas), 86, 90-91, 90*f*
Modelo de Maturidade da Capacidade BIM (BIM CMM – *Capability Maturity Model*), 336-337
modelo de negócios da indústria da construção, 2-9
  construção enxuta (*lean*), 25-27
  construção por administração com risco para a gerenciadora (CM@R – *Construction Management at Risk*), 4*f*, 7, 9
  desenvolvimento integrado de empreendimentos (IPD – *Integrated Project Delivery*), 7-9

esforços de padronização em, 88
processo BIM e, 9
projeto e construção (DB), 6-7
projeto-concorrência-construção (DBB), 4-6, 4f, 9
visão geral, 2-4
modelos BIM *as-built*, 131, 148, 155, 474, 476f
modelos de construção
  abordagens para, 13-14
  com sistemas CAD de modelagem de sólidos, 38
  processo de projeto BIM para, 215-216, 220-221
modelos de dados de produtos, 95-105
  IDM e MVD, 105, 106f
  Industry Foundation Classes, 100-104, 101-102f, 104f
  ISO-STEP na construção de edificações, 96-100
  linguagens de modelagem, 95-96
modelos de edificação no nível da construção, 203-212
  abordagens a, 203-206, 204-205f
  integração projeto-construção, 211-212
  leiaute de sistemas prediais, 206-207, 207t, 279, 280f
  produção de desenhos e documentos, 208-209
  utilização em fases para, 226
modelos de maturidade, 15f, 330f, 335-339, 336t
modelos de objetos da construção (BOMs – *building objects models*), 217-223, 280-281
módulos pré-fabricados de instalações MEP, 416-418, 417-418f, 418t
Mortenson Construction, 420-421, 431-432, 433
Mott MacDonald Singapore Pte Ltd, 459
MS Biztalk, 122

N

National BIM Standards (NBIMS), 14, 330-331
National Institute of Building Science (NIBS), 105, 106f
National Institute of Standards and Technology (NIST), 10, 12-13, 13t
Nemetschek, 65, 66, 74
níveis BIM, 15-16, 15f, 19
nível de desenvolvimento (LOD), 33
Nomitech CostOS, 258
normas para os nomes dos ambientes, 48-49
NoSQL, banco de dados, 122
NTU, Residência Estudantil da, estudo de caso do projeto da. *Ver* Residência Estudantil na Universidade Tecnológica de Nanyang, estudo de caso do projeto da
NURBS (*B-spline* racional não uniforme – *non-uniform rational B-spline*), 66, 188, 190-192

O

objetos de referência, 46
objetos definidos pelo usuário
  como considerações sobre os aplicativos de projeto BIM, 60
  conjuntos de propriedades para, 48
  versus objetos predefinidos, 45-47, 47f
objetos predefinidos, 45-47, 47f
OGC Product Life Cycle Support (PLCS), esquemas, 122
OmniClass, 107-108, 157, 159-160f, 160, 210, 220
Open BIMserver (servidor BIM de fonte aberta), 122-123
Open Database Connectivity (OBDC), interface, 67
OpenGIS, 110, 112
OpenRail, 186
OpenRoads, 186
Oracle, 122
Oracle AutoVue, 78
Orange Technologies, CADPIPE, 313
organização. *Ver* planejamento e cronograma
orientada à manufatura, ferramentas de modelagem paramétrica, 32, 38, 44-45, 57
otimização
  no processo de projeto, 202-203, 204f
ourPLAN, 260
OWL Web Ontology Language, 112

P

P&T Consultants Pte Ltd. (civil e estrutural), 459
padrão, componentes (MTS – *made-to-stock*), 278, 280-281
painéis externos, 426-427, 426-427*f*
painelização, 407-410, 408-411*f*, 411-414

Paracloud Modeler e Gem, 191
Parametric Technology Corporation (PTC), 40-41, 69
paramétrico, modelo 3D, 206
paramétricos, objetos BIM, 17
parâmetros externos, administração de 54-55
Parasolid 3D, núcleo de modelagem, 66
parceria público-privada (PPP), modelo de.
 Ver Aeroporto de Medina, estudo de caso do projeto
PCI Design Handbook (Prestressed Concrete Institute), 45
PDF Revu, *software*, 213
pedestres, modelagem de, 201
Pedestrian Simulations, 201
Pedidos de Informação do Empregador (EIRs – *Employers Information Requirements*), 105
Penn State University, 164
Perfil de Avaliação do BIM Organizacional, 338
personalização em massa, 277
pesquisa, tendências de, 383-385, 385*f*
pilotos, planos, 171-172
PipeDesigner, 302
planejamento e cronograma
 benefícios para construtores, 250-255, 251*f*, 255*f*
 Hyundai Motorstudio, estudo de caso do projeto da, 416-418, 417-418*f*, 418*t*
 lições aprendidas, 433
 localização, cronogramas baseados em, 246-248, 248*f*
 modelos BIM para construção para, 270-272
 para pré-fabricação e construção modular, 297*f*, 304
 proprietários e gerentes de edificações, benefícios para, 144-148
 relações hierárquicas, 53, 219-220
 Ver também 4D, modelos e modelagem
Plano de Execução BIM (BEP – *BIM Execution Plan*)
 diretrizes para, 162-164, 162*f*
 Mapletree Business City II, estudo de caso do projeto da, 467, 469-469*f*
 normas para os nomes dos ambientes para, 49
 para colaboração e interoperabilidade, 28, 229, 240
 para estudo de caso do projeto do Aeroporto de Medina, 503
 para estudo de caso do projeto do Hospital Saint Joseph, 422-424, 426, 423-425*f*
 visão geral, 344-345
plataforma única, modelo de, 239
plataformas BIM
 Allplan, 65-66
 ArchiCAD, 66-67, 123, 192, 194, 214, 214*f*, 260
 AutoCAD, aplicações baseadas em, 38, 58, 75-76, 300-301
 Bentley Systems, 54-55, 68-69
 catálogo de suprimentos, conexões em, 278
 como plataforma do ciclo de vida, 18-19
 definição, 18-20, 58-59, 59*f*
 desenhos 2D, uso de, 33
 DESTINI Profiler, 69-70, 136-137, 146-148, 150, 202, 256
 Digital Project (DP), 70-72, 79, 253, 408-409
 ferramentas de conversão, 126
 para gerenciamento de construção, 260, 293-296, 295*f*
 para processo de projeto, 186, 199-200
 para produção automatizada, 292-293
 para servidores BIM, 121-122
 4D, capacidade, 251, 253-254, 257
 Revit, 72-73
 seleção de, 56-57, 225
 Tekla Structures, 56, 73-74, 78, 125, 199, 200*f*, 205*f*, 250-251, 253, 300, 308
 Vectorworks, 74-75, 193*f*, 194, 195
 Ver também Revit (Autodesk)
 visão geral, 13-14, 57-59, 64-65
plataformas. *Ver* plataformas BIM

praticantes da engenharia de estruturas, 198
práticas de construção
   abismo entre projetistas e construtores, 276-277
   conferência de códigos automatizada, 390-391, 470
   construção enxuta (*lean*), 9, 25-27, 234-236, 260
   desafios, 28-30
   existentes
      construção por administração com risco para a gerenciadora (CM@R – *Construction Management at Risk*), 4f, 7, 9
      Desenvolvimento Integrado de Empreendimentos, 7-9 (*Ver também* Desenvolvimento Integrado de Empreendimentos (IPD – *Integrated Project Delivery*))
      ineficiências das, 9-13, 10f, 13t
      projeto e construção (DB), 6-7, 9 (*Ver também* projeto e construção (DB), contratação)
      projeto-concorrência-construção (DBB), 4-6, 4f, 9 (*Ver também* projeto-concorrência-construção (DBB), contratação)
      visão geral, 2-4
   ineficiência, estudos sobre, 9-13
   ISO-STEP no, 96-100, 97t
   tecnologias e processos BIM para, 13-31, 228-274
      benefícios, 20-25, 26
      benefícios pós-construção, 25, 372
      5D, modelos, 255-260
      desafios, 28-30
      desenvolvimento da informação, 232-234, 431-432f
      desenvolvimento e uso de modelos, 237-241, 238-239f, 242f
      detalhamento da produção, 239-240, 240f
      estudos de caso, 30-31 (*Ver também* estudos de caso)
      evolução de, 30
      fabricação fora do canteiro de obras e construção modular, 261-263
      ferramentas para, 13-18 (*Ver também* plataformas BIM; ferramentas BIM)
      funções de gerenciamento, 270-272
      gestão do ciclo de vida e, 18-20
      impacto futuro das, 30
      integração de projeto com, 211-212
      levantamentos das condições *in loco*, 268-270
      modelagem de sólidos, evolução da, 38
      modelos 3D, 243-245, 244f
      na acessibilidade das informações de campo, 229, 263-266, 264-266f, 431-432
      para colaboração e interoperabilidade, 17-18, 28-29, 229, 240-241, 242f (*Ver também* colaboração e interoperabilidade)
      para comissionamento e entrega, 6, 148-149, 229, 272-273
      para distribuição do trabalho, 236-237
      planejamento e cronograma, 260-261, 267-268
      problemas de planejamento e cronograma, 254-255, 255f
      processo de projeto e, 176
      4D, modelos, 245-255 (*Ver também* 4D, modelos e modelagem)
      redução do papel, 236-237
      visão geral, 1-2, 228-230
      tendências, 373-374, 379-380
      tipos de firmas de construção, 231-232, 231f
      visão geral, 2
pré-fabricação de múltiplas especialidades, 416-418, 417-418f, 418t
pré-fabricação e construção modular
   benefícios do BIM, 26, 229, 261-263, 262f, 293-296, 295f, 429-430
   BIM, requisitos, 224, 314-315
   desafios, 432-433
   fabricação automática, 23
   geração dos desenhos para, 474, 475f
   para estudo de caso da Hyundai Motorstudio, 262, 262f, 416-418, 418t
   para estudo de caso do Hospital Saint Joseph, 424, 426-430, 426-430f
   PPVC, técnica, para, 281-282, 281f, 434
   processo de projeto para, 197

serviço completo, modelo de empresa de, 283
tendências, 380, 389-390
pré-manufatura, construção, 314. *Ver* pré-fabricação e construção modular
pré-moldado, concreto, 308, 309*f*
Prescient Co. Inc., 295-296, 295*f*
prestadores de serviços de projeto, 282
Prestressed Concrete Institute, 45
Primavera P6, 246
Primavera SureTrak, 246
primeiros estudos (*first run*), 16-17
processo de geração de valor, 27*t*
processo de projeto e profissionais de projeto, 175-227
    adoção do BIM, considerações sobre, 223-226
    análise e simulação, questões de, 197-202
    aplicações BIM para, 56-57
    benefícios do BIM para, 21-23
    bibliotecas de objetos para, 217-220
    BOM, portais, 217-223
    comparações de custo, 179-180, 180*f*
    computador/rede local, bibliotecas no, 221-223
    desafios, 276-277
    desenvolvimento da informação, 182-184
    formas colaborativas de entrega de projeto, 180-182
    integração projeto-construção, 211-212, 276-277
    modelos de edificação no nível da construção, 203-210 (*Ver também* modelos de edificação no nível da construção)
    modelos de objetos da construção (BOMs – *building objects models*) e, 215-216, 220-221
    otimização do projeto, 202-203
    pré-fabricação, construção, 197
    processos de construção existentes, 4-7
    Projeto e Construção Virtuais (VDC – *Virtual Design and Construction*), 16-17, 234, 261
    projetos de construção civil e infraestrutura, 184-186
    revisão de projeto, 212-215
    tendências, 282, 373-374, 378-379
    tradicionais, serviços de projeto, 177-180
    utilização em fases, 225-226
    visão geral, 175-177
produção automatizada, 292-293, 304-305
produzidos sob encomenda (MTO – *made-to-order*), componentes, 278, 280-281
programas de educação universitária, 355-356, 357*t*, 374-375
ProjectWise Navigator, 78
projetados sob encomenda (ETO – *engineered-to-order*), componentes
    BIM, requisitos do sistema, 298-317
        automação, 304-305
        colaboração e interoperabilidade, 303
        construção modular, 314-315
        construção robótica, 316-317
        impressão 3D, 315-316
        interface com sistemas de informações gerenciais, 303
        para fabricação tradicional, 306-313
        peças e relações paramétricas e personalizáveis, 298-302, 299*f*
        relatório de componentes, 302
        software, tipos de, 301*t*
        visualização de informação, 304
    controle de qualidade, gerenciamento da cadeia de suprimentos e manutenção no ciclo de vida para, 296-298, 297*f*
    coordenadores especialistas para, 282-283
    definição, 275, 278
    fabricação
        aço estrutural, 306
        fachadas-cortina e esquadrias, 309-310
        mecânicos, elétricos e de tubulações (MEP), sistemas, 310-313, 311*f*
        pré-moldado, concreto, 308, 309*f*
    prestadores de serviços de projeto para, 282
    processo BIM para, 283-285, 284*f*
    tipos de, 281-282, 281*f*
    visão geral, 275-276, 281-282, 281*f*
projeto básico. *Ver* projeto conceitual
projeto conceitual, 187-196
    esboços em 3D, ferramentas de, 188-192
    para exterior padronizado de forma livre, 408-409, 408-409*f*
    seleção da plataforma para, 223
    visão geral, 176, 187-188

projeto do núcleo, incorporação do, 216, 217*f*, 218*f*
projeto e construção (DB), contratação
  colaboração e, 232, 463-464, 464*f*
  modelo de negócios da indústria da construção, 4*f*, 6-7, 9
  processo de projeto para, 181
  visão geral, 231
projeto e construção digitais, 387-389, 389*f*
Projeto e Construção Virtuais (VDC – *Virtual Design and Construction*), 16-17, 234, 261
projeto para manufatura e montagem (DfMA), 296, 434
projeto-concorrência-construção (DBB), contratação
  colaboração e, 240
  modelo de negócios da indústria da construção, 4-6, 4*f*, 9
  processo de projeto para, 180-181
  visão geral, 231
proprietários e gerentes de edificações, 130-174
  avaliação de projeto por, 133-138, 134*t*, 135-138*f*
  barreiras à implementação, 167-171, 168-169*f*
  benefícios do BIM para, 21, 229
  benefícios para, 21, 130-131, 134*t*, 142-149
  Big Room, opção da, 167
  BIM-FM, modelo de construção, 139, 154-160, 157*f*, 158*t*
  coordenação da infraestrutura e dos processos regulatórios, 139
  diretrizes para adoção para, 131-133, 132*f*, 134*t*, 140-142, 142-143*f*, 162-164, 162*f*, 166-167, 171-173
  entrega dos dados para, 272-273
  envolvimento no processo de projeto, 183, 201
  gerenciamento de informações de ativos e de *facilities*, benefício para, 148-149
  gestão de cronograma, benefício para, 144-148
  gestão de custos, benefício para, 142-143*f*, 142-144, 146-148
  guia de ferramentas para, 149-154, 151-153*t*, 153*f*
  liderança e base de conhecimento para, 164-165
  liderança na implementação por, 160-167
  processo de CM@R para, 7
  processo de contratação para, 4-7
  processo de IPD para, 9
  seleção de prestadores de serviços por, 165-167
  sustentabilidade, análises de, 140
  tendências, 371-373, 372*f*, 379
prototipagem digital, 215
protótipo, exercício prático do, 171-172
PTC (Parametric Technology Corporation), 40-41, 69

Q

4D, detecção de conflitos, 247
4D, modelos e modelagem
  benefícios de, 249-250, 249*f*
  estimativas de custo e gestão com, 145, 146*f*
  ferramentas BIM para, 250-254, 251*f*
  para planejamento, 246-249, 247-249*f*, 254-255, 255*f*
  para planejamento e cronograma, 271
  plataformas para, 253-254
  visão geral, 245-246
4D, simulações
  benefícios de, 249-250, 249*f*
  Hyundai Motorstudio, estudo de caso do projeto da, 413-418, 416-417*f*
  para gerenciamento de construção, 253, 255, 260
  para projeto da Mapletree Business City II, 476, 478, 478-483*f*

R

RAM Steel, 125
RDF (Resource Description Framework), 112
realidade aumentada (AR – *Augmented Reality*), tecnologia de, 215, 264-265, 381
realidade mista (MR – *Mixed Reality*), tecnologia de, 215, plataformas móveis e aplicativos
  para coordenação da produção, 267-268, 268*f*

para informações de projeto, 263-266, 264-266*f*
para levantamentos das condições *in loco*, 268-270, 269*f*
para projeto da Mapletree Business City II, 486
realidade virtual (VR – *Virtual Reality*), tecnologia de, 215, 474, 474*f*
   Hyundai Motorstudio, estudo de caso do projeto da, 413-418
   Mapletree Business City II, estudo de caso do projeto da, 470, 471-472*f*
   tendências, 381
redução de tempos de ciclo de produção, 286-287
referências a arquivos CAD 2D, 20
relações com outros objetos, 53
relações hierárquicas, 53, 219-220
repositório de dados do produto. *Ver* servidores BIM
repositório de dados. *Ver* servidores BIM
repositórios BIM. *Ver* servidores BIM
repositórios do modelo da construção. *Ver* servidores BIM
representação por fronteira (*boundary representation*, B-rep), abordagem de, 34-35, 34*f*, 35*f*, 37
Requicha, Ari, 34
requisitos de intercâmbio (ER), 105
Residência Estudantil na Universidade Tecnológica de Nanyang, estudo de caso do projeto da, 434-457, 459
   biblioteca PPVC paramétrica, 444-453, 444-453*f*
   construção modular de, 314
   equipe de projeto, 438-439*t*
   estimativas de custo e gestão, 145
   fabricação fora do canteiro de obras e construção modular para, 263
   fluxo de trabalho de PPVC, 438-443, 441-442*f*
   implementação do BIM, 443, 443*f*
   lições aprendidas, 455-457, 459
   percepção de benefícios, 453-455
   visão geral do projeto, 434-438, 436-438*f*
restrições paramétricas, desenvolvimento de, 38-39

retorno do investimento (ROI – *return on investment*), 168, 168*f*
Revit (Autodesk)
   esboços com, 192, 193*f*, 194, 195
   para fabricação de componentes PSE, 308
   para protótipos virtuais, 474
   4D, capacidade, de, 250, 253, 476-477
   simulações com, 199
   trabalho da etapa de projeto, 444-445
   verificação de modelo e mapeamento, 81, 82
   visão geral, 56, 72-73
Rhino 3D, aplicação, 20, 54-56
Rhinoceros (Rhino), 188, 190-192, 191*f*
Rhinoscript, 190-191
RIB, 79
RIB iTWO, 244, 258
Roadmaps BIM, 330-335, 330*f*, 333*t*, 334*f*

S

Sacks, Rafael, 26, 27*f*, 279
Sala de Concertos de Helsinque, 140
Savannah3D, 191
Schenck, Douglas, 95
SCL Health Systems. *Ver* Hospital Saint Joseph, estudo de caso
SeeBridge, projeto de pesquisa, 196
segmentação pelo usuário, 53
segurança cibernética, 360-361
segurança do trabalho, gestão da, 272
segurança e questões de segurança, 28-29, 360-361
serviço completo de projeto-construção pré-fabricada e construção modular, 283
servidores BIM
   análise de, 121-124
   definição, 113
   demanda por, 376
   funcionalidade de, 118-120, 121*f*
   para troca de dados, 92
servidores de modelo. *Ver* servidores BIM
servidores IFC. *Ver* servidores BIM
Shimizu Corporation, 459, 462
simulações
   com modelos 4D (*Ver* 4D, simulações)
   de operação das instalações, 137-138, 138*f*, 154

para estudo de caso do Hospital Saint Joseph, 424, 426
para projeto da Mapletree Business City II, 476-479, 477-484*f*
processo de projeto e, 197-202
simulação da operação, 137-138, 138*f*, 154
Simwalk, 201
sincronização, 53-54, 115-118, 126
sincronização de projeto, 115. *Ver também* sincronização
Sistema Computadorizado de Gestão de Manutenção do IFS, 153
sistema de gerenciamento de banco de dados (DBMS – *Database Management System*), 18, 92
sistemas (aplicações). *Ver* BIM, aplicações (sistemas)
sistemas de automação predial (*Building Automation Systems*), 19
sistemas de informação geográfica (GIS), 186
SiteDrive, 267
Skanska Finland, prédio da sede da, 263
SketchUp, 20, 55-56, 188, 189-190, 189*f*
slim BIM model, 338-339
SMARTbim, biblioteca, 79
SmartBIM Library (SBL), 222, 222*f*
smartCON Planner, 260
SmartReview APR, 82
Solibri Model Checker, 81-82, 122, 213, 244
Solibri Model Viewer, 78
Solidworks, 310, 315
Space Planner, aplicação, 195
SprinkCAD, 302, 313
STABICAD, 312
STABU Foundation, 107, 220
stick, sistemas, de fachadas-cortina, 309-310
Structureworks XceleRAYtor, 304, 305*f*
subconjunto, modelo de dados de, 86, 90-91
subcontratação e fabricação, 275-322
    BIM, benefícios do, 283-298
        automação, 304-305
        BIM, requisitos do sistema, 298-317
        colaboração e interoperabilidade, 303
        construção modular, 314-315
        construção robótica, 316-317
        controle de qualidade e gerenciamento da cadeia de suprimentos como, 296-298
        coordenação de projeto, redução de erros de, 287-291, 288*f*, 290*f*
        impressão 3D, 315-316
        interface com sistemas de informações gerenciais, 303
        marketing e licitações, 285-286
        para fabricação de componente ETO (*Ver* projetados sob encomenda (ETO – *engineered-to-order*), componentes)
        peças e relações paramétricas e personalizáveis, 298-302, 299*f*
        pré-fabricação e construção modular como, 293-296, 295*f*
        produção automatizada, 292-293
        redução de tempos de ciclo de produção, 286-287
        redução de custos, 291-292, 292*t*, 293*f*
        relatório de componentes, 302
        software, tipos de, 301*t*
        visão geral, 283-285, 284*f*
        visualização de informação, 304
    BIM, diretrizes para adoção do, 317-321, 320*t*
    BIM, expansão do uso do, por, 169, 169*f*
    componentes, tipos de, 278, 281
    contratação tradicional, 4-7
    coordenadores especialistas, 282-283
    ETO, componentes (*Ver* projetados sob encomenda (ETO – *engineered-to-order*), componentes)
    fabricação fora do canteiro de obras e construção modular, 261-263, 262*f*
    fornecedores de componentes produzidos sob encomenda e padrão, 280-281
    prática de VDC para, 16-17
    processo de CM@R para, 7
    processo de construção enxuta (*lean*) e, 235-236
    processo de projeto e, 176, 282
    serviço completo de projeto-construção pré-fabricada e construção modular, 283
    serviços, 279, 280*f*
    tipos de, 231-232
    Ver também pré-fabricação e construção modular
    visão geral, 275-276

suportes de múltiplas instalações (*multitrade racks*), 426-427, 427-428*f*
Sutter Medical Center, estudo de caso, 166, 202, 313
Synchro PRO, 248*f*, 253

T

Tardif, Murray & Associates, 3
técnico de projeto, serviços, 183-184
Teicholz, Paul, 10, 367, 368-369*t*
Tekla BIMsight, 78, 289
Tekla Structures, 56, 73-74, 78, 125, 199, 200*f*, 205*f*, 250-251, 253, 300, 308
Temecula Valley, projeto do Hospital, estudo de caso do, 145
tendências
  atuais, 376-386
    BIM, consolidação do *software*, 300-302
    construção enxuta (*lean*), 382-383, 383*f*
    na pesquisa, 383-385, 385*f*
    obstáculos à mudança, 385-386
    processo, tendências do, 377-381, 379*f*
    tecnologia, tendências da, 378, 379*f*, 381-382, 382*f*
    visão geral, 376-377
  futuras, 364-376
    além de 2025, 394-397, 396*f*
    construção enxuta (*lean*), 393-397
    desenvolvimento e impacto do BIM, 370-376, 372*f*, 374*f*
    previsões, 367-370, 368-369*t*
    visão geral, 364-367
  visão para 2025, 386-397
    além de 2025, 394-397
    conferência de códigos automatizada, 390-391
    construção sustentável, 393-394
    cultura de inovação na construção, 388-389
    globalização, 393
    inteligência artificial, 391-393
    offsite, construção, 389-390
    projeto e construção totalmente digitais, 387-388
    visão geral, 386-387
tendências correntes. *Ver sob* tendências
tendências futuras. *Ver sob* tendências

TNO Netherlands, 122
topologia, objetos paramétricos baseados em, 44-45
touchplan.io, 261
transações
  definição, 113
  para troca de dados, 113-118
  sincronização para, 115
transações longas, 115
transações no nível do arquivo (gerenciamento de dados), 113-115, 114*t*
transações no nível do objeto (gerenciamento de dados), 114-115
Trelligence, 194-195
3D, modelos e modelagem
  desenhos 2D associados com, 33
  estimativas de custo e gestão com, 147
  para empreiteiros, 243-245
  para planejamento e cronograma, 271
  para pré-fabricação e construção modular, 294
  paramétricos, 206
  somente para visualizações gráficas, 20
  visualizador de modelo, *software*, 77-79, 304, 376
3D Warehouse, 221
Triforma, 68
Trimble, 70, 73, 78, 79, 80, 189
Trimble MEP, DuctDesigner, 313
Trimble MEP, PipeDesigner, 313
Trimble RealWorks, 411-412, 411-412*f*
Trimble TX5 e TX8, escâneres a laser 3D, 410-411
troca de dados, métodos de
  abordagens a, 17-18, 19
  evolução de, 112-124
    funcionalidade dos servidores BIM, 118-120, 121*f*
    servidor BIM, sobre, 121-124
    transações de projeto e sincronização, 53-54, 115-118
    visão geral, 112-113
  formatos em aplicações de AEC, 93*t*
  Mapletree Business City II, estudo de caso do projeto da, 467, 469*f*
  tipos de, 88-94
TU Eindhoven, 122

U

U.S. Courts Design Guide, 48
Uniclass, 108. *Ver também* OmniClass
unidades, sistemas de, de fachadas-cortina, 310
UniFormat, 107, 210, 219-220
United Kingdom High Speed Two (HS2), projeto ferroviário, 332
United Nations Centre for Trade Facilitation and Electronic Business, 110
United States General Services Administration (GSA), 48
Unity, motor de jogos eletrônicos, 79
University Medical College Cancer Hospital, projeto do, 203
University of Texas, Centro Médico Sudoeste da, 164
USC School of Cinematic Arts, 205, 205*f*
utilização em fases, 225-226
UUID (identidade universalmente única – *universally unique ID*), 116-118, 116*f*, 214

V

Value of BIM, série, 335
variação, redução da, 26
varredura a laser, 268-270, 269*f*, 296, 410-414, 410-414*f*
VDC Scorecard, 337-338
Vectorworks, 74-75, 193*f*, 194, 195
verificação de regras, 62-64, 80-82, 470
Veterans Administration (VA), estudos dos hospitais da, 224
Vico Cost Planner, 271
Vico Office, 80, 246, 252, 253-254, 258, 259
Vico Takeoff Manager, 202, 258
VIMTREK, 79
visão para 2025, 386-397
   além de 2025, 394-397
   conferência de códigos automatizada, 390-391
   construção sustentável, 393-394
   cultura de inovação na construção, 388-389
   globalização, 393
   inteligência artificial na construção, 391-393
   offsite, construção, 389-390
   projeto e construção digitais, 387-388
   visão geral, 386-387
VisiLean, 261, 267
Visio, 195
Visual 4D Simulation (Innovaya), 253
VisualARQ, 192
visualizador de modelo, *software*, 77-79, 304, 376
Vitrúvio, 177
Voelcker, Herb, 34
vPlanner, 261

W

Walt Disney, Sala de Concerto, 294
web semântica, serviços da, 385
Whiting-Turner, 164
Wilson, Peter, 95
Windows SQL Server, 122

X

xBIM Xplorer, 79
XML (eXtensible Markup Language), 96
XML, arquivo de instância, 96
XML, esquemas baseados em, 110-112
XML Schema, 112
XSteel, 300

Y

Yas Island Formula One, edifício, 374*f*
Yates Construction, 147

IMPRESSÃO:

Santa Maria - RS | Fone: (55) 3220.4500
www.graficapallotti.com.br